커피의 시대

이 도서는 한국출판문화산업진흥원의
'2023년 중소출판사 출판콘텐츠 창작 지원 사업'의 일환으로
국민체육진흥기금을 지원받아 제작되었습니다.

커피의 시대

초판 1쇄 발행 2024년 1월 22일
지은이 장수한

발행처 제르미날 출판사
발행인 곽은용
디자인 표지 박연미, 본문 창포 031-955-2097
제작 세걸음

주소 충청남도 공주시 반포면 상하신길 442-3
전화 041-857-1476   **팩스** 041-857-1954
전자우편 germinale@naver.com
등록 2014년 9월 23일 제25100-2014-000002호

ⓒ 장수한, 2024

ISBN 979-11-962735-5-2 (03900)

- 이 책은 저작권법에 따라 보호를 받는 저작물이므로 무단전재와 복제를 금합니다.
- 이 책의 전부 또는 일부를 이용하려면 반드시 저자와 도서출판 제르미날의 동의를 받아야 합니다.
- 이 책에 실린 모든 도판의 저작권을 확인하고 사용허가를 받기 위해 노력했습니다.
  미처 회답을 받지 못한 도판의 경우 추후에 협의하겠습니다.
- 파본이나 잘못된 책은 구입하신 곳에서 바꿔드립니다.
- 제르미날 출판사 로고는 서울 성동구청의 공공저작물 성동서체를 이용하여 만들어졌습니다.

장수한

커피의 시대

커피는
어떻게
일상문화를 넘어
세계사가
되었는가

제르미날

나의 벗 김수길을 기억하며

일러두기

1. 모든 외래어의 한글 표기는 국립국어원의 외래어표기법에 따르는 것을 원칙으로 삼았다.
   다만 관행화된 표기나 원래 발음에 가까운 표기를 한 경우도 있다.
2. 사람의 이름을 표기할 때, 명백한 오류가 아닌 경우에는 이미 익숙한 표기법을 따랐다.
   예컨대 식물분류학자 린네는 린나에우스가 본명이지만 작위를 받은 후
   린네로 불렸고 린네로 널리 알려져 있어 '린네'로 썼다.
3. 시대에 따라 다르게 부른 지명이나 국명은 당대에 사용하던 명칭을 기준으로 삼았다.
   다만 모든 시대를 포괄하는 명칭은 현재의 명칭을 사용했다. 예컨대, Guiana는 기아나(네덜란드령),
   가이아나(영국령) 그리고 귀얀(프랑스령)으로 시대에 따라 다르게 표기했고
   에티오피아의 아비시니아제국 시대는 아비시니아로, 모든 시대를 아우를 때는 에티오피아로 적었다.
4. 책은 《 》, 저널, 신문은 〈 〉, 논문, 기사는 " "로 구분했다.
5. 인용문 가운데 원래의 글이 아니라 저자가 첨가한 내용은 [ ] 안에 묶었다.
6. 독자의 이해를 위해 내용을 설명하는 주는 페이지 아래 배치했고 참고자료를 밝히는 주는
   미주로 붙였다.

여는 말

커피의 시대를 맞아

세계가 '커피의 시대'를 맞은 것 같다. 지난 20여 년 동안 우리 주변에 커피를 마시는 사람이 부쩍 늘었고 거리마다 카페가 들어섰다. 유럽은 물론이고 세계 어디를 가나 커피를 들고 다니는 젊은이들을 마주치는 일이 그야말로 일상이 되었다. 기상이변으로 커피의 수확량이 줄었다거나 지나치게 많다는 소식이 뉴스로 전해지는가 하면 슈퍼마켓에는 세계적인 브랜드 커피들이 즐비하다.

커피 마시기는 지극히 개인적인 경험이다. 그래서 인스턴트커피가 천상의 커피가 될 수도 있고 스페셜티커피가 아니면 아예 마실만한 커피가 아닐 수도 있다. 사람마다 선호하는 원두가 다르기는 하지만 정성스럽게 내린 커피에서 섬세한 신맛과 유쾌한 쓴맛이 동시에 전해지면 누구나 설레는 기분으로 하루를 시작할 수 있다. 어느 날 마신 커피의 향미를 오래도록 잊을 수 없어 그 향미를 되살리려고 온갖 정성을 기울이게 되는 일이 드물지 않은 것은 그래서이다. 또 우리는 한잔의 커피로 다른 사람에게 좀 더 부드럽게 다가갈 수 있고 커피타임은 서로 눈을 마주보며 대화하는 시간을 늘렸다.

한편, 내 앞에 놓인 한잔의 커피 속에는 그동안 커피를 통해 인류가 만들어 온 일상생활의 '문화'가 녹아있다. 커피라는 뜨거운 음료를 천천히 마시는 '시간지속'은 우아한 예법과 사고하는 습관을 자극했을 뿐 아니라 자기 절제라는 '문명'을 촉진했다. 카페는 무엇보다 커피라는 상품을 전시하고 판매하는 공간이지만 언제나 음악이 흐르고 가구나 그림을 포함한 인테리어에서 미술이 중요한 자리를 차지하는 문화의 공간이었다. 또한 카페는 거실이나 일터도 아니면서 관료적인 것으로부터 동떨어진 제3의 장소로서 독특한 사회적 기능을 담당해왔다. 커피를 마시기 위해서가 아니라 '더불어 마시기' 위해서 가는 카페는 그곳에서 나누는 대화가 소설의 문체를 서술체에서 점차 대화체로 바꾸는 계기로 작용했고 새로운 사상이 구체성과 활력을 획득하는 공론의 장이 되었으며 나아가 인간관계를 좀 더 평등하게 변화시키는 데 이바지했다고 해도 지나치지 않다.

　인류 역사는 수없이 많은 시설이나 제도가 나타났다가 사라진 과정이었다. 그러나 커피와 커피하우스는 16세기에 처음 알려진 이래 지역이나 사회계층을 끊임없이 확대해왔다. 커피는 어느 사회에서나 처음에는 소수가 마시는 '패션음료'로 등장했지만 곧 다중이 가장 많이 접하는 '국민음료'로 성장했고 그 후에는 거의 매일 마시는 '일상음료'로 발전했다. 이 과정에 내가 마시는 한잔의 커피는 개인의 기호에만 머물지 않고 사회와 세계를 변화시키는 작은 동력으로 작용했다. 커피를 마시는 행위를 통해 개인의 일상이 곧바로 문화와 경제 그리고 사회와 정치 등 '세계'와 연결된다. 커피재배가 세계화하는 초기에 커피농장은 식민주의 국가의 경제적 이익을 보장하는 수탈의 장소인 동시에 식민지 남성이 강제로 이주노동자가 된 일터였고 이중의 차별에 시달린 여성이 삶을 지탱해 보려고 안간힘을 다했던 인고의 현장이었다. 커피를 재배하는 농부와 커피를 볶는 로스터, 작은 커피 전문점과 거대 다국적 기업

사이, 커피생산자와 소비자 그리고 생산국과 소비국 사이의 경제 및 정치 관계는 복잡하고 불평등했다.

　모든 커피생산국에서 커피는 경제적으로 매우 중요한 농산물이지만 그렇다고 모든 커피생산국이 자국의 커피생산을 자랑스러워하지는 않는다. 어떤 나라에서는 커피가 민족정체성과 긍지의 원천이지만 어떤 나라에서는 혹독한 노예제와 식민지배의 유산이다. 예컨대 콜롬비아와 코스타리카 사람들은 자국의 커피생산에 거의 모든 시민이 동참해 커피가 민족정체성의 일부가 된 반면 브라질에서는 한 때 커피를 역사에서 지우고 싶어 했다.

　이렇듯 커피는 하나의 '세계'라고 할 만큼 많은 이야기를 품고 있다. 커피가 많은 사람의 일상사日常事를 바꾸어 새로운 일상문화日常文化를 만들어 왔고 나아가 세계의 역사를 형성하는 데 커다란 영향을 미친 것이 그 배경이다. 따라서 커피가 바꿔 온 인류의 일상사와 세계사의 변화 과정을 추적하는 일은 대단히 복잡하고 어려운 작업이다. 특정한 시대, 특정 사실을 다루는 역사 서술도 매우 복잡한데 수백 년에 걸친 시기를 모두 다루어야 하고 또 한두 지역이 아니라 전 세계를 대상으로 해야 한다는 점에서, 그리고 그 속에서 이루어진 커피 교역과 정치 관계 등 다양한 인간 활동에 관한 구체적인 이야기를 포함해야 한다는 점에서 커피의 역사를 쓴다는 것은 세계사를 아우르는 작업이 될 수밖에 없다.

　저자는 약 20여 년 전부터 커피의 역사에 관심을 기울여 왔다. 여기에는 두 가지 배경이 작용했다. 하나는 저자가 우연한 기회에 커피의 매력에 빠져 20년이 넘도록 직접 커피를 볶아 마시고 있어 저자에게 커피가 다반사茶飯事, 즉 일상생활의 중요한 일부로 자리 잡았다는 사실이다. 다른 하나는 역사학의 경향이 계급이나 민족 같은 거대 담론에서 미시사 혹은 일상생활의 역사로 관심을 확장하고 심화한 것이다. 커피는 저자에게 그 물성物性을 가장 잘 알 수 있는 대상이어서 새로운 역사 연구 경향의 하나가 된 일상생활사 가운데 가장 쉽게 다다갈 수 있는 주제였다. 커피는 미시사와 거대 서사를 모두 아우를 수 있는 주제로서 저자에게 인간과 사회, 그리고 세계를 보는 창이었다. 십여 년 전에 저자가 낸 《유럽커피문화기행》과 실용서인《인디커피교과서》 또한 그런 관심의 반영이었다.

그러나 참고문헌을 찾아 읽으면서 곧 이 작업에 여러 어려움이 따른다는 것을 더 구체적으로 알게 되었다. 특히 커피의 초기 역사에 관한 참고 자료가 거의 없었다. 커피는 처음부터 국가의 경제적 관심거리였고 커피하우스에서 만들어진 여론은 언제나 통치자들의 감시 대상이었지만, 커피문화가 개인의 심성과 기호가 크게 작용하는 사생활의 영역이었으므로 공식적인 기록의 외부에 있었다. 간혹 자료가 존재한다 하더라도 저자가 외국의 고문서를 찾아 읽는 것은 역량 밖의 일이었다. 또한 커피는 출처를 알 수 없는 로맨틱한 이야기로 덮여 있는 경우가 많아 '전설'을 걷어내고 객관적 사실들을 찾아내려는 노력을 꾸준히 기울여야만 했다.

커피의 역사를 서술하기에 아무런 문제가 없을 정도로 자료가 풍부하게 존재하는 경우도 있었는데, 예컨대 18세기 이후 유럽에 관해서는 모든 자료를 찾아 읽는 것이 버거울 정도여서 그 중에서 자주 인용되는 중요한 책과 글을 읽고 적절한 분량의 글을 쓰는 것이 저자의 역할이었다. 다른 한편, 특정 시대나 지역에 관한 자료는 거의 없거나 부족한 경우가 많았다. 그럴 경우에 저자는 그 부분을 빈 공간으로 남겨두기보다 커피의 역사 교양서를 쓰겠다는 본래의 의도에 맞추어 찾아낸 자료로나마 전체적 맥락 안에서 균형감 있게 내용을 재구성하려고 노력했다. 물론 그럴 경우에도 학문적 권위를 인정받는 책이나 논문만을 사용하고 그렇지 않은 자료들은 배제하였다.

　훌륭한 역사가들이 쓴 책을 읽고 글을 쓰는 동안 저자에게 즐거움과 보람이 컸지만 자신의 역량을 고려해 포기하고 싶은 때도 있었다. 그럴 때마다, 커피의 '세계'에 관한 역사책이 아직 국내에 없다는 사실이 한편으로는 유감스러웠지만 다른 한편으로는 저자의 집필 의욕을 북돋았다. 그래서 저자는 높은 수준의 학술적 연구에 앞서 커피의 세계사를 쓸 징검다리 하나라도 우선 마련해보자는 소박한 희망을 안고 느리게나마 작업에 힘쓸 수밖에 없었다.

　이 책은 커피에 관한 관심이 물신주의적 호기심에 머물거나 또 커피를 돈벌이의 수단으로만 보는 것을 두루 경계한다. 커피는 기호품이지만 생필품에 준하는 세계적 상품으로서 수억 명에 달하는 많은 사람의 생계가 걸려있을 뿐 아니라 세계 경제시스템을 움직이는 동력의 하나이자 이미 세계인이 즐기는 일상의 생활문화이고 나아가 지구 자연환경의 보존과 지속가능성을 고려해야 할 중요한 농작물의 하나이기에 말이다. 저자로서, 여기저기 숨어있을 수 있는 오류는 사정이 닿는 대로 수정하겠다는 약속을 드리면서 '커피의 시대'로 긴 여행을 떠나는 독자에게 이 책이 즐거움을 주는 좋은 친구가 되었으면 한다.

2024년 새해를 맞아
장수한

차례

여는 말 **커피의 시대를 맞아** · 7
책의 구성과 내용 · 23

1장 카파의 숲속에 커피나무가 있었다

1. 카파의 자연과 커피나무의 생존전략 · 34
   커피생육에 알맞은 카파의 자연 · 37
   카파의 역사 · 42
   카페인, 커피나무의 생존전략 · 44
   세계 모든 커피의 원조가 되다 · 48

2. 에티오피아의 역사와 커피문화 · 51
   술탄국의 탄생 · 52
   커피는 씹어 먹는 열매 · 55
   에티오피아 커피의 과거와 현재 · 59

3. 커피의 전설과 초기의 기록 · 62
   커피의 전설들 · 63
   커피에 관한 초기의 기록 · 70

2장 예멘, 커피모스크에서 커피생산지로

1. 홍해를 건넌 커피 • 78
   예멘의 정치상황 • 78
   커피 전파의 경로 • 80

2. 수피모스크에서 세상으로 간 커피 • 84
   수피의 신앙과 명상 • 84
   수피의 커피 마시기와 확산 • 88
   '음료'가 된 커피 • 91

3. 커피재배의 시작 • 93
   커피소비의 증가 • 93
   예멘의 농부들, 커피재배를 시작하다 • 96

4. 모카 항의 번영과 쇠퇴 • 100
   모카 항의 짧은 번영 • 102
   전설의 '모카커피' • 109

3장 최초의 '커피제국'이 된 오스만제국

1. 오스만제국, 커피의 길을 예비하다 • 116
   오스만제국의 정치적 통일 • 116
   오스만제국의 종교적 통합 • 119
   탄압 후에 온 관용 • 120

2. 이슬람의 '커피' 해석 • 123
   쿠란의 '발효음료' • 125
   커피를 수용한 이슬람 • 130

3. 커피의 기술적 혁신 • 133
   커피음료의 개선 • 133
   이브릭과 체즈베 • 135

4. 커피하우스의 등장 • 141
   세계 최초의 커피하우스 • 142
   커피하우스의 정착과 고객들 • 149
   커피하우스의 일상 • 157
   커피하우스의 '여론'과 박해 • 163

4장　유럽, 커피의 '검은 매혹'에 빠지다

1. 오리엔트 여행자들이 전한 커피소식 • 172
페스트의 '기억'과 '위협' • 172
초기 여행자들이 남긴 커피에 관한 기록들 • 175
유럽의 식물원에 들어온 커피나무 • 184

2. 이행기의 유럽사회, '이슬람 음료'를 받아들이다 • 187
새로운 음료의 사회적 수용 • 188
음식과 요리에 관한 관념의 전환 • 190
지배계층이 먼저 커피 잔을 들었다 • 195
포도주와 맥주 그리고 커피의 경쟁 • 198

3. 커피와 커피하우스의 확산 • 203
주요 수입품이 된 커피 • 203
베네치아의 실험 • 207
유럽의 커피문화를 선도한 잉글랜드 • 210
런던의 커피하우스와 여성 • 223
마르세유가 앞장서고 파리가 뒤따르다 • 225
커피무역으로 출발한 네덜란드 • 231

4. 늦게 출발한 오스트리아와 독일 • 233
빈의 초기 커피문화 • 233
바흐의 〈커피 칸타타〉, 커피의 시대를 예고하다 • 236
독일의 커피향색출관 • 240
도자기의 발전 • 242

5장　닻을 올린 커피재배의 세계화

1. 아시아로 온 커피나무 • 247
   네덜란드의 자바 • 248
   영국의 실론 • 253
   커피농장의 여성 노동자들 • 258

2. 아프리카와 라틴아메리카의 커피재배 • 261
   레위니옹을 덮은 커피나무 • 261
   라틴아메리카로 간 커피 • 267
   브라질의 시작 • 276

3. 커피플랜테이션, 노예제를 강화하다 • 277
   확대된 노예제 • 278
   커피플랜테이션 • 280

4. 커피와 세계체제의 등장 그리고 문화인류학적 이해 • 284

6장　그랑 카페의 시대

1. 커피, 위대한 각성제 • 294
'뜨거운 음료', 커피 • 294
산업혁명의 동력 • 300
부르주아의 생산력? • 303
커피 대신 차로 돌아선 영국 • 307
커피장례식을 넘어 최고 커피소비국이 된 스웨덴 • 310
느리게 증가한 헝가리의 커피소비 • 312
프랑스 대혁명과 나폴레옹 시대의 커피 • 313
커피 로스터의 발전 • 316

2. 그랑 카페의 시대 • 318
19세기에 통일된 '카페'라는 이름 • 320
카페의 쓸모와 역할 • 322
'아름다운 시절', 파리의 그랑 카페 • 328
'세기말' 빈 스타일 카페 • 330

3. 카페와 여성 그리고 노동자카페 • 342
카페의 여성 차별 • 342
여성들의 "카페크랜츠헨" • 346
파리 노동자카페의 역할 • 351

4. 대체커피의 위안 • 355
대체커피의 효용성 • 355
대체커피 산업 • 357

7장   자본과 제국의 등에 업힌 커피

1. 미국, 커피소비의 제국이 되다 • 364
   애국주의 음료로 출발한 커피 • 364
   거대 소비시장의 출현 • 368
   산업적 로스팅 기업들의 등장 • 377

2. 커피생산의 제국, 브라질 • 384
   세계 최대 커피생산지가 된 브라질 • 384
   리우데자네이루와 상파울루 • 390
   브라질의 정체성에서 제외된 커피 • 396

3. 다양한 역사를 형성한 라틴아메리카의 커피생산 • 400
   민족적 긍지와 정체성이 된 콜롬비아 커피 • 400
   원주민의 삶에 힘겨운 짐이 된 과테말라 커피 • 407
   코스타리카의 '행복한 커피' • 421

4. 여성 커피노동자의 삶 • 428
   니카라과 여성의 족쇄가 된 커피 • 429
   멕시코 여성의 용기가 된 커피 • 434

5. 아프리카의 커피생산, 쇠퇴와 재성장 • 438
   19세기 말 커피생산의 쇠퇴 • 439
   탄자니아 킬리만자로의 커피 • 443
   카메룬 바미레케 지역의 커피경작 • 453

8장　위기의 시대, 탐욕과 혁신 사이의 커피

1. 흔들리는 커피산업 • 464
'신분상징'의 지위를 잃다 • 464
제1차 세계대전의 영향 • 467
대공황과 제2차 세계대전이 몰고 온 위기 • 470

2. 탐욕과 혁신의 커피 • 476
인스턴트커피의 도약 • 476
로부스타종 생산의 증가 • 481
베트남의 약진 • 483
최상의 향미를 향한 노력, 에스프레소 • 487
스페셜티커피의 차별화 전략 • 494
영국의 귀환 • 497

3. 세계화 시대의 커피시장 • 499
국제커피협정의 결렬 • 499
커피시장의 세계화 • 502
다국적 기업에 집중된 시장 권력 • 505

9장 커피의 시대, 지속가능한가?

1. 커피생산의 문제 • 514
   커피재배의 확산과 숲의 파괴 • 514
   대규모 플랜테이션과 소농생산 • 518
   경작과 생두 정제과정의 환경문제 • 521
   기후위기, 커피 밭에도 닥치다 • 523

2. 유기농 커피재배 • 525
   관행농에서 유기농으로 • 525
   유기농 인증커피의 실제 • 528

3. 공정무역 운동 • 530
   공정무역 운동의 태동과 철학 • 531
   공정무역의 현실 • 533

닫는 말 커피의 시대를 위하여 • 537

사진 및 그림 출처 • 541
지도 메모 • 542
주 • 543
참고자료 • 569
찾아보기 • 591

책의 구성과 내용

커피는 다른 무엇보다 개인의 기호가 선택의 기준이다. 그래서인지 커피를 둘러싸고 수많은 '전설'이 만들어졌고 그런 '전설'에도 역사적 사실이 숨어있어 저자는 '전설'을 제외하지 않았다. 그럼에도 저자의 첫 번째 목표는 커피를 둘러싸고 실제로 일어난 역사적 사실을 밝혀 전달하는 것이다. 여기에는 커피가 개인의 선택을 넘어서 '신분 상징' 음료가 된 과정, 카페의 등장과 발달, 세계적 교역상품으로서 지닌 경제적 중요성, 인류의 생활문화를 비롯해 사회 및 정치 그리고 자연에 미친 영향 등등이 두루 포함된다.

저자의 두 번째이자 더욱 중요한 목표는 사실의 전달을 넘어 그러한 현상이나 변화를 '이해'하고 '설명'하는 것이다. 다시 말하면 커피가 세계인의 음료가 된 배경이나 원인, 과정 그리고 그 결과를 인간의 삶과 사회 그리고 세계의 여러 국면과 연결하여 '이해'에 도달하도록 노력하였다. 예컨대, '뜨거운 음료'로서 커피의 음용이 미래 지향적 자기통제를 강화하는 추세를 보여준 유럽의 문명화 과정과 어떻게 연결되는지를 이해하려고 했다. 커피에 관한 지식을 넘어선 이런 '관계'에 관한 이해를 통해서만 커피를 둘러싸고 있는 현재의 상황과 문제를 스스로 해석하고 대처할 역량을 높일 수 있다고 보았다. 커피를 깊이 있게 즐기려는 사람이든, 카페를 경영하고 싶은 사람이든, 혹은 커피 공정무역 운동을 하고 싶은 사람이든 이런 이해를 갖추는 것이 실질적인 도움이 될 것으로 생각했다.

커피의 역사는 다양한 주제를 포괄적으로 관찰해야 하지만 너무나 많은 내용을 모두 포함할 수는 없는 일이다. 저자는 그 중에서 어떤 내용을 자세히 혹은 개략적으로 다루고 어떤 내용을 제외시킬지 선택할 수밖에 없었다. 그래서 저자는 그것을 독자에게 미리 설명하는 것이 좋겠다는 생각에 "책의 구성과 내용"을 첨가하기로 했다. 이 책은 커피의 초기 역사라고 할 에티오피아와 예멘 그리고 오스만제국의 커피 역사를 되살리려고 애썼고 유럽과 미국 등 커피소비국의 커피문화에 대해서도 균형 있게 지면을 할애하려고 했으며, 특히 중남미와 아시아 그리고 아프리카에 있는 커피생산국들의 역사와 현실을 차근히 짚어봄으로써 커피재배와 관련한 제국주의 지배와 식민지 주민들의 서로 다른 대응을 놓치지 않으려고 노력했다. 인스턴트커피와 에스프레소커피 그리고 스페셜티커피 등 커피 추출 기술의 변화와 발달 과정은 물론 포함했고 최근 커피 부문에서 일고 있는 제3의 물결에도 주목하였다. 하지만 한국의 커피 역사는 이 책에서 제외했고 일본의 커피문화 역시 다루지 않았다. 한국의 커피 역사는 다른 한 권의 책에 담아 자세히 다루어야 할 중요한 주제여서 우선 세계 커피의 역사를 살펴보는 것에 만족하기로 한 탓이고, 일본의 경우 지리적으로 근접해있을 뿐 아니라 우리의 커피문화와 겹치는 부분이 있어서 한국 커피의 역사를 다룰 때 덧붙여 다루는 것이 오히려 편리하겠다고 보았다.

어떤 부분을 포함하고 어떤 부분을 제외했는지에 대해서는 직접적으로 설명한 경우도 있지만 대부분 각 장의 내용을 종합하고 요약하는 것으로 가름하기로 했다. 이렇게 함으로써 자연스럽게 그 이유가 드러날 것으로 보았기 때문이다.

  이 책의 1장은 카파의 숲속에서 야생으로 자라던 최초의 커피나무 이야기에 돌아가는 것이 마땅하다. 숲에서 자라던 커피나무 이야기로 책을 시작하는 것은 커피나무가 우리 인류와 아주 오랫동안 공존한 식물이기도 하지만, 커피나무의 생존이 숲과의 공생으로 가능했고 커피나무가 없다면 우리가 즐기는 음료로서 커피의 지속가능성 또한 사라지기 때문이다. 다행히 에티오피아 서남부 고원에 위치한 카파는 커피나무의 생육에 가장 알맞은 자연환경을 제공해주었다. 그렇다고 커피나무가 아무런 노력도 하지 않고 마냥 자연을 누리기만 한 것은 아니다. 커피나무는 카페인을 분비하는 등 나름의 생존전략을 구사함으로써 살아남았다. 자연의 혜택과 커피나무의 노력으로 카파의 커피나무는 세계 모든 커피나무의 원조가 될 수 있었다. 이 커피나무가 카파와 에티오피아, 나아가 인류의 커피문화를 이룩한 토대였다. 이 장의 끝머리에서 커피의 초기 전설을 다룬 것은, 커피를 둘러싼 로맨티시즘의 아우라가 그만큼 강하다는 사실의 반영이자 '전설'의 생명력이 길다는 사실을 시인한 결과이기도 하다. 그럼에도 이 책은 '전설'을 빠뜨리지 않고 간단히 정리하는 대신 되도록 '역사'를 찾아내 재구성하는 일에 집중하였다.

  2장의 주제는 인류 최초로 커피를 음용한 곳이자, 야생커피의 채취를 넘어 최초로 커피를 재배한 예멘의 커피 역사이다. 커피는 에티오피아에서 홍해 건너 예멘으로 전파되었고 처음 수피모스크에 발을 들여놓았다. 수피들의 신앙과 명상을 먼저 살펴보는 것은 이 수도종단의 종교적 관습이 커피의 확산에 크게 이바지했기 때문이다. 명상하는 사람들이 모인 이 종단이 없었다면, 그리고 이 종단 사람들이 일상의 삶을 중요하게 여겨 세속에서 다른 사람들과 어울려 살지 않았다면, 커피는 아마도 숲속에 더 오래 남아있어야 했을 것이다. 수피모스크에서 세상으로 나간 커피는 예멘 농부들에 의해 세계 최초로 경작농산물이 되었다. 그들의 노력 덕분에 커피의 역사에 새로운 차원이 열렸고 커피는 주요 상품으로 거래되기 시작했다. 모카 항은 커피수출항으로 비록 짧기는 했지만 번영을 누릴 수 있었고 '모카커피'라는 전설을 만들어냈다. 이 장에서 지역으로는 예멘을 포함한 아라비아 반도 전 지역, 시기로는 19세기 말까지 홍해 주변 커피무역을 한꺼번에 살펴봄으로써 통시적 이해를 도우려했다.

3장에서는 오스만제국을 최초의 '커피제국'으로 관찰했다. 오스만제국이 정치적으로 통일되어 있었고 또 이슬람이란 하나의 종교로 통합되어 있었기 때문에 커피는 쉽게 확산될 수 있었다. 특히 이슬람의 커피 '해석'은 종교와 음식문화의 관계를 고려할 때 중요한 변수의 하나였다. 그래서 쿠란의 가르침과 해석을 중요한 자료로 보고 차근히 살펴보았으나 극소수 2차 자료를 동원한 것에 그쳐 아쉬움이 남는다. 오스만제국 시대에 커피는 기술적인 혁신을 이루었을 뿐 아니라 인류 최초로 커피하우스 문화를 창조했다. '사회적 제도'로서 오스만제국의 커피하우스는 훌륭한 시설과 접대문화 그리고 다양한 놀이의 도입 등으로 그 후 유럽에서 발전한 카페문화의 전범이 되었다. 유럽은 이미 개화한 이 커피하우스문화를 수용하고 모방함으로써, 훌륭한 카페문화를 완성할 수 있었다. 오스만제국의 커피문화가 남긴 유산은 근동 지역에 남아있는 오스만 스타일의 커피음료가 아니라 커피하우스라는 사회적 제도에 있음이 확실하다.

4장은 유럽이 이슬람의 '검은 음료'인 커피를 받아들이게 된 과정을 다룬다. 당시 유럽보다 선진문화였던 이슬람지역 문화를 향한 동경을 넘어 페스트와 같은 사회적 파국의 '기억', 유럽의 음주 관습과 맥주의 폐해, 나와 남 또는 집단들 사이에 '구별짓기'로 나타나는 인간의 사회적 행위와 권력 관계 등이 두루 관련된 이 과정을 초기 여행자들의 기록에서 시작해 추적해 본다. 특히 유럽 사회가 전혀 생소한 커피문화를 어떻게 수용하고 나아가 심화하고 변용했는지를 알아보는 것이 이 장의 주요 내용이다. 그 과정에서 보여주는 유럽 내 여러 나라와 여러 도시 사이의 서로 다른 대응 역시 관심을 둘 만한 일이다. 한 사회라 하더라도 커피문화는 마냥 그대로 지속되기만 한 게 아니라 여러 차례 변화를 겪었다. 예컨대, 잉글랜드는 한때 유럽에서 커피문화 수용에 앞장선 나라였다가 시간이 지나자 차를 많이 마시는 사람들의 나라로 돌아섰다. 이에 반해 처음에는 커피 음용이 그다지 활발하지 않았던 오스트리아는 유럽에서 가장 훌륭한 카페문화를 발전시켰고 독일 역시 출발은 늦었지만 유럽에서 커피를 가장 많이 소비하는 나라가 되었다. 다른 부문이 그렇듯이 커피문화 역시 반전을 거듭하면서 발달했다.

5장에서는 커피재배의 세계화가 닻을 올리고 항해를 시작한 과정을 다룬다. 자바를 식민지로 삼아 커피를 재배한 네덜란드와 실론에서 커피플랜테이션을 시작한 영국에서 출발해, 레위니옹에서 커피플랜테이션을 경영한 프랑스를 거쳐 커피재배가 중앙아메리카로 확산된 과정에 주목한다. 이 과정에 초기부터 원주민에게 강제노동이 부과되었고 특히 여성 노동자에게는 가혹한 성폭력이 더해져 이중의 고통을 안겼다. 빚쟁이가 된 남성 노동자의 삶과 가정은 커피플랜테이션 노동에 저당 잡히고 말았다. 불행은 이게 끝이 아니었다. 아프리카에서 끌려온 노예들이 중앙아메리카 및 남아메리카의 커피플랜테이션에 투입되었다. 유럽에서는 이미 노예제를 폐지했거나 노예제 폐지를 주창하던 시대였음에도 커피농장에서 그것은 한낱 구호에 지나지 않았다. 브라질의 커피플랜테이션에서는 세계에서 가장 늦게까지 노예제가 유지되었다. 하지만 강제노동이나 노예제의 구체적 내용은 나라와 지역에 따라서 서로 달랐고 원주민의 대응 역시 꼭 같지는 않았다. 이 점을 놓치지 않는 것이 커피의 확산과 그 영향에 관한 문화인류학적 이해에 도움이 될 것이다.

6장에서는 19세기 말과 20세기 초에 나타난 그랑 카페 시대의 전후前後에 걸친 여러 국면을 살핀다. '뜨거운 음료'가 강제하는 '시간지속'이 인간의 행위에 미치는 영향을 시작으로 커피와 산업혁명의 관계, 커피가 '부르주아의 생산력'이라는 주장의 사실 여부, 그리고 영국이 차를 더 많이 마시는 사람들의 나라로 전환한 과정과 유럽 내 커피 확산 등을 살펴본 다음 우리가 유럽 카페문화의 이미지로 소비하고 있는 파리와 빈의 그랑 카페를 산책한다. 여기에서 널리 알려진 유명한 문학카페들과 그 고객의 면면을 간략하게 소개한다. 그랑 카페가 들어선 대도시에는 다른 풍경도 있었다. 카페가 확산되던 초기의 일이기는 하지만, 여성은 카페에 마음대로 드나들 수 없었는데, 이것이 '카페크랜츠헨'이라는 여성만의 독특한 커피문화를 낳았다. 그랑 카페가 들어선 대도시에는 노동자카페도 나란히 등장했는데, 특히 파리에서 그 전형을 찾을 수 있다. 커피가 유럽인에게 가장 익숙한 음료가 되자 누구나 커피를 마시고 싶어 했으나, 커피는 여전히 값비싼 상품이어서 대체커피가 등장했고 대체커피 역시 사람들에게 적지 않은 위안을 주었다. 대체커피 산업이 발달한 것은 다른 한편으로는 커피의 확산에 아직 여지가 있었음을 보여준 일이기도 했다.

7장에서는 '자본과 제국의 등에 업힌 커피'라는 제목이 말해 주듯이, 거대 자본과 제국주의적 침탈이 커피의 소비와 생산에 영향을 미친 과정과 그 결과들을 살펴본다. 미국이 최대의 커피소비시장으로 등장하면서 생산국에 미치는 영향력 또한 강력해졌다. 미국에서 거대 로스팅 기업들이 출현한 것은 커피가 막대한 이윤을 내는 산업으로서 투자의 대상이 되었기 때문이다. 최대 커피생산국으로 발돋움한 브라질에서 커피생산은 산업화를 견인하기도 했지만 지역들 사이에 경제력의 격차와 지역 내 사회적 차별을 심화하는 결과를 빚었다. 그래서 브라질 사람들에게 커피는 민족정체성의 일부로 포섭되지 못한 채 오랫동안 브라질 역사의 외부에 머물러 있었다. 반대로 소농 중심으로 생산이 전개된 콜롬비아에서 커피는 민족의 긍지와 정체성의 일부였다. 자본과 제국주의 그리고 인종주의가 지배한 과테말라에서 원주민들은 커피재배의 확산에 따라 자신들의 고향을 떠나야 하는 운명에 내몰렸던 데 반해 코스타리카 농부들은 정부의 지원정책에 힘입어 작은 규모지만 '행복한 커피'를 생산했다. 각 커피생산지에서의 여성의 삶 역시 꼭 같지 않았다. 커피생산이 니카라과 여성에게는 족쇄가 되었고 멕시코 베라크루스 지역 여성에게는 오히려 용기를 주었다. 아프리카의 커피생산은 19세기 말 쇠퇴에 직면했으나 20세기에 다시 성장하기 시작했다. 그러나 탄자니아 킬리만자로와 카메룬 바미레케의 사례에서 볼 수 있듯이, 20세기 후반까지 커피 밭은 분쟁과 빈곤을 가장 잘 보여주는 힘겨운 삶의 현장이었다. 이런 지역의 커피 밭에서는 세월이 문제를 해결해 주지는 않는다는 것을 다시 한 번 확인할 수 있다.

 8장에서는 20세기에 어떻게 해서 커피의 위상이 흔들리게 되었는지를 먼저 살펴본다. '신분상징' 음료로서 고상한 지위를 누리던 커피는 20세기 초에 들어 그 지위를 잃게 되면서 위기의 시대를 맞았다. 곧이어 나타난 세계대전과 경제위기는 커피에 다시 충격을 가했다. 그러나 커피는 전쟁의 시기에 가장 편리한 인스턴트커피로 개발되어 병사들의 사랑을 받았고 전후에는 가정으로 파고들었다. 인스턴트커피의 원료로 쓰인 로부스타종 커피의 생산이 아프리카와 아시아에서 크게 증가했고 베트남을 대표적인 커피생산국의 하나로 밀어 올렸다. 위기의 시대에 커피 추출에 기술적 혁신이 이루어지기는 했으나 그 혁신은 소수 기업의 탐욕에서 비롯된 것으로 커피음료의 품질을 오히려 떨어뜨렸다. 한편 이탈리아에서 오래전에 개발된 에스프레소가 1980년대 말부터 사람들에게 호응을 얻기 시작하더니 곧바로 커피소비의 대세로 자리 잡았고 스페셜티커피를 향한 기호 역시 증가했다. 인류의 미각이 인스턴트커피에 만족할 수 없을 정도로 발달한 것이 배경이었다. 그리고 '세계화'의 시대가 찾아왔고 커피시장의 권력이 무제한의 수익이라는 탐욕에 목적을 둔 다국적 기업으로 집중되는 현상이 빚어졌다. 세계화가 갖는 이중적이고 역설적인 효과가 커피의 미래에 어떤 영향을 미칠지 많은 사람의 긴장을 고조하고 있다.

9장에서는 커피생산 및 소비의 지속 가능성을 묻는다. 커피생산이 확대되면서 숲에서 자라던 커피가 숲을 먹어 들어가고 있고 생두 정제과정이 수질 오염을 일으키고 있으며, 농부들의 건강이 악화돼 사회적 지속가능성을 걱정하게 되었다. 이런 문제들을 해결하기 위해 태동한 유기농 커피와 공정무역 운동은 가능성과 한계를 동시에 안고 있다.

책을 닫으면서 저자는 '커피의 시대'를 위하여 몇 가지 제안을 하기로 했다. 비록 아주 단순하고 간단하지만 실현되기만 하면 크든 작든 커피산업에 영향을 미칠 수 있고 적어도 독자들의 커피향미가 더욱 짙어질 것으로 기대한다. 끝으로 참고자료 목록의 작성에 정성을 기울였다. 커피가 갖고 있는 경제적 중요성과 커피를 둘러싼 정치와 사회 그리고 문화적 맥락을 좀 더 깊이 연구하는 데 도움이 될 것으로 기대한다.

1장

카파의 숲속에 커피나무가 있었다

사람의 발길이 닿지 않는 숲속에 커피나무가 자라고 있었다. 커피나무는 자연 상태에서 보통 높이 4미터 정도 자라고 아주 큰 나무는 10미터까지 자라기도 하지만, 대부분 키가 작아 다른 나무의 그늘에서 자랐기에 울창한 숲이 낮 동안에 내리쬐는 열대의 강렬한 태양을 막아 주었다. 이뿐만 아니라 커피나무가 처음 자라던 곳은 해발 고도가 높은 고원지대여서 비교적 기온이 서늘했다. 커피나무는 연중 한 번이라도 서리를 맞으면 잎이 말라버리지만 그곳에는 서리가 내리는 일이 거의 없어 재해를 피할 수 있었다. 메마른 건기가 없었던 것은 아니지만 우림雨林을 만들만큼 충분한 비와 비교적 온화한 기후 그리고 물이 잘 빠지는 토양 덕분에 커피나무는 잘 자랐다. 자연이 베푼 환경의 혜택 아래 커피나무는 잎을 틔우고 꽃을 피울 수 있었다. 커피나무가 원초적 생명력을 발휘하며 수십 세대를 이어 온 긴 시간 동안 인류는 그 존재를 전혀 알지 못했다. 나무들 사이로 비치는 햇살에 반짝이는 잎들을 한껏 드러내면서 커피나무는 자신의 존재를 알리려고 했지만 사람들은 오랫동안 그 나무를 발견하지 못했다. 커피나무는 큰 키의 다른 나무들에 가려져 있거나 다른 관목들에 묻혀 있었고 심지어 커피나무에 하얀 꽃이 만발하거나 빨간 열매가 맺혔을 때에도 아주 멀리 떨어져 있어 사람의 눈에 잘 띄지 않았다. 그러던 어느 날 인류는 우연히 그 나무를 발견했고 그 후부터 이 나무의 열매를 자신의 삶의 일부로 만들었다.

1. 카파의 자연과 커피나무의 생존전략

커피나무는 겨우 인간의 한 세대(30여 년)동안만 평균적인 양의 열매를 맺고 길어야 100년이면 수명을 다했다. 하지만 다음 세대가 열매를 맺는 일을 이어받았고 그 다음 세대 역시 그렇게 해서 종의 존속을 이어갔다.

열대 우림의 건기가 지나고 우기가 시작되면 숲은 온통 물안개로 뒤덮였다. 커피나무가 자라기 시작한 지 4~6년이 지나면 첫 번째 우기가 끝나자마자, 커피나무 위에는 흰색 꽃잎이 봉오리를 터뜨리면서 활짝 피어났다. 자그마치 약 3만~4만 송이가 넘는 꽃이 피어나 재스민 향과 비슷한 커피 꽃의 향기가 온 산으로 퍼져나갔다. 핀 꽃은 오래가지 않고 3~4일 후에는 떨어지고 말았지만, 다른 꽃봉오리들이 연이어 꽃망울을 터뜨려 개화기는 12주에 이르기도 할 만큼 비교적 길고 오래 지속되었다.

열매를 맺기 위해서는 수정이 필요했으며 커피 꽃 한 송이 한 송이의 수정 기간은 아주 짧았다. 꽃이 피었을 때, 겨우 몇 시간 안에 수정이 이루어져야 했다. 이때 벌과 곤충이 부지런히 움직이면서 이 일을 맡아주었고 부드러운 바람도 수정을 도왔다. 너무 센 바람은 꽃을 떨어뜨리기 때문에 바람으로부터 보호해 주는 다른 나무들의 도움은 언제나 고마운 일이었다.

수확 직전의 커피 체리
커피나무에서 잘 익은 체리를 따서 과육을 제거한 후 씨앗을 말리고 로스팅을 거쳐
음료로 서비스하는 전 과정은 약 40여명의 손을 거쳐야 완성된다.

이런 여러 도움에도 기회를 잡지 못한 꽃들은 나무 아래로 떨어져 숲 속으로 사라지고 말았다. 다행히 수정이 이루어지면 두 개의 작은 타원형 씨앗을 품은 녹색 열매가 맺히고 서서히 익어가기 시작했다. 쏟아지는 비를 참아내고 낮 동안의 뜨거운 태양을 견디고 계곡에서 이는 밤바람의 서늘함을 즐기면서 서서히 익는다. 그 기간이 자그마치 7~9개월에 이르는 일도 잦았다. 밤과 낮의 일교차가 크고 좀 더 서늘한 곳에서 자랄수록 커피 열매는 더 풍부한 향미를 품으면서 아주 단단해졌다. 커피 열매는 시간이 흐르면서 녹색에서 노란색으로 바뀌고, 마침내 다 익으면 짙은 붉은 빛을 띠게 된다. 작고 빨간 열매는 그 모습이 체리와 비슷해서 흔히 커피 체리 또는 커피 베리라고 부른다.

커피나무와 주변 나무들에 새들이 날아와 이 나무에서 저 나무로 폴짝거리면서 친구들과 재잘거렸다. 새들은 나무그늘에서 쉬기도 하고 비를 피하기도 했지만 놀기만 하는 것은 아니었다. 새들은 커피나무를 괴롭히는 해로운 곤충을 잡아먹기도 하고 나무 아래로 배설물을 떨어뜨려 부족한 영양분을 보탰다. 이뿐만 아니라 새들은 잘 익은 열매를 가려 따 먹었는데, 달콤한 과육을 맛있게 먹는 대신 과육 안에 든 씨앗은 다른 곳으로 가져가 버렸다. 열매를 맺더라도 거두는 사람이 없는 숲속에서 새의 이런 먹이활동은 움직일 수 없는 커피나무가 주변 지역으로 자손을 퍼뜨리는 일에 결정적인 도움이 되었다. 이 사실을 잘 알고 있는 농부들은 커피나무를 "새가 심었다"고 말하기도 했다. 이 말은 새와 커피나무가 서로 도움을 주고받으면서 공존 공생하는 것을 탁월하게 표현한 것이다. 새의 먹이가 되지 못한 열매들은 나무 아래로 떨어져 그 자리에서 다시 작은 나무로 태어나기만을 오랫동안 기다려야 했다.

새싹이 돋고 열매 맺기를 반복하면서 얼마나 긴 시간이 흘러갔을까? 커피가 지구상에 자라기 시작한 시기를 정확하게 확정하는 것은 불가능에 가깝다. 그러나 최근 발전한 인류식물학 Ethnobotany*은, 아무리 짧게 잡더라도 이미 수천 년 전부터 커피나무가 야생으로 자라고 있었다고 추정한다. 길게는 약 1만 년에서 1만 5천 년 전부터 커피나무가 야생

* 인류식물학 Ethnobotany : '민족식물학'이라고 부르는 경우가 많았다. 1895년 미국의 식물 지리학, 생태학 및 병리학자인 존 윌리엄 하시버거 John William Harshberger (1869-1929)가 처음으로 이 용어를 사용했다. 특정 지역의 토착민이 가진 전통 식물 정보를 연구한다는 점에서 '민족식물학'이라고 할 수 있지만 점차 식물과 인간 문화의 상호관계를 연구하는 학문으로 발전해 영양, 생화학, 건강 및 치료 등 인간의 삶에 중요한 의미를 갖는 요소들에 미치는 식물세계의 영향으로 연구의 폭을 넓혀가고 있어 '인류식물학'이라고 하는 경우가 늘고 있다.

으로 자라고 있었다는 주장까지 제기되고 있다. 아무튼 인류가 문명을 이루기 이전 긴 세월 동안 커피나무는 사람의 발길이 닿지 않는 곳에서 굳건하게 생명력을 유지하고 있었다. 씨를 뿌린 사람도 없었고 돌보고 가꾸는 사람도 없었지만 커피나무는 열대우림의 자연과 자연 속 친구들 덕분에 싹을 틔우고 잎을 내고 열매를 맺는 과정을 반복하면서 후손을 남겼다.

커피생육에 알맞은 카파의 자연

커피나무는 어디에서나 자라는 나무가 아니다. 커피나무는 생육 조건이 까다롭고 또 와인처럼 자라는 지역의 테루아 terroir 에 따라서 품질의 차이가 크다. 커피나무는 같은 품종이더라도 그것이 자라는 지리적 위치, 즉 위도와 고도의 영향을 받아 향미가 다른 열매를 맺는다. 먼저 위도는 커피나무의 생육에 결정적인 영향을 미치는 요소로서, 약간의 편차를 두고 북위 23도와 남위 25도 사이의 열대 및 아열대지역(커피벨트)에서만 생육이 가능하다. 한편 해발 고도는 높을수록 커피 열매가 더 단단하고 섬세한 신맛과 탁월한 감칠맛을 더 풍부하게 품게 된다. 토양은 땅이 성글어 공기가 잘 통하고 배수가 잘 되는 곳이 좋고 중성 내지 가벼운 산가酸價를 지닌 흙이 좋다. 특히 화산재가 퇴적한 곳에서 고급스러운 향미를 내는 커피가 자란다. 커피나무 생장의 기후 조건 또한 까다로운데, 섭씨 20도 내외의 기온은 물론이고 태양과 바람의 세기가 적당해야 하고 연중 1,500~2,000밀리미터의 강우량이 필요하다.

자연환경이 이런 조건을 충족해 커피라는 식물(정확하게는 Coffea arabica L.)의 원종이 처음 야생하던 곳은 에티오피아의 서남부 지방 카파 Kaffa(또는 Kafa)이다. 커피의 시원지 始原地 가 카파라고 말한 첫 번째 사람은 18세기 스코틀랜드 여행가 제임스 브루스 James Bruce (1730-1794)였다. 그는 커피가 카파에서 나오며 "카파에서 나일 강변까지 어디서든 상당히 많은 수가 자생하고" 있다고 말했다.¹ 그는 여행가로서 12년 동안 북아프리카와 이집트에 머물렀고 이집트에서 수단으로 흐르는 청나일 강의 원류를 유럽인으로서는 최초로 확인하는 성과를 낸 사람이었다. 그러나 당시 그의 말을 믿어준 사람은 없었는데, 아마 그가 식물학자도 지리학자도 아니었다는 사실이 크게 작용한 것으로 보인다. 그 후 독일의 지리학자 칼 리터 Carl Ritter (1779-1859)가 1847년 카파 지역을 탐사하고 카파가 야생커피의 원산지임을 확인하였다.² 칼 리터는 알렉산더 폰 훔볼트 Alexander Von Humboldt (1769-1859)와 함께 과학적 지리학의 기초를 마련한 지리학자로서 자신의 대표저서인 《지리학》 시리즈의 제1권을 아프리카에 할애할 정도로 아프리카 연구에 심혈을 기울였고 노예제 반대 운동가로도 활동한 사람이었다. 리터의 학문적 성취는 중국의 리터산맥, 캘리포니아의 리터산, 그리고 달 표면의 리터분화구에 그의 이름이 붙을 만큼 탁월했고 그의 제자들 역시 지리학과 지형학 그리고 자연지리학 등에서 훌륭한 연구 성과를 내 그의 연구를 심화했다.* 리터의 탐사 이래 다른 여러 연구가 더해지면서 현재 인류식물학자 대다수가 커피의 시원지가 카파라는 데 동의한다. 인류식물학자 중 일부에서 커피가 수단 남부지역에서 야생으로 자라기 시작하여 카파로 옮겨졌을 것으로 추정하는 사람이 있으나 이에 대한 근거가 충실하지 않아 받아

---

* 독일의 아프리카 연구자로 탐험가 리빙스턴 David Livingstone (1813-1873)에 비교될 만한 하인리히 바르트 Johann Heinrich Barth (1821-1865), 현대 지형학의 창시자 폰 리히트호펜 Ferdinand von Richthofen (1833 -1905), 스위스 태생으로 뉴저지대학(오늘의 프린스턴대학)의 자연지리학 교수를 지냈고 미국 국립 과학 아카데미의 창립 멤버였던 헨리 기요 Arnold Henri Guyot (1807-1884) 등이 그의 제자이다.

지도 1. 에티오피아와 카파의 지형

들여지지 않고 있다.

　카파는 역사적 변화에 따라 포함지역을 다소 달리하기는 했지만 개략적으로 북위 7~8도 사이, 동경 36~37도 사이가 중심 지역을 차지하고 있는데, 커피나무의 생육조건을 모두 충족하고 있는 곳이다. 적도에 가까워 얼핏 생각하면 너무 더운 날씨 탓에 식물이든 동물이든 생존이 어려울 것으로 보이지만 3,300미터에 이르는 높은 산봉우리를 포함해 1,200-3,000미터에 이르는 고지가 대부분이어서 연중 섭씨 12도와 26도 사이를 오르내릴 정도로 기후가 온화한 곳이다.

　카파의 기후는 건기와 우기로 뚜렷이 나뉘는데, 우기는 4월부터 9월까지 이어지고 특히 6월 중순부터 7월 말까지는 거의 매일 비가 쏟아진다. 카파 지역의 연중 강우량은 1,500-2,500밀리미터이고 오랫동안 카파왕국의 수도였던 봉가(북위 7도 16분 동경 36도 15분)의 강우량은 연간 1,800밀리미터 이상에 이른다. 이 지역의 습도는 연중 70퍼센트 정도여서 후덥지근한 기운이 느껴지기도 하는 곳이었으나 커피나무는 잘 견디면서 그런 날씨에 적응했다.

　카파 지역의 토양은 땅이 성글어 공기가 잘 통하고 배수가 잘 되는 중성 내지 가벼운 산가를 가지고 있었고 표층에는 나뭇잎이 쌓여 부식토 함량이 높았다. 커피나무에 충분한 양분이 공급되었을 뿐 아니라 열대성 호우와 풍화 시에 토양의 유실을 막아 주는 역할을 했다. 꽃이 필 때면 계곡을 타고 불어오는 바람이 꽃의 수정을 도왔고 숲속에 함께 살고 있는 수많은 벌과 곤충 역시 부지런히 움직이면서 커피나무가 많은 후손을 얻도록 돕고 있었다.

　울창한 숲으로 이루어진 고원지대인 카파는 인류식물학의 관점에서 커피의 생육에 아무런 부족함이 없는 곳이었다. 카파지역 열대우림에는 약 5천 종이 넘는 야생 식물이 자라고 있어 야생 식물종의 보고이다. 풍부한 식물자원이 존재하는 이곳에서 커피의 원조가 함께 살았다고 보는 것은 대단히 자연스럽다. 뿐만 아니라 에티오피아 커피 총 생산량 중에서 야생커피가 5퍼센트 정도를 차지하는데, 특히 카파지역에 지금도 유전적으로 다양한 커피나무가 야생으로 자라고 있고 수확량 또한 상당한 수준에 이른다.[3] 인종학자이자 이슬람지역 전문 연구자로서 파리의 인류학 박물관에서 일하는 엘렌 데스메-그레구아르 역시 인류식물학을 근거로 수천 년 동안 야생으로 자란 커피의 요람은 에티오피아의 카파가 확실하다고 썼다.[4] 그동안 이루어진 연구 성과들을 종합해 유네스코 역시 2010년 6월, 커피나무의 시원지가 카파라는 것을 공식적으로 선언하면서 이 지역을 생물권 보존지역으로 등재하였다.

또한 카파의 커피문화 역시 이곳이 커피의 시원지임을 확인해 주고 있다. 카파에는 죽은 사람과 함께 커피를 묻어주는 풍습이 남아있는가 하면 '염소치기 목동 칼디'의 전설이 원형에 가장 가깝게 전해져 내려오고 있다. 에티오피아 커피재배 지역 전체로 확산한 커피 의례 역시 지금은 간소화되기는 했지만 카파에서 거의 원형 그대로 만날 수 있다는 점도 카파기원론에 힘을 실어준다.

카파 사람들에게 커피는 자연에서 얻을 수 있는 중요한 식품 자원의 하나였다. 그러나 카파 사람들이 커피를 먹기 시작한 연대를 정확하게 알기는 대단히 어렵다. 다만 2004년과 2005년 미국-프랑스 연합 고고학 프로젝트 팀은 봉가 남쪽, 만키라에서 멀지 않은 곳 바위 틈새 피난처에서 원시적인 부싯돌과 도구들 그리고 커피콩을 찾아냈다. 팀의 보고에 따르면, 그 커피콩은 탄소 연대 측정값으로 최소한 1800년 전의 것이라고 한다.[5] 그러나 이 발굴만으로 고고학적 발견이나 과학적 연구가 충분하다고 하기 어려워 언제부터 카파 사람들이 커피를 활용했는지에 대해서는 여전히 밝혀야 할 것이 많다.

카파의 역사

카파는 어떤 역사를 가진 곳이었을까? 카파의 고유 언어인 카피초(현지어로 '카피노노')나 에티오피아 최대 종족인 오로모족의 오로모어로 'Ka'는 '신'을, 'Afa'는 '만물이 소생하는 땅'을 의미해 카파는 '신이 주신 풍요로운 땅'이란 뜻이다. 오래전부터 사람들이 살고 있던 이 지역이 유럽에 처음 알려진 것은 1632년 프랑스인 마뉴엘 드 알메다Manuel de Almeida에 의해서였으며, 1938년《카파의 황제 신 Zum Kaisergott von Kaffa》이라는 책을 쓴 독일인 막스 그륄Max Grühl은 완전히 고립된 오지라는 의미로 "아프리카의 티베트"라고 불렀다. 그륄은 또 카파의 지형적 특성을 신화로써 설명했다.

> 창조주가 중부 아프리카에 위대한 원시림을 창조할 때 그 중 한 조각을 떼어내 루돌프호수(지금의 투르카나 호) 북쪽 산악지대로 던졌다. 카파라는 흑암의 아름다운 삼림지는 그렇게 탄생했다.[6]

이곳에 서기 1390년경 카파왕국이 건설되었고 17세기 말부터 강력한 통일국가로 성장했다. 카파왕국은 12개 지역으로 나누어진 행정조직을 갖춘 독립국가로서 왕이 모든 것을 결정했다. 카파는 초기 유럽인들이 생각한 것처럼 완전히 고립된 지역이 아니었다. 카파는 곧 수도가 된 봉가에서 시작해 북부 에티오피아로 연결된 내륙 교역로와 멀리 북동쪽으로 동부 지역의 정치와 상업 중심 도시이자 아라비아 반도와의 핵심교역 도시인 하라르Harrar 또는 Harar를 거쳐 홍해 건너 아덴만으로 이어지는 교역로에 닿아 있었고 남동쪽으로는 소말리아 해안까지 그리고 이웃 수단으로 가는 교역로의 역할 또한 톡톡히 해냄으로써 상업적으로 발전한 곳이었다.

카파는 금이나 상아, 향료 등을 내다 팔기도 했지만 가장 중요한 것은 노예무역이었다. 남쪽의 부족을 습격하거나 전쟁 포로, 공물, 혹은 노예시장에서 노예를 충당했고 빚쟁이나 간통죄를 저지른 여성을 노예로 팔기도 했다. 아무런 이유도 없이 노예로 팔려간 사람도 물론 포함하고 있었다. 카파의 노예무역이 얼마나 성행했던지 19세기까지 이런 관행이 이어졌고 19세기에 유럽인들이 카파지역에서 구입한 노예만 매년 7,000명에 달했다고 한다. 에티오피아의 한 학자는 1800년대 전반 50년만 해도 소말리아-지부티 항구를 통해 유출된 노예수가 125만 명은 될 것이라고 추정했다.7

그러나 카파왕국은 점차 중요 교역로를 상실하면서 국력이 쇠약해졌고 반대로 강력한 제국으로 부상한 에티오피아의 황제 메넬리크 2세(재위 1889-1913)에 정복당해 1897년 에티오피아제국에 합병되고 말았다. 에티오피아는 기원 전 980년경에 왕국으로 출발했다. 아라비아어 사용 지역에서는 이 나라를 전통적으로 알하바샤로 불렀고 여기에서 유래하여 오랫동안 에티오피아는 아비시니아(Abessinia, 드물게 Abyssinia로 표기하기도 한다)제국으로 알려져 있었다. 그러니까 좀 더 정확하게 말하면, 카파왕국은 당시 아비시니아제국 고지의 서남부에 있는 독립왕국이었다가 아비시니아제국에 편입되었다. 아비시니아제국에 편입된 19세기 말 카파왕국의 북쪽 경계는 서부에서 동부로 흘러 오모강으로 합류하는 고제브강(이 강의 북부에 오로모Oromo 왕국이 있었다)이었고 동북부로는 짐마Jimma(Jima나 Jimmah로도 표기) 왕국과 경계를 접하고 있었다. 한때 백만 명의 인구를 가졌다고 전해지는 카파는 아비시니아와의 전쟁으로 60퍼센트 가까운 사람이 죽거나 난민이 되었고 20세기 첫 4분기 동안 거의 10만 명 가까이로 줄었다.8 1995년 에티오피아가 연방민주공화국으로 재편되면서 카파는 에티오피아의 작은 행정구역으로 축소되어 11번째 지방인 남서지방에 통합되어 있으며 넓이는 약 5만 4,600평방킬로미터에 달한다.

카페인, 커피나무의 생존전략

카파의 자연환경 덕분에 커피는 종족을 보존하고 나아가 다른 지역으로 점차 확산할 수 있었다. 그럼 커피나무는 아무런 노력도 없이 마냥 자연의 혜택에만 기대고 있었을까? 결코 그렇지 않다. 커피나무 역시 생존을 위해 필사의 노력을 기울였다. 커피나무 안에 생존을 위한 유전자가 있었고 그 유전자는 열심히 활동을 전개했다.

커피나무의 어린잎은 연한 녹색을 띠는데, 점차 자라면서 짙은 녹색으로 바뀐다. 잎의 윗면은 색상이 더 짙지만 더 매끈하고 반짝이며 밑면은 조금 더 밝고 부드럽다. 나뭇잎을 손으로 만져보면 가죽과 비슷한 질감을 준다. 잎은 길이 8~15센티미터, 폭 4~6센티미터까지 자란다. 뿌리는 풍부한 영양을 찾아 관처럼 뻗어나가 땅속 1~2.5미터까지 내려간다.

잎 주변 나무줄기에 재스민을 닮은 흰색 꽃이 맺히는데, 꽃이 많이 필수록 그리고 수정이 많이 이루어질수록 수확량도 많다. 숲 전체로 보면 커피나무들이 꽃을 피우는 개화기는 비교적 길다. 그러나 각각의 꽃은 3~4일 후면 꽃잎이 떨어질 정도로 비교적 짧은 시간만 피고 진다. 더구나 수정은 몇 시간 안에만 가능하고 수정이 이루어지지 않으면 열매를 맺지 못한다. 이때 부드러운 바람이나 곤충의 도움이 반드시 필요하다. 벌이나 나비가 찾아와 꽃가루를 묻혀 옮겨주어야 하고 다른 여러 곤충의 도움을 받아야만 한다.

그런데 이것은 커피나무를 취약하게 만드는 원인이 되기도 했다. 어디에서나 그렇듯이 유익한 곤충이 있는가 하면 해충이나 곰팡이도 있었다. 열대 우림 속에서 커피나무에 몰려들어 그 생존을 위협하는 곤충이나 해충이 약 900종 이상에 이르렀다.[9] 현재 세계 여러 커피농장에서 커피나무를 괴롭히는 균류나 해충을 들면, 커피나무 잎의 뒷면을 공격하여 황색반점을 일으키고 그로부터 3년 후에 나무가 말라 죽게 하는 커피녹병 균, 커피 체리 표면에 암갈색 둥근 반점을 만드는 탄저병의 원인이 되는 체리곰팡이, 커피 체리 안에서 부화하여 열매를 먹어치우는 좀벌레 등이 있다. 당시에도 균류가 커피나무를 괴롭혔는지는 확인할 길이 없지만, 우림의 습한 숲속에는 수많은 해충이 공격을 일삼고 있어서 그들을 물리치지 못할 경우 커피나무는 살아남기 어려웠을 것이다.

커피나무는 한편으로 수정에 유익한 벌이나 곤충을 불러들여야 할 필요가 있고 다른 한편으로는 해충을 물리칠 살충제 역할을 할 물질이 필요하다. 카페인이 그런 물질로서 가장 유력하다. 비록 과학자들 사이에 완벽한 일치를 보이는 것은 아니지만 커피나무가 해충을 방어하기 위해서 카페인의 진화를 일으켰다고 가정하는 것은 상당히 논리적이다. 커피나무 외에도 카페인을 생산하는 식물은 약 60종에 이른다. 이 식물들이 생산하는 카페인은 잘 알려진 대로 알칼로이드(메틸크산틴)이다. 이 쓰디쓴 알칼로이드를 생산 분비함으로써 이 식물들은 해충, 박테리아 그리고 균류를 물리치고 잡초의 성장을 억제한다. 이 점에서 카페인은 "화학적 보디가드"라고 부를 수 있다.[10] 그런데 카페인 생산에는 성장에 필수적인 질소가 필요하다는 딜레마가 있다. 카페인을 생산하면 성장을 할 수가 없고 카페인이 없으면 병충해를 막을 수 없다. 커피나무 또한 이 점에서 다른 식물과 다르지 않다.

커피나무는 좀 더 정교한 생존전략을 구사한다. 처음에는 자기 몸에서 가장 취약한 조직인 어린잎에서 카페인을 제조하는 것이다. 그 결과 부드러운 잎을 먹고 사는 해로운 곤충과 달팽이를 쫓아낼 수 있다. 그러나 이 잎이 자라고 강해지면 커피나무는 카페인을 여러 용도로 나누어 사용한다.

카페인의 일부는 점점 줄어드는 배젖에서 빠져나와 부근 땅속으로 퍼진다. 이 카페인이 근처에 있는 다른 식물 뿌리의 성장을 억제하고 다른 씨앗의 발아를 막는다. 그러니까 커피콩은 경쟁자인 다른 나무와 풀의 성장을 억압하여 죽이는 방법을 알고 있는 셈이다. 자기가 서 있는 곳 근처가 모두 자기 영역임을 확실히 선언하는 것이다. 이것이 해충을 방어하는 것만큼이나 커피나무의 진화에 커다란 이점을 준 것은 더 말할 나위가 없다.

그러나 커피나무가 가진 카페인의 진화는 이보다 더 놀라운 일을 수행한다. 잎이 성장하고 나면 커피나무는 자기가 만든 카페인 중 많은 양을 꽃으로 옮긴다. 여기저기로 돌아다니던 카페인이 꽃의 꿀에 모이는 것이다. 커피나무가 해충이나 곤충을 물리치기 위해서 만든 카페인을 왜 벌이나 곤충이 필요한 꽃에 모아 두는지 의문을 가질 수 있다. 여기에서 우리는 그렇게 모인 카페인의 양에 주목해야 한다. 커피나무는 벌이나 곤충이 먹고 죽을 정도로 많은 카페인을 꽃에 모으지는 않는다. 그저 곤충이나 벌을 불러들이는 데 방해가 되지 않을 수준의 카페인만을 꽃으로 보낼 따름이다. 적당량의 카페인은 해충을 내쫓는 역할을 하면서 다른 한편으로는 수분에 유용한 곤충이 다시 찾아들게 만드는 역할도 한다. 벌이나 나비 또는 다른 곤충은 카페인에 중독되어 다시 카페인이 있는 꽃을 찾는 일종의 '중독현상'을 일으키는 것이다. 이렇듯이 커피나무는 현명한 생존전략을 구사한다. 그렇게 해서 커피나무는 열매가 맺히기를 기다렸다가 열매가 맺히면 그 열매에 최종적으로 카페인을 저장한다. 커피콩은 다른 여러 향미 성분을 품고 있는 동시에 카페인 역시 안고 있다. 그래서 우리가 커피콩을 볶아 마시면 우리는 자연스럽게 커피콩에 든 카페인을 섭취하게 된다.

결국 우리 인간 역시 카페인의 유혹에 이끌려 매일 아침 커피를 찾는지도 모른다. 물론 사람의 경우 커피를 마시지 않는다고 해서 금단현상이 뚜렷이 나타나지는 않기 때문에 의학적으로 커피의 카페인에 중독된다고 하기는 어렵다. 그러나 중독이 아니라 하더라도 매일 아침 커피를 마시는 사람은 카페인을 찾아 마신다고 할 수 있다. 카페인의 약리 효과 내지 해로움이 끊임없이 논란의 대상이 되고 있음에도 인류의 '커피 마시기'는 계속되고 있다. 이 사실은 인류가 카페인을 찾아 커피를 마신다는 생각에 한 근거를 제공한다고 하겠다.

모든 식물은 스스로를 보호하기 위해 약간의 독을 품고 있다. 그럼에도 우리 인간은 독이 든 식물을 찾아 먹는다. 명백하게 건강을 해칠 정도로 지나치지만 않으면 인간은 독이 든 식물을 즐겨먹는다. 아마 독성이 든 식물에 중독된 채로 끊임없이 그 식물을 찾는지도 모른다. 사람들이 커피를 좋아하는 것 역시 그런 현상의 하나가 아닐까? 커피의 카페인은 우리 인간에게 어떤 작용을 할까?

식물에 든 카페인은 인간에게 활력소로 작용한다. 인류는 초기부터 카페인이 기분을 향상하고 그것을 함유한 식품에 풍미를 더해주는 유용한 물질이라는 것을 알았다. 그런 식물은 항산화물과 아미노산을 제공하는데, 이것이 건강에 이로운 풍미와 아로마를 더 높인다고 여겼다. 어떤 연구자는 인간 사회와 카페인 함유 식물의 확산 사이에 공통의 진화과정이 있을 개연성을 지적함으로써, 식물이 번식 과정에 인간의 도움을 끌어들이기 위한 전략으로서 생산한 카페인이 인간의 진화를 도왔다고 생각했다.[11] 이를 토대로, 커피의 시원지인 에티오피아에서 최초의 인류가 발전한 것은 우연의 일치가 아니라는 주장까지 나왔다.[12] 아무튼 커피의 카페인은 초기부터 의학적 효용성과 에너지원으로 인정받았다.

　그렇다고 해서 커피의 카페인이 커피가 인류에게 지속적으로 그리고 아주 폭넓은 인기를 얻게 된 비결이라고 단정하는 것은 섣부른 판단이다. 왜냐하면 카페인을 품고 있는 식물은 커피 이외에도 많기 때문이다. 차의 잎이나 카카오, 콜라 열매 등이 모두 카페인을 품고 있다. 그러나 이런 물질들의 선호 지역이나 소비량은 커피와 견주기에 상당히 어려운 수준이다. 많은 사람이 카페인을 제거한 커피 음료나 약하게 한 커피를 마시기도 하고 여러 지역에서는 아예 다른 음료를 대체음료로 마시기도 하지만 그럼에도 커피는 세계에서 가장 많이 소비되고 가장 인기가 높은 음료이다. 단지 카페인 때문만이 아니라 다른 요소가 커피 마시기에 작용한다고 보는 것이 타당하다. 카페인을 포함한 커피의 '물성' 이외에 다른 여러 요소를 '문화'라는 말로 통칭할 수 있을 것이다. 따라서 커피를 하나의 음료로서만이 아니라 '문화'의 일부로서, 그리고 인류 역사의 한 부분으로서 관찰하는 것이 우리가 커피의 대중성에 대한 답을 찾는 데 도움이 될 것이다.

세계 모든 커피의 원조가 되다

　에티오피아 카파의 커피는 세계 거의 모든 커피의 원조이다. 커피는 식물분류학에서 꼭두서니 Rubiaceae 과의 코페아속 Coffea genus 에 속하는데 코페아속에는 124개 종이 있다. 그 중에서 널리 재배되고 상업적 가치가 있는 종은 아라비카종 coffea arabica 과 로부스타종(카네포라종 coffea canephora 이라고 부르기도 한다) 뿐이다. 그런데 로부스타종은 그 기원이야 오래된 것으로 볼 수도 있지만 19세기 말경이 되어서야 상업적인 경작을 시작했고 또 지금도 주로 저지대에서 길러 품질 면에서 아라비카종 커피에 크게 뒤진다. 세계 커피생산량의 약 60퍼센트를 차지하는 아라비카종이 커피 가운데 훌륭한 커피의 대명사이다. 에티오피아에서 생산하는 모든 커피가 아라비카종일 뿐 아니라 오랜 세월 동안 해당 지역에서 재배해온 탓에 '재래종'이라고 부르는 예멘종이나 수마트라종 역시 아라비카종의 후손이고 마르티니크에서 여러 지역으로 전파된 티피카종도 아라비카가종이 그 원종이다.

에티오피아에 아라비카종의 여러 변종이 있음에도 불구하고 에티오피아 커피가 아라비카종의 특성을 유지할 수 있었던 것은 이화수분異花受粉을 하는 로부스타종과 달리 자화수분自花受粉을 하는 품종이기 때문이었다. 자연교배나 인공교배 혹은 돌연변이를 통해 여러 종의 커피가 개발되었지만 그 기원은 모두 아라비카종에서 유래했다. 에티오피아의 게이샤에서 발견되어 세계 여러 지역으로 확산된 게이샤Gesha 커피 역시 "재래종"으로 분류되는 개성 있는 커피이지만 아라비카종을 조상으로 가진 커피이다. 그러니 세계의 커피애호가들이 즐겨 찾는 모든 커피의 원조는 아라비카종이다. 아라비카종의 시원지인 에티오피아 커피는 분쇄했을 때 느닷없이 다가오는 풍부한 꽃향기와 과일의 풍미를 준다. 커피애호가들에게 커피가 줄 수 있는 향미의 다양함에 눈 뜨게 하는 신비롭고 신선한 경험을 선물하는데, 이는 아라비카종 커피의 풍미와 아로마를 여전히 고스란히 간직하고 있기 때문이다.

그런데 고급 커피의 식물학적 명칭이 왜 코페아 아라비카Coffea arabica 일까? 이 명칭을 처음 쓴 사람은 식물학자이자 동물학자였던 칼 린네(1707~1778)이다.* 그가 《식물의 종 Species Plantarum》을 발간한 것은 1753년이었다. 그는 이 책에서 처음으로 약 7,300개 종의 식물에 이름

---

* 원래 이름은 칼 린나에우스Carl Linnaeus였으나 작위를 받은 후 칼 린네로 불렸다.

Coffea Arabica. 런던, 1775년경
커피가 유럽에 정착한 초기에 나온 그림 중
커피의 식물적 특성을 가장 자세히 표현한 삽화이다.

을 붙이고(학명) 그것을 체계적으로 분류하였다. 그런데 당시 유럽인들이 알고 있던 커피는 아라비아 반도 예멘에서 생산한 것이었다. 유럽인들은 고급 커피를 '모카커피'라고 불렀는데, 아라비아 반도에서 생산한 커피가 예멘의 항구도시 모카에서 선적되어 홍해와 지중해를 거쳐 유럽으로 들어가고 있었기 때문이다. 지금은 에티오피아와 예멘이 모두 모카커피생산 지역으로 표기되기도 하지만, 18세기 유럽에 들어간 커피는 에티오피아에서 자란 커피가 아니라 예멘에서 재배한 커피였고 그래서 '아라비카'라는 종소명을 붙였다고 볼 수 있다. 린네가 18세기 중반에 고급 커피에 '코페아 아라비카'라는 이름을 붙인 것은 어쩌면 자연스러운 문화현상이었을 것이다.

그러나 린네의 학명에도 불구하고, 커피는 에티오피아에서 기원했고 카파의 고원 마을에서 바다 건너 아라비아 반도로 전해졌다. 커피 열매가 에티오피아에서 아라비아 반도로 수출되었을 뿐 아니라 커피나무가 아라비아 반도 예멘으로 이식되었고 최초로 작물로서 경작되었다는 것에 누구도 이의를 제기하지 않는다. 그러니까 커피의 식물학적 명칭은 린네가 붙인 코페아 아라비카가 아니라 '코페아 에티오피카$^{Coffea\ aethiopica}$'로 수정하는 것이 더 정확할 것이다. 현재의 아라비카종 커피는 모두 에티오피아 커피의 후손이기 때문이다.

2. 에티오피아의 역사와 커피문화

좀 더 시야를 넓혀 에티오피아의 역사와 커피문화를 살펴보는 것이 커피의 확산을 이해하는 데 도움이 될 것이다. 먼저 에티오피아의 역사를 개괄하는 것에서 시작하자. 특히 커피가 예멘으로 건너가게 된 배경을 이해하기 위해서 에티오피아에 무슬림 술탄국이 탄생하는 과정과 그 변화에 주목할 필요가 있다.

에티오피아는 현존하는 인류의 어머니 루시가 살았다고 전해지는 곳으로 일찍이 고유문자(암하릭어)로 자국의 역사를 기록했으며 아프리카에서 유일하게 황제국의 전통을 세워 그 왕들은 스스로 '왕 중의 왕'이라고 불렸다. 이곳에는 기원전 2세기에 이미 악숨^{Axum} 왕국이 건설되었고 기원후 1세기경 고원지대에 강우량이 증가해 농업생산성이 높아진 데 힘입어 인구가 증가했으며 이를 바탕으로 강력한 국가로 발전할 수 있었다. 악숨왕국은 마침내 북동부의 에리트레아를 포함해 에티오피아 지역 대부분을 장악했다. 솔로몬 왕과 시바 여왕의 아들이라고 알려져 있는 메넬리크 1세 왕이 350년경 기독교로 개종함으로써 악숨왕국은 일찍이 기독교를 국교로 삼은 아프리카 유일의 나라가 되었다. 그런데 614년경 메카에서 초기 무슬림 공동체에 대한 박해가 일어나자 일부 무슬림이 박해를 피해 악숨왕국으로 망명했다. 당시 악숨의 왕이던 네구스는 무슬림들이 마리아와 예수에 관한 쿠란의 내용을 낭송하는 소리를 듣고 동정심을 느껴 그들을 받아들였다. 아라비아 반도에서 박해가 끝나자 잠시 몸을 피하고 있던 무슬림 대부분은 628년 고국으로 귀환했다. 그러나 일부 무슬림은 이미 그곳에 세운 아프리카 최초의 이슬람 모스크를 지키기 위해 악숨에 남아 정착했다.

술탄국의 탄생

한편 아라비아 반도에서 점차 세력이 강해진 이슬람교는 642년 9월 아프리카 북동부의 최대 거점도시인 알렉산드리아를 정복한 데 이어 655년에는 아프리카 북서부 대서양까지 세력을 확장하였다. 711년 우마이야 칼리프는 아프리카를 넘어 이베리아 반도의 정복을 시작했으며 곧 이베리아 반도 대부분을 점령했다. 이슬람의 세력이 강력해지면서 에티오피아의 동남부에서 이슬람 신앙이 더욱 확고하게 뿌리를 내리게 되었다.

그 사이에 에티오피아의 악숨왕국은 아라비아 반도로 진출해 530년 당시 예멘을 지배하던 힘야르왕국을 속국으로 만들어 5년 동안이나 지배할 만큼 강력했다. 그러나 악숨왕국은 아리비아 반도에서 점차 이슬람이 강력한 세력으로 성장하자 반도로부터 후퇴할 수밖에 없었고 홍해 상권에서 고립된 채 상업적 지배력을 상실하면서 쇠퇴했다. 더구나 이슬람교도들이 아프리카 해안 지역을 점령하자 에티오피아의 고원지대는 인도양과 지중해 상권에서 단절되고 말았다. 내륙 고원지대의 기독교인들은 그때부터 외부 세계를 등질 수밖에 없었고 자연히 대륙 내부로 활동영역을 좁혔다.

겨우 명맥을 유지하던 악숨왕국이 960년경 멸망하자 에티오피아에 여러 제후국이 난립하게 되었다. 이때 에티오피아 동부지역에 이슬람을 신봉하는 술탄이 지배하는 토후국들이 등장하게 되었는데, 커피의 역사에서 중요한 국면의 하나이다. 왜냐하면 이 술탄국들은 종교적 동질성을 바탕으로 아라비아 반도의 이슬람 세력과 연대감을 갖고 있었고 커피가 아라비아 반도로 건너가는 중간 매개지로서의 역할을 했기 때문이다. 쇼아Shoa(혹은 Showa)술탄국이 등장한 데 이어 이파트Ifat 술탄국이 탄생했다. 이파트술탄국은 1288년 하라르 고원지대의 하라르토후국을 정복했다. 하라르토후국은 지리적 유리함 덕분에 에티오피아의 다른 지역, 아프리카의 뿔(아프리카 반도라고도 하며 에티오피아는 물론 에리트레아와 소말리아 그리고 지부티를 포함하는 지역) 그리고 아라비아 반도에 이르는 교역로와 연결된 주요 상업 중심지로서 일찍이 1218년과

1219년 사이에 화폐를 주조해 사용할 정도로 경제적 번영을 누린 지역이었다.[13]

14세기에 하라르의 아달Adal을 중심으로 아달술탄국이 성립했다. 아달술탄국은 하라르 고원에서 홍해에 접한 제이라 항에 이르기까지 세력을 확장했으며 1415년부터 1577년까지 번영을 누렸다. 아달술탄국은 1520년 지금의 하라르 시로 천도했고 상업적으로나 정치적으로 오스만제국과의 동맹관계를 더욱 확고히 했다. 오스만제국의 지원 아래 아달술탄국은 아예 아비시니아를 정복하려는 야심을 갖게 되었고 1529년부터 1543년 사이 전쟁을 벌였다. '아비시니아-아달 전쟁'으로 알려진 이 전쟁의 초기에 아달술탄국은 한때 승리를 거두기도 했으나 결국 두 나라 모두 전쟁으로 국력을 소진하고 말았다. 이 틈에 오로모족이 아달술탄국과 아비시니아를 동시에 공격했고 서쪽으로는 청나일 강 남부, 동쪽으로는 하라르 접경지까지 세력을 확대했다.

현재 에티오피아 사람들은 조국의 대지와 역사 그리고 문화에 대해 매우 높은 긍지와 자부심을 갖고 있다. 그러나 고원이나 산악지대가 많은 이 나라에는 근세에 이르기까지 70가지 이상의 언어와 80개 이상의 민족, 수십 가지의 종교가 혼재해 있었다. 중앙과 서쪽의 고원에 기독교인들이 세운 아비시니아가 있었지만 이곳 역시 서로 앙숙인 여러 왕국과 공국으로 나뉘어 있었다. 오로모족이 살았던 남쪽에는 16세기에 소말리아와 케냐에서 침략해 들어온 유목민이 살았다. 1872년에 이르러서야 요하네스 4세가 '민족국가'라고 할 만한 통일국가를 확립했다.

이 나라에서는 카파가 그랬듯이 오랜 옛날부터 노예무역이 성행했다. 에티오피아의 많은 사람이 해외로 나가서 요리사, 짐꾼, 군인 같은 서비스업에 종사하거나 주인에게 끼니와 장작을 제공하는 집사로 일했다. 국내에서도 많은 사람이 봉건영주들에게 예속돼 노예생활을 했다. 역설적이게도 유럽국가인 프랑스의 도움으로 첨단 무기와 철도를 갖추게 되면서, 노예제 역시 이른바 '근대화'했다고 말하는 경우가 생겼는데, 이전과 달리 노예들이 처음으로 생산노동을 담당하게 되었다는 의미에서 쓴 말이었다.[14] 그리고 그 생산노동 가운데 커피재배도 한몫을 담당하고 있었다. 에티오피아의 노예제는 메넬리크 2세 시대를 거쳐 하일레 셀라시에(재위 1930-1974)의 통치 초기인 1942년까지 유지되었다.[15]

이런 역경에도 불구하고 19세기 유럽이 제국주의적 팽창을 감행하던 시기에 에티오피아는 다행히 아프리카에서 유일하게 독립을 지켜낸 나라였다. 물론 자세히 들여다보면, 이웃 민족들의 지배 아래 겨우 명맥을 유지하는 지역이 많았지만 말이다. 20세기에는 1936년부터 1941년까지 잠시 이탈리아 파시스트체제의 침략을 받은 일이 있지만 프랑스의 지원을 끌어들여 식민지로 전락하는 것을 면했다. 노예제를 폐지하는 등의 개혁을 실현하고 장기 집권에 성공한 셀라시에 황제는 한국전쟁에 군대를 파병하면서 "한반도에 평화와 질서를 확립하고 돌아오라. 그리고 이길 때까지 싸워라, 그렇지 않으면 죽을 때까지 싸워라!"라고 훈시했다고 한다. 이 말은 에티오피아와 한국의 우정을 상징하는 말로 지금도 회자되고 있다. 에티오피아는 1974년 쿠데타로 인민민주공화국이 되었다가 1995년 다시 연방민주공화국으로 재편되었다.

커피는 씹어 먹는 열매

커피를 멀리 퍼뜨린 것은 다른 누구보다 에티오피아 고지대를 오가는 대상들이었다. 노예들이 익은 열매를 먹고 씨앗을 뱉으면서 커피나무를 확산하는 데 이바지했다는 이야기가 전해지지만 확인된 사실은 아니다. 메넬리크 황제가 나라를 통일하면서 도로 연결 사정이 더 좋아졌고 사람들의 왕래가 늘어나면서 커피의 확산이 빨라졌다. 지금은 커피를 생산하는 에티오피아 대부분 지역이 카파와 비슷한 커피문화를 갖고 있다.

에티오피아 사람들이 커피라는 식물을 이용해 온 것은 아마도 기독교가 이 지역에 전파되기 전부터라고 짐작된다. 에티오피아에 기독교가 전파된 것이 4세기 중반이므로 이미 4세기 초 혹은 그 이전부터 에티오피아 사람들이 커피나무를 알고 있었고 실제로 활용했다고 추측하고 있다. 그들은 엄격하게 말하면 커피를 '마시지'는 않았다. 지금처럼 커피콩을 볶아 음료로 만들어 마시는 대신 그들은 커피나무의 잎과 열매를 따서 과육까지 통째로 씹어 먹거나 죽 같은 것을 쑤어 먹거나 환을 만들어 먹기도 했던 것 같다. 그들은 커피콩은 물론이고 커피콩 껍질, 커피나무 줄기와 잎 등을 모두 먹거나 마시는 데 이용했다. 지금도 야시장에서 이런 커피 부산물들이 상품으로 거래되는 것을 목격할 수 있다고 한다.[16] 프랑스 인류식물학자인 드니 르모르당은 카파의 원주민들이 죽이나 삶은 국물 형태로 과육과 씨앗을 통째로 먹었다고 서술했다.[17] 커피를 찾아 5대륙을 여행하고 《커피견문록》을 써 커피사회인류학자라는 명성을 얻은 스튜어트 리 앨런은 오로모족이 커피를 먹는 방법을 이렇게 적고 있다.

> 오로모족은 엄밀히 말해 커피를 '마시지' 않았다. 이들은 커피를 부수어 기름과 섞은 뒤에 골프공만 한 크기로 둥글게 만들어 먹었다. 이들은 특히 자기네 부족을 때려눕히곤 하던 봉가족과 전투를 벌이기 전에 이 커피 공을 깨물어 먹었다.[18]

이 전통은 세계 다른 지역에서 커피 씨앗coffee bean 만을 이용하는 것과 비교하면 상당히 이채롭다고 할 수 있다. 다시 말하면 카파를 비롯한 에티오피아에서는 커피를 어떤 부분도 버리지 않고 통째로 먹었는데, 이는 커피가 영양을 보충하는 수단으로 이용된 식료품이었다는 것을 의미한다. 인류의 음식문화를 보면, 인간은 당연히 거주지역에서 생산하는 농산물을 다양하게 이용해왔다. 특히 먹을 것이 부족한 시대일수록 어떤 채취물이나 농산물이든 버리는 것 없이 최대한 이용하는 것이 보통이었다. 커피를 통째로 이용한 이 지역 사람들에게 커피는 생필품의 하나로서 중요한 역할을 한 식품이었다.

　에티오피아 사람들에게 커피는 또한 손님 접대와 환대 그리고 사교의 매개체였다. 그것은 그들이 지금도 하루에 세 번이나 커피를 나누어 마시는 '커피 의례'를 하는 것에서 증명된다. 생두를 프라이팬 모양의 용기에 담아 볶은 다음 손님이나 초대받은 이웃이 커피 향을 맡도록 돌린다. 그런 다음 볶은 원두를 절구에 갈아 곱게 빻는다. 전통 토기 주전자인 '제베나'에 끓인 물에 커피 가루를 넣어 약 5~8분 정도 더 끓인다. 그리고 커피입자가 가라앉기를 기다렸다가 커피를 마신다. 이때 커피는 귀빈부터 순서대로 보통 석 잔을 돌려가며 마시게 한다. 비록 형식은 약간씩 변하고 있지만 그들은 커피 의례를 통해서 공동체 구성원들 사이에 우의를 다질 뿐 아니라 사교의 폭을 넓히기도 하고 또 손님을 환대한다.

　커피 의례의 전통이 언제부터 시작되었는지 또 어디에서 왔는지 불확실하다. 아마 커피가 아라비아 반도로 건너가 그곳에서 발전한 음용 방법이 역으로 에티오피아에 수입되었을 여지가 커 그 후에야 생겼을 수 있다. 이슬람교의 한 분파인 수피교 수도승들이 커피콩을 볶아 마시기 시작했다는 것이 거의 정설이고 보면 이런 추론이 합리적이라고 할 수 있다. 실제로 아라비아의 커피 음용은 뜨거운 물에 분쇄커피를 넣어 끓이는 것으로 에티오피아의 커피 의례에서 음용하는 방법과 꼭 같다. 커피 음용방법이 역수입되었다 하더라도 커피를 활용한 에티오피아의 환대문화는 고유의 전통문화라고 할 수 있다. 어디에서나 그 지역에 고유한 음식을 손님에게 접대하는 것이 인류의 관습이라는 점에서, 에티오피아 사람들에게 커피는 다른 어느 지역에서보다 친숙하고 귀중한 음식문화의 일부이다. 그들에게 커피는 생필품인 동시에 고유한 '전통문화'이다. 실은 문화나 관습이 겨우 3세대 정도의 시간 연속을 갖기만 하면 사람들은 그것을 '전통'으로 받아들이게 된다는 것이 역사가들의 주장이기는 하지만, 음식문화의 경우 아주 긴 역사적 기원을 갖는 경우가 흔하다. 음식문화는 외부 문화의 충격에도 불구하고 잘 바뀌지 않는다는 특성이 있다. 커피 의례의 원형 역시 카파 지역에 가장 잘 남아있다는 것은 커피가 에티오피아의 음료이자 문화라는 것을 뒷받침한다.

에티오피아 사람들에게 커피가 일상생활에 없어서는 안 될 대표적인 생필품의 하나라는 것은 그들의 언어에 잘 나타나 있다. 그들은 커피를 '분나 buna'라고 부른다. "분나 다보 나오 Buna dabo naw"라고 하면 "커피는 우리의 빵이다"라는 뜻이다. 그들에게 커피는 일용할 양식의 일부이다. 커피 마실 사람이 없다는 것은 친구가 없다는 것을 의미하며 낯선 사람에게 비밀을 누설하지 말라는 경고로 "시장에서는 커피콩을 볶지 말라"고 한다.[19]

에티오피아에서 카파와 견줄만한 커피의 고향으로 지목될 여지가 있는 곳은 짐마이다. 짐마는 한때 카파지역의 주도로서 카파의 일부였다. 특히 짐마는 시바왕국과 카파왕국 사이에 위치해 대상 교역로로 이용되었다. 짐마의 도시 북부는 19세기 말까지 오로모 왕국의 주도였다. 짐마에는 오로모족 사람들이 다수를 이루어 살고 있었고 1600년대 커피 수출이 처음으로 이루어졌을 때 오로모 사람들이 커피를 예멘으로 판매한 사실이 있다. 에티오피아가 행정구역을 재편하면서 도시지역인 짐마를 중심지로 삼고 그 아래 카파를 소지역으로 편입한 것이 짐마를 커피의 시원지라고 주장할 근거로 사용되었다.

현재 우리가 사용하는 "coffee"라는 단어 역시 카파와 매우 유사한 발음이라는 점은, 카파가 커피의 어원이라고 단정할 학문적 근거는 아니라 하더라도, 매우 흥미롭다. coffee라는 영어 단어는 1582년에 네덜란드어 "Koffie"에서 차용한 것이었다.[20] 이 용어의 원천은 튀르키예의 카흐베 kahve이고 그 어원은 다시 아라비아어 카와qahwah(قَهْوَة)에서 왔다. 현재 여러 언어권에서 커피를 가리키는 말은 다양하지만 대단히 유사하다. 영어의 coffee, 프랑스어 Café, 독일과 덴마크의 Kaffee, 이탈리아어 Caffè, 러시아어 Kafe, 폴란드어 Kawa, 스웨덴의 Kafé, 포르투갈, 크로아티아, 체코 그리고 슬로바키아의 Kava, 헝가리의 Kávéház, 페르시아어 Qahveh 등이 모두 커피나 커피하우스를 뜻한다.[21] 이 단어들의 어원은 하나같이 아라비아어 qahwah에서 유래했다. 이 단어를 거슬러 올라가면 우리는 아마 카파와 만나게 될 것이다.

에티오피아 커피의 과거와 현재

카파를 비롯한 에티오피아의 커피생산에도 그 사이에 많은 변화가 일어났다. 17세기부터 예멘이 커피를 재배하면서 생산과 소비 그리고 수출 모두에서 절대 강자의 지위를 차지했다. 반대로 에티오피아의 정치적 분쟁과 종교적 분열은 커피의 생산과 수출을 방해했다. 북부지역의 콥트 기독교도들은 커피 음용을 이교도인 무슬림과 오로모족의 전형적인 관습으로 여겨 이에 강력하게 반대했다.[22] 이것이 전부는 아니더라도 부분적으로 커피 채취와 수출 감소의 원인으로 작용했다.

그렇다고 에티오피아의 커피생산 활동이 완전히 멈춘 것은 아니었다. 특히 기독교도들이 사는 지역이 아닌 이 나라의 동북부 지역에서 커피재배는 19세기 동안 서서히 발전했다. 쇼아술탄국의 커피 수출은 군주국의 독립과 확장을 보장하는 데 필요한 총기류 구입의 재정을 충당했다. 에리트레아의 마사와 항은 해마다 암하라, 고잠 그리고 타나 호 연안 등에서 수집한 40톤 내지 80톤의 커피를 수출했다. 하라르 커피는 제이라와 베르베라를 거쳐 선적되었다.

19세기 마지막 10년 동안 커피의 생산량이 눈에 띄게 증가했다. 예멘의 정치적 불안정이 커피생산을 감소시킨데 반해, 커피경작에 알맞은 숲 지역을 예멘보다 더 많이 갖고 있던 에티오피아가 그 잠재력을 현실화했다. 특히 북부에서 커피에 대한 콥트 기독교도의 선입관이 허물어지자 수확량의 많은 부분을 현지에서 소비하게 되었다. 메넬리크의 카파 정복 후 남부에서는 일단의 유럽인들이 거대 토지를 매입해 식민지형 농장을 개발했다. 그들은 에티오피아의 지주들과 남부 소농들과 함께 새로 놓은 철도를 이용해 1910년대에 완벽한 서비스에 들어간 프랑스의 지부티 항으로 점차 많은 양의 커피를 수출했다.[23] 마침내 홍해지역 커피생산은 20세기를 거치면서 결정적으로 에티오피아로 다시 넘어갔다. 특히 1989년 국제커피협정이 와해되고 커피생산의 쿼터제가 사라지자 에티오피아 커피농가들은 커다란 자극을 받아 커피생산을 늘리게 되었으며 2006년에 아프리카 최대의 커피생산지로 다시 발돋움했다. 이렇게 되면서 커피 시원지로서 에티오피아의 긍지 또한 되살아났다.

그러나 세계 커피시장이라는 전체 국면에서 보면 이런 확대가 반드시 바람직한 것만은 아니었고 또 곧바로 카파지역뿐 아니라 에티오피아 나아가 아프리카 전 대륙이 새로운 도전에 휩싸였다. 산업 국가의 대투자자들이 아프리카를 새로운 투자처로 삼으면서 아프리카 전체가 몸살을 앓고 있다. 〈세계 농업보고〉에 따르면 거대 투자자들이 2000년부터 2015년 사이에 총 3,000만 헥타르(30만 평방킬로미터)의 땅을 제3세계 지역에서 사들였는데, 그 가운데 1/3이 아프리카 농지와 토지였다. 땅을 사들인 그들은 열대 우림에서 팜유 생산이나 사료용 콩 등을 포함한 환금작물을 재배하기 위해 우림을 마구 훼손하고 있다.[24]

에티오피아 역시 예외가 아니어서 카파 지역 또한 '개발'을 비켜가지 못하고 있다. 카파지역의 대부분을 차지하던 열대 우림이 새로운 주거지와 에너지원으로 불태워져 경작지가 원래의 약 3퍼센트로 줄어들었고 지난 30년 사이에 수목의 60퍼센트 가량이 사라졌다. 커피재배로 주요 수입을 얻고 있던 카파 지역 주민들의 삶이 위협받고 있다. 게다가 과학자들은 전 지구적으로 위세를 떨치는 기후위기를 막지 못한다면 2080년이면 에티오피아 야생식물의 85퍼센트까지 지구상에서 사라질 것이라고 우려하고 있다. 이런 위기에 맞서 수년 전부터 우림보호 프로젝트를 통해 커피가 야생으로 자라는 지역의 보호에 나서고 있어 그나마 다행이다.

이렇듯 변화와 도전에 직면해 있지만 에티오피아는 여전히 세계 커피문화의 보고이자 주요 커피생산국이다. 그것도 세계 주요 생산지들에서 플랜테이션 방식으로 커피를 생산하는 것과 달리 에티오피아에서 가장 일반적인 커피경작 형태는 텃밭 재배이다. 가족이 소유한 작은 땅이나 텃밭에서 과일나무나 다른 식용작물과 함께 커피를 재배한다. 현재 에티오피아는 약 80만 헥타르에서 연간 50만 톤의 생두를 생산해 세계 5위의 커피생산국이다. 남서부 카파지역에 속해 있던 짐마를 비롯하여 그 위쪽 네켐프트 Nekempt 와 김비 Ghimbi, 중동부 지방 하라르, 중남부의 시다모 Sidamo 와 예가체프 Yirgacheffe 등 여러 지역에서 생산되는 커피는 모두 품질이 우수하다. 커피의 시원지 카파지역에는 약 30개의 커피 조합이 결성되어 스페셜티커피의 수확과 시장 판매를 담당하고 있으며 4만명 정도가 커피로 생계를 꾸리고 있다.

에티오피아 커피는 생산량이 많고 품질도 우수하지만 이 가운데 절반가량만을 해외로 수출한다는 점에서 더욱 두드러진다. 대부분 가난한 열대, 아열대 커피생산국들에서는 자국에서 생산한 커피의 90퍼센트 이상을 부자 나라인 산업 국가들로 수출한다. 20세기 초부터 특히 남미 국가들에서 자국에서 생산한 커피의 소비 비중이 조금씩 늘어나는 것은 중요한 변화의 하나이지만 에티오피아에서처럼 많은 양을 자국에서 소비하는 커피생산국은 전 세계에 한 나라도 없다.[25]

3. 커피의 전설과 초기의 기록

유감스럽게도 에티오피아 커피의 역사에 관한 기록이 거의 없는 것과 달리, 커피의 기원이나 발견 혹은 신기한 효능에 관한 '전설'은 어디에나 널리 퍼져있다. 커피가 확산하고 사람들의 기호품이 되자, 누군가에 의해 '커피의 전설'이 나타났고 그 전설은 사람들의 입에 오르내릴수록 점차 그럴듯한 이야기가 덧붙여지고 정교하게 다듬어져 흥미로운 내용으로 윤색되었다. 물론 이 이야기들은 하나같이 자신이 사는 곳을 커피의 시원지로 만들려고 하거나 지역민의 종교 및 문화와 강하게 연결되어 있었다. 여러 지역에 비슷한 커피 전설의 다른 판본들이 존재하게 된 이유이다.

커피의 전설들

커피의 시원지에 커피의 전설이 없을 리 없다. 카파의 만키라 지역에 전해지는 이야기를 간추리면 대강 아래와 같다.

만키라 인근을 다스리던 왕에게 염소지기 칼리 아두라는 사람이 있었다. 그가 어느 날 염소를 끌고 나갔다가 돌아왔는데, 그날 저녁 염소들의 행동이 이상했다. 밤새 자지 않고 날뛰었다. 다음 날 아침 왕이 칼리 아두에게 염소들을 쫓아가 무엇을 먹는지 보고 그것을 찾아 몇 개 가져오라고 했다. 아두는 염소들이 먹던 잎이랑 열매를 가지고 왔다. 왕은 그 열매를 몇 알 먹었고 얼마 후에는 그것을 구웠다. 숲에서 나는 것들은 구우면 맛이 더 좋아지기 때문이었다. 굽고 나서 왕은 냄새를 맡아보았고 구운 콩을 몇 알 먹었다. 그리고 왕은 신하들에게도 그 열매에 대해 알려주었다. 다음 왕은 한 발 더 나아가 커피콩을 빻아서 음료로 만들었다.[26]

전설은 기록이 아니라 입에서 입으로 전해지는 구전 과정을 통해서 짜임새 있는 이야기로 발전하기 때문에 전설의 형성에는 이야기를 창조하는 능력이 다른 요소들을 압도하는 일이 다반사로 일어났다. 전설은 또한 커피의 시원지에 반드시 묶여 있어야 할 이유가 없었다. 시원지가 아니라 다른 지역에서 더 일찍이, 그것도 오히려 더 그럴듯하게 윤색된 이야기가 많이 나타났다.

커피와 관련한 전설 가운데 가장 널리 퍼져 있고 그럴듯한 이야기는 아마 아라비아에서 생긴 '칼디와 춤추는 염소'일 것이다. 물론 아래에 적은 전설 역시 다양한 판본이 모이고 다듬어진 결과이고 심지어 저자 역시 한 두 마디를 보태거나 제거했으니 대강의 줄거리에 만족하기로 하자.

　에티오피아에 한 소년이 살고 있었다. 소년은 집에서 기르는 염소를 치는 일을 맡아 집안 일을 도왔다. 그가 염소들을 적당한 곳으로 데려가면 염소들은 알아서 풀이 있는 곳을 찾아 이곳저곳으로 돌아다니면서 풀을 뜯어 먹었다. 그러다가 소년이 피리를 불면 다시 그의 곁으로 돌아와 함께 집으로 돌아오곤 하는 것이 소년과 염소들의 일상이었다.
　그러던 어느 날 오후의 일인데, 아무리 피리를 불어도 염소들이 돌아오지 않았다. 그 소년은 염소를 찾아 산등성이로 올라갔고 멀리 둘러보면서 염소 울음소리에 귀를 기울였다. 소년은 서둘러 소리가 나는 곳으로 달려갔다. 그런데 평소 같으면 약간 떨어져서 사이좋게 풀을 뜯어 먹고 있어야 할 염소들이 서로 머리를 부딪치면서 뛰고 있었다. 몇몇 어린 아기 염소는 뒷다리로 서서 춤을 추는 것 같았다. 아무튼 무엇에 놀란 듯 흥분한 것이 확연했다. 소년은 처음 보는 광경에 넋이 나가 처음에는 멍하니 바라보았다.
　그러다 자세히 보니 염소들은 윤이 나는 잎을 가진 키 작은 나무에 달린 붉은 열매를 서로 먹으려고 다투고 있었다. 소년이 처음 보는 나무였고 열매들이었다. 소년은 덜컥 겁이 났다. 빛깔이 빨간 것으로 보아 혹시 독이 든 열매는 아닐까? 소년은 황급히 염소들을 몰고 집으로 돌아왔다. 부모님이 걱정할까 봐 일단 아무 일도 없었다는 듯이 그 일에 대해서는 입을 다물었다. 그러나 그는 스스로 참기 어려울 만큼 궁금했다. 다행히 걱정과 달리 염소들은 아무 탈 없이 하루 밤을 지냈다. 소년은 다음 날 다시 그곳으로 갔다. 이번에는 조심스럽게 자신도 그 열매를 따서 먹어보았다. 처음에는 과육이 달콤하고 먹을 만했지만 내친 김에 씨앗을 깨물었더니 쓴맛이 올라왔다. 그러나 그는 호기심이 발동했고 그 씨앗마저 삼켜버렸다. 과육의 달콤함 때문에 그다지 싫지는 않았다. 얼마가 지났을까 무슨 연유인지 기분이 좋아졌고 그 후 산을 오르내리면서도 그다지 힘든 줄 몰랐다. 신기했다.

소년은 그 이야기를 수도원의 수도승에게 털어놓았다. 당시 수도승은 마을에서 만날 수 있는 최고의 지식인이었다. 수도승은 양들이 풀을 뜯어 먹던 곳을 찾아가 보았다. 그곳에서 그는 양들이 잎과 열매를 먹었다는 짙은 녹색 나무 한 그루를 발견했는데, 그 나무에는 녹색, 황색 또는 붉은 체리 같기도 한 열매들이 달려있었다. 열매를 따온 수도승은 열매를 씹어보다가 씨앗의 맛에 놀라 그만 뱉고 말았다. 그러고는 그 열매들을 불 속으로 던져버렸는데, 신기한 일이 일어났다. 그 열매들이 불에 타면서 향기롭고 고소한 향기가 주변으로 퍼졌다. 수도승은 그것들이 버려서는 안 될 열매라는 것을 직감했다. 수도승은 더 많은 열매를 따와 여러 가지 실험을 해보았고 그러던 끝에 볶은 열매를 부수어 넣고 차를 만들어 마셔보았다. 그 덕분에 그는 밤에 그다지 졸음을 느끼지 않았고, 깨어서 기도에 열중하거나 담소를 나눌 수 있었다. 수도승은 염소가 날뛰던 이유를 소년에게 진지하게 설명해줄 수 있었고 그렇게 해서 그 소년과 수도승은 커피라는 열매가 유용하다는 것을 처음으로 발견한 사람이 되었다. 이 소년의 이름은 칼디라고 전해진다.

'칼디와 춤추는 염소'의 전설에 처음으로 실마리를 제공한 사람은 나이로니 Antonio Fausto Naironi (1636-1707)였다. 나이로니가 1671년 라틴어로 쓴 "커피에 관한 토론: 사실과 효능"이란 글이 '칼디와 춤추는 염소' 전설의 토대라는 사실은 거의 공식적으로 받아들여지고 있다.[27]

그렇다면 나이로니는 어떻게 커피에 관한 전설을 기록하게 되었을까? 로마에서 동양 언어를 가르치는 교수로 일한 나이로니는 원래 레바논 지역 출신으로 마론교도였다. 마론교는 시리아인 마론Maron이 창시했지만 레바논에서 크게 성행했고, 이집트의 콥트교와 함께 오리엔트정교회에 속해 있었다. 오리엔트정교회는 로마가톨릭의 정통교리가 된 '그리스도 안에 신성과 인성이 연합해있다'고 규정한 칼케돈공의회(451년)의 결정에 반대해서 분리해 나간 기독교 분파인데, 그럼에도 마론교도들은 로마가톨릭 교황의 권위를 인정했다. 아직 로마에 커피가 소개되기 전인데도 그가 커피에 남다른 관심을 보인 것은 아마 레바논에 이미 커피가 유행했기 때문이고 로마에서 활동할 수 있었던 것은 교황을 존중하는 마론교 신자이었기에 가능했을 것이다. 나이로니는 이집트는 물론이고 에티오피아에 대해서도 대체로 잘 알고 있었을 것으로 짐작할 수 있다. 북아프리카의 에티오피아 역시 이집트와 함께 일찍이 기독교를 받아들여 오리엔트정교회가 확산된 지역이었고 당시 오리엔트정교회에 속한 사람들은 소수자로서 강한 연대감을 갖고 있었기 때문이다. 나이로니가 이 전설을 기록한 시기는 17세기로 유럽 사람들이 예멘을 '행복한 아라비아'라는 의미로 "아라비아 펠릭스Arabia Felix"라고 부르던 때였다. 당시 예멘에는 지식인들을 중심으로 커피를 마시는 풍습이 자리를 잡았고 이 풍습이 이슬람 지역 전체로 확산하고 있었다.

그러나 나이로니의 글에 등장하는 가축은, 염소라고 말하는 사람도 있다고 부기하기는 했으나 낙타였다. 또 소년이 목동으로 일한 지역도 에티오피아가 아니라 예멘이었다. 더구나 그의 글에는 '칼디'라는 이름은 아예 등장하지도 않는다.

이 전설은 아라비아 버전 외에 튀르키예 버전도 있다. 튀르키예에서는 수도원을 찾아갔다거나 수도승이 목동에게 염소가 날뛰는 이유를 설명해 주었다는 내용 대신 어느 목자가 마취된 듯이 날뛰는 양들을 보고 무엇이 양들을 마취했는지를 알아내기 위해 양들을 따라갔다가 커피를 발견했다는 정도의 차이가 있을 뿐, 아라비아 버전과 튀르키예 버전 사이에 본질적인 차이는 없다.

어쨌거나 나이로니의 글은 곧바로 비판에 직면했다. 《천일야화》의 번역자이자 아라비아의 연대기 저자인 압 알 콰디르 알 자지리가 쓴 커피의 기원에 관한 16세기의 글을 번역한 프랑스의 동양학자 앙투안 갈랑Antoine Galland (1646-1715)은 나이로니가 이 글을 창작했을지도 모른다고 비판했다. 그럼에도 그의 소개는 '전설'의 확산에 오히려 도움을 주었고 이야기에 새로운 이야기가 덧붙여지고 다듬어졌다.

염소를 돌보던 소년이 칼디Kaldi라는 이름을 얻게 된 것은 20세기 초에 이르러서였다. 《차와 커피무역 저널》의 초대 편집자이자 당대 최고의 커피 인문학자인 윌리엄 유커스William H. Ukers (1875~1945)가 1922년 《올 어바웃 커피All About Coffee》라는 책을 내면서 프랑스 무명 화가가 그린 한 소년과 춤추는 염소들을 삽화로 실었다. 이 삽화에는 '칼디와 춤추는 염소들'이라는 제목을 붙이고 '커피음료의 전설적 발견'이란 부제를 달았다.[28] 유커스는 이 삽화에 자세한 설명을 전혀 덧붙이지 않았다. 그럼에도 그 후부터 염소 목동은 '칼디'라는 이름을 얻었고 그럼으로써 좀 더 구체적인 사실로 받아들여져 널리 회자되기 시작했다.

이야기꾼들이 카이로에서 메카에 이르기까지 널리 퍼뜨린 또 다른 전설은, 커피에 알라의 승인 증명서를 주는 이야기이다. 그 이야기의 줄거리는 이런 내용이었다.

어느 날, 예언자 무함마드가 침상에 누워있었다. 중병에 걸렸던 것인지는 모르지만 그는 슬픔을 느꼈고 죽을 만큼 피곤했다. 그는 다시 침상에서 일어날 수 있을지 두려워했다. 그때, 어찌 된 일인지 갑자기 광채에 둘러싸인 대천사 가브리엘이 나타났다. 그러고는 뜨겁고 검은 죽 같은 음료를 한 잔 건네주었다. 그것은 커피였다. 커피 열매로 죽을 만들어 먹었다는 역사적 사실을 반영해서 지어진 이야기였다. 어쨌든 커피를 마신 예언자는 곧바로 활력을 되찾았다. 하늘이 준 이 커피는 지속적으로 그를 강건하게 했으며, 그 덕분에 예언자는 역사에 유례가 없는 이슬람 세계를 일으킬 수 있었다고 한다.

여기에, 예언자가 커피를 마신 후 단번에 40명의 장정들(또는 기사들)을 쓰러뜨렸고 40일 밤 동안 계속해서 40명의 처녀를 즐겁게 해주었다는 불경한 과장이 따라붙는 데는 그다지 긴 시간이 걸리지 않았다. 어차피 지어낸 이야기이니 믿거나 말거나 아무도 거기에는 관심을 기울이지 않았다. 또 다른 전설 역시 커피의 효능을 극대화하는 이야기이다.

이슬람 지역에 오마르Omar라는 젊은 수도승이 있었다. 열심히 수도에 정진하던 어느 날 그는 누명을 뒤집어쓰고 재판을 받았고 마침내 사막으로 쫓겨나는 신세가 되었다. 사람이라곤 찾아보기 어려운 사막에서 그는 죽을 지경에 이르렀다. 무엇보다 배고픔에 시달렸다. 주위를 둘러보던 그의 눈에 키가 낮은 나무에 붉은 열매가 달려있는 것이 들어왔다. 한 번도 본 적이 없어 무슨 나무인지 알지 못했지만 그는 너무나 배고픈 나머지 무작정 그 열매를 따서 허겁지겁 삼켰다. 그러자 그는 기적처럼 힘이 솟는 것을 느꼈고 먼 길을 걸어 다시 도시로 생환할 수 있었다. 그는 사막에서 갖고 온 이 '기적의 열매'를 사람들에게 꺼내 보이면서 신기한 효능을 자랑했다. 예나 지금이나 힘이 솟는 식품을 찾기는 마찬가지여서 사람들은 오마르에게 기꺼이 많은 돈을 지불하고 다투어 그 열매를 샀다. 오마르는 자신을 사막으로 내쫓았던 칼리프에게도 사면을 청하기 위해 이 열매를 갖다 바쳤다. 그 열매를 먹은 칼리프는 오마르에게 궁전 같은 집을 하사했다. 이 일로 오마르의 명예가 회복되었음은 물론이고 커피라는 신기한 식물이 사람들에게 널리 알려졌다.[29]

커피의 전설들은 어디에서 누구에 의해 만들어졌건, 커피의 효능을 신비화하고 과장한다는 점에서 비슷한 내용을 담고 있다. 커피가 건강과 사랑을 보장하는 신의 선물이라거나, 고귀한 정신을 북돋아주는 신비로운 힘을 가졌다고 선전했다. 사람은 누구나 건강하게 살면서 사랑하는 사람들과 서로 소통하고 가능하다면 고귀한 정신을 가진 지혜로운 사람이 되고자 한다는 평범하지만 영원한 인간의 소망이 커피의 전설들에도 그대로 녹아 있다.

커피의 전설이 커피의 역사 이상으로 사람들의 마음을 사로잡는 것은 어쩌면 자연스럽다. 다른 무엇보다, 커피에 로맨티시즘의 아우라가 덧입혀지면 소비의 증대로 이어질 것이라는 기대가 신화와 전설의 확대 재생산에 이바지한 중요 요소이다. 이런 짐작은 오늘날의 커피기업들이 딱딱한 사실보다는 신화적 로맨스를 커피 홍보에 사용하고 있으며 그들의 노력이 몇몇 예외를 제외하면 충분한 보상을 받고 있다는 점으로 확인된다. 두 번째 요소로는 신화와 전설이 오랜 세월을 거치면서 다듬어지고 정교해짐으로써 역사보다 더 잘, 더 오래 기억될 뿐 아니라 많은 사람을 설득하는 힘을 갖게 되었다는 점을 들 수 있다. '과학의 시대'에 살고 있다고 믿는 사람들조차 풍부한 상상력이 만든 가상의 현실에 오히려 더 잘 몰입하는 것과 크게 다르지 않다. 그래서 커피와 관련한 신화와 전설이 사라지지 않고 회자되는 것은 자연스러울 뿐 아니라 아마도 영원히 지속될지도 모른다. 물론 시대에 따라 스토리의 내용과 뉘앙스는 끊임없이 달라지겠지만 말이다.

커피에 관한 초기의 기록

커피의 기원에 관한 전설이 아니라 역사적 기록을 찾아내려는 노력은 계속돼 왔다. 아라비아의 원전을 뒤져 사실에 토대를 둔 기록을 찾아내 그 '역사성'을 증명하기 위해 몇 명의 의사가 소환되었다. 최초의 기록을 남겼다고 전해지는 가장 오래된 인물은 9-10세기에 살았던 페르시아의 의사 라제스 Rhazes(864 혹은 865년에서 925 혹은 935년까지)이다. 라제스는 의학의 역사에서 가장 중요한 인물 중 한 사람으로 널리 인정받고 있고 논리학, 천문학 그리고 문법에 관한 저술을 남긴 '이슬람 황금시대'의 인물이었다. 그는 한 의학서에서 "분춤 bunchum 은 따뜻하고 건조하여 위에 좋다"라고 썼다고 전해진다. 함께 소환된 다른 한 사람은 당대 페르시아에서 가장 탁월한 의사이자 훌륭한 철학자였던 이븐 시나 Ibn Sina*(980-1037)로서, 그는 1025년에 고대부터 당대까지 알려진 모든 의학정보를 집대성한 의학백과사전《의학정전 Canon Medicinae》(전 5권)을 썼는데, 이 책은 13세기경부터 라틴어로 번역되어 17세기 말까지 유럽 의학도들의 교과서로 사용되는 등 커다란 영향을 끼쳤다.

---

* 이븐 시나: 페르시아어 본명은 아부 알리 알 호세인 이븐 압둘라 이븐 시나 Abu Ali al-Husayn ibn Abd Allah Ibn Sina 이고 영어로는 아비센나 Avicenna 로 표기한다. 영국의 철학자 존 로크(1632-1704)는 인간이 순전히 잠재적인 상태의 빈 서판으로 태어나 교육을 통해서 혹은 경험을 거쳐서 구체적인 지식을 얻는다고 주장했는데, 그의 독창적인 생각이라기보다 아리스토텔레스의 '빈 서판'을 되살려낸 이븐 시나 덕분에 이런 주장을 할 수 있었다.

이븐 시나는 자신이 쓴 치료제 교재에 이렇게 썼다. "분춤이란 무엇인가? 그것은 예멘에서 나는 것으로 어떤 사람은 그것이 식물의 뿌리로 만들었다고 한다."[30] 또한 그는, "분춤은 손발에 활력을 주고 피부를 정화하고 피부 안쪽의 습기를 말려주며 온몸에서 아주 좋은 냄새가 나게 해 준다"라고 기록한 것으로 전해지고 있다.[31] 500년이 지난 후 커피나무와 커피콩을 가리켜 "Bunch"라는 단어를 사용한 것이 이븐 시나가 커피나무를 염두에 두고 이렇게 기록한 것이라는 추측을 낳게 했을 가능성이 높다.

'커피의 증인'으로 소환된 또 다른 사람은, 14세기에 모로코 출신으로 이집트와 아라비아 반도를 거쳐 인도와 중국을 여행하고 여행기를 남긴 이븐 바투타 Ibn Batuta (1304-1368)였다. 그는 1352년과 1353년 사이 오늘날의 말리에 머물렀는데 이때 다음과 같은 기록을 남겼다. "열흘이 지난 후 우리 일행은 매 끼니마다 콜로카시아 colocasia 의 뿌리로 만든 콰피 qafi 라고 부르는 죽을 먹었다. 그리고 우리 여섯 사람은 모두 병든 것처럼 아팠고 한 사람은 죽었다."[32] 음식을 먹고 사람이 죽었다는 기록으로 미루어 보면 그들이 먹은 것이 커피일 리가 없지만, 바투타의 명성이 커피의 지위를 높여줄 것으로 믿었던 사람이 있었던 것 같다.

이들 유명 인사들이 소환되었다고 해서 그들이 커피에 관해서 알았고 그래서 기록으로 남겼다고 볼 증거는 아무것도 없다. 만약 아라비아의 라제스와 이븐 시나가 커피를 알았고 그래서 그런 진술을 남긴 것이라면, 왜 십자군 전쟁에 참전했던 사람들은 커피를 전혀 경험하지 못했는지 혹은 왜 그들은 입을 굳게 다물고 커피에 관해 한마디도 하지 않았는지를 설명해야 한다. 그뿐만 아니라 십자군 전쟁 이후에도 15세기에 이르도록 수없이 많은 다른 의사나 약사 그리고 여행자는 왜 입을 닫고 아무런 진술을 하지 않았는지를 설명해야 한다. 그러므로 일찍이 커피를 언급한 것으로 소환된 의사들과 여행자들의 진술이 커피에 관한 믿을만한 '증언'이라고 볼 근거는 현재로서는 없다.

그럼에도 이븐 시나에 관해서는 그냥 지나치기 아쉬운 측면이 있다. 왜냐하면 커피가 확산된 후 커피에 반대하는 의사들이 체액이론을 근거로 들었는데, 이븐 시나는 체액이론을 비판적으로 수용하고 보완한 진정한 의학자였기 때문이다.

체액이론을 처음 의학적으로 정리한 사람은 히포크라테스였으나 고대의 체액이론을 로마시대에 다시 체계화한 사람은 갈레노스 Claudios Galenos (130-200)였다. 갈레노스의 가장 위대한 의학적 성과 중 하나는 동맥이 공기가 아니라 혈액으로 채워져 있다는 새로운 사실을 밝힌 것이었고 이에서 나아가 그는 기존의 체액이론을 확대하고 심화하였다. 갈레노스 체액이론의 의학적 목표는 인체 내에서 체액이 균형을 이루도록 돕는 것으로 예컨대, 신체가 건조하면 습하게 하는 음식을 취하고 너무 뜨거우면 차게 하는 음식을 취함으로써 균형을 회복하는 것이 치료의 방법이었다.[33]

이븐 시나 역시 체액이론을 정면으로 부정하지는 않았다. 그는, 혈액은 몸을 뜨겁고 습하게 하며 담즙은 뜨겁고 건조하게, 점액은 차갑고 습하게 그리고 흑담즙은 차갑고 건조하게 한다고 보았다. 그리고 그는 체액의 균형을 유지하기 위해 식이요법을 사용하는 것에도 반대하지 않았다. 대신 정맥절개와 사혈부항 같은 처치를 통하여 혈액을 제거하여 체액의 균형을 맞추도록 노력하였다. 그는 식이요법만이 아니라 약물치료를 중요한 치료방법으로 활용할 것을 권장했으며 약물의 순도와 강도 조절, 사람에 대한 임상실험 등을 강조했다.[34] 이렇듯이 이븐 시나는 《의학정전》에서 갈레노스의 체액이론을 그대로 따르는 대신 비판적으로 수정했고 보완했다.

커피가 널리 확산하면서 커피 음용에 반대하는 사람들이 나타났는데, 특히 의사들은 종종 갈레노스의 체액이론을 꺼내 들었다. 그들은 커피가 체액 사이의 균형을 깨는 물질이라고 하거나 성마른 성격을 만든다거나 여기에서 나아가 불임의 원인이 된다고까지 주장했다. 커피 반대자들은 충분한 의학적 고려 없이 갈레노스의 체액이론을 주로 인용하여 자신들의 의학적 견해를 뒷받침했다. 한편 이븐 시나는 체액이론의 비판과 수정에 앞장선 의학자로서 체액이론을 곧이곧대로 따르지는 않았다. 그러니까 만약 이븐 시나가 살아있었다면, 갈레노스의 체액이론 대신 커피에 관해 과학적으로 이해하도록 촉구했을 것임에 틀림없다.

지금도 커피가 건강에 미치는 영향을 두고 끊임없이 논쟁이 지속되고 있다. 건강에 해롭다는 주장과 이롭다는 주장이 갈마들고 있어 많은 사람을 헷갈리게 한다. 그것도 커피의 옹호론자든 반대론자든 자신의 주장이 모두 과학적이라고 우기고 있다. 이븐 시나의 비판적 수정과 보완이라는 과학 정신이 더욱 필요한 국면이 계속되고 있다.

위에서 살펴보았듯이, 15세기가 되기 전에 나온 커피에 관한 기록들은 여전히 불확실한 구석이 많다. 아무리 훌륭한 학자들을 동원해 커피의 초기 역사에 관한 '증언'을 맡긴다 하더라도 자료의 부재와 부족 그리고 부정확성 등 여러 이유로 그 부분을 재구성하는 것은 대단히 어려운 일이다. 커피의 초기 역사는 더 확실한 증거 자료들이 나오기까지 여러 부분을 빈자리로 남겨두는 편이 오히려 안전할 것 같다.

2장

예멘, 커피모스크에서 커피생산지로

일반적으로 식품은 채집하거나 경작한 사람들이 우선 소비한 다음 나머지를 거래하는 것이 보통이다. 다른 사람들을 위한 상품으로 식품을 생산하는 것은 그다음에야 일어난다. 교역을 위해 농산물을 생산하는 일은 근대 이후에 처음으로 나타났다. 그러나 커피의 경우는 소비를 건너뛰고 곧바로 수출품이 되었다는 점에서 상당히 특별한 식품이다. 커피는 채집이나 생산이 소비로 이어지지 않았을 뿐 아니라 현지 소비가 상품으로의 전환에 핵심적인 요소로 작용하지도 않았다.

현재에 이르기까지 세계의 커피생산국 주민들은 극히 소량만을 자국에서 소비할 뿐이다. 커피의 시원지에 살았던 에티오피아 사람들 역시 20세기까지 거의 커피를 마시지 않았다. 뜨거운 물로 내려야 향미 요소를 끌어낼 수 있는 커피의 물질적 속성이 연중 더운 날씨가 계속되는 커피생산 지역 주민들의 커피소비를 제한한 요소로 작용했다. 그리고 문화적 요소 역시 마찬가지로 중요한 역할을 했다. 에티오피아의 하라르 지방에 정착한 무슬림이 일찍이 커피를 음용하기 시작하자 아비시니아 사람들은 이웃 무슬림에 대한 적대감으로 인해 커피소비를 꺼렸다. 아비시니아 시장경제의 규모가 작기도 했지만 이런 문화적 이유로 커피

2장 예멘, 커피모스크에서 커피생산지로 77

를 많이 소비하지 않았던 것으로 보인다. 커피는 처음부터 수출상품으로 채집되거나 생산되었으며, 커피콩 한 톨 생산되지 않는 지역에서 대부분 소비되고 있다.

그렇다고 커피의 채집, 생산 그리고 소비에서 아비시니아 사람들이 이바지한 역할이 완전히 사라지는 것은 아니다. 우선 아비시니아에서 커피는 카파를 넘어 여러 지역으로 확산했다. 그러나 언제부터 커피의 소비가 늘어났는지 그리고 그 양이 어느 정도에 이르렀는지에 관한 기록은 남아있지 않다. 그럼에도 늦어도 14세기에 이르면 에티오피아의 중동부 지역까지 커피의 소비가 확산되었다는 것이 일반적인 견해이다.[1] 이 사실은 커피의 세계적 확산에 중요한 의미를 갖는다. 왜냐하면 에티오피아의 중동부 지역은 지리적 위치로 보아 예멘에 가까워 예멘에 커피를 전달하는 중개지로서의 역할을 했다고 보이기 때문이다.

예멘으로 커피가 들어온 후 머지않아 커피의 역사에 결정적인 국면이 전개되었다. 예멘의 이슬람 수피파 수도승들이 처음으로 커피콩을 볶아 '음료'로 만들어 마시기 시작했고 소비가 확산하자 예멘의 농부들이 세계 최초로 '커피경작'을 시작했다. 어떻게 이런 획기적인 변화 과정이 일어났을까? 홍해와 예멘 지역에서 일어난 정치상황부터 살펴보고 그 과정을 추적해보기로 하자.

1. 홍해를 건넌 커피

예멘의 정치상황

아라비아 반도 예멘에서 4세기 이상 강력한 왕국을 유지하고 있던 힘야르 Himyar 왕국은 에티오피아 악숨왕국의 침략으로 무너졌는데, 6세기 초 아라비아 남부를 휩쓴 극심한 가뭄이 왕국의 몰락을 재촉했다. 원래 이 지역은 불모지가 대부분인 아라비아 반도 다른 지역과 달리 농업이 번창했다. 예멘 사람들은 댐을 건설하고 관개시설을 만들어 건조한 땅을 비옥한 농지로 바꾸었다. 그런데 가뭄이 덮쳐 농사를 망친데다 엎친 데 덮친 격으로 악숨왕국이 침략하자 힘야르왕국은 힘없이 무너지고 말았다. 그러나 악숨왕국의 예멘 통치는 오래가지 않았다. 아라비아 중부 이슬람 토후국들이 악숨왕국을 물리치기 위해 강력한 연대를 형성했기 때문이다.

예멘은 그 후 사산조 페르시아의 지배를 받았고(570-627), 7세기에 접어들어 무함마드의 가르침이 아라비아 반도로 확산하면서 페르시아인 군주가 628년에 이슬람으로 개종하자 이슬람지역이 되었다. 곧이어 661년부터 예멘은 이슬람 우마이야 칼리프, 이어 압바스 칼리프의 지배를 받았다.

그러다가 13세기에 예멘 남부의 농경민사회를 중심으로 라술리드Rasulid 왕조가 등장하면서 농업이 다시 활력을 회복했고 아덴 항을 통해 이집트를 비롯한 북아프리카 지역과 교역했다. 사막에 막혀 아라비아 반도의 다른 지역으로부터 고립된 예멘은 홍해를 통해 해상무역을 발전시켰는데, 그 덕분에 동부 아프리카와 빈번하게 교류했다. 예멘은 아라비아에서 사육된 말을 인도와 아프리카로 수출하는 대신 인도에서는 향신료를, 동아프리카에서는 노예를 수입했고 인도의 향신료를 아프리카에 되팔았다.

예멘은 오래전부터 에티오피아의 무슬림 왕국인 아달술탄국과 강력한 상업적 교류관계와 문화적 연대감을 형성하고 있던 나라였다. 특히 아달술탄국의 하라르가 두 지역을 잇는 중요한 연결고리로 작용했다. 예멘으로 건너온 커피는 에티오피아에서보다 훨씬 많은 소비자를 만날 수 있었고 처음으로 커피 열매로 '음료'를 만들어 마신 것도 예멘 사람들이었다. 나아가 야생커피를 채집한 것이 아니라 아예 농작물로서 커피를 재배하기 시작한 것도 예멘이었다.

커피 전파의 경로

14세기에 커피는 예멘의 술탄국 라술리드로 전파되었다. 하지만 에티오피아에서 예멘으로 커피가 전해진 경로를 확실하게 단정하기는 어렵다. 어쩔 수 없이 몇 가지 가설로써 그 가능성을 생각해 볼 수밖에 없다.

첫째로 에티오피아가 예멘을 정복하는 과정에 커피를 함께 가져갔을 것이라는 가설이다. 이런 일이 일어날 만한 역사적 사건으로 악숨왕국의 침략이나 오로모족의 영토 확장을 떠올릴 수 있다. 그러나 악숨왕국의 예멘 침략은 6세기 초의 일로서 전쟁과 정복 기간 중에 전사들이 커피를 먹었다거나 가져갔다는 흔적이나 기록이 전혀 없다. 이에 반해 오로모족은 전쟁터에 나갈 때면 커피 열매를 기름에 볶아 작은 공처럼 만들어 비상식량으로 가져갔다고 한다. 그런데 이 가설이 성립하려면 오로모족이 영토 확장을 꾀하던 시기가 예멘에서 커피가 확산하기 시작한 시기보다 앞서야 하지만 오로모족의 영토 확장운동은 16세기에 이르러서야 비로소 시작되었다.

두 번째 가설은 14세기에 노예 무역상이 아라비아 반도 예멘으로 커피를 수출했다는 것이다. 예멘은 당시 에티오피아에 있는 무슬림 왕국과 상업 및 문화적으로 긴밀한 접촉을 하고 있었으므로 두 지역 사이의 상업적 거래는 말할 것도 없이 노예무역에 국한하지 않았다. 또한, 카파에서 직접 예멘으로 커피가 수출되었다는 증거는 없지만 커피를 처음부터 수출상품으로 채집하거나 생산한 사례가 많아서 여러 경로를 거쳐 예멘으로 커피가 들어갔을 여지는 충분하다.

다만 교역량은 크게 많지 않았다는 점을 전제로 해야 한다. 왜냐하면 에티오피아는 커피를 재배하지는 않았기 때문이다. 교역을 위해 농작물을 재배하는 일은 원거리 상업이 크게 발달한 근대 초기가 지나서야 나타났다. 국내의 소비량이 많지 않았던 데다가 아직 해외 수요가 개발되지 않은 탓에 에티오피아에서는 커피를 재배할 필요가 없었다. 에티오피아는 야생에서 채취한 커피만으로 국내 수요를 충족하고도 남아 그 여분의 커피를 수출했다고 보는 것이 현실적이고 그래서 수출량은 크게 많지 않았다고 보아야 한다.

세 번째 가설은 예멘의 수도승이나 학자들이 에티오피아로 건너가 커피를 가져왔을 가능성이다. 남아있는 기록이 이 사실을 뒷받침한다. 연대기 기자의 기록에 따르면, 다바니 Muhammad Ibn Said Al Dhabhani 라는 이슬람의 수피파 지도자가 에티오피아를 방문한 후 아덴으로 커피를 가져왔고 커피는 그의 명성에 힘입어 널리 퍼졌다.[2]

연대기 기자들이 남긴 기록에는 허점이 많고 그들 역시 그것을 알고 있어 비현실적인 전설을 동원해 그 빈 곳을 메어 보려고 시도했다. 어떤 작가는 아예 솔로몬을 커피 확산에 등장시키기까지 했다. 그들은 커피의 전래를 곧잘 신이나 성자와 연결시키곤 했다. 그럼에도 연대기 기자들은 커피와 커피의 소비에 관한 정보를 전해주고 있는 거의 유일한 집단이다. 그중에서도 믿을만한 기록을 남긴 것은 압 알 콰디르 알 자지리 Abd al-Qādir al Jazīrī 이다. 그는 "헤지라 996년에 뜨거운 커피를 마시는 풍조가 아덴과 메카에서 이미 백년이 넘은 일상이 되었다"라고 기록했다.[3] 이슬람력은 1년이 354일로 태양력보다 11일이 짧고 622년을 원년으로 삼기 때문에 헤지라 996년은 서기 1587년이다. 자지리는 1587년 압 알 카피르 Abd-al-Kafir 에서 발굴되어 현재 파리의 국립도서관에 보존되어 있는 아라비아의 유명 필사본을 근거로 그렇게 썼다. 그 필사본에는 100세 이상의 나이로 보이는 시합 아드 딘이라는 이름의 아라비아인이 커피 잔을 들고 있는 모습이 그려져 있다.

자지리는 그보다 먼저 커피에 관한 기록을 남겨 그에게 많은 자료를 제공한 압 알 가파르 Shihāb al-Dīn ibn 'Abd al-Ghaffār 의 권위에 기대어, 예멘에서 커피가 확산한 과정을 이렇게 기록했다.

> 이 세기[16세기]의 시작 무렵 이집트에 있는 우리들에게, 카와라고 하는 한 음료가 예멘에 널리 확산되었고 샤이흐 shaykh [수피의 스승, 무르시드 murshid, 이샨 ishan, 또는 피르 pir 라고 부르기도 한다]와 다른 사람들이 잘 알려진 방식대로 하는 의례[기도 의식]를 치루는 동안 깨어 있기 위해서 이 음료를 사용하고 있다는 소식이 들려왔다. (...)
>
> 또 우리가 들은 소식은 샤이흐, 이맘 imam [무슬림 공동체의 최고 지도자], 무프티 mifti [권위 있는 이슬람법 전문가] 그리고 알 다바니 al-Dhabhāni 로 알려진 수피 자말 알딘 아부 압 알라 무함마드 이븐 사이드가 여기에 역할을 했다는 것이다. (...)
>
> 처음에 카와는 커피콩이나 열매의 껍질이 아닌 카트 qāt 로 알려진 잎사귀들, 즉 카프타 kafta 로 만든다는 소문이 있었다. (...) [그러나] 수피의 스승 알 다바니의 시대 아덴에는 카프타가 없었다.[4]

이 설명에 따르면, 이슬람 법 파트와 fatwās (무프티가 제시하는 이슬람법에 관한 의견 혹은 법학의견의 집대성)의 해석과 개정 여부에 책임을 지고 있던 다바니라는 수피 지도자가 불가피한 임무를 띠고 아덴을 떠나 에티오피아로 여행을 떠나게 되었다. 그는 상당 기간 그 곳에 머물렀기 때문에 커피를 대접하는 사람들을 만나게 되었다. 그러나 그는 처음에는 커피에 특별한 관심을 두지 않았고 그 특성이 무엇인지도 몰랐다. 그러다가 아덴으로 돌아와 병을 얻게 되었는데, 그가 에티오피아에 체류했을 때 병이 나면 카와를 마시던 일을 기억하고는 이번에도 커피를 마셨다. 그러고는 병이 완쾌되었다고 전해진다. 이 일이 있은 후 다바니에 대한 존경이 커피의 명성을 한껏 높이는 데 이바지했다. 그래서 다바니는 커피를 최초로 아덴에 들여 온 사람이라는 이름을 얻었다.[5]

다바니에 관한 정보는 대단히 적고 불충분하다. 그러나 15세기 말 중요한 연대기 편찬자인 사카비에 따르면, 다바니는 부지런히 공부를 한 사람이고 이슬람 경전을 가르친 적도 있으며 신비주의 저술로 명성을 얻은 사람이었다. 그러나 사카비는 다바니가 가진 극히 특수한 직위인 파트와 감독자로서의 지위에 관해서는 아무런 정보를 제공하지 않는다. 다바니가 에티오피아에 갔다는 사실을 적었을 뿐, 그곳에서 그가 무엇을 보았고 어떤 일을 했는지, 예멘으로 돌아와서는 무슨 일을 했는지에 대해서는 전혀 말이 없다. 다바니는 헤지라 875년(1470년에서 1471년 사이)에 사망했다고 한다.

다바니가 대단히 젊은 시절에 수피파를 대표해 에티오피아를 방문할 만큼 중요 인사였고 그의 신망이 대단해서 그가 예멘으로 커피를 들여오자마자 커피가 신속하게 여러 지역으로 확산되었다면 그야말로 예멘의 커피 도입에 결정적인 역할을 했다고 볼 수 있다. 한편 자지리는 커피 사용의 기원에 관해 다른 설명 또한 덧붙이고 있다. 그에 따르면 샤딜리야 교단의 마키 Fakhr al-Din Abu Bakr al-Makki 라는 다른 수피파 스승 또한 커피와 다소 관련이 있다. 그러나 자지리는 가파르가 그랬듯이 커피의 전파 과정을 확정하는 대신 여러 여지를 남겨두고 있다.

2. 수피모스크에서 세상으로 간 커피

여러 전설적인 이야기와 연대기들을 참고로, 15세기에 이미 커피를 '음료로 마시는 일'이 예멘에서 최초로 시작되었고 그 일에 무슬림 수피 형제단이 초기 커피 전달자와 사용자의 역할을 담당했다는 것이 폭넓게 받아들여지고 있다. 수피의 수도사들은 이 음료를 마시면 잠들지 않고 깨어서 영적 수행을 지속할 수 있다고 주장하여 커피의 물질적 속성을 높이 평가했다고 한다. 그렇다면 어떻게 인간의 육체적 욕망을 억제해야 할 수도 종단이 즐길 거리인 커피 음용에 이바지하게 되었을까? 이슬람 신앙과 커피는 다소 동떨어진 것 같지만, 수피가 커피 확산에 결정적으로 이바지한 것이 역사적 사실이고 또 곧이어 오스만제국에서 커피가 제국 전체로 확산하는 데 무슬림의 신앙관습이 크게 작용했다는 점을 고려하면 수피의 신앙 관습은 지나칠 수 없는 관심의 대상이다.

수피의 신앙과 명상

수피는 이슬람의 한 분파였다. 이슬람을 믿는 모든 무슬림에게는 다섯 가지 지켜야 할 계율이 있었다. 그 하나는 "나는 유일신을 믿고 무함마드가 그 신의 종이자 메신저이다"라는 신앙을 고백하고 증언하는 것이었다. 둘째는 매일 기도하는 것이다. 새벽, 정오, 오후, 저녁 그리고 밤 이렇게 하루 다섯 차례 일을 멈추고 기도함으로써 종교 공동체의 일원으로서 자기 확인을 했다. 무슬림들은 또한 함께 모여서 하는 공동의 기도에 참여함으로써 계급적, 사회적, 경제적 차별을 받지 않았다. 세째는 금식이다. 한 달 동안 지속되는 라마단 달에는 새벽부터 해가 질 때까지 음식물, 음료, 흡연 그리고 성관계를 금했다. 네째는 자선이다. 모든 가계는 라마단 달의 마지막에 축적한 부의 40분의 1을 가난한 자들에게 나누어 주어야 했다. 그리고 다섯째로 이슬람의 성지인 메카를 순례해야만 했다.

수피파는 이슬람의 이 계율들을 충실히 따랐다. 그러나 그들은 교리 중심적인 다른 이슬람 분파에 비해, 좀 더 금욕주의적 경향을 띠어 청빈을 미덕으로 삼았고 신과의 영적 합일을 지상의 목표로 삼는 신비주의적 경건운동을 전개했다.

크게 보면 수피파는 세 부류로 나눌 수 있다.6 한 부류는 무아경을 지향하는 집단이다. 무아경 ecstasis 에 이르는 과정은 육체로부터 영혼을 외부로 끄집어 내ex, 세움statuo 으로써 일상적인 것들을 극적으로 상대화하여 더 높고 완전히 다른 차원의 인식으로 옮기는 것이었다. 끊임없이 몸을 흔드는 것은 이 과정을 강화하는 행위였다. 이 분파의 수피들에게 일상 세계로부터 신에게로 몰입하는 것은 '영적 도취'였다.

다른 한 부류는 지성주의 경향의 수피다. 이들은 초기 기독교의 영지주의자들과 비교해 볼 수 있는 그룹이다. 초기 기독교의 영지주의는 여러 분파가 있지만 대체로, 물질을 사악한 것으로 보는 이원론에 입각해 사람들 역시 구원에 이를 수 있는 영적인 인간과 구원이 불가능한 육체에 사로잡힌 인간으로 나누어 소수 엘리트에게 비밀리에 '내면의 빛'으로 전달되는 '지식gnosis'을 얻는 자만이 영혼의 구원에 이를 수 있다고 주장했다. 물론 지성주의 수피를 이러한 초기 기독교의 영지주의와 혼동하는 것은 오해이다. 지성주의 수피는 신을 앎으로써 신을 발견하고자 했다. 수피들에게도 '지식'은 중요했다. 그러나 그들의 지식은 비밀리에 전수되는 내면의 빛이 아니라 인간 자신의 신에 대한 인식이었고 '분별력'이었다. 한편 지식의 양식은 사실적이라기보다 직관적인 것이었다. 또한 그들에게 종교적인 삶의 목표는 성격이 개선된 상태가 아니라 성격의 개선 경향이었다. 따라서 지성주의 수피들은 무아경의 신 인식만으로는 충분하지 않고 그것을 일상의 삶에 통합해야 한다고 보았다. 지성주의 수피가 이러한 통합에 좋은 영향을 미쳤기 때문에 무슬림들은 그들을 '맑은 정신을 가진 사람'으로 보았다. 아마도 그래서 일부에서는 첫 번째 집단을 '취한 수피'라 하고 두 번째 집단을 '맑은 정신의 수피'로 부르기도 했다.

수피파의 세 번째 부류는 사랑이라는 감정에 주목했다. 그들은 사회의 많은 것이 사랑이라는 감정을 억압하지만 그럼에도 인간의 가슴 속에서 사랑이 가장 강력한 감정으로 살아있다고 이해하여 폭넓은 지지를 얻었다. 이 분파의 대표자는 잘랄 아드딘 무함마드 루미 Rūmī(1207~1273)이다. 루미는 "나는 사랑과 사랑받는 사람이 다르다고 생각하곤 했다. 그러나 이제는 그것들이 같다는 것을 알게 되었다. 나는 하나 안에서 둘을 본다"라고 하면서 "사랑은 사랑하는 사람을 사랑받는 사람과 연합시킨다"고 설명했다.7 수피 루미의 연시는 세계적으로 유명하며 최근에 다시 주목을 받았다. 한 예를 들면, 1990년대 말 미국에서 루미의 연시들은 가장 많은 독자들이 찾은 시집이라는 기록을 남겼다.

그러나 수피의 한 경향을 다른 경향으로부터 완벽하게 분리하는 것은 쉬운 일이 아니다. 루미가 "땅에 입맞춤을 하는 방법은 수백 가지"라고 말했듯이 어느 분파든 다양한 수행 방법을 수용한 일이 많았기 때문이다. 루미의 《마스나비 Masnavi》는 통속적이고 신비주의적인 테마들이 혼재하는 세련된 이야기 전개와 감동적인 서정시를 결합한 작품으로 독자들의 사랑을 받았는가 하면 그의 정신적 후손인 메블레비야 교도들은 수행의 한 방법으로 빙글 빙글 돌면서 춤을 춰 무아경 집단과 마찬가지로 '춤추는 수도사'(데르비시)로 널리 알려져 있다.

어느 분파에 속하든 수피에게는 하나의 기본 원칙이 있었다. 그것은 세상으로부터 도피하는 것이 아니라 세상 속에 살면서 최고의 신비주의적 목표를 추구하는 것이었다. 다른 사람에게 봉사하는 것은 실질적인 의미에서 신에게 봉사하는 것이었다. 많은 성자는 이러한 봉사를 예배의 가장 높은 형태로 받아들였다. 단순히 사랑하고 아는 것만으로 충분하지 않고 사랑과 지식을 기반으로 행동해야만 한다고 그들은 생각했다. 모든 수도자는 세속적인 의무를 다해야 했다. 나아가 수피들은 반드시 다른 사람을 돌보는 일을 해야만 했다.[8]

한편 수피들은 수행을 하는 정신적 여정에 안내자를 두는 것이 반드시 필요하다고 여겼다. "스승을 찾아라, 스승이 없다면 이 여행은 고난과 공포 그리고 위험의 연속일 것이다. 도반道伴이 없이는 길을 가다가 중도에서 길을 잃고 말 것이다. 혼자 여행하지 말라!" 이것이 위대한 스승 루미의 교훈이었다.[9]

그래서인지 수피들은 어느 집단이든 하나카khanaqa를 갖고 있었다. 수피의 스승 샤이흐는 이곳에 거주하면서 제자들을 교육하고 수피의 예배를 인도했다. 이곳에서 수피들은 스승과 함께 거주하기도 했고 예배를 드리고 교육을 받거나 다른 사람을 가르쳤다. 하나카에는 성자의 신위神位를 모신 곳이 많았다. 루미의 정신적 후손인 메블레비야 교단의 테케는 페르시아 문학과 수피 사상의 연구, 오스만제국 엘리트 관료의 양성에도 중요한 역할을 했다.[10]

수피파의 하나카에서 우리의 주목을 끄는 것은 주방이다. 주방은 수피파 수도회 조직의 근간이었다. 루미의 수도회에서는, 두 번째로 높은 지위가 수석 요리사에게 돌아갔다. 수석 요리사는 수도회 입회자들을 교육시켰고 그들은 주방에서 일하며 1,001일을 보내야 했다.[11] 수피의 수행 방법은 여러 가지였다. 수피는 정신적인 사악함을 억누르려는 노력과 함께 코란을 독송하거나 디크르dhikr 즉, 리듬에 맞추어 계속해서 알라 신의 이름을 부르는 일, 연도連禱 그리고 명상을 통해 심원한 영혼의 능력을 일깨우고 신의 비전에 도달하고자 했다.

수피교단의 기원이 언제인지는 불확실하다. 그 개념은 일찍이 12~13세기에 스승들의 마음속에서 싹이 터 13~14세기에 추종자들을 얻었던 것 같다. 처음에는 박해의 대상이었지만, 종단의 규칙에 커다란 비밀이 없었고 누구나 쉽게 접할 수 있어 점차 대중에게 다가갈 수 있었다. 수피교단들은 예배를 인도하고 초심자를 입교시키는 등 교단의 수장이나 그 대리인으로 일할 사도인 '칼리파khalifa를 임명하여 교단의 일을 맡아 수행하도록 했다. 이렇게 함으로써 수피교단은 점차 영향력을 확장해 갔다. 예컨대 바그다드에서 시작한 수피 분파인 카디리야 교단은 14세기 말에 다마스쿠스에 교단 구성원을 위한 하나카를 설립했으며 나중에는 아라비아 세계 전역과 남사하라에까지 가르침을 전파하였다. 이집트에서는 정부의 지원을 받았고 술탄이 예배에 참석할 정도로 대중적인 호응을 얻었다.

수피의 커피 마시기와 확산

수피들은 어떤 동기에서 커피를 마시게 된 것일까? 그들은 처음에는 신적인 몰아지경에 들기 위해 술을 마시고 취하기도 했다. 12세기 페르시아의 수학자이자 철학자 오마르 하이얌은 수피주의자로 짐작되는 사람인데, "나는 포도주를 마시고 취했다. (...) [그렇다고 해서] 내가 이교도나 우상숭배자라면, 바로 그렇다! 모든 분파가 나를 의심한다. 하지만 나는 단지 나일 뿐이다"라는 글을 남겼다.[12] 그처럼 수피들은 교리나 규율보다는 신과의 영적 합일을 더 중요하게 여겼고 거기에 도움이 된다면 이슬람의 규율을 넘어설 수 있다고 생각했던 것 같다.

포도주를 마시는 것과 마찬가지로 수피들은 영성 훈련을 위해 커피를 마셨다. 즐기고 싶은 욕망을 채우기 위해서가 아니라, 오늘날에도 예멘에서 졸음을 쫓아버리기 위해 카트 잎을 씹듯이 커피는 그들에게 밤에 이루어지는 영성 훈련에서 잠을 쫓는 각성제였다. 커피는 명상과 기도의 음료였다. 자지리 역시 잠을 쫓는 커피의 특성을 강조하고 있다. 따라서 수피파 내부에 커피 마시기를 둘러싼 논쟁은 없었던 것으로 보인다.

수피들은 기도가 시작되기 전 미리 항아리에 커피를 담아 두었다. 에티오피아 사람들이 사용했던 것과 비슷한, 둥근 몸통에 긴 목이 달린 붉은 찰흙으로 만든 큰 항아리였다.

〔수피들 중〕가장 높은 지위에 있는 사람이 작은 사발로 그 항아리에 든 커피를 떠서 자기 오른쪽에 있는 사람부터 시작해서 모든 사람에게 차례로 돌렸다. 그러는 동안 수피들은 일상적으로 드리는 기도를 계속해서 읊조렸다.[13]

그들은 소리를 내지 않도록 조심하면서 경건하게 조용히 잔을 비웠다. 마지막 사람의 커피 마시기가 끝나면 그들이 드리는 일상의 기도 예식 중 하나가 끝이 났다. 커피 마시기는 수피들에게 집단적인 의례의 일부였다. 이러한 제의의 사회적 의미는 디크르의 일부로서 음료를 나눔으로써 그리고 종교적 성가를 부르는 행위에 함께 참여함으로써 형제애를 강화한다는 데 있다. 사실 이 제의는 기독교의 성만찬을 연상시킨다. 비록 꼭 같은 신학적 상징주의에 토대를 두고 그것을 전하려고 한 것은 아니라 하더라도 말이다.

그러나 처음부터 수피파의 하나카 외부에 커피가 전해졌다고 단정할 근거는 없다. 아마도 처음에는 수피 하나카에 직접 접근할 수 있었던 사람들, 그리고 그 교단의 개별 회원들과 밀접한 관계를 가진 사람들만이 커피를 시도해 볼 기회를 가졌다고 보는 것이 자연스럽다. 수피는 분파에 따라 그 교단의 비밀들, 특히 자극제를 다루는 사람들을 철저하게 보호하려고 했을 뿐 아니라 의례를 위해 쓸 수 있는 커피의 양도 그다지 많지 않았다.

하지만 수피파의 종교 관습은 커피 마시기를 하나카의 담장 안에 오래 가두어 둘 수 없게 만들었다. 수피파는 대중의 일상적 삶과 멀리 떨어져 고립된 채 수도원에서 생활하고 기도에 전념하는 수도종단이 아니었다. 만약 그랬다면 아마 커피 음용은 그들만의 의례에 머물렀을 것이다. 대부분의 수피파는 세속적인 삶으로부터 자신들을 분리하지 않았다. 지나친 엘리트주의에 빠진 기독교 영지주의 분파와 그들은 대조적이었다. 수피파는 종규를 가진 수도공동체이기는 했지만 문화적으로 외부와 고립된, 비밀스러운 조직은 아니었다. 수피들은 수도자이면서 가정을 이루었고 가정생활에 다른 사람들보다 오히려 충실했으며 다른 이웃과 어울려 살았다. 그 회원들은 기도 모임을 갖는 일 외에는 다른 사람들과 마찬가지로 직업을 갖고 그 일에 열심이었다. 직장에서 평범한 직장인으로서 일했고 상점이나 시장에서 물건을 사고 거래를 했으며 목욕탕에도 같이 갔다. 이러한 특징은 수피의 교훈을 집대성한 책에 다른 어떤 종교 집단의 그것보다 일상생활에 관한 교훈이 많은 것에서도 확인할 수 있다.[14]

수피파 수도사들의 이런 종교 관습이 커피의 확산에 아주 유리한 환경으로 작용했음은 말할 필요도 없다. 수피들의 커피 음용 관행은 자연스럽게 이웃 사람들에게 알려졌고 곧 일반인들 역시 커피에 호기심을 갖게 되었으며 그래서 어렵지 않게 커피를 접할 수 있었다. 또한 주방에서의 요리 행위를 수행의 한 과정으로 여긴 수피의 관습은 커피 끓이기를 모든 수피들의 일상적 관행이 되게 했고 나아가 커피 향이 수피모스크의 울타리를 넘어서 손쉽게 퍼져나가게 만들었다.

수피파의 커피 음용은 수피파의 확산과 함께 자연히 예멘 이외의 다른 수피파 수도공동체에도 전해졌다. 수피파가 아라비아 반도를 넘어 대중의 호응을 얻은 만큼 커피 역시 아라비아 반도 외부 지역으로 확산되었다. 16세기 초 알 마키는 이렇게 썼다. "메카의 라이와 다른 곳에 있는 우리[수도자들]에게 키스르qishr 혹은 qisr가 20여 년 전에 도착했다. 그러나 그것으로 만든 카와는 9[15]세기 말까지는 확산되지 못했다."[15] 이 글은 음료의 형태를 둘러싼 논쟁에 작은 불씨를 제공하는 것이기도 하지만 수피들에 의해 커피가 메카와 다른 지역으로 확산되었음을 증언하고 있다.

'음료'가 된 커피

예멘의 수피들과 일반인들이 어떤 '음료'를 마셨는지에 관해 좀 더 깊이 들여다보자. 앞에서 말한 가파르의 기록이 있은 지 약 1세기 반 후에 카팁 첼레비 Kâtib Çelebi라는 사람은 "수도자들과 예멘의 산지에서 살았던 어떤 스승이 체리를 으깨어 먹었는데 그들은 그것을 칼프 바분qalb wabūn이라고 불렀다"라고 썼다.[16] 이 말은 예멘에서 커피를 섭취했다는 것을 확인해 준다. 그런데 아라비아에서 어떤 것을 섭취했다는 말은 그것을 액체상태로 섭취했다는 것을 의미한다.

커피나무의 열매를 말하는 분bunn이란 단어는 일반적으로는 과육을 제거하지 않은 커피 체리를 가리키지만, 때로는 껍질인 키스르에 반대되는 커피 체리의 알, 즉 과육 속에 든 씨앗을 의미하기도 한다. 그런데 커피라는 의미의 카와가 발견되기 전부터 일상적으로 마시던 음료를 키스르라고 불렀다는 견해가 있다. 데스메-그레구아르는 햇볕에 말려

살짝 볶은 커피콩과 껍질을 갈아 만든 즙을 키스르로 보고 있다. 데스메-그레구아르는 예멘에서 사용한 커피가 콩을 볶아서 분쇄해 커피로 끓인 음료인지, 아니면 키스르이었는지에 대해서는 확정하지 않지만, 키스르는 말려서 볶는 방법으로 만드는 것으로 예멘에서는 지금도 사람들이 자주 마시는 음료이고, 커피를 가리키는 카와가 발견되기 전부터 이미 일상적으로 마시던 음료를 가리키는 말이라고 설명한다.[17] 여기에서 수피들은 붉은 찰흙 항아리에 든 음료를 마셨고 그것이 커피였다는 사실을 덧붙이면, 언제부터인가 커피 열매의 씨앗 혹은 콩 전체로 만든 커피 gahwa bunnīya 와 커피의 겉껍질만으로 만든 커피 gahwa qishrīya 가 모두 사용되고 있었다고 보아도 전혀 이상하지 않다.

특히 카와란 말은 포도주를 이르는 별칭의 하나로 오래 전부터 사용돼 왔다. 아라비아어의 어원 q-h-w/y는 무엇을 취하고자 하는 욕구를 완화한다는 의미를 담고 있다. 중세 아라비아어 사전편찬자에 따르면, 카와는 "그것을 마신 사람에게서 음식[에 대한 욕구]을 앗아가기 때문에 포도주라는 이름으로 불린다. 다시 말해서 그것은 욕구를 억제한다."[18] 흔히 포도주는 식욕을 돋우는 술로 알려져 있어, 포도주가 인간의 식욕을 억제한다는 말에 선뜻 동의하기는 어렵다. 그러나 커피를 카와라고 부른 것은, 커피의 카페인이 인간의 수면을 방해하거나 억제한다는 것이 과학적으로 증명된 사실이라는 점에서 수긍이 가는 단어 사용이기는 하다. 한편 어원학적으로 카와는, 신체에 활력을 주는 커피의 효과 때문에 힘과 강인함을 의미하는 "quwwa"라는 말에서 왔다는 설명이 있지만 그다지 설득력이 없다.

따라서 카와란 말은 커피 열매의 씨앗으로 만든 음료, 각성상태를 유지하는 데 도움이 되고 특별한 방법으로 마련한 끓인 음료 종류, 즉 반드시 같은 물질에서 채취한 것이 아니라 하더라도 그런 음료에 폭넓게 적용할 수 있을 것 같다. 어쨌든 여러 견해를 종합해 보면 에티오피아와 예멘 사람들이 "커피를 사용했다"고 했을 때 이 말은 커피를 음료 형태로 만들어 마셨다고 보아도 크게 틀리지 않을 것 같다. 커피 열매의 겉껍질은 쉽게 상하기 때문에 이 겉껍질로 음료를 만드는 것은 생산지에서나 가능하다. 따라서 예멘에서 커피가 재배되기 전에 수피공동체들은 커피 열매를 그대로 먹거나 겉껍질을 이용했다기보다 열매로 만든 음료를 만들어 마셨다고 보는 것이 더 합리적이다.

3. 커피재배의 시작

커피소비의 증가

14세기에 커피를 소비하는 풍습이 예멘에 들어온 후 커피소비는 15세기 전반기에 이미 예멘의 해안 도시 아덴과 모카 그리고 자비드 등지로 퍼져나갔다. 처음에 예멘의 수피들이 마시던 커피는 시간이 흐르면서 그들의 세속적인 삶을 통해 일반인들에게 알려졌고 사회적으로 확산했다. 아라비아 반도에는 수피의 명상과 세속적인 삶 외에도 커피 수요를 자극하는 다른 요소 또한 있었다. 여행자들이나 상인들이 그 사람들이었다. 특히 아라비아 지역은 일찍이 상업이 발전했고 대상隊商무역은 생계를 위한 주요 수단이었다.

이런 여러 가지 자극에 힘입어 커피의 소비는 아마 15세기 3/4분기에 이미 이슬람 성지들로 확산되었던 것 같다. 특별히 성지 메카에 발을 붙이자 커피 음용 소식은 어렵지 않게 이슬람 지역 전체로 확산할 수 있었다. 생애 한 번은 메카를 방문하는 무슬림의 신앙관행은 커피에 관한 소문을 손쉽고 빠르게 이슬람 지역 전체로 퍼다 날랐다. 메카에서 메디나를 거쳐 다른 여러 지역으로 커피는 빠르게 전파되었다.

15세기 말경에 이미 커피 음용은 이집트의 카이로까지 확산했다. 카이로는 당시 거점 도시일 뿐 아니라 아프리카 무슬림에게는 이슬람의 성지였기 때문에 수피들도 꼭 방문해보고 싶은 곳 중의 하나였다. 또한 카이로는 당시 문화의 중심지로서 다른 지역에 강력한 영향을 미쳤으며 커피 음용이 처음 시작된 예멘 사람들에게 조차 거꾸로 커피를 전파하는 역할을 했다. 주로 카이로의 알 아자르al-Azhar 대학으로 유학 온 예멘의 학생 집단이 처음에 커피 음용을 경험한 것으로 보인다.[19]

가파르에 따르면 아무리 늦어도 16세기 첫 10년 중 언제부터인가 알 아자르에 있는 신학연구 단지의 예멘 사람들 사이에서 커피를 마시기 시작했는데, 그들은 디크르 모임을 갖거나 신을 찬양하는 의례를 행하는 수도자들이었다. 이 모임에는 메카와 메디나에서 온 수피들도 참여했으며, 수피 회원들 누구에게나 제한이 없었고 그 구역에 거주하는 다른 사람들도 그들과 함께 커피를 마셨다. 이 커피는 모스크 주변의 길거리에서 곧바로 팔려나갔고 공개적으로 마시게 되었으며 알 아자르에서뿐 아니라 카이로의 다른 많은 지역으로 확산되었다.

특히 샤딜리야 교단에 속한 수피라면 어디에 있든 커피를 마셨을 가능성이 높다. 9세기 후반 이집트에 소개된 샤딜리야 교단은 아부 마디안(1197년 사망)의 주장을 기초로 모로코에서 시작되었고 그의 문하생 알 사딜리(1258년 사망)는 1244년 알렉산드리아로 이주하여 추종자와 문하생을 끌어 모았다. 15-16세기 모로코의 술탄은 예언자 무함마드의 출계이자 수피로서의 능력을 갖춘 인물이라는 점 때문에 종교 지도자로 부상했다. 이는 수피의 영향력을 반증하는 일로서, 심지어 20세기에도 모로코의 술탄들은 수피로서 카리스마를 갖추어야 통치자로서의 위엄을 유지할 수 있었다.

이를 통해 우리는 커피가 예멘에서 아라비아 반도의 북서부 교통로인 히자즈^{Hijaz}*를 거쳐 카이로를 비롯한 여러 지역으로 확산했다는 사실을 확인할 수 있다. 그 시기는 16세기 초 10년보다 더 이전일 가능성이 크다. 그 시기를 1475년경으로 앞당기는 학자들은, 시나이 반도 남단 투르의 한 상인이 1497년에 보낸 편지에서 커피를 언급하고 있다는 사실을 근거로 들고 있다.[20]

16세기 중반에 이르자 커피의 소비와 수요는 다마스쿠스, 바그다드 그리고 페르시아와 콘스탄티노플 등 오스만제국 여러 지역으로 확산되었다. 커피는 이제 중요 상품으로서 거래되었다. 물론 처음 커피는 에티오피아 카파의 숲에서 야생으로 자란 체리를 수집한 것이었다. 그동안 수요가 크지 않아 에티오피아인들은 제이라 항을 통해 홍해 주변 나라들에 커피를 수출했다.

하지만 아라비아 반도와 이집트 그리고 오스만제국 여러 지역으로 커피가 확산하면서 에티오피아에서 수입한 커피만으로는 수요를 충당하기 어려운 지경에 이르렀다. 한편 그동안 독점적으로 커피를 공급하던 에티오피아의 정치적 불안정 또한 예멘에서 커피재배의 필요성을 더욱 높여주었다. 1540년대 초까지만 해도 남부 에티오피아는 오스만제국의 그다지 크지는 않지만 점차 증가하는 커피수요를 간신히 충당하고 있었다. 그러나 기독교도와 무슬림 사이의 전쟁(아비시니아-아달 전

---

* 히자즈: 지금의 사우디아라비아 서부 홍해 해안 일대에 걸쳐있는 지역으로 메카와 메디나를 포함하고 있어 이슬람 세계에서 '새로운 빛이 떠오른 지역'으로 알려져 있다. 아라비아 반도의 남부와 북부를 잇는 교통의 요지로서 대상들의 휴식처이자 이슬람의 성지여서 무슬림들이 순례 기간이나 평상시를 가릴 것 없이 자주 방문하는 지역이다.

쟁)에 이어 오로모족이 기독교 지역뿐만 아니라 무슬림 술탄국으로 확장하면서 에티오피아는 오랜 기간 정치적 불안정에 휩싸였고 이는 의심의 여지없이 커피 수출량의 저하로 이어졌다.

공급의 불안정성이 증가한 것에 비례해 오히려 수요는 증가하고 있었을 뿐 아니라 커피를 주로 소비하는 곳 역시 에티오피아가 아니라 예멘을 비롯한 아라비아 반도와 이집트 등 오스만제국이었다. 예멘의 농부들은 커피를 직접 재배하기로 마음먹었다. 커피가 동남부 에티오피아에서 아무런 저항 없이 예멘으로 건너갈 수 있었다는 사실만으로도 커피의 역사에서 그것은 커다란 '도약'이었으나 커피가 야생의 채취식물이 아니라 농업 경작물이 되었다는 사실은 그야말로 차원이 다른 결정적인 국면의 전개였다.

예멘의 농부들, 커피재배를 시작하다

예멘의 농부들은 더욱 증대한 커피수요와 부족한 공급 사이의 틈새를 메우는 새로운 도전에 나섰다. 그러나 그들이 커피나무 묘목이나 씨앗을 어디에서 가져왔는지에 대해서는 여전히 견해가 나뉘고 있다. 그동안 카파 지역에서 야생으로 자라던 커피를 옮겨 심었다고 알려져 왔다. 그러나 1990년대 들어 DNA 연구가 도입되면서 이를 뒤집는 견해가 제시되었다. 프랑스의 커피 유전학자 필립 라쉐르메는 1995년에 낸 보고서에서 유전학적 연구를 토대로, 아라비카 커피나무가 에티오피아의 카파지역이 아니라 "남동부 상록수림에서(시다모와 하라르) 아라비아인들에 의해 예멘으로 이식되었다는 가설을 뒷받침한다"라고 썼다.[21] 그러나 그는 20년 후 당시의 연구에서 충분히 많은 샘플을 검증하지 않았다는 것과 그 보고서가 하나의 가설일 뿐이라는 것을 스스로 인정했다. 그의 동료 브누아 베르트랑 또한 더 많은 커피샘플의 유전자형에 대한 유전자 배열작업을 진행했지만 여전히 에티오피아 커피나무가 하라르를 거쳐 예멘으로 건너왔는지에 대해 확신할 수는 없다고 말했다.[22]

　유전자 연구와 별개로, 커피 씨앗이나 묘목이 무슬림에 적대적이었던 아비시니아의 카파에서 이슬람이 지배적이던 예멘으로 곧바로 전해졌다고 보기에는 무리가 따른다는 점에서 하라르가 중계지라는 가설은 종교 문화적으로 설득력을 갖는다. 1520년 아달술탄국의 수도가 된 하라르에는 10세기에 건설된 것으로 추정되는 세 개의 모스크를 비롯해 현재 82개의 모스크가 남아있어 유네스코는 하라르를 제4의 이슬람 성지로 들고 있다. 그만큼 하라르는 예멘의 무슬림과 종교적 연대의식을 형성하고 있었으므로 이곳이 커피의 중간 매개지로서 역할을 담당했다고 볼 여지는 충분하다. 하라르는 현재에도 오로모족이 주민의 절반을 넘고 주민의 70퍼센트 가까이가 여전히 무슬림이다. 그리고 주민들 가운데 약 절반이 농촌지역에 거주하고 있으며 예멘에서처럼 계단식 농지에서 커피를 재배한다. 에티오피아에서 유일하게 여타 지역의 재배 방식과 다르다는 점이 이채롭다. 또한 생두 정제방식 역시 하라르와 예멘 모두 마찬가지로 건식법이다. 두 지역 사이의 커피 전래 가능성을 높여주는 사실들이라고 하겠다. 그러나 여전히 확실한 증거가 뒷받침되지 않고 있다.

　하라르의 커피가 거꾸로 아라비아 반도에서 전래된 것이라는 주장도 있다. 하라르에서는 에티오피아에서 유일하게 예멘에서와 같은 방법으로 커피를 재배한다는 것이 그 근거이다. 하라르 지역의 무슬림들은 이슬람의 의무인 성지순례를 완수하기 위해 예멘을 거쳐 메카를 방문하고 다시 예멘을 거쳐 하라르 지역으로 돌아오곤 했다. 이 과정에 두 지역 사이에 커피 교역은 물론이고 커피 씨앗의 전래가 이루어졌을 가능성은 열려있다. 두 지역의 커피재배 방법이나 정제 방법이 유사하다는 것은 이 주장에도 유용한 근거이다. 그러나 이 경우에 예멘의 커피가 어디에서 온 것인지를 다시 설명해야 하는 과제는 해결되지 않은 채 남는다.

커피의 재배 시기 역시 여전히 불확실하다. 1997년 어느 고고학 탐사단이 볶은 커피콩을 아랍에미리트의 두바이 근처에서 발굴했다고 보고했는데, 12세기 예멘에서 재배한 것으로 추정되는 커피콩이었다. 어쩌면 14세기 이전부터 예멘에서 커피나무를 재배하기 시작했다고 볼 수 있는 단서이기는 하나 아직 재배시기를 앞당길만한 증거로 보기는 이르다. 현재로서 믿을만한 문헌은 후에 기록된 예멘의 연대기로서, 이에 따르면 커피재배는 1543-44년 사이에 예멘에 도입되었다.[23] 1560년대에 이미 커피는 카이로 상인들이 거래하는 상품 목록에 자주 등장하는 교역상품이었지만, 예멘의 커피생산이 도약을 이룬 것은 1571년 이후로 보는 것이 더 현실적이다. 이때 오스만제국이, 여전히 안정적이지 않았던 오스만제국 체제에 반기를 든 자이디 이맘의 반역을 분쇄했고 그 후 예멘의 정치상황이 한동안 안정을 이루었기 때문이다.

이미 관개농업을 했을 정도로 농업이 발전한 덕분에 예멘의 농부들은 커피나무의 특성이나 재배에 필요한 기본지식을 손쉽게 습득해 별로 어렵지 않게 커피재배에 도전했을 것이다. 농부들은 모카나 아덴의 배후지처럼 해안 평지를 바라보는 고원의 경사지에 커피를 심었다. 그 경사지는 화산재가 퇴적한 토양으로 커피 생육에 필요한 미네랄이 풍부했다. 기후 또한 겨울에 서리가 내리지 않을 정도로 온화했다. 그곳은 커피재배에 유리한 테루아를 형성하고 있었다.

건조한 고원의 산간지대로 농부들이 모여들면서 인구가 증가했다. 농업에 종사하는 가구의 대부분이 작은 숲을 소유하고 있었는데, 대체로 아주 작은 규모여서 연평균 0.7톤에서 2톤의 생두를 생산했다.[24] 이

맘가계에 속한 몇몇 시골 유지들은 좀 더 규모가 큰 농장을 소유했고 자선단체에 속한 농지에서도 커피를 재배했다.

예멘에서 커피를 재배하고 수확하는 방법은 여전히 크게 달라지지 않았다. 근대 초 유럽의 여행자들이 관찰한 바 있고 오늘날에도 예멘의 어디에서나 사용하는 방법 그대로였던 것 같다. 먼저 그늘진 묘상에서 씨앗의 싹을 틔웠다. 자란 묘목은 1,500미터 이상(높은 곳은 2,200미터에 달한다) 고원의 계단식 경사지에 수확이 용이하도록 열을 맞추어 옮겨 심었다. 커피나무들 사이에 다른 나무를 심지는 않았다. 묘목을 심은 지 4년이 지나자 커피나무는 애써 가꾼 농부들의 정성에 보답하듯이 재스민을 닮은 희고 아름다운 꽃을 터뜨렸다. 벌과 나비 그리고 바람이 꽃의 수정을 도왔고 커피나무는 곧 작은 녹색열매를 맺기 시작했다. 그 후 약 8개월쯤 지나자 그 열매는 붉게 빛나는 체리와 비슷한 모양을 띠면서 익어갔다. 다 익은 커피 체리는 하나하나 정성스럽게 따서 수확했다. 10월에 우기가 끝나면서 시작하는 커피 수확은 대체로 12월까지 지속되었고 다음 해 2월까지 이어지는 일도 있었다. 커피 체리는 천을 깔고 잘 펴서 햇볕에 말렸다.

커피생산 농가들은 그렇게 얻은 생두를 일주일에 한 번 열리는 가까운 소읍의 장터로 가져갔다. 그곳에서 커피와 인도의 직물, 소금 또는 철물 등을 교환하기도 했고 상인들에게 몽땅 넘기기도 했다. 커피 열매를 구입한 상인들은 방아를 갖춘 작은 가내 수공업장에서 과육을 으깨고 커피콩을 분리한 후 다시 한 번 말려주었다. 은피에 싸인 커피콩을 얻은 후 과육과 껍질은 농부들이 음료를 만들어 마시도록 되돌려주었다.

17세기에 접어들기까지 예멘 사람들은 세계에서 유일한 커피생산자들이었다. 이 지위는 기후 조건 때문에 자연적으로 주어진 우연적인 독점이었는지, 아니면 예멘의 농부들이 이 유리함을 의도적으로 지켜내려고 한 노력 덕분이었는지 불확실하다. 오늘날까지도 그럴듯하게 포장되어 떠돌아다니는 주장은, 예멘 사람들이 갓 딴 생두에 뜨거운 물을 부어 발아력을 없애버렸다는 것이다.[25] 이 소문은 유럽의 초기 여행견문록들이 나오면서 의문의 대상이 되었다.

유럽인들은 열대와 아열대 지역에 자국 식민지를 확보하기 전까지는 커피가 예멘에서만 자랄 수 있다고 믿었던 것 같다. 실제로 오늘날에도 커피는 북위 28도 이북에서는 어디에서도 자랄 수 없다. 예멘 사람들은 한동안 근동의 북쪽 나라들이 커피 독점을 두고 자신들과 다투게 되지 않을까 두려워할 필요는 없었다.

4. 모카 항의 번영과 쇠퇴

대항해 시대에 홍해 유역의 경제적 번영은 새로운 국면을 맞고 있었다. 1570년경 스페인이 신대륙에서 가져 온 은이 유럽으로 밀려왔고 동지중해에 도착했다. 은은 인도의 무굴제국과 중국에도 매력적인 상품이었기에 아시아 무역에서 생기는 만성적인 무역 적자를 매우는 데 도움을 주었다. 홍해는 이런 화폐 흐름의 통로 중 하나여서 무역상들에게 자금이 쌓였다. 그들은 내친 김에 홍해에서 커피를 구입했고 그러자 커피무역 역시 활성화되었다.

17세기부터 커피의 무역량이 점차 증가해 이미 쇠퇴해 가던 향신료 무역을 압도하기에 이르렀다. 커피는 예멘의 남부와 서부 항구들에서 카이로와 알렉산드리아, 걸프 만, 이란 그리고 인도로 운송되었고 17세기 말부터는 유럽으로 팔려 나갔다. 오스만제국은 예멘의 커피생산지인 베이트알파키에서 산 커피를 낙타 등에 싣고 30마일 정도 떨어진 작은 항구로 운반했다. 여기서 배로 옮겨 실은 커피는 홍해에 있는 오스만제국의 주요 항구인 지다Jiddah까지 다시 60마일을 항해했다. 이곳에서 커피는 다시 튀르크인 소유의 배로 옮겨지고 수에즈까지 항해한 다음, 수에즈에서 또 다시 낙타 등에 실려 카이로나 알렉산드리아까지 운반되었다. 알렉산드리아에 도착한 커피는 다시 배로 옮겨졌고 그 후 이스탄불로 가는 육로 여행길에 올랐다.²⁶

예멘에서 생산한 커피의 주요 거래처는 카이로였다. 카이로의 상인들 중 일부는 이집트인이었고 나머지는 오스만제국의 다른 주요 도시 출신이었다. 상인들은 지중해 주변, 다마스쿠스, 스미르나, 이스탄불, 테살로니키, 튀니스 등에 퍼져있는 거래망을 이용해 커피를 판매했다. 유럽인들이 커피거래에 참여하기 시작한 것은 17세기 중엽부터였고 그것도 처음에는 마르세유의 상인들이 알렉산드리아에서 커피를 구매한 후 유럽에 재분배하는 사업을 거의 독점하고 있었다.

카이로의 상인들은 때로는 예멘의 항구로부터 직접 커피를 구매하기도 했지만 주로 지다에서 공급을 받았다. 1638년 오스만제국이 예멘에서 물러나자 카이로 상인들의 영향력 역시 줄어든 반면 지다의 역할은 더욱 커졌다. 오스만제국이 예멘의 항구들 대신 지다를 화물의 선적항으로 만들려고 했기 때문이다. 17세기 말엽 수에즈에 등록된 40여척의 배 가운데 매년 10척의 배가 지다를 통해 곡물과 커피무역에 참여했다.²⁷ 돌아가는 길에 그 배들은 이집트가 홍해 지역에서 수입한 커피를 포함한 상품들을 선적했다.

이집트를 통치하는 군인계급과 밀접한 관계를 맺고 있던 카이로의 상인들은 홍해 무역 활동에서 특히 많은 재산을 축적할 수 있었고 17세기 말과 18세기에 지다의 그 대리인들, 훨씬 소수이기는 하나 모카 항이나 후다이다Hudayda(사나의 홍해 관문)의 대리인들은 연간 약 4,500톤에 달하는 커피를 구입했다.28 이 양은 당시 예멘의 전체 수출량의 절반 이상이었고 대금의 일부는 상품으로 또 다른 일부는 유럽의 화폐로 지불되었다.

모카 항의 짧은 번영

 모카 항은 13세기경 세워진 도시로서, 커피생산지인 베이트알파키에서 해안 쪽으로 이틀이면 닿을 수 있는 거리에 있어 커피를 선적하기에 유리한 입지를 가졌다. 1500년대 중반 오스만제국이 점차 세력을 확장하면서 메카와 메디나를 지나 예멘을 정복한 이후부터 모카 항이 두각을 나타냈다. 평범한 어촌마을이었던 모카가 중요 항구가 된 것은 커피 덕분이었다. 당시 커피는 가장 비싼 거래상품이기는 했지만 거래량이 적어 파는 사람과 사는 사람이 직접 만나야만 거래가 성사되는 상품이었다. 따라서 커피거래를 하기 위해서는 제일 먼저 모카의 총독과 협정을 맺어야만 했고 인내심을 가지고 커피가 시장에 나오기를 기다려야만 했다.29 커피는 모카 항에서 걸프 만, 이란, 인도로 그리고 17세기 말부터 유럽으로 수출됐다. 그러면서 모카 항은 점차 예멘 커피의 중심 교역항구로 부상했다. 모카 항은 커피거래를 하기 전에도 예멘뿐 아니라 홍해 전체를 위한 인도양 무역의 관문이었다. 매년 대규모 선단이 면화, 숄, 향신료, 설탕, 쌀 등을 싣고 겨울 계절풍 시기에 수라트나 다른 인도 항구를 떠나 모카 항으로 들어왔다. 그러다가 커피 교역 항구가 됨으로써 모카는 전성기를 맞았다.

 네덜란드인들은 1698년부터 모카 항에서 커피를 구입했고 매년 35만 파운드에서 1715년 이후에는 150만 파운드로 구입량을 늘렸다. 예멘 커피의 생산량은 18세기 1/4분기에 매년 약 1만 2,000톤에서 1만

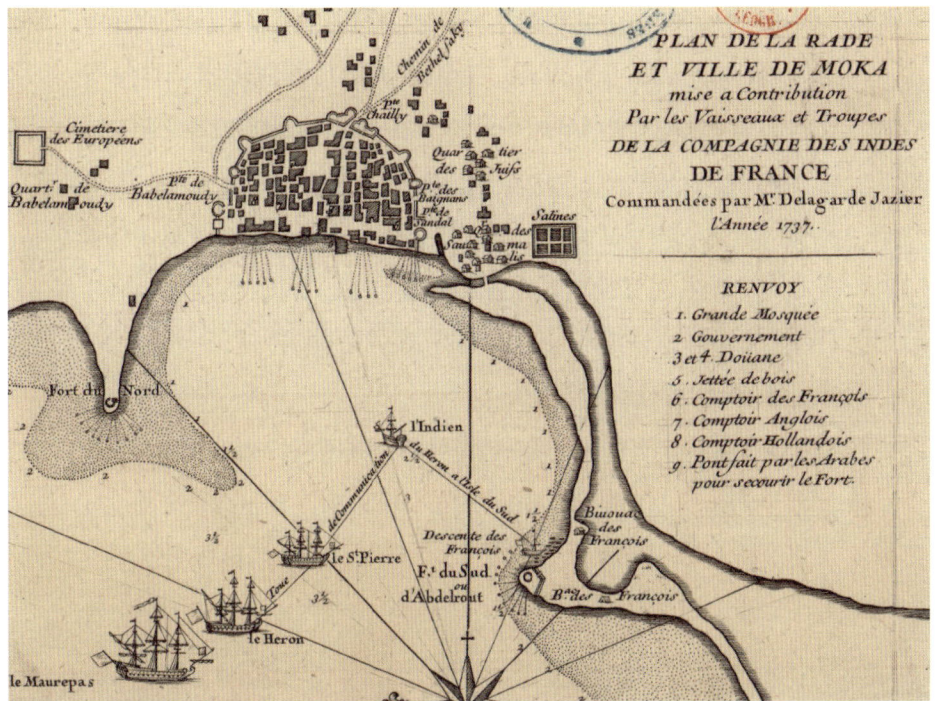

모카 항, 1737년
델라가르드 자지애가 지휘하는 프랑스 동인도회사의 상선과 군함이
모카 항 앞에 포진해 있고 육지에는 공동묘지, 성곽, 염전 등이 표시되어 있다.
성 안에 프랑스, 네덜란드 그리고 영국의 무역상들이 공존하고 있다.

5,000톤으로 그 절정에 달했다.[30] 세계의 커피소비는 신속하게 증가했지만 18세기 내내 예멘의 커피는 이 수준을 유지했다. 1720년까지 예멘은 거의 독점 공급처였다. 영국의 동인도회사가 18세기 내내 모카 항에서 수출하는 커피의 주요 유럽고객으로 남았고 1800년경에야 구매량을 줄였다. 영국이 물러간 후에는 미국 국적 배들이 예멘 항구에 드나들었다. 1806년 모카 항은 1만 3천개(약 1,800톤)의 커피 화물을 수출했는데, 그 중 9,000개(약 1,250톤)는 미국이 사갔다.

그러나 18세기에 이미 변화가 시작됐다. 네덜란드 상인들은 1726년부터 정기적으로 예멘의 커피를 구매하는 대신 자바로부터 커피를 공급받았다. 암스테르담에서 자바의 커피가 곧 모카 항의 커피를 압도했다. 이와 함께 프랑스는 마르티니크에서 재배한 커피를 카이로 시장에 내다 팔기 시작했고 프랑스령 카리브 근해의 커피 역시 유럽 시장에 풀기 시작했다. 이렇게 되면서 마르세유 상인들 또한 그동안 알렉산드리아에서 사가던 커피의 양을 18세기 초 매년 600톤 정도에서 1785-89년에 200톤 이하로 줄였다.

유럽이 식민지에 개척한 플랜테이션 커피가 점차 오스만제국 시장으로 침투했다. 오스만제국은 커피 부족 사태로 야기되는 갈등에 민감하게 반응해 1738년부터 관세를 절반으로 줄임으로써 카리브 연안 커피의 수입을 용이하게 했다. 18세기 말 마르세유는 식민지 플랜테이션에서 재배한 2,000톤의 커피를 테살로니키, 스미르나 그리고 이스탄불 등 레반트 지역(지중해 동부 연안)으로 역수출했다. 예멘은 더 이상 유럽인들의 식민지와 경쟁상대가 되지 못했다.

그러나 시리아도 그랬지만 특히 이집트는 중앙아메리카 카리브 근처에서 생산한 커피를 그다지 선호하지 않았다. 훨씬 낮은 가격임에도 향미를 좋게 평가하지 않았기 때문이다. 게다가 막강한 세력을 가진 카이로 상인들의 압력이 거세지자 이집트는 1764년 유럽인들이 거래하는 커피의 수입을 금지하는 조치를 취했다. 그 후 이집트의 지배자가 된 무함마드 알리는 1830년에 다시 이 금지를 엄격하게 적용했다.

이어진 정치적 격변기에 커피 수출 역시 진통을 겪었다. 1810년 무함마드 알리가 이집트를 지배한 데 이어 잠시 물러났던 이집트가 모카 항을 포함해 홍해의 항구들을 차례로 손에 넣자 이들 항구는 배후의 고원 산악지대로부터 고립되고 말았다. 이런 불리해진 상황에 더해 19세기 초부터 예멘에서 일어난 정치적 갈등이 커피생산의 감소를 더욱 부추겼다. 예멘에서와 달리, 에티오피아에서는 정치적 안정이 이루어진데다 기독교도들의 커피에 대한 오랜 적대감이 완화하면서 커피의 생산이 점차 늘어났다. 예멘 커피는 1840년경에는 세계 전체 커피생산에서 겨우 2 내지 3퍼센트로 축소되고 말았다.[31]

19세기 초 40년까지 홍해의 교역 네트워크는 존속했지만 모카 항의 관문으로서의 지위는 크게 실추되었다. 인도의 선박들은 곧바로 지다로 갔고 지다가 홍해 교역의 관문이 되었다. 1868년 수에즈에 근무한 프랑스의 부총독 뒤브레이는 예멘에서 지다에 도착한 커피가 선별되는 과정을 다음과 같이 자세히 서술했다. 당시까지 예멘 커피의 위상을 짐작할 수 있는 기록이라 잠시 읽어보기로 하자.

커피 자루마다 조심스럽게 다루어졌다. 커피콩을 땅 위에 펴면 노예들이 그 주변에 무릎을 꿇고 둘러앉는다. 그들은 하나하나 아주 천천히 그리고 매우 철저하게 관찰해가면서 좋지 않은 콩을 줍는다. 변색되거나 덜 익은 콩을 제거해서 에티오피아, 인도 그리고 아메리카산 커피보다 탁월한 예멘 커피를 확보하는 것이 목적이었다. 그렇게 해서 수출하는 커피는 아주 깨끗하고 품질이 뛰어났다. 그러나 긴 항해 도중에 여러 변화를 겪게 됐다. 무엇보다 바다가 커피콩에 영향을 미쳐 색상이 갈색으로 바뀌거나 아로마와 힘을 잃는 일이 잦았다. 그뿐 아니라 수에즈, 카이로 그리고 알렉산드리아 등에서 같은 양의 품질이 낮은 콩과 섞는다. 그래서 이후에는 순수한 원산지 모카커피의 특성을 잃어버리고 만다. 심지어 지다에서도 몇몇 상인들은 예멘 커피를 콩알이 조금 커서 금방 눈에 띄는 에티오피아 커피와 섞는다. 그런 콩은 아로마가 적고 품질이 저급하다. 인도산 커피는 불투명하고 어두운 색상

지도 2. 예멘과 홍해

인 데다 형태도 불균형해 이곳에서 좋은 평가를 받지 못한다.[32]

이 프랑스인 부총독은 커피의 수입량이 얼마나 많았던지 전체 수입가액의 2/3에 이르렀다고 평가했다.[33] 그는 또한, 이집트에 도착한 예멘 커피콩의 일부는 알렉산드리아를 거쳐 재수출되었는데 그 양이 매년 400톤에서 1,000톤 사이로 들쭉날쭉했다고 적었다. 그가 근무하던 시절까지 마르세유는 여전히 예멘 커피의 가장 중요한 구매자였다.

그럼에도 지다의 중요성이 커진 것은 말할 필요도 없이 예멘의 모카항에 커다란 손실을 안겼다. 게다가 무함마드 알리가 예멘 전체를 장악하는 것을 막기 위해 영국이 1839년 아덴을 정복하면서 모카 항의 위상은 결정적으로 쇠락했다. 물론 짧은 반전도 있었다. 영국이 아덴을 정복한 다음 해 예멘 남부 커피생산 지역의 커피가 다시 한 번 모카 항으로 보내졌다.

한편 무함마드 알리가 영국의 압박으로 1840년 아라비아 반도에서 퇴각한 뒤 오스만제국이 히자즈를 직접 통치하기 시작했고 다시 티하마Tihama(지다 이남의 홍해 동부 해안) 지역의 맹주가 되었다. 당시 예멘 고원지대의 정치적 분열이 오스만제국의 지배를 더욱 확장하는 결과를 낳았다. 결국 예멘의 자이디 이맘Zaydi Imam의 권력은 사나 지역으로 축소되었고 나라는 경쟁하는 수많은 군주국과 부족국가들로 분열되고 말았다.

해안에서 고립된 커피재배 농가들은 그들의 수확물을 해안으로 운송하기가 대단히 어려웠다. 세금과 아덴으로 가는 통행료 역시 크게 높아졌다. 오스만제국의 지배 아래 들어간 지다 이남의 서부 해안 지역 티하마에 도착하면 후다이다로 보내는 커피 화물 하나당 2.5달러의 세금을 물어야 했다. 게다가 부분적으로 정치적 무정부 상태가 불러온 잦은 기근과 전염병 또한 커피생산을 방해했다. 오래전부터 쇠퇴하던 모카 항에 최후의 타격을 가한 사람들은 남부 예멘의 하드라미 지역 상인들이었다. 이들은 모카 항을 제치고 홍해의 모든 항구로 교역네트워크를 확장했으며 심지어 지다에서조차 대부분의 연안 무역을 장악했다.

상황이 이렇게 되자 특히 영국과 미국은 커피 교역을 신속하게 모카 항에서 아덴으로 옮겨갔고 뒤이어 대부분의 무슬림, 유대인 그리고 인도(Banyan) 상인들 역시 그 뒤를 따랐다. 몇 년 만에 아덴이 유럽과 아메리카로 가는 대부분의 커피 수출 물량을 확보했다. 모카 항의 쇠퇴가 갑자기 가속되었고 20년이 채 못 돼 도시는 버려진 폐허로 변했다.

아덴의 커피무역은 1850년 이후 전성기를 맞아, 1840년대에는 매년 약 15톤에 머물던 수출량이 1857년에는 1,000톤을 넘어섰다. 수에즈 운하가 개통되기 전인 1860년대 초 약간의 커피가 아덴에서 잔지바르를 거쳐 마르세유로 운송됐으나 1869년 수에즈운하가 개통되자 아덴의 커피무역량은 1870년대에만 두 배로 증가했다.³⁴ 모카의 쇠퇴로 지다 역시 번영을 맞았다. 인도의 선박들은 곧바로 홍해 위쪽 지다로 내달렸고 덕분에 지다는 홍해의 거점항구로 발전했다. 상황이 이렇게 변하자 예멘 북부의 커피생산 지역들에서도 커피를 지다로 보냈다. 1875년에 이르면 예멘 커피의 연 생산량 중 약 1/3, 즉 1만 톤이 지다를 통해 거래되었고 1870년대 아덴 역시 지다와 같은 물량으로 거래량을 높였다.

19세기 말 마지막 20년 동안 많은 변화가 일어났다. 무엇보다 아메리카에서 들어오는 커피가 1880년 이후 증가했다. 오랫동안 고품질과 동의어이던 모카커피는 여러 종류의 커피로부터 도전을 받게 되었는데, 인도는 물론이고 특히 베네수엘라, 아이티 그리고 푸에르토리코에서 온 커피가 경쟁자였다. 고원의 좁은 경사지에서 커피를 재배하는 예멘의 소농들은 세계 전역의 저가 생산자들과 경쟁하는 것이 어렵다는 것을 점차 깨달았다. 메카와 메디나가 포함된 히자즈 지역까지도 다소 값싼 자바산 커피와 인도산 커피를 수입했다. 이런 상황에서도 예멘은 오랜 커피 숲들을 개혁하고 또 새로운 생산지를 개발함으로써 예멘 커피의 높은 명성을 유지하려고 애를 썼고 성과도 있었다. 1883년 한 해만 하더라도 프랑스의 식민지 뉴칼레도니아와 인도차이나 양쪽에서 모카 커피를 보내달라는 요청을 받았을 정도였다.[35]

그러나 오스만제국은 1872년부터 전 예멘을 통치하기 시작하면서 사나의 관문 후다이다의 항만 시설을 개선한 후 이 항구에 아덴의 유럽 직교역 물량의 상당 부분을 되찾아 오는 역할을 맡겼다. 후다이다의 성장은 지역 관문으로서 지다의 역할마저 축소시켰다. 모카 항의 쇠퇴는 예멘의 여러 도시와 시장의 몰락과 궤를 같이했으며 예멘의 정치적 갈등과 혼란, 경제적 위기의 심화 등 여러 문제가 동시에 겹치면서 더욱 심화되었고 모카 항은 급속하게 몰락의 길로 들어섰다.

전설의 '모카커피'

커피는 현재 원산지의 지명을 상표로 사용해 거래한다. 이 관행은 실은 20세기에 처음으로 나타났다. 원산지의 지명을 상표로 쓴 이유는, 다양한 품질의 커피가 세계시장에 쏟아져 나오면서 품질이 낮은 다른 생산지의 커피를 섞어 고급 커피처럼 높은 가격으로 판매하는 일을 방지하기 위해서였다. 오랫동안 커피는 원산지가 아니라 수출하는 항구의 이름을 상표로 달고 거래되었다. 커피의 거래가 처음 이루어지던 초기에는 커피를 생산하는 곳이 거의 없어서 다른 커피와 섞어 파는 일이 없었고 또 여러 곳에서 커피를 생산한 후에도 여전히 수입업자들이 커피가 생산되는 내지(원산지)로 접근하는 것이 거의 불가능했다. 이 때문에 수출항은 첫째로 항구에서 멀리 떨어져 있어 베일에 싸인 생산지를 대표하는 상표로서 사용되었고 둘째로 그 지역의 품질 등급을 정하고 통화를 국제 표준으로 바꾸는 중개 장소로서 작용했으며 셋째로 외국에서 취득한 세원, 자본 그리고 기술을 지역 내로 분배하는 역할을 맡기도 했다. 커피 수출항들은 역내 시장에서 창의적이고 능동적이며 때로는 독립적으로 움직이는 활동가들이나 마찬가지였다.

예멘에서 생산된 커피에 수출항인 모카 항의 이름이 붙는 것은 거의 당연한 일이었다. 무역상들이 찾아 온 모카 항으로 여러 지역의 커피가 모였고 수출업자들은 그 커피들에 일일이 다른 이름을 붙여 파는 일이 번거롭기도 했다. 그래서 모카 항에서 선적하는 모든 커피에 '모카커피 Mocha Coffee'라는 이름을 붙여 거래했다. 말하자면 '모카커피'는 세계 최초의 커피브랜드였다. 비록 모카 항은 쇠퇴하고 말았지만 이 항구를 통해 거래되던 예멘 커피의 명성은 오랫동안 '모카커피'로 기억되었다. 모카커피 애호가들은 이집트인, 시리아인 그리고 튀르크인과 아라비아인이었고 후에 아라비아인들은 지다로부터 대상을 통해 커피를 공급받았지만 모카커피의 향미를 잊지 않았다.

하지만 모카 항에서 선적한 커피는 19세기 중후반부터 에티오피아 커피와 혼합해 판매되었다. 그래서 '모카+하라르'라는 새로운 배합커피가 생겼다. 이후부터 홍해에 가까운 하라르에서 온 에티오피아 커피 역시 '모카커피'라고 부르게 되었다. 예멘과 하라르 지역에서 생산하는 커피는 같은 종의 커피였고 둘 모두 마찬가지로 건식법을 이용해서 과육을 제거했으며 하라르커피 역시 모카 항을 거쳐 수출했다는 점에서 '모카커피'로 통칭하게 된 것이다. 그러나 두 지역 테루아의 차이는 아주 분명해 향미의 차이 역시 무시할 수 없는 수준이었다.

한편 네덜란드인들이 인도네시아의 자바에서 커피를 생산하자 예멘 커피와 자바커피를 배합한 '모카-자바'가 하나의 브랜드로 탄생했다.

그러면서 자연스럽게 모카커피의 의미가 확장되었고 모카커피는 훌륭한 모든 커피의 대명사로 쓰였다. 현재 로스터들은 '모카커피'를 자신이 볶은 독특한 커피향미를 서술하는 용어로 쓰기도 한다. 또 '카페모카'나 '모카빵'처럼 카카오나 코코아 가루가 든 음료와 빵에 모카라는 이름을 붙이는 일도 널리 퍼져 있다. 네덜란드인들이 자바에서 생산한 커피에 모카커피의 고급 향미를 더하도록 설탕이나 초콜릿을 가미하여 음료를 만든 것에서 유래했다고 보인다. 아무튼 그 명성이 높았던 '모카커피'의 유명세에 기대려는 시도는 여러 모습으로 다시 등장하곤 했다.

한동안 영광을 누리던 모카 항은 거의 폐허가 되었고 모카는 현재 쇠락한 소읍으로 전락해 주민이라고는 겨우 1만 명에 지나지 않는다. 그럼에도 예멘의 커피는 여전히 고품질의 독특한 향미를 자랑한다. 사나를 중심으로 북부로 멀리 떨어진 사다와 그 아래 하즈, 사나 가까운 마위트, 사나 남부의 라이마 등지에서 커피를 생산한다. 마위트 지역은 15세기부터 18세기 사이 커피생산지로 명성을 떨쳤다. 현재의 수도 사나에서 가까운 지역의 커피를 사나니라고 하는데, 그 중에서 마타르 지역에서 생산한 커피는 특별히 마타리 Mattari 라고 부른다.

마타리를 포함한 사나니는 세계 최고의 향미를 가진 커피로 평가받는다. 비록 덜 익은 체리들을 함께 수확해 향미의 균일함이 떨어지거나, 건식으로 생두를 말려 정제하는 과정이 다소 조잡해 돌이나 나뭇가지 등 이물질이 들어있기 일수이지만 와인의 풍미를 주는 그 독특한 신맛과 톡 쏘는 듯 고유한 야성적 향미는 다른 커피들과 확연히 구별되는 아로마를 잔속에 담아낸다.

3장

최초의 '커피제국'이 된 오스만제국

커피는 예멘의 수피공동체를 넘어 곧 오스만제국 전역으로 확산되었다. 약간의 시간이 흐르자 오스만제국 어디에서나 커피를 접할 수 있게 되었을 뿐 아니라 거대 제국이 된 오스만제국의 군인들이 가는 곳마다 커피가 함께 실려 나갔다. 커피를 내려 마시는 기술에 혁신이 있었고 다른 무엇보다 커피하우스 문화가 정착했다. 흔히 유럽의 문화유산이라고 생각하는 카페는 실은 오스만제국에서 가장 먼저 그 전형을 선보였다. 커피의 역사에서 오스만제국을 최초의 '커피제국'이라고 부르는 것은 역사적 사실에 비추어 전혀 어색하지 않다.

일찍이 중국에서 차 문화가 발전했지만 차는 아라비아 반도와 아프리카 북부를 포함한 오스만제국 전역으로 전해지지 않았다. 차 역시 커피와 마찬가지로 뜨거운 음료였고 중국은 당시 오스만제국이 뒤쫓아가고 싶은 선진문화였다. 중국의 도자기는 오래전부터 지중해와 근동에서 훌륭한 이국의 사치품으로 받아들여질 정도로 인기가 높았다. 그럼에도 중국의 차 문화는 아라비아 반도와 그 이남으로 전파되지 못했다. 가장 중요한 이유는 기후와 지리적 환경에서 온 것이었다. 우선 차는 다습한 기후와 미생물에 대단히 민감하다. 그래서 대상무역을 통해 장거리 운송을 견딘 후 아라비아 반도에 도착했을 때 차는 이미 그 신선함을 잃어버린 후였다. 소비자에게 전해진 차는 고유한 향미가 완전히 사라져버렸거나 아예 부패한 상태였다. 차의 지리적 경계는 서쪽으로는 페르시아가 최대 한계였다.[1] 차는 오스만제국 전역에서 모든 사람이 함께 마실 '제국의 음료'가 될 수 없는 운명을 갖고 있었다. 차와 달리 커피는 '제국의 음료'로서 오스만제국의 음료문화와 놀이문화를 지배했다. 커피가 없었다면 오스만제국 사람들의 일상은 실제보다 더 단조로울 수밖에 없었음에 틀림없다.

1. 오스만제국, 커피의 길을 예비하다

오스만제국의 정치적 통일

커피의 확산에는 발전한 상업과 역내의 빈번한 교류 및 여행문화 역시 한몫을 담당했지만, 무엇보다 이 지역이 오스만제국이라는 거대 정치집단으로 통일되어 있었던 것이야말로 중요한 배경이었다. 오스만제국은 경쟁상대인 셀주크제국을 무너뜨리고 13세기 말 오스만 1세가 아나톨리아 북서부에 세운 나라였다. 이 제국은 곧 동서 양면에서 영토를 확장했다. 이미 1354년 유럽으로 건너가 발칸반도를 점령했고, 15세기 중기에는 동로마제국(비잔티움제국, 390-1453)을 그들의 말발굽 아래 두었다. 1453년 오스만제국의 메흐메트 2세는 성곽의 건축적 견고함을 자랑하던 동로마제국의 수도 콘스탄티노플(330년 비잔티움에서 개명)을 점령하면서 문화의 고매함과 다양성으로 명성이 높았던 이 제국을 손에 넣었다.

콘스탄티노플은 이미 250여 년 전 십자군 운동 당시 베네치아 상인들

커피가 확산하기 시작한 시기의 오스만제국, 1592년
당시 영토는 아나톨리아, 아라비아 반도, 발칸 반도 및
아프리카 북부와 홍해의 서안을 포함했다.

의 간계에 넘어가 십자군이 동료 기독교제국의 수도인 이곳을 공격함으로써 거의 절반쯤 성벽이 무너진 상태였다. 오스만제국이 이 도시를 정복한 후 콘스탄티노플은 다시 이스탄불이란 새로운 이름을 갖게 되었다. 이스탄불은 그리스와 로마 문화에 이슬람 문화를 덧입혀 3대 문명을 모두 갖춘 최고의 도시로 발전했다.

　유럽 대륙의 서쪽 이베리아 반도에서는 1492년 이슬람세력이 완전히 밀려났지만 오스만제국은 여전히 비교할 나라가 없을 정도로 강력한 국가였다. 16세기가 되자 오스만제국의 수도 이스탄불의 인구는 약 100만 명에 이르러 유럽의 어떤 도시보다 큰 규모를 가졌다. 이뿐만 아니라 이스탄불은 이슬람제국의 수도임에도 인구의 40%는 무슬림이 아닐 정도로 포용적인 국제도시로 발전했다.[2] 여러 민족의 연합체로서 다양한 문화에 관용적인 정책을 편 것을 특징으로 한 오스만제국은 동로마제국의 행정을 본보기로 받아들였다. 특히 동로마제국의 황제=교황주의를 그대로 채택했다. 이것은 물론 이슬람의 관용주의와 칼리프 시스템을 계승한 것이기도 했다. 오스만제국에서 술탄들은 종교 지도자들이 주로 맡았던 재판관에 성직자들을 임명했을 뿐 아니라 성직자 계층의 구성원들에 대해 직접적인 통제력을 행사했다.

오스만제국은 셀림 1세 시대인 1516-17년에 이집트의 맘루크Mamluk 왕국을 정복해 마지막 보루였던 카이로마저 손에 넣었고 특히 술레이만 1세(1494-1566, 재위 1520-1566)의 군사적 지배를 통해 제국의 영토를 크게 확장했다. 16세기 전반에 시리아와 팔레스타인 그리고 이라크까지 손에 넣었고 아라비아 반도의 남쪽으로 진격해 메카와 메디나는 물론 1536년 예멘의 일부를 장악했다. 비록 실패로 끝나고 말았지만, 1529년에 이어 1683년에 오스만제국은 신성로마제국의 주도 빈을 공격할 정도로 강력했다.

이렇듯 오스만제국은 유럽에 최대의 위협이 될 만큼 거대 제국이었음에도 내적으로는 포용정책 덕분에 여러 민족과 집단들이 하나로 융합해 정치적 안정을 유지할 수 있었다. 오스만제국의 정치적 통일은 이 제국이 최초의 커피제국이 되게 한 배경이었고 그 대가로 커피는 이 제국의 생활문화를 통합함으로써 제국의 주민들이 하나의 문화공동체를 이루는 데 이바지했다.

오스만제국의 종교적 통합

한편, 역사상 가장 광대했고 가장 오랫동안 지속된(1922년 해체) 오스만제국이 하나의 종교로 통합되어 있었다는 점 역시 정치적 통일 못지않게 커피의 확산에 중요한 작용을 했다. 오스만제국은 일찍이 이슬람으로 개종했다. 751년 이슬람 칼리프 조의 하나인 압바스 칼리프(750-1258)와 당나라가 탈라스 전투를 벌이던 때 튀르크 사람들이 압바스 칼리프의 용병으로 참전한 것이 계기가 되었다. 압바스 칼리프는 처음부터 출신 민족보다 이슬람공동체를 강조하여 "모든 신도는 신 앞에 평등하다"라고 가르쳤으며 타민족에 대해 관용정책을 폈다. 특히 셀주크제국 시대(1077-1308)에 이슬람화가 크게 진전되었다. 그 후 오스만제국은 종교와 정치를 분리하지 않았고 이슬람의 실질적인 종주국으로 부상했다. 이슬람과 오스만제국은 같은 이름이 된 것이나 다름없었다.

커피콩이 메카와 메디나로 전해진 것은 아마도 1470년과 1500년 사이 시기였는데, 여기에 성지를 순례하는 이슬람의 종교 관행이 크게 이바지했다. 예멘의 수피들은 성지를 방문하는 데 그치지 않고 이곳에 커피문화 역시 전달했다. 각지에서 성지로 온 순례자들은 메카와 메디나에서 자연스럽게 커피를 접했고 귀향하면서 이 새로운 문화경험을 각자의 고향으로 가져갔다. 이런 경험이 쌓이자 무슬림들은 커피를 통해 미각적으로도 하나가 될 수 있었다. 무슬림들은 순례기간 동안 공동의 정신적 가치관을 형성하게 되었을 뿐 아니라 '일상적인 접촉'을 통해 비슷한 생활양식을 익혔고 문화적으로도 하나가 되었다.

서아시아 지역 여러 도시마다 순례자들이 있었는데 그들은 아라비아와 카이로에서 커피를 접했고 그것을 이스탄불로 가져왔다. 게다가 1517년 오스만제국이 카이로를 점령하자 카이로의 커피 음용은 더욱 빠르게 이스탄불을 비롯한 여러 지역으로 확산했다. 1534년에는 다마스쿠스에서도 커피를 마시게 되었다.³ 곧이어 알레포와 스미르나, 바그다드, 에스파한이 이 대열에 동참했다. 커피를 마시는 사람들은 처음에는 작은 사회집단에 제한되어 있었지만 시간이 흐르자 그 집단의 규모가 점차 증대했다. 커피의 확산이 얼마나 빠르게 진행되었는지 1554년 술레이만 1세 황제가 커피의 소비를 제한하기 위해 커피에 세금을 부과했을 정도였다.⁴ 곧 사람들의 입에 커피의 무용담이 오르내렸다.

커피콩이 승리를 거두었다. 커피 찬양의 노래가 퍼졌다. "[커피가] 다마스쿠스, 알레포, 카이로 그리고 이스탄불의 내항까지 점령했다네. (…) [마침내 커피가] 이제까지 사람들이 불경하다고 여긴 포도주 향을 몰아냈다네."⁵

탄압 후에 온 관용

오스만제국의 정치적 통일이 커피의 확산에 유리한 배경으로 작용한 것은 분명하지만, 정치적 통일을 이룬 것이 무조건 유리한 상황은 아니었다. 통일된 정치권력이 커피 음용을 반대하거나 금지한다면 상황이 사뭇 달라지기 마련이었다. 실제로 오스만제국이 처음부터 커피의 확산을 반기기만 한 것은 아니었다.

어느 사회에나 음식에 관한 금기는 있게 마련인데, 특히 외부에서 들어 온 생소한 음식이나 음료가 새로운 사회에 정착하려면 반드시 넘어야 할 필수 과정이 그런 금기의 파괴였다. 1511년 메카에서 커피를 금지하려는 첫 시도가 있었다. 연대기 기자 자지리가 전해 주는 이 사건의 전개는 자못 그럴듯하다.

메카는 당시 이집트의 술탄이 지배하던 곳이지만 술탄은 카이르 베이 Khā'ir Bey에게 지역의 통치를 위임했다. 1511년 6월 20일 카이르 베이는 기도를 마치고 나오다가 여러 사람이 모여 비밀스럽게 무언가를 마시는 것을 발견했다. 그가 다가가자 그들은 마치 마약을 흡입하다 들킨 사람들처럼 곧바로 흩어졌다. 이를 수상히 여긴 카이르 베이는 그들을 재판에 넘기기로 했다. 그들이 마신 것은 커피였다.

그들이 재판을 받게 된 원인은 두 가지로 추정할 수 있다. 첫째로는 커피가 비교적 단기간에 확산되었기 때문이다. 예멘에서 퍼진 이후 20년 안에, 짧게 잡으면 심지어 10년이 채 안 되어 메카에 전해졌기 때문에 커피 음용은 아직 전적으로 낯선 풍경이었다. 두 번째로, 16세기 초에 커피는 수피파의 경건한 기도를 위해서가 아니라 오히려 세속적 즐거움에 더 관심을 두는 다른 사람들에게로 확산해갔다. 이 두 가지 모두 새로운 음용 관습이 위험하다고 판단하도록 작용했다.

종교학자들은 처음에는 커피를 금지하려는 의도가 없었다. 이 문제에도 이른바 "허가 원칙"을 적용하고자 했다. 모든 식물은 사람들에게 즐거움을 주기 위해 신이 창조한 것이므로, 그 폐해가 명백하게 드러나지 않는 한 그것으로 만든 식품을 허가한다는 것이 이슬람의 기본 가르침이었다. 그들은 카이르 베이에게, 만약 커피가 신체와 정신을 해치고 사람을 도취시켜 흥분시키거나 무분별한 놀이에 빠지게 한다면 금지해야 할 것이나 그 결정은 의사들에게 맡겨야 한다는 의견을 밝혔다.[6]

결국 재판관들은 의사들에게 질의하게 되었고 의사들은 의학적인 소견을 냈다. 커피는 차갑고 건조한 성질을 갖고 있어 체온의 균형을 해친다는 것이 의사들의 견해였다. 갈레노스의 체액이론이 당시 의사들을 지배하고 있었다. 의사들의 소견에 따라 재판관들은 커피를 금지하기로 결정했다. 커피는 메카의 길거리에서 불태워졌고 그것을 마신 사람들에게는 태형이 가해졌다.

그런데 이 소식을 들은 카이로의 술탄은 다른 판단을 했고 카이르 베이의 조치를 무효화했을 뿐 아니라 1512년에는 커피를 금지하려고 했던 카이르 베이를 해임하고 지역 통치를 다른 사람에게 맡겼다. 술탄이 커피를 좋아하기도 했지만 카이르 베이의 통치 방법이 마음에 내키지 않았던 모양이다.

하지만 커피의 역사책에 곧잘 등장하는 이 설화는 여러 가지 점에서 역사적 사실과 다르다. 우선 오스만제국이 이집트의 카이로를 점령한 것은 1517년이었다. 그리고 카이르 베이는 이집트의 술탄 셀림 1세가 1520년 흑사병으로 죽은 후에도 1522년 사망할 때까지 카이로와 주변 지역을 그대로 통치했다.

1525~26년에 다시 메카에서 커피와 관련해 주목을 끄는 사건이 일어났다. 상당한 명망을 누리고 있던 무함마드 이븐 알 아라크라는 재판관이 이때 메카에 부임했다. 얼마 지나지 않아 그에게, 커피하우스에서 온갖 비난받을 만한 일이 저질러지고 있다는 얘기가 들렸다. 그는 관리들에게 커피하우스를 폐쇄하라는 명령을 내렸다. 그는 커피하우스와 그 안에서 저질러지는 바람직하지 않은 행위에 이처럼 단호하게 대처했지만, 그럼에도 그가 커피 자체에 반대하지 않았다는 점은 명백했다. 알 아라크는 이전에 메디나에 살 때부터 이미 커피에 친숙했고 그것을 금지하려는 어떤 경향도 보이지 않았기 때문이다. 어쨌든 알 아라크는 이듬해에 죽었고 커피하우스는 아무런 일이 없었다는 듯이 다시 문을 열었다. 그의 아들은 커피 음용을 승인했을 뿐만 아니라 자기를 찾아온 손님들에게 커피를 대접했다고 한다.

1539년 1월과 2월 카이로에서도 커피하우스가 표적이 되었다. 커피하우스는 당시 카이로에서 특히 금식의 달인 라마단에 큰 인기를 누려 밤에 활기를 띤 사업이었다. 어느 날 밤 야간 경비대장이 그곳에 숨어 들어갔다. 몇 사람을 체포해 끌고 나와 감옥에 가두었다. 그가 당국 고위층의 명령에 따라서 그렇게 했는지 아니면 그의 독자적인 판단에 따라서 그랬는지는 불분명했다. 체포된 사람들은 밤새 감옥에 갇혔다가 17대의 채찍을 맞고 풀려났다. 그러나 그런 일이 반복될 것이라는 두려움은 거의 없었고 며칠 후 커피하우스는 정상적으로 운영되었다.[7]

곧이어 히자즈에서도 커피가 금지되었다. 1544년 다마스쿠스에서 온 대상들이, 오스만제국 술탄의 명령으로 커피가 금지되었으며 그것을 팔지 못하게 되었다는 소식을 히자즈에 전한 것이다. 이 일은 오스만제국 정부가 커피를 알고 있었고 그것을 둘러싼 법적인 문제를 인식하고 있었으며 제국 차원에서 커피를 금지하려 했다는 것을 보여주는 첫 사건이었다. 그러나 이 일은 히자즈에서 흐지부지 없었던 일이 되어 버렸고 오스만제국 전 지역에서 커피 마시기는 다시 일상이 되었다.

오스만제국은 커피의 확산에 결정적인 방해가 되지 않았다. 커피와 제국 사이에 일어난 약간의 초기 불협화음이야 어느 사회에서나 있기 마련인 그런 수준에 지나지 않았다. 그러면 제국의 종교이자 통치이념이 된 이슬람은 커피를 어떻게 '해석'했을까?

2. 이슬람의 '커피' 해석

사회마다 음식을 해석하는 방식은 서로 다르지만, 인간이 음식에 의미와 가치를 부여하는 방식은 어느 문화권에서나 세계를 이해하고 범주화하는 방식과 연결돼 있다. 이슬람은 발효한 음식을 금하는 등 꽤 까다로운 음식규범을 가진 문화였다. 이슬람의 경전인 쿠란Quran은 허용하는 식품(할랄Halal)과 허용하지 않는 식품(하람Haram)을 엄격하게 구별해 무슬림이 음식을 가려 먹도록 가르쳤다. 무엇보다 음식이 가져올 수도 있는 폐해를 미리 차단하기 위해서였다. 무슬림에게 음식은 세계를 이해하고 범주화하는 방식이자 세계관일 뿐 아니라 일상의 삶을 지배하는 규칙이었다. 나아가 그들에게 음식은 신에게로 가까이 가는 수단의 하나였다. 이슬람은 커피라는 음료를 어떻게 해석했을까, 그리고 어떤 근거로 마침내 수용하게 되었을까 궁금해지지 않을 수 없다.

프랑스의 인류학자이자 구조주의자로 알려진 클로드 레비-스트로스 Claude Lévi-Strauss*(1908-2009)는 아마존 지역의 수렵 채집 부족들을 직접 관찰하고 제족이나 보로로족, 투피족, 과라유족 등의 불에 관한 신화들에서, 한편으로는 날것과 익힌 것, 다른 한편으로는 신선한 것과 썩은 것 사이의 이중의 대립이 있음을 찾아내고 익힌 것은 날것의 문화적 변형이고 부패는 날것의 자연적 변형으로서 각 대립을 연결하는 축이 문화적 특성을 드러낸다고 보았다.[8] 나아가 그는 '날것 : 요리한 것', '날것 : 상한 것'의 대비는 '자연 : 문화', '좋다 : 나쁘다', 그리고 '식용 적합 : 식용 부적합', '자신 : 타자', '바람직한 것 : 거부해야 할 것'이라는 상반된 태도를 상징한다고 일반화하였다.

날음식은 "자연적인", "정제되지 않은" 그리고 "야생적인" 것으로서 씻기, 껍질 벗기기, 자르기 등의 준비과정을 거쳐야 먹을 수 있다. 볶기, 끓이기, 훈연 등을 거쳐서 요리한 음식은 "문명화"된다. 동물적 식성에 문화적 과정이 끼어듦으로써 비로소 음식의 문명화가 일어난다.[9] 여러

---

* 레비-스트로스: 프랑스 파리대학교 민족학 연구소장을 지냈고 브라질 상파울루대학교 사회학 교수로 일했다. 대표저서로 《슬픈 열대》를 비롯해, 1964년에 제1권을 낸 데 이어 1971년 제4권으로 마무리한 《신화학》 시리즈 등이 있다. 흔히 구조주의 인류학의 창시자로 알려져 있는데, 그는 인간 활동의 저변에 담긴 사고양식의 탐구에 많은 노력을 기울였고 이를 위해 아마존 지역을 비롯한 원주민 사회의 신화들을 연구하고 분석하였다.

사회에서 볶기와 끓이기 혹은 훈연이 훨씬 더 높은 권위를 갖는다. 특히 서양에서는 끓이기보다 볶기가 더 높은 권위를 차지하고 있다. 이러한 요리 형태들의 상대적 지위는 역사와 주민들에 따라서 다르게 나타난다. 한 문화 체계에서 음식의 지위를 확정하는 보편적 방법이나 기준은 없으며 오로지 인간 집단의 관점과 경험을 이해할 필요가 있을 따름이다. 커피는 볶은 다음 갈아서 뜨거운 물에 내려 마시는 복잡한 과정을 거쳤으므로 이슬람에 의해 "문명화된 음료"로 처음부터 후한 점수를 받았을까?

쿠란의 '발효음료'

쿠란에 커피에 관한 진술은 물론 없다. 커피는 쿠란을 쓴 시기까지 전혀 알려지지 않은 식품이었다. 신앙과 사회에 그것이 유익할지 아니면 해로울지를 판단할 대상이 아예 없어서 판단의 대상 자체가 아니었다. 대신 포도주에 관한 언급에서 커피에 관한 이슬람의 해석을 가늠해 볼 수 있다. 커피가 불법적인 음료의 범주에 들거나 혹은 그 반대라는 사실을 증명하는 길은 커피의 효과와 포도주의 효과 사이에 있는 유사성을 통해 유추하는 수밖에 없다.

포도주에 대한 이슬람의 가르침은 무엇이었을까? 미리 기억해 두어야 할 것은 같은 서아시아에 속한 지역이더라도 더 세부적으로 나뉜 각 지역에 따라서 그리고 이슬람 분파에 따라서 견해가 갈렸다는 사실이다. 예컨대, 6세기와 7세기경 조로아스터교를 신봉했던 사산조 페르시아에서는 포도주를 마시는 것이 종교적 의무였다. 포도주가 대량 생산되었으며 왕실에서는 도금한 포도주 잔에 우아하게 포도주를 즐겼다. 쿠란의 가르침을 두고도 이슬람 분파에 따라서 그리고 한 분파 안에서도 시대에 따라서 다양하거나 심지어 상호 모순되는 해석이 존재해왔다. 모든 종교의 교리 역시 역사의 산물이라는 점에서 새로운 역사 상황을 맞아 경전의 해석이 달라지는 것은 그다지 새로울 것이 없는, 그저 자연스러운 현상일 따름이다.

쿠란에 따르면, 신이 창조한 것은 선한 것이며 선한 무슬림은 이를 즐겨야 한다. 포도주는 해롭기도 하고 이롭기도 한 식품이었다. 그것은 한편으로는 사탄의 도구로 혐오의 대상이었지만 다른 한편으로는 신실한 신자들에게 보상으로 주는 낙원의 즐거움 중 하나였다. 서아시아 지역의 의사들 역시 술이 양면적이라고 생각했다. 페르시아의 의사였던 이븐 시나에 따르면, 포도주는 적당히 마시면 친구이지만 과도하게 마시면 적이었다.

사실 깨끗한 물이 귀하고 소중한 서아시아의 건조한 날씨를 고려하면 "포도주의 강"(쿠란 47:15)이란 말은 천국의 이미지를 생생하게 만들기에 충분한 것이었다. 포도주는 예컨대 히자즈 지역에서는 북부로부터 수입하는 진귀한 식품으로서 일반인들에게 잘 알려져 있지 않았고 훨씬 더 익숙한 술은 대추야자 술이었다. 예멘에서는 꿀술*이 인기를 누렸다.

예언자 무함마드가 622년 메카에서 메디나로 옮긴 헤지라 이후 쿠란에서 포도주에 대한 입장에 변화가 일어났다. 신자들이 기도를 하러 갈 때에는 자신이 무슨 말을 하고 있는지 알 수 있을 정도만큼만 술을 마셔야한다(쿠란 4:43)고 정했다. 기도할 때에는 정신이 맑은 상태를 유지할 것을 요구한 것이다.

---

* 꿀술Mead : 밀주蜜酒 또는 봉밀주蜂蜜酒 라고 하며 유럽과 아라비아에서는 지금도 일상적으로 판매되는 주류의 일종이다.

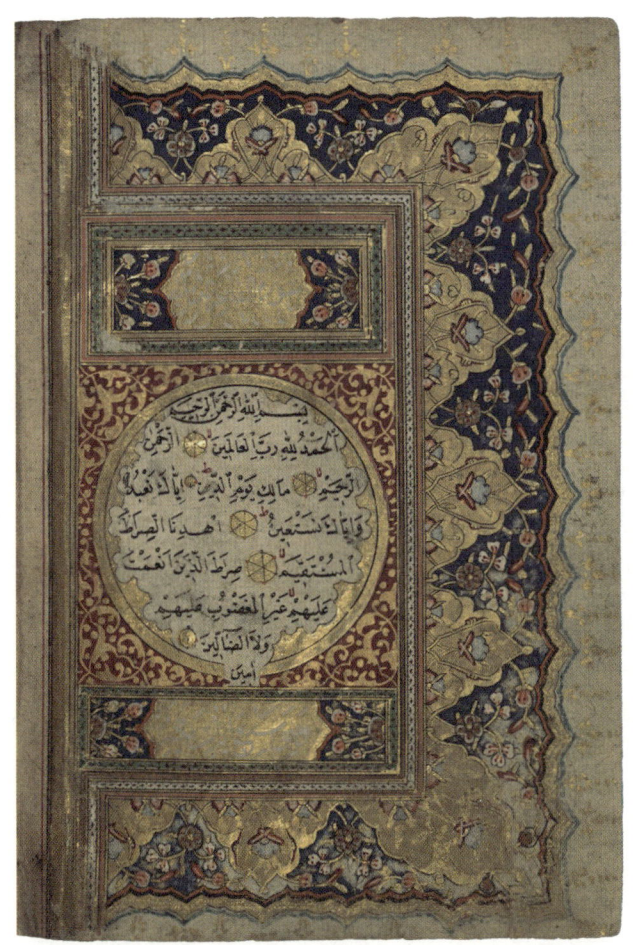

《쿠란》의 채식필사본, 1865-66년 제작

아래 위 패널 사이 중앙에 《쿠란》의 문장이 쓰여있고
그 바깥에는 군청색 바탕에 꽃무늬가 채색되어 있다.

믿음을 가진 사람들이여, 카므르khamr와 도박, 돌로 된 우상, 그리고 화살을 이용한 예언은 실로 혐오스러운 것이니 이것들을 피해야 번영을 누리리라. 진실로 사탄은 카므르와 도박을 통해 여러분 사이에 적대감과 증오를 뿌리고 신의 말씀과 기도로부터 여러분을 멀어지게 한다.(쿠란 5:90-1)¹⁰

이 구절은 카므르를 피해야 할 뿐만 아니라 절대 금지해야 한다는 의미이다. 그런데 문제는 카므르를 무엇으로 보느냐에 있다. 왜냐하면 카므르는 몇몇 다른 종류의 음료를 포괄하는 용어로 쓰였는가 하면 특정한 음료들만을 지칭하기도 했는데, 쿠란은 카므르를 포도주라고 적시하지는 않고 있기 때문이다. 그러나 이슬람 순니파*의 4대 분파 모두 무슬림에게 카므르를 마시는 것이나 판매하는 것을 금했다.

순니파의 4대 분파는 말리크파, 샤피이파, 한발파 그리고 하나피파이다. 다른 분파보다 하나피파가 이를 금했다는 사실에 주목해야 한다. 왜냐하면 하나피파는 오스만제국의 국가공인 분파로서 가장 커다란 영향력을 행사했기 때문이다. 하나피파는 법으로 네 종류의 음료를 금지 음료로 지정했다.

1. 카므르, 발효가 되고 정력을 돋우는 포도 원액. 2. 요리를 하되, 원료의 1/3이 그대로 남아있는 음료들. 3. 대추야자로 만든 [요리하지 않은] 취음제. 4. [요리하지 않고] 발효한 건포도의 즙이 그것들이다.¹¹

물론 다른 세 분파들은 몇 가지 측면에서 하나피파와 다른 견해를 보

* 이슬람은 크게 순니파Sunnis와 시아파Shi'a로 나뉘는데, 순니파는 무함마드와 초기 무슬림 공동체의 일상적 관습인 순나Sunna와 역사적인 칼리프의 계보를 수용하는 다수파이고 시아파는 예언자 무함마드의 사촌 알리와 그 상속자자만이 예언자 무함마드의 유일한 정통 계승자라고 본다.

이기도 했으나 모든 분파가 점차 포도주를 금지하는 방향으로 나아갔다. 무함마드 사후 200년이 지나, 동료들을 통해 전해진 그의 언행을 모아 놓은《하디스》는 포도주에 반대하는 입장을 분명히 한다. 특히《하디스》의 한 구절은 발효될 수 있는 용기에 과일 음료를 만들거나 보관하는 일 자체를 금하고 있으며 또 다른 곳에서는 포도주가 사고력을 흐트러뜨린다고 말하고 있다.《하디스》는 무슬림에게 쿠란에 이어 제2의 권위를 갖는 책이라 이 책의 견해는 사람들을 압박하기에 충분했다.[12]

그 후 이슬람 세계에서 발효주는 금지되었다. 물론 짐작할 수 있는 바대로 포도주의 음용을 완벽하게 금지하기란 어려웠지만 아무튼 이슬람의 법은 포도주를 포함해 카므르 등의 발효된 음료를 금했다. 여기에서 주목해야 할 점은 포도주를 포함한 발효주들을 금지한 이유다. 음료와 관련된 모든 이슬람 법의 핵심은 "취함"을 막는 데 있었다. 이 "취함"의 기준 역시 분파에 따라서 달랐다. 말리크파는 "사람이 정신을 잃고 혼란에 빠지는 것"을 취한 것으로 보았고, 샤피이파는 "사람이 온화한 품격과 평정의 길에서 벗어나 바보스러움과 무지의 상태로 가는 것"으로 보았으며, 하나피파의 지도자 아부 하니파는 "정신이 그를 떠나 아무 것도 모르는 사람"을 취한 사람으로 보았고 이븐 누야임(1563년 사망)은 "처벌을 받아야 할 취객이란 아예 아무것도 알아보지 못해서 남자와 여자, 하늘과 땅을 구별하지 못하는 사람"이라고 하여 하나피파의 견해를 확장하기도 했다. 하나피파에 따르면, 거의 고주망태가 되어 의식을 잃은 사람을 취했다고 볼 수 있으며 그런 사람은 처벌을 면하기 어려웠다. 매우 느리게 진행되기는 했지만 이슬람 세계에서 사람을 취하게 하는 음주 행위는 금지되고 말았다.

커피를 수용한 이슬람

그렇다면 커피에 관한 이슬람의 입장은 무엇이었을까? 무슬림에게 포도주가 금지되었다면 그들은 무엇을 마셨을까? 커피라는 음료가 그 대체품으로 채택될 가능성이 매우 높지 않았을까? 중국의 차 문화는 페르시아 이서에 발을 붙이지 못했고, 무슬림에게는 다른 마실 거리조차 마땅치 않았으니 말이다.

그럼에도 커피가 일상 음료가 되기 위해서는 다른 무엇보다 쿠란을 비롯한 이슬람의 율법을 거스르지 않아야만 했다. 말할 것도 없이 처음에는 커피의 속성이 무엇인지에 관한 지식이 없었고 따라서 그것이 "취함"을 유발하는지 그렇지 않은지를 판단할 준거조차 없었다. 물론 커피는 사람을 취하게 하는 음료가 아니라 오히려 각성시키는 음료이다. 그러나 전혀 생소한 식품이나 음료가 새로운 사회에 진입하기 위해서는 통과 의례를 치르게 마련이다. 커피 역시 예외가 아니었으므로 여러 차례 금지 시도가 있었다.

다행히 하나피파의 법 해석에 따르더라도 커피를 금지할 명백한 이유는 없었다. 그 양이 얼마든 커피를 마시고 "남자와 여자, 땅과 하늘을 구별하지 못하는" 상태에 떨어지는 일은 전혀 없었기 때문이다. 샤피이파와 말리크파의 기준을 적용하더라도, 커피를 마셨다고 해서 취했다는 결론을 끄집어내기에는 그 근거가 너무나 빈약했다.

그럼에도 불구하고 어떤 사람들은 커피가 취하게 하는 속성을 가졌다는 의심을 공공연히 표명하였다. 커피에 관한 글을 쓴 저자들이 이 주장들을 논박하는 데 많은 지면을 할애한 것은 이 때문이다. 예컨대, 자지리는 커피의 흥분시키는 속성을 하시시(대마초)의 속성과 같은 것으로 보려고 한 알 마다니라는 성직자에 대해 서술했다. 커피를 흥분제로 보는 견해를 둘러싼 말의 전쟁은 때로는 대단히 신랄했다. 한 저자는 커피 반대자들에 반대해 목소리를 높였다. "커피가 마치 포도주를 마시거나 하시시를 흡입한 것과 똑같은 결과를 낳는다고 주장하는 것은 무슬림에게 있어서는 안 될 일이다."13

커피가 흥분제라는 주장은 처벌을 전제한 것이었다. 커피가 흥분제라면, 커피를 섭취하는 행위는 이슬람의 법과 신앙을 어겼고 따라서 고통스럽고 수치스러운 처벌을 받아야만 한다는 결론으로 이어지기 때문에 무슬림에게는 자못 심각한 문제가 아닐 수 없었다. 이슬람 법학자와 이슬람 공동체 전체의 합의, 즉 이즈마 ijma를 어기는 것은 있을 수 없는 일이었다. 《하디스》에 기록한 무함마드의 가르침은 "나의 백성들은 어떠한 오류를 범해서도 안 된다"라는 것이었다. 그래서 어떤 지역공동체가 이즈마로 받아들인 것이면 그것이 무엇이든 그 지역 전체에 유효했다. 따라서 커피가 흥분제 성분을 품고 있다는 주장을 뒤집을 만한 논거를 제시해 바로잡지 않고는 마음 놓고 커피를 마시기는 어려웠다. 가파르는 이 점을 고려해 이렇게 주장했다.

> 이슬람 세계의 어떤 한 지역이 아니라 거룩한 도시들 여러 곳에서 위인들과 종교적 사표가 될 만한 분들을 포함해 온갖 종류의 사람들이 수년 동안 커피를 마셨지만 그것이 흥분제라고는 조금도 의심하지 않았다. 만약 흥분제였다면 그것을 아무도 눈치 채지 못하고 이슬람의 근거지에서조차 그것을 허락한다는 것은 불가능했을 것이다. (…) 수년 동안 흥분제라는 의심 없이 음용했다는 사실은 공동체가 그것을 승인했다는 것을 말하며 이즈마에 비추어 볼 때 커피는 흥분제가 아니라는 결론에 도달하게 한다.14

가장 성공적인 논박은 커피의 효과가 포도주의 그것과 정반대라는 사실을 밝히는 것이었다. 한 저자는 커피를 마시는 사람과 포도주를 마시는 사람의 정신 사이에 뚜렷한 차이가 있음을 드러내고자 했다.

커피와 흥분제 사이의 유사성을 끌어내고자 한다면 그 특성과 효과가 얼마나 반대인지가 명백하게 드러나기 때문에 그것은 오류로 끝나고 말 것이다. 커피를 마시는 사람은 입에 신의 이름을 되뇌며 깨어있는 반면 흥분제로 음란한 즐거움을 찾는 사람은 신을 무시하고 취하게 될 것이다.[15]

커피를 마시고 취하지는 않는다는 사실은 분명했지만 일부 사람들에게 커피의 카페인은 심장을 뛰게 하는 등 커다란 자극을 줄 수 있다. 짐작하건대 수면을 방해하거나 심장 박동을 강화하는 카페인의 작용을 과학적으로 설명할 수 없었던 당대에 아마도 그 작용을 일반화해서 과도한 주장으로 나갔을 수 있을 것 같다. 16세기 중기에 에펜디(1490년대?-1574)는 커피콩을 탄화할 정도로 짙게 볶는다는 이유를 들어 커피에 반대하기도 했다. 아무튼 커피 반대자들은 지연작전을 펴면서 좀 더 철저하게 그 효과를 검증해보려고 했다.

커피 옹호자들 역시 커피가 인간의 정신 상태에 영향을 미친다는 사실을 감추려고 한 것은 아니었다. 그들은 오히려 그것을 커피 음용의 가장 훌륭한 이유로 제시하려고 했다. 가파르는 이렇게 요약했다. "[커피는] 마시는 사람의 마음을 유쾌하게 만들고 정신을 안정시킨다."[16] 아라비아 반도의 커피 음용자들은 이러한 "커피의 쾌락"을 서술하기 위한 자신들만의 단어, 즉 마르카하 marqaha 라는 말을 썼다. 그들이 보기에, 커피가 주는 자극은 마늘, 양파, 파 그리고 향신료와 같은 식품들이 주는 자극과 비슷하게 인간의 몸과 마음을 고무하는 긍정적인 효과를 줄 뿐이었다. 적당한 마실 거리가 없었던 무슬림들에게 각성 효과를 갖고 있는 커피는 오히려 이성을 깨우는 훌륭한 음료였다.

3. 커피의 기술적 혁신

오스만제국에서 커피의 확산은 커피를 즐기는 방법에 본질적인 혁신을 이룩했다. 이전까지 과육과 열매 혹은 잎을 함께 이용해 온 것과 달리 커피 열매를 따서 말리고 과육과 속껍질(파치먼트 층)을 벗겨낸 다음 불에 볶고 잘 분쇄하여 물에 넣고 끓여서 음료로 즐기는 방법이 확고하게 정착했다. 언제 누구에 의해 이런 개선이 이루어졌는지를 정확하게 재구성하는 일은 거의 불가능에 가깝다. 하지만 지금 우리가 즐기는 방법과 크게 다르지 않은 음료가 되면서 눈에 띄는 개선이 이루어졌다.

커피 음료의 개선

커피를 만드는 데 필요한 것은 예나 지금이나 물과 커피 그리고 첨가물이 전부이다. 물은 커피의 질을 결정하는 기본 요소이다. 커피를 내리는 방법에 따라서 그리고 사용하는 원두의 양에 따라서 다소 다르지만 커피의 대부분은 물이다. 현재 많은 사람이 즐기는 핸드 드립 방식으로 내린 커피의 약 98%, 에스프레소커피의 약 88%는 물이라고 보면 된다. 어떤 물로 커피를 내리느냐에 따라서 커피의 향미가 달라지는 것은 자명한 이치이다. 커피 물에서 중요한 것은 미네랄의 성분이다. 미네랄의 양은 50~100ppm이 적당하다고 알려져 있는데 그보다 그 성분 구성이 더 중요하다. 철분이나 염소 성분은 소량이더라도 커피의 질을 현저하게 떨어뜨린다. 미국 스페셜티커피협회에 따르면, 철분 함량이 2ppm을 초과하기만 하면 내린 커피가 녹색을 띠게 될 정도로 철분은 커피 향미에 악영향을 미친다. 염분 역시 소량이더라도 악영향을 미치지만 그 함량에 대해서는 의견이 일치하지 않고 있다. 마그네슘이나 칼슘이 지나치게 많은 물 역시 좋지 않은 것으로 알려져 있다. 우리 조상들이 차를 달일 때 샘물 대신 계곡물을 사용한 이유도 샘물에 철분이나 염분 등 미네랄 물질의 비중이 계곡물에 비해 상대적으로 높았기 때문이다.

이처럼 중요한 물에 대해서 이슬람 세계의 문헌들은 전혀 아무런 언급을 하지 않고 있다. 우리로서는, 아마도 그 지역에서 물이 너무나 소중한 나머지 그 질을 따지는 일이 차마 용기를 내기 어려운 사치였기 때문이었거나 어차피 물에 분쇄한 커피를 넣고 끓이는 방법이 물의 중요성을 떨어뜨리지 않았을까 하고 짐작할 따름이다.

커피 음료에는 어떤 발전이 있었을까? 이에 대한 특별한 기록이 없는 것으로 보아 예멘에서 마신 커피와 비슷한 음료를 만들어 마셨을 것으로 짐작할 수 있다. 다만 커피 산지에서 멀어질수록 커피콩만을 이용한 음료가 대세를 이루어갔을 것이다. 그럼 커피 첨가물에는 어떤 것이 있었을까? 첨가물은 아주 단순한 것에 지나지 않았다. 설탕을 첨가하는 일은 아주 드물어서 거의 없었다고 하는 편이 정확할 것 같다. 우유를 첨가하는 일은 더구나 없었다. 때로 몇 지역에서는 현재에도 그렇듯이 카르다몸(소두구)을 첨가해서 마셨고 유황, 용연향 같은 향신료를 첨가했다는 보고가 있다.[17] 그러나 대부분의 레시피는 그저 커피와 물만으로 만드는 것이었다.

이 점은 다소 이해하기 어려운 부분이다. 왜냐하면 당대 이슬람 세계, 특히 페르시아에 설탕이 잘 알려져 있었고 또 오스만제국은 유럽의 설탕 도입과 그 발전에도 영향을 주었다는 것이 역사적 사실이기 때문이다. 뿐만 아니라 디저트의 발전은 대단히 선구적이었다. 쿠란에는 "디저트를 즐기는 것은 믿음의 증거다"라고 했고 8세기 말부터 9세기 말까지 바그다드에서 사용했던 300여개의 레시피를 집대성한《바그다드의 요리책》가운데 1/3이 디저트 음식을 다루고 있다고 전해진다.[18] 이 사실을 감안하면 첨가물을 넣은 커피 음료가 다양하게 발전하지 않았다는 것은 믿기지 않을 정도이다. 이런 '전통'은 아직도 남아, 아라비아 반도 지역을 여행하면서 거리에서 만나는 커피는 뜨거운 물에 미세하게 분쇄한 커피 알갱이가 든 블랙커피이다. 말할 것도 없이 호텔 같은 시설이나 외국인들이 찾는 카페에서는 유럽과 전혀 다르지 않은 커피음료를 서비스하지만 말이다.

이브릭과 체즈베

아라비아 반도나 카이로를 방문한 오스만제국의 여행객들은 그곳에서 커피를 마시는 관습을 익혔음은 물론이고 커피를 마련하는 데 필요한 기구들 또한 이스탄불로 들여왔다. 이스탄불의 장인들은 그것을 그대로 모방하거나 개량할 수 있었다.

우선 음료로 만들기 전에 커피를 볶는 기술이 이미 발전했을 것으로 짐작할 수 있다. 커피콩을 볶는 도구가 따로 있었던 것이 아니어서 아마도 처음에는 진흙을 구워 만든 항아리에 커피콩을 넣고 불 위에서 살짝 볶았을 것이다. 이 항아리의 내열성이 콩이 완벽하게 볶일 정도로 충분하지는 않았기 때문에 짙게 볶지는 않았을 것 같다. 커피 열매를 불에서 말리는 것이나 그것을 뜨거운 음료로 만드는 방법은 모두 중국의 차에서 배웠을 여지가 높다. 1405년에서 1433년 사이 중국인들의 해상 진출 시기에 아라비아 반도는 중국의 차를 마시지는 않았지만 차 문화에 대해 익히 알고 있었다.

커피콩을 불에 볶는 일은 오히려 예멘에서 멀리 떨어진 시리아나 이

왼쪽 이브릭
끓인 커피를 담아 거실로 나르는 용도로 쓰였고
대접하는 사람의 신분을 과시하기 위해 미려한 장식을 달았다

오른쪽 체즈베
물을 붓고 불 위에 올려 커피를 끓이는 용기

집트에서 더 활성화했으리라 짐작된다. 오늘날에도 커피 로스팅에 사용되는 열에 견디는 금속제품이 이미 그곳에 있었기 때문이다. 커피가 이스탄불에 들어오기 이전에 이미 오스만제국 사람들은 긴 손잡이가 달린 철로 된 팬(튀르키예에서는 타바tava라고 한다)을 이용해 곡물을 말리고 있었는데 그것을 약간 개량하여 쉽게 커피 로스터roaster를 만들 수 있었다.[19]

커피 분쇄기 역시 곡물을 으깨는 데 사용하던 절구와 절구 공이, 또는 막자사발과 막자를 개량하여 만들었다. 딱딱하고 단단한 볶은 콩을 분쇄하는 커피 분쇄기 역시 시리아에서 16세기 초반에 이미 발전했고 오스만제국에서 널리 사용해 오스만제국의 그림자놀이에 등장할 정도로 유명해졌다. 이스탄불의 숙련 장인들은 공공 행사나 종교적인 제의 과

정에 참여하는 길드에 속해 있어서 그들이 만든 제품의 완성도와 생산 과정은 매우 높은 수준이었다. 그들은 금속으로 만든 커피 로스터를 사용해서 커피를 볶았고 분쇄 기구를 이용해 곱게 간 다음 소량으로 커피를 팔았다.[20] 그런데 언제 이러한 발전이 일어났으며 그것이 언제 오스만제국 사회의 미적 감각에 맞추어 개량되었는지 그 연대를 정확하게 확인하기는 어렵다.

이스탄불에서 생산된 커피서빙 용기와 기구 그리고 잔 역시 커피를 마시는 본고장의 용기들을 모델로 하여 만들어졌다. 이스탄불에서 만든 긴 주둥이가 달린 커피 주전자인 "카흐베 구구무 kahve gügümü"라 부른 용기는 전 오스만제국으로 전파되었다(17세기에 튀르크인들이 전한 이 용기들 중 몇 점이 헝가리 국립박물관에 전시되어 있다). 처음 커피를 끓이는 데 사용한 기구는 이브릭 ibriq이었다. 프랑스의 여행자 실베스트르 뒤푸르는 17세기 커피포트를 이렇게 묘사했다.

> 레반트에서는 커피를 끓이는 데 구리로 만든 탕관 같은 유형의 용기를 사용하는데, 안팎에 주석을 입혀 아주 독특한 모양으로 디자인했으며 프랑스에서는 지금도 그것을 복사해 쓰고 있다. 그들은 그것을 이브릭이라고 부른다. (...) 그 밑바닥이 넓어 열을 더 많이 받아들여 물이 더 빨리 끓게 돼 있어 나는 그것이 용도에 아주 잘 맞는다는 걸 알았다. 게다가 윗부분은 끓인 커피의 휘발성 에센스를 더 잘 보존하도록 아주 좁았다.[21]

이브릭은 내열성 금속인 황동이나 놋쇠로 만들었는데, 평평한 손잡이가 달린 주전자였다. 카흐베 이브리기 kahve ibrigi 란 말이 커피를 준비하고 서비스하는 특수한 주전자라는 개념으로 자리를 잡아갔다. 그러나 이브리기가 오래지 않아 용도가 서로 다른 두 종류의 커피 주전자로 발전했다. 이브릭에 이어 체즈베cezve가 만들어졌다. 체즈베는 이브릭처럼 밑바닥은 좀 더 넓고 위는 아주 좁게 만든 후 용기에 긴 자루를 달아 직접 불 위에 얹어서 커피를 끓이는 작은 주전자로 사용했다. 체즈베는 사용하는 커피 잔의 용량에 맞추어 크거나 작게 만들었다.

체즈베는 불 위에서 커피를 끓이는 데 주로 사용하였고, 이브릭은 끓인 커피를 담아 응접실로 나르는 용도로 쓰기 시작했다. 커피를 끓이는 곳은 손님 접대 장소에서 떨어져 있었기 때문에 커피를 따뜻하게 유지하기 위해서 작은 화로에 숯을 피우고 끓인 커피를 이브릭에 담아 그 불 위에 얹어서 내갔다. 이렇게 해서 따뜻한 커피를 계속 서비스할 수 있었다.[22] 커피문화가 정착하자 점차 동에 금박을 입혀서 만들어 쓰기도 했고 심지어 은이나 금으로 만든 경우도 있었다. 술탄의 궁정이나 부유층 집안에서 인테리어의 일부가 되면서 이브릭에 온기를 유지하는 기능 외에도 멋진 장식을 달아서 사용하는 일이 많아졌다.

커피를 운반하는 상床 위에는 금속으로 만든 받침대 차르프zarf를 두어 잔과 주전자가 흔들리지 않도록 고정했다. 받침대는 주전자와 잔을 고정해 손이 데지 않도록 하는 역할도 했지만 아라비아과 오스만제국 사람들의 미적 감각을 보여주는 것이기도 했다. 이 차르프와 커피 주전자 이브릭 그리고 운반상은 커피를 서비스하는 한 세트의 도구였다.

많은 양의 커피를 담아 둘 항아리도 만들어졌다. 수피공동체나 많은 고객을 맞아야 하는 커피하우스에는 한 번에 많은 커피를 내려서 큰 항아리에 담아 두고 서비스하는 것이 보통이었다. 그러나 더 중요한 도구는 작은 커피 잔이었다. 중국에서 수입한 작은 도자기 잔은 이미 10세기 이래 아라비아인들이 즐겨 사용하는 애장품이었다.[23] 스웨덴의 식물학자 피터 포스칼과 함께 오스만제국과 이집트 그리고 시리아 등지를 여행한 니부르Niebuhr는 이와 관련해 중요한 기록을 남겼다.

> 예멘의 고위층은 중국의 잔들뿐 아니라 때로는 받침잔까지 소유했다. 일반적으로 북부 아라비아인들과 튀르크인들도 훌륭한 은이나 납으로 만든 받침잔을 썼으며, (...) 예멘의 보통사람들은 흙으로 만든 도자기 잔을 갖고 있었다.24

아라비아인들은 놋쇠 물건을 생산할 수 있는 대단히 발전한 수공기술을 가졌기 때문에 동이나 다른 강한 쇠로 잔을 생산했다. 메카를 방문하고 고향으로 돌아오는 길에 사망한 어떤 순례자의 유물 가운데 작은 금속 잔이 들어 있었던 것은 이를 입증한다.25 동시대에 찰흙(점토)으로 만든 잔, 금속 잔 그리고 광택이 나는 고급 채색의 파양스와 중국산 도자기가 두루 쓰이고 있었다.

커피 용기와 기구들은 대접하는 사람의 품위 그 자체였다. 궁정이나 부유층은 최소한 동에 금박을 입혀서 쓰거나 은으로 만든 것들, 사정이 더 나으면 돋을새김을 한 금으로 만든 도구들을 사용했고 길거리 커피 장수나 커피하우스에서는 동네 대장간에서 동으로 만든 간단한 도구들을 사용했다. 하지만 길거리 커피 장수들도 뜨거운 물을 담는 금속으로 만든 항아리, 동으로 된 커피주전자 그리고 잔(지금의 텀블러)을 모두 갖추었고 17세기 말에는 여기에 담배파이프가 추가되었다.

그렇다면 커피를 내리는 방법은 어떠했을까? 커피를 내리는 과정은 수세기 동안 거의 변하지 않았다. 흔히 튀르크식 커피라고 부르는 방법은 커피 알갱이를 포함해 모든 내용물을 잔에 부어준다. 표준 방법에서 약간 벗어난 것을 들어 보면, 커피를 끓인 후 체즈베를 그냥 밀쳐두어 커피 알갱이가 가라앉도록 하는 방법이다. 앙금이 가라앉으면 위에 있는 맑은 커피만을 다른 체즈베에 따른다. 그리고는 새 커피를 사용 중인 체즈베에 담아 또 다시 끓인다. 이런 과정을 여러 번 반복하여 필요한 양의 커피를 만든 다음 훨씬 더 작은 잔에 커피를 서비스한다.

튀르크 사람들의 커피 미각은 우리 나라 사람들의 그것과 대단히 다르다. 향신료가 주는 독특한 향은 우리에게 아주 이색적이다. 저자가 실제로 이스탄불에서 마셔 본 커피는, 커피가루가 목에 걸리지 않고 부드럽게 넘어가기는 했으나 커피의 바디만을 강하게 느끼게 했고 섬세한 신맛은 감지하기 어려웠고 커피 본연의 아로마를 즐기기에는 쓴 맛이 지나치게 강했다. 역시 미각은 특정 지역 및 특정 시대의 산물로서 하나의 문화라는 사실을 새삼 확인하였다.

커피의 음용이 제국 전역으로 확산하면서 새로운 풍습이 등장했다고 한다. 튀르크 스타일의 커피를 끓여 보면, 비등점에 오르자마자 커피 물이 갑자기 끓어 넘치는데, 물만 끓일 때보다 훨씬 빠르다. 그래서 불에서 체즈베를 떼어내는 시점을 놓쳐서는 안 된다. 한눈팔다가는 커피가 후루룩 끓어 넘치기 일쑤이다. 이런 이유로, 신부를 고를 때도 예비 신부로부터 커피 대접을 받아보는 일이 하나의 풍습으로 자리 잡았다고 한다. 신부의 조신함을 보기 위해서였다. 예비 신랑의 친척들이 예비 신부의 집을 방문하면 예비 신부는 커피를 끓여 냈다. 커피 도구와 커피 잔들은 그 집의 살림살이를 가늠하는 잣대가 되었고, 커피를 끓이다가 커피 물이 흘러넘치면 신부될 사람은 조신하지 못한 아가씨로 여겨졌다. 커피 끓이기는 예비 신부가 자신의 조신함을 증명하는 하나의 통과의례였다. 예비 신부는 신랑감이 마음에 들지 않으면 커피를 엎지르는 것으로 자신의 의사를 표시했다고 전해지고 있다.

4. 커피하우스의 등장

15, 16세기 커피 음용이 증가했음을 드러내는 가장 획기적이고 중요한 결과는 아무래도 '커피하우스'라는 새로운 시설이 나타났다는 사실이다. 커피하우스는 새로운 시설과 장소이자 전혀 새로운 '사회제도 social institution'로서 오스만제국에서 처음 나타나 지금까지 존속하는 인류의 문화 유산이다. 커피를 준비해 판매하는 커피하우스는 대도시와 중소 도시, 그리고 시골마을 어디에도 전에는 없었던 새로운 공적인 공간이었다. 커피하우스는 커피라는 상품의 확산뿐 아니라 사회생활에 엄청난 영향을 미치게 되었다. 그래서 커피하우스는 커피를 판매하는 '시설'이라기보다 '사회제도'라고 하는 편이 더 정확하다.

가파르는, 메카에서처럼은 아니지만 메디나에서도 이미 커피가 사람들에게 익숙해진 음료이기는 했으나 그의 당대에는 주로 가정에서 상당량을 소비했다고 썼다. 그러나 1600년 유럽의 여행자 뒤푸르는, 튀르크 사람들은 커피를 집에서 마시는 일이 드물었고 오히려 커피하우스에서 마시는 걸 더 좋아했다고 기록했다. 이즈음부터 커피콩을 분쇄해 끓인 커피가 표준적인 커피로 자리 잡았고 동시에 커피하우스가 커피를 마시는 가장 선호하는 장소로 등장했다.

그러나 오스만제국의 커피하우스 문화에 관한 자료와 연구서는 거의 없다. 물론 아라비아어를 읽을 수 없는 저자의 한계 탓이 크겠지만 영어로 된 자료조차 찾아보기 어려운 실정이다. 랄프 S. 해톡스의 저서 《커피와 커피하우스: 중세 근동의 사회적 음료의 기원 *Coffee and Coffeehouse: The Origins of a Social Beverage in the Medieval Near East*》이라는 책이 이 부분을 채워줄 가장 많은 정보를 담고 있다. 다행히 이 책은 지금까지 영어권에서 나온 관련서로서는 가장 포괄적이고 신뢰할 수 있는 학문적 성과라는 평가를 받고 있다. 오스만제국의 커피하우스 문화를 빈 공간으로 남겨 두지 않기 위해 저자는 해톡스의 이 저작을 인용하거나 요약했다는 점을 미리 밝혀둔다.

세계 최초의 커피하우스

커피하우스는 우선 사람들이 즐기기 위해 찾아가는 장소이다. 그곳은 종교적 성취가 아니라 세속적 즐거움을 찾는 곳이다. 커피소비의 확대가 낳은 시설이자 거꾸로 커피 자체에 주목할 만한 홍보효과를 제공했을 뿐 아니라 아라비아 세계의 공적인 도시 생활을 혁명적으로 바꾼 새로운 사회제도였다. 커피하우스가 없었다면 아마도 도시의 풍경과 사람들의 사회생활이 크게 달라졌을 것이라는 주장은 과장이 아니다.

커피하우스는 어떻게 생겨나게 되었을까? 우선 커피의 확산이 가져온 결과라는 점은 분명하다. 그러나 수피공동체가 아라비아 사회에 커피를 알리는 데 초기에 크게 이바지했다고 해서 수피공동체 주변에서 커피하우스의 기원을 찾는 것은 허망한 일이다. 왜냐하면 앞서 말한대로 커피하우스는 세속적 즐거움을 위해 찾는 곳이기 때문이다.

최초의 커피하우스가 언제 어디에서 나타났는지 정확하게 알기는 어렵다. 자지리의 설명이 커피하우스가 히자즈에서 운영된 시대를 정하는 데, 그리고 그것이 어떤 장소였는지 짐작하는 데 다소 도움이 되기는 하지만 그럼에도 그는 커피하우스가 처음에 어디에서 어떤 형태로 발전했는지에 대해서는 말해 주지 않고 있다.

16세기 중기에 튀르크 사람들이 커피라는 음료와 커피하우스 모두 열렬히 수용했다는 것만은 분명하다. 커피를 마시는 관행이 알려지자 얼마 지나지 않아 이집트와 시리아, 이라크 등의 대도시에 커피하우스가 문을 열었다. 시리아의 다마스쿠스와 알레포에서는 1530년과

1532년 사이에 커피하우스가 처음으로 모습을 보였다. 바그다드에도 비슷한 시기에 커피하우스가 나타났다. 오스만제국의 연대기 기자 이브라힘 페세비 Ibrāhīm Peçevi (1574-1650)에 따르면 커피, 커피하우스 그리고 부수적인 장식 등이 완벽한 하나의 패키지로서 1555년 두 시리아인, 즉 알레포의 하킴 Hakim 과 다마스쿠스의 셈스 Shams 에 의해 이스탄불에 도입되었다.26 튀르키예 역사가들은 이스탄불에 최초의 커피하우스 kahvehâne (카흐베하네)가 문을 연 시기를 1554년에서 1555년 사이라고 확인했다.27 그 시기를 1557년으로 보는 견해도 있지만28 아무튼 16세기 중기에 이르러 오스만제국의 수도에 커피하우스가 영업을 하고 있었다는 사실에는 변함이 없다.

따라서 커피하우스의 역사 역시 오스만제국에서 시작해야 한다. 사람들이 즐기기 위해서든 재충전을 위해서든 혹은 정치적 목적을 위해서든 커피하우스에서 만났다는 기록은 1511년 메카에서 카이르 베이가 발견해 고발한 사건이 첫 공식적인 기록이었다. 이때 카이르 베이는 커피를 서비스하는 일련의 선술집을 언급하면서, 그런 곳들 중 많은 곳에서 불법을 저지르고 있으며 아예 모든 곳에서 도덕적으로 의심할 만한 일들이 일어나고 있다고 암시한다. 자지리 또한 당대에 그런 곳이 있었음을 확인해 준다.

> 커피는 토후(카이르 베이)가 지배하던 시기와 그 이전 시대에도 길거리에 늘어서 있는 포도주를 파는 가게와 커피하우스에서 공개적으로 판매되었고 비밀 모스크에서는 밤낮없이 그것을 마셨다.29

그래서 최초에 커피하우스가 탄생한 도시로 메카를 떠올리는 것이 가장 자연스러울 것 같다. 메카는 예멘에서 지리적으로 가까운 데다 수피파가 많은 추종자를 얻었던 곳이고 이슬람의 최대 성지라는 점에서 그리고 1511년에 커피를 마신다는 이유로 재판을 받은 사람들이 있었다는 점에서 다른 어떤 도시보다 그 가능성이 높다고 하겠다. 하지만 이런 상상을 제한하는 요소도 있다. 메카가 이슬람의 성지였다는 사실은 한편으로는, 커피의 초기 확산에 도움을 주기도 했지만 다른 한편으로는, 종교적 경건이 아니라 즐거움을 찾는 대중의 음료가 되는 것을 방해했을 가능성 또한 동시에 존재했기 때문이다.

오스만제국에는 커피하우스가 생기기 전에도 인간이 서로 소통하고 즐길 수 있는 시설이 전혀 없었던 것은 아니다. 여성의 사교를 위한 공공장소로 목욕탕이 있었다. 목욕탕은 여성이 집 밖에서 결혼문제를 상담하거나 친구들을 만나는 거의 유일한 장소였다. 남성을 위한 공간도 있었다. 알코올을 제공하는 선술집이 바로 남성을 위한 유락 시설이었다.

선술집의 구조나 활동, 고객들 등에 대해서는 자세히 알 수 없지만 선술집이 금지된 행동의 출구로서 역할을 했다는 점은 사회적으로 중요하다고 하겠다. 그럼에도 법의 외부에 있었고 적어도 도덕적으로 혐오감을 주는 시설이었던 선술집은 때로 당국이 눈감아 주기는 했지만 감시망을 피해 다니는 행상이었다. 선술집은 매춘, 공적인 남색 그리고 유랑자들의 소굴로 알려졌다. 선술집은 지배층의 의심하는 눈초리를 피할 수 없었고 당국의 인내 없이는 지속될 수 없는 공간이었으며, 기독교인과 유대인 같은 무슬림이 아닌 사람들이 드나드는 곳으로 신심이 깊은 무슬림은 외부자로 남아있어야 했다. 선술집은 천박한 생을 살아가는 그 고객들에게는 감시를 피해 무언가를 할 수 있다는 점에서 의미가 있었을지 모르지만 이슬람 사회의 도시 생활이라는 공식적인 차원에서 중요한 의미를 부여하기에는 커다란 한계를 안고 있었다.

초기의 커피하우스 역시 시설의 유사성이나 그 속에서 이루어지는 활동들을 보면 이들 선술집을 닮은 점이 많았다. 커피하우스의 초기 점주들 역시 대부분 하층민 출신이어서 선술집과 마찬가지로 부정적인 사회적 평가를 더욱 부추겼으니 말이다. 그러나 선술집과 커피하우스 사이에는 결정적인 차이가 있었다. 커피하우스에서는 술을 팔지 않았다는 점이다. 커피하우스는 "포도주 없는 선술집"으로 출발했다.

그렇다면 커피하우스라는 시설은 어떤 단계를 거쳐 발전하게 되었을까? 처음부터 우리가 상상하는 훌륭한 시설과 편안하고 아늑한 공간을 갖춘 커피하우스가 있었던 것은 물론 아니다. 커피하우스 역시 길거리 커피 장수에서, 커피매점으로 그리고 커피숍과 커피하우스로 발전했다고 볼 수 있다.

커피가 예멘을 벗어나 다른 지역으로 확산해가는 초기 과정부터 상품에 관심을 가진 상인들이 아주 중요한 역할을 했다. 물론 수피공동체는 그들의 의도와 관계없이 커피를 알리는 전령 역할을 수행했지만 커피의 대중적인 확산은 상인들이 커피를 경건의 도구가 아니라 이익을 남길 '상품'으로 취급하면서 일어난 변화였다.

상인들은 우연한 기회에 사람들이 커피를 좋아한다는 사실을 알게 되었고 그 상품이 커다란 상업적 이익을 남길 수 있는 거래품목이 되리라고 판단했을 것이다. 그들은 우선 시장에서 수요를 창출하기 위해 아주 작고 보잘 것 없는 매점을 열었다. 아마도 매점의 운영과 길거리에서 간단히 커피를 판매하는 사람들이 동시에 나타났을 가능성이 크다. 길거리 커피 장수들은 커피 서빙에 필요한 모든 도구를 갖추고 도시 전역을 누비고 다녔다. 오늘날 레반트 어디에서나 만나는 길거리 커피 장수의 전형은 아주 오랜 역사를 갖고 있는 셈이다. 그렇지만 커피매점은 가게 안에서 커피를 마시는 시설을 갖추고 있었다는 점에서 길거리 커피

장수와 달리 커피하우스의 초기 형태로 볼 수 있다. 커피매점은 고객이 앉을 수 있는 몇 개의 좌석을 비치하거나 아니면 가게 밖에 긴 의자를 두기도 했다. 요즈음의 "테이크 아웃"하는 것과 크게 다르지 않았다. 시장 구석에 가게를 열고 찾아오는 고객에게 커피를 제공하는 한편, 인부를 시켜 시장의 가게에서 일하는 상인들의 기분 전환이나 거래의 성사에 도움이 되도록 고객에게 커피를 배달해 주었다. 쟁반을 이거나 들고 바쁘게 시장 바닥을 누비는 오늘날의 음식 배달 풍경을 떠올리기만 하면 쉽게 상상할 수 있는 일이다.

다음 단계는 "가게 안에서 마시는" 커피였다. 커피숍과 커피하우스가 이런 형태의 커피 전문점이었다. 커피숍은 규모가 작고 지역 주민들이 주로 이용해 커피매점과 비슷한 형태로 운영되었지만 주로 고객들이 앉아서 커피를 마신다는 점에서 달랐다. 툇마루처럼 다소 높게 만든 좌석에 앉거나 좁은 통로에 설치한 긴 의자에 앉아서 커피를 마셨다. 이런 이웃집 커피숍은 특히 카이로에 많았는데, 오스만제국의 여행자 첼레비와 레인 등의 여러 저자가 여행기에서 이런 커피숍을 자세히 그려주고 있다. 물론 시리아와 오스만제국에서도 이런 커피숍을 쉽게 접할 수 있었는데, 여행기를 남긴 영국의 성직자 윌리엄 비덜프는 단골들이 집 안보다 집 앞에 놓인 긴 의자에 앉는 것을 더 즐겼다고 전했다.

이런 기능적인 역할을 하는 커피숍과 전혀 다른 거대한 규모와 웅장한 스타일의 커피하우스들이 마침내 여러 도시에 나타나기 시작했다. 도손이라는 미국의 외교관이 셀림 2세(재위 1566-1574) 시대에 이스탄불에서 보았다는 600여 개의 커피하우스가 모두 이런 종류는 아니었고 아마 그 중 대부분은 커피매점 형태였겠지만 유럽에서 간 여행자들의 눈에 도시의 최고 요지에 자리 잡은 커피하우스들은 대단히 사치스러웠다. 특히 시리아와 이라크에서는 공원이나 정원 같은 분위기를 연출

오스만제국 시대 커피수레, 수채화, 이스탄불, 1587-88년

시종을 거느린 상류층 인사가 커피를 판매하는 거리 풍경을 집 안에서 구경하고,
수레 안에서는 판매상이 커피를 건네주고 있으며 고객들은 담소를 나누면서 즐기고 있다.
거리를 돌아다니면서 커피를 판매하던 커피수레가 커피하우스라는 사회적 시설로 발전하였다.

하여 고객에게 도시나 사막이 아니라 시원한 경관과 아름다운 소리에 묻혀있다는 느낌을 받도록 했다. 다마스쿠스의 모든 카페가 아름다웠는데, 많은 분수가 솟구치고 있어 마치 강을 보는 듯했고, 시원한 나무 그늘과 장미를 비롯한 꽃들이 있어 휴식과 즐거움을 주는 장소였다.[30] 16세기 초 바그다드에 체류했던 포르투갈의 탐험가 페드루 테이셰이라Pedro Teixeira (1575?-1640)에 따르면, 커피는 그 목적을 위해 지은 공공의 장소에서 팔렸고 그 집은 많은 창문과 두 개의 갤러리를 갖추고 있어 거의 강가에 있는 아주 유쾌한 휴양지나 다름없었다.[31] 이스탄불의 큰 커피하우스는 프레스코화법으로 그린 그림을 즐길 기회를 제공하기조차 했고 건물 밖에는 대리석 벤치를 비치해 바깥 공기를 마시면서 행인들을 구경할 수 있게 했다.

대도시의 커피하우스는 넓은 응접실을 실내 중앙에 두어 고객을 위한 살롱으로 사용했다. 이 중앙 접견실은 작은 커피숍에도 있었지만 이 경우에는 규모가 작아 탁 트인 느낌을 주지는 못했다. 실내에는 사치스러운 오리엔트의 양탄자와 긴 의자, 거울, 공간을 구분하는 칸막이, 파이프 거치대, 값비싼 촛대들, 음악 연주대 등이 있었으며 밤에도 모여드는 사람들을 위해 천정에는 웅장한 등들을 달았다. 특히 여름에는 저녁 시간의 시원함을 즐기려는 손님들로 커피하우스가 북적였고 라마단 기간에도 많은 사람이 커피 한두 잔을 마시면서 금식 기간의 단조로움을 달랬다.

커피하우스가 대중화하자 커피하우스에 대한 나쁜 평판은 점차 사라졌다. 커피 마시기 풍속이 전 제국으로 퍼져 고위층의 전유물에서 주민 모두에게로 확대되었을 뿐 아니라 커피하우스는 시간이 지나면서 점차 선술집과 구별되는 남자들의 합법적인 만남과 일락의 장소가 되었다.

커피하우스의 정착과 고객들

커피하우스가 그토록 대중적인 인기를 누리게 된 이유는 무엇이었을까? 어느 사회에서든 새로운 관습이나 제도가 나타나 정착하려면 그것을 유지할 만한 사회적 필요와 수요가 있어야 한다. 무엇보다, 이슬람 사회에는 16세기까지도 내세울 만한 레스토랑 문화가 없었다. 당대 유럽인들의 눈에, 무슬림 도시 거주자들이 가정을 벗어나 담소를 나누거나 식사를 할 수 있는 장소는 거의 없었다. 1610년 예루살렘과 이스탄불 등지를 여행한 후 1615년 런던에서 여행기를 낸 조지 샌디스는, "무뚝뚝한 튀르크인"에게 그런 장소가 없다는 사실을 애석해했다.[32] 중세 카이로를 방문했던 고이타인 또한 다양한 테이크 아웃 시설들이 존재한다고 말하면서 위신을 차리는 인사들은 그런 곳에 앉아서 식사를 하지 않고 차라리 집에서 식사를 한다고 서술했다.[33]

더구나 커피하우스가 등장하기까지 대도시에서 밤 생활을 즐길 수 있는 곳은 기껏 선술집이나 도박판이 고작이었다. 그러나 이런 곳에 출입하는 것은 자신의 영혼을 팔지는 않더라도 사회적 명망을 걸어야 하고 때로는 목숨을 걸어야 할지도 모르는 위험한 일이었다. 물론 수피공동체나 사원에 모여 시간을 보낼 수는 있었지만 그곳에서 내세의 고통을 경감시킬 수는 있을지 모르지만 속세의 즐거움을 얻기란 기대하기 어려운 일이었다. 사람들은 종교적인 의례를 벗어나 자유롭게 다른 사람들을 만나 즐길 수 있는 안전하면서도 유쾌한 장소를 갈망했다.

커피하우스는 동료들과 어울리고 소통하고 교류하려는 인간의 욕망을 제한하거나 방해하지 않고 오히려 최상의 교류와 소통이 가능하도록 돕거나 자극했다. 이 점이 장기적으로 커피하우스가 성공을 거두는 데 가장 중요한 요소로 작용했다. 사람들 사이 소통의 중심지로서 커피하우스의 역할이 커피를 둘러싼 논쟁의 핵심이 된 것도 이런 기능 때문이었다. 결국, 사람들이 왜 커피하우스에 가는지, 거기에서 누구와 어울리는지, 혼자서 혹은 그룹을 이루어 거기에서 무엇을 하는지가 윤리적인 관심의 대상이었지 그곳에서 마시는 음료가 주요 관심거리는 아니었다.

커피하우스는 남자들의 경우, 심지어 금식 기도 기간인 라마단에도 죄책감 없이 밤낮으로 드나들어 그곳에서 낯선 사람을 만나거나 친구를 만나 대화를 나누고 놀이를 즐길 수 있는 곳이었다. 이 때문에 곧바로 커피하우스에는 일련의 '금기 타파'라는 이미지가 붙어 다녔다. 당대 커피하우스 방문객들은 아무 일도 하지 않은 채 돈을 낭비하는 사람들이라는 비난을 받았고, 커피하우스의 가수나 무희들 중에 서비스하는 소년들과 마찬가지로 성을 파는 사람도 있다는 풍문이 나돌았으며, 아편이나 하시시를 흡입하거나 커피에 타서 마신다는 얘기도 커피하우스에 따라다녔다. 물론 시간이 지나면서 커피하우스에서 비난받을 만한 일이 사라졌지만 적어도 초기에는 당대의 전통적인 도덕을 거스르는 일이 일어난다고 여겨져 커피하우스에 가는 것은 하나의 사회적 도전이었다. 그러나 남자들은 다른 동료 남성과 함께 어울림으로써 이런 사회적 도전이 주는 불안감을 얼마간 덜 수 있었다.

따라서 커피하우스는 '정치의 공간'이기도 했다. 정교가 분리되지 않은 이슬람 사회에서 커피하우스는 거의 유일하게 정치와 관련된 새로운 소식의 소통장소였다. 정치적 존재인 인간에게 커피하우스는 좋은 냄새가 나는 부엌이었다. 그곳에 가면 어디에서 흘러나왔는지 알 수 없는 권력 집단에 관한 궁금한 소식, 새롭고 자극적인 이야기를 들을 수 있었고 또한 거기에 자신의 생각을 덧붙일 수도 있었다.

지배층은 전통적인 사회제도 밖에서 이루어지는 이 새로운 모임 형태가 통제 불능이 될 수 있다는 불안감에 사로잡혔고, 정치적 반대자들이 당장 눈에 띄지 않는다 하더라도, 새로운 음료가 가져올 관습의 변화가 혹시 사회 질서의 변화로 이어지지 않을까 염려했다. 사회 질서의 변화는 곧 지배 질서가 위태롭게 되는 것을 의미하였다. 커피하우스는 이런 점에서 공개적인 정치 포럼이나 다름없었다.

다음으로 고객의 사회적 욕구와 감각적인 유쾌함을 만족시킬 커피하우스의 특성은 무엇이었을까? 우선 커피하우스는 고객의 감각적 유쾌함을 만족시킬 만한, 그리고 다른 시설과 구별되는 물질적 요소들을 갖추고 있었다.

커피하우스는 커피라는 새로운 음료를 최상의 상태로 즐길 수 있는 장소였다. 오스만제국의 커피는 '뜨거운 음료'였고 사람들은 뜨거운 커피가 아니면 제대로 된 커피가 아니라고 생각했다. 오스만제국을 여행했던 유럽인들은 아라비아인들과 튀르크 사람들이 혀가 데일 정도로 뜨거운 커피를 좋아한다는 사실에 주목했고 이점을 강조했다. 짐작건대, 유럽에는 포도주와 맥주처럼 차가운 음료를 주로 마셨고 '뜨거운 음료'가 없었던 것이 한 원인이었다. 실제로 오스만제국에서 커피는 "뜨거운 만큼 그것을 감내하면서 마실 만한 음료"였기 때문에 반드시 뜨겁게 서비스해야 했다. 커피하우스에는 커피를 내리고 뜨겁게 보존할 도구와 시설이 완벽하게 구비되어 있었던 데 비해 커피 행상들은 많은 양의 커피를 뜨겁게 보존할 도구나 시설을 갖추지 못했다. 최상의 커피를 마시기 위해서는 커피하우스를 찾아야만 했다.

그뿐만 아니라 오스만 스타일의 커피를 제대로 즐기기 위해서는 약간의 '시간'이 필요했다. 오스만의 커피는 분쇄 커피를 물속에 넣고 끓인다. 한 사람의 고객에게 커피를 서비스해야 할 경우, 작은 체즈베로 커피를 끓인 다음, 커피 알갱이를 거르지 않고 그냥 잔에 쏟아붓는다. 거의 가루처럼 된 커피 분말이 커피를 혼탁한 상태로 만든다. 튀르크 사람들은 그것을 한 번에 꿀꺽 삼키지 않았다. 커피가 너무 뜨겁기도 했지만 그보다는 커피 분말이 잔 밑으로 가라앉기를 기다렸던 것이다. 몇 분이 지나 커피 알갱이들이 바닥에 가라앉으면 한 모금씩 천천히 마시는 것이 튀르크 사람들의 커피 마시기 풍습이었다. '커피 점占'이 생긴 것도 이와 관련이 있다. 훗날 젊은이들이 컵의 밑바닥에 남은 찌꺼기를 접시에 부어 그것이 갈라지는 방향을 데이트 장소로 정하거나 혹은 피했는데, 이것이 재미있는 풍습으로 자리 잡게 된 것이었다.

물론 지금도 오스만제국이 지배했던 여러 지역, 튀르키예, 아라비아, 이집트는 물론이고 그리스와 동유럽, 서아시아 등지에서도 여전히 커피 행상들이 거리에서 커피를 판매한다. 17세기 파리에서도 레반트의 커피 조리사들이 거리에서 커피를 팔았고 19세기 사진작가들 역시 이런 풍경을 사진에 담았다. 그러나 '뜨거운 커피'를 '시간'을 갖고 마시기 위한 더할 나위 없이 훌륭한 장소는 커피하우스였다.

커피하우스의 주인들은 고객의 미각에 부응하려고 애썼고 새로운 미각에 대한 수요를 성공적으로 창출해 냈다. 종교적 이유로 단지 즐거움만 주는 먹을 거리와 마실 거리를 제한했던 시대에 커피는 무슬림이 접근할 수 있는 거의 유일한 '대안'이었다. 비록 커피의 기본 맛은 쓴맛이지만 그럼에도 불구하고 커피 마시기는 '달콤한 경험'이자 '새로운 취향'의 발견이었다. 커피하우스는 이 새로운 '취향'을 즐길 수 있는 최적의 장소였다.

나아가 커피하우스는 쾌적함과 즐거움을 제공하는 장소로서 훌륭한 시설을 갖추고 있었다. 커피하우스는 사람의 몸이 편안함을 느끼게 하는 다양한 시설을 갖추고 있었는데, 특히 날씨가 더운 여름에는 시원한 나무그늘이 들게 만들어 주었고 분수로 물을 뿌려 공원과 같은 분위기를 연출해 고객들에게 거리의 열기와 소음, 더러움과 냄새 등과 대조

오스만제국의 커피하우스 풍경. 서적 채식화가의 수채화, 16, 17세기경

되는 쾌적함을 제공했다. 내부 인테리어에서도 편안한 의자와 부드러운 방석을 갖추어 고객이 육체적 안락함과 정신적 행복감에 젖게 만들었다.

커피하우스를 빛나게 하는 단 한 가지 요소를 꼽으라면 단연 고객일 것이다. 커피하우스에 고객이 없다면 아무리 훌륭한 실내장식과 식음료를 내더라도 그곳은 썰렁한 장소로 전락하고 만다. 고객은 그야말로 커피하우스의 꽃이다. 오스만제국에서 커피하우스에 드나들던 고객의 사회적 구성에 관해서는 여러 견해가 있다. 크게 보면 도시 "하층민"의 모임이었다는 견해와 반대로 "상류층" 사람들이 주요 고객이었다는 견해, 그리고 모든 사회계층을 포괄했다는 견해로 나뉜다.

먼저 커피하우스 고객이 주로 하층민이었다는 견해를 밝힌 사람은 베네치아의 보석 보증인이었던 지안프란체스코 모로시니Gianfrancesco Morosini로서 그는 1585년 커피하우스의 고객들을 아래와 같이 묘사했다.

> 이 모든 사람은 대단히 낮은 하류층 사람들이었고 대부분은 직업이 없어서 게으름을 피우고 있었다. 그래서 공공장소, 가게 그리고 거리에 계속 죽치고 앉아서 검은 음료를 겨우 참을 수 있을 정도로 [뜨겁게] 끓여서 마시는데, 그들이 카베Cavee라고 부르는 씨앗에서 추출한 것으로 (...) 사람이 깨어있게 하는 특성을 가졌다고 한다.[34]

그에 이어 알렉산더 러셀이란 여행자 역시 18세기 알레포의 커피하우스에서 자신이 본 사람들이 "속물들"이었다고 말했다.

한편 뒤푸르는 이스탄불에 관해 쓰면서 "대단히 지체 높은 사람들만"

커피하우스에 간다고 말했다. 1740년 이스탄불 서안에서 태어나 미국에서 역사가 및 외교관으로 일한 도손 Ignatius Mouradgea d'Ohsson 또한 커피하우스 고객이 하층민이었다는 견해와 달랐는데, 그에 따르면 16세기 이스탄불에서 새로 개업한 커피하우스에 모여든 사람들은 "제국의 지방 장관, 귀족, 관료, 교사, 재판관 및 법학자" 등이었다.[35]

그러나 다른 저자들은 거의 하나같이 커피하우스에 폭넓은 사회계층이 뒤섞여 있었다는 데 동의하고 있다. 카팁 첼레비는 고객들의 행동이 세련되지는 않았다고 서술하면서도 "거지부터 왕자까지 커피하우스에 가는 사람들은 서로를 비난하면서도 즐거워했다"라고 말해 커피하우스가 사회의 거의 모든 분야 사람들을 포괄하고 있다고 그렸다. 페드루 테이셰이라 역시 바그다드의 훌륭한 사람들과 비천한 사람들이 커피를 마시기 위해 커피하우스로 모여들었다고 했다. 프랑스인 여행자 테브노는 커피하우스가 누구나 갈 수 있는 보편적 장소임을 특히 강조하였다. "이런 곳에 오는 사람들은 종교나 사회적 지위의 구별이 없었고 전혀 부끄러움을 느끼지 않았으며 많은 사람이 그곳에서 서로 농담을 즐겼다."[36]

물론 지방의 관습에 따라서 출입에 제한이 가해지는 경우도 있기는 했는데, 그보다 중요한 것은 모든 사람이 하나의 카페로 가는 것은 아니었다. 커피하우스의 입지와 유형에 따라서 고객의 구성이 자연스럽게 결정되는 일이 많았다. 작은 동네 커피매점의 고객들은 상대적으로 동질적인 사람들로 구성되어 있었다. 시장 구역의 일부로 기능하는 커피매점이 전형적인 사례였다. 카이로 근처에 병영을 마련한 주둔군 주변에 문을 연 커피하우스에는 자연히 그 주둔군과 거래하는 특수한 사람들이 고객이 되게 마련이었다.

거대 규모의 훌륭한 커피하우스들은 많은 사람을 고객으로 상정했다. 상업 활동이 활발해 번잡한 타타칼레 지역에서 이스탄불 최초의 커피하우스가 문을 열었는데, 이 커피하우스에는 여러 계층의 사람들이 드나들었다. 다마스쿠스에 있었던 여러 개의 커피하우스는 어떤 이유로든 도시 중심부에 온 모든 종류의 사람들을 끌어 들이기 위해 노력했다. 특별히 큰 규모를 가진 것은 거의 모스크에 가까울 정도였다고 한다. 다른 어떤 카페는 옆에 강이 흐르고 나무그늘이 있어 마치 성채의 문을 지나는 것 같았다고 한다. 수많은 도시 카페들 중 대부분은 보잘것 없는 것이었지만 도심에 위치한 커피하우스들은 구역이나 사회계층을 불문하고 그 도시의 모든 사람을 고객으로 모았다. 비록 규모는 작다 하더라도 특별히 중요한 건널목이나 인기 있는 산책로 근처에 모여 있는 카페들은 대규모 카페와 마찬가지로 여러 계층의 사람들을 고객으로 불러 들였다.

그러나 커피하우스가 종교적 차이를 뛰어넘어 다양한 종교를 가진 사람들의 모임 장소가 되었다고 본 프랑스인 여행자 테브노의 관찰이 다소 피상적이라고 볼 여지는 여전히 남아 있다. 이슬람 사회에서, 보호를 받는 기독교인과 유대인 소수자들에게 주어진 일반적인 관용이란 분리와 불평등을 전제로 한 것이었기 때문이다. 이슬람식 생활 방식은 신자와 개종을 하지 않은 불신자 사이에 분명한 법적 장벽을 세움으로써 확실하게 소수자들의 공동체에 공식적인 불이익을 주었다. 이점에서는 커피하우스보다 선술집이 오히려 더 이질적인 사람들이 함께 이용하는 시설이었다. 선술집은 오랜 기간 경영 주체도 무슬림이 아니었을 뿐더러 또 무슬림을 위한 시설도 아니었다. 포도주를 제공하거나 그 사실을 대놓고 뽐내기까지 하는 것은 무슬림에게는 아주 중대한 위법이었다. 물론 소수 무슬림이 종교적으로 저급한 사람들과 어깨를 비비면서 이런 사회적 일탈을 감행했을 수는 있지만 말이다.

선술집과 달리 커피하우스는 본질적으로 무슬림의 시설이었다. 비록 초기에 커피를 둘러싼 논쟁을 벌이기도 했지만 이런 논쟁 역시 그것이 무슬림이 운영하는 제도였기 때문이다. 커피하우스는 태아 단계에서 종교 의례로 출발했고 히자즈의 무슬림 구역과 아자르 대학의 관문을 통과해 카이로에 도입되어 영양을 공급받은 완벽한 무슬림들의 제도였다. 그것은 하나의 '혁신'이었다. 처음에는 종교적으로 의심받기도 했지만 그럼에도 바로 무슬림의 심장부에 나타난 혁신적 제도였다.

당국에 의해 커피가 금지된 시기를 지나면, 히자즈와 홍해를 왕복하는 대상이나 주둔군 수송대의 커피거래는 무슬림이 장악하고 있었고 카이로의 커피 도매는 전적으로 그들이 독점했다.37 커피하우스를 여는 것은 명망가의 명성을 떨어뜨리는 일이 아니었으며 종교-법학 엘리트의 역할과 모순되는 것도 아니었다. 일찍이 16세기 말에 이미 몇몇 이슬람 학자나 지식인들은 커피에 투자해 개인 재산을 축적했으며, 18세기 아자르의 한 교수가 가진 재산 중에 커피하우스가 들어 있었다. 이집트의 연대기(1623년) 기자인 이즈하키에 의하면, 아흐메트 파샤라는 16세기 이집트의 통치자는 그가 세운 다른 공적에 더해 불라크와 라시트 구역 커피하우스에 투자해 사람들의 부러움을 샀다고 한다.38 이슬람 지식인이나 지도자가 예복을 입고 커피하우스에 나타났다고 해서 전혀 이상한 일이 아니었다. 때로 그들은 신앙과 관련한 장광설을 늘어놓기도 했지만 다른 고객들과 어울려 커피를 즐기거나 얘기를 나누면서 시간을 보냈다.

커피하우스의 일상

커피하우스가 생기면서 일상의 삶에 의미 있는 변화가 나타났다. 전통적으로 집에서 이루어지던 손님접대를 외부에서 하게 된 것이 그것인데, 16, 17세기 사람들의 사고방식으로 보면 일종의 혁명이라고 할 중요한 변화였다. 접대 장소가 반드시 가정일 필요는 없다는 사실은 두 가지 점에서 중요했다. 먼저 접대하는 사람이 아내, 자녀, 노예 그리고 재산 등 자신을 규정하는 상징들을 벗어날 수 있었다. 뿐만 아니라 접대에 드는 비용이 하찮은 수준으로 줄어들어 원래 친밀하지 않은 사람에게도 적은 비용으로 관대함과 아량을 베풀 수 있게 되었다.

다른 사람을 대접하거나 배려하는 일이 아주 간단해졌다는 사실은 병사들의 커피 값 지불에서도 나타났다. 16세기 카이로를 방문했던 한 여행자가 본 일이었다. 커피하우스에 들어온 병사들은 커피 값을 지불할 때 거스름돈을 챙기지 않았고 그 돈을 자기 주머니에 넣고 떠나는 것을 온당치 못한 행동으로 여겼다. 너그러움을 보여주는 것이 보통 사람들의 예절이 되면서, 병사들은 서로 커피 한 잔을 대접하곤 했는데, 커피가격이 넉 잔에 동전 한 닢(파라para) 정도였다.[39]

이렇게 되자 접대를 받는 사람도 접대자의 공적인 지위와 위신에 부담을 갖지 않아도 된다는 생각을 갖게 되었다. 커피하우스가 나타나면서 사회적 교류의 방식과 빈도에 상당한 변화가 일어났다. 물론 집에서 하는 저녁 만찬이 완전히 소멸하지는 않았지만 확실히 이 시기에 사업이나 종교가 주제가 아닌, 남성들 사이의 사회적 접촉이 조금씩 활기를 띠기 시작했다.

커피하우스는 다른 무엇보다 대화의 장소였다. 그것이 진지하든 시답잖든, 고상하든 저급하든, 여러 종류의 대화가 만발한 곳이 커피하우스였다. 모스크의 양탄자 위에서는 나눌 수 없는 대화들이 편안한 분위기 속에서 대도시의 커피하우스에서 오갔다. 많은 경우에 그 대화들은 가볍고 하찮은 것이었다. 그래서 엄격한 도덕주의자들은 커피하우스의 대화를 도덕적 방종이라고 비판하였다. 디크르의 진지함에 불평을 토로했던 자지리 또한 역설적으로 커피를 마시면서 하는 이야기가 농담이나 설화를 얘기하는 것에 지나지 않는다고 하여 비판자들 중 한 사람이 되었다.

커피하우스 고객들은 때로는 다른 사람, 특히 여성에 관한 이야기를 할 때면 이슬람의 엄격한 가르침을 버리고 싶은 유혹을 뿌리치지 못했던 것 같다. 커피에 우호적이었던 한 저자는 카페 생활의 이런 측면에 분개했다.

> 커피하우스에서 일어나는 혐오스러운 습관 중 하나는 고객들이 후덕한 여러 여성을 비방하거나 중상하고 명성에 의문을 제기하는 것이다. 그들이 함께 만들어 내는 날조된 이야기들에는 한 톨의 진실도 없다.[40]

정숙한 여성의 성적 특징에 관한 날조된 비난은 이슬람의 삶에 대한 치명적인 도발이었고 80대의 채찍을 맞아야 할 위법이었다. 또 남을 헐뜯는 이야기 역시 극단적인 경우에는 처벌의 대상이었지만 그런 일을 일일이 막을 수도 없는 노릇이었다.

그렇다고 커피하우스의 대화가 전혀 쓸모없는 것은 아니었다. 커피하우스는 신속하게 좋은 정보를 얻고 퍼뜨리고 교환하는 장소로 바뀌어 갔다. 이보다 더 긍정적인 요소는 커피하우스가 문학과 예술의 장이 되었다는 사실이다. 페세비는 고객들 사이에 집중적인 문학 활동이 있었다고 서술했다. 그 후 유럽에서 그랬듯이, 커피하우스에서 문학적인 포럼이 벌어져 시인이나 작가들이 최근에 완성한 작품을 내놓고 비평을 받기도 했고 고객들이 어울려 예술, 과학, 문학 등에 관해 토론하기도 했다.

그림자극의 주인공 카라괴즈와 하치바트(유네스코 무형문화재)
카라괴즈는 직설적으로 대중을 대변하는 인물이고
하치바트는 시적이고 문학적인 언어를 사용하는 교육받은 계층을 대표한다.
인형은 주로 낙타 가죽으로 만든 후 채색 그림을 그렸고
공연장의 크기에 따라 40~50센티미터부터 1.8미터까지 크기가 다양했다.

이런 활동 역시 처음부터 호응을 얻었던 것은 아니다. 특히 문학이 커피하우스로 스며들자, 마치 음악 공연에 대해 그랬듯이 포도주 연회로 치부하려는 시각이 있었다. 궁정문학은 이미 문화적 유산으로서 궁정 엘리트들의 영혼을 정화하고 일깨우는 것으로 인정받고 있었음에도 커피하우스의 문학은 오히려 위험한 것으로 폄하되었다. 공동체의 광범위한 부문으로 문학의 급속한 확산이 사회 윤리의 해체로 이어지지 않을까 염려했다. 여기에는 문학가들이 사원의 학문과 명상을 대체할 수도 있다는 불안이 밑바탕에 깔려있었다. 그렇다고 해서 이슬람 스승들과 재판관, 기타 법학 관련자들 등 고위 성직자들이 이들 문학가들과 경

쟁했다고 보기는 어렵지만 하위의 종교 기능인들은 자신들의 영역을 침해하는 것으로 받아들였다.[41]

커피하우스가 많아지자 경영자들은 서로 경쟁을 할 수밖에 없었고 대중을 끌어들일 새로운 볼거리를 개발해야 한다는 압박을 받았다. 가장 손쉬운 방법은 만담가나 이야기꾼을 두는 것이었다. 이야기꾼은 현악기를 곁들이기는 했으나 무엇보다 비용이 저렴했다. 게다가 곡예단이나 연주단처럼 규모가 크지 않아 좁은 커피하우스에서도 공연이 가능했고 다른 시설을 추가로 갖출 필요조차 없었다. 다른 활동과 비교해서 더 건전하다는 평가를 받는 점도 커다란 장점이었다. 이야기의 내용에 따라 약간의 염려가 따르지 않는 것은 아니었지만 고전적인 로맨스나 전래 설화를 동원한다면 비판을 피해갈 수 있었고 그 지역 주민들의 취향이 소재를 결정했다.

여러 형태의 인형극 역시 커피하우스 놀이에서 중요한 부분이었다. 인형극은 커피하우스 고객들에게는 대단히 인기가 좋았다. 그림자극 역시 커피하우스에서 인기를 누렸다. 물론 인형극이 외설적이라거나, 항상 유럽인들의 의상과 예법을 조롱거리로 만들려는 의도를 숨기고 있다면서 그림자극을 저속하다고 본 여행자가 없었던 것은 아니다. 그러나 이런 평가는 인형극이나 그림자극이 단지 당대 유럽인들의 문화적 취향에 이질적이어서 생긴 편견이었을 뿐 실제로 형편없는 수준이었다고 보기는 어렵다. 특히 그림자극은 거의 천년에 가까운 세월 동안 이어져 온 전통문화로서 현재 유네스코 인류무형문화재로 등재되어 있다. 직설적이고 무식하며 상스러운 말을 거리낌 없이 내뱉는 상인이나 보통 사람을 대표하는 카라괴즈 Karagöz 와 지식이 풍부하지만 거만하고 점잖은 체하는 하치바트 Hacivat 를 주연으로 내세운 오스만제국의 그림자극은 누구에게나 웃음과 해학 그리고 성찰의 기회를 제공해주기에 충분했다.

오늘날 우리가 음악이 없는 카페를 상상하기는 어렵다. 오스만제국의 커피하우스에서도 음악은 빼놓을 수 없는 요소의 하나였다. 일반적으로 커피하우스에서는 바이올린과 플루트에 해당하는 튀르크 사람들의 악기를 연주하는 일이 많았고 주인에게 고용된 음악가들은 거의 하루 종일 연주나 노래를 했다.

커피하우스 음악인들은 이집트, 시리아 그리고 이라크 등지 어디에서나 활동했다. 그러나 기이하게도 이스탄불과 히자즈에서는 그렇지 못했는데, 그것은 음악이 보편적인 승인을 얻지는 못했다는 사실과 관련이 있다. 엄격한 도덕주의자들은 음악이 종교적 경건을 해친다고 보았고 이를 커피하우스를 폄하하는 근거의 하나로 들었다. 물론 도덕주의자들조차 모든 음악을 경멸하지는 않았고 종교적 감성을 고양하거나 군인들의 사기를 북돋는 음악의 긍정적 기능을 마다하지 않았으나 그들이 보기에 커피하우스 음악은 외설적인 즐거움에 목표를 두고 있었다. 커피하우스 주인들은 그런 곱지 않은 시선을 알고 있었지만 그들의 관심사는 오로지 '고객의 만족'이었다.

흥미롭게도 16세기 초 히자즈에서는 여성들도 남성처럼 성악 연주에 참여한 일이 있었다. 그러나 그것은 곧바로 비난의 대상이 되었고 이런 비난의 결과인지는 모르지만 그 후 여성 성악가에 관한 이야기는 완전히 사라지고 말았다. 커피하우스에는 여성 연주자도 여성 웨이터도 없었으며 엄격하게 남성만의 공간이었다.

커피하우스에 공식적으로 여성 연주자나 여성 웨이터가 없었다고 해서 커피하우스가 인간의 기본적인 성적 욕망과 기질을 충족시켜주는 장소가 될 일말의 여지조차 완벽하게 제거해버린 것은 아니었다. 모든 커피하우스가 그런 것은 아니지만 몇몇 커피하우스는 남자들의 여러 종류의 성적 취향에 부응하려고 노력했던 것으로 보인다. 16세기 초 바그다드에서 커피하우스 고객들은 "잘 차려입은 미소년들"의 손으로 커피를 제공받았다. 거의 같은 시기 이스탄불의 커피하우스를 묘사한 영국 출신 여행자 조지 샌디스는 이 청년들의 역할에 관해 더 많은 것을 시사해 주고 있다. "커피 점주들 중 많은 이는 고객들에게 매춘을 주선하는 'stales'로 일하는 미소년들을 데리고 있다."[42] 옥스퍼드 영어 사전은, "stale"이란 단어를 유혹을 위한 현혹 수단, 즉 다른 사람을 함정에 빠뜨리는 미끼나 먹이로 내미는 사람이나 물건이라는 의미로 풀이하면서 이 단어의 옛 용례로서 샌디스의 바로 이 문장을 인용하고 있다. 같은 항목에 이 단어의 사라진 또 다른 의미는, 도둑놈의 덫으로 고용된 최하층 매춘부라는 설명을 첨가했다. 샌디스는 이중의 의미를 가진 이 단어를 사용함으로써, 커피하우스가 남색의 소굴이라는 사실을 드러내고자 한 것은 아니었을 것이다. 그럼에도 그가 직업으로 시를 쓰는 시인으로서, 매우 조심스럽고 신중하게 정확한 단어를 선택했을 것이라는 점에서 그것이 바람직하지 않은 관행이었고 소년들의 역할이 웨이터나 버스 차장에 머물지 않았다는 사실을 드러내려고 했다고 볼 수 있다. 어떤 저자는 훨씬 더 분명하게 진술하고 있다. 그는 "청년들은 고객의 육욕을 충족시켜주겠다는 기호였다"고 못을 박았다.[43] 다른 저자들은 이 문제에 침묵을 지키고 있다.

커피하우스의 '여론'과 박해

'혁신적 음료'인 커피와 '혁신적 사회제도'인 커피하우스는 이슬람 세계에 확산하면 할수록 다른 한편으로는 막연한 사회적 불안을 조성한다는 의심을 받았다. 그것은 아마도 커피하우스에서 이루어진 위험할 것으로 의심받는 사상의 생산 때문이었다. 사람들이 "지혜의 학교" 또

는 "인식의 학교"로 불렀던 커피하우스에서 상인들과 지식인들의 반대 여론이 형성되기 시작했다.[44]

고객들 중에는 단순히 자유 언론을 지지할 뿐 아니라 말을 하는 것으로 만족하지 못하고 행동에 옮기려는 사람이 나타났다. 커피하우스로부터 반역이 시작되거나 적어도 음모를 꾸밀 여지는 충분했다. 이런 이유로 1568년에 이미 이스탄불과 갈라타의 치안관에게 커피하우스를 통제하라는 술탄의 명령이 전달되었다. 술탄 무라트 3세(1574-1595)는 실제로 커피하우스 영업 금지령을 내렸다. 도손은 이스탄불의 커피하우스가 완전히 철저하게 폐쇄된 이유를 이런 문제 때문으로 보았다. 무라트 4세(1623-1640) 시대에 커피하우스는 시민들과 불온한 군인들의 모임 장소로 지목되었다. 무라트 4세는 이 문제에 어정쩡하게 대응하지 않았고 커피하우스에서 자주 화재가 발생한다는 것을 핑계로 커피하우스를 완전히 폐쇄하라는 명령을 내렸을 뿐 아니라 커피하우스를 아예 파괴해버렸고 담배와 아편과 마찬가지로 커피를 금지했다. 1638년의 이스탄불 조사보고서에, '분쇄 커피의 창고'에 관한 언급은 있지만 커피하우스에 관한 기사를 찾아 볼 수 없게 된 것은 이 조치의 결과였다.[45] 수십 년 후까지 이스탄불의 커피하우스들은 문이 닫혀있었고 무지한 사람의 심장처럼 황량했다고 한다.

커피하우스의 선동을 두고 전혀 다른 대응을 선택한 경우도 있었다. 페르시아의 아바스 1세(1571-1629)는 커피하우스의 정치적 기능을 오히려 미덕으로 보았다. 그는 자신이 다스리는 나라의 정치적 분위기에 대한 실질적인 정보를 얻기 위해 스파이를 커피하우스로 보냈고 정치적 상황에 유연하게 대응할 기회로 삼았다. 19세기 튀르키예의 무함마드 알리 정부 역시 선동이 효과를 거두기 전에 그 뿌리를 제거하는 방법으로 미리 커피하우스에서 정보를 얻었다.[46]

어디에서나 커피하우스 금지 조치들은 일시적으로 효과를 거두기는 했지만 일반적인 현상이 되어 버린 커피 마시기의 확산을 중단시킬 수는 없었다. 금지 조치의 효과가 적을 뿐 아니라 새로운 화근을 만든다는 것을 머지않아 깨닫게 된 술탄과 통치자들은 커피 애호가들을 달래기 위해 스스로 금지령을 철회할 수밖에 없었다. 황량했던 이스탄불의 커피하우스 역시 17세기 4/4분기에는 다시 문을 열었다.

그 후 통치자들은 커피를 금지하기는커녕 오히려 적극적으로 활용하려고 했다. 커피의 각성효과가 병사들의 경계 근무에 도움을 준다는 사실을 깨닫게 되자 오랜 시간이 지나지 않아 국경 수비대를 비롯해 오스만제국의 군인들이 주둔하는 곳이면 어디에나 식료품 운반마차가 장교들과 행정관들 그리고 병사들을 위해 커피를 실어 나르기 시작했다. 이런 관행은 1683년 제2차로 빈을 포위했던 오스만제국의 군대가 수많은 커피자루를 남기고 퇴각한 일에서도 확인되고 있다. 이 커피 자루들을 기반으로 빈이 카페의 도시로 발전했다는 '커피 성채城砦'의 창조신화가 탄생하였다.

커피에 이어 1609년에 담배가 들어오자 카페에서 커피를 마시고 담배를 피우는 커피와 담배의 조합이 형성되었다. 이 조합은 오스만제국과 서아시아 문화의 상징으로서 17세기에 시작된 소비자 혁명을 이끈 두 수레바퀴였다. 아무튼 이스탄불의 커피하우스는 17세기에 이미 대단한 성공을 거두었고 카이로에는 1700년경 무려 3,000여개의 커피하우스가 있었다고 한다.[47] 19세기 초가 되면 이스탄불 도시 상점의 아마도 5분의 1이 커피하우스였다는 보고도 있다.

4장

유럽, 커피의 '검은 매혹'에 빠지다

유럽 사람들은 중세 말에서 근대로 이행하는 시기에 엘도라도나 젖과 꿀이 흐르는 땅을 찾아 해외로 눈을 돌렸다. 15세기에 접어들어 유럽은 황금과 은의 부족을 겪고 있었다. 예나 지금이나 화폐 주조권이야말로 국가 권력의 원천인데, 국내정치의 위기를 맞은 포르투갈의 왕은 금은의 부족으로 화폐를 주조하지 못할 지경에 이르렀다. 당시 남부유럽은 헝가리와 아프리카에서 생산한 황금을 아프리카 북부의 항구를 거쳐 수입했다. 지리적으로 아프리카에 가까워 유리한 위치에 있는 포르투갈은 이탈리아의 원거리 무역 도시인 베네치아와 제노바의 경험을 결합해 가장 먼저 해외 진출을 시작했다. 곧이어 이웃 나라 스페인 역시 이슬람 세력의 최후 보루인 그라나다를 1492년 함락함으로써 오랜 "레콩키스타Reconquista"(수복) 전쟁을 끝내고 "인도"로 가는 항로를 찾아 나섰다. 그들은 대서양을 넘어 서쪽으로 향했다. 이들을 뒤쫓아 머지않아 영국과 네덜란드 그리고 프랑스의 선박들이 세계의 바다를 누비기 시작했다.

　유럽인들이 탐한 것은 단순히 보석만이 아니었다. 유럽의 인구 증가로 팽창 의지가 높아졌고 생소한 것, 호기심을 자극하는 것, 진귀한 것,

기이한 것으로부터 자극을 받아 새로운 세계를 찾아 경험하려는 욕망이 바로크 시대 해외여행의 주요 동기가 되었다. 그들이 찾아낸 것들 가운데 최대의 수확은 자연산물이었다. 그들은 아시아로부터 후추를 비롯한 여러 종류의 향신료를 얻었다. 당시 향신료는 부와 명예와 신분의 상징이었을 뿐 아니라 효과적인 치료제이기도 했다. 그래서 근대 초 향신료는 향신료 거래상과 소매상점에서 뿐 아니라 약국에서도 살 수 있는 물건이었다. 유럽인들은 아메리카로부터는 염료와 설탕 그리고 후일 중요한 기호품으로 자리 잡게 된 담배와 초콜릿을 가져갔다. 신세계로부터 담배와 초콜릿을 얻은 그들은 구세계로부터는 차(중국)와 커피(오스만제국)를 구해 갈 수 있었다.

그러나 16세기 초에 이미 동아프리카와 아라비아의 여러 해안에 닻을 내리고 정박한 유럽의 항해자들은 커피에 대해서는 아무런 기록을 남기지 않았다. 포르투갈은 16세기 초에 이미 당시 세계 유일의 커피소비국이자 생산국인 예멘에 발을 들여 놓았다. 그들은 예멘의 남동부 해안에 가까운 소코트라 Sokotra 섬*을 잠시 정복했으며, 비록 실패로 끝나기는 했지만 아시아의 향신료를 레반트의 항구로 공급할 교두보를 얻기 위해 홍해의 관문인 아덴을 장악하려고 시도했다. 그럼에도 그들은 커피라는 음료에는 별로 관심이 없었던 모양이다.

그러던 유럽 사람들이 어쩌다 커피의 매혹에 빠져들었을까? 그것도 기독교의 성지순례를 방해한다는 명분으로 이슬람 세력을 물리치기 위해 십자군 전쟁을 벌이던 바로 그 이슬람 지역의 커피문화를 받아들이게 되었을까?

* 풍부한 자연식생과 훌륭한 경관으로 2008년 유네스코 세계유산으로 지정되었다.

지도 3. 커피의 확산에 이바지한 유럽과 지중해의 주요 도시들

1. 오리엔트 여행자들이 전한 커피 소식

유럽 사람들 가운데 처음으로 오스만제국의 커피를 경험하고 유럽에 전한 사람들은 뚜렷한 목적을 가지고 오리엔트를 찾은 여행자들이었다. 페스트의 '기억'과 계속되는 '위협'이 이런 탐사여행을 추동해냈고 여행자들은 그곳에서 커피라는 전혀 새로운 자연산물을 접했다. 그들이 돌아와서 출판한 여행기는 당시 베스트셀러가 되었고 그 책들은 아직 경험해 보지 않은 '커피'라는 음료에 대한 유럽인들의 호기심을 자극했을 뿐 아니라 직접적인 접촉을 가능하게 한 징검다리였다. 커피는 유럽인들에게 전혀 새로운 미각이었으나 유럽인들은 훌륭한 카페문화를 만들어 냈을 뿐 아니라 거기에서 한 걸음 더 나아가 커피를 상품으로 보기 시작했고 머지않아 전 세계로 커피문화를 전파하는 역할을 맡았다. 그들의 커피문화 수용 및 변용 그리고 물질적 탐욕 혹은 이 두 가지의 절묘한 결합을 통해 유럽인들은 커피의 역사에 또 다른 새로운 차원을 열었다. 유럽으로의 커피 확산은 커피의 세계화가 시작된 또 하나의 획기적인 사건이었다.

페스트의 '기억'과 '위협'

커피에 관심을 보인 의사나 식물학자들은 질병의 치료제로 쓰일 만한 식물이나 새로운 화학적 치료방법을 배우려는 뚜렷한 목적을 가지고 여행에 나섰다. 왜 그들은 오리엔트에서 새로운 치료제를 찾아 내려고 했을까? 여기에는 14세기 이래 유럽인들을 괴롭혀온 페스트를 비롯한 전염병의 기억이 가장 강력한 영향을 미쳤다.

유럽은 특히 14세기 중기 이래 정기적으로 페스트의 공격을 받았다. 페스트는 1346년 말과 1347년 초 지중해 교역로를 따라 시칠리아에서 이탈리아 항구들로 퍼졌고 다른 한편 동방에서 유럽의 남중부로 밀려 들었다. 1349년에 빈과 바젤에 도달했고 곧바로 유럽 대륙 전체로 확산되었으며 잉글랜드, 스웨덴, 노르웨이를 넘어 러시아로까지 퍼져나갔다.

이 병의 생존율은 기껏 10 내지 40퍼센트 정도에 지나지 않았다. 선페스트는 대부분 벼룩에 물려서 전파되었고 약 6일 간의 잠복기간을 거쳐 1주나 4주 후에 죽음을 몰고 왔다. 폐페스트는 공기를 거쳐 침방울이 폐로 들어가 약 하루의 잠복기간을 지난 후 빠르게 죽음을 몰고 왔다. 페스트가 번지는 기간에 도시들은 주민들을 고립시키기 위해 환자가 있는 집을 차단했고 페스트 지킴이를 고용하여 감시했으며 그 밖에도 가능한 모든 조치를 다했다. 수많은 주검이 친족이나 묘지관리인 그리고 페스트 지킴이들에 의해 주거지에서 멀리 떨어진 특별한 페스트 묘지에 무더기로 묻히는 일이 잦았다. 주검의 부패를 촉진하기 위해서 칼슘을 쓰기도 했다. 여러 도시들에서 자체의 페스트 자경단이 나타나 시체를 모으고 무덤으로 옮기는 일을 맡았다.

도시들에는 페스트 기간 내내 악취가 진동했는데, 병, 주검 그리고 부패의 냄새가 온통 거리를 뒤덮었다. 페스트는 다른 무엇보다 높은 인구 밀도와 부족한 위생 설비가 낳은 결과였다. 좁은 공간에 많은 사람이 밀집해 사는 대도시일수록 감염의 위험이 더 컸다. 사망률이 정확하게 얼마인지는 알 수 없지만 최근의 추산에 따르면, 최대의 페스트 확산시기인 1347년에서 1352년 사이 유럽 인구 가운데 적게는 1/5, 많게는 1/3이 페스트로 죽었다. 페스트는 대도시에서만 창궐한 것이 아니라 시골과 바닷가 항구에서도 최악의 상황을 불러왔다. 어느 마을은 모든 주민이 죽어 시체를 치울 수 없는 지경이었고 몇몇 항구에는 시체들로 가득찬 배들이 떠다녔다고 한다. 조반니 보카치오 Giovanni Boccaccio (1313-

1375)의《데카메론》은 이런 시기에 도시 주민의 4/5가 사망한 피렌체를 배경으로 한 작품이다. 이 책은 페스트의 가공할 공포를 뒤로 하고 사랑과 욕망, 행복과 운명 같은 주제들을 일상의 삶과 연결했다는 점에서 역설적으로 페스트에 관한 슬픔에 찬 사실적인 묘사이자 역사적 자료라고 할 수 있다.[1]

그러나 페스트는 불행하게도 14세기의 '파국'으로 끝나지 않았다. 16세기 초까지 유럽 각지에서 이 전염병이 유럽인들을 괴롭혔다. 스위스에서는 이미 1518년 8월부터 페스트가 북부 지방 취리히로 퍼지기 시작했고 종교개혁을 이끌었던 츠빙글리조차 1519년 후반 페스트에 걸려 죽을 수도 있다는 두려움에 떨어야 했다. 페스트의 공포에서 벗어난 그는 하나님께서 교회개혁을 위해 자신을 구해주었다고 생각하고 개혁에 매진했다. 14세기처럼 강력하지는 않았지만 페스트는 18세기까지 5년 또는 10년을 주기로 거듭 유행했다. 예컨대 스페인에서는 1596-1602년, 1648-1652년 그리고 1677-1685년 사이에 페스트가 다시 나타나 125만 명이 목숨을 잃었다. 서유럽에서 최후의 페스트는 1720-1722년 사이에 남프랑스, 특히 마르세유에서 일어났다.[2] 마르세유는 당시로는 유럽의 대도시였고 커피수입항으로도 중요한 도시였다.

심각한 '파국'과 계속된 '위협'을 맞아, 희망은 사라지고 비관주의가 널리 퍼졌으며 불안이 사람들의 일상을 지배했다. 화를 면한 여러 도시와 지역이 있었지만 유럽 주민이면 누구나 이 가공할 공포에서 벗어날 수 없었다. 이 불안이 자신의 등에 채찍을 가하는 "채찍질 고행"이라는 자책으로 나타났고 또 위기를 맞을 때마다 외부 사람에게 책임을 돌리는 관행이 되살아나 유대인을 추방하는 일도 드물지 않았다. 그러나 이런 일로도 불안을 떨쳐버릴 수는 없었다. 유럽인들에게 페스트는 '신의 형벌'이었다. 페스트로 수많은 사람이 죽어가는 모습을 본 유럽 사람들은 점차 "삶의 영원성"에 관한 믿음을 잃어버렸고 삶이 허망하다는 생각에 사로잡혔다. 이런 경험이 자연스럽게 존재의 불확실성을 높였고 자신이 운명에 내팽개쳐진 존재라는 인식, 삶의 상대성 그리고 스스로 자신의 운명을 벗어나는 것이 가능하지 않다는 좌절감으로 이어졌다. 역설적이게도 사람들은 더욱 더 종교에 집착했다. 저 넘어, 영원한 삶이 우리를 기다리고 있다는 생각을 통해 위안을 받으려 하였다.

이럴 때 자기집단의 사회적 유용성을 증명해야 할 성직자들의 행동과 가르침 또한 거의 아무런 도움이 되지 못했다. 많은 성직자가 역병에 맞서 분투했지만 정작 역병 퇴치를 지휘해야 할 고위성직자들은 현장을 피해 도망하거나 희생을 무릅쓰려고 하지 않았다. 그들의 윤리적 실패는 그 후에 조롱의 대상이 되었다.

페스트의 파국이 남긴 '기억'은 유럽인들의 뇌리에서 사라지지 않고 부모 세대에서 자식 세대로 이어졌다. 페스트의 '파국'은 잊을 수 없는 '기억'일 뿐 아니라 여전히 현실적인 '위협'이었다. 이런 전염병으로부터 자신이 속한 사회를 구하는 것이 엘리트들의 과제가 되었다. 이때 그 치유 방법을 찾아 동방으로 간 사람들이 나타난 것이다. 그들은 종교에 기대지 않고 현실적인 방법을 찾아보려고 나선 의사들과 식물학자들이었다. 그들이 이 가공할 질병의 치료에 도움이 될 만한 약제를 찾아 나선 것은 어쩌면 당연한 직업의식의 발로였다. 그들에게는 지적 호기심 이상으로, 전염병을 퇴치할 수만 있다면 그것이 무엇이든 그리고 어디에 있든 찾아내야 할 의무감이 작용하고 있었다.

초기 여행자들이 남긴 커피에 관한 기록들

동방여행에 나선 의사들과 식물학자들은 오리엔트가 문화적으로 선진 지역임을 이미 알고 있었고 또 유럽 내부에서 일어난 사고방식의 변화로부터 심정적 지원을 받았다. 아무튼 그들에게 종교나 지역은 더 이상 제한 사항이 되지 않았다. 자신의 사회적 책임감에 부합하고 지적 관심을 충족시켜 줄 만한 것이면 무엇이든 할 준비가 되어 있었다. 가장 현실적인 여행 방법을 찾는 것만이 그들의 과제였다. 이 시대의 여행은 단어의 의미 그대로 '새로운 세계의 경험'이었다. 이 세계 경험은 점차 자기 자신의 직접적 관찰에 최고의 가치를 두는 근대의 과학적인 연구의 시작인 동시에 낯선 것들을 자신의 경험세계에 편입시키려는 노력의 하나였다. 그런 생각을 갖고 떠난 여행자들은 돌아온 후 꼼꼼히 여행기를 작성해 남겨주었다. 그들의 여행기는, 사실의 전달에 충실하기 위해 극적인 요소들을 거의 배제했기 때문인지 지금 읽으면 그다지 흥미로울 것은 없다. 그렇더라도 그것들은 커피를 접한 최초의 유럽인들이 남긴 기록이라는 점만으로도 다른 문화권의 이질적인 커피문화를 어떻게 이해하고 기록했는지를 보여주는 소중한 증거임에 틀림없다.

그럼 유럽에 처음으로 커피를 소개한 여행자들의 기록을 좀 더 자세히 살펴보기로 하자. 여행기가 출판된 순서가 아니라, 16세기 말부터 17세기 초까지 여행 일자가 이른 순서를 따르는 것이 좋을 것 같다. 초기의 여행 기록은 스위스 취리히에 있는 야콥스 커피박물관 Jacobs Suchard Museum 이 주최한 1987-1988년의 전시도록에 가장 잘 정리되어 있다. 이를 토대로 하여 그 여행에 동행해 보기로 한다.

가장 먼저 오리엔트 지역을 방문하고 커피에 관해 알린 사람은 독일인 레온하르트 라우볼프 Leonhart Rauwolf(1540-1596)였다. 그는 아우크스부르크의 존중받는 의사였고, 독일뿐 아니라 이탈리아와 프랑스에 이르는 여러 지역의 식물연구를 통해 당대의 탁월한 식물학자로서도 널리 알려진 사람이었다. 그는 1573년 트리폴리스로 가는 상업여행단의 수행의사가 됨으로써 여행의 기회를 얻었다. 그는 '아침의 나라들'(지리적으로 유럽 동쪽에 있는 지역의 관용적 표현)에서 본 여러 가지 것들에 대해서도 관심을 두었지만, 당시 의학이 약초 연구에 집중하고 있던 터라, 특별히 치료에 유용한 새로운 식물과 허브를 찾는 데 많은 노력을 기울였다. 그는 1576년까지 계속된 탐사여행의 경험을 1582년《나의 아침의 나라들 여행기 *Aigentliche beschreibung der Raiß inn die Morgenländer*》란 책으로 출판하였다.

그는 카라반 무역의 거점 가운데 하나이자 당대 중요한 오리엔트 상업도시에 속하는 알레포에 9개월 동안 머물렀는데, 이때 커피를 마시는 오리엔트의 관습을 처음으로 접할 수 있었다. 높은 학식을 가진 데다 지적 호기심이 많았던 그는 유럽인으로서는 처음으로, 커피라는 음료와 그 음료를 만드는 생두 그리고 커피하우스 등에 대해 비교적 정확하고 자세하게 서술했다.

> 다른 무엇보다 좋은 음료가 하나 있는데, 그들이 매우 귀하게 여기는 것으로 "차우베"chaube 라고 부른다. 이 음료는 거의 검정색 잉크처럼 검지만 만성병, 특히 위에 효험이 있다. (…) 아침 일찍 (집에서) 이것을 준비해 마시기도 하고 공공장소에서도 마신다. 그들은 깊이가 있는 도자기 그릇에 이것을 담아두었다가 작은 잔에 따른 다음 둘러앉은 사람들에게 차례로 나누어 준다. (…) 이 음료를 마시는 것은 그들에게 매우 일상적인 일이어서 음료를 서로 나누어 주기도 하고 가게와 시장에서 그 열매를 팔기도 한다. (…) 그들이 귀하게 여기고 건강에 좋다고 하는 이 음료는 우리가 마시는 베르무트(향신료가 첨가된 포도주)나 마찬가지이다.[3]

이로써 그는 와인을 뜻하는 아라비아어 "카와"를 유럽의 언어에 첨가하고자 한 최초의 시도를 보여주었고 이후 유럽인들이 커피를 묘사할 때마다 "검댕처럼 검은 색에 맛이 쓴 음료"라는 판에 박힌 표현을 반복하게 만들었다. 이 책에서 라우볼프는 이스탄불에서도 이미 커피 즐기기가 시작되었다고 쓰고 있다. 그러나 그는 알레포의 이 신비로운 "차우베"가 머지않아 유럽의 문화사와 경제사에서 어떤 역할을 하게 될지 전혀 예상하지 못했다.

라우볼프에 이어 커피에 관한 기록을 남긴 사람 역시 의사이자 식물학자였다. 이탈리아 베네치아의 의사이자 파두아의 식물학교수였던 프로스페로 알피노 Prospero Alpino (1553-1617) 또한 아직 알려지지 않은 식물과 새로운 치료 방법에 관한 지대한 관심에서 오리엔트 여행에 나섰다. 1580년 카이로에 간 그는 그곳에 3년여 동안 머물면서 이집트의 자연과 사람들의 관습을 관찰하고 풍부한 자료를 모을 수 있었다. 베네치아로 돌아온 그는 1592년 네 권에 이르는 이집트 여행기를 펴냄으로써 이집트의 의학을 비롯해 여러 식물에 관해 매우 구체적인 지식을 전달했다. 특히 《이집트의 식물 기행서》와 《이집트의 의학 기행서》는 이집트 사람들이 커피의 열매로 만들어 마시는 "카오바 caova 또는 chaova"라는 음료에 관해 자세한 정보를 제공했다.

알피노는 어느 날 카이로에 사는 부유한 튀르크 상인의 관상식물원에 들렀다가, 그곳에서 처음으로 커피나무를 보았다. 그는 매우 신기해하면서 커피나무를 세밀하게 그리기 시작했다. 그리고는 이 그림을 목판에 새겨 후에 《이집트의 식물 기행서》에 실었다.[4] 그는 당시 유일한 커피재배지인 예멘에 가보지는 않았지만 커피나무를 눈으로 직접보고 그것을 그림으로써 유럽인들이 커피에 관해 한층 더 구체적으로 알 수 있게 해주었다. 커피라는 식물이 18세기 초 암스테르담(1706년)과 파리

(1714년)의 식물원에 이식됨으로써 이 나무에 관한 식물학적 연구가 가능해지기까지 백여 년이 지나도록 그의 커피 그림들은 유럽에서 커피나무와 커피에 관한 글과 토론의 기초로서 거듭 인용되곤 했다.

또한 알피노는 의사답게 치료제로서 커피의 효과와 관련한 사실을 빠뜨리지 않고 서술하였다. 그에 따르면, 이집트인들은 위를 튼튼히 하기 위해서, 소화를 돕고 변비를 막는 보조제로 커피를 마셨고 이집트나 아라비아의 여인들은 생리를 하는 동안 혈액순환의 원활을 돕기 위해 뜨거운 커피를 홀짝이면서 많이 마신다고 전했다.[5]

한편 알피노는 콩알처럼 보이는 알갱이를 이용해 커피를 만드는 방법에 대해서도 자세히 서술했다.

그 하나는 이 알갱이의 겉껍질과 그 알갱이를 얇게 감싸고 있는 속껍질을 사용해 죽 비슷한 것을 만들어 먹는 것이고 다른 하나는 콩알 자체를 이용하는 방법이다. "본bon"이라고 부르는 콩알보다 그 껍질을 이용하는 것이 더 효과적이라고 그들은 주장했다. 이 음료는 위에 좋다고 말했다. 사람들은 천천히 한 모금씩 이것을 마시는데, 마치 우리가 선술집에서 와인을 마시는 것이나 마찬가지다.[6]

이탈리아의 휴머니스트 바르톨로메오 벨리 Bartholomeo Belli는 어디서인가 커피 씨앗을 구해 당대 유명한 식물학자였던 샤를르 드 레클뤼스 Charles de l'Écluse(1526-1609)에게 보냈다고 한다.[7] 버섯연구로 균류학菌類學을 개척한 플랑드르 출신 네덜란드의 의사이자 1575년부터 라이덴대학의 식물학교수로 일한 레클뤼스는 식물학 명저가 된《희귀식물》(1601, 라이덴)과《외국의 동식물들》(1605, 안트베르펜)을 내면서 이들 책에 커피나무를 그려 넣었다.[8] 그는 또 연초에 관한 포르투갈어 저서의 번역에 덧붙인 주석에서 커피를 자세히 언급하였다. 이로써 커피 지식에 또 한 걸음의 진전이 이루어졌다.

영국의 시인이자 고전문학 번역가로 활약한 조지 샌디스 George Sandys (1578-1664)는 《1610년의 여행》에서 오스만제국의 수도 이스탄불에서 본 사람들의 일상생활을 흥미롭게 서술하면서, 커피에 관한 잉글랜드 최초의 서술을 남겼다.

> 그들은 와인을 마시지는 않지만 커피하우스에서 와인과 비슷한 음료를 마신다. 그곳에 하루 종일 앉아서 작은 도자기 잔으로 "코파 Coffa"라고 부르는 음료를 마시는데, 숯처럼 검을 뿐 아니라 맛도 거의 마찬가지다(왜 검은 죽이라고 부르지 않는지 모르겠다). 그들의 말에 따르면, 그것이 소화를 돕고 기분을 북돋는다고 한다. 아무튼 커피하우스의 주인들은 손님들을 끌어들이는 미끼로 아주 아름다운 청년들을 고용하고 있다.⁹

영국의 성직자였던 윌리엄 비덜프는 1600년에서 1608년 사이 상업 조차지의 관리를 맡아 알레포에 머물렀는데, 그 역시 비슷한 인상을 소개했다. 그는 "코파"라는 음료를 한 잔 대접하는 것이 찾아 온 친구에게 베푸는 이곳의 친절이라면서 그 음료가 소화에 좋은 영향을 미칠 뿐 아니라 근심 걱정을 잊게 하기 때문에 무엇보다 건강에 좋다고 적었다.¹⁰

커피가 차츰 유럽에 소개되면서 점차 다양한 목적을 가진 사람들이 오리엔트 여행에 나섰다. 그 가운데 영국의 상인 윌리엄 리트고우 William Lithgow(1582~1645)는 상업적인 목적으로 여행에 나섰는데, 그의 여행기는 대단히 성공적인 사례에 속한다. 1608년부터 19년 동안이나 바다 건너 유럽 대륙과 서아시아에서 보낸 리트고우의 여행기는 영국에서 많은 독자를 얻었고 다양한 판본으로 중쇄를 거듭해 당대 최고의 인기를 누린 모험기의 하나였다.

네덜란드의 항해가인 얀 후겐 판 린쇼텐 역시 이 대열에서 빠질 수 없었다. 그는 1598년에 출판한 여행기에서 튀르크와 이집트의 커피 음용을 소개하면서 이 지역들에서는 일어나자마자 항아리에 넣어 둔 커피를 마시는데, 그것이 몸을 강하게 만들고 변비에 도움이 된다고 믿는다고 적었다.

취리히 출신의 외과의사인 요한 암만Johann Jacob Ammann (1586~1658)은 1612-1613년 사이에 이스탄불을 방문하고 그가 경험한 많은 일들 가운데 오스만제국의 커피하우스에서 받은 인상을 기록으로 남겼다. 츠빙글리의 도시 취리히 출신의 프로테스탄트인 그에게 커피하우스의 자유로운 사회적 교류는 전적으로 새로운 사교 유형이었던 것 같다. 특히 커피하우스를 '튀르크 사람들의 살롱들'(당시 유럽에서 귀족 부인들이 연 살롱들은 궁정에 비교되는 자유로운 사교의 공간이었다)이라고 한 그의 표현은 유럽 커피의 역사 초기에 나온 중요한 기록에 속한다.

로마의 귀족인 피에트로 델라 발레Pietro della Valle (1586-1652)는 1614-1626년 기간에 오리엔트 여러 곳을 방문하고 《순례자 Il Pellegrino》(1674년, 제네바)를 펴내 그곳 커피하우스와 커피 즐기기에 관한 리포트를 남겼다. 그는 소아시아, 시리아 그리고 이집트뿐 아니라 메소포타미아까지 여행했고 수년 동안 페르시아의 에스파한과 인도에서 지냈는데, 이스탄불과 에스파한의 커피하우스에서 강한 인상을 받은 것 같다. 그는 이스탄불의 주민들이 커피가 소화와 위의 강화 그리고 콧물감기에 효과가 있다고 믿는다면서 친지에게 편지를 보내 이 낯선 산물을 반드시 고향 이탈리아로 가져가겠다고 약속했다.[11] 실제로 그는 로마로 돌아올 때 커피콩을 가져왔다. 그가 가져온 커피로 내린 커피 몇 잔이 유럽에서 마신 최초의 커피였을 것으로 짐작된다. 그는 또한 저녁 식사 후에 커피를 마시면 잠을 앗아가니까 공부를 하고 싶을 때에만 마시라는 조언을 덧붙이는 한편 커피 아로마가 어떻게 형성되는지 모르겠다고 말함으로써 커피의 아로마에 특별히 주목한 최초의 사람으로 남았다.12 영국인 토마스 허버트 Thomas Herbert (여행기간 : 1626-1629) 역시 후에 "에스파한의 궁정에서 페르시아 게으름뱅이들이 커피를 즐긴다"라고 서술하여 페르시아에서도 커피 마시기 관습이 유행하고 있음을 알려주었다.

약간 시차를 두고 프랑스인들 역시 오리엔트의 커피에 깊은 관심을 보였다. 장 드 테브노 Jean de Thévenot (1633-1667)는 자신의 수학과 지리학적 관심에서 오리엔트 여행에 나섰는데, 1655-1662년 사이 첫 번째 여행(두번째 여행은 1664-1667년)을 마치고 돌아와 《레반트 여행에 관하여 *Relation d'un Voyage fait au Levant*》(파리, 초판 1664년)라는 여행기를 남겼다.

> 이 음료는 만복감을 덜어주고 그래서 잠을 쫓는 데 도움을 준다. 우리 프랑스 상인들이 밤에 일을 하고 싶다면 한잔이나 두잔 정도 마시는 것이 좋겠다. 이 밖에도 커피는 복통에 도움을 줄 수 있고 소화에도 좋다. 튀르크 사람들이 주장하는 대로, 간단히 말해서 여러 가지 나쁜 현상을 막는 치료제로서 적당하다.13

그에게 커피는 기호품으로서 가치를 지닐 뿐만 아니라 치료제로서 기능하는 훌륭한 물질이었다. 그는 또한 이 음료를 파는 커피하우스에서 감미로운 음악을 들을 수도 있다고 적었고 콘스탄티노플에서 커피를 즐기는 관습을 자세히 관찰하였으며 다마스쿠스와 알레포에서 본 커피하우스와 '커피영업'에 관해서도 기록을 남겨 커피의 사업적 가능성에 주목하였다.14 특히 그는 이런 효능을 가진 커피를 혼자만 즐길 수

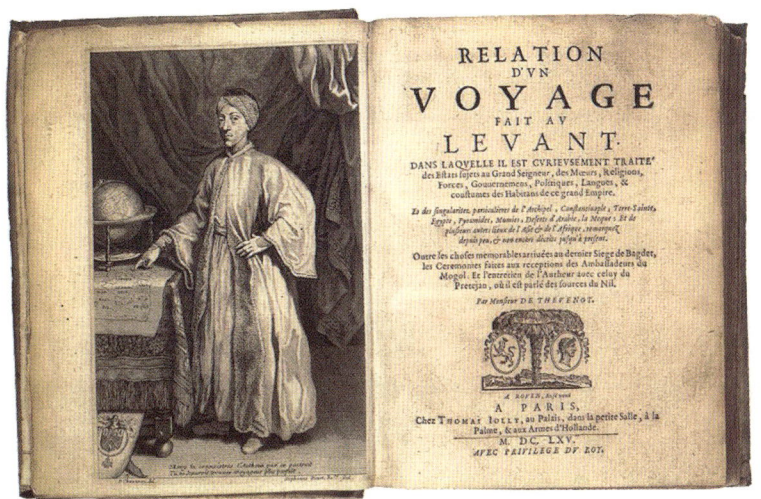

저자 장 드 테브노와 《레반트 여행에 관하여》, 파리, 1664년
첫 번째 여행을 마친 후에 낸 이 여행기의 표지에서, 지구의를 옆에 두고
두 번째 여행을 계획하고 있는 장 드 테브노의 모습이 '대발견의 시대'를 상징하고 있다.

없었던지 첫 번째 레반트 여행에서 돌아오면서(1662년) 커피 자체를 파리로 가지고 와 자기 친구들에게 커피 시음의 기회를 제공했다.[15] 이로써 테브노의 친구들은 여행을 하지 않고도 커피를 마신 진기한 경험을 한 또 다른 사람들로 기록되었다.

프랑스의 보석상 장 샤르댕Jean Chardin (여행기간 1664-1670, 1671-1677)은 부유한 보석상의 아들로 파리에서 훌륭한 교육을 받은 후 젊은 나이에 페르시아와 인도를 여행했고, 수년 동안 페르시아의 에스파한에 머물러 오리엔트를 가장 잘 아는 사람 중 한 사람이 되었다. 동인도무역에서 프랑스의 활동이 막 시작되던 시점에 그가 데려간 화공이 그린 뛰어난 그림들은 그의 여행기가 정보로서 갖는 가치와 17세기 후반 여행기에서 삽화가 갖는 중요성을 더욱 높여주었다. 특히 커피에 관한 삽화들

4장 유럽, 커피의 '검은 매혹'에 빠지다   183

은 오리엔트의 커피문화를 생생하게 그려주었다.16

위에서 언급한 사람들 외에도 커피에 관한 정보를 유럽에 전한 동방 여행자들의 여행기는 점차 많아졌다. 17세기에 로마에서 교수로 일한 나이로니는 한 걸음 더 나아가 커피의 발견을 "목동 칼디"에게 돌리는 전설을 만들어 냈다. 그는 커피가 알코올과 달리 사람을 각성시키고 건강하게 만든다고 함으로써 새로운 이 음료의 효과에 주목하였는데, 동시에 커피 음용이 아라비아에서 발견되고 전해졌다는 사실을 의도적으로 왜곡하여 그것을 로마에 있는 기독교 수도원장의 공으로 돌렸다. 이 수도원장으로부터 무프티 게르말 에딘Mufti Germal-Eddin이 커피 끓이는 방법을 처음으로 배웠다는 것이 그의 주장이었다.17 그 후에도 커피에 관한 여행기는 수없이 쏟아져 18세기 내내 쌓여갔다.

초기 여행자들은 커피를 다른 무엇보다 오리엔트에서 사용하는 치료제로서 관찰하였다. 간혹 신비로운 최음제로 여기는 경향이 없지 않았지만, 탐사여행을 떠난 초기의 의사들과 식물학자들의 관심은 치료제로서의 가능성에 집중되었다. 이 때문에 식물학적 연구 역시 중요한 관심거리였다. 시간이 지나자 커피를 기호음료로 여기는 여행자들이 늘어났고 상인들이 이 대열에 참여하면서 점차 커피는 돈벌이가 될 수 있는 사치 음료로 받아들여지기 시작했다. 물론 여행자들은 처음부터 커피하우스에 주목했다. 누구에게나 출입이 허락되어 있어 자연스러운 사회적 교류가 가능할 뿐 아니라 문화와 유흥을 즐길 수도 있는 곳으로 보이는 오스만제국의 커피하우스는 유럽에서는 찾아보기 어려운 특별한 공간으로서 관심을 끌기에 충분했다.

유럽의 식물원에 들어온 커피나무

여행기를 통해 오리엔트의 커피문화를 전한 사람들 중에 고향으로 커피를 가져온 사람들이 있었다. 앞에서 언급한 이탈리아인 피에트로 델라 발레와 프랑스인 장 드 테브노가 그런 사람이었다. 좀 더 진전된 사례는 마르세유의 부유한 신흥 부르주아였던 피에르 드 라 로크 Pierre de La Roque가 만들어냈다. 그는 헤이그에 근무하던 프랑스 외교사절을 따라서 이스탄불을 방문하고 돌아오는 길에 커피와 커피 도구들을 마르세유로 가져왔다.[18] 그와 가까운 사람들은 호기심에 가득 찬 눈으로 도구들을 살피고 커피를 마셔볼 수 있었다. 이런 방식의 시음은 유럽으로 돌아 온 포르투갈의 원거리 상단에 소속된 평범한 선원들에 의해서도 이루어졌을 것으로 짐작된다.

그러나 커피에 관한 관심을 증폭시킬 수 있는 것은 아무래도 커피나무 그 자체였다. 식물의 잠재력은 상상력을 자극하여 폭발적으로 관심을 끌어내기 마련이다. 예를 들어, 16세기 초반에 옥수수, 감자, 호박, 토마토, 해바라기 등이 유럽에 널리 퍼진 것은 이 식물 자체를 유럽 사람들이 눈으로 직접 볼 수 있었기 때문이다. 당대 귀족이나 학자들이 먼저 이 식물들을 관상용이나 연구목적으로 자신의 정원으로 끌어들였고 또 이 식물들이 자라던 곳과 비슷한 기후 덕분에 일반인들 역시 쉽게 기를 수 있었다. 이 식물들의 초기 확산에 이바지한 또 다른 행운은 유럽의 지배층과 고위 성직자들 사이에 국가를 초월해 정보를 서로 교류할 네트워크가 이미 마련되어 있어 중부 유럽은 물론이거니와 이베리아 반도와 남부 유럽 어디든 서로 교류가 가능했다는 점이다.

그러나 새로 유럽에 알려진 기호품 식물들은 사정이 달랐다. 중국에서 전한 차나무는 왕궁과 귀족들의 정원이나 식물원에서도 기르기가 여간 까다로운 게 아니었고 커피나무는 온실을 갖춘 식물원이 아니면 기를 수 없었다. 더구나 온도뿐만 아니라 습도에도 특별히 민감한 카카오나무는 근대 초 내내 유럽에서 아예 한 그루도 구경할 수 없었다.

커피나무는 커피콩의 발아력이 그다지 좋지 않아서 씨앗을 가져다 싹을 틔우기가 대단히 어려웠다. 어린 묘목이나 자란 나무를 수입하는 것이 오히려 손쉬운 방법이었다. 그래서 커피가 유럽에 알려진 후에도 유럽에서 커피나무를 관찰할 기회는 긴 시간이 흐른 후에야 가능했다. 겨우 1706년에야 암스테르담의 한 식물원이 몇 그루의 커피나무를 선보였다. 아시아로 상업 활동을 넓혀간 네덜란드 상사 덕분에 커피나무를 직접 보게 된 것이다.*

이 소식은 곧바로 파리에도 전해졌다. 그러나 이 나무를 가지려는 프랑스인들의 소망은 쉽게 이루어지지 않았다. 네덜란드가 이미 식민지에서 커피나무를 기른다는 소식이 들렸지만 파리의 왕립식물원 Jardin des Plantes 에서는 여전히 그 나무를 볼 수 없었다. 암스테르담의 식물원으로부터 그 나무를 들여와 길러보려는 모든 시도는 한동안 실패로 끝났다. 프랑스에서는 아마 홀란드 Holland* 사람들이 경쟁심에서 귀한 것을 보내주지 않으려 하기 때문이라는 생각을 갖기 시작했다. 그러던 차에 프랑스와 좋은 관계를 유지하려는 외교적 고려에서 암스테르담의 시장 니콜라스 비첸 Nicolaas Witsen 이 1714년 싱싱한 어린 커피나무 몇 그루를 프랑스의 왕 루이 14세에게 선물로 보냈다.¹⁹ 약 1.5미터에 달하는 꽤

* 독일의 문화사가인 하이제는 1658년 스리랑카에서 커피재배가 시작되었다고 쓰면서 그곳의 어린나무가 암스테르담에서 가져온 것이라고 서술하고 있다. 그러나 홀란드의 헨리쿠스 츠바르 Henricus Zwaar 가 1699년 말라바에서 자바로 커피나무를 보냈고 이어 수마트라, 발리, 티모르 등지로 이식되었다고 적고 있듯이 먼저 아시아에서 식재에 성공한 다음 암스테르담으로 보내졌다고 보는 것이 사실에 부합한다.
* 홀란드: 네덜란드의 서부 해안지역에 걸쳐 있는 남홀란드와 북홀란드 자치주의 옛 지명으로, 10-16세기까지 신성로마제국의 홀란드공국이었고 17세기에 새로 독립한 네덜란드 공화국에서 여타 지역을 지배하는 해양 및 경제 세력으로 부상했다.

큰 나무였고 왕은 그것을 여러 사람이 볼 수 있게 곧바로 왕립식물원으로 보냈다. 이 커피나무는 다행히 잘 자라 꽃을 피우고 커피 체리를 맺었다. 이 나무의 후예들이 몇 년 후 프랑스의 식민지들로 이식되었다. 다음해에 생도밍그(현재의 아이티)에 전해진 것을 시작으로 커피나무는 마다가스카르 섬 동쪽의 레위니옹 섬 등 점차 여러 곳으로 확산되었다.

2. 이행기의 유럽사회, '이슬람 음료'를 받아들이다

르네상스와 종교개혁 이래 유럽 사회는 이행기에 접어들었다. 중세적 신분 질서가 아직 근원적으로 흔들리지는 않았지만 도전과 저항이 시작되었다는 점에서 변화는 이미 감지되었다. 더욱이 종교와 학문 등 세계관을 다루는 부문에서는 근원적인 전환이 일어나기 시작했다. 정신을 가다듬어 지난 세기의 가치관과 사회적 가르침을 돌아보기 시작했고 새로운 변화를 이해하고 적응하는 데 도움이 될 무엇인가를 찾고 있었다.

이런 이행기 사회에는 익숙했던 모든 것이 의문의 대상이 될 수 있는 반면 새로운 도전이 이루어질 여지가 넓어진다. 이때 전혀 경험해보지 않은 커피의 쓴맛이 유럽인들의 새로운 미각을 일깨웠고 술에 취하는 대신 커피가 제공하는 '각성'의 힘이 도전의 시대에 사람들의 지성을 강화하였다. 근대로의 이행기에 든 유럽 사회가 커피의 도입을 촉진하고 있었다. 그것이 이슬람 세계에서 온 것이라는 사실은 커피 수용에 더 이상 장애물로 작용하지 않았다.

새로운 음료의 사회적 수용

흔히 사람들은 자신의 부모로부터, 특히 어머니로부터 미각을 익힌다. 어머니가 해주신 음식이 최고의 요리라고 말하곤 하는 것은 어린 시절에 익힌 미각의 '기억' 탓이다. 오랫동안 먹어오던 음식은 거의 누구에게나 맛있는 음식으로 기억된다. 반복된 섭취가 그 음식을 '자연'으로 받아들이게 만들었기 때문이다. 이 미각 학습의 범위를 조금 더 넓히면 친척이나 친지 혹은 마을의 이웃으로부터 인간은 미각을 터득한다. 달리 말하면 우리의 입맛과 기호는 '사회'로부터 배운 것이다. 만약 어떤 사회가 생소한 음식이나 미각을 접한다면 그 음식을 받아들이기 위해서는 특별한 사회적 동기가 있어야 하고 사회 구성원들 사이에 수용을 둘러싼 논쟁을 거쳐야 한다.

근대의 영양심리학은 인간이 기본적으로 단것과 짠 것을 좋아한다는 사실을 확인하였다. 우유는 젖당이나 과당의 소화 여부에 따라 개인차가 있다는 점을 예외로 하면 비타민과 미네랄 성분 외에 높은 당도와 칼로리를 함유하고 있어 많은 사람이 선호하는 식품이다. 이에 반해 인간은 쓴 음식에 대해서는 전형적으로 거부 반응을 보인다. 이런 선호와 거부는 환경에 기인한다기보다 유전적으로 결정된다는 것이 일반적인 견해이다.

그럼에도 불구하고 실험에 따르면, 인간은 미각적으로 받아들이기 어려운 성분에 대한 거부 역시 극복할 수 있다. 첫째, 학습을 통해서 받아들이기 어려운 성분의 수용과 습관화의 여지가 크게 높아진다. 어린이들은 생소한 음식을 제공하더라도 성인들을 모델로 삼아 곧 익숙해진다. 둘째, 좋아하는 맛과 연계할 경우 원래 좋아하지 않는 성분에 대한 거부가 제거된다. 커피나 차를 처음 마시는 사람에게 설탕이나 우유처럼 더 좋은 맛을 내는 성분을 첨가해 주면, 점차 그 첨가물의 양을 줄이고 마지막에는 설탕이나 우유를 첨가하지 않더라도 커피나 차를 즐겨 마시게 된다. 셋째, 특정 생필품이 갖는 건강상의 장점이나 단점을 홍보함으로써 음식물의 선호에 영향을 미칠 수 있다. 높은 콜레스테롤 성분의 소비가 건강에 위험을 초래한다는 공개적인 논의가 콜레스테롤 수치가 낮은 식품을 선호하는 경향을 낳는 것도 이런 이유에서이다.[20]

그러나 미각의 학습 가능성이 열려있다 하더라도 대중이 생소한 음료나 음식을 채택하려면 사회적 동의를 필요로 한다. 더구나 반드시 먹어야 할 식량이 아닌 기호품의 경우에는 사회적 동의가 아직 이루어지지 않았다면 그것을 선뜻 받아들이기 어렵다. 이런 망설임에는 식품영양학이 아니라 관습과 도덕이 더 큰 압박 요소이다. 기호품이 다른 사회에 발을 붙이는 데에는 그래서 상당한 시간이 걸린다.

16세기 말 커피가 유럽에 소개되었을 때, 유럽 사람들에게 커피는 전혀 생소한 음료였다. 커피와 거의 동시대에 소개된 카카오나 차와 마찬가지로 '뜨거운 음료'였고 커피의 카페인은 카카오, 차 그리고 담배에 들어있는 니코틴과 카페인의 각성 효과처럼 유럽인들에게 전혀 새로운 경험이었다. 알코올에도 자극성이 있었지만, 그 자극은 취하게 하거나 늘어지게 만드는 데 반해 '뜨거운 음료들'은 오히려 각성효과를 주었다. 더구나 유럽인들이 즐기던 포도주와 맥주는 그 소비의 기원을 고대로 거슬러 올라갈 만큼 전통적인 유럽의 기호품이었다. 이 주류는 비록 지역에 따라 선호하는 품목이나 품질이 다르기는 했지만 도시에서나 시골에서나 가릴 것 없이 집에서 그리고 주점에서 즐길 수 있고 손님을 접대하는 일상음료였다.

커피는 다른 방향의 자극을 주는 전혀 익숙하지 않은 음료였다. 특히 커피의 카페인은 카카오는 물론이고 차의 카페인(테인)과도 다른 효과를 주었다. 차의 카페인은 황산과 결합되어 있기 때문에 위와 장에서 흡수가 지연된다. 그래서 녹차나 흑차의 카페인은 그 효과가 느리고 부드럽게 오래 지속된다. 이에 비해 커피의 카페인은 마신 지 약 20분, 늦어도 30분 안에 뇌와 신체를 자극하는데, 강도가 강할 뿐만 아니라 사람에 따라서 다르지만 지속 시간도 상당히 길다.

소비 형태 역시 새로운 것이었다. 유럽인들이 주로 먹던 고기와 생선, 그리고 채소, 죽, 수프 역시 뜨거운 먹을 거리라는 점에서는 새로 도입된 커피, 차, 초콜릿과 마찬가지였다. 그러나 그것들은 음료는 아니었다. 설사 마실 거리로 만들었다 하더라도 숟가락으로 떠먹는 음식이었다. 이와 달리 커피는 마시는 음료였다. 커피는 미각과 자극 효과 그리고 소비 형태 등 모든 점에서 유럽 사회에 전적으로 새로운 음료였다.

그럼에도 어떤 문화권이 전혀 새로운, 혁명적인 소비재를 접하게 되었을 때, 그 생소함은 그것의 수용과 확산에 유리함과 불리함을 동시에 준다. 기존의 소비재와 연결고리가 없어 거부당할 수 있다는 점은 불리하지만 반대로 다른 경쟁자가 없다는 점에서는 유리하다. 여기에서 우리는 생소한 소비재가 유래된 집단의 문화 수준이 수용하는 문화권의 수용 여부에 영향을 미친다는 점도 고려해야 한다. 이른바 '선진문화'의 소비재일수록 수용 과정에 거부감이 덜하다. 이런 점들을 고려하면서 새로운 미각, 경험해 보지 않은 각성 효과 그리고 소비 형태를 가진 커피가 유럽에 정착하는 과정에 무슨 일이 일어났는지 살펴보자.

음식과 요리에 관한 관념의 전환

다행히 유럽에서는 일찍부터 음식에 관한 관념이 서서히 바뀌고 있었다. 그것은 다른 무엇보다 문화의 교류를 통한 다양성의 확보에서 비롯되었다. 우선 페르시아를 비롯한 이슬람의 요리문화가 오래전부터 유럽의 요리문화로 편입되어 있었다. 스페인의 남부 안달루시아 지방의 요리는 일찍이 가톨릭 요리의 형성에 중요한 영향을 미쳤다. 8세기에 이베리아 반도 대부분은 이슬람 세력의 수중에 들어갔고 10세기에는 팔레르모, 코르도바, 세비야 등이 모두 이슬람의 도시였다. 키프로스, 시칠리아, 몰타, 발레아레스 제도 등 지중해의 많은 섬과 이탈리아 남부 일부 역시 한동안 이슬람 세력의 지배를 받았다. 게다가 11-13세기에 걸친 십자군 원정은 유럽인들이 자연스럽게 이슬람 요리를 경험할 기회를 제공해주었다. 이탈리아의 제노바와 베네치아, 바르셀로나 등지의 상인들은 이 전쟁의 와중에 고가의 향신료와 사치스러운 비단뿐 아니라 일상 주방 도구까지 거래해 큰돈을 벌었다. 음식문화를 비롯한 이슬람의 문화가 유럽인들에게 아주 낯선 문화라고 하기 어려운 상황이었다.

특히 종교개혁자들은 음식문화와 관련해서도 새로운 사고방식을 도입하는 데 주저 없이 앞장섰다. 1522년 3월 9일 취리히에서 일어난 일이었다. 이날 함께 성경공부를 하던 12명의 신자가 식탁 위에 소시지를 올려놓았다. 기도를 마친 후 잠시 침묵이 흘렀고 단호하게 소시지를 12조각으로 자른 후 한 조각씩 입에 넣고 먹기 시작했다. 이로써 참석자들은 사순절에 육식을 금한 교회법에 정면으로 도전함으로써 교회의 실질적인 변화를 이끌어내고자 하였다. 이 자리에 함께했던 츠빙글리는 취리히 종교개혁의 지도자로서 동료들이 처벌될 위험에 처하자 "음식물의 선택과 자유에 관하여"라는 글을 써서, 하나님은 모든 것을 깨끗하게 창조하셨고 금한 음식이 없다고 주장했고 사도 바울의 가르침을 인용해 사순절 동안 육식을 금한 가톨릭교회의 가르침을 비판했다.[21] 독일의 종교개혁자 마르틴 루터 또한 "우리 주 하나님은 우리가 무엇을 먹고 무엇을 입는지 상관하시지 않는다. 하나님은 의례든, 소소한 것이든, 그런 문제들을 우리에게 자유로이 맡겨 두신다"라고 했다.

프로테스탄트 교회가 정착하면서 가톨릭에서도 금식해야 할 음식의 가짓수를 줄였고 금식 기간에 주로 먹던 음식들이 일상의 식탁에 오르는 음식으로 바뀌었다. 따라서 수도사들과 신자들에게 육식을 대체할 생선을 제공하던 각 지역 수도원의 양어장이 줄어들었고 육식이 조금씩 늘어나기 시작했다.

성당의 제단에서 드리는 미사의 중요성이 줄어든 대신 식탁에서 가족이 함께하는 공동 식사가 훨씬 더 중요해졌다. 영국의 토머스 크래머 Thomas Crammer (1487-1556)가 《먹기와 마시기에 관하여》(1551년)라는 책에서 가족 식사를 옹호한 데 이어 니콜라스 리들리 Nicholas Ridley(1500-1555) 또한 《주의 식탁이 제단이 아니라 테이블의 형태를 따라야 하는 이유》를 출판하여 감사기도에 이은 가족 식사가 정착하는 데 이바지하였다.[22]

이 뿐만 아니라 중세 의학의 토대였던 갈레노스의 체액이론을 대신할 새로운 이론이 대안으로 등장했다. 체액이론은 그동안 유럽의 의학을 지배해왔으나 이 이론의 근간이 흔들리기 시작했다. 식이 요법과 피를 뽑는 등의 배출법이 거의 전부라고 할 만큼 단순했던 체액이론의 치료법이 서서히 극복되고 있었다. 16세기의 해부학자 베살리우스에 이어, 17세기의 생리학자 하비, 18세기의 병리학자 모르가니와 같은 과학자들의 실험과 관찰을 통해 체액이론은 점차 거부되고 있었다. 특히 모르가니는 사체 해부를 근거로 신체 장기의 국소적 변화가 원인이 되어 임상증상이 나타남을 입증하였다. 체액이론은 의학에서 결국 폐기되는 운명을 맞았다.

이 폐기과정은 필리푸스 파라셀수스 Philippus Aureolus Paracelsus (1493-1541)와 몇몇 요리책 저자들에 의해 16세기에 이미 시작되었다. 스위스의 개신교 설교자이자 의학자로서 의화학 醫化學의 초석을 다지는데 이바지한 파라셀수스는 당시 유럽에서 대학을 중심으로 확고하게 자리 잡고 있던 갈레노스적인 식이요법이 거의 전부인 치료방법을 비판하면서 화학적 치료가 필요하다고 주장했다. 개신교도뿐 아니라 많은 가톨릭교도가 이를 받아들였다. 16세기 말이 되자 유럽의 통치자들은 갈레노스파 의사 대신 화학적 치료를 하는 의사, 즉 "화학의"chemical physician를 고용하기에 이르렀다. 프랑스 앙리 4세의 시의侍醫였던 조제프 뒤셴은 1604년 친구에게 편지를 보내, 개신교도뿐 아니라 가톨릭교도의 궁정에서도, 예를 들어 폴란드 왕, 작센 공작, 쾰른 선제후, 브란덴부르크 후작, 브라운슈바이크 공작, 헤센 백작, 바이에른 공작 그리고 신성로마제국 황제의 궁정에서 화학의들이 갈레노스파 의사들의 자리를 대체하고 있다는 소식을 전했다.23

새로 등장한 이론에 따르면, 소화를 촉진하는 것은 요리방법이 아니라 일종의 '발효'과정을 통해서였다. 신선한 과일, 생야채와 허브, 굴, 앤초비 등은 쉽게 썩거나 발효되었는데, 이는 소화가 잘 된다는 것을 의미했고 따라서 오랜 세월 무시당해 왔던 이 음식들이 드디어 건강 음식으로 인정받게 되었다. 이처럼 음식과 음료에 관한 '지식혁명'이 이미 진행되어 유럽인들의 음식문화가 새로운 국면을 맞았고 세계관이 서서히 바뀌고 있었다. 다시 말하면 유럽에 새로운 식음료를 받아들일 지적 준비가 마련되어 있었다.

커피에 대해 가톨릭교회가 취한 태도를 보여주는 재미있는 일화가 있다. 커피가 로마에 전해진 직후에 교황이 커피에 세례를 베풀었다는 전설이다. 1605년에 선종한 클레멘트 8세(1535-1605)가 교황으로 재위하고 있을 때의 일이다.24 로마의 고위 성직자들이 이교도의 음료라는 이유로 커피 마시기를 금지해 줄 것을 교황에게 청했다. 십자군전쟁 이래 두 종교는 거의 적대적인 관계였으니 가톨릭 성직자들의 주장은 당연한 것이었다. 당시 커피에는 "지옥처럼 검은 사탄의 음료"라는 수사가 따라붙어 있었으므로 커피를 마시는 것은 사탄의 유혹에 빠지는 것이나 다름없었다. 교황은 우선 시음을 해보자고 제안했고 교황 앞에 커피 한 잔이 놓였다. 커피를 마신 교황은 뜻밖에, "술탄의 음료이기는 하나 참으로 감칠맛이 나고 향기롭구나!"라고 하면서 커피에 세례를 베풀고 기독교의 음료로 만들자고 제안했다. 실제로 세례식이 베풀어졌다면 아마 커피는 세례를 받은 최초의 음료가 되었겠지만 이에 대한 기록이 없고 누가 이 일화를 만들어냈는지도 알려지지 않고 있다.

　가톨릭은 이성 대신 감성을 중요시하고 직관과 계시에 더 무게를 두어 왔다고 할 수 있다. 이 점에서 이성의 존중과 종교적 지성주의가 지배하는 이슬람과 대조된다. 포도주를 금지한 이슬람과 달리 가톨릭은 포도주를 성찬식에서 중요한 도구로 사용해왔고 일상생활에서도 금하지 않았다. 그러니 가톨릭이 금주로 돌아서거나 이성주의로 전환한 것은 물론 아니었다. 그럼에도 교황이 커피를 받아들이기로 한 이유는 따로 있었다. 이미 성직자들 중에 몰래 커피를 마시는 사람이 많고 또 그것이 저녁기도에 도움이 된다는 사실을 교황도 잘 알고 있었다. 교황은 논쟁거리로만 남겨두느니 차라리 공인을 하는 것이 문제를 해결하는 지름길이라고 판단했을 여지가 높다.

　이 에피소드는 가톨릭교회가 나서 커피 음용을 막을 수는 없는 상황이었던 것을 말해주거나 적어도 커피가 마침내 가톨릭교회의 벽을 넘었다는 사실을 확인해 준다. 일화의 진위 여부와 관계없이, 유럽인들이 커피에 접근하기 위해서는 교황청의 관문을 넘어야 했다. 비록 종교개혁이 일어나 교황청의 권위가 예전만 같지 않았고 성직자들에 대한 반감이 사회 전체에 널리 퍼져 있었지만 그렇다고 교회의 지배가 완전히 끝난 것은 아니었다. 아직 성직자들의 신분은 그대로 유지되고 있었고 그들이 가진 도덕적 권위 역시 사람들을 지배하고 있었다. 이런 시대에 교황청이 커피 음용을 강력하게 금지한다면 이제 막 알려지기 시작한 커피의 운명은 상당한 영향을 받을 수밖에 없었다. 금지한다고 해서 그 생명력이 완전히 소멸하지는 않겠지만 적어도 유럽에 커피가 확산되는 시간은 상당히 늦추어지고 말았을 터였다.

지배계층이 먼저 커피 잔을 들었다

한 사회가 어떤 식음료를 받아들일 준비가 되어 있다는 것만으로 그것이 곧 유행으로 이어지지는 않는다. 누군가 기존의 관습에 정면도전을 하면서 용감하게 새로운 식음료를 먹고 마시기를 시도한 연후에야 그 수용이 판가름 나게 마련이다. 이런 도전이 용기를 필요로 하는 이유는 사회의 기득권 세력이 언제나 새로운 시도를 기존의 관습과 가치관에 대한 저항으로 받아들이는 태도를 견지하기 때문이다.

그럼에도 불구하고 새롭고 진귀한 것을 한 사회에서 가장 먼저 시도해 볼 수 있는 사회계층 역시 상류층이었다. 그들의 특권적 지위가 사회적 비난을 넘어설 수 있는 가능성을 더 폭넓게 제공해주는 것도 엄연한 사실이었기 때문이다. 게다가 커피와 차 같은 기호품은 17세기에 매우 귀해서 가격이 터무니없이 높았다. 예컨대 1682년 차의 가격이 등급에 따라 차이는 있었지만 1파운드당 150 네덜란드 굴덴 Gulden 에 달했다. 당시 솜씨가 좋은 수공업조합 직인의 급료가 하루 22-27 스투이버 Stuiver (20 스투이버가 1굴덴)로 1굴덴이 조금 넘는 수준에 지나지 않았다.[25] 왕들만이 커피와 차를 마실 수 있었고 이어서 영주와 귀족들이 아니면 이 음료를 마시기가 무엇보다 경제적으로 불가능했다는 사실은 놀라운 일이 아니다. 궁정세계는 위엄의 아우라가 감도는 커피와 차를 존엄, 부유함, 성공 그리고 신분의 상징으로서 크게 환영했고 그들의 과시적인 사치문화에 이것들을 추가할 수 있었다.

1644년 프랑스 왕 루이 14세가 첫 번째 커피 잔을 들었다.26 당시 프랑스 궁정에는 중국과 튀르크의 문화라면 무엇이든 좋아하는 이국취향이 뿌리를 내리고 있었다. 이 경향은 오스만제국의 대사 솔리만 아가Soliman Aga가 1669년 파리를 방문한 이래 더욱 강화되었다. 아가는 루이 14세와 사이가 좋지 않아 여러 날 파리에 머물렀고 궁정의 영향력 있는 사람들의 호감을 사기 위해 이스탄불에서 가져온 커피를 대접했다. 그의 우대를 받은 궁정 사람들은 커피의 신기한 향미에 매혹되었고 그것을 널리 확산하는 데 이바지했다. 커피 음용이 이때부터 궁정문화에 없어서는 안 될 것으로 추가되었다고 한다. 이어 루이 15세(1710-1774)의 궁정에서 마담 퐁파두르가 튀르크 패션을 선보인 이래 유럽 어디에서나 퐁파두르 부인의 패션을 따라하는 것이 하나의 유행이 되었고 내실에서 일상적으로 커피를 즐겨 마신 퐁파두르처럼 커피를 마시는 풍습 또한 널리 퍼져나갔다. 당시 궁정에서는 커피와 마찬가지로 아직은 사치품이었던 설탕을 커피와 차에 넣어 마셨는데 이는 커피의 쓴맛을 중화하여 커피 마시기가 유럽의 새로운 문화로 정착하는 것을 도왔다. 커피와 차의 음용이 결국 설탕의 소비를 견인한 셈이다.*

17세기 말에 이르면 커피는 귀족들과 부르주아지의 포도주 파티에 침투했다. 물론 당대의 부르주아는 우리가 흔히 상상하는 평범한 시민

---

* 설탕은 18세기를 지나서야 처음으로 도시 중간계층 속으로 파고들었다. 이때부터 수입량이 크게 증가하여 가격이 상당히 저렴해졌기 때문이다. 그 후 설탕은 해외로 세력을 팽창해 가던 나라들의 대도시 중심지에서는 심지어 하류층에게도 공급되기 시작했다.

마담 퐁파두르와 커피를 서비스하는 흑인 소녀, 파리, 1762년 이후 동판
루이 14세가 처음 궁정에서 커피를 마신 후
루이 15세가 총애한 마담 퐁파두르는 내실에서 일상적으로 커피를 즐겼다.
흑인 소녀는 당시의 이국취향을 드러낸다.

이 아니라 상업으로 막대한 부를 이룬 신흥 상류층이었다. 부르주아 계층에게까지 커피 음용이 이루어지던 곳은 잉글랜드였는데, 당시 잉글랜드는 거의 강제적 음주 관습이 독일에서와 마찬가지로 무자비하게 사회를 지배하던 곳이었다. 프랑스의 부르주아들도 이런 추세에 뒤를 이었고 세기말이 지나자 독일에서도 똑같은 상황이 전개되었다.[27] 1730년경에 라이프치히에서 발행된 건강지침서는, 포도주와 맥주에 취하는 대신 "훌륭한 동료들"과 어울려 커피와 차를 마시는 게 좋다고 권고할 정도였다.[28] 특히 부르주아지에게 커피는 포도주와 맥주를 대체하는 음료로서 인기를 얻었다.

포도주와 맥주 그리고 커피의 경쟁

유럽에서 포도주와 맥주는 종교보다 더 강력한 커피의 장애물이었다. 오스만제국의 이슬람은 포도주와 맥주 등 술을 금하는 금주문화가 거의 지배했다. 이것이 그곳에서 커피의 확산에 적지 않게 유리한 환경을 만들었음은 더 말할 나위도 없다. 이와 달리 기독교가 지배한 유럽은 금주禁酒는커녕 오히려 권주勸酒하는 문화였다. 예수 그리스도는 가나의 혼례식장에 포도주가 모자라자 직접 포도주를 만들어 사람들에게 나누어 주게 했다. 이것이 그가 베푼 첫 번째 기적이었다. 그 후 가톨릭은 성례전에서 신자들이 포도주를 마시게 했을 뿐 아니라 성직자들 역시 포도주를 즐겼다. 중세 유럽에서 포도주는 성례에 빠져서는 안 될 '제의祭儀의 술'이었다. 포도주는 처음부터 공동체의 제의를 위한 마실 거리였고 공적이고 제도적인 이미지가 붙어 다녔다. 그래서 성배聖杯에 화려한 문양의 손잡이를 갖추었고 뚜껑을 덮어 보호했다. 어느 날 성배를 들고 축복 기도를 마친 콘스탄츠의 주교 콘라드Konrad가 성배 안에 거미가 들어가 있는 것을 발견했다. 거미는 유럽인들이 지독하게 무서 위하는 곤충이었으나 성자는 성배에 든 거미를 통째로 마셨다. 신이 축복한 잔을 마다할 수 없었던 것이다. 그의 영웅적인 이 미담은 성배에 뚜껑을 덮어 성직자를 보호하고 제단이나 고위 성직자의 의자에도 닫집모양의 덮개를 씌우는 계기가 되었다고 한다.29 중세의 많은 수도원은 고급 포도주의 생산지였고 또한 이를 자랑스러워했다. 기독교와 포도주의 친밀한 관계는 오래 전에 굳어진 관습이었다.

술에 과도하게 취하는 것을 경계하기는 했지만 그렇다고 아예 금주령을 내린 일은 없었다. 포도주는 유럽인들에게 술인 동시에 음료였다. 포도주에 물을 타서 희석해서 마시기도 했는데, 그리스도가 영적인 존재이면서 동시에 육적인 존재이듯이 물과 포도주의 혼합은 신적인 것과 인간적인 것의 연합으로 여겨졌다. 한편 포도주는 치료제로서 상처에 붓고 처매거나 마심으로써 상처가 곪지 않게 되거나 위장병을 치유하는 효과가 있다고 믿었다.

그러나 음주의 폐해가 없지 않았다. 특히 술자리에서 행해지는 강제 음주와 음주 규칙은 근대 이후 유럽의 음주문화와 사뭇 거리가 있었다. 우선 음주 의례가 중세에 만연하던 기습적인 공격을 막기 위한 정교한 방편으로 사용된 경우부터 살펴보자. 중세 런던의 장인조합에서 지켜오던 '친목의 잔 의식Ceremony of the Loving Cup'이 그런 의례였다.30

'친목의 잔' 의식을 주도하는 사람은 일어서서 잔을 잡고, 잔을 받을 사람에게 잔의 뚜껑을 전달한다. 잔을 받는 사람은 일어나서 무기를 잡는 손으로 무기 대신 잔 뚜껑을 잡고서 기다린다. 공격을 할 수 없는 자세를 취하는 것이다. 집전자가 왼쪽에 있는 사람에게 잔을 주기 위해 왼쪽으로 돌아서면 그의 오른쪽에 앉아 있는 사람은 그 사람의 반대 방향으로 등을 돌리고 서 있어야 한다. 잔을 받는 사람의 옆 자리에 앉아 있는 사람 역시 일어서서 잔을 받는 사람의 반대 방향으로 등을 돌리고 서

있어야 한다.

이 의식에서는 갑작스러운 공격을 피하려는 의도가 뚜렷이 드러났는데, 자리의 배치가 그럴 뿐 아니라 잔의 뚜껑 또한 상대방을 공격할 수 없게 만드는 하나의 도구로 쓰였다.31 지금은 이 의식이 실제적인 이유에서 행해지는 것은 물론 아니다. 잉글랜드 사람들이 갖고 있는 보수적인 동시에 낭만적인 태도를 보여주는 전통의 하나에 지나지 않는다. 하지만 이 전통은, 중세의 음주 관습이 자유로운 분위기에서 즐기는 것과 거리가 멀었다는 증거로 볼 수 있다.

설사 공격을 피하려고 한 것은 아니었다 하더라도 더 거슬러 올라가면 중세 수도단의 종규 역시 그다지 자유롭고 유쾌한 것만은 아니었다. 수도단의 종규가 금욕적인 이상을 체계화한 것이었을 뿐이고 또 수도사들의 식사 내용을 자세히 들추어 보면 그다지 금욕적이지는 않았다는 것을 쉽게 알 수 있음에도 이것은 그들에게 엄격한 식사규율이 따라다녔다는 사실을 부정할 근거는 못 된다.32 좋든 싫든, 수도사들은 포도주를 주조하는 일을 도왔고 성례에 참여하거나 집전해야만 했고 포도주를 마시는 것을 식사의 일부로 받아들였다.

포도주와 마찬가지로 맥주 또한 중요한 식품으로 여겨져 유럽의 다양한 기후 환경과 지역에 따라서 포도주의 나라 혹은 맥주의 나라로 나누어졌다. 이베리아 반도 사람들과 중부 및 남부 프랑스 사람들, 이탈리아와 그리스인들, 헝가리와 도나우 강 주변국 사람들은 포도주를 즐겼다. 물론 다른 지역에서도 포도를 재배하거나 포도주를 마셨지만 지역별 차이도 무시할 수 없을 정도였다. 독일 중북부의 종교개혁자 루터는 포도주보다 맥주를 즐겨마셨고 종교개혁의 위중한 상황에서도 맥주를 뒷전으로 밀어내지 않았다. 루터의 부인 카타리나 폰 보라는 결혼 후에 하루 보통 30~40명에 이르는 손님의 식사준비를 위해 가축을 키우고 빵을 굽고 버터를 만드는 등의 가사노동에 더해 루터가 좋아하는 맥주를 집에서 직접 빚어야 했다.

때로 사람들은 술을 걸고 내기를 하는 일이 잦았는데, 참가자들이 정신을 잃어버릴 때까지 계속되는 술마시기 대회와 같은 오랜 음주관습, 그리고 받은 술은 반드시 마셔야 하고 그것도 한꺼번에 다 마셔버려야 하는 관습이 오랫동안 굳어져 내려오고 있었다. 자발적인 음주와 의례를 위한 음주, 그리고 집단적 강제음주가 뒤섞여 유럽인들의 식음료에서 차지하는 음주의 비중이 꽤나 높았다.

유럽에 막 진입한 커피는 17세기와 18세기에 포도주는 물론이고 맥주와 경쟁하는 위치에 설 수밖에 없었다. 포도주와 맥주는 순하고 부드러운 술이라는 점에서, 19세기에 다시 경쟁 상대가 된 브랜디와 비교하면 더 상대하기 어려운 경쟁자였다. 후에 일어난 브랜디와의 경쟁은 그 끝이 아주 분명했다. 이미 커피가 널리 알려져 있었던 데다 브랜디가 가진 엄청난 알코올 함량 때문에 커피와 극단적으로 달랐기 때문이다. 그러나 포도주와 맥주는 오랜 전통과 문화를 지녔을 뿐 아니라 알코올 함량이 그다지 높지도 않아서 여간 까다로운 경쟁 상대가 아니었다.

그러나 새로운 시대는 언제나 새로운 경향을 촉진하게 마련이다. 마르틴 루터를 비롯한 종교개혁자들은 '음주라는 악마'를 격렬하게 비난하는 설교를 퍼부었다. 루터에게 지나친 음주는 강력한 우상의 하나로 지목되었다. 칼뱅의 설교는 술에 관한 한 금욕주의와 크게 다르지 않았다. 그러나 종교개혁자들의 반反음주 투쟁은 오랫동안 성과가 없었다. 개혁자들이 교회의 개혁을 부르짖었던 바로 그 시기에 대중은 가톨릭뿐만 아니라 종교개혁 세력에 대해서도 마찬가지로 실망하고 말았다. 사람들의 신앙심이 어찌나 가라앉아 있었던지 역사가들이 종교개혁의 열정이 하늘 높이 치솟았던 16세기를 '무신앙의 세기'라고 부를 정도였다.

의도하지는 않았지만 17세기 유럽의 기독교는 오히려 음주를 부추기고 있었다. 무엇보다 17세기 전반기에 이르러 가톨릭과 프로테스탄트 진영은 각기 세력 확장을 위해 서로 전쟁을 벌였다. 1618년에서 1648년까지 무려 30년 동안이나 무익한 종교 전쟁이 계속되었다. 사람들은 아무 영문도 모른 채 전쟁터에 끌려 나가 자신이 죽음을 맞거나 동료들의 죽음을 지켜보아야만 했다. 전쟁에서 돌아온 사람들은 그 정신적 외상을 잊기 위해서도 더 많은 술을 필요로 했다. 기독교는 역설적으로 더욱 음주를 부추기는 사회 세력이 되고 말았다.

독일에서는 30년 전쟁이 끝나자, 종교전쟁으로 지칠 대로 지친 사람들이 경작하기도 어려울 뿐 아니라 만들기도 까다로운 포도주를 버리고 상대적으로 주조가 간편한 맥주로 아예 옮겨갔다. 전쟁에 동원된 사람들은 긴 전쟁을 겪으면서 지친 몸과 마음을 맥주로 달래려 했고 어느덧 지나친 음주가 몸에 배게 되었다. 맥주는 포도주보다 가격도 비싸지 않았으므로 험한 세월에 삶의 고단함과 슬픔을 달래는 데 맥주만 한 것이 없었다. 그 결과 포도재배 권역은 남쪽과 서쪽으로 후퇴하여 라인 강과 마인 강 주변, 도나우 계곡으로 제한되었다. 점차 맥주는 중북부 유럽의 음료로서 확고한 지위를 누리기 시작했다.

게다가 맥주의 폭음이 낳은 폐해는 이루 말할 수 없을 정도로 대단했다. 사람들은 갈증을 해소하기 위해서가 아니라 맥주 자체에 '탐닉'하기 시작했다. 왕자, 군주, 공예가, 지식인, 농부, 군인 그리고 귀족에 이르기까지 거의 모든 사람이 마구 맥주를 마셔댔다. 이러한 범국가적인 음주의 결과는 30년 전쟁 자체가 가져 온 폐해보다 더 컸다. 당연히 각 제후국에서 금주령을 내리기도 했지만 사람들은 아랑곳하지 않았다. 급기야 독일 작센지방의 선제후는 술을 퍼마시는 돼지와 개의 그림을 술집에 걸어두기까지 했다. 그것은 폭음을 일삼는 주민들에게 돼지나 개라는 모욕감을 주어서라도 음주의 폐해를 줄여보려고 안간힘을 다한 당국의 조치였다.

1650년대 영국 국민들 역시 알코올 중독의 병증이 깊었다. 만취의 악덕이 계층을 막론하고 전 사회를 좀먹었다. 육지에서는 찰스 1세와 의회의 싸움에 지치거나 종교적 분쟁에 넌더리를 낸 사람들이 어디에나 늘린 술집을 찾았고 해안가에서는 거친 항해에서 돌아온 선원들이 선술집을 지나치는 법이 없었다. 영국을 비롯한 유럽 전역이 지나친 폭음을 막기 위해서도 커피의 '각성' 효과가 필요했다.

3. 커피와 커피하우스의 확산

주요 수입품이 된 커피

커피에 관한 정보가 아니라 커피콩 자체를 유럽에 들여 온 사람들은 다름 아닌 상인들이었다. 유럽의 상인들은 처음에는 전통적인 레반트 무역을 거쳐 커피를 수입했다. 16세기 이래 오스만제국과 서유럽 사이의 무역은 주로 레반트 지역을 통해 이루어졌다. 레반트를 통한 커피거래는 17세기 초반에 확실히 적은 양에 지나지 않았지만 18세기까지 베네치아 상인들을 포함한 모든 유럽 해상무역국가들의 커피거래에 중요한 역할을 했다. 당시 프랑스의 마르세유 상인들과 베네치아 공화국의 상인들이 주로 거래를 담당했다. 영국 역시 1582년 레반트회사를 설립하여 경쟁에 나섰고 1660년경에 이르러 주요 무역파트너로 성장했지만, 곧 아시아와 아메리카 무역에 더 집중했다.

처음에는 베네치아에 크게 의존하던 유럽 상인들은 곧바로 예멘의 관문에 닿고자 했고 커피생산지로 직접 접근해갔다. 1595년 네덜란드가 인도 항로로 진출하자 네덜란드와 영국 사이에 무역경쟁이 첨예해졌다. 영국 런던의 상인들이 1600년에 동인도회사East India Compagnie=EIC를 설립하여 엘리자베스 1세로부터 아시아 지역 무역의 독점권을 얻었다. 이에 맞서 네덜란드 상인들도 1602년 개별 상사가 갖는 한계를 극복하기 위해 10여 개 이상의 상사가 연합하여 동인도회사VOC=Vereenigde Oost-Indische Companie (영국 동인도회사와 구별하기 위해 '연합동인도회사'라고 부르겠다)를 설립하였고 곧바로 국가로부터 무역활동과 식민지 건설에서 독점적 지위를 획득했다. 이 두 회사는 상인들의 연합체이기는 하나 각각 국가로부터 특권과 전폭적인 지원을 받는 정부 기관이나 다름없었다. 한편 프랑스 역시 1604년 동인도회사를 설립하여 두 나라와의 경쟁에 뛰어들었다.

먼저 커피수입에 나선 것은 네덜란드였다. 1595년에 이미 여행담이 아니라 커피 콩 자체가 네덜란드에 상륙했다고 전해지며 익명의 상업 여행자들이 커피콩을 견본으로 가져오거나 포대 단위로 유럽에 전하기 시작했다. 영국 동인도회사가 1620년 모카 항에 거래소를 개설하기는 했지만 커피거래를 시작한 것은 같은 해에 거래소를 개설한 연합동인도회사였다. 연합동인도회사는 1638년부터 정기적으로 커피를 사들였다. 1640년 한해에만 그 양이 8만 3천 파운드(1 네덜란드 파운드는 494그램)에 달했고 그 이듬해에는 12만 내지 20만 파운드에 이르렀다.³³ 하지만 네덜란드에서 커피는 17세기 후반까지도 소수 상류층만이 즐길 수 있는 사치품이었다. 1682년에 커피 1파운드의 가격이 150굴덴(네덜란드 화폐단위)을 호가했는데, 당시 노동자의 하루 일당이 1굴덴을 조금 넘는 수준이었으니 커피가 얼마나 고가품이었는지 알 수 있다.³⁴

연합동인도회사가 사들인 커피가 처음부터 모두 유럽으로 간 것은 아니었다. 그 커피 가운데 많은 양이 상당 기간 이미 커피가 도입되어 수요가 있는 서아시아와 페르시아 시장 그리고 인도의 항구도시 수라트로 실려 나갔다. 남아시아의 무역 교두보인 수라트는 다른 유럽 경쟁자들에게도 그랬지만 네덜란드의 아시아 무역망에서 중요 거점의 하나였다. 면직이나 쪽 같은 수라트의 산물은 네덜란드 상인들이 전통적으로 선호하는 상품이었다. 그러다가 연합동인도회사는 이 산물들 대신 육두구와 정향을 사갔다. 17세기를 거치면서 마침내 육두구와 정향의 생산을 독점하기 전까지 이 향신료무역은 중국무역과 유럽 시장에서 연합동인도회사의 이익을 실현하는 데 큰 몫을 담당했다. 유럽-아시아 무역 망 외에 전통적인 아시아 내부 거래망이 존재했고 모든 유럽 해상세력은 여기에 끼어들려고 애를 썼다. 이 전략은 오리엔트에 매력적인 거래 품목을 갖고 있지 않았던 유럽인들이 자국에 유익한 상품을 보유하려는 노력의 일환이었다.

1650년경 유럽의 귀족과 부르주아지 등 부유층이 커피를 소비하기 시작한 것과 때를 같이 하여, 17세기 중엽 이후 유럽의 상사들은 앞다투어 정기적으로 더 많은 커피를 수입해 유럽의 소비시장에 풀어놓았다. 1661년 연합동인도회사는 모카 항에서 구입한 커피 가운데 약 2만 1,500파운드를 암스테르담으로 직송했는데, 1640년경에 수라트로 수출하던 물량의 약 1/4에 해당하는 양이었다.[35]

그러나 다음 몇 해 동안에는 대단히 소량만을 거래했다. 1686년 1,792파운드, 1687년 2,586파운드 그리고 1690년 1만 5,000파운드에 지나지 않았고 1688-1689년 두 해 동안에는 돌아가는 선박에 아예 커피를 싣지 못했다. 그 후 1690년대 초반부터, 아시아에서 활동하던 연합동인도회사의 대표가 매년 지속적으로 커피를 주문한 덕분에 아시아 고객에게로 가는 물량 가운데 커피가 여섯 번째로 많은 양을 차지할 정도였고 네덜란드로 가는 수출 물량 역시 눈에 띄게 증가했다. 1698년 그 양이 12만 9,931파운드, 1699년에는 31만 6,342파운드로 급증했고 1711년에는 적어도 50만 파운드의 커피가 네덜란드로 들어갔다. 1713년 아시아 지역 연합동인도회사의 수입량 또한 1백만 파운드를 훌쩍 넘어섰고 1722년까지 이 회사는 그 양을 매년 170만 파운드로 늘렸다.36

영국과 프랑스 또한 네덜란드와의 경쟁에서 결코 뒤지지 않았다. 프랑스는 남부의 항구도시 마르세유로 커피를 실어 날랐고 영국은 런던으로 가는 커피의 물량을 점차 늘렸다. 1711년에 이미 이 두 나라가 수입한 커피의 양이 200만 파운드에 달했다.37

18세기 초 이래 커피는 아라비아와 아시아 무역에 뛰어든 유럽 팽창세력들에게 중요한 수입상품 가운데 하나로 우뚝 섰다. 시간이 지나면서 레반트 무역의 중요성이 줄어드는 등 무역 거점이 이동하기는 했지만 커피무역은 점차 늘어났다. 1707년과 1715년 사이 9년 동안 예멘으로부터 모두 합하여 4백만 파운드 이상을 수입했던 연합동인도회사는 1716년에서 1718년 사이 3년 동안에 거의 같은 양에 해당하는 380만 파운드를 샀고 같은 기간에 잉글랜드와 프랑스 역시 예멘으로부터 같은 양을 수입해갔다.

그러나 증가하는 수요를 고려하면 예멘의 커피생산은 턱없이 부족해지기 시작했다. 4~6년이면 새 커피나무가 열매를 맺기 때문에 새로 경작지를 늘리기는 했지만 상대적으로 적은 예멘의 커피생산으로는 수요를 감당하기 어려운 상황으로 닫고 있었다. 게다가 1718년에 메뚜기 떼의 습격으로 수확량이 줄어들었고 1724년에는 주요 운송수단의 하나인 낙타에 전염병이 돌아 그 여파로 1년 후에 생필품가격이 크게 인상된 데 이어 짐꾼들의 노임마저 인상되면서 더욱 어려움에 처하게 되었다.38 엎친 데 덮친 격으로 1720년부터 아메리카에서 생산한 커피가 유럽으로 수입되기 시작했다. 사정이 이렇게 되자, 약 2배 내지 3배나 가격이 비싼 예멘의 전통적인 커피를 취급하던 레반트의 커피무역이 매력을 잃을 수밖에 없게 되었다.

그 사이에 오스만제국의 경계지역에 머물러 있던 커피소비의 중심지들이 점차 런던, 암스테르담, 마르세유로 확장되었고, 좀 더 시간이 지난 후에는 북부 독일의 브레멘과 함부르크 같은 북유럽 여러 도시들로 확산돼 갔다.

베네치아의 실험

유럽에서 점차 커피의 수요가 많아진 것은 '커피하우스'로 발전한 커피소비 공간이 새로 생겨났기 때문에 가능했다. 그 공간은 처음부터 '커피하우스'라고 할 만한 규모와 시설을 갖추고 출발하지는 않았다. 기껏 천막을 치고 술을 파는 선술집과 비슷한 곳이었는데 술 대신 커피를 서비스하는 곳에 지나지 않았다.

처음 커피매점을 연 사람들은 거의 대부분 외국인들이었고 고향에 있는 커피매점과 비슷하게 꾸몄다. 예컨대 1672년 파리의 시장 한구석에 자리를 잡은 커피매점은 아르메니아풍風이었고 좀 시간이 지난 후에는 페르시아풍의 커피매점이 나타났으며 또 다른 커피매점은 그리스풍을 띠고 있었다.[39] 오리엔트 양식의 아주 단순하고 작은 매점 바닥에 앉아서 사람들은 커피를 마시기도 하고 아르메니아와 오스만제국에서 가져온 수연통水煙筒을 물고 시간을 보내기도 했다. 커피하우스의 출발은 아주 간단하고 조잡한 시설에서 이루어졌다.

비록 시설은 빈약했지만 사람들은 그곳에서 커피를 마셨고 새로운 자극을 찾아 즐겼다. 초기의 커피하우스는 새롭고 혁신적인 사회시설이기는 했으나 상인과 예술가 그리고 교양인만 드나드는 곳이 아니라 매춘부와 온갖 종류의 불량배 역시 찾아드는 그런 곳이었다.[40] 커피하우스의 위상이 높아진 것은 18세기 초반에 이르러서였고 이때부터 이른바 '위대한 커피하우스의 시대'가 시작되었다. 이후에야 커피하우스는 마침내 사회적 교류의 주요 공간으로 자리를 잡아 유럽 문화의 상징 공간으로 발전했다. 우선 유럽 최초의 커피바가 문을 열었던 베네치아에서 출발하여 초기 커피하우스의 설립과 그것이 이룬 변화를 따라가 보자.

베네치아는 8세기에 도시국가로 출발해 유럽에서 상업이 특별히 발전한 도시였다. 전성기의 베네치아에는 부유한 집안 출신이 아니더라도 장거리 여행의 위험을 무릅쓰고 상업 활동을 하면 거기에서 얻은 수익을 재정지원자와 나누는 코멘다 Commenda 라는 제도가 있었다. 상업 여행에 나선 사람은 수익의 25퍼센트를 가졌고 또 그가 자본을 투자했다면 그 액수에 따라 최대 50퍼센트까지 수익을 높일 수도 있었다.[41] 이런 제도에 힘입어 가난하지만 용감하고 재능이 있는 사람들이 사회적 상승의 기회를 얻었으므로 사람들은 성실하게 일했고 상업이 크게 발전해 시는 번영을 누렸다. 제4차 십자군 전쟁(1202-1204) 당시 베네치아는 십자군이 체재비와 해운비용을 마련하지 못해 허덕이는 점을 노려 십자군에게 재정 지원을 약속하고 대신 경쟁 도시인 콘스탄티노플을 공격하게 함으로써 지중해 무역을 장악하는 데 성공했고 원거리 상업에서도 일찍이 어느 정도 성과를 거두었다.

그러나 기득권층이 14세기에 코멘다 제도를 폐기함에 따라 베네치아는 종래의 활력을 상실하기 시작했다. 15세기 후반에 시작된 대항해 시대에 접어들면서 베네치아는 중앙집권화를 이룩한 경쟁국들에 밀려났을 뿐 아니라 1499-1503년까지 계속된 오스만제국과의 전쟁에서 이번에는 오히려 패배하면서 정치적 영향력마저 크게 위축되고 말았다. 그 후 시민들은 공동체 의식을 잃어버렸고 돈을 벌기 위해서라면 무슨 일이든 할 수 있다는 생각이 도시를 지배하고 있었다. 여느 해안도시에서 그랬듯이, 목숨을 건 상업 여행에서 돌아온 상인들은 술집과 매춘부를 찾는 일이 잦았다. 사회의 도덕성이 퇴폐해져 그런 일에서 위안을 얻으려 했던 것이다.

이런 시대에 베네치아 상인들이 1624년 레반트 무역을 통해 커피를 수입하기 시작했고 1638년부터 커피가 약재로서 시중에서 팔렸다. 1645년 한 커피바가 영업을 시작했다는 주장이 있기는 하나 이는 추측일 뿐이고 확인되지 않은 사실이다. 그러나 1681년에 이미 14개의 커피바가 있었다는 주장은 주목할 일이다.[42] 왜냐하면 1683년 처음으로 시의회가 대중에게 커피를 팔 수 있다는 조례를 통과시켰는데, 그 이전부터 커피가 암거래되었다는 증거로 볼 수 있기 때문이다. 그 조례가 통과된 해에 산마르코 광장 아케이드 아래 또 다른 커피바가 문을 열었고 1700년에 다시 2개의 다른 커피바도 영업을 시작했다.

1720년에 플로리아노 프란체스코니 Floriano Francesconi가 개업한 커피바 플로리안 Florian은 기껏 두 개의 기름램프를 켤 정도로 작은 규모였지만 가까운 시의회에서 수많은 회의가 열렸고 주변에 관청들이 모여 있어 경영은 성공적이었다. 카페 플로리안은 런던의 커피하우스들이 상업 거래와 정보 교환의 장소로 활용된 것과 달리 주로 정치 지도자와 철학자들이 드나들었다. 카사노바도 이 카페의 단골이었다는 사실은 널리 알려져 있다. 이 카페는 19세기에 확장 개축하여 더욱 많은 고객을 모았고 현재까지 영업을 중단하지 않고 계속해 이탈리아에서 가장 오래 된 카페로서 관광 명소로 자리 잡았다. 1775년경에는 카페 콰드리 Quadri가 들어서는 등 광장 주변에 여러 커피하우스가 생겨 카페 특구를 형성했다.

베네치아의 실험은 나름대로 성공을 거두었다. 처음 베네치아에서 마시기 시작한 커피는 점차 유럽 여러 지역에서 유행음료로 입지를 굳혔고 특히 당대 문화를 주도하던 잉글랜드에서 커피하우스가 정착하더니 곧 유럽 대륙 전체에 카페 바람을 일으켰다.

유럽의 커피문화를 선도한 잉글랜드

흔히 영국은 '차의 나라'로 알려져 있지만 유럽의 초기 커피문화를 선도한 나라였다. 유럽의 커피하우스는 17세기 후반 브리튼에서 가장 독특하고 고상한 사회제도로 발전했다. 18세기 중반 이후 차에 밀려 커피의 쇠퇴가 시작되기 전까지 영국은 '커피의 나라'였다. 적어도 19세기 중반까지 커피는 중요한 음료의 지위를 잃지 않았고 제2차 세계대전 이후 다시 옛날의 인기를 회복하고 있는 중이다.

잉글랜드에 커피하우스가 처음 문을 연 시기는 의회파가 정국을 주도한 시기였다. 헨리 8세(1491-1547)가 가톨릭으로부터 잉글랜드 국교회의 독립을 선언하였고 웨일스공국과 통합(1535)을 이룬 후 곧 엘리자베스 1세(1558-1603)의 지휘 아래 스페인의 무적함대를 대파해 해양세력으로 발돋움한 잉글랜드의 국내정치는 매우 혼란스러웠다. 엘리자베스의 사후에 스코틀랜드의 제임스 6세가 잉글랜드의 왕을 겸하면서 두 왕국이 한 왕가의 지배를 받고 있었으나 1642년부터 약 20년 동안 잉글랜드에서 의회파인 올리버 크롬웰(1599-1658)이 이끄는 청교도 혁명이 진행되었고 1660년에는 의회가 찰스 2세에게 왕권을 반환하면서 다시 왕정이 복고되었다. 이 시기의 내전으로 나라는 황폐화하였고 민중은 야만스러워졌으며 문화생활은 쇠퇴를 거듭하고 있었다.

혼란과 변화의 시대에 잉글랜드 커피하우스의 발전에 이바지한 사람들은 잉글랜드의 '명사들 virtuosi'이었다. 당시 최상위층은 아니었지만 부와 명예를 가진 젠트리 계층과 학구적인 직업에 종사하는 사람들로 이루어진 '명사들'은 가장 분명하게 커피의 소비를 지지했을 뿐 아니라 최초의, 가장 열정적인 커피하우스의 지원자였다. 특히 잉글랜드의 명사들은 예의 바름, 지적 호기심, 세계시민주의 그리고 학문적 토론을 강조했는데 이것이 커피하우스를 근대 초 런던의 독특한 공간으로 만드는 데 이바지했다. 또 그들의 '명사문화'가 커피하우스의 상업적이고 도시적인 요소와 밀접한 관계를 맺으면서 변형해갔다는 점에서 지적 커뮤니티와 상업 시설 사이의 상호작용 또한 엿볼 수 있는 상황이 전개되었다.

잉글랜드에서 최초의 커피하우스가 영업을 시작한 곳은 옥스퍼드였다. 1650년 유대인 제이콥Jacob이 옥스퍼드의 동부 성 베드로 교구의 에인절Angel에 커피하우스를 열고 커피를 서비스하기 시작했다.[43] 4년이 지난 1654년 말 서크스 좁슨Cirques Jobson이라 불리던 사람이 두 번째 커피하우스를 열었는데, 그는 커피 외에 초콜릿 음료를 추가하였다. 이렇게 하여 옥스퍼드는 1650년대 내내 잉글랜드 커피하우스 문화의 초기 센터로서의 역할을 담당했다. 커피하우스 사업은 커피라는 상품이 그랬듯이 이국적 문화를 잉글랜드 사회로 이식하는 효과를 낳았다.

영국 최초의 커피하우스가 옥스퍼드에서 시작되었다는 것은 의미심장하다. 초기부터 영국에서 커피 마시기는 생생한 토론 및 뉴스의 보급과 연결된 사회적 활동이었는데, 옥스퍼드는 그런 전형을 만들기에 가장 유리한 장소였다. 당시 옥스퍼드에는 대학이 주도하는 동양학적 학문과 시중의 생생한 과학 커뮤니티 사이의 특이한 결합이 일어나고 있었다. 커피하우스는 대중에게 개방된 장소라기보다 같은 생각을 가진 학자들이 모여서 책을 읽고 토론하고 서로 배우는 독서 클럽의 모임 장소였다.[44] 하지만 그들의 토론은 대학의 그것과 달랐다. 대학은 교회와 국가의 지원을 받으면서 경직된 '학술적' 토론에 국한했고 베이컨의 '새로운 학문'이 제공하는 방법과 보조수단을 거부한 데 반해 커피하우스는 명사들의 관심거리라면 무엇이든 그것을 증진하기 위한 대안의 공간을 제공했다.⁴⁵ 물론 기존의 대학과 커피하우스의 관계가 반드시 대립적이지는 않았지만 말이다.

1650년대 옥스퍼드 커피하우스의 분위기는 커피하우스라고 불리는 새로운 시설 혹은 제도에 대한 영국인들의 기대를 형성하는 데 결정적으로 이바지했다. 에일(영국 맥주)하우스와 선술집이 만취, 범죄 그리고 집단 무질서 등 각종 악행을 연상시키는 것과 달리 처음부터 커피하우스는, 학자연하지 않으면서도 이른바 '배운 사람들'을 연상시키는 장소였고 술집에서 돈을 낭비하는 서민이나 난봉꾼이 아니라 명사들을 비롯해 말하자면 '슬기로운 사람들wits'의 모임장소로 자리매김했다.

옥스퍼드에서 시작된 이 모델을 가장 완벽하게 발전시킨 곳은 대도시 런던이었다. 런던에서 커피의 소비는 이미 청교도혁명의 시대에 상당한 수준으로 촉진되었다. 커피소비세의 도입으로 잉글랜드의 세금정책이 결정적으로 바뀌는 데 한몫했으니 말이다. 사실 소비세는 네덜란드에서 이미 시행되고 있었고 영국 왕정 역시 1630년대에 고려해보기는 했다. 그러나 상류층의 저항이 불을 보듯이 확실한 상황에서 감히 이를 도입하지 못하고 있었다. 그러던 중 1642년 시민혁명이 일어났고 시민전쟁의 비용을 대야 할 현실적인 필요에서 그 도입을 발표했는데, 이는 중세적인 잉글랜드의 재정제도를 근대화하는 획기적인 변화였고 그 후 재정제도의 기본 요소로 남았다. 소비세는 처음에는 소비재 전반에 걸쳐 부과되었다. 말할 필요도 없이 수요가 증가한 커피에 대해 부과한 세금이 이런 변화를 이끈 견인차였다.

시민혁명과 함께 잉글랜드의 사회적 관계는 본질적으로 수정되고 있었다. 비록 눈에 확연히 띄지는 않았으나 장기적으로 보면 아주 중요한 변화를 겪고 있었는데, 사람들이 인간과 자연 그리고 사회를 이해하는 방식에서 이전 시대의 사고체계를 버리기 시작했다. 1688년 이래 정부의 보호를 받으면서 종이 산업이 급격하게 확대되고 있었는데, 이는 문맹이 줄어들고 있었다는 증거이자 사회변동을 추동하는 힘이었으며, 우편을 통한 신속한 커뮤니케이션을 도왔을 뿐 아니라 뉴스의 보급과 정확한 기록의 유지를 지원했다. 더 정교해진 시계는 맥박의 작동을 잴 수 있게 만들었고 혈액 순환에 관한 윌리엄 하비William Harvey*의 발견이 받아들여지는 등 새로운 과학적 태도가 삶의 모든 부문을 압도하기 시작했다.

1653년에는 교회나 관청으로부터 독립된 유럽 최초의 무료 도서관인 맨체스터의 채텀도서관이 문을 열었다. 이런 변화에 영향을 받아, 17세기 잉글랜드에서는 지옥이 존재한다는 신앙이 사라지고 있었다. 국교회의 감독과 탄압이 느슨해지면서 보통 사람들은 '인간의 양심을 제외하면 지옥도 천국도 없다'고 자유롭게 말할 수 있게 되었다.[46] 이것은 당시로서는 하나의 '윤리혁명'이었는데, 심문과정에 고문의 사용을 폐기하고 마녀화형을 중단한 것과 때맞춰 이런 변화가 가속화했다. 특히 고문의 폐기는 다른 사람의 고통에 대한 공감이 크게 신장되었다는 증거였다.

한편 중간 그룹의 생활양식에 중요한 변화가 점진적으로 일어나고 있었다. 우선 수입의 증대와 기술 발전에 힘입어 개인 주택이 늘어났다. 집 안에 계단이 생기고 방의 수가 많아졌으며 유리 창문과 벽난로

---

* 런던의 의사였던 하비는 자기 실험실의 가장 큰 보물이자 "행복과 정신"의 원천으로 56파운드의 커피를 동료의사들에게 유산으로 남겼다고 전해진다.

가 있는 집들이 교외에 들어섰다. 경제 발전과 함께 최소한 약간의 시간을 내 책을 읽는 사람의 수가 많아졌는데, 특히 중산층 여성들은 노동하지 않고 독서하는 것을 계층의 새로운 표지로 받아들였다. 경제적 풍요와 사회적 상승을 이룩한 사람들은 커피하우스의 등장을 가장 적극적으로 환영했다. 그들은 커피하우스 버튼*이 발행하는 〈스펙테이터 The Spectator〉* 나 〈가디언 The Guardian〉* 혹은 소설의 등장이 없었다면 대단히 지겨워했을 새로운 사회 집단을 형성했다. 〈스펙테이터〉는 대상 독자층을 창간호에서 분명히 밝히고 있었다.

이 클럽이 젠틀맨, 법률가, 상인, 제대 장교 그리고 명사들을 포함하고 있으므로, 이 클럽에는(…) 지위나 신분의 차이가 없다는 사실을 발견하고 만족해하실 것입니다.⁴⁷

* 커피하우스 버튼: 1709년 4월 8일 리처드 스틸 Richard Steele (1672-1729)이 〈테트러 The Tatler〉(같은 해에 스틸이 창간한 잡지)에 윌스 커피하우스에 대한 악평을 게재한 것이 계기가 되어 1712년 다니엘 버튼 Daniel Button 이 코벤트가든에 창업한 커피하우스.
* 〈스펙테이터〉: 런던의 커피하우스 '버튼'의 하우스잡지로, 애디슨 Joseph Addison (1672-1719)과 리처드 스틸이 1711년 3월 공동 창간하여 1712년 12월까지 일요일을 제외하고 매일 발행했다. '좋은 취미를 위한 잡지'라는 모토 아래, 독자들에게 의미 있는 토론거리를 제공하고 예의를 갖추어 대화와 사회적 교류에 참여하도록 돕는 것이 창간 목표였다. 애디슨은 매호마다 수천 명의 런던 시민이 읽었다고 주장하였다. 1828년 7월부터 발행된 주간 뉴스 매거진 The Spectator는 이 커피하우스 잡지의 이름을 이어갔다.
* 〈가디언〉: 〈스펙테이터〉가 폐간된 다음 애디슨이 주도하여 스틸과 공동으로 창간한 주간지로서 이 잡지 또한 커피하우스 '버튼'의 하우스잡지였다. 이 잡지에 글을 싣고 싶은 사람은 커피하우스 입구에 달아놓은 사자 머리 조각상의 입 안에 쓴 글을 넣어두도록 했다. 1713년 3월 12일부터 10월 1일까지 발간하였다. 한편 1821년 The Manchester Guardian 으로 출발한 일간 신문은 1959년부터 The Guardian 으로 제호를 바꾸어 속간되었다.

개별 가정과 커피하우스나 정치 클럽 같은 자발적인 모임들이 교회가 그 중심에 있었던 중세의 지역공동체를 대체하고 있었다. 교외에서 조용히 살아가면서 누리는 프라이버시와 자발적 연합이 결합하면서 전통적인 '이웃의 정'을 잃어버리기도 했지만 다른 한편으로는 특히 런던 주변에서 많은 사람이 함께 모임으로써 지적 자극을 얻을 수 있었다. 그래서 남자든 여자든 관심사가 같은 다른 사람들을 찾을 수 있었고 기꺼이 토론을 벌였다. 작은 단위로 나누어진 사회가 공동체들로 다시 형성되고 있었는데, 그 공동체는 자발성에 기초를 둔 것이었고 그 관심 또한 아주 다양했다.[48]

작은 변화들이 모여 경쟁적인 비즈니스 사회의 건설이라는 혁명적 전환을 준비하고 있었다. 이런 시기에 차, 커피, 초콜릿, 담배 등과 같은 지금까지 낯선 수입품들이 값이 저렴해진 향신료나 설탕과 함께 식단과 사회적 관습을 혁명적으로 변화시켰다. 레반트 무역의 발전이 없었다면 아마도 존재할 수 없었던 커피하우스는 50년대에 '뉴스의 장터'로서 자리매김하였다. 커피하우스는 정치적 정보의 새로운 유용성과 그것을 토론하고 싶은 새로운 열망을 반영했으며 이 시설을 '비국교도'라고 묘사한 것에서 알 수 있듯이, 종교로부터 더 세속적인 주제로 관심의 이동을 부채질하고 있었다.[49]

이런 시대의 개막을 앞당긴 것이 런던의 커피하우스들이었다. 런던 최초의 커피하우스는 그리스인 파스쿠아 로제^{Pasqua Rosée}가 1652년에 개업했다. 다니엘 에드워즈라는 레반트회사 상인의 시종으로 일하던 로제는 당시 커피하우스가 왕정복고 이후에나 발전하게 되는 뉴스문화와 아직은 깊은 관련이 없었다는 점에서 의심의 여지없이 1651년 9월 그동안 자유로운 영업의 족쇄로 작용했던 허가규칙이 효력을 상실하자 개업을 결심했을 것으로 보인다.50 로제에 뒤이어 곧바로 여러 커피하우스가 문을 열었다고 하지만 자세한 기록은 전해지지 않고 있다.

1650년대 런던의 삶은 그다지 즐겁지 않았다. 크롬웰 정권이 음악과 춤을 금지하였고 극장마저 폐쇄했다. 크리스마스 행사가 불법이 된 것은 물론이고 교회에서 성화를 철거했을 뿐 아니라 치안판사들은 간통죄에 사형선고를 내리느라 분주했다.51 초기 커피하우스 주인들은 에일 판매업자의 반대에 부딪쳤다. 에일 판매업자들은 커피하우스 주인들이 자유로운 런던 시민이 아니므로 커피 음료를 파는 것은 적법하지 않다고 시장에게 불평을 터뜨렸다. 그러나 1659년 런던 코벤트가든의 이발사로 일한 토머스 러기는 "이제 커피라는 튀르크 사람들의 음료가 거의 모든 거리에서 팔리고 있으며 마찬가지로 뜨거운 음료인 차와 초콜릿 음료 역시 잘 팔린다"고 비망록에 적었다.52 1660년대 새뮤얼 페피스 Samuel Pepys(1633-1703)는 커피하우스가 너무 많아 선택에 어려움을 겪었다고 술회했다.53 하지만 1660년대 중반까지도 여전히 커피는 런던의 소비시장에서 틈새를 개척하려고 애쓰는 상황이 계속되었다. 새해를 맞아 한 커피하우스 주인은 젠틀맨들에게 커피를 시음해 보도록 권했고 커피하우스 그레시안 Grecian의 주인은 고객들에게 어떻게 커피를 끓이는지 무료로 가르쳐 주었다.54

커피하우스가 런던의 명사들 사이에서 비공식적인 학문과 토론의 센터로서 명성을 얻은 것은 왕정복고 이후에야 이루어졌다. 이때부터 프랑스어, 이탈리아어 그리고 라틴어를 수강하거나 사교춤과 펜싱 또는 기마술의 교습에 등록하거나 시, 수학 혹은 천문학 강의를 듣는 것, 이 모든 것이 17세기와 18세기 초 런던의 커피하우스에서는 가능했다.55

런던의 커피하우스는 옥스퍼드의 커피하우스보다 고객층을 좀 더 넓혔다. 세기 전환기에 케임브리지대학의 교수 존 휴튼 John Houghton은 커피하우스의 공헌을 과장이라고 할 정도로 높이 평가했다.

> 커피하우스는 가난한 사람과 부자, 학식을 갖춘 사람과 그렇지 못한 사람 등 모든 부류의 사람들이 사귀는 곳이다. 그곳에서 예술과 상술 그리고 모든 다른 지식을 증진할 수 있으며 훌륭한 것을 배우려는 탐구적인 사람은 책에서 한 달은 걸려야 배울 수 있는 것보다 더 많은 지식을 하루 저녁에 얻을 수 있다.[56]

커피하우스는 곧 "젠틀맨의 훈련 아카데미"라는 평판을 얻었고 학자, 시인, 지성인, 실용적 지식인 등이 모여들었다. 고위 귀족은 커피하우스에 드나들지 않았던 것이 확실하고 가난한 노동자 역시 자리를 얻지 못했다. 커피하우스의 고객들은 공통의 지적 관심을 가진 유한계층이 주류를 이루었다. 커피하우스의 지적이고 민주적 측면은 1667년 이 시설을 "1페니 대학"이라고 노래한 한 라임에서 가장 도드라지게 표현되었다.

> 이토록 위대한 대학이 일찍이 없었으니
> 여기에서 당신은
> 1페니를 내고 학자가 될 수 있다네![57]

물론 커피하우스의 상대적 개방성이 학습의 질을 낮춘다는 비판이 이어졌고 커피하우스의 대화에는 중재자도 없고 규칙도 없다는 불만이 터져 나오기도 했는데, 커피하우스의 대화와 토론이 대학의 세미나와 같을 수는 없다는 점에서 이 비판은 타당하다. 그렇다고 해서 커피하우스의 독특한 지위가 크게 위축되지는 않았다.

커피하우스는 어떻게 잉글랜드 명사들의 사회생활에 그토록 매력적인 장소가 되었을까? 다른 무엇보다 눈에 띄는 이유는 커피하우스 방문의 편리함이었다. 잘 차려 입고 귀족의 대저택을 방문하는 것과 달리 커피하우스 방문은 격식을 차리지 않고도 언제나 가능했다. 이 유리함은 런던이 왕정복고 이후 누구도 시비하기 어려운 명사문화의 중심지가 되면서 더욱 확실해졌다. 17세기 초에 명사들은 지방에 흩어져 있는 귀족의 대저택을 사회적 교류의 중심지로 삼았으나 17세기 후반 대도시 런던으로 혹은 시골에서 도시로의 이주가 진행됨에 따라 명사들의 사회적 교류에 근원적인 변화가 일어났다. 커피하우스와 함께 나타난 새로운 대도시 "타운"의 새로운 예의가 과거의 과도하고 거북한 격식을 서서히 밀어내고 있었다.

당대에 출판된 〈커피하우스의 규칙과 질서〉라는 팸플릿에는 이런 글이 쓰여 있었다.

> 여기에서는 고위층이든 상인이든 모두 환영한다. 함께 앉는다고 무례를 범하는 게 아니다. 높은 자리에 앉겠다는 사람은 아무도 없고 눈에 띄는 자리에 그냥 앉으면 된다. 상류층 인사가 왔다고 일어나서 자리를 양보할 필요는 없다.[58]

이 글은 커피하우스에서 새로운 질서가 싹트고 있었음을 뒷받침하고 있다. 커피하우스는 신분과 지위에 따라 우대하거나 차별하는 의전을 처음부터 아예 없앰으로써 '평등'이라는 사회적 이상을 현실이 되게 하는 데 이바지했다. 이미 17세기 말부터 18세기에 학자들 사이에는 회원들의 사회적 구별을 거부하는 풍토가 뿌리내리기 시작했는데, 커피하우스의 사회적 교류는 그것을 더욱 구체화하고 있었다. 같은 시기에 생겨 귀족을 중심으로 최상류층이 주로 이용한 초콜릿하우스와 비교하더라도 커피하우스는 훨씬 더 '민주적'이라는 특성을 띠고 있었다. 물론 아주 가난한 서민이 드나든 곳은 아직 아니었던 만큼, 커피하우스 출입자들 사이에서만 실현된, 그리고 그것이 여전히 사회생활로 전환되지는 않은 '평등'이라는 한계는 뚜렷했다.

커피하우스 사교의 또 다른 중요한 이점은 비교적 싼 가격을 지불하기만 하면 출입이 가능하고 그래서 자주 방문할 수 있었다는 것이다. 1700년을 기준으로 중산층이라 부를 만큼 경제적 여유가 있는 런던의 남성들(28만 7천 5백여 명이었던 남성 인구의 35~40퍼센트)에게 커피하우스는 결코 부담스러운 곳이 아니었다.[59] 커피하우스 가운데 어느 한 곳을 방문할 수도 있었고 여러 곳을 번갈아 갈 수도 있었으며 매일 가거나 이틀 혹은 며칠마다 정기 혹은 부정기적으로 아무 때나 갈 수 있었다. 미리 계획하거나 커다란 신경을 쓰지 않고도 얼마든지 갈 수 있었다. 커피하우스 숫자가 늘어난 18세기에 런던 중산층 남자의 경우 즐겨 찾는 커피하우스가 통상 몇 군데는 있었고 "단골"로 다니는 한두 곳 외에 "가끔씩" 들르는 곳도 있었다. 1725년 존 바이럼이란 사람은, 자신이 6개월 동안 29곳의 커피하우스를 195번이나 방문했다고 기록하고 있다.[60]

일반 상인과 하층민의 만취와 매춘을 연상시키는 전통적인 선술집과 에일하우스와 달리 커피하우스는 훨씬 더 품위 있고 고상한 분위기를 띠고 있어서 맑은 정신 상태에서 할 수 있는 새로운 과학과 관련한 활동이 이루어졌다. 커피하우스에서 실제로 과학적 실험이 이루어졌다는 증거는 거의 없지만 실험 사실을 두고 공개적인 토론이 이루어진 일은 잦았다.[61] 심지어 호기심 어린 눈으로 지켜보는 커피하우스 고객들 앞에서 아이작 뉴턴 Isaac Newton (1642-1727)이 돌고래를 해부했다는 이야기가 호사가들 사이에 입에서 입으로 널리 퍼졌고 지금까지도 관심이 끊이지 않고 있다. 이와 관련해 가장 믿을 만한 기록을 남긴 사람은 고문

커피하우스의 규칙과 질서, 커피하우스의 홍보 전단 중에서. 런던, 1674년

"여기에서는 고위층이든 신분이 낮은 사람이든 모두 환영합니다. 상류층 인사가 왔다고 일어나서 자리를 양보할 필요는 없습니다."

서 수집가이자 역사가로 당시 왕립학회 회원이었던 랄프 소어스비 Ralph Thoresby (1658-1725)였다. 그는 1712년에 쓴 일기에 이렇게 기록했다.

왕립학회에 참석했다가 더글러스 박사 Dr. Douglas*가 최근 템즈강에서 잡은 고래를 해부하는 것을 보았다. 왕립학회 회장 아이작 뉴턴, 뉴턴의 두 비서, 옥스퍼드대 교수인 핼리 박사 Dr. Halley*와 케일 박사 Dr. Keil 등이 그 자리에 참관했다. (해부가 끝난) 후 우리 일행은 커피하우스 그레시안으로 자리를 옮겨 즐겼다.[62]

그레시안에서 커피를 마시면서 해부 결과를 두고 토론이 이루어졌음은 의문의 여지가 없다. 뉴턴이나 핼리 그리고 한스 슬론경 Hans Sloane (1660-1753)*을 비롯한 적지 않은 첼시의 신사과학자들은 그레시안의 단골고객이었을 뿐 아니라 또 다른 커피하우스 돈 살테로 Don Saltero에서도 자주 커피를 마시며 과학계의 난제들을 진지하게 토론했다고 한다.[63] 그들의 지적 호기심은 고고학, 천문학, 수학 등을 넘어 한

* 더글러스: 스코틀랜드 출신의 의사이자 해부학자로 활동한 제임스 더글러스 James Douglas (1675-1742)를 말하는 것으로 보인다.
* 핼리: 천문학자, 수학자, 물리학자. 아이작 뉴턴의 역학을 이용하여 핼리혜성의 귀환을 예측하여 이 혜성에 그의 이름이 붙게 되었다. 또한 그는 뉴턴의 최대 업적인 《프린키피아 Philosophiæ Naturalis Principia Mathematica》(1687)의 저술과 출판을 지원하였다.
* 한스 슬론경: 아일랜드 출신의 영국 의사이자 박물학자. 1687년 자메이카에 15개월간 머물면서 800여 종의 동식물 표본을 수집하였고 그가 평생 수집한 7만 1,000개의 수집품과 표본은 국가에 기증되거나 판매되어 대영박물관 부설 자연사박물관의 기초가 되었다. 뉴턴의 후임으로 영국 왕립학회장을 지낸 슬론경은 초코우유를 처음으로 발명한 사람으로도 알려져 있지만 자메이카에 체류하던 때 원주민들이 초콜릿음료에 우유를 추가하는 모습을 보고 배운 것으로 판단된다.

계가 없었고 이것이 커피하우스에서 돌고래를 해부했다는 소문을 만들어냈을 것으로 보인다. 아무튼 '돌고래 해부' 이야기는 커피하우스가 뉴턴의 명성에 접목될 만큼 실험실의 중요한 보완공간으로서 과학적 토론이 자주 벌어진 공적 장소였음을 입증해준다. 커피문화사를 연구한 하이제는 프랑스와 네덜란드에서도 있었던 이런 커피하우스에서의 학문적 토론이 프로이센에서는 오랫동안 전혀 불가능했다고 지적함으로써 잉글랜드의 문화적 진보를 커피하우스 토론과 연결하기도 했다. 그녀의 연구에 따르면 프로이센에서는 학문적이고 철학적인 인식의 성장을 지원할 의도를 가진 '학자들의 커피하우스'가 1755년에야 처음으로 베를린에 문을 열었다.[64]

런던의 커피하우스에서는 단지 '토론'과 '대화'만 나눈 것이 아니라 다른 활동 또한 이루어졌다. 커피하우스는 급속하게 확장하고 있던 상업에 유익한 역할을 했다. 커피하우스 자체가 커피라는 이국적 상품을 판매하는 곳이기도 했고 이익을 창출하기 위해서 여러 활동을 겸했다. 몇몇 커피하우스는 도서 판매자들과 밀접하게 연계하여 도서 판매를 돕거나 판매 증서를 제공하기도 했다. 한 예로, 런던의 커피하우스 풍경에 관해 여러 기록을 남긴 새뮤얼 페피스는 앨리에 있는 커피하우스에서 건축에 관한 책을 샀다.[65] 커피하우스 로이드를 창업한 에드워드 로이드 Edward Lloyd(1648-1713)는 선박경매를 열었고 보험을 팔았으며 바다 날씨와 만조시간, 해적 출몰지역과 선박의 출항 및 도착 시간 등 무역 거래에 도움이 될 정보를 칠판에 적어 놓거나 종이쪽지에 적어 걸어 놓았다. 이런 간단한 소식이나마 당대 화주貨主들에게는 대단히 중요한 정보였고 로이드는 이를 발전시켜 1696-97년 사이 〈로이드 뉴스〉라는 커피하우스 신문을 발행했다. 〈로이드 뉴스〉는 1734년 후손에 의해 〈로이드 리스트〉*라는 이름으로 다시 발행되었으며 커피하우스 '버튼'의

⟨스펙테이터⟩와 ⟨가디언⟩ 등과 함께 영국에서 언론 발전의 초석을 놓는 데 크게 이바지했다.

런던의 커피하우스와 여성

런던의 커피하우스는 이론상으로는 누구에게나 열려있었다. 남자든 여자든 가릴 것 없이 아무나 갈 수 있었다. 여성이 커피하우스에 간 사례부터 살펴보자. 레이스 사업에서 성공한 헤스터 피니 Hester Pinney 라는 독신 여성은 개러웨이와 조너선의 커피하우스에서 증권거래업자와 거래를 하는 데 아무런 어려움이 없었다. 그녀는 그곳에서 증권 투자를 상의하고 서인도회사 계약을 지속하기 위해 상담을 진행했다. 때로 커피하우스에서 경매가 열리기도 했는데, 다른 무엇보다 미술품이 주요 품목이었다. 커피하우스 경매에서 가장 중요한 고객은 상류층 여성들로서 자기 집에 걸어두기 위해 그림을 구매했다. 그러나 이런 커피하우스 방문은 특별한 경우에만 가능한 일이었다.

여성이 커피하우스에 가려면 잉글랜드 사회의 엘리트층 여성이 받던 사회적 존중을 포기해야만 했다. 커피하우스 관련 인쇄물에 가슴이 풍만한 여성이 단골로 등장하고 있어 자존감을 가진 여자라면 커피하우스 출입을 스스로 삼갔다. 그래서 역설적으로 낮은 사회적 신분에 속한 여성일수록 커피하우스 출입이 쉬운 경우도 있었다. 그런 여성들 대부분은 남성 고객에게 커피를 서비스하는 종업원이었다. 가장 일반적인 또 다른 예로 여성이 커피하우스의 주인인 경우를 들 수 있다. 1692년

---

* ⟨로이드 리스트⟩: 창업주 로이드가 사망한 후 커피하우스는 딸 핸디와 재혼한 시파드의 여동생 엘리자베스에게 넘어갔고 그녀의 남편 토머스 제임슨이 1734년에 창간한 ⟨로이드 리스트⟩는 2013년까지 매일 발행되었다.

과 1693년에 인두세를 낸 커피하우스 주인의 20퍼센트 이상이 여성이었다.[66] 이 여성들은 "커피우먼"이란 타이틀을 얻었는데, 당시 그다지 명예로운 호칭은 아니었다.

여성의 커피하우스 출입은 그야말로 예외였다. 이 예외 자체가 규칙을 설명해 주고 있다. 왕정복고 시대 런던에 남자와 여자를 완벽하게 갈라놓는 분리장벽이 있었던 것은 아니지만 남성과 여성 모두에게 평등한 젠더 중립적인 사회적 세계는 커피하우스에 없었다. 더구나 커피하우스에서 이루어진 토론에 여성이 참여했다는 증거는 어디에서도 찾아볼 수 없다. 커피하우스의 토론은 여성에게 금단의 영역으로 남아있었다.

커피하우스를 두르고 있던 이런 분위기 탓이었는지 대부분의 여성은 커피하우스의 영업에 반대했다. 커피하우스가 시민문화가 되면서 남편들이 가장의 본분을 잊은 채 한가하게 신문을 읽거나 낯선 사람과 수다를 떨면서 시간을 허비하는 것이 마땅치 않았다. 더구나 노변한담에 지나지 않는 정치적 견해를 거들먹거리며 떠드는 것을 보고 둘 수만 없었다.

1674년 드디어 런던의 여성들은 〈커피에 반대하는 여성들의 탄원서〉라는 팸플릿을 발행했다. 여기에서 여성들은 "커피의 과다한 음용이 남편들을 거세시켜 불구로 만들었다"고 주장했다. 그러나 남성들은 같은 해에 〈커피에 반대하는 여성들의 탄원서에 대한 남성들의 답변서〉를 발행하여 "커피는 남성성을 강화하여 여성들의 성적 욕구를 만족시키는 데 도움을 준다"고 응수했다.[67] 이런 입씨름이 있었다는 것만으로도 커피하우스의 존재감은 더욱 뚜렷해졌지만 커피하우스가 초기부터 남녀 누구나 즐길 수 있는 장소가 아니었다는 사실 또한 명백하다.

1670년대로 들어서면서 체제에 대한 비판이 높아지자 왕실 역시 대응을 서둘렀다. 커피하우스가 우선 표적이 되었다. "가짜 뉴스를 퍼뜨리는 악습에 반대해" 1675년 찰스 2세가 왕실칙령을 발표하여 커피하우스를 공격했다. 그는 "1676년 1월 10일 이후부터 커피, 초콜릿, 셔벗 그리고 차를 소매로 파는 것을 금지한다"고 선언했다. 왕의 부적절한 명령에 즉각 반대가 일었다. 정치권에서도 비판이 있었지만 가장 강한 반대는 커피하우스 주인들로부터 나왔다. 그들은 금지 조치가 관련 사업 종사자들의 생계를 위협한다면서 철회해 줄 것을 강렬히 청원했다.

반대에 부딪친 왕실은 6월 24일까지 남은 커피를 다 팔 수 있도록 유예 기간을 주는 등 타협을 모색했고 마침내 커피하우스 영업을 인정할 수밖에 없었다. 결국 커피하우스는 살아남았고 1736년부터 37년 사이 런던의 커피와 차 거래상은 3,415명에 달해 잉글랜드 전체 소매상의 70퍼센트를 차지했다.[68] 당시 런던 인구는 57만 5천명 정도였다.

이 사건은 잉글랜드가 더 이상 자의적이고 독재적인 왕에 의해 지배될 수 없다는 것을 보여준 표지였다. 헨리 할램 Henry Hallam 은 19세기 초에 출판한 그의 《잉글랜드 헌법의 역사》에서, 커피하우스에 대한 왕정복고 시대의 금지령을 의회의 입법권 및 신민의 개인적 권리에 대해 왕권이 저지른 또 하나의 침해로 보았다.[69] 커피하우스는 스튜어트 왕조로부터 하노버 왕가의 브리튼(1714-1901)으로 가는 이행기의 휘그적 견해(왕권을 지지한 Tory당에 반해 Whig당은 상인과 비국교도의 지지를 받은 정당으로서 민주당의 전신이다)를 형성하는 데 중요한 역할을 했다. 데이빗 흄 David Hume (1711-1776)은 커피하우스의 등장이 영국 정부의 독창성의 증거이고 자유 헌법의 상징이라고 칭송했다.

마르세유가 앞장서고 파리가 뒤따르다

프랑스에서 커피의 확산은 아주 다양한 통로를 거쳐서 이루어졌다.

내용을 뜯어보면 사회학적 측면을 비롯해 식물학, 경제, 치료제, 식음료, 미술 등의 다양한 측면이 서로 혼합되어 있다. 그러나 지리적으로는 마르세유와 파리가 가장 중요한 역할을 했다. 마르세유는 지중해의 관문이었고 파리(베르사유)는 궁정생활이 펼쳐진 곳이었다. 이 두 지역을 중심으로 프랑스의 초기 커피문화를 살펴보자.

마르세유는 프랑스에서 가장 오래된 도시이다. 지중해에 접해있어 레반트 무역을 위한 중요 물산 집산지이자 거래처로서 부를 축적해 한때 독립공화국이 되었고 자유로운 상인정신이 도시를 지배하고 있었다. 그러나 사람과 물산만 이곳을 드나든 것은 아니었다. 14세기에 마르세유는 지정학적 위치로 인해 페스트가 유럽으로 전해지는 통로가 되었고, 또 가톨릭과 개신교의 갈등으로 빚어진 위그노 전쟁(1562-1598) 때에는 가장 완강한 가톨릭 진영의 보루였다. 1660년 루이 14세에 의해 자유도시 Freie Stadt * 로서의 지위를 박탈당하고 프랑스에 병합되었다. 그 후 1720-21년 사이 페스트의 마지막 공격으로 마르세유 시민의 절반인 5만 명이 질병에 희생되는 '대파국'을 겪었다.

---

*   자유도시: 10-11세기에 유럽에서 인구가 증가하고 상업이 발달하자 새로운 도시들이 형성되었다. 이 도시들은 신성로마제국 황제의 보호를 등에 업고 군주나 지방 영주의 지배로부터 "자유"를 획득하였고 중세 초기에 도시의 사법권이나 경영권을 주교에게 위임했던 도시들 또한 그것을 되찾아 도시민의 서약공동체로 발전했다. 이런 "자유도시들"은 신성로마제국 황제의 허가를 받아야 했으므로 "자유 제국도시"라고 불리기도 했으며 영방제후에 비해 정치적 권력은 약했지만 경제적 부를 바탕으로 신성로마제국 의회에 참석해 투표권을 행사할 수 있었다. 자유도시들은 사법적 자치권을 갖고 있어 이곳으로 도망해온 농노들도 1년하고 하루를 넘기면 영주의 지배에서 벗어나 자유로운 몸이 되었다. 그래서 "도시의 공기가 자유를 준다"는 말이 생겼다.

마르세유에서는 다른 어떤 도시보다 일찍이 커피거래가 이루어졌고 카페가 발전했다. 마르세유 상공회의소의 사고史庫에서 찾은 한 사료는 300첸트너Zentner(1첸트너는 100Kg)의 커피 화물과 관련한 소송을 전해주고 있는데, 이 일이 일어난 해는 1657년이었다.⁷⁰ 1660년에는 프로방스와 랑그독 지방의 해안지역과 그 배후지로 갈 1만 9,000첸트너의 커피가 도착했다는 믿기 어려운 사실 또한 기록되어 있다.⁷¹ 이 정도의 커피물량이 거래되었다는 것은 이미 1650년대부터 커피거래가 지중해 서부에서 일상적으로 빈번하게 이루어졌다는 것을 의미한다.

1660년 마르세유의 약종상들은 가게에서 이미 커피를 팔고 있었다. 1671년 선원들의 집합 장소로 쓰이는 천막 근처에 한 카페가 최초로 문을 열었다.⁷² 레반트로 가는 여행자들과 선원들이 이 카페를 주로 방문했다. 그들에게 이곳은 무역과 항해에 관한 대화를 나누기에 더없이 안성맞춤인 장소였다. 이때쯤에 개인 집에서도 커피를 마셨다는 것을 프로방스의 어느 귀족이 확인했고 왕의 갤리선 위에서도 튀르크 사람이 만든 커피를 마셨다고 전해진다.

마르세유에 커피 음용이 정착도 하기 전에 커피에 대한 비판이 제기되었다. 마르세유 주변에 흩어져 있는 포도 재배업자들이 새로운 음료가 자신들의 생계에 먹구름을 몰고 오는 것은 아닌지 우려를 표명했다. 더욱 집요한 반대자는 의사들이었다. 의사들은 "커피의 음용과 이용이 마르세유 주민들에게 유해할 것이라고 추측한다"면서 커피 음용에 반기를 들었다. 의사들의 반대는 커피에 적지 않은 타격을 입혔던 것 같다. 그러나 커피는 이미 반대를 넘어설 만큼 튼튼하게 성장해 있었다.

17세기 프랑스에서 커피의 확산은 가히 유행현상이 되었다. 처음에 그것은 이국취향의 유행에 머물렀으나 곧 일상의 습관으로 자리를 잡았다. 커피가 외래 문물에 대한 지적 자극을 준 데다 준비에 필요한 새로운 도구들에 대한 호기심이 커피 음용의 확산을 북돋았다. 특히 18세기에 커피는 아주 실질적인 영역을 장악해갔다. 커피가 식민지의 경작 농작물에 편입되었을 뿐 아니라 세계경제에서 중요한 지위를 차지하게 되었기 때문이다. 레위니옹을 비롯한 해외에 개척한 프랑스령 여러 섬에서 커피가 생산되었고 프랑스와 다른 여러 나라로 수출되기 시작했다. 커피 부문에서도 18세기 초반에 역사가 페르낭 브로델이 표현한 "자본주의의 활동적인 단계"가 시작되고 있었다.[73]

이 시기에 마르세유는 국제 커피시장에서 가장 중요한 거래소가 되었다. 커피의 수요가 워낙 많아 충족시키기가 쉽지 않은 수준이었다. 1692년 루이 14세가 파리의 거래상에게 커피 판매의 독점권을 줌으로써 커피가격은 파운드당 4리브르로 정해져 있었다. 이 독점권이 폐지되기만 하면 새로운 기회를 맞을 수 있는 상황에서 1년 후 마르세유 상인들의 강력한 항의로 독점권이 폐지되자 마르세유는 더욱 유리한 위치에 서게 되었다.

그렇게 된 중요한 이유의 하나는 커피의 질을 보장하는 일에서 마르세유를 따를 경쟁 항구나 도시가 없었다는 사실에 있었다. 지중해에서 커피거래가 이루어진 초기에 아라비아에서 카이로를 경유해 커피를 운송하는 통로로 마르세유만큼 짧은 거리와 시간이 소요되는 항구는 없었고 게다가 마르세유에서 유럽 여러 지역으로 가는 통행거리 역시 짧았다. 이에 비해 홀란드의 거래상들은 커피를 우선 루앙까지 운송했는데, 생산지에서 이곳까지 오는 동안 화물은 길게는 꼬박 일 년을 배 위에 실려 있었고 홀란드에서조차 다른 지역으로 운송하기 전에 창고에 보관된 채 오랜 시간을 기다려야만 했다.[74]

1723년 프랑스 동인도회사는 왕의 칙령을 근거로 커피의 국내 수입과 판매 그리고 운송 등에서 독점적 특권을 가졌다. 또 한 차례 마르세유 상공회의소는 이에 격렬히 저항하였고 곧 이 칙령은 철회되었다. 그러면서 마르세유는 점차 중요한 커피수입 및 수출항으로서 지위를 확보했고 그 역할을 확대해 나갔다.

1700년 아라비아로부터 이집트를 거쳐 60만 킬로그램의 커피가 마르세유로 수입된 데 이어, 1730년 프랑스령 마르티니크(소안틸레스 제도)로부터 수입한 커피는 향미가 특이해 절반 가격에 판매되었다는 기록이 남아있으며 1737년 프랑스령 안틸레스 제도로부터 100만 킬로그램의 커피를 수입했고 1785년 역시 700만 킬로그램의 커피를 수입했다. 한편 예멘의 모카 항에서 마르세유로 온 커피는 12만 킬로그램에 지나지 않았다. 마르세유는 아메리카 커피의 88퍼센트를 다시 지중해 동부에 내다 팔았다.[75]

파리 시민들의 커피수요는 오랫동안 그다지 많지 않았다. 아르메니아인으로 알려진 파스칼이란 사람이 1672년 생제르맹의 시장에 파리 최초의 커피바를 열었으나 얼마 지나지 않아 문을 닫았다. 그의 커피바는 겉모습으로는 오스만제국의 커피하우스를 흉내 내기는 했으나 제대로 된 카페라기보다 시음장 같은 수준이었고 그것도 연말 대목장이 열리는 동안만 영업을 했다. 그 후 미국인 말리반이라는 사람 역시 커피바를 열었다. 그가 커피바를 창업한 후 파리에 레모네이드와 리큐르를 취급하는 카페조합이 생긴 것을 보면 여러 사람이 그로부터 영감을 얻었던 것 같다. 그럼에도 말리반의 카페 영업은 성공적이지 않았고 그는 조수에게 카페를 넘기고 네덜란드로 이주해갔다. 말리반의 조수였던 페르시아인 그레구아르는 1689년 코메디프랑세즈라는 극장 근처로 커피바를 옮기면서 기회를 잡을 수 있었다. 극장에 출입하는 사람들을 고객으로 확보하려는 그의 전략은 현명한 판단이었고 또 그의 사교적인 성격과 타고난 화술이 영업에 활력을 불어 넣었다.[76]

파리에 전형적인 커피하우스를 창업한 사람은 이탈리아에서 온 프란체스코 프로코피오 데이 콜텔리 Francesco Procopio dei Coltelli (1651-1727)였다. 지중해 연안의 귀족들이 흔히 그랬듯이, 프로코피오는 시칠리아 섬 북부 팔레르모의 귀족 출신답게 일찍이 커피의 향미를 일상적으로 즐겼다. 그가 파리에서 처음으로 카페를 창업한 것은 1686년이었고[77] 이름을 프랑스와 프로코프로 개명하면서 카페의 상호 역시 카페 프로코프 café le procope 로 바꾸었다. 그는 1660년에 이탈리아에서 아이스크림을 개발한 경험이 있었는데 커피에 곁들여 아이스크림을 선보인 것도 파리지엔으로부터 그의 카페가 인기를 얻게 한 요인 중 하나였다. 1702년 프랑세즈 극장 맞은편에 크고 훌륭한 건물을 소유하게 되면서 카페 프로코프는 아늑한 분위기에 큰 벽거울을 갖추었고 생제르맹 거리의 멋진 풍경 덕분에 더욱 매력적인 곳이 되었다. 카페 프로코프는 유럽 카페의 전형이 되어 커피하우스가 "파리의 문화"라는 이미지를 만들어 내는 데 기여했다.

샤를 루이 드 세콩다 몽테스키외도 카페 프로코프에 일찍이 호감을 표한 사람들 가운데 한 사람이었다. 프랑스의 위대한 계몽주의 철학자로 《법의 정신》을 쓴 몽테스키외는 1721년 자신이 페르시아인이 되어 편지를 보내는 형식을 빌려 쓴 《페르시아인의 편지》에서, 커피가 당시 파리에서 매우 흔한 음료라고 전하면서 그 중 어떤 카페는 "그 가게에 들어갔다 나오면 들어갈 때보다 4배는 더 정신이 맑아져서 나온다"고 썼다.[78] 그가 말한 그 카페를 프로코프로 추정하는 데 특별한 이견이 없다. 계몽주의 사상가들을 비롯해 부르주아지(부르주아계급)와 그들의 부인들, 그리고 수많은 문인과 예술가가 고객 명단에 이름을 올려 이 카페는 최초의 문학카페이자 지식인카페로 유명해졌고 프랑스 혁명의 사상적 태반이라고 해도 손색이 없는 곳이었다. 카페 프로코프의 성공이 다른 많은 카페의 창업을 이끌어냈고 파리 시민의 커피소비를 촉진했음은 두말할 필요조차 없다.

마르세유와 파리의 선구적인 역할에 힘입어 18세기에 커피 음용은 프랑스 국민들 사이에 하나의 관습으로서 확산되었다. 개인적인 소비가 새로운 소비형태로 등장했다. 세기말 카데 드 보 Cadet-de Vaux 는 "커피는 기호품이기도 하지만 생필품이 되었다. 다른 어떤 물질로도 그것을 대체할 수 없다"라고 썼다.[79] 여기에서 "생필품"이라는 표현이 매우 중요한데, 이는 커피 마시기가 소비습관으로 굳어져 있었음을 의미한다. 그 후에 이루어진 농촌 지역을 포함한 프랑스 전역에 걸친 체계적인 연구는 커피가 얼마나 중요한 상품이었는지를 더욱 잘 드러내 주었다.

커피무역으로 출발한 네덜란드

16세기에 이르러 유럽에서 금융 및 상업 그리고 새로운 산업의 중심이 북부로 이동하고 있었다. 네덜란드 직물 제조업자들은 국제적인 수출업자가 되었고 네덜란드 낙농가들은 치즈와 버터를 팔았고 어업 종사자들은 6톤짜리 배들로 이루어진 청어선단에서 상당한 수입을 올렸으며 상인들은 발트 해에서 서부와 남부에 이르는 해운을 장악한 덕에 국제 곡물 거래 또한 지배하고 있었다. 네덜란드의 장인들과 노동자들은 유럽 도시민 중에서 영양 상태가 가장 좋았다.[80]

1570년대와 1580년대에 서부 유럽 저지대에서 정치적 분열이 일어났다. 네덜란드의 남부는 가톨릭으로 남아 벨기에가 되었고 북부는 개신교 국가로서 네덜란드라는 국호를 사용했다. 암스테르담은 칼뱅주의자와 메노나이트들 Mennonite * 이 밀려와 1585년 이후 수십 년이 지나자 북유럽의 금융과 상업의 중심지로 발전했다. 네덜란드가 저지대 지역의 해운과 어업을 지배한 덕분이었다. 네덜란드는 연합동인도회사를 설립하고 자본과 선박 기술을 바탕으로 아메리카, 아프리카, 인도와 중국 등 아시아로 무역활동의 영역을 넓혀갔다.

암스테르담 항구에 처음 카페를 연 것은 연합동인도회사일 것으로 추측된다.[81] 연합동인도회사가 예멘의 모카 항에서 암스테르담으로 커피를 처음 보낸 것은 1640년의 일이지만 정기적으로 수입하기 시작한 것은 1663년이었다. 이때 암스테르담에 네덜란드 최초의 커피하우스가 문을 연 데 이어 이듬해에는 남서 해안에 인접한 덴하그에도 카페가 생겼다.[82]

1600년 약 4만 명이던 암스테르담의 인구는 1662년에 이미 21만 명에 이를 정도로 급속하게 성장했다. 이 도시는 인구 10만 명이었던 시기에 외국인이 주민의 1/3에 이를 정도로 국제도시였다. 그러나 카페는 1700년에 32개에 머물러 있었다. 네덜란드가 여전히 대부분의 커피를 수출 상품으로 거래하는 나라였다는 점이 이에 대한 설명을 제공해준다. 우리가 네덜란드 식민지에서 이루어진 커피의 재배와 그 수출에 더 관심을 기울여야 할 이유이다.

---

* 메노나이트: 네덜란드 북부 출신 메노 시몬스[Menno Simons (1496-1561)]의 가르침을 따르는 기독교 분파로, 가톨릭이 시행하던 유아 세례 대신 신자 자신의 믿음을 확인한 다음 세례를 베풀어야 한다고 주장한 재세례파[Anabaptist]의 일부로서 과격한 사회개혁을 시도하던 뮌스터의 재세례파와 구별해 "성서적 재세례파"라고 불린다. 재세례파는 종교개혁 당시 칼뱅파와 루터파 양측으로부터 비판과 탄압을 받았다.

4. 늦게 출발한 오스트리아와 독일

유럽 커피의 역사에서 빈만큼 세련되고 고도로 발전한 커피하우스 문화를 발전시킨 도시는 거의 없다고 할 수 있다. 그러나 처음부터 빈이 커피문화의 발전에 앞섰던 것은 아니다. 17세기 마지막이 다가오기까지 빈은 커피 세계에서는 그저 변두리에 지나지 않았다. 독일 역시 처음에는 대단히 느리게 출발했다. 그럼에도 18세기 독일의 라이프치히에서 처음 연주한 바흐의 〈커피 칸타타〉는 머지않아 커피의 시대가 열릴 것을 선포하였고 그 후 독일은 유럽에서 커피를 가장 많이 소비하는 나라로 바뀌었다. 오스트리아와 독일의 커피문화는 유럽뿐 아니라 세계 커피의 역사에 중요한 자리를 차지하고 있다.

빈의 초기 커피문화

빈은 지리적으로 오스만제국이 유럽을 침략하고자 할 때 반드시 거쳐야 할 통행로에 위치하고 있었다. 신성로마제국의 황제를 여러 명 배출한 합스부르크 왕가의 주도인 빈은 서유럽으로 진출하려는 오스만제국의 침략을 막는 전초기지였다. 오스만제국은 1529년 1차로 빈을 대대적으로 공격했다. 그러나 빈은 잘 버텨냈고 더욱 방어를 튼튼히 하였다. 헝가리의 대부분을 정복한 오스만제국은 1683년 7월 빈으로 들어가는 관문에 진지를 구축하고 다시 빈을 포위했다. 대치는 2달이나 이어졌고 오스트리아는 독일과 폴란드의 지원에 한 가닥 희망을 걸고 있었다. 다행히 9월의 격렬했던 '빈 전투' 당시 오스트리아와 독일 (두 나라 모두 신성로마제국)은 15,000명 내지 20,000명에 이르는 폴란드의 지원을 받아 마침내 전쟁에서 승리했고 오스만제국은 그 후로는 다시 빈을 공격하지 못했다. 그럼에도 이 전투는 유럽인들을 공포에 떨게 했고 '말로 형언할 수 없는 끔찍한 튀르크 사람들'이라는 이미지를 각인시켰다.

승리한 전투에는 영웅이 있듯이 이 긴박했던 전투 역시 전설을 낳았다. 특히 그 전설들 중 하나는 오스만제국 군대의 봉쇄선을 뚫고 폴란드 지원군을 데려오는 데 결정적인 역할을 한 사람이 빈에서 커피문화의 발전에 크게 이바지했다는 이야기이다.

한때 오스만제국에서 통역사로 활동한 바 있는 프란츠 게오르그 콜쉬츠키 Franz George Kolschitzky가 그 사람이었다. 콜쉬츠키는 오스만제국 군인으로 변복하고 가까스로 위험을 헤쳐가면서 폴란드 지원군이 도착하기까지 온갖 노력을 기울였다. 신성로마제국은 다행히 공격을 저지할 수 있었고 오스만제국의 군대가 남기고 간 수백 포대의 볶은 커피는 콜쉬츠키에게 포상으로 주어졌다. 그는 그것으로 커피 사업을 시작했는데, 이것이 빈에 커피하우스가 발전하게 된 중요한 계기가 되었다고 전해진다.[83]

실제로 빈과 잘츠부르크 그리고 그라츠 등에 커피를 도입하는 데 핵심적인 역할을 한 사람들은 유럽 여러 지역에서 그러했듯이 아르메니아 사람들이었고 콜쉬츠키 역시 아르메니아 출신이었다고 한다. 오스트리아 당국의 공식 기록에 따르면, 1685년 1월 17일 빈에서 최초로 커피하우스를 연 사람은 아르메니아 상인 요하네스 디오다토 Johannes Diodato로서 그는 왕으로부터 20년 간 커피를 팔 수 있는 배타적 특권을 얻는 데 성공했다.[84]

1700년경 빈의 커피하우스 수는 4개에 지나지 않았는데, 사업을 하는 사람은 모두 아르메니아인이었다. 1714년에 빈 시민이 운영하는 11개의 커피 소매상이 있었던 것을 보면 커피하우스의 수는 훨씬 더 많았을 수도 있다.[85] 1737년에 이르러 빈의 커피하우스 수는 37개로 늘어났다. 그 가운데 여전히 11개 커피하우스만 시민이 운영하는 곳이었

1683년 빈 전투. 프랑드르의 화가 Frans Geffels(1624-1694)의 작품
신성로마제국군 5~6만 명과 폴란드 지원군 15,000~20,000명에 민병 등 약 10만 명의 연합군이 승리하면서 빈을 방어하는 데 성공했다.

고 그것도 여덟 개는 교외에 위치해 있었다. 16개는 궁정에 커피를 보급하는 곳으로서 그 중 2개는 특별히 왕령에 의해 설립된 곳이었다. 빈에서 커피하우스는 1770년에 48개, 1784년에 64개, 1804년에 89개로 증가했다. 그러나 19세기에 들어서면서 도시가 눈에 띄게 성장했음에도 1839년에도 커피하우스는 88개에 지나지 않았다. 하지만 19세기 후반이 되면서 커피하우스는 확연한 성장세를 보이면서 1880년까지 600개 이상으로 크게 증가했다.[86]

오스트리아의 다른 도시 사정도 크게 다르지 않았다. 그라츠에도

1700년경에 최초의 커피하우스가 영업을 시작했고 잘츠부르크에서는 18세기 초에 한 사업가가 커피, 초콜릿 그리고 다른 음료 등을 팔 수 있다는 최초의 특허를 사보이왕가로부터 획득했다. 린츠에는 1719년부터 커피하우스가 있었다. 하지만 빈의 커피문화, 특히 카페문화가 유럽의 카페문화를 주도하기 시작한 것은 19세기 후반에 이르러서야 처음으로 나타난 현상이었다.

바흐의 〈커피 칸타타〉, 커피의 시대를 예고하다

1673년 브레멘에서, 그리고 1677년 함부르크에서 독일 최초의 커피바가 나타났다. 독일의 사회 주도계층을 중심으로 차와 초콜릿 같은 이국적인 뜨거운 음료가 새로운 유행으로 등장한 것과 같은 시기였다.[87] 브레멘과 함부르크는 중세 한자동맹을 이끌던 주요 항구 도시였기에 그나마 일찍이 커피를 접했지만 지중해 연안 도시나 잉글랜드에 비하면 20~30년 정도 늦은 시기였다. 중요 항구도시가 커피 수용에서 늦은 출발을 보인 만큼 독일의 커피문화는 유럽 다른 나라에 비해 다소 늦게 출발했다.

라이프치히라는 내륙 도시에서 커피의 시대를 예고한 한 위대한 음악가가 나타났다. 이 도시에서 오랫동안 활동한 요한 제바스티안 바흐 J. S. Bach (1685-1750)가 그 사람이었다. 독일의 중동부 작센지방에 속한 라이프치히는 후에 독일 통일을 이룩한 프로이센에서도 주요 도시였다. 독일의 서부와 남부 그리고 북부 지역이 만나 다시 드레스덴, 프라하 등으로 이어지는 국제무역의 교차로에 위치한 라이프치히는 독일 최대의 상업도시로 부상했을 뿐 아니라 독일 계몽주의와 문학 및 예술의 중심지였고 출판업이 융성한 서적거래의 중심지였다. 그리고 라이프치히는 다른 무엇보다 음악의 도시였다. 18세기 말에 라이프치히 게반트하우스 오케스트라 Gewandhausorchester Leipzig를 창설해 다른 어디에서도 경험하기 어려운 독특한 연주를 현재까지 계속함으로써 세계에서 가장 오랜 역사를 가진 오케스트라 중 하나가 된 것은 결코 우연이 아니다. 멘델스존과 리스트, 슈만 그리고 바그너의 활동 무대이자 슈베르트의 〈교향곡 9번〉이 초연된 곳이고 쿠르트 마주르 Kurt Masur가 지휘봉을 잡았던 곳이기도 하다. 여기에 독일의 위대한 문호 레싱과 괴테가 사랑한 도시라는 사실도 덧붙여야 할 것 같다.

작센지방에 처음으로 커피가 전해진 것은 1680년경이었다. 헝가리의 용병으로 오스만제국군에 맞서 싸운 작센의 군인들에게 헝가리는 오스만제국 군인들이 남기고 간 커피를 선물했다고 한다. 가장 일찍이 커피를 접한 도시는 주도인 라이프치히였다. 라이프치히에는 1720년대에 문을 연 이래 현재까지 영업을 계속하고 있는 카페 아라비아커피나무 Zum Arabischen Coffee Baum*(커피 도입 초기여서인지 독일어 Kaffeebaum이 아니라 영어식으로 표기한 점이 이채롭다)가 바흐의 흔적과 이 도시의 커피 문화를 간직하고 있다.[88] 하지만 라이프치히에도 1750년대에 이르기까지 겨우 8개의 커피하우스가 문을 열었을 뿐이다. 그렇다고 해서 독일인들이 커피를 즐기지 않았다고 단정하는 것은 사실을 제대로 살피지 않은 섣부른 생각이다. 18세기 독일에서는 유럽 다른 나라와 달리 카페보다는 집에서 커피를 마시는 관습이 압도적으로 우세했기 때문이다.

* 아라비아커피나무: 커피하우스 정문 위에 사암을 다듬어 무함마드가 커피를 마시고 힘을 얻었다는 전설을 조각해 놓음으로써, 창업한 지 300년이 지난 유서 깊은 이 카페의 역사를 전설의 시대로 연결시키고 있다. 바로크 양식의 이 조각품에는 대천사 가브리엘 대신 아기 천사가 무함마드에게 커피 잔을 내밀고 있다. 이 역시 전설의 역사적 변용을 보여주는 한 단면이다.

바흐가 이 도시에 온 것은 성 토마스 교회의 칸토르(음악감독)로 임명된 1723년이었다.[89] 이후 바흐는 이곳에서 20여 년을 지내며 〈마태수난곡〉, 〈푸가의 기법〉, 〈음악의 헌정〉 등 명작을 남겼고 1750년 힘겨워하던 가장의 임무를 뒤로 하고 영원한 안식에 들어갔다. 바흐는 교회음악을 책임지는 한편 콜레기움 무지쿰 Collegium Musicum 이라는 대학생 연주단체를 지도하고 있었는데, 고맙게도 침머만 Zimmermann 의 커피하우스가 그들에게 연습 장소를 제공했다. 바흐는 가끔 음악을 연주해 시민들을 즐겁게 하는 것으로 이 커피하우스가 베푼 은혜에 보답하려고 했다. 〈농부 칸타타〉와 함께 바흐가 드물게 작곡한 세속 칸타타인 〈커피 칸타타 Kaffee Kantata〉는 이렇게 해서 탄생하게 되었다.

리스헨이라는 딸은 아버지가 금한 커피를 몰래 즐기는 아가씨다. 커피를 사랑하는 정도가 이미 평범한 수준을 넘어섰다. 그녀는 "커피의 감미로움이란! 천 번의 키스보다 달콤하고"라고 노래한다. 그러나 아버지인 슐렌드리안은 완고한 사람이었다. 커피를 끊지 않으면, 산보도 못 나가게 하고 멋들어진 페티코트도 사줄 수 없다고 경고하고 심지어 영원히 남편을 얻지 못하게 될 것이라고 위협한다. 지금이야 이런 위협이 가당키나 하겠는가마는 당시는 아버지가 딸의 결혼 권리를 독단적으로 행사하던 시절이었다. 아무튼 강제로 결혼을 금지당하는 것은 커다란 위협이 아닐 수 없었다. 딸은 어쩔 수 없이 아버지와 타협을 시도한다. 그러나 커피 마시기를 포기할 수는 없는 터, 딸은 동네에 소문을 퍼뜨린다.

둘만의 결혼 서약서에
마음껏 커피를 마셔도 좋다고 약속하지 않으면
누구도 나와 결혼할 수 없어!

결국 딸은 아버지의 금지를 총각의 서약으로 피해간다. 그리고 칸타타의 마지막은 모두 함께 유쾌하게 노래한다.

> 고양이가 쥐를 잡지 않을까
> 처녀들은 커피 주위에 모이고
> 어머니도 커피를 즐기고
> 할머니조차 좋아하시니
> 누가 딸을 나무랄 수 있으랴!*

1732년 어느 날 침머만의 커피하우스에서 이 곡을 처음으로 연주한 바흐는 커피의 시대가 오고 있다는 것, 그리고 누구도 그것을 막을 수 없다는 사실을 앞장서 예고하고 있다. 등장하는 인물은 신이나 제후 혹은 성직자 같은 중세적인 인물이 아니라 새로운 사회계층으로 부상하고 있던 부르주아들(독일어로는 Bürger)이었다. 그들은 상공업에 종사하면서 열린 자세로 시대를 조망하고 자신의 삶을 스스로 개척하는 근대적 인간이었다. 물론 슐렌드리안이 그렇듯 부르주아들 역시 기존의 관습에서 완전히 벗어나지는 못하고 있었다. 커피 음용에 반대함으로써 낡은 음료 관습을 지키는 것이 곧 도덕과 좋은 풍습을 지키는 길이라고 믿고 있었다. 특히 자신의 딸이 새로운 음용관습을 받아들임으로써 입게 될 사회적 비난을 두려워하는 아버지의 모습을 떠올리게 한다. 그러나 이런 아버지의 염려는 결국 뒤로 밀려나고 칸타타의 딸과 어머니 그리고 할머니가 보여주듯이 여성들은 이미 커피를 즐기고 있었다.

---

* 줄리아 바라디 Julia Varady 와 디트리히 피셔-디스카우 Dietrich Fischer-Dieskau 의 연주(1981년 녹음)가 명연주로 꼽힌다.

바흐의 커피 칸타타를 근거로 그를 근대주의자라고 단정하기는 어렵지만, 머지않아 독일에서 커피소비의 붐이 일어나 그의 예상이 적중했음을 증명했다. 좀 더 시간이 지나자 독일은 유럽 다른 어느 나라보다 높은 커피소비량을 보여주었다.

독일의 커피향색출관

독일에서 커피의 확산은 여러 고비를 넘고서야 가능해졌다. 가장 다루기 어려운 방해꾼은 프로이센의 군주였다. 프로이센의 왕 프리드리히 2세(1740-1778) 때의 일이다. 그는 1740년 프로이센의 왕위를 계승한 후 오스트리아와 치룬 7년 전쟁(1756-1763)에서 승리함으로써 변방에 지나지 않았던 프로이센을 유럽 5대 강국의 하나로 만들어 대왕이란 칭호를 달고 다닌 인물이었다. 그는 또한 프랑스의 계몽주의 사상가 볼테르와 서신을 교환할 정도로 계몽주의를 신봉하는 절대군주, 이른바 '계몽군주'였다.

그러나 프리드리히 2세는 예상과 달리, '근대'의 상징인 커피의 자유로운 확산에 유리한 정책을 펴지는 않았다. 그는 이미 1776년 커피의 수입을 국가의 전매로 지정했고 1780년에는 커피의 로스팅 또한 국가가 통제하겠다고 선언했다.[90] 개인적으로는 커피애호가이던 그는 예외 조항마저 완전히 없앨 수는 없었던지 귀족, 성직자 그리고 고위 관료들에게는 여전히 커피를 볶을 수 있도록 허락했지만, 그 대신 1781년부터 1787년까지 커피에 사치품에 해당하는 높은 세금을 부과했다. 이미 7년 전쟁을 치룬 지도 한참 지나 국고가 비어 있었던 것도 아니었지만 그는 과세와 전매를 통해 자신의 중상주의 정책을 널리 알리는 한편 이제 막 싹트기 시작한 대체커피 사업자들을 보호하고자 했으며 또 자신이 이끈 전쟁에서 부상을 입고 돌아온 퇴역 군인들에게 일자리를 마련

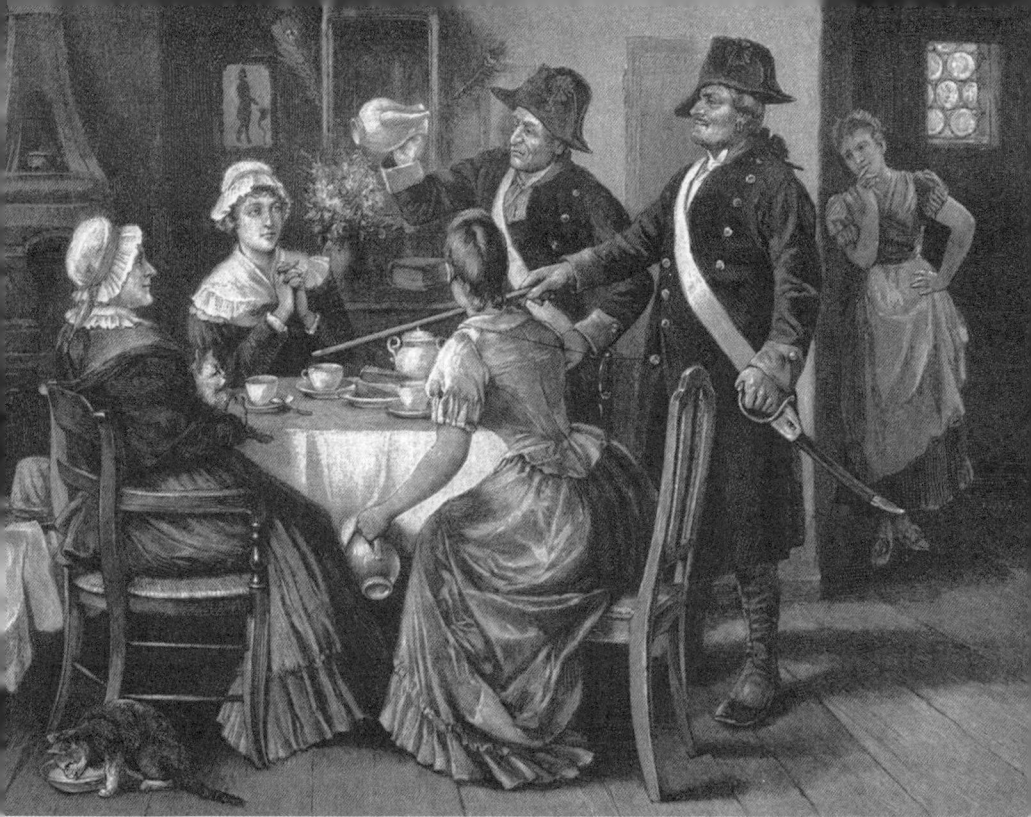

커피향색출관 Kaffeeriecher.
Louis Katzenstein의 그림(1785년경)을 재현한 목판, 1892년
프로이센의 왕 프리드리히 대왕은 커피의 수입(1766)과 로스팅(1780)을 국가가
전매한다고 선포하고 퇴역 군인을 고용해 커피향을 색출하도록 함으로써
커피의 소비를 억제하는 정책을 폈다.

해 주고 싶은 마음도 품고 있었다. 그는 프랑스로부터 전문가들을 초빙해 조언을 구하고 프랑스 사람들을 커피감독관으로 임명했다. 계몽주의 사상 덕분에 거의 모든 유럽 왕실에서 프랑스어를 배우던 시절이기도 하고 프리드리히 자신이 프랑스 왕실문화에 깊이 매료된 터라 프랑스 전문가들을 모신 것이었다. 그는 나아가 5명의 감독, 12명의 지도관, 그리고 여러 명의 검사관 및 통제관 등으로 구성된 커피감독청까지 설

치했다.

커피감독관들은 숨긴 커피를 찾아내기 위해 여행자의 짐을 뒤지고 남의 집 문을 열고 들어가 불시 검문을 하는 것도 모자라, 비밀리에 커피를 볶는 것을 막기 위해 특별히 400명의 상이군인들을 커피향색출관으로 고용했다. 제복을 입은 커피향색출관들은 커피향이 온 집안에 퍼진다는 것을 잘 알면서도 코를 킁킁거리면서 집안 구석구석을 뒤지고 다녔다. 일종의 통제 과시였다. 이런 일이 1787년까지 계속되자 커피향색출관들에 대한 사람들의 반감이 얼마나 심했던지 게오르게 포스터라는 동시대 사람은 그들이 "유대 땅을 지배한 로마의 세리나 관리와 다를 바 없다"라고 비판했다.[91] 계몽군주였던 그의 '커피정책'은 커피의 길에 계몽('빛을 비추다'라는 뜻)의 '빛'이 아니라 '어두운' 그림자가 되었다.

하지만 커피제한 정책은 그다지 실효를 거두지 못했다. 이미 밀수입과 밀거래가 대단히 성행하고 있었던 데다 정부의 중상주의적 확신 또한 서서히 무너졌다. 커피제한은 프로이센에서도 마침내 1800년 이후 과거 속으로 사라졌다.

도자기의 발전

커피가 유럽에 확산하면서 함께 발전한 도자기에 대해 간단하게나마 덧붙이는 것이 도기 장인들에 대한 예의일 것이다. 커피의 확산과 함께 자연스럽게 도자기로 된 커피 잔의 수요가 개발되었다. 몽펠리에 대학 교수였던 덩캉은 도자기 잔이 커피를 뜨겁게 유지해 건강에 해롭다고 주장했지만, '뜨거운 음료'인 커피 본래의 향미를 유지하기에 도자기 잔이 제격이었다. 1750년대 헝가리 젠트리들은 아직 가족들이 아침마다 커피를 마시지 않았을 때였고 후한 대접을 하더라도 커피를 내지는 않는 시대였음에도 집집마다 몇 벌의 커피 잔을 갖추고 있었다.[92] 커피 잔

세트는 18, 19세기 유럽 부르주아계층의 신분 상징 도구가 되었다.

중국으로부터 도자기를 수입하던 유럽에서 최초로 경질 자기瓷器를 만드는 일은 1710년 작센지방 마이센Meissen에 설립한 도자기제작소에서 시작되었다. 바로 한 해 전에 경질 자기 원료의 주요 성분인 흰색 점토가 발견된 것이 계기가 되었다. 베를린 출신의 연금술사로서 도자기 연구와 제작의 핵심 인물이었던 요한 프리드리히 뵈트거Johann Friedrich Böttger(1682-1719)는 도자기를 '창의성의 보고'라고 불렀는데, 그가 지휘한 마이센의 도공들은 제작기법의 비밀을 보호하기 위해 소수 간부 도공 외에는 정보를 공유하지 않았다.[93] 마이센이 약 반세기 동안 '유럽 도자기의 성지'로서 경질 자기제작 부문에서 독보적인 위상을 누릴 수 있었던 것은 그런 노력을 통해서 가능했다. 1718년 이미 빈에도 도자기 생산업체가 생겨 경쟁자가 되기는 했으나 경질 자기에서 마이센을 따르지는 못했다. 초기부터 커피 잔이나 찻잔 외에도 귀엽고 앙증맞은 미니어처를 생산하는 등 다양한 제품을 개발했던 마이센은 커피가 확산하면서 1774-1814년 개화기를 맞았다. 도자기 공장이 위치한 곳이 작은 도시가 된 마이센은 1918년부터 작센 주 정부가 대주주로 참여하면서 '국립도자기 회사'로 바뀌었고 지금도 유럽 주부들의 마음을 사로잡고 있는 도자기로 명성을 이어가고 있다.

프랑스에서는 1740년 뱅센느에서 도자기 제작을 시작해 1756년 세브르로 이전한 세르브Sèrves가 도자기 산업을 주도했다. 1745년 7월 왕실이 이 기업에 유일하게 작센방식의 금도금을 한 인물상을 만드는 특권을 주는 등 왕과 마담 퐁파두르의 격려와 지원이 이 업체의 성장에 크게 이바지했다. 후에 오스트리아 여제 마리아 테레지아의 딸이자 프랑스 왕 루이 16세의 왕비였던 마리 앙투아네트 또한 이 업체에 지원을 아끼지 않았다. 영국에는 마이센의 도자기 기술이 더 늦게 전해졌다.

영국에서 가장 일찍이 도자기를 생산한 웨지우드 Wedgewood 의 설립은 1759년에야 이루어졌다. 그럼에도 영국에서는 곧바로 다양한 형태의 커피잔과 찻잔들이 제작되어 부유층의 사랑을 받았다.[94]

18세기에 오스만제국과 유럽이 서로 상품을 교환하는 관계로 발전한 것은 도자기를 통해서 이루어졌다. 1725년부터 1778년 사이에 이미 유럽에서 생산된 고급 채색의 파양스 도자기들이 마르세유로부터 레반트 지역으로 수출되고 있었다. 도자기 생산 기술을 익힌 유럽인들이 특히 튀르크 사람들의 미적 취향에 맞는 상품을 만들어 팔기 시작한 것이었다. 그것은 오스만제국의 부유층들이 거꾸로 유럽산 도자기들을 주문했기에 가능했다.

유럽의 도자기들은 비록 많은 모티브를 동양에서 얻고 있기는 했지만 튀르크 사람들의 문양과 채색을 따르기보다는 오히려 도자기의 본고장인 중국을 모방하였고 그 단계를 넘어 문양은 비록 중국적이어도 질적인 면에서는 개량된 측면을 보여 주기 시작했다. 머지않아 유럽의 커피잔들이 오스만제국에서도 자국 제품보다 더 고가품으로 거래된 것은 품질의 우수성이 이끌어낸 결과였다.

5장

닻을 올린 커피재배의 세계화

커피가 유럽에 들어온 후 오랜 시간이 지나지 않아 유럽 열강들은 직접 커피재배에 뛰어들었다. 국내 소비를 위해서 혹은 상품으로 팔기 위해서 커피재배가 가능한 열대와 아열대 지역의 다른 나라들을 침략하여 커피플랜테이션을 만들거나 원주민들의 노동력을 강제로 동원해 커피를 재배했다. 이 일에 앞장선 것은 아시아로 진출한 네덜란드와 영국이었고 아프리카 개척에 나선 프랑스 역시 뒤지지 않고 경쟁했다. 커피재배의 세계화가 마침내 닻을 올렸고 커피경작이 가능한 모든 지역이 세계 커피시장에 포섭되기 시작했다.

1. 아시아로 온 커피

동남아시아에 처음으로 커피를 이식한 사람들은 그곳에 살던 무슬림이었다. 그들 중 최초의 인물로 꼽히는 사람은 1600년경 예멘을 방문한 바바 부단 Baba Budan 이었다. 수피교도였던 그는 메카 순례를 마치고 예멘을 방문하게 되었고 그곳에서, 발아력이 있는 커피콩의 수출을 금지한 오스만제국의 법망을 피해 몇 개의 커피씨앗을 허리춤에 감추고 돌아오는 데 성공했다. 바바 부단은 그 씨앗들을 고향인 인도 남부 미소레 지방 산간 지대에 심었는데 다행히 커피나무는 잘 자랐다.¹ 인도네시아에서도 무슬림 순례자들이 네덜란드 사람들보다 먼저 커피를 도입했다는 사실에는 의문의 여지가 없다.² 한편 인도의 마드라스에서 커피를 재배하려는 영국의 노력은 처음에 실패로 끝나고 말았다.

처음 커피재배에 성공한 동남아시아 사람들은 상업적 목적으로 재배하지는 않았다. 자바나 네덜란드에 아직 커피소비자들이 거의 없었기 때문에 그곳의 소비자들을 대상으로 재배할 처지는 아니었다. 커피의 대부분은 거의 한 세기 동안 무슬림공동체에서 함께 나누어 마시거나 무슬림 국가들로 수출되었다. 무슬림 지역에서마저 커피가격이 낮아진 다음에야 커피소비에 진전이 일어났다. 예컨대 오늘날의 타이에서는 자바에서 낮은 가격으로 생산한 커피가 18세기에 그곳으로 들어간 후에야 커피의 인기가 높아졌다.³

네덜란드의 자바

자바 섬에서 상업적으로 커피를 재배하게 된 계기는 1619년 네덜란드 연합동인도회사가 지금의 자카르타에 바타비아^{Batavia}*라는 이름으로 해외지점을 낸 것이었다.⁴ 바타비아를 거점으로 아시아 지역 무역망

---

* 바타비아: 민족 이동이 일어난 시기에 게르만족의 한 부족인 바타비아 족이 지금의 네덜란드 지역에 정착하게 되면서 로마제국은 그곳을 '바타비아'라고 불렀다. 연합동인도회사는 자카르타에 지부를 설립하고 그 지부를 바타비아라고 불렀는데, 이를 계기로 네덜란드는 인도네시아를 식민지로 개척할 수 있었다. 그 후 바타비아는 자카르타 외에도 자바의 광범위한 지역을 아우르는 이름으로 사용되었다. 한편 프랑스의 지원으로 성립한 네덜란드공화국 역시 '바타비아공화국'(1795-1806)이란 이름을 가졌다.

을 구축한 연합동인도회사는 1690년대부터 커피재배를 시도했다. 이때 유럽에서 커피에 대한 수요가 뚜렷이 나타나자, 연합동인도회사의 지도부는 자바에서 커피를 재배하기로 결정했다. 확실한 것은 1696년부터 자바는 물론이고 인도 말라바 해안을 맡고 있던 관리들의 정원에서도 커피를 재배하려는 시도가 꾸준히 이어졌다는 것이다. 연합동인도회사는 모카에서 이 지역들로 수십 년 동안 커피나무를 공급했다.[5] 그러나 지진과 홍수로 커피나무는 수확을 내지 못했고 첫 시도는 실패로 돌아갔다. 자바에서 마침내 커피의 첫 수확에 성공한 것은 1699년이었다. 새로운 커피묘목은 예멘에서 가져온 것이라는 견해도 있고 인도의 말라바에서 가져왔다는 주장도 있다. 아무튼 일찍이 커피재배에 도전한 네덜란드는 식민지에서 커피재배에 커다란 성공을 거둔 유럽 최초의 국가가 되었다. 뒤이어 유럽 여러 나라가 식민지에서 커피를 재배하기 시작했다.

네덜란드는 18세기 초부터 연합동인도회사를 통해 자바에서 유럽 시장으로 점점 더 많은 커피를 수출해 수익을 얻기 시작했다. 1721년에는 암스테르담 수입 커피의 90퍼센트가 모카 항에서 온 것이었으나 1726년에 이미 커피수입량의 90퍼센트가 자바에서 들어온 것이었다. 네덜란드 본국 상인들은 되도록 값싼 커피를 수입하려고 했고 1750년에 이르면 상대적으로 값이 싼 아메리카에서 수입한 커피가 자바커피와 거의 같은 양에 달했다. 네덜란드가 수입한 아메리카 커피의 대부분은 네덜란드 식민지 기아나Guiana(현 가이아나, 수리남, 프랑스 해외 영토 귀안에 걸침)에서 생산한 것이었다. 아메리카의 커피생산은 지속적으로 증가해 프랑스혁명 이전에 이미 세계 거래량의 80퍼센트에 달했다. 자바커피는 유럽시장에서 프랑스령 생도밍그에서 생산한 커피보다 더 높은 가격에 거래되었으나 1820년에 이르자 유럽 소비량의 겨우 6퍼센트를 차지하는 정도에 그쳤고 네덜란드가 거래한 대부분의 커피는 네덜란드령에서 생산한 것도 아니었다. 그 후 19세기 후반에 들어 자바와 실론이 30여 년에 걸친 르네상스를 맞았다.

처음 자바의 네덜란드 상인들은 흥미롭게도, 간접적으로 커피생산을 통제했을 뿐이다. 연합동인도회사는 플랜테이션을 조성한 후 노동자들을 투입해 커피를 생산하는 대신 커피재배에 직접 개입하지 않고 거의 전적으로 현지 농민들의 손에 맡겼다. 연합동인도회사는 마을의 농민들에게 각기 몇 백 그루의 커피나무를 나누어 주고 재배하고 수확하라고 요구했을 뿐이다. 그러니까 초기에 자바 서부에서 주로 이루어진 커피재배는 엄격한 행정 감독을 받지 않았다는 점에서 식민지 관료들이 재배과정을 철저하게 감독한 설탕재배와 비교하면 매우 느슨한 방식이었다.[6]

커피는 당시 주요 식용작물이 아니었기 때문에 농민들의 관심은 커피를 많이 생산하거나 양질의 커피를 생산하는 것이 아니라 오로지 자신에게 부과된 임무를 그저 수행해 내는 것에 머물러 있었다. 그래서 그들은 때로는 재배에 적당하지 않은 땅에 커피묘목을 식재해서 생산성이 매우 낮았다. 그러나 네덜란드 식민정부가 연합동인도회사에 지극히 낮은 가격에 커피를 매입하도록 허가했기 때문에 이 시스템으로도 연합동인도회사는 충분히 이익을 보장받을 수 있었다. 커피생산 농민들은 커피를 시장에 자유롭게 팔 수 없었고 그저 식민정부가 결정한 가격으로, 지정한 연합동인도회사에 넘겼다는 점에서 시장의 가격에 따라 농민들의 생산 의욕이 좌우되지도 않았으며 따라서 농민들은 커피 시장경제에 통합되어 있지 않았다. 커피의 거래는 철저하게 국가에 의해 통제되었고 이를 통해 국가는 상인자본의 이익을 확고하게 보장해

주었으므로 초기의 커피재배는 본질적으로 국가 상업자본주의의 지배 아래 있었다.[7]

그러나 유럽시장에서 점차 커피의 수요가 증가하자 식민정부는 새로운 정책을 펼쳤다. 정부는 농민들에게 커피재배를 위해 토지와 노동력의 일부를 따로 떼어놓을 것을 요구했고 커피재배에 적당한 지역 가까운 곳으로 이주할 것을 명령했으며 총독의 신하들이 커피경작자들을 직접 통제하기 시작했다. 각 마을공동체는 적어도 4명으로 짜인 일정한 수의 남성 인력 단위들로 조직 구성되었다. 또 식민정부는 생두를 정제하기 위해 유럽 사람이나 '동양의 외국인' 제조업자들과 계약을 맺었는데, 이들은 공장을 건설하는 데 드는 비용의 대출을 넉넉하게 받았고 필요한 노동력을 확보하는 데도 도움을 받았다. 대규모 생산을 위한 조치들이 착착 진행되었다.

1832년부터 네덜란드 식민정부가 자바에 도입한 이 시스템은 식민정부가 농부들의 커피경작을 통제하는 국가 통제 '경작시스템 Kultuur Stelsel'이었다. 식민정부는 이 제도를 커피부문에 만연해 있는 지방 관리들의 부정부패와 개인 거래업자들의 횡포에 종지부를 찍기 위한 것으로 선전했다. 그러나 1830년대부터 1907년까지 계속된, 농부들을 이용한 대규모 커피생산은 농민들을 과도한 추가노동으로 내모는 것에 지나지 않았다. 농민들이 커피를 재배해 얻은 소득은 오르기는커녕 축소되었다. 예컨대 몇몇 마을공동체에서 생두 한 자루 pikul (62킬로그램)당 25길더 guilders를 받았는데, 그 중 10길더는 토지 임대료로 미리 공제했고 3길더는 창고에서 수출항까지 운반하는 운송료로 추가 공제했다. 토지 임대료가 오르지 않은 곳에서는 임대료가 낮은 만큼 공제액을 상향 조정했다.[8]

농부들은 차라리 마을에 가까운 텃밭 같은 곳에서 소규모로 재배하는 것을 선호했다. 이렇게 하는 것이 농부들에게 더 적은 시간과 노동을 들이는 방법이었고, 가족의 노동력을 훨씬 더 융통성있게 분배하는 방안이었다. 커피재배가 투입한 노동량에 비추어 그리고 다른 소득원과 비교하여 경제적 도움이 되지 않는다고 판단될 경우 농부들이 커피재배에 무관심하거나 아예 되는대로 농사를 짓는 시늉만 하는 사례도 생겨났다. 일종의 태업을 통한 저항이었다.

이런 현상에도 불구하고 국가 통제 경작시스템을 통한 대규모 생산으로 네덜란드 정부는 막대한 이익을 챙길 수 있었다. 무엇보다 식민정부가 점차 구매 독점권을 행사했다. 커피를 재배한 농부들은 울며 겨자먹기로 정부가 정한 고정가격에 커피를 넘길 수밖에 없었다. 물론 그 가격은 세계 시장가격보다 훨씬 낮았고 식민정부는 그렇게 구매한 커피를 네덜란드에서 되팔아 높은 수익을 남겼다.

식민정부가 동원한 강제력에 토대를 두고 있었음에도 커피의 생산량은 점차 증가했다. 자바는 1830년대부터 50여년이 넘도록 유럽이 수입하는 커피의 대부분을 생산했다. 자바 섬에서 생산한 커피는 1840년대에 연평균 6만 2,100톤, 1850년대에 6만 5,500톤 그리고 1860년대 6만 7,000톤으로 증가했다. 1880년대 초 자바의 커피 밭을 휩쓸고 간 녹병이 확산되기 직전까지 이 섬은 연합동인도회사가 운송한 모든 커피의 82퍼센트 가까이를 수출했는데, 이는 세계 커피수출의 18퍼센트에 이르는 막대한 양이었다. 커피녹병의 영향 등으로 자바의 성장세는 한풀 꺾였지만 수마트라, 셀레비스, 발리 등을 모두 합하면 네덜란드령 인도네시아에서 1886년에도 8만 톤의 커피를 생산했다.[9] 인도네시아는 유럽의 소비가 증가하던 19세기에 커피생산 중심지로서 확고한 지위를 누렸다.

자바의 커피생산은 수십 년 동안 확장세가 지속되기는 했으나 1880년대 이후 급속하게 쇠퇴했다. 농부들은 멀리 떨어져 있는 대규모 커피농장에서 일하는 것을 특별히 꺼려했다. 가계 단위에서 노동력을 재배치해야 할 뿐 아니라, 1890년대 중반 세계 커피가격이 하락하자 커피경작이 경제적으로 큰 도움이 되지 않는다는 것이 확연히 드러나기 시작했다. 원주민들의 경제생활 전반이 더 상업화함에 따라 임금 노동과 소규모 가내 수공업 및 상업 등 대안의 소득원이 더욱 인기를 얻었던 반면 커피재배의 매력은 감소했다. 식민정부는 커피생산을 회복하기 위해 온갖 노력을 기울였지만 이전의 수준을 되찾는 데 실패했다. 녹병의 확산이 주요 원인 중 하나를 제공했지만 녹병이 번지던 시기에도 그런대로 지속되어온 커피생산이 급속하게 쇠퇴한 것은 식민정부의 정책에 대한 현지 주민들의 반감과 저항이 주로 영향을 미쳤기 때문이다.[10] 상황이 점차 악화하고 있었음에도, 네덜란드 식민정부는 커피생산 및 수출의 전매권을 철폐할지 말지를 두고 망설였다. 커피재배가 한창이던 시기에 커피가 식민지 세수원의 대부분을 차지했기 때문이었다. 1917년 마지막 남은 특권들이 완전히 사라졌을 때, 연합동인도회사는 세계 생산의 5퍼센트를 생산했고, 이는 세계 수출의 겨우 2퍼센트에 불과했다.[11]

영국의 실론

실론(스리랑카)에 처음으로 커피를 재배하기 시작한 나라는 네덜란드였다. 이곳을 식민지로 개척한 네덜란드는 1616년 즈음에 커피나무를 실론 섬에 옮겨 심었고 칸디안 지역에서 신할리즈족으로 하여금 커피를 재배하게 했다. 그러나 그 규모는 겨우 집에 붙어있는 정원 크기에 지나지 않았다.

서유럽에서 산업 자본주의가 발전한 것과 궤를 같이하여 영국이 네덜란드를 대신해 실론을 지배하게 되었다. 산업혁명에 성공한 영국의 산업 자본주의가 거의 아무런 충돌이나 저항 없이 네덜란드의 상업 자본주의를 밀어내고 새로운 제국주의 세력이 되었다는 사실은 상업시대에서 산업시대로 이행하는 세계사적 전환을 보여준 사건이었다. 영국은 1795년 실론 섬의 여러 곳을 점령한 데 이어 1815년에 이르면 섬 전체를 통제하게 되었다. 당시 잉글랜드는 부를 증진할 최선의 방책으로 자유방임 정책을 막 채택하기 시작하던 시기였고 식민정부에 비용을 절감하라는 런던의 압박이 심해지고 있었다. 이런 요소들이 부상하던 상업적 에토스와 국제시장에서의 커피가격 상승과 맞물려 커피생산을 촉진했다.[12] 영국은 이른바 "서인도 생산 방식", 즉 커피의 플랜테이션 Plantation * 생산을 도입했다.

플랜테이션 방식을 도입한 것은 '산업적' 대량 생산이 경제적 효율성을 최대화하여 가장 큰 이익을 얻는 방법이라고 보았기 때문이다. 플랜테이션의 형성을 위해 영국 식민정부는 커피나무에 그늘을 만들어 주던 큰 나무들을 모두 제거하고 문자 그대로 탁 트인 공지를 형성해 햇볕 아래 대규모로 커피를 식재했다.[13] 이른바 '햇볕재배'의 모델을 일찍이 제시한 것이나 다름없었다. 이 지역에 나무가 많지 않아 커피플랜테이션을 만들기에 유리한 자연환경이었다는 사실을 감안하더라도, 대규모 플랜테이션의 햇볕재배가 숲의 파괴를 가져왔을 뿐 아니라 후에 브라질 등에서 대규모 재배방식으로 채택됨으로써 영국은 좋지 않은 선례를 남겼다.

* 플랜테이션: 면화, 커피, 차, 코코아, 사탕수수, 팜유, 고무나무 등 환금작물을 재배하기 위해 만든 대규모 농장을 말한다. 특히 산업화 이후 제국주의 국가들이 식민지에 플랜테이션을 개척해 원주민들을 강제로 동원해 노동력으로 활용하였다.

커피플랜테이션의 발전에는 유럽인 사업가들과 식민지 관료들의 유착이 중요한 역할을 했다. 특히 실론의 식민정부는 유럽의 백인 남성이 플랜테이션을 소유하고 경영하는 데 결정적으로 이바지했다. 토지를 싼 가격에 혹은 무료로 제공했고 기계의 수입관세와 토지세 등 세금을 면제해 주었다. 실론의 지방 관리들은 세원을 투입해 운송회사나 정부의 운송대행사를 만드는 것을 지원했다. 지방 관료들 역시 커피재배로부터 얻을 잠재적 이익을 쟁취하기 위해 스스로 1840년대 초 플랜테이션 개발에 뛰어들었다. 그들은 자신의 이익을 위해 심지어, 유럽인들이 모범을 보여야 한다고 강조했다. 이 섬에서 커피재배의 "선구자"로 알려진 식민지 총독 에드워드 반즈Edward Barnes 경 역시 아무런 저항이나 방해를 받지 않고 농장을 소유해 커피를 재배했다.

대부분의 플랜테이션은 개인 소유였고 경작자들은 1840년대의 커피 붐 동안 단기 수익을 얻기 위해서 커피재배에 가담했다. 1860년 이전에 커피플랜테이션의 평균 규모는 약 40만 평방미터로 그다지 크지 않았다. 또 당시 소규모 지역 생산자들도 존재했다. 이 "원주민" 생산자들도 커피 붐이 이는 동안 이익을 얻기는 했으나 영국인 생산자들에 비할 바는 아니었다. 유럽인 소유자들에게 유리한 대규모 산림의 이용 규정, 영국 은행에서 대여하는 초기 자본(1844년 당시 플랜테이션의 건설에 최소 3,000파운드의 자본이 들었다) 획득의 유리함 등이 그 원인으로 작용했다. 그 결과 소농 생산량이 차지하는 비중은 1849년 38퍼센트에서 1880-84년 사이에는 6퍼센트로 점차 축소되었다.[14] 이는 역으로, 영국인 사업가들에게 유리한 상황이 전개되었음을 말한다.

가장 커다란 어려움은 커피농장의 경영에 필요한 노동력을 구하는 일이었다. 커피의 수확기에는 특히 많은 인력이 필요했지만 지역 노동자들은 농사를 지어야 해서 플랜테이션 경작에 동원하기가 어려웠다.

지도 4. 실론과 남부 인도

노동력의 부족을 해소하기 위해 다른 지역으로부터 노동력을 이주시키는 방법이 대안으로 떠올랐다.

그 중 하나로, 남부 인도의 타밀지방 사람들이 노동력으로 충원되었다. 타밀에는 낮은 카스트에 속한 많은 사람이 힘겹게 살고 있었고 그들의 이주에는 여러 가지 원인이 결합되어 있었다. 첫째로, 1770년과 1850년 사이 영국 식민정부의 정책으로 평범한 마을 사람들이 토지 소유자와 도시 고리대금업자에게 많은 빚을 지게 되었다. 둘째로, 이 기간 동안 이 지역에 흉작이 이어지면서 기근과 궁핍이 일상화했다. 셋째로, 노예제 폐지 이후에도 빚에 의한 종속 상태가 지속되고 있었다. 하층 카스트 신분을 제외하더라도, 1843년 영국의 직접 통치 아래 있던 말라바와 다른 대부분 지역에서 공식적으로 노예제가 폐지된 이후에도, 심지어 1862년까지도 전에 노예였던 사람이 진 빚이 탕감되지 않은 채 그들을 토지주인에게 종속시키는 원인이 되고 있었다. 이런 여러 요소가 결합해 마을공동체를 파괴했고 가난한 노동자집단을 만들어 냈다. 그 사람들에게 현금을 주겠다는 커피플랜테이션의 약속은 뿌리치기 어려운 달콤한 유혹이었다.

영국 식민정부는 그들을 플랜테이션 노동에 동원하기 위해 1842년 실론 농업협의회를 만들었고 1851년과 1861년 사이에 노동자들을 모집할 모집책kangany을 선발했다. 모집책에게는 모집한 이주자 한 사람당 1 혹은 2실링을 지급했고 그들이 농장을 떠나지 않고 계속 일할 경우 추가로 1인당 매달 1파운드를 지급했다. 모집책을 따라간 노동자들을 기다리고 있는 것은 엄청난 고통뿐이었다. 그들의 곤경을 한 정부 관리는 이렇게 기록했다.

1843년과 1845년 사이 50명에서 100명의 남자와 한두 명의 여자로 구성된 불쌍한 하급 노무자집단은 낯선 땅에 온 이주자로서 제대로 먹지 못했고 입지 못했는데, 쓰레기나 다름없는 음식을 먹으면서 바다를 건너 정글을 헤쳐 오면서 때로 수 마일에 걸쳐 물 한 방울 구경하지 못한 일도 있었고 또 어떤 때는 사방이 늪이어서 물이 무릎까지 차는 일도 많았다. 그들은 정글을 막 개척한 농장이나 곧 농장으로 개척할 정글에서 일했고 쉴 곳조차 마땅치 않았지만 고용주 누구도 그들의 처지를 이해하려 들지 않았다.[15]

이런 어려움에도 노동자들이 모집에 응한 것은 선택이라기보다 그들이 처한 상황에 의한 강제라고 하는 편이 정확하다. 유일한 위안은 이주노동자에게 지급하는 임금이 남부 인도에서 받을 수 있는 일반적인 노임보다 높았다는 점이다. 이주노동자들은 여러 소집단으로 나누어졌고 한 집단은 약 25명에서 100명으로 구성되었으며 그 중에서 리더(역시 kangany라고 불렀다)를 선발했다. 노동자들은 일반적으로 5개월에서 12개월 동안 농장에 머물렀다. 1843년과 1877년 사이 평균 5만 6,000명의 남자와 1만 300명의 여자, 그리고 8,000명의 어린이가 실론으로 이주해 와 커피농장에서 일했다.[16]

커피노동자들의 노동 조건이 얼마나 열악했던지 첫 이주노동 기간에 많은 노동자가 사망했다. 긴 여행의 열악한 조건, 새로운 풍토에 대한 적응 문제 그리고 고된 노동 환경이 원인이 되어 노동자 사망률이 대단히 높았다. 한 외과 의사는 35만 510명, 즉 전체 이주노동자의 25퍼센트가 1843년과 1867년 사이에 죽었다고 추산했다.[17]

커피농장의 여성 노동자들

말할 것도 없이 커피농장에서 "능력 있는" 남성이 여성이나 청소년보다 높은 임금을 받았다. 시간이 지나면서 농장주는 여성 노동의 유용성에 눈을 돌리기 시작했다. 다른 무엇보다 여성 노동자에게는 남성보다 더 낮은 임금을 지급하고도 일을 시킬 수 있다는 계산이 작용했기 때문이다. 실론에 보내진 노동자들이 일한 몇 지역의 노동자 임금을 비교한 연구 결과, 여성은 같은 일을 하고도 남성이 받는 임금의 약 절반을 받았다. 한 예로, 1859년 틴벨리 Tinnevelly 와 마두라이 Madurai 에서 일한 남성 노동자는 일당 3펜스를 받은 반면 여성은 1과 3/4펜스를 받았다.[18] 다른 지역에서도 여성의 대우는 크게 다르지 않았다.

여성 노동자를 선호한 또 다른 이유는 하층 카스트 및 계급 출신의 여성은 인도 사회의 위계질서에서 최하위에 속했고 이것이 여성들로 하여금 고되고 비천한 노동을 받아들일 수밖에 없게 만들었다는 점이다. 그리고 모집책의 입장에서는 여성이 포함된 가족들은 더 오랫동안 농장에 머물면서 일했기 때문에 더 많은 이익을 얻을 수 있다는 점도 고려의 대상이었다. 이주노동위원회의 사무처는 인도에 있는 대행사에 아내와 가족이 딸린 노동자를 찾아달라고 요청했다.

그렇다고 현지에 도착한 여성들이 보호를 받은 것은 아니었다. 여성에 대한 차별과 가부장적 대우는 어디에서나 일상이었다. 여성 노동자는 오로지 남성 노동자들을 붙잡아 둘 미끼로 매우 유용했다. 죽음을 이겨낸 노동자들이 가족과 함께 있다면 속히 고향으로 돌아갈 이유가 그만큼 줄어들었다. 여러 악조건에도 불구하고 커피플랜테이션에서 일한 여성의 숫자는 점차 증가했다. 남부 인도에서 진행된 전통적인 보호자와 피보호자 관계의 와해와 종식 또한 커피농장 노동의 성비 구성이 서서히 전환하는 데 이바지했다. 점점 더 많은 여성이 이주를 시작해 1843년과 1877년 사이에 이주자의 1/5에 달하게 되었다.[19]

또 다른 여성 문제는, 안정적인 가족 관계를 갖지 못한 소수 여성의 경우 성적 서비스를 제공해야 할 처지에 놓였다는 점이다. 의료 기록은 남성 노동자들 사이에 높은 성병 발생률을 보여 주었다. 이는 말할 것도 없이 여성 노동자들이 성병에 감염되었다는 것을 입증하는 자료이기도 했다. 여행의 치명적인 고난을 이기고 농장에 도착한 여성들은 질병과 감염에 노출되어 있었고 남성의 성적 착취에 무방비 상태였다. 가족과 함께 온 여성 역시 삼중고를 겪었다. 저임금을 주는 열악한 노동체제, 가정폭력이 이루어지는 악조건에서의 가사노동 그리고 적당한 보호를 받지 못하는 육아 부담 등이 여성을 위협했다.

또 남녀 모두에게 노동 통제와 경영에 가부장적이고 카스트제적인 여러 요소가 작동했다. 여행 경비를 대거나 미리 임금을 지불하는 등의 방법으로 빚을 지게 만드는 것도 통제의 일환이었고 제때 임금을 지불하지 않는 일도 잦았다. 노동자들은 도주, 태만 혹은 도둑질 등 이른바 "약자의 무기"를 동원해 가끔 저항해 보았지만 상황은 개선되지 않았고 이른바 '경제외적 통제'가 버젓이 행해지고 있었다.

네덜란드와 영국은 자국의 식민지에서 이익을 실현하는 방법이 서로 달랐다. 네덜란드는 자바에서 커피생산에 직접 참여하지 않고 국가 통제 경작시스템을 작동시켜 원주민 농부들이 스스로 커피를 생산할 수밖에 없도록 만들었고 생산된 커피를 정부가 결정한 가격으로 사들여 유럽 시장에 되파는 방식을 선호했다. 반면 영국은 실론에서 유럽인 생산자들과 현지 관리 등을 통해 커피플랜테이션을 조성해 직접 생산하는 방식을 택했다. 각각 상업자본주의와 산업자본주의의 대표적인 나라답게 자국이 선호하는 방법으로 커피를 구입 판매하거나 생산 판매했다. 따라서 커피생산을 담당한 각 지역의 생산자와 노동자들이 처한 상황은 다소 달랐다. 비교컨대, 영국의 대규모 플랜테이션 커피생산은 훨씬 더 노동집약적인 방법으로 이루어져 그만큼 노동자들의 고통 역시 더 컸다.

이런 사정을 알 턱이 없는 커피나무는 어김없이 열매를 맺었고 많은 수확량을 냈다. 실론에서 생산한 커피는 1845년 1만 5,200톤에 달했고 1859년에는 3만 톤에 이르러 2배로 증가했으며 10년 후에는 다시 5만 1,000톤으로 늘었다. 그러나 1876년에 4만 1,800톤으로 다소 감소했고 1895년에는 3,200톤으로 급감했는데, 커피 녹병과 식민정부의 정책에 대한 반감이 주요 원인으로 작용했다.

2. 아프리카와 라틴아메리카의 커피재배

커피재배는 시위를 떠난 화살처럼 멈추지 않고 아시아뿐만 아니라 아프리카와 라틴아메리카로 확산해 갔다. 아프리카에서 커피재배에 앞장선 것은 프랑스였고 라틴아메리카에서는 네덜란드가 선도하는 역할을 했으나 곧 주도권이 프랑스로 넘어갔다. 그러나 유럽의 정치 지형이 최초로 산업혁명에 성공한 영국에 유리하게 바뀌면서 프랑스 대신 영국이 전면에 나섰다.

레위니옹을 덮은 커피

레위니옹 섬은 비록 규모는 작지만 아프리카에서 커피생산을 견인한 곳으로 유럽에서 커피문화가 싹트기 시작한 18세기에 프랑스 식민지의 커피생산에서 중요한 역할을 한 곳이다. 프랑스 부르봉 왕조(1589-1792)의 루이 13세(1601-1643)가 이 섬에 부르봉이란 이름을 붙인 이래 이곳에서 생산한 커피 또한 '부르봉종'으로 부르게 되었다. 티피카종과

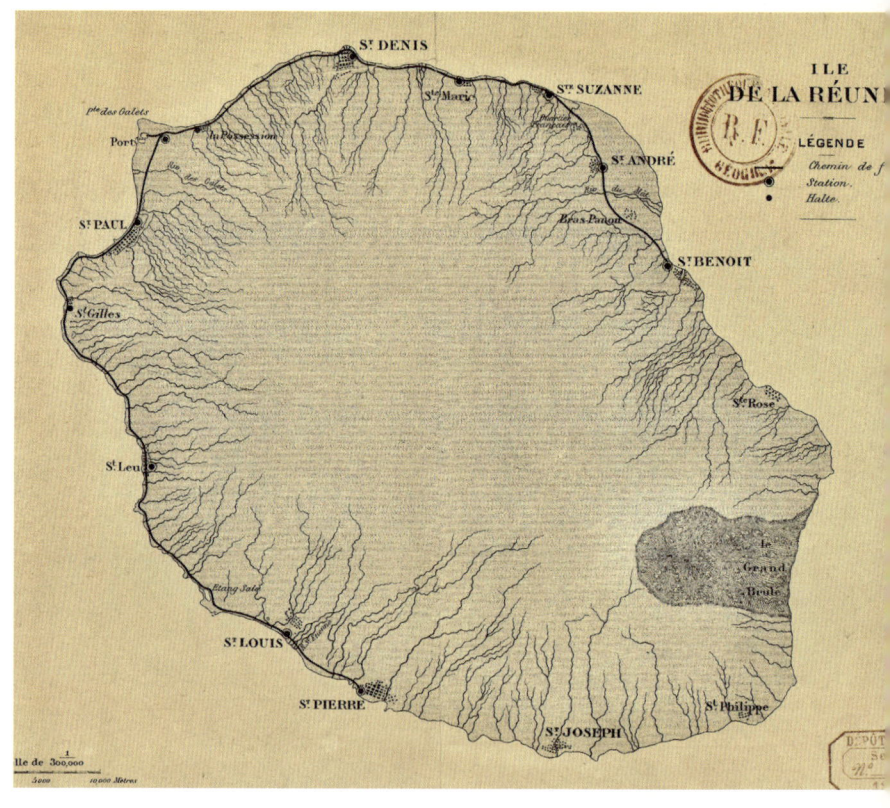

레위니옹, 1884년
생브누아에서 생피에르까지 1882년 개통된 철도가 표시되었다.
짙게 표시한 지형은 현재에도 간헐적으로 분화하는 활화산 피통드라푸르네즈의 마그마.
휴화산의 3개의 분화구는 표시되지 않았다.

함께 아라비카종 커피의 2대 품종 중 하나인 부르봉종은 20세기 초반 식민지 개척의 야욕과 기독교 선교의 열정에 힘입어 아프리카 동쪽과 남아메리카 여러 지역으로 전파되었다. 현재 부르봉종과 티피카종에서 파생된 다양한 아종이나 변종이 아라비카종 커피의 대부분을 차지하고 있다.

그러나 한때 프랑스 왕실에 독점 공급되기도 했던 레위니옹의 커피재배는 18세기 이후 급속하게 쇠퇴하였고 겨우 명맥을 유지하다 1972년 이후에는 완전히 사라졌다. 21세기 들어 이 섬에서 다시 커피재배가 시도되었고 현재 부르봉 푸앙튜Bourbon Pointu라는 이름으로 세계 커피시장에서 관심을 끌고 있다. 레위니옹의 커피재배가 굴곡이 많았던 만큼 커피나무는 이 섬 사람들의 삶에 짙은 그늘을 남겼다.

1511년에 포르투갈 사람이 처음 발견한 레위니옹 섬은 부르봉 왕조의 붕괴를 가져온 프랑스 혁명의 영향으로 1793년 레위니옹으로 이름이 바뀌었다. 이 변경에 대해 지역 주민들은 완강히 반대했는데, 가뜩이나 모카커피에 비해 품질이 좋지 않다는 평가를 받았던 커피의 이미지가 손상을 입지 않을까 하는 우려 때문이었다. 나폴레옹 시대에는 보나파르트 섬, 왕정복고 기간(1815-1848)에는 다시 부르봉이 되었으나 1848년 이후에 레위니옹이란 이름을 되찾아 오늘에 이르고 있다.

화산섬인 레위니옹은 천혜의 아름다운 자연 덕분에 인도양의 보석, 혹은 '프렌치 파라다이스'라고 불리는데, 3,071미터인 피통데네쥬 봉을 중심으로 3중의 분화구 형태를 이루고 있다. 마다가스카르 섬에서 동쪽으로 약 700킬로미터, 모리셔스 섬 남서쪽으로 180킬로미터 떨어져 있고 면적은 2,500평방킬로미터로 서울시의 네 배 크기이다. 이 섬은 화산재가 퇴적해 커피재배에 적당한 토양을 갖추고 있으며 열대성 고온다습한 기후로 무더운 우기(12월-3월)에는 평균 섭씨 30도에 이르지만 건기에는 비교적 시원한 데다 2,500미터가 넘는 산지는 연중 섭씨 15도의 기온을 유지해 커피재배에 알맞은 기후를 제공한다.

17세기 중기까지 무인도였던 이곳이 프랑스의 식민지로 개척되자 프랑스인들이 이주해와 바닐라와 사탕수수 플랜테이션을 시작했고 마다가스카르와 동아프리카 그리고 인도에서 데려온 노예들에게 노동을 맡겨 커피를 재배하게 했다. 1848년 이 섬에서 노예제가 폐지되었을 때 6만 명의 노예가 해방을 맞았고 그들 외에 3만 5,000명의 자유민이 살고 있었다. 프랑스 이주민과 노예의 후손들인 크레올Créoles이 섬 주민의 대부분을 차지해 비교적 동일 종족사회를 이루고 있으며 지금은 프랑스의 광대한 해외 영토 중 하나로 모든 주민이 평화로운 공생을 이어가고 있다.

레위니옹의 생폴 근처 600미터 고도에서 자라는 야생커피를 처음 발견한 것은 1711년이었다.[20] "마룬 커피"라는 애칭이 붙은 이 커피는 "가장 예민한 감식가들조차 모카커피와 구별할 수 없다"는 말이 떠돌았다. 그러나 1720년부터 영국과 네덜란드 선박들이 구매해 간 이 커피는, 1708년부터 1758년까지 레위니옹을 다스린 프랑스 동인도회사에서 선호한 모카커피에 비해 부드러움이 덜하고 향이 적었으며 훨씬 쓴 커피였다. 한편 예멘의 모카 항에서 커피묘목을 가져와 이곳에서 기른 것이 커피재배의 첫 시작이었다는 이야기가 전해진다. 확인은 어렵지만 1720년 이곳에 모카 커피나무가 7,000그루나 자라고 있었던 것은 사실이어서 전혀 터무니없는 이야기는 아닌 것 같다.

1718년 프랑스 동인도회사는 레위니옹에서 농민들에게 커피경작권을 분배하고 최소 열 그루 이상의 커피나무를 재배하도록 명령했고 이를 계기로 2년 만에 모카 커피나무가 7,000그루에 이르렀다. 1723년에 이르면 생폴 근처 쉬르방에 1만 그루의 커피나무가 밀집했고 성숙한 나무들은 매년 평균 3에서 5파운드의 커피콩을 생산해 주었다.[21] 18세기 초 세계 커피수요가 치솟던 시기에도 이 커피는 예멘의 아라비카 커피에는 미치지 못하는 제2등급의 커피로 거래되었다.

그럼에도 커피는 레위니옹에서 가장 흔한 작물이 되었고 곧 유럽 시장을 지배하게 될 것이라는 희망이 싹텄다. 1723년 레위니옹 섬 전체

커피에 대한 독점권을 획득한 동인도회사는 이듬해에 커피를 재배하지 않으면 재배농이 누리던 모든 특권을 회수하겠다고 위협했다. 유럽의 시장 수요가 커피생산을 재촉하고 있었다. 심지어 커피나무를 함부로 없애는 사람에게 사형을 선고해야 한다는 논의가 있을 정도였다. 1735년 레위니옹 농산물 경작농민 345명 중 95퍼센트가 커피를 재배했다. 그들 대부분은 다른 식량생산을 겸하고 있었으나 71명의 경작자는 오직 커피만을 재배했다.

레위니옹커피는 자바커피를 비롯한 여타 지역에서 생산한 커피와 경쟁을 피할 수 없었으나 유럽의 수요가 워낙 탄탄해 전망이 밝았고 특별히 1735년 커피생산의 72퍼센트를 차지한 생트 쉬잔느와 생드니 지역이 그랬다. 그런데 1730년에서 1744년 사이 커피 전매회사들이 커피가격을 절반으로 후려쳤다. 몇몇 경작자가 이에 항의했고 아예 밀거래로 돌아섰다. 하지만 프랑스로 수출하는 물량은 급속하게 증가하여 1726년 2만 3,800파운드에서 1727년 12만 파운드로, 1735년 50만 파운드로 증가했고, 1745년에는 250만 파운드에 이르렀다.

커피생산은 노동집약적으로 이루어졌고 결국 노예제를 통해 노동력을 충원하는 상황을 불렀다. 커피경작자 한 사람이 필요로 하는 노예는 최소 12명이었고 규모가 큰 경작자는 20명 이상이었다. 1735년 전체 주민 1만 명 가운데 약 80퍼센트가 노예로 끌려온 사람이었다. 대규모 경작자는 커피경작권을 가진 사람 중 68퍼센트를 차지했고 이들이 공식적으로 집계된 커피의 83퍼센트를 생산했다. 6개의 가장 큰 규모의 생산자들이 플랜테이션 노예들의 17퍼센트를 소유해 전체 커피의 47퍼센트를 생산했고 그들은 커피와 식용작물을 함께 재배하고 가축도 길렀다. 나머지 소농들의 특징은 대농들과 달리 커피 단일경작에 집중했다는 점이다.

1769년 동인도회사의 독점이 끝나자 일시적으로 커피생산이 급등하기는 했으나 1740년경부터 1790년대까지 세계 커피시장에서 차지하는 레위니옹의 비중은 지속적으로 떨어졌다. 매년 2,000톤에서 3,000톤을 수출한 레위니옹은 1787년 3만 8,000톤을 수출한 생도밍그에 비해 훨씬 적은 비중이었다.[22] 그럼에도 레위니옹에서만은 커피가 중요한 현금 경제였고 1793년부터 혁명기에는 거의 표준화폐로 사용되었다.

이런 쇠퇴에는 여러 원인이 작용했지만 무엇보다 빈약한 생산기술이 토양의 비옥도와 생산성을 떨어뜨렸다. 한 예로 생폴지역에서 1730년과 1775년 사이에 커피나무 한 그루당 1.5 내지 2파운드이던 생산량이 0.33 내지 0.5파운드로 떨어졌다. 게다가 충분히 말리지 않아 커피의 품질을 유지하지도 못했다. 레위니옹의 커피플랜테이션의 규모는 점차 줄어들었고 소농의 손으로 넘어갔다. 1732년에 커피플랜테이션의 평균 규모는 200헥타르를 넘었으나 1775년에는 겨우 2.5퍼센트만이 100헥타르를 넘는 수준이었다. 또 레위니옹은 사이클론(인도양의 태풍)이 지나는 길목에 있어 1730-32년과 1734년에 기근이 들었고 폭풍우가 어린 커피나무들을 망가뜨렸다. 폭풍우는 또 열악한 국제 운송 망에 피해를 줘 생드니와 생폴 항구에서 커피가격의 10퍼센트에 이르던 운송비가 더욱 증가했다.[23]

이런 이유 외에도 1878년 실론에서 번진 녹병이 치명타를 안겼다. 균류가 특히 1880-82년 이래 레위니옹의 커피나무를 휩쓸었다. 1871-80년 연평균 407톤이던 수출량이 1881-90년 379톤으로 떨어졌고 1891-1900년 사이에 103톤으로 떨어진 후 1901-7년에는 47톤으로 가라앉았다. 몇몇 부유한 재배농가가 자바의 부이텐초크 식물원에서 도입한 서아프리카 변종인 리베리카 liberica 종을 대체 품종으로 심었으나 수확하기까지 4년 이상 기다려야 했고 또 품질이 저급했다.

다른 새로운 생산지들이 등장하면서 레위니옹 커피의 쇠퇴를 재촉했다. 뉴칼레도니아, 인도차이나 반도 등 프랑스 식민지 내에서 새로운 생산지들이 나타났고 특히 1930년대 마다가스카르에서 커피생산이 증가하자 프랑스 내 레위니옹 커피의 시장은 줄어들 수밖에 없었고 1945년 이후 중요하지 않을 정도로 하락했다. 그럼에도 레위니옹 커피는 아프리카 다른 지역의 커피생산을 위한 자극제로서 초기의 임무를 충분히 다했다고 할 수 있다.

라틴아메리카로 간 커피

커피의 생산과 수출에 관한 독점적 권리를 잃지 않을까 하는 네덜란드 연합동인도회사의 두려움은 점차 현실이 되었다. 역설적이게도 자국에서 성장한 자매회사인 네덜란드 서인도회사 West-Indische Compagnie가 첫 경쟁자로 등장해 곧 압도적인 지위를 차지했다. 1621년에 설립된 서인도회사는 자바커피가 암스테르담과 미들부르흐(로테르담에 가까운 도시)의 경매에 나온 1712년 바로 그 해에 라틴아메리카에서, 정확하게 말하면 수리남에서 최초의 실험재배를 시작했다. 그 후 라틴아메리카는 세계적으로 가장 큰 커피생산 대륙으로 발돋움했고 이에 따라 연합동인도회사는 유럽 커피 사업에서 이 서인도회사에 시장 주도권을 내주고 말았다.

네덜란드령 기아나, 즉 버비스, 데메라라 그리고 에세퀴보 등에서도 커피재배가 시도되었으나 이들 지역이 비교적 지지부진했던 것과 달리 수리남의 커피생산은 곧바로 꽃을 피웠다. 1720년대에 이미 커피는 수리남에서 설탕 다음으로 중요한 수출농산물이 되었다. 1723년 이곳에서 처음으로 네덜란드에 공급한 커피는 겨우 6,000파운드 정도였으나 1740년에는 5백만 파운드로 증가해 18세기 중기에 연합동인도회사가 수입한 물량을 이미 넘어섰고 1760년에는 1,000만 파운드를 넘었다. 그리고 1765년과 1780년 사이 수리남은 연평균 약 1,200만 내지 1,300만 파운드의 커피를 서인도회사에 안겨주었다.

수리남에 커피가 이식되자 오래지 않아 다른 열대 및 아열대 아메리카로 커피재배가 확산하기 시작했다. 1715년 프랑스와 스페인이 커피를 생도밍그로 가져갔고 1720년경 프랑스인이 소안틸레스 제도의 마르티니크(현 프랑스 해외 영토)로 옮겨 심었다. 1730년 잉글랜드가 자메이카로, 1748년 스페인이 쿠바로 확산했다. 커피는 또 다른 스페인령 아메리카 여러 지역으로 퍼졌다.

라틴아메리카에서 커피나무를 재배한 유럽인들은 어디에서 커피묘목을 구했을까? 가장 널리 알려진 감동적인 영웅담은 프랑스의 해군 장교 마티유 드 클리외 Gabriel Mathieu de Clieu 의 '전설'이다. 이에 따르면 카리브 해의 프랑스 식민지 과달루프의 총독을 지낸 클리외는 프랑스령 안틸레스 제도에서도 커피가 자랄 것으로 생각해 묘목을 구하기 위해 휴가를 내 파리로 갔고 프랑스 왕립식물원에서 몇 그루의 커피나무를 어렵사리 구했다. 낭트에서 마르티니크로 돌아가는 배에서 그는 여러 차례 곤경에 처하기도 했지만 사람이 마셔야 할 물을 커피나무에 나누어 주는 등 온갖 정성을 기울여 마침내 마르티니크 땅에 심었고 다행히 열매를 맺는 나무로 키울 수 있었다.[24]

이에 맞서 네덜란드의 역사가들은, 카리브 해의 안틸레스 제도에 속한 마르티니크가 일찍이 커피재배에 성공한 네덜란드의 식민지 수리남에서 매우 가깝다는 사실을 근거로 자국 인물을 치켜세운다. 원주민들이 "꽃의 섬"이라고 부르던 마르티니크는 섬들이 줄지어 늘어선 소안틸레스 제도에서 도미니크(이후 영국 식민지가 되어 '도미니카'가 되었다)와 세인트루시아 사이에 위치하고 있다. 그리고 이 섬과 가까운 수리남에서는 이미 1720년대에 커피가 설탕 다음으로 중요한 수출품이었다. 물론 수리남의 커피 반출은 금지되어 있었지만 뇌물, 스파이, 절도 등의 수단을 이용한 밀반출의 여지는 충분했다. 그러므로 네덜란드 역사가들의 주장을 터무니없는 것으로 몰아붙이기는 다소 무리이다. 설혹 네덜란드 역사가의 주장을 배제한다 하더라도 프랑스령 생도밍그에서조차 이미 커피가 자라고 있었다는 사실은 '클리외 전설'의 진실성을 상당 부분 훼손하는 요소이다.

18세기 후반에 카리브 해 지역은 모카 항의 거래가 축소된 것과 달리 유럽에 커피를 공급하는 가장 중요한 곳으로 부상했다. 생도밍그, 마르티니크와 과달루프 등 프랑스령 안틸레스 제도에서 많은 생산자가 생겼기 때문인데, 1750년 이후 이 지역의 수출은 네덜란드 서인도회사를 앞질렀다. 1765년 프랑스령 서인도제도는 1만 톤에 달하는 커피를 모국으로 수출함으로써 같은 해 6,000톤을 보낸 수리남보다 거의 두 배에 가까운 커피를 공급했다. 이에 비해 영국의 자메이카는 10년 후인 1775년에 44만 파운드를 고국으로 보냈을 뿐이다. 1788년까지 프랑스의 수출은 약 3만 8,500톤으로 늘어났는데, 커피재배가 가장 빠르게 확장된 생도밍그 지역이 3만 5,000톤을 보낸 덕분이었다. 같은 해에 북대서양 경제구역의 전체 커피수입은 약 5만 5,000톤이었다.[25]

카리브 해 커피생산자들은 체리를 수확한 후 생두로 정제하는 방법에서 커다란 발전을 이룩했다. 이른바 습식 정제법을 도입하였다. 커피 체리를 따면 우선 과육을 벗겨내고 씨앗을 감싸고 있는 파치먼트 층을 제거한 후 씨앗을 잘 말려야 한다. 파치먼트 층에 붙은 점액 역시 파치먼트 층을 제거하기 전에 떼어내거나 말려야 한다. 이 과정에 물을 사용해서 과육을 제거하고 점액질을 없애는 방법이 습식법이다. 예멘에서는 커피 체리를 햇볕에 그대로 말린 후 파치먼트 층을 벗겨내는 건식법을 사용해왔는데, 습식 정제 기술이 발전하지 않은 탓도 있었지만 커피를 말리는 시기에 건조한 날씨가 계속되기 때문에 가능했다. 그러나 고온다습하고 생두 건조시기에 우기가 겹치는 아메리카에서는 이 건식법이 적당하지 않았다. 비를 피하려면 거대한 건물을 지어야 해서 많은 자본이 투자되어야 하는 것은 물론이고 건식법에는 긴 시간이 걸리고 많은 노동력을 투입해야 한다는 점도 문제였다. 그래서 유럽인들은 물을 이용해 이 과정을 단기간에 수행하는 습식법을 채택했다. 습식법은 물을 많이 필요로 해서 환경을 훼손하는 문제가 있었지만 당시로서는 기후를 극복할 새로운 방법이었다. 현재는 두 가지 방법 외에도 반半건식법 또는 반半습식법 등이 두루 사용되고 있지만 이때 유럽인들이 개발한 습식법은 지금도 아메리카 대부분 지역에서뿐 아니라 세계에서 가장 보편적으로 쓰인다. 그것은 이 방법으로 정제한 커피가 품질 면에서 균일하고 커피애호가들이 좋아하는 섬세한 신맛을 주기 때문이다.

한편 유럽의 변화가 아메리카 여러 지역에 영향을 미쳤다. 1756-1763년 사이 유럽에서 일어난 7년 전쟁은 유럽 제국주의의 중앙아메리카 지역 세력 판도에 영향을 미쳤다. 이 전쟁에서 영국과 프로이센 동맹이 프랑스, 스페인 그리고 오스트리아 동맹을 격파하고 승리를 차지했는데, 아메리카에서는 프랑스-인디언 전쟁이라고 부르기도 하는 이 전쟁의 결과로 중앙아메리카에서 프랑스 대신 영국의 영향력이 증대했다. 18세기 계몽주의가 불어넣은 평등사상 또한 프랑스혁명에 용기를 불어 넣은데 그친 것이 아니라 아메리카에서도 원주민들에게 독립의 의지를 고무했다. 프랑스혁명(1789년)과 빈회의(1815년) 사이에 여러 곳에서 마침내 독립운동이 전개되기에 이르렀다.

아이티 혁명, 1791년
프랑스가 노예노동을 토대로 커피와 설탕을 생산하던 생도밍그에서 일어난 대규모 봉기는 유일하게 성공한 노예봉기로서 아이티공화국의 건설로 이어졌고 중남미 독립운동의 기폭제가 되었다. 프랑스인이 그린 것으로 봉기노예들의 잔혹성을 두드러지게 부각했다.

1790년대 초까지 북대서양 경제구역에 커피와 설탕의 50퍼센트를 공급하던 생도밍그에서 초기 식민주의 시대 최대 규모의 노예봉기가 일어났다. 1791년 투생 루베르튀르 Toussaint Louverture (1743-1803)가 이끄는 봉기가 일어나자 유럽인 지배귀족들이 섬에서 대거 탈출했을 뿐 아니라 노예들이 독립을 강력하게 요구했고 1804년 마침내 이 식민지는 자치 공화국(아이티 공화국)을 선언했다. 이 위대한 투쟁은 세계사에서 유일하게 승리한 노예봉기로 기록되었다.
이 사건은 곧 이웃 지역으로 확산되어 유럽 제국주의 국가들이 지배하던 여러 곳에서 독립운동이 터져 나왔다. 생도밍그의 봉기는 1820년대 중앙아메리카와 남아메리카 대부분의 나라들이 독립을 쟁취한 주요 계기로 작용했다. 유럽에서도 프랑스의 팽창정책이 봉쇄되었을 뿐 아니라 나폴레옹 전쟁(1797-1815)이 끝나고 1815년 빈에서 열린 평화협상은 영국이 전쟁을 통해 쟁취한 지역들을 대부분 영국령으로 보장해주었다. 캐나다, 인도의 일부, 오스트레일리아의 뉴웨일스 남부에 더해, 세인트루시아, 토바고와 트리니다드 같은 네덜란드령 기아나의 일부, 남아메리카 최남단, 실론 그리고 말레이시아 등이 영국에 돌아갔으며 이로써 영국은 새로운 라틴아메리카 국가들과의 자유무역, 인도양의 통제권 그리고 중국무역의 보호에 전략적으로 중요한 지역을 소유하게 되었다. 그렇다고 유럽의 경쟁국들이 자국의 권리를 그냥 내준 것은 아니었다. '유럽의 균형'이란 사상에 힘입어 프랑스는 7년 전쟁 동안 잠시 영국에 빼앗겼던 마르티니크와 과달루프 외에 카이엔느, 세네갈의 일부, 레위니옹 그리고 인도의 일부분을 챙겼다. 네덜란드는 이미 1791년 심각한 타격을 입은 서인도회사와 1799년 바타비아공화국 시절에 파산을 맞은 연합동인도회사가 와해되기는 했으나 네덜란드령 기아나의 일부와 첫 식민시기에 획득한 자바와 함께 말레이시아 군도에 대한 지배를 강화하는 데 성공했다.

   정치적 소용돌이의 결과로 한때 중앙아메리카의 커피생산이 크게 감소하여 유럽에서 커피가격의 상승을 불러왔다. 하지만 카리브 해 지역은 커피생산지로서 중요성을 잃지 않았을 뿐 아니라 곧 점차 더 중요해졌는데, 무엇보다 세계의 커피수요가 증가하면서 새로 커피재배에 뛰어든 나라들이 생겼기 때문이었다. 그 나라들 중 몇 나라는 비록 처음에는 발전이 더디고 순조롭지 않았지만 20세기에 세계 커피시장에서 미식가들이 찾는 훌륭한 커피를 생산했다.

콜롬비아는 고품질의 커피를 생산하는 대표적인 나라의 하나이다. 콜롬비아 커피는 생산량만을 따지더라도 현재 세계 3위의 생산국이지만 평균적인 품질을 고려하면 최고 품질의 커피를 생산하는 나라라고 할 수 있다. 콜롬비아는 현재 연평균 1,150만 자루(1자루는 60킬로그램)를 생산하는데, 거의 전부 아라비카종이다. 이에 비해 브라질은 커피생산량이 많기는 하지만 그동안 커피의 품질에 그다지 정성을 기울이지 않았고 세계 2위의 생산량을 가진 베트남은 거의 전부 로부스타종을 생산한다.

콜롬비아에 처음 커피를 전한 사람은 예수회 선교사 호세 구밀라 José Gumilla 였다. 프랑스령 안틸레스 제도에서 베네수엘라를 거쳐 커피를 들여온 그는 1730년 《오리노코 강 Orinoco Illustrated *》이란 책에서 최초로 커피에 관한 기록을 남겼다. 그러나 상업적 재배는 그보다 훨씬 늦은 1808년에 시작되었다. 이때 베네수엘라 국경 근처 쿠쿠타 항에서 100자루의 생두를 수출했다는 기록이 있다. 그러나 지지부진하던 커피산업이 활력을 띠게 된 것은 19세기 후반이었다. 이때는 세계경제가 대상승기를 맞은 시기로서 국제 커피시장 역시 활황세를 이어간 시기였다. 콜롬비아 토지 소유주들은 새로운 기회를 잡을 수 있으리라는 기대로 '새로운 모델'을 채택하기 시작했다. 1850년에서 1857년 사이 이 나라는 담배와 퀴닌 Quinine * 을 주로 수출했고 가죽과 소 또한 농산물 중 주요 수출품이었다. 하지만 국제가격의 압박 등으로 크게 성공적이지 않았던 터라 대안의 돌파구가 필요했고 그 돌파구로 채택된 것이 커피

---

* 오리노코: 브라질과 베네수엘라의 국경 부근 기아나 고지에서 발원하여 대서양으로 흘러드는 강
* 퀴닌: 의약품으로 사용되며 토닉워터의 쓴맛을 내는 재료이다. 최근 토닉 에스프레소가 카페 메뉴로 떠오르고 있다.

재배였다.

　마야문명의 중심지였던 과테말라는 16세기에 스페인의 지배를 받기 시작해 1821년 스페인과 멕시코로부터 독립했다. 이곳에는 1747년에 이미 커피가 자라고 있었고 서비스가 이루어졌다는 소문이 있지만 많은 사람이 1750년 예수회에서 커피를 도입했다고 믿고 있다.[26] 커피가 도입된 후 약 1세기가 넘도록 커피는 과테말라에서 중요 농산물이 아니었고 1850년대까지 선인장 진드기에서 채취한 붉은 색 염료인 인디고를 주요 수출품으로 삼고 있었다. 1845년부터 정부는 수출 작물 경작을 다변화하기 위해 커피생산 및 지도 위원회를 설치하여 커피생산자들에게 생산에 필요한 교육 자료를 제공하고 가격 책정과 품질 향상을 도왔다. 이에 호응하여 소수의 토지소유주와 원주민 마을들이 커피재배를 실험하기 시작했다. 이때 독일에서 건너온 이주민들이 커피재배에 중요한 역할을 했다. 독일인들의 이주는 그 후에도 계속돼 유럽 이주민 중 다수를 차지했고 그래서인지 지금 과테말라는 대부분의 커피를 독일로 수출하고 있다. 그러나 19세기 중반까지 과테말라는 커피생산국으로 전혀 중요하지 않은 나라였다. 새로운 작물에 대한 기대는 물론 아주 높았지만 커피로의 전환은 얼마동안 순조롭지 않았고 신속하게 이루어지지 않았다.

　코스타리카는 전혀 다른 사례로서 중요하다. 1719년 스페인 정부는 "코스타리카는 전 아메리카 가운데 가장 가난하고 불쌍한 스페인 식민지"라고 기록했다. 코스타리카 사람들의 자존심을 긁는 말이기는 하나 그곳이 낙후한 지역이었던 것만은 사실이다. 그래서 스페인은 아예 이 나라의 개발에 거의 개입하지 않았는데, 이것이 코스타리카가 다른 어떤 나라보다 원주민이나 메스티소Mestizo(원주민과 백인의 혼혈)에 대한 억압이 없는 농촌민주주의를 이룩할 수 있었던 환경을 제공했고 코스타리카가 더 평등한 사회로 발전할 기회로 작용했다. 현재 코스타리카는 정치적으로 장기 지속적 안정을 확보한 민주주의 국가이고 고등교육을 받은 풍부한 노동력을 가진 나라이다. '풍요로운 해안'이란 뜻을 가진 나라 이름이 잘 어울릴 정도이다. 이런 결과를 얻는 과정에 커피경작이 대단히 중요한 역할을 했다. 코스타리카는, 커피재배에 반드시 대규모의 생산단위가 필요한 것은 아니며 생산 메커니즘에 엄청난 규모의 투자가 이루어져야 하는 것 또한 아니라는 것을 증명한 나라였다.

코스타리카의 커피재배는 1779년 메세타 센트럴지역에서 시작되었다. 1821년 코스타리카는 스페인으로부터 독립을 얻었지만 그것은 그들이 쟁취한 것이라기보다 과테말라 독립이 안겨준 혜택일 따름이었다. 독립을 얻은 코스타리카 정부는 19세기 초, 여러 지역이 커피재배에 이상적인 토양과 기후 조건을 가지고 있다는 사실을 파악한 후 커피재배를 적극적으로 지원하기 시작했다. 1825년 정부는 커피생산을 독려하기 위해 세금을 면제해 주었고 1831년 여기에서 한 발 더 나아가 휴한지에서 커피를 재배하는 모든 농민에게 토지 소유권을 주겠다고 선언했다. 그 결과 코스타리카 커피농가들은 커피재배로 안정적인 삶을 누릴 수 있었고 세계 커피애호가들에게도 최고 수준의 '행복한 커피'를 선물했다.

쿠바는 설탕 붐이 지속되고 있어 아직 커피생산이 중요한 나라는 아니었지만 이미 1748년에 커피가 도입되었다. 이어서 커피는 1755년부터 푸에르토리코에, 1784년 베네수엘라 그리고 1790년 멕시코로 이식되는 등 카리브 해 인접 국가들로 점차 확산해갔다.

브라질의 시작

전 세계 커피생산에서 가장 영향력이 큰 나라는 브라질이다. 프랑스령 기아나에서 브라질에 커피가 전해진 것은 1727년이었다. 전설에 따르면 프랑스령 귀얀과 네덜란드령 기아나 사이에 국경분쟁이 일어나자 이를 중재할 임무를 띠고 프랑스령 귀얀에 파견된 브라질의 프란치스코 드 멜로 팔헤타 중령이 그곳에서 커피묘목을 얻어와 북동쪽 파라지역에 심었다고 한다. 그러나 브라질에서 커피경제의 발전에 기반이 된 곳은 파라지역이 아니라 리우데자네이루였다. 리우데자네이루에서 커피가 처음으로 재배된 다음 수십 년 만에 커피경제의 역동성이 상파울루와 미나스제라이스로 옮겨갔다.

포르투갈의 식민지였다가 1822년 독립을 선언한 브라질은 1820년경부터 커피경제가 상승해 1890년대에 정점을 찍었다.[27] 브라질은 1800년에야 처음 커피수출을 시작했지만 시작한 지 얼마 지나지 않은 1820년에 이미 그 양을 7,000톤으로 늘렸다. 브라질의 저렴하고 비옥한 토지와 풍부한 노예노동이 1820년 이후 세계 커피가격을 수직으로 떨어뜨렸고 19세기 마지막 4/4분기까지 낮은 가격을 그대로 유지할 수 있게 해주었다. 공급이 수요를 창출하면서 말이다. 브라질의 커피생산은 이렇듯 빠르게 성장하여 런던, 함부르크, 뉴욕 등 국제 커피 경매시장에 커피를 출시하면서 경쟁자를 찾아보기 어려운 시장 주도국으로 우뚝 섰다.

브라질은 1830년대에 연평균 4만 8,000톤을 수확해 커피수확량을 7배로 늘렸고 1850년대 내내 연평균 14만 3,000톤을 수확해 다시 3배를 증가시켰다. 1870년대 이후 브라질의 커피생산은 급속하게 증가하여 1880년에 33만 3,100톤으로 높아졌다. 특히 1886년과 1887년 사이 커피 수확기의 세계 커피수출은 브라질의 압도적 지위를 확인해준다.

당시 세계 전체 수출물량은 61만 7,500톤이었는데, 브라질 한 나라가 절반 이상, 즉 35만 9,000톤을 수출했다. 네덜란드령 인도가 8만 톤으로 그 뒤를 이었고 라틴아메리카의 여러 나라들(멕시코, 과테말라, 코스타리카, 콜롬비아, 베네수엘라)이 생산한 커피는 모두 합해 3만 9,000톤 내지 4만 6,000톤이었다.[28] 1/5이 채 안 되는 나머지 커피들은 영국령 실론, 영국령 인도 그리고 카리브 해의 섬나라들이 생산한 것이었다. 아프리카는 19세기 세계 커피시장에서 아직 중요한 지역이 아니었다. 아프리카와 아시아의 생산을 모두 합하면 이 두 지역은 1830년대와 1870년대에 세계 전체의 1/3을 생산했으나 제1차 세계대전 직전에는 그 비중이 5퍼센트로 떨어졌다.

1822년 브라질이 독립을 이룬 후부터 1899년까지 브라질의 커피수출은 75배로 증가한 데 비해 19세기 세계 커피소비는 15배의 증가에 그쳤다. 커피가격으로 브라질과 경쟁할 만한 생산국이 아예 없었고 유럽의 식민 지배국들 및 미국의 폭발적으로 증가한 수요를 충당할 나라도 브라질을 제외하면 없었다. 19세기 세계 커피생산 확대의 80퍼센트 가량이 브라질 한 나라에서 일어났다.[29] 1906년에는 브라질이 다른 모든 나라의 생산량을 합한 것보다 무려 5배에 달하는 커피를 생산했다.

3. 커피플랜테이션, 노예제를 강화하다

중앙아메리카와 남아메리카에서 프랑스와 영국은 커피생산을 대규모 플랜테이션에 의존했다. 플랜테이션의 커피생산에는 육체노동이 필수적이었고 그 노동을 감당한 것은 식민지 피지배민과 커피재배를 위해 데려온 이주민 그리고 아프리카 흑인 노예 등이었다. 그 가운데 특히 아프리카 흑인 노예들은 세계 커피산업의 초기에 인간으로서 상상하기 어려운 악조건을 견디며 커피생산노동을 맡았다. 커피는 원래 쓰지만 그들의 이야기가 더해지면 쓴맛이 더 짙게 느껴지는 것은 어쩌면 당연한 결과이다.

확대된 노예제

사실 노예제도는 인류 역사의 거의 처음부터 존재했다. 그러나 노예slave라는 말은 13세기부터 15세기까지 이탈리아 상인들이 동유럽의 슬라브인slav을 잡아다가 지중해 지역의 노역에 동원하면서 생겨났다. 유럽인들 역시 노예가 된 일이 있었다. 아라비아 상인들은 16세기부터 18세기까지 100만 명 이상의 유럽인을 노예로 삼았다.[30] 아프리카 흑인들을 사고파는 대서양 노예무역은 1441년 포르투갈인 선장 안탐 골살베스가 서사하라 연안에서 흑인 남녀를 잡아간 것이 시작이었다. 백인 노예를 고용하던 포르투갈의 사탕수수 재배에 흑인 노예를 고용하면서 노예무역이 본격적으로 확대되었다.

대서양 노예무역은 17세기부터 유럽 여러 나라들이 독점권을 가진 무역회사들을 이용해 삼각무역으로 이익을 얻으면서 더욱 활발해졌고 18세기에는 이 삼각무역이 유럽에서 아프리카로 면포와 무기를 공급하는 한편 노예무역을 통해 아프리카 흑인 노예들을 카리브 해와 남아메리카로 투입한 후 설탕과 담배 그리고 커피를 생산해 유럽으로 들여오면서 더욱 활성화했다. 노예무역이 활성화하면 할수록 플랜테이션에서 생산한 설탕과 담배 그리고 커피가 만들어 주는 이익의 규모가 커졌다.

노예무역의 가장 대표적인 사례는 브라질을 지배한 포르투갈이었다. 15세기 중엽 포르투갈이 리스본으로 데려오던 흑인 노예의 수는 1,000명가량이었으나 한 세기 후에는 3,500명 수준으로 증가했다. 포르투갈이 브라질에서 사탕수수플랜테이션을 시작한 1540년대부터 노예수입이 크게 증가하기 시작했고 브라질이 1580-1680년 세계 최대 규모의 사탕수수플랜테이션으로 부상하면서 폭발적으로 증가했다. 포르투갈은 3세기 이상에 걸쳐 거의 400만 명에 이르는 노예를 식민지 브라질로 수입했다.[31] 포르투갈에 이어 영국, 네덜란드, 프랑스, 덴마크 그리고 독일의 전신 프로이센 등이 모두 그 뒤를 따랐으며 영국에서 독립한 미국 역시 이 대열에 뛰어들었다. 중상주의 국가들과 산업 선진국들이 거의 모두 참여한 유럽의 제국주의 행진이 이어졌고 이 행진은 한동안 거침없이 전진했다.

노예수출의 숫자는 여전히 정확하지 않고 연구가 진행될수록 증가하는 경향을 띠고 있다. 해외에서 태어난 노예의 후손을 계산에 넣지 않더라도, 러브조이 Lovejoy의 연구에 따르면 1450년에서 1900년 사이 아프리카를 떠난 흑인 노예들은 1,169만 8,000명에 달했다.[32] 1450-1600년에 36만 7,000명이던 수출노예의 수는 1601-1700년 186만 8,000명, 1701-1800년 613만 3,000명, 1801-1900년 333만 명이었다. 이후의 연구는 아프리카에서 수출된 노예의 수를 1,186만 3,000명으로 약간 더 늘려 잡았다.[33] 새로운 사례들이 추가되었기 때문이다.

노예무역의 역사는 플랜테이션이 성장하면서 수출노예의 숫자도 증가했다는 사실을 드러내 준다. 17세기의 노예수출은 주로 브라질과 카리브 해의 설탕재배 때문에 늘어났고 18세기에 그 절정에 이르렀다. 10년간의 노예수출이 가장 많았던 1780년대에는 약 79만 7,000명에 달했다.

플랜테이션은 젊은 남자들의 노동이 필요했다. 영국의 왕립아프리카회사는 대리인들에게 "노예를 실을 때는 항상 노예들이 15세에서 40세 미만의 호감이 가는 건강한 니그로인지, 남자노예가 적어도 3분의 2가

되는지 주의 깊게 살펴보라"라고 요구했다.³⁴ 노예가격은 성별에 따라 달랐다. 서아프리카 해안에서 남성노예가 여성노예보다 20~30퍼센트 더 비쌌다. 유럽 상인들은 어린이들(14세나 15세 이하)의 수출도 점차 늘려갔다. 한 연구는 17세기 말에 수출노예의 12%이던 어린이가 18세기에는 23%로 늘었다고 밝혔다.³⁵ 이처럼 어린이가 증가한 이유 중 하나는 어른보다 몸집이 작은 아이들을 더 많이 선적할 수 있게 허가한 유럽의 입법 때문이었다. 플랜테이션 경작이 주도한 지역들에서 흑인 노예들은 노동자의 압도적 다수를 이루어 85퍼센트 혹은 그 이상에 달했고 이에 반해 영국과 프랑스 농장주가 고용한 유럽의 계약노동자들의 역할은 그다지 중요하지 않은 수준이었다.³⁶

사탕수수플랜테이션에서 일하게 된 노예들은 훨씬 더 체계적으로 관리되었다. 브라질의 마데이라와 상토메의 플랜테이션에 도입된 놀랍도록 새로운 관행은 포르투갈 사람들이 노예들을 엄격한 노동분업 방식으로 조직했다는 점이다.³⁷ 이전에는 일꾼들을 모두 한 지붕 아래 모아놓고 일을 시켰는데, 사탕수수를 생산하기 위해서는 새로운 노동방식이 필요했다. 큰 통에 사탕수수를 넣고 설탕으로 끓여내는 일은 고도의 기술이 필요해 숙련된 기능공이 맡았다. 끓이기와 "스트라이킹"(적당한 시점에 끓이기를 중지하고 용액을 옮기는 일)이라는 복잡한 정제과정에 '분업'이라는 새로운 노동조직을 적용해야만 했다.³⁸ 설탕정제에서 발달한 노동의 새로운 조직방법은 곧 다른 영역에서도 채택되었다.

커피플랜테이션

커피플랜테이션은 노예들을 투입한 체계적인 노동관리로 이윤을 창출한 또 다른 사례였다. 초기 아메리카 식민지에서의 커피생산은 어디에서나 대규모 플랜테이션에서 이루어졌고 그 소유주들은 노예제와 강제노동에 의존했다. 커피생산은 처음부터 훨씬 더 심한 '착취의 원리'에 기초를 두고 시작되었다. 일반적으로 노예주는 노예를 사들일 때 단 한 번의 투자로 노예의 판매, 처벌(심지어 사형에 처할 수도 있었다) 그리고 노동성과에 따른 잔혹한 대우 등을 평생 동안 휘두를 수 있었다. 예컨대 17세기 초 사탕수수플랜테이션에 투입하기 위해 노예를 매입한 사람은 8-16개월 후에 이익을 내고 오른 가격에 되팔 수 있었고 한 세기 후에는 이보다 약 4배를 받을 수 있었다. 18세기 아메리카에서 노예가격이 크게 증가하자 아프리카 공급자가 매기는 가격 역시 크게 올랐다. 사로잡혔던 납치되었던 유죄판결을 받았던 일단 노예가 된 사람은 인간으로서 누릴 자유를 송두리째 빼앗겼을 뿐 아니라 가혹한 처우를 벗어날 길이 없었다. 물론 노예를 사고 판 지역과 경우에 따라서 그러니까 노예를 산 가격을 비롯한 경제적 조건에 따라서, 그리고 노예주의 심성 등에 따라서 약간의 차이는 있었지만 말이다. 대체로 가사노예가 들판노예보다 다소 사정이 좋았다. 특히 사탕수수플랜테이션에 투입된 노예들은 쉽게 상하는 사탕수수를 재빨리 처리해야 했기 때문에 치명적인 뜨거운 날씨를 견뎌야 하는 최악의 상황을 맞았다. 수확기에는 하루 종일 쉴 틈이 도무지 나지 않았다. 이럴 때에는 농장주와 노예들 사이에 극도의 갈등이 조성되어 채찍질이 가해졌고 노예들의 반란으로 이어지는 일도 이따금씩 일어났다.

18세기 초 카리브 해에 커피재배가 시작된 이래 아프리카 흑인 노예수입이 증가한 것은, 이 지역의 커피재배를 처음부터 플랜테이션 방식이 지배한 것이 주요 원인이었다. 커피플랜테이션에서도 사탕수수플랜테이션에서 그랬듯이 흑인 노예가 노동자 중 압도적 다수를 차지했다. 처음에 사탕수수 재배에 주로 투입되던 노예들은 점차 커피플랜테이션으로 보내졌다. 특히 프랑스의 식민지 생도밍그와 영국의 식민지

자메이카가 노예의 수에서, 사탕수수를 재배한 초기의 카리브 해 섬들을 추월했다. 18세기 유럽 최대의 커피 공급처였던 프랑스 식민지 생도밍그는 같은 세기에 무려 100만 명의 노예를 수입했다.[39] 생도밍그에서 1791년 노예봉기가 일어나기 직전인 1789년 주민 중 유럽인은 4만 명이었고 노예는 45만 명에 달했다.[40] 자그마치 90퍼센트에 이르는 주민이 모두 노예 신분이었다. 19세기에는 브라질이 160만 명의 노예를 수입해 주요 노예수입국으로 부상했는데, 이 시기는 이 나라가 커피생산에서 시장 주도국이 된 시기와 일치한다.[41] 이 사례들은 사탕수수에 이어 커피플랜테이션이 노예노동을 흡수한 주요 창구였다는 사실을 증명해준다. 노예무역 조사통계에서 현대적 연구의 효시가 된 커틴 Philip Curtin 의 통계(16세기에서 19세기 사이)에 따르면, 수출된 노예의 42퍼센트가 카리브 해 주변 지역으로 갔고 38퍼센트가 브라질로, 5퍼센트 미만이 북아메리카로 갔다.[42]

유럽의 식민주의자들은 왜 사람들을 부채의 인질로 잡거나 강제노동에 동원하거나 나아가 노예무역까지 이용해 커피생산을 해야 했을까? 물론 경제적 이익 때문이지만 여기에 대한 답은 생산지별 커피가격의 차이에서 쉽게 찾을 수 있다. 근대 초에 들어서면서부터 식민지 커피는 유럽시장에서 예멘 커피보다 아주 유리한 위치에 서게 되었는데, 그것은 가격의 차이에서 온 결과였다. 1774년 암스테르담 거래상이 작성한 커피가격표는 생산지에 따른 커피가격의 종류별 차이를 분명하게 보여준다. 커피는 보통 60킬로그램들이 자루 단위로 거래되는데 당시 모카 커피 한 자루는 14 1/2 스투이버에 팔린 데 비해 연합동인도회사가 아시아에서 들여 온 커피는 자루 당 9 또는 10 1/2 스투이버 사이를 오르내렸고 카리브 해 커피는 생산지와 품질에 따라 5 1/2 내지 6 1/4 스투이버 사이에서 거래되었다.[43] 커피가격의 차이는 식민지의 커피생산이 대부분 대량생산 방식을 택하고 있었다는 사실과 관련이 있었지만 동시에 강제노동 및 노예제와 밀접하게 연결되어 있었다. 값싼 노동력이 커피가격의 하향 유지를 가능하게 했고 덕분에 카리브와 남아메리카의 플랜테이션 커피가 상인들에게 커다란 이익을 만들어 주고 있었다.

하지만 이익의 극대화를 위해 동료 인간의 인권을 처참하게 유린하는 노예제도가 영원하리라는 법은 없었다. 인문주의 사상이 앞장섰고 아담 스미스가 노예착취 대신 자유로운 임금노동이라는 경제 원칙을 주창한 것이 큰 반향을 일으켰을 뿐 아니라 산업혁명이 진행되면서 임노동이 노동시장에서 마침내 제도로서 정착되기 시작했다. 그러자 생도밍그에서 일어난 노예들의 봉기를 계기로, 1802년 덴마크가 길을 텄고 1807년 영국이 식민지로의 노예 수입을 금지했다. 이때는 영국이 북아메리카의 식민지를 상실한 후 아시아에 집중하던 시점이었는데, 아시아에서 영국은 이미 상품생산을 노예제에 의지하지 않고 있었던 것이다. 영국 식민지에서 실제로 노예제가 사라진 것은 1833년이었다. 프랑스도 1848년 지배 지역에서 노예제를 없앴고 1863년 네덜란드령 수리남에서도 노예제는 사라졌다. 미국은 남부의 면화재배가 노예제에 기반을 두고 있어 1790년 50만 명이던 노예 수가 1860년에 400만 명으로 크게 증가한 나라인데, 노예제 폐지 혹은 유지를 두고 대립하던 북부와 남부는 자국 영토 안에서 일어난 유일한 전쟁이자 내전 Civil War인 남북전쟁(1861-1865)을 벌이기에 이르렀다. 노예제 폐지를 선언한 북부군이 승리했지만 미국에서 노예제는 아주 오랜 후까지 지속되었고 흑인들에 대한 인종차별이 근절되지 않은 채 사회통합에 걸림돌로 작용했다.[44]

남아메리카와 카리브 해 지역 그리고 아시아에서도 노예제는 폐지되었지만 유럽이 주도한 노예제는 인류에게 씻을 수 없는 상처를 남겼다.

노예제의 유산이 아프리카 종족들 사이에 끊임없는 전쟁을 낳았다. 유럽인들은 스스로 노예사냥에 나서기도 했지만 아프리카 사람들에게 총과 무기를 주고 노예를 잡아오도록 교사했기 때문이다. 또 노예제는 중남미 여러 지역에서 사회갈등을 야기했다. 백인과 원주민 및 노예들 사이에 깊은 원한의 골이 파였고 그것은 쉽게 치유되지 않았다. 노예제의 상처를 치유하고 다시 일어서는 것은 노예 자신들과 그들의 후손에게 맡겨졌다.

4. 커피와 세계체제의 등장 그리고 문화인류학적 이해

세계 열대 및 아열대 지역에서 생산한 커피는 처음부터 생계 유지를 위한 식료품이 아니라 거래를 목적으로 한 상품이었다. 영국과 프랑스, 스페인과 포르투갈 그리고 네덜란드 등 유럽 식민세력의 경제적 유익을 위한 도구의 하나였다. 1610년대 이래 아시아에서 이루어진 커피 재배의 확산은 각각 자국의 동인도회사를 통해 커피무역을 지배하려는 네덜란드와 영국의 경쟁과 함께 시작되었다. 네덜란드의 주도권은 1700년 이후 쇠퇴하기 시작했고 1784년 네 번째 전쟁 이후 더 이상 회복할 수 없는 상태에 이르렀다. 네덜란드의 연합동인도회사가 1795년 결국 와해되자, 영국의 동인도회사는 당시 세계에서 가장 강력한 무역 세력으로 등장했다. 영국은 1795년 이래 네덜란드로부터 실론 섬 전체를 빼앗았고 영국의 소유주와 관리들이 운영하는 대규모 플랜테이션을 건설했다. 이때부터 남부 인도에서 노동자들을 데려와 커피생산 노동에 투입했다. 물론 그 이주민들은 반^{半}강제노동에 내몰렸다.

또한 포르투갈과 스페인, 영국과 프랑스 그리고 네덜란드는 중앙아메리카와 남아메리카 여러 지역에서 커피재배를 위해 대규모 플랜테이션을 경영했다. 이 플랜테이션들은 채무를 갚지 못해 인질로 잡힌 노동자와 흑인 노예의 강제노동으로 유지되었다. 오로지 커피플랜테이션 하나에만 모든 책임을 지울 수는 없지만 커피플랜테이션이 노예제를 유지하고 강화했으며 나아가 확대했던 것만은 부정할 수 없는 사실이다. 그리고 유럽 식민세력들 사이의 이권경쟁은 때로는 전쟁으로 번졌을 정도로 격렬했고 원주민들의 의지와 상관없이 특정 지역을 자기들끼리 거래하는 형태로 나타나기도 했다.

커피생산에 대한 통제권을 둘러싼 무역 및 경제 관계는 의도와 관계없이 전 세계적 경제체제의 형성을 가져왔다. 커피무역을 중심으로 보면, 주요 커피소비국들은 지구 북부에 위치하고 커피생산 지역은 지구의 남부에 위치한다. 커피의 생산과 소비가 제국주의 국가들과 식민지 국가들 사이에 만들어진 경제적 분리선과 거의 일치한다. 물론 20세기에 변화의 조짐이 나타나기는 했으나 여전히 커피소비국들이 있는 지구 북부는 세계에서 가장 선진적인 경제체제로, 반대로 커피생산국들이 자리 잡은 남부는 산업 경제면에서 가장 뒤떨어진 지역으로 나뉘어져 있으며 오히려 그 차이가 심해졌다고 보는 견해들이 있다.

커피의 생산과 소비가 처음에는 지역 내 교환 활동이었으나 후에는 국제적 교환 활동이 되었다. 수출상품이 된 커피는 주변지역을 세계경제로 흡수하는 '사회적 원동력'이 되었다. 이로써 커피는 '세계체제'의 등장을 견인한 상품의 하나였다. 그리고 커피를 둘러싼 불평등 교역은 종속이론dependency theory과 세계체제론worldsystem theory의 현실적 토대 중 하나였다.

1960년대 라틴아메리카의 경제민족주의자들이 중심이 되어 제기한 종속이론에 따르면, '중심'인 선진 자본주의 국가는 경제적 '주변' 국가들을 착취함으로써 발전한다. 안드레 프랑크 Andre Gunder Frank (1966)와 셀소 푸르타도 Celso Furtado (1976)는 라틴아메리카의 경제적 노력을 검토한 후 그것을 지속적인 "저발전"의 과정으로 이해하면서 그 원인을 세계적 불평등 교역에서 찾았다. 프랑크는 중심과 주변의 격차가 더욱 벌어져 주변이 된 국가는 개발이 불가능하고 정치적으로 억압적인 체제가 된다고 주장한 데 반해 페르난도 카르도소 Fernando Henrique Cardoso 는 주변에서도 국가의 정책 및 경제구조에 따라 발전이 가능하다고 본다는 점에서 약간의 차이를 보일 뿐이다. 그 후에 경제학자 라울 프레비쉬 Raúl Prebisch 와 한스 징어 Hans Singer 역시 무역에서의 구조적 모순이 남북 사이의 지속적인 경제적 불평등의 주요 원인이라는 점에 동의했다. 따라서 이들은 세계무역을 재구성하여 불평등을 축소하고 빈곤을 완화해야 한다고 주장했다.

한편 종속이론이 기본단위를 국가로 보는 한계를 가졌다고 지적하면서 전 세계적 수준에서 불균등 발전을 이해하고 설명하고자 한 것이 세계체제론이다.[45] 이 이론은 자본주의 경제체제가 전 지구적 경제체제로 발전한 과정을 16세기 이래 유럽에서 출현한 자본주의를 토대로 분석하여 세계경제가 중심, 준準주변부 그리고 주변부를 포함한 세계체제로 편성되었다고 보았으며 자유주의의 발전론과 근대화론에 대한 비판을 토대로 사회변동을 설명하려고 했다.

'중심부'는 우선 강력하고 중앙 집중적인 정부를 가진 영국과 프랑스 그리고 네덜란드로서 무역에서 가장 큰 이익을 챙긴 나라들이다. 그들은 값비싼 원자재의 획득과 수송을 담당하고 그것들을 정제하고 가공함으로써 16세기와 19세기 사이에 세계경제를 지배했다. 대신 경제의 '주변부' 지역은 강력한 정부를 갖지 못해 원자재를 싼 가격에 중심부에 제공했다. 반半주변부는 무역에서 이 둘 사이 어딘가에 있지만 중심부의 경제적 세력과 경쟁할 만한 상대가 아니다. 임마누엘 월러스틴Immanuel Wallerstein과 피터 워스리Peter Worsley를 포함한 세계체제 이론가들은 세계적 경제시스템이 나타남에 따라 새로운 중심이 등장하고 외부 지역이 이 세계적 관계에 포섭된다고 본다는 점에서는 서로 다르지 않다. 다만, 월러스틴은 세계 경제시스템을 전체를 포괄하는 것으로 본 것에 비해 워스리는 세계적 경제관계의 등장이 포괄적 시스템을 창출하지는 않는다고 주장한다. 그 대신 워스리는 국제무역의 전개가 제1세계, 제2세계뿐만 아니라 제3세계를 낳는다고 주장했는데, 제3세계는 다양한 문화와 내부의 조건 그리고 그들의 선택을 조형하는 외부와의 결합 방식 등에 따라서 서로 다른 관계를 맺는다고 보았다.[46]

우리는 이 지점에서 이론을 잠시 뒤로 하고 무역, 식민지화 그리고 경제적 발전과정들 등 역사적 현실을 되돌아볼 필요가 있다. 커피의 확산과 세계적 교역은 이와 관련해서 많은 것을 이해할 수 있게 해주는 역사적 사례로서 의미를 갖는다. 우선 커피의 확산에 영향을 미친 개인의 행동과 선택은 세계적 자극에서 온 것이기도 하지만 해당 지역의 상황 또한 반영한다는 것을 쉽게 이해할 수 있다. 식민지 종주국들이 똑같이 커피생산의 확대를 추구했다 하더라도 지역에 따라 그 방법은 서로 달랐다. 자메이카, 마르티니크, 실론 등지에서는 유럽인 거류민들에게 대규모 토지를 수여하여 커피를 재배하게 하는 식민정책을 폈고 그렇게 탄생한 유럽인 토지소유주들은 노예제와 강제노동에 의지해 커피를 재배했다. 한편 인도네시아 자바에서 커피의 확산에 성공한 네덜란드의 거류민들은 플랜테이션을 만들어 원주민을 강제노동에 동원하는 대신 원주민 스스로 커피를 재배해 공물 혹은 상품으로 제공하거나 세금을 물게 하는 방식을 택했다. 다시 말하면 네덜란드는 간접적으로 생산을 통제했고 원주민 농부들의 생산 방식을 기본적으로 바꾸지 않았다.[47] 물론 농부들은 커피를 재배하지 않을 수 없었고 네덜란드 연합동인도회사가 책정한 가격으로 커피를 팔아야만 했지만 플랜테이션에서처럼 강제노동에 시달리지는 않았다.

이와 같이 서로 다른 두 지역을 비교해보면, 주민들의 의지에 반하여 강제노동에 동원한 지역의 경제적 효율성과 생산성이 더 낮았다. 주민들은 강제노동에 저항하거나 되도록이면 일을 적게 하는 방법으로 대응했다. 이것이 그곳의 낮은 생산성을 설명해 준다. 다시 말하면 원주민들은 강제노동에 무조건 순응한 것이 아니라 비록 소극적일지라도 그들 나름의 대응 방법을 스스로 선택하여 저항했다. 이 사실을 고려하면 세계체제론이나 종속이론은, 유럽 사회와 유럽인들을 변화의 주요 동력으로 보는 반면 다른 사회와 사람들을 수동적이고 정체적이며 변화를 끌어낼 수 없는 존재로 본다는 한계를 안고 있다고 할 수 있다.

여기에서 우리는 새로운 시각에 주목해 볼 필요가 있다. 유명한 문화인류학자 에릭 볼프 Eric Wolf는, 종속이론이나 세계체제론이 주변부 보통 사람들이 그들 자신의 삶을 형성하고 이익을 지키려고 한 노력들을 간과하고 있다고 지적한다.[48] 볼프는 세계 도처의 현지인들이 무역이 창출한 새로운 기회에 적극적으로 참여하려고 했으며 동시에 지배에 저항하려 했다는 것을 보여주기 위해 역사적 설명을 시도한다. 그는 수마트라의 소규모 커피생산자들이 이익을 얻기 위해 커피생산과 무역에 적극적으로 참여했다는 사실을 부각한다. 수마트라의 생산자들은 커피생산을 자발적으로 채택한 사람들로서 산간지대를 개간하여 다른 경제작물과 함께 커피를 경작했다. 이렇게 해서 얻은 작물 다양성은 커피가격이 출렁이는 시기에 울타리 역할을 했고 단일작물 플랜테이션을 공격한 녹병 등의 질병으로부터 커피를 보호하는 데 도움을 주었다. 다시 말하면 수마트라 소규모 커피생산자들의 자발적이고 적극적인 대응에 주목해야 한다는 점, 그리고 그것이 가져온 변화에 주목해야 한다는 점을 볼프는 강조하고 있다. 물론 그러한 대응이 갖는 한계가 없지는 않지만 이런 문화인류학적 해석은 원주민들을 역사의 주체로서 관찰한다는 점에서 커피의 생산과 교역의 이해에 새로운 지평을 열어준 성과라고 하겠다.

6장

그랑 카페의 시대

18세기 초반까지 유럽에서 '패션음료 fashion drink'였던 커피는 물질 자체가 지닌 특성을 기초로 유럽 사회에 커다란 변화를 가져왔다. 커피는 '뜨거운 음료'로서 만이 아니라 '위대한 각성제'로 유럽 사람들의 식음료 관습을 바꿈으로써 일상생활 문화가 전환하는 계기로 작용했다. 이에서 나아가 커피는 산업화를 추동한 거래상품으로서도 의미를 가졌고 오스만제국에서도 존재했지만 유럽에서 가장 역동적인 제도로 발전한 카페라는 '사회제도'를 통해 새로운 '공론의 장'을 마련하는 등 정치·경제·사회·문화, 즉 전체 사회(Gesellschaft)의 변화를 자극했다.

  커피의 물성에서 출발하여, 사회제도로서 카페의 쓸모와 역할, 그랑 카페 Grand Café 의 등장과 고객 구성의 변화 등은 물론이고 커피와 젠더의 관계가 만든 또 하나의 커피문화 '카페크랜츠헨' 그리고 노동자카페의 실상을 두루 살피는 것은 그 자체로서 인류의 역사와 문화유산을 탐사하는 것이나 다름없다. 커피의 시대를 맞아, 대체커피든 진짜커피든 누구나 커피를 마셨다는 사실이 커피의 사회적 위상과 역사적 의미를 더욱 깊이 각인해준다.

1. 커피, 위대한 각성제

'뜨거운 음료', 커피

커피는 차와 초콜릿과 거의 동시대에 유럽에 소개된 '뜨거운 음료'였다. 커피와 차는 물론이고 초콜릿 역시 스위스인 루돌프 린트Rodolphe Lindt가 19세기 후반에 고형 초콜릿을 개발하기까지 뜨겁게 녹여 마시는 '음료'였다. 동양인들이 뜨거운 음료에 익숙한 것과 달리 유럽인들에게 '뜨거운 음료'는 새로운 경험이었다. 이 사실이 유럽의 식음료 관습과 문화를 바꾸는 계기로 작용했고 나아가 사교와 커뮤니케이션 방식에도 커다란 영향을 미쳤기에 '뜨거운 음료'에서 이야기를 시작하는 것이 순서일 것 같다.

유럽의 음료 관습은 15, 16세기와 17, 18세기를 비교했을 때 중세와 근대로 나눌 만큼 뚜렷한 변화가 없었다는 것이 역사가들의 일반적인 견해이다. 그러나 계몽주의가 시작되고 '뜨거운 음료'가 도입되면서부터 시대를 구획할 수 있을 정도로 지속적으로 개선된 뚜렷한 변화가 일어났다. 커피를 마시는 것이 어떻게 새로운 음용관습을 추동해 낼 수 있었을까?

유럽 사람들이 주로 마시던 포도주와 맥주는 차가운 음료였다. 차가운 포도주가 건강을 해친다고 믿거나 축제 분위기를 위해서 포도주를 데워서 마시는 일*이 없었던 것은 아니지만 유럽에서 포도주와 맥주는 주로 차가운 상태로 마시는 음료였다.[1] 그런데 '뜨거운 음료들'이 거의 동시에 유럽에 들어왔으니 그것이 유럽인의 음식문화와 음용관습에 충격을 준 것은 어쩌면 자연스러웠다. 잠시 사람들이 뜨거운 커피를 마시는 모습을 상상해 보자. 커피는 어디에서나 뜨겁게 해서 마실 뿐 아니라 잘 식지 않도록 도자기 잔에 담아 마신다. 커피를 마시면서 후루룩 소리를 내거나 후후 부는 것은 교양인의 체면을 구긴다고 생각한다. 사람들은 입술을 데이지 않으면서 우아하게 마시기 위해서 어쩔 수 없이 천천히 그리고 조금씩 마실 수밖에 없다.

커피를 마시는 일은 조심스럽게 마셔야 한다는 점에서 자기절제와 통제의 확대였다. 왜 사람들은 자기통제를 마다하기는커녕 기꺼이 받아들였을까?《문명화과정》이란 저서로 크게 주목을 받은 노르베르트 엘리아스 Norbert Elias (1897-1990)는, 서유럽의 '문명화' 추세가 장기적 예측과 자기통제에 대한 압력을 확대하는 방향으로 진행되었다고 보았다. 그에 따르면 문명화는 합리적인 것도 아니고 그렇다고 비합리적인 것도 아니지만, 서유럽 어디에서나 자동적인 자기감시의 방향으로, 순간적 감정을 먼 미래의 목적에 종속시키려는 방향으로 진행되었다는 점에서 전체적으로 보면 동일한 지향을 가졌다.[2] 이에 덧붙여 엘리아스는, 소수의 지도자계급이 가장 먼저 그러한 경향으로부터 영향을 받았고 그다음 점점 더 광범위한 사회계층이 그 영향권 안으로 휩쓸려 들어갔다면서 서유럽에서 사회집단들 사이의 행동차이는 꾸준히 감소하는 추세를 보였고 상위 기능을 수행하는 상류층의 행동양식과 신분상승을 도모하는 하류층의 행동양식이 혼합되고 동일화하는 과정이 일어났다고 이해했다.[3]

서유럽에서 뜨거운 커피를 마시면서 자기통제를 처음으로 실천한 사람들은 실제로 상류층이었다. "뜨거운 커피"는 분명히 사람들을 천천히

* 지금도 크리스마스 마켓이 열리면 포도주에 오렌지 향이나 계피 등을 첨가한 다음 데워서 마시는 것이 하나의 풍습으로 남아있다. 한국에도 프랑스어의 뱅쇼 Vin chaud 로 잘 알려져 있으며 흔히 '온포도주'로 번역한다. 그러나 이 크리스마스 마켓은 연말에만 열리는 행사에 지나지 않는다.

마시도록 강제하는 힘이었다. 특정한 행동 방향으로 나갈 수밖에 없도록 강제하는 상황의 압력을 의미하는 독일어의 "상황강제Sachzwang"라는 말이 어울릴 법한 과정이 커피 마시기를 통해 일어났던 것만은 확실하다. 뜨거운 커피는 사람들에게 천천히 마실 것과 예절을 갖출 것 그리고 행동의 정지를 통해 사고하는 습관을 강제했으며 이런 음용관습은 곧 전 사회계층으로 확산해 누구나 뜨거운 커피를 즐기게 되면서 사회계층 사이의 차이가 점차 사라지는 방향으로 나아갔다.

새로운 커피 음용관습은 커피잔의 발전에도 영향을 미쳤다. 마실 거리와 그것의 음용 관습 그리고 마시는 잔 등은 서로 밀접한 관계를 맺으면서 발전하기 마련이어서 천천히 마시기 위해서 유럽인들은 새로운 형태의 잔을 만들기까지 했다. 1700년 이전 유럽 사람들은 튀르크 사람들처럼 손잡이가 없는 큰 사발bowl(프랑스어 bol)로 커피를 마셨는데, 사발은 원래 찬 포도주를 담아 마시던 용기였다. 한편 프랑스에서는 작은 잔을 타스tasse(아라비아어에서 기원)라고 불렀는데, 이 말이 16세기에 독일로 넘어와 타세Tasse가 되었다. 한편 19세기 이래 프랑스에서 작은 커피 잔(60-90ml)을 가리키던 드미타스demitasse라는 말은 현재 에스프레소 잔으로 쓰이는 '데미타세'로 널리 알려져 있다.

18세기 초 마이센의 경질 도자기 개발자였던 뵈트거가 커피 잔에 손잡이를 달았다. 그리고 독일 사람들은 손잡이가 있었음에도 잔을 받치는 또 하나의 잔, 이른바 받침잔Untertasse을 처음으로 도입했다.[4] 약간의 깊이를 가진 받침잔이 도입되자 뜨거운 커피를 큰 잔에 담은 다음 받침잔에 나누어 조금씩 마실 수 있게 되었다. 받침잔(영어사전에 올라있는 'saucer'는 이 받침잔이라기보다 잔을 받치는 접시에 가깝다)이 추가됨에 따라서, 받침잔 위에 커피가 담긴 잔을 올려 조심스럽게 서비스함으로써 서비스 행위의 조심성과 유연함이 더욱 높아졌다. 받침잔을 쓰지 않는 곳에서는 스푼을 잔에 넣고 천천히 돌려 조금 식힌 다음 커피를 마셨다. 그렇게 하지 않는 사람은 세련되지 못하거나 유행에 뒤진다는 인상을 주게 마련이었다.

독일의 문화사가로서 인간심성의 변화과정에 관심을 기울인 볼프강 쉬벨부쉬 Wolfgang Schivelbusch(1941-2023)는 커피를 식히기 위해 받침잔에 따르거나, 심지어 받침잔으로 직접 마시는 관습이 부르주아들에게 해당하는 특수한 관습이었다고 밝혔다. 아무튼 커피가 도입된 후 오래지 않아 커피는 격식 없이 마시는 사발 대신 자기통제와 조심성을 드러내는 작은 잔에 담아 마셨고 그렇게 마시는 행위 자체가 하나의 문화적 취향이 되었다. 부르디외가 정확하게 지적했듯이, '사발'과 '타스'는 차별화 의도를 담은 문화와 취향의 대립물이었다.5 쉬벨부쉬 또한 "잔과 받침잔 그리고 스푼을 어떻게 잡아서 어떻게 입으로 가져갔다가 어떻게 내려놓느냐 등의 방법은 하나의 사회적·문화적 자기 정체성의 표시"였다고 보았다.6

인문주의자 에라스무스 Erasmus 가 1530년 《예절》이란 책을 출판해 어린이들에게 식사하면서 지켜야 할 예의범절을 자세히 가르친 이래 식사예절 및 음료예절은 '문명'의 중요한 측도였다.* 까다롭고 유려한 서비스를 특징으로 하는 커피소비의 기술은 가장 두드러진 문명화의 지표로서 특히 자기통제력을 드러내는 좋은 방편이었다. 거의 동시대에 유럽에 도입된 포크가 사용자에게 느린 동작을 강제했듯이* 커피를 마시는 행위는 느리고 우아한 동작을 통해 자신의 문화적 취향과 정체성

---

* 《예절》: 라틴어 서명은 *De civilitate morum puerilium* 이었다. 엘리아스는 《문명화과정》에서 에라스무스가 프랑스어 "civilité"(예절)를 특수하게 사용함으로써 그 의미 자체가 수정되었고 이후 프랑스와 영국에 문명 civilization 이란 말의 영향력이 등장하는 기초가 다져졌다고 보았다.

을 표현하는 쉽고 효과적인 수단이었다.⁷

원주민 신화의 주인공들이 어떻게 식사하는가를 분석한 후 레비-스트로스는 그들이 변별적인 메시지를 보내기 위해 코드의 여러 항을 조합할 줄 알고 있었다고 전해준다.⁸ 바꾸어 말하면, 인간이 먹는 음식이나 음료 자체, 차가움과 뜨거움, 씹는 소리를 내느냐 내지 않느냐 등의 행위는 모두 그러한 조합의 결과이다. 특히 '뜨거운 커피'가 강제하는 시간의 느림, 지연 또는 "지속"은 "이성적인 시간지속"이란 점에서 특별한 가치를 갖는 코드의 항들이다.⁹ 정교하게 다듬어진 섬세한 움직임, 느림, 규범의 이해 등은 커피 마시기의 '신사 규칙 comme il faut'이었다. 다시 말하면, 자율성에 기반을 둔 조심스러움이 커피 마시기의 특징이었고 이것은 커피를 마시는 사람들이 정교하게 코드의 여러 항을 조합하여 만든 문화 코드로 작동한 것이었다.

여기에서 또 하나 주목해야 할 것은, 커피를 마시는 사람들이 내적으로 결속된 공동체를 형성하는 것이 아니라 개성이 뚜렷한 개인들의 집합을 이룰 뿐이라는 점이다.¹⁰ 이런 커피 마시기의 특징은 음주와 비교하면 더욱 두드러진다. 커피와 차를 마실 때, 사람들은 잔을 서로 부딪치지 않았으며, 함께 마시자고 건배를 하거나 돌려가며 마시는 순배巡杯를 강제하지도 않았다. 커피를 즐기는 느리고 평화로운 행동은 활기차고 거친 움직임이 아니라 섬세한 움직임을 요구하며, 육체적인 강인함이 아니라 정신적인 강인함을 요구한다. 사람들에게 차분함과 느림을 강요하는 뜨거운 음료의 '탈육체화脫肉體化'는 알코올의 결핍을 심리

---

* 포크: 유럽인들의 식사에서 포크는 14세기 전까지 중요한 역할을 하지 못했을 뿐 아니라 1533년 카트린 드 메디치가 앙리 2세와 결혼하면서 프랑스로 전해진 후에도 한참이나 지난 후에야 널리 사용되었다. 특히 18세기 초 네 갈퀴 포크가 등장한 후에 유럽인들의 사용은 크게 증가했다.⁷

적으로 극복하게 도와주었으며 음주문화가 요구하는 문화적 집단통제를 벗어나 정신적 '독립'을 도왔다.

커피는 전적으로 사적인 대화의 음료였다. 가까운 사람들끼리 마시다 보니 커피를 마시면서 남의 공격에 대비해야 할 필요도 없었고 굳이 제의와 같은 까다로운 음용 절차가 필요하지도 않았다. 서로 마주 보면서 편안하게 대화를 나누는 사적인 음료로서 커피는 '대화의 음료'였으며 서로 우애와 친밀감을 다지는 음료였고 따라서 평화의 음료였다. 단숨에 들이킬 필요 없이 대화의 중간에 조금씩 마시는 것도 커피가 갖는 매력의 하나였다. 너무 오래 두고 마시면 신맛이 좀 더 강해지는 등 미각에 그다지 좋지는 않지만 누구도 거기에 개의치 않았다. 커피는 이렇게 음용관습에 그리고 식탁관습에 작은 변화의 바람을 몰고 왔다. 그리고 그 변화는 사회의 변동과 이행으로 이어졌다.

커피하우스에서 사람들은 서서히 자유롭게 '말하기'라는 기법을 터득했고 그 내용은 새로운 '사고'로 승화되었다. 이 과정을 거쳐 사람들은 공적이고 제도적인 부문에 대한 비판의식을 길렀고 마침내 새로운 시대정신을 일깨웠다. 커피는 새로운 '계몽'에 이바지한 음료였고 커피를 마시면서 사람들은 인간을 억압하는 모든 제도와 사고체계로부터 해방을 도모하게 되었다. 커피하우스가 지배계층의 박해에 여러 번 직면하게 된 것도 이러한 이미지와 역할이 낳은 결과라고 볼 수 있다. 이는 커피가 새롭게 부상하는 시민계층의 상징 음료였다는 점과 무관하지 않다. 처음에는 궁정과 귀족 그리고 성직자들이 커피를 즐겼지만 곧 부르주아계층이 이 음료를 가장 선호했다. 자기통제를 통해 사업을 경영하고 확장하기 위해서 부르주아계층은 각성 효과를 주는 커피를 필요로 했다. 그리고 그들은 '커피와 함께' 산업혁명을 이끌었다.

산업혁명의 동력

커피가 영국 산업혁명에 동력을 제공했다! 이 말을 처음 듣는 사람은 아마 의아하게 생각할 여지가 높다. 18세기 중기 이래 영국에서 본격적으로 추진된 산업혁명은 기계화와 공장제를 토대로 대량생산 시대를 열었을 뿐 아니라 사회의 모든 부문을 전면적으로 바꾼 대변혁이었다. 인류 역사에서 농업혁명과 함께 가장 본질적인 변화를 이끌어 낸 역사 과정이었다. 그런데 이런 산업혁명이란 대변동에 커피가 동력을 제공했다니 믿기지 않는 것이 오히려 자연스럽다. 실제로 어떤 일이 일어났는지, 아무래도 이 분야를 잘 아는 역사가의 이야기를 들어보는 것이 도움이 될 것 같다.

영국의 저명한 경제사 전문가이자 역사가로 에릭 홉스봄 Eric J. Hobsbawm*(1917-2012)을 첫 손가락에 들 수 있다. 홉스봄은 영국 산업혁명 시대의 사회·경제사를 다룬 명저《산업과 제국》에서, 산업혁명이 일어나려면 견실한 국내시장과 폭발성이 있는 해외시장 개척이 있어야 하고, 마지막으로 상업을 지원하는 대신 산업을 육성할 의지를 가진 강력한 정부가 존재해야 한다고 분석했다.

영국은 산업혁명 직전에 이미 인구가 크게 증가했고 그 인구가 소비자로 전환하고 있어 국내시장이 일반적인 산업경제를 위한 폭 넓은 기반을 마련해 주고 있었을 뿐 아니라, 무력 동원을 꺼리지 않는 정부의

---

* 홉스봄: 영국 런던대학 교수를 지냈고《혁명의 시대》,《자본의 시대》,《제국의 시대》,《극단의 시대》,《노동하는 사람들》,《역사론》,《원초적 반란자들》,《저항과 반역 그리고 재즈》등 수많은 명저를 통해 경직된 이념을 탈피하고 방대한 지식을 바탕으로 한 균형 잡힌 역사 이해를 보여줌으로써 세계적으로 인정받는 탁월한 역사가이다.

체계적인 도움을 받아 해외시장이 점화했고 나아가 정부는 상인과 매뉴팩처를 제도적으로 지원하고 결코 무시할 수 없는 몇몇 기술혁신과 자본재 산업 발전을 위한 동기를 제공했다. 그러나 이것만으로는 왜 산업혁명이 실제로 일어났던 그 시기에 일어났는지를 설명해 주지 못한다. 홉스봄은 유럽의 새로운 팽창의 중심부가 북해와 북대서양의 해운 국가들로 이동한 것을 단순히 지리적 이동이 아니라 구조적 이동으로 보았다. 왜냐하면 이들이 중심이 되어 이끈 새로운 해외무역 추세는 이전과 달리 끊임없이 산업 유통을 심화하고 확대하는 경향을 가졌기 때문이다. 이러한 추세를 낳은 원인으로 홉스봄은 다음 세 가지를 든다. 즉, 유럽에 외국산 일용품을 위한 판매시장이 나타났다는 것, 해외에 그런 상품을 생산하는 경제제도(노예노동에 기초한 플랜테이션 등)가 만들어졌다는 것, 그리고 유럽 소유주들의 경제적 이익에 기여하도록 계획된 식민지 정복 등이 그것이다.

첫 번째 사실을 자세히 살펴보자. 1650년경 암스테르담에서 팔린 연합동인도회사 상품의 3분의 1이 후추였다. 그러나 1780년 이 비율은 11%로 떨어졌다. 반대로 1650년에 겨우 17.5%에 이르렀던 옷감, 차, 커피가 1780년에는 56%를 차지했다.[11] 후추에 대한 수요가 줄어든 것은, 17-18세기에 유럽의 요리에 주목할 만한 변화가 일어났다는 사실을 반영한다. 14-16세기 동안에는 요리에 후추를 비롯한 동방의 양념을 사용하는 것이 유럽 어느 나라에서나 유행이었다. 그러나 17세기 이후 프랑스를 선두로 새로운 경향이 나타났다. 프랑스 여행자들은 유럽의 다른 나라에서 아직도 음식에 양념을 사용하고 있는 것을 강한 어조로 비난하기 시작했다. 17-18세기에도 프랑스 조리사들은 후추와 정향 그리고 육두구를 사용하기는 했지만 훨씬 적은 양을 넣었던 것으로 보이고, 다른 종류의 양념은 거의 사용하지 않았다.

암스테르담 연합동인도회사의 후추 판매가 1650년 전체 상품의 1/3에서 1780년 11%로 떨어진 것은 이러한 새로운 경향의 반영이었다. 반대로 옷감, 차 그리고 커피는 같은 시기에 3배 이상 늘어났다. 수입상품의 구성이 눈에 띄게 달라졌다. 이제 금과 향신료 대신 설탕, 차, 커피, 담배 및 이와 비슷한 부류의 상품들이 대표적인 수입품이 되었다. 이 새로운 해외무역 추세는 유럽의 미발달 산업을 휩쓸 정도로 강력한 힘이었다. 영국의 산업경제는 영국 상업에서, 특히 저개발 세계와의 상업에서 성장하였다.

두 번째 사실은 가장 비인간적인 교역 즉 노예무역의 확대로 설명할 수 있다. 16세기에는 백만 명이 채 안 되는 노예가 아프리카에서 아메리카로 수송되었는데, 17세기 후반에는 약 3백만 명이 브라질의 플랜테이션으로 팔려갔다. 이는 그 후에 나타난 식민지 모형을 미리 보여준 것이었다. 1780년대 초 아프리카에서 수출되는 모든 노예의 절반 이상(프랑스가 수송한 노예의 두 배)이 영국 노예무역선에 이익을 만들어 주었다.[12]

제3의 사실은 거의 설명할 필요가 없다. 1650년에는 영국도 프랑스도 제국의 길에 모습을 드러내지 않았고 스페인과 포르투갈 제국의 많은 부분이 황폐해 있었다. 그러나 18세기에는 포르투갈과 스페인이 브라질과 멕시코에서 부활했을 뿐 아니라 영국과 프랑스 제국의 확대와 착취가 덧붙여졌다. 더구나 이 신제국들의 크기 또한 경제가 확대됨에 따라 증대하였다.

중요한 사실은 커피, 차, 초콜릿, 담배 등과 같은 외국산 수입 상품의 유통, 노예노동에 의존해 이 상품들을 생산하는 플랜테이션의 확대 그리고 이 상품 생산지들을 식민지로 삼음으로써 영국은 상인과 매뉴팩처를 위한 판매와 이익의 무한한 지평을 마련할 수 있었다는 것이고 바로 그 시점에 산업혁명이 점화했다고 할 수 있다. 영국은 기업가 정신과 기술 개발에 의해서도 이 시장들을 획득했지만 정부의 강력한 지원정책과 무력을 동원해 시장을 쟁취했다고 할 수 있다.

홉스봄은, 커피가 영국에서 산업혁명을 발화하는 불쏘시개로서 중요한 역할을 했다고 평가한다. 물론 오로지 커피가 모든 변화를 이끌었다는 것은 아니지만, 다른 외국산 상품과 함께 커피가 영국에서 산업혁명이 일어난 18세기 마지막 3/4분기, 혹은 4/4분기에 국내시장의 활성화와 해외시장의 개척에 그리고 식민주의의 실현에서 없어서는 안 될 중요한 역할을 담당했던 역사적 사실을 설득력 있게 재구성하고 있다.

부르주아의 생산력?

유럽에서 가장 적극적으로 커피를 수용해 그 확산을 이끈 사회세력은 부르주아계급이었다. 그리고 이 계급이 영국에서뿐 아니라 유럽 대륙에서도 산업화를 주도했다. 이 두 사실의 결합에 주목하여, 볼프강 쉬벨부쉬는 커피를 "부르주아의 생산력"이라고 불렀다.[13] 이번에는 이 명제가 얼마나 역사적 근거를 가진 것인지를 한 번 따져보기로 하자.

쉬벨부쉬가 "부르주아의 생산력으로서 커피"라는 글에서 커피를 "부르주아의 생산력"이라고 부른 중요한 이유 중 하나는 커피가 인지 및 사고 과정에 미치는 긍정적 효과를 높이 평가했기 때문이다. 그는 그 후에 출판한 《낙원, 향미 그리고 이성. 기호품의 역사》에서, 커피가 "이해력을 증진하고, 인지과정과 이어 나타나는 사고를 촉진할 뿐 아니라 더 분명하게 만들며, 우울증에 빠지지 않게 하면서 정신활동을 활성화 한다"고 주장했다.[14] 그는 부르주아들의 합리성과 타산적인 태도를 형성하는 물질로서 커피를 전면에 내세웠다. 그에 따르면 커피는 회계업무와 쓰기 작업에 필요한 집중력을 높여주고 사고를 날카롭게 하며, 오늘날 우리가 주의력이라고 부르는 것을 강화하고 노동시간을 늘어나게 해 노동성과를 증대한다. 커피는 주의력을 필요로 하는 산업노동에 도움을 주는 음료였다. 그 이유는, 그가 책의 여러 페이지를 할애해 설명했듯이 커피는 "위대한 각성제"였기 때문이다. 실제로 커피와 차 그리고 초콜릿은 각기 카페인 Coffein, 테오필린 Theophylin, 테오브로민 Theobromin 으로 알려진 각성 성분을 지닌 물질들이다. 이 중에서도 커피는 가장 대중적이고 쉽게 접할 수 있는 카페인 음료였다.

그럼 쉬벨부쉬가 말하는 "각성"이란 어떤 상태를 말하는가? 그것은 다른 무엇보다 감정에 휘둘리지 않는 미덕, 성실함, 계획성, 자기 객관화 등을 의미했고 "술을 마시지 않았다"와 "사려 깊다"는 의미를 담고 있었다. 물론 낭만주의자들은 이런 상태를 "지루하고 덤덤하다"는 의미로 쓰기도 했다. 커피가 유럽에 상륙하기 전까지 각성상태는 금욕주의자의 전유물이었고 '물만 마시는' 가난뱅이 중의 가난뱅이를 가리키는 표현이었다.

그러나 새로운 산업시대에 '각성'이 오랜 폄훼를 딛고 일어서 중요한 덕목으로 변신했다. 금욕주의자 중에서도 극단적인 금욕을 강조해 커피를 금지하던 칼뱅주의자들 조차 이 '각성'을 미덕으로 본 이래 각성은 더할 나위 없이 고상한 지위를 얻었다. 새로운 음료의 가장 영향력 있는 설교자는 네덜란드의 칼뱅주의자로서 브란덴부르크 대영주의 주치의였던 코넬리우스 본테코 Cornelius Bontekoe 였다. 그는, 신경계의 체액은 자유롭게 흐르는데 이를 통해 사람은 각성하여 짐승에서 이성적인 인간으로 바뀌게 되는 것이라고 주장했다.[15] 커피와 차는 체액의 순환을 도와 "데카르트적인 인간이라는 기계를 작동"[16] 하게 한다는 것이다. 두이스부르크의 유명한 의학교수 라이덴프로스트는 커피를 "폭음과 만취에 대항하는 강력한 수단"이라고 불렀으며, 차에 대해서도 "차를 마실 때 사람은 행복하고 유쾌하며 자극을 받고 생각이 명석해지고 일을 방

해하는 잡념을 제거해 완전한 이해에 이를 수 있는 주의력을 신장할 수 있다"라고 썼다.[17]

칼뱅주의를 포함한 프로테스탄트 세력은 처음부터 커피를 환영하지는 않았다. 분파에 따라 입장이 조금씩 달랐지만, 커피를 받아들이는 것에 그들 역시 오랫동안 주저하고 있었다. 특히 칼뱅주의자들은 커피에 의심의 눈길을 거두지 않았다. 칼뱅파의 금욕주의적 경향은 성충동을 억제하는 한편, 이전의 어떤 가르침보다 노동에 더 높은 가치를 둠으로써 성실과 근면을 토대로 자본의 축적을 촉진했으며 근대적 노동성과를 찬양해 산업세계의 개척에 이바지한 측면이 있다. 칼뱅의 《기독교강요》는 신의 예정을 현실화하고 이웃에 대한 사랑을 실천하기 위해 모든 그리스도인이 엄격한 자기부정과 금욕을 생활의 지침으로 삼도록 요구했다. 문제는 커피가 생필품이 아니라 즐길 거리라는 점이었다. 칼뱅파 신자들에게 즐길 거리가 들어설 자리는 전혀 없었고 그래서 커피조차 금욕의 대상으로 금지 목록에 올랐다.*

스웨덴의 청교도들은 권력을 잡자마자 커피수입을 금지했다. 1756년부터 1817년까지 커피의 수입을 금지하기 위해 무려 5개의 포고령을 내렸다.[18] 유럽 무역의 일반적 위기가 스웨덴의 교역조건을 어렵게 만들었고 스웨덴 정부가 이에 맞서 커피와 비단 같은 고가의 사치

---

* 제네바에서는 카드놀이조차 금지되었고 법을 어기는 자는 가차 없이 처벌받았다. 13명이 교수대에서 처형당했고 10명은 목이 잘렸으며 35명이 화형당하고 76명이 추방당했으니, 제네바에서 칼뱅의 지배는 그만큼 엄격하다 못해 혹독했다. 물론 박해가 상존하는 상황에서 내부 결속이 절실했다는 사정을 감안하더라도 칼뱅의 지배는 지나친 금욕주의에 기초해 비판을 벗어나기 어려운 수준이었다.

품을 금지함으로써 무역적자를 개선해 보려고 했으며 특히 귀족이 이 끄는 정당이 실권하고 더 젊고 더 청교도적인 자유주의자들이 정권을 잡아 귀족들의 사치생활을 압박하려고 한 것이 주요 원인으로 작용했다. 헝가리의 칼뱅주의 대학에서도 커피 마시기는 금기였다. 1790년 헝가리의 대학생들이 처음으로 커피를 마시기 시작했다. 당시 식사는 점심과 저녁 식사가 전부였고 아침을 잘 차려먹기란 엄두를 내기 어려운 상황이었다. 학생들은 비공식적으로 아침에 일정량의 빵을 먹을 수 있었는데, 빵을 얻은 학생들 중에 커피를 내려 마시는 일이 생겼다. 이에 대학은 1792년 학칙을 만들어 대학 울타리 안에서 어떤 경우에도 커피 마시기를 금지했다.[19] 아마도 커피 향이 학생들의 방을 넘어갔던 모양이다.

유럽의 칼뱅주의자들이 이토록 엄격하게 절제와 자기통제에 나선 것은 그들의 생존과 관련이 있었다. 특히 네덜란드의 칼뱅주의자들은 프랑스 위그노의 후예들로서 종교적 박해를 피해 조국을 버리고 네덜란드에서 새로운 정주지를 찾은 소수자로서 낯설고 고립된 환경에서 스스로 이룩한 성과에 의존할 수밖에 없었고 이것이 자기관리와 금욕을 주요 덕목으로 삼도록 만들었다. 유럽의 다른 지역에서도 조국을 떠난 위그노들은 마찬가지로 절제와 자기통제를 생존전략이자 주요 덕목으로 삼았다.[20] 하지만 칼뱅주의자들의 이런 생각은 음주의 폐해를 방어하려는 생각을 가지면서 신속하게 무너지기 시작했다. 프로테스탄트들이 커피를 받아들인 대전환의 동기 역시 커피의 각성효과에 주목한 결과였다. 커피와 프로테스탄트의 동맹은 유럽에서 커피의 길에 신작로를 마련했다.

프로테스탄트의 나라, 그것도 칼뱅주의가 대세였던 영국에서 커피소비는 산업혁명이 시작된 18세기 이래 실제로 크게 늘었다. 17세기 말에 런던에 2,000 내지 3,000개의 커피하우스가 있었다는 주장은 아무래도 명백한 과장에 지나지 않지만 1734년에 발간을 시작한 런던 시의 보고서에 따르면 1739년 551개의 커피하우스가 있었고 그것도 다운타운 좁은 지역에만 144개가 있었다. 브라이언트 릴리화이트 Bryant Lillywhite 는 대단히 신중한 연구를 거쳐 1650년부터 1850년 사이 기간에 2,034개의 커피하우스 이름과 그 위치를 확인하였다.²¹ 커피의 전시장이라 할 커피하우스가 이토록 성업했다는 것은 커피소비의 증가를 말해주는 명백한 증거가 아닐 수 없다. 1815년 지겹던 나폴레옹 전쟁이 끝나던 해, 영국의 일인당 커피소비량은 0.34파운드였다. 그 후 커피소비는 1845년까지 꾸준히 늘었다. 1840년의 커피소비량은 일인당 1.08파운드에 달했고 1855년경 일인당 약 1.5파운드로 정점을 찍었다.²² 유럽에서 영국은 커피를 가장 많이 마시는 나라에 속했다. 확실히 당시 영국은 커피를 즐겨 마시는 사람들의 나라였다.

커피 대신 차로 돌아선 영국

그렇다고 "커피는 부르주아의 생산력"이란 명제를 아무런 유보 없이 따르기는 아직 이르다. 첫째로 부르주아들이 오로지 각성효과 때문에 커피를 마시지는 않았을 것이라는 가정을 검토해야만 한다. 삐에르 부르디외가 《구별짓기: 문화와 취향의 사회학》에서 지적한 대로, 문화소비에서 희귀하다는 이유만으로 탁월한 것으로 지정되는 소비가 있다.²³ 부르주아들은 경제적으로 가장 부유한 사회계층이었다는 점에서 경제자본이 풍족한 분파에 속했고 선진 지식과 문화를 가장 빨리 받아들여 문화자본 또한 풍부한 사회집단이었다. 경제자본과 문화자본이 모두 풍족한 사회 분파에게 새로운 '문화'인 커피는 희귀하다는 것만으로도 소비할 가치가 충분했다고 할 수 있다. 그들의 커피소비는 사회적 구별짓기의 한 방편이었다. 각성효과, 즉 생산력을 증진한다는 이유만으로 부르주아들이 커피를 음용했다고 설명하는 것은 커피소비의 사회적 차원을 고려하지 않은 판단으로 볼 수 있다. 이 첫 번째 유보사항은 그 이후에 나타난 커피소비의 변화로 뒷받침된다.

둘째로 산업혁명을 주도한 부르주아들이 시간이 지나자 즐겨 마시던 커피 대신 서서히 차를 선택했다는 사실이다. 물론 영국에서 차의 소비는 그 전에도 상당량에 이르렀다. 1815년에 차의 일인당 소비량은 1.35파운드로 커피에 비해 훨씬 많은 양이었다. 그러나 1840년에 이르기까지 차 소비의 증가세는 완만했고 때로는 줄어들기까지 했다. 그러다가 1840년대부터 차의 소비가 빠르게 증가하기 시작하더니 지속적인 상승곡선을 그렸다. 차와 설탕, 커피 그리고 여타 열대산물의 수입을 모두 합하면 1814년과 1845년 사이 순수입액의 약 24%를 차지할 정도였다.24 이 중 차와 설탕의 소비가 뚜렷이 증가하기 시작했다.

커피소비가 점차 줄어든 것과 달리 차의 소비는 계속 늘어나 1914년 제1차 세계대전이 발발한 해에 일인당 6.89파운드를 소비했다. 당시 커피소비는 0.75파운드 정도에 머물렀다. 1855년 마침내 차의 소비가 커피의 소비를 압도했고 이때부터 영국은 거의 모든 계층에서 거의 모든 경우에 차를 마시는 사람들의 나라가 되었다. 차의 소비가 정점에 이른 1932년 일인당 소비량은 무려 10.53파운드에 달했다.25 같은 무게로 음료를 만들면 차는 커피의 6배 분량의 음료를 만들 수 있다는 점을 감안하면 실로 엄청난 소비량이다. 이로써 영국은 세계에서 차를 가장 좋아하는 사람들의 나라가 되었다. 영국은 그 후에도 산업 부르주아들의 나라였다는 사실은 커피가 "부르주아의 생산력"이란 명제를 배반하고 있다.

영국 사람들이 차를 좋아한 데에는 여러 요소가 작용했다. 그 중 하나는 차의 상대적 가격이 낮았다는 것과 공급이 더 풍부했다는 점이다. 이 두 요소 모두 세금과 관련이 있었다. 1825년 커피에 붙는 세금이 낮아지자 커피소비가 2배로 늘었는데, 1842년에는 세금이 더욱 낮아졌다. 그러다가 상황이 바뀌어 이번에는 차를 좋아하던 재무장관 글래드스턴이 1853년부터 차의 세금을 크게 낮추었고 1890년에 다시 거의 1/5 이하 수준으로 낮췄다. 때마침 차의 공급 또한 크게 증가했다. 중국이 경쟁을 의식해 차 가격을 낮추었을 뿐 아니라 영국 스스로 1830년대에 인도에서, 후에는 실론에서 차의 새로운 공급원을 개발했다. 특히 인도의 차 생산은 효율적인 경영에 힘입어 1860년 100만 파운드에서 세기 말에는 1,000만 파운드로 크게 증가했다. 이렇게 되자 중국의 차 공급량은 전체의 겨우 10퍼센트로 떨어졌다.

차의 소비가 증가한 다른 원인으로는 1880년대부터 전국을 아우르는 차 소매점 체인이 나타나 구매의 편리함이 개선되었다는 점이다. 토머스 립톤Thomas Lipton*(1848-1931)의 립톤사가 대량 수입한 차를 싼 가격에 소매점에 유통하자 노동자계급까지 차를 소비하게 되었고 제이라이언컴퍼니 등 다른 회사들도 이에 뒤질세라 차의 소매업에 뛰어들었다. 마지막으로 1830년대부터 시작해 세기 후반에 더욱 영향력을 키워간 '절제운동'이 차의 행진을 거들었다. 많은 돈을 들이지 않고도 "기분을 돋우지만 취하지는 않는 음료"라는 슬로건에 더 잘 어울리는 것은 커피보다 차였다. 점차 티파티 같은 모임이 늘어났고 사람들은 커피에서 차로 돌아섰다. 값싸고 풍부한 공급에다 구매의 편리함 그리고 도덕적

---

* 립톤: 1890년 영국령 실론을 방문한 후 립톤 티Lipton Tea 사를 창립하여 실론에서 구매한 차를 유럽과 미국에 판매하기 시작했다. 이 회사에서 개발한 아이스티는 지금도 유명 상품 중 하나이다.

이미지까지 얻은 차의 행진은 거칠 것이 없었다.

한편 차에 비해 강한 쓴맛을 주는 커피는 그 향미를 알기까지 오랜 시간이 걸리고 내리는 방법을 배워야 제대로 맛을 즐길 수 있는 음료라는 점도 하나의 장애 요인이었다. 이와 달리 차는 내리기가 비교적 쉽고 어디에서나 간단하게 즐길 수 있는 여러 방법이 개발되어 널리 통용되고 있었다. 제2차 세계대전 후 영국에서 커피를 선호하는 새로운 세대가 나타나기까지 차의 성채는 굳건해 보였다.

부르주아들이 모두 커피에서 완전히 손을 뗀 것은 아니지만 커피의 소비가 전체적으로 줄어들었다는 것은 커피소비를 주도하던 이 계층의 소비가 줄어들었다는 것을 말해주기에 충분하다. 커피가 부르주아의 생산력이라는 명제는 이렇듯 사회계층에 따른 소비 행위와 시기에 따른 음용관습의 변화를 고려해 다소 유보해야 할 판단이라고 보인다. 더구나 그랑 카페의 시대가 열리면서 유럽 대륙에서조차 부르주아들이 커피와 카페를 떠났다는 사실은 이 명제를 반증하는 중요한 사실의 하나이다. 하지만 부르주아들의 소비축소와 관계없이 유럽에서 커피의 행진은 여전히 계속되고 있었다.

커피장례식을 넘어 최고 커피소비국이 된 스웨덴

영국과 달리 스웨덴은 새로운 커피소비국으로 등장했다. 스웨덴에서 커피는 처음 귀족들이 즐기기 시작하면서 로맨티시즘의 아우라에 둘러싸여 있었으나 새로 집권한 청교도적 자유주의 정권은 커피의 수입을 금지했다. 1794년 정부가 네 번째 금지령을 선포하자 커피를 즐기던 사람들(귀족들이 대부분이었다)이 검은 옷을 입고 길거리로 몰려나왔고 사람들은 어디에서나 커피 장송곡을 들을 수 있었다고 한다. 스톡홀름에서는 일단의 귀족들이 커피장례식을 공개적으로 치러 커피금지에 대한

반대를 상징적으로 표현했다. 그들은 마지막에 '희생양 커피포트'를 부수는 것으로 장례의식을 끝냈다.[26]

정부는 1817년 커피의 수입을 다시 금지했고 1822년까지 금지령을 거두지 않았다. 1810년대 한때 일인당 생두 수입량이 약 2킬로그램에 육박할 정도로 가파르게 오르자, 정부는 높은 세금을 부과해 커피의 소비를 진정시키고자 했다. 하지만 이미 그 효력은 이전과 같지 않았고 음주의 폐해에 맞서기 위해서도 마냥 금지하는 것만이 능사가 아니라는 인식이 널리 퍼졌다. 금지령이 풀림과 동시에 커피의 수입이 한 세대 만에 폭발적으로 증가했다. 생두의 일인당 수입량이 1822년의 1/4킬로그램에서 1855년 1.0킬로그램으로 4배나 증가했다.[27] 이미 커피를 마시던 사람들이 더 많은 양을 마셔서가 아니라 커피를 마시는 인구가 늘었기 때문이었다. 중요한 것은 이 기간에 스웨덴에서는 도시에서만 커피를 마신 것이 아니라 시골 농부들 대부분이 커피를 마셨다는 사실이다. 지역에 따라 어떤 지역은 커피를 많이 마신 반면 어떤 지역은 커피를 마시지 않았다는 민속학적 보고가 있기는 하지만, 커피는 국민 대부분이 마시는 음료가 되었다. 1855년 스웨덴 정부는 술의 폐해가 더 심각하다는 판단 아래 집에서 술을 빚는 것마저 금지했다.[28] 이 조치는 비록 '커피를 위한' 것은 아니었지만 '알코올 반대'를 분명히 함으로써 커피의 길을 대로로 확장했다. 1850년대 이후부터 계속해서 커피소비가 증가했다. 1917년 정점에 이른 커피 반대캠페인 탓에 그해에 커피소비가 줄어들었고 또 1939년부터 1951년 기간에 제2차 세계대전의 영향으로 줄어들기는 했으나 1952년부터 현재까지 스웨덴의 커피소비는 꾸준히 증가했다. 전후 20년이 지나지 않아 커피소비는 일인당 거의 14킬로그램에 이르러 스웨덴은 세계 최고의 일인당 커피소비량을 기록했다. 스웨덴 커피소비의 또 다른 특징은 지역 간 소비편차가 아주 적다는 사실이다. 전국 평균을 100으로 할 때, 가장 적은 소비지역과 가장 많은 소비지역이 70퍼센트와 120퍼센트를 나타내 커피소비에서도 보편적 복지의 일면을 드러낸다는 점에서 흥미롭다.29

느리게 증가한 헝가리의 커피소비

유럽 커피소비의 다른 사례도 있다. 동유럽 헝가리의 사정은 좀 남달랐다. 일찍이 커피를 접한 헝가리에서 커피는 18세기 중반에 이미 상류층의 정기적인 모닝음료였다. 그러나 지방 젠트리계층의 가계에서 커피는 여전히 아침식사에서 찾아 볼 수 없었을 뿐 아니라 연회장의 음료도 아니었다. 1790년경 젠트리든 도시민이든 가릴 것 없이 보수적인 청교도들은 커피 마시는 것에 대한 불평을 늘어놓는 일이 잦았다. 18세기 말 커피를 즐기는 사회계층에 속한 귀족은 전체 인구의 4퍼센트에 지나지 않았고 도시의 시민계층이라고 해야 고작 1.5퍼센트 내지 2퍼센트에 머물렀다.30 젠트리들은 여전히 농부들의 집과 비슷한 집에 살았고 유복한 농부들의 생활양식을 답습하고 있었다.

도시의 커피하우스는 다른 무엇보다 도시민의 모임 장소였다. 1780년대와 1790년대 페스트 Pest 와 부다 Buda (이 두 도시가 합쳐 오늘의 부다페스트가 되었다)의 안락한 커피하우스들(숫자는 알려지지 않았다)은 곡물, 소, 가죽 등을 거래하는 상인들과 헝가리 및 그리스 그리고 세르비아 사람들이 주요 고객이었고 기독교인과 유대교도들, 자코뱅파에 우호적인 학생들과 지식인들의 정기적인 모임 장소였다. 하지만 인접한 세 도시, 페스트와 부다 그리고 오부다의 인구는 모두 합해 5만 명 정도에 지나지 않았다.

가뜩이나 시골에 사는 농부들이 커피를 마신다는 것은 거의 상상하기 어려운 일이었다. 1869년에도 헝가리 인구의 75퍼센트가 농촌에서 농부와 농장노동자로 사는 사람들이었다. 1910년에 이르러서야 이 인구가 62퍼센트로 떨어졌다. 농민들과 농장노동자들이 커피를 마시는 일은 두 번의 세계대전 사이 기간에 와서야 좀 더 흔해졌다. 1960년대에 농부들과 농장노동자 가계의 42퍼센트 정도가 모닝커피와 우유를 마셨지만 그들의 커피는 진짜 커피가 아니라 주로 치커리를 볶아서 만든 대체커피였다. 1950년과 1960년의 일인당 커피소비량은 거의 변함없이 0.1킬로그램에 머물렀다. 그러나 1970년에 커피소비가 일인당 1.6킬로그램으로 증가했다.

10년 만에 커피소비가 16배로 갑자기 증가하자 재미있는 이야기가 떠돌았다. 어느 날 사자 한 마리가 공장 안으로 몰래 들어와 직공 한 명을 잡아먹었다. 다음 날은 공장장을 먹어버렸는데도 누구도 그 사실을 알아채지 못했다. 그런데 그다음 날 사자가 커피 타는 아가씨를 잡아먹었다. 사자의 실수였다. 사람들이 그날로 사자를 죽여 버렸다고 한다. 물론 누군가가 농담 삼아 만들어낸 이야기이지만 피카소의 말대로 '진실을 드러내는 거짓말'로 헝가리의 일터에서 커피가 얼마나 중요해졌는지를 충분히 드러낸다.[31] 헝가리에서 커피소비는 1980년에는 일인당 2.9킬로그램으로 더욱 크게 증가했다.[32]

프랑스 대혁명과 나폴레옹 시대의 커피

다시 시대를 거슬러 잠시 프랑스로 돌아가 보자. 파리의 그랑 카페로 가는 길목에서 듣는 간주곡이라고 생각하고서 말이다. 18세기 말 파리의 카페들이 프랑스혁명의 진원지라는 사실은 널리 알려져 있다. 카페와 혁명의 연결은 다른 무엇보다 계몽주의 사상가들이 카페에서 모임을 갖거나 혼자서도 자주 드나들었기 때문이다. 파리의 카페 르 프로코프는 가장 주목을 받은 곳이었다. 이미 몽테스키외가 《페르시아인의 편지》에서 언급한 바 있는 이 카페에서 프랑스 계몽주의 시대 백과전서파 디드로와 달랑베르가 《백과전서》를 세상에 내놓기로 했고 볼테르는 이 카페에 드나들면서 매일 40잔의 초콜릿 음료를 마신 것으로 알려졌다. 미국의 벤저민 프랭클린 역시 카페 프로코프의 유명 고객이었다.

계몽주의의 시대 프랑스 지식인들은 카페 르 프로코프는 물론이고 카페 드 라 레장스 café de la régence에도 자주 들렀다. 1715년에 레장스라는 이름으로 개명한 이 카페를 디드로와 장 자크 루소 등 계몽주의자들이 자주 찾았는데, 디드로는 자신의 동료들이 아무런 대가도 받지 않고 카페에서 많은 시간과 열정을 기울여 혁명과 정치 그리고 예술에 관해 대화하는 것을 보고 "카페는 신뢰를 얻는 게 보상인 극장"이라고 말했다고 한다. 카페에서 작가들에게 제공한 물질적 보상이 전혀 없었던 것은 아니다. 작가들은 카페에서 무료로 신문을 읽을 수 있었고 또 글을 쓸 종이와 펜을 무료로 공급받았다.

카페 드 푸아 Café de Foy는 프랑스 대혁명기에 급진적 지식인들의 집합 장소가 되었다. 그 중 한 사람인 작가 엘리제 루스탈로 Élisée Loustalot는 루이 프뤼돔과 공동으로 창간한 주간지 〈레볼뤼시옹 드 파리〉에 자신이 쓴 기사를 카페 고객들에게 읽어 주었고 자코뱅파에 속한 카미유 데뮬랭 Camille Desmoulins (1760-1794)은 박력 있는 웅변으로 자신의 신념을 토로했으며 이 밖에도 혁명에 열정을 바친 많은 인물들이 이 카페를 무대로 삼아 지지자들을 모았다.33 카페 오토 Café Hottot와 카페 솔 Café Saule 등 많은 카페가 혁명사상과 혁명 지지자들의 모임 장소가 되었다.

프랑스혁명 후에 아무도 예상하지 못한 인물이 정치 무대의 전면에 등장했고 그는 커피의 역사에도 적지 않은 영향을 미쳤다. 그 사람은 나폴레옹 보나파르트 Napoléon Bonaparte (1769-1821)였다. 1789년의 혁명이 여전히 공고하게 뿌리를 내리지 못한 가운데 1795년 파리에서 왕당파의 폭동이 일어났는데, 이 폭동을 진압하라는 명령을 훌륭하게 수행한 나폴레옹은 권력을 잡을 기회를 노렸고 혁명을 주도한 부르주아지는 혁명의 성과를 지켜줄 유능한 장군이 필요했다. 부르주아계급의 선택을 받은 나폴레옹은 혁명의 전사로서 '프랑스대혁명'의 국외 수출에 나섰다. 유럽 봉건왕조들을 침략하면서 자유, 평등, 박애라는 프랑스 혁명정신을 깃발로 삼았던 것이다. 그러나 나폴레옹이 1801년 독립을 선언한 아이티(생도밍그)에 3만여 명의 원정대를 파견해 식민지 재탈환과 노예제 부활을 시도한 것을 보면 그것은 처음부터 침략의 구실에 지나지 않았다. 1806년 프로이센의 베를린에 입성한 그는 영국을 고립시키려는 전략의 하나로 이른바 '대륙봉쇄령'을 선포해 영국의 배가 유럽 대륙에 접근하는 것을 막았다. 영국이 산업혁명에 한발 앞서가기는 했으나 프랑스 또한 이미 산업혁명이 크게 진전되고 있었고 정치혁명에 성공해 자신감에 차있었다. 나폴레옹의 대륙봉쇄령은 영국이 주도하고 있던 커피무역에 자연히 커다란 타격을 가했다. 이로 인해 유럽 여러 나라에서 커피가격이 오른 것은 물론이고 영국에서도 커피가격이 치솟았다. '대륙봉쇄령'의 내용이 실제로는 '해상운송로의 차단' 조치였고 따라서 영국이 주도하던 대서양을 통한 커피의 유통이 종전처럼 이루어지지 않았기 때문이다.

대륙봉쇄령으로 치커리커피 같은 대체커피가 프랑스에서 크게 성행한 때도 있었다. 그럼에도 그 효과는 오래가지 않았는데, 대륙봉쇄령이 내려진 상황에서도 밤이면 해안에서는 몸을 숨긴 채 커피를 나르는 밀수가 끊이지 않았고 대륙에 도착한 커피는 심지어 상복을 입은 사람들에 의해 작은 가방으로 옮겨지는 일도 잦았기 때문이다.[34] 국경 수비병에게도 물론 약간의 커피가 통관세로 지불되곤 했다. 게다가 나폴레옹의 '혁명정신'이 침략의 명분에 지나지 않았다는 것을 알아차린 유럽 여러 나라의 민중과 지도자들이 프랑스에 협조하지 않고 반기를 들면서 그의 대륙봉쇄령은 허울만 남게 되었다. 반反나폴레옹 동맹국들과의 전쟁에서 패배한 나폴레옹이 1814년 실권하자 대륙봉쇄령도 해제되었다. 나폴레옹은 개인적으로는 아내 조세핀의 영향 아래 커피를 좋아했고 또 군대에 커피를 보급해 병사들이 마실 수 있게 했다. 잠시 권력을 되찾았다 세인트헬레나 섬에 유배된 나폴레옹을 위로한 것은 커피뿐이었다. 아무튼 그의 퇴장과 함께 유럽의 커피는 다시 활기차게 유통되기 시작했고 곧이어 나타날 그랑 카페의 시대를 준비했다.

커피 로스터의 발전

커피소비의 증가는 자연스럽게 생두를 볶는 기계, 즉 로스터 Roaster (로스팅하는 사람 역시 로스터라고 부른다)의 발전을 가져왔다. 유럽에 커피가 전해진 후 약 100년이 지나도록 사람들은 생두를 구입해 집에서 직접 커피를 볶았는데, 당시 로스팅에 사용한 도구는 집에서 사용하던 팬이 거의 전부였다. 소비량이 많아지면서 독일 프로이센에서 커피에 세금을 부과하기 시작했고 커피 로스팅 또한 국가가 지정한 로스팅 공장에서만 할 수 있도록 엄격하게 통제하자 이웃 나라들도 이 사례를 따랐다. 1786년 프리드리히 대왕이 사망하고 나서야 처음으로 커피 로스팅이 수공업 장인의 사업이 될 전기가 마련되었다. 그 후 19세기 초부터 발전하기 시작한 증기기관차와 증기선의 발달은 커피의 생산을 증가하게 했을 뿐만 아니라 소비의 폭발적 증가 또한 자극했다. 이에 따라 상업적 커피 로스팅 기계에 대한 수요가 크게 높아졌다.

그사이에 집에서 커피를 볶는 데 사용하던 팬이 원통형으로 바뀌었고 곧이어 실린더를 이용한 로스터가 만들어졌다. 긴 원통형 실린더에 손잡이를 달아 돌려줌으로써 생두가 고르게 볶이도록 했고 실린더의 아래쪽에서 열을 가해 열손실을 최소한으로 줄였다. 아직 볶는 과정에 나오는 다량의 연기와 가스를 배출하는 것이 과제로 남아 있었다. 송풍기를 달아 연기와 가스의 배출을 촉진한 로스터를 처음으로 만든 것은 영국의 에번스 Richard Evans 였다. 독일에서는 레만의 회사가 1850년부터, 밀러의 회사가 1856년부터 카카오와 곡물을 볶던 기계를 개량해 상업용 커피로스터의 개발과 생산에 매진하고 있었다. 정작 독일에서 상업용 로스터의 개발에 먼저 성공한 것은 1868년 귈펜 Gülpen, 렌징 Lensing 그리고 김보른 Gimborn 이 라인 강 하구 엠메리히에 세운 회사로서, 이 회사는 로스터 생산 부문에서 세계적인 명성을 쌓아 현재 프로밧 Probat 이란 이름으로 산업용 로스터와 커피전문점용 로스터를 함께 생산하고 있다.

비슷한 시기인 1864년부터 미국 뉴욕에서는 제이베스 번즈 Jabez Burns 가 만든 상업용 로스터가 인기를 얻었다. 그는 드럼에 열을 좀 더 고르게 전달할 뿐 아니라 볶은 커피를 자동으로 배출해 단 시간에 식힐 수 있게 한 로스터를 개발해 특허를 획득했다. 그는 가정용 로스터가 규모의 경제에 밀려 사라질 것으로 예상했는데, 원두커피 판매회사 아버클사(7장 1절 참고)가 1파운드 단위의 원두를 종이팩에 담아 시판하면서 그의 예상은 미국에서 현실이 되었다. 번즈의 로스터는 결과적으로 미국의 로스팅 산업을 혁명적으로 바꾸는 데 크게 이바지했다.

프랑스에서는 1877년 처음으로 가스를 열원으로 사용하는 로스터가 개발되어 현재 전 세계에서 주로 사용하는 가스 로스터의 원조가 되었다. 프랑스는 또한 1920년대 이후까지 가정용 로스터가 상업용 로스터로 완전히 대체되지 않고 지속적으로 사용되었다는 점에서 다른 나라와 다른 양상을 보였다. 그 후 프랑스에서도 커피가 커다란 수익을 내는 산업이 되면서 대형 로스팅 기업이 탄생한 것은 물론이다.

1954년 로스팅 기술에 작은 혁명이 일어났다. 독일의 브라운슈바이크에 있는 하임브스사에서 열풍을 만들어 드럼 안으로 보내는 방식, 즉 열풍식 로스터를 시중에 내놓았다. 하임브스사는 1926년에 이미 이 기술로 특허를 획득한 후에도 끊임없이 기술을 축적해 더 실용적인 로스터로 발전시켰는데 핵심 기술은 커피콩의 모든 면에 열풍이 닿게 함으로써 로스팅 시간을 크게 단축해 아로마의 보존을 획기적으로 개선한 점이었다.[35] 그 후 모든 산업용 로스터는 열풍을 이용한 로스팅 방식을 채택했고 커피전문점용 로스터 역시 부분적으로는 여전히 커피콩에 직접 열이 닿게 하지만 열풍을 만들어 드럼 안으로 보내는 반半열풍식으로 바뀌었다.

한편 1950년대 인스턴트커피가 유행하면서 대규모 산업용 로스터가 크게 발전했지만 1970년대부터 새로운 상황이 전개되었다. 이때부터 스페셜티커피가 새롭게 소비자들의 관심을 끌었고 1980년대와 1990년대에 스페셜티커피하우스가 하나의 트렌드로 자리를 잡으면서 로스터 또한 소량 로스팅이 가능한 커피전문점용 로스터가 큰 인기를 얻고 있다. 로스터의 발전 역시 이처럼 커피산업의 발전 방향 및 소비자의 기호와 궤를 같이하면서 변화를 거듭해왔고 앞으로도 그럴 것이다.

2. 그랑 카페의 시대

혁명이 잦아든 유럽에서 커피소비에 새로운 움직임이 나타났다. 새로운 사회계층이 커피소비를 주도한 반면 종래 커피를 '신분상징'으로 삼던 부르주아들은 커피를 멀리했다. 이런 변화를 가장 두드러지게 보여준 곳은 물론 카페였다.

카페 Café 와 커피하우스 Coffeehouse 라는 이름에서 알 수 있듯이 카페는 다른 무엇보다 커피의 전시장이자 판매장이다. 카페에 들어서자마자 밀려오는 커피의 향기를 반기지 않을 사람은 아무도 없다. 설사 쓴맛에 눌려 커피를 싫어하는 사람이더라도 커피 향을 마다하는 사람은 찾아보기 어렵다. 인간은 적게는 5,000가지 많게는 1만 가지에 이르는 향을 구별할 수 있을 정도로 냄새에 민감하다고 한다. 커피는 다양한 향을 갖고 있어 일일이 말로 표현할 수 없어 낙엽 타는 냄새, 고무 태우는 냄새 등 비유적으로만 표현할 수 있는 정도이다. 지금까지 발견된 것만으로도 1,000여 가지에 이른다는 커피 향의 조합은 극히 복잡하고 미묘해 아직까지 화학적으로 재구성하기 어렵다. 커피 향은 인간의 뇌를 자극하여 설레는 감정을 불러일으키지만 그 흥분은 지나치지 않아 유쾌한 기분을 북돋울 따름이다. 사람들은 이 커피 향에 이끌려 카페를 찾는다. 커피의 향은 숨길 수 없는 커피의 상징이자 커피가 갖고 있는 자기홍보의 유전자이다. 아무도 제어할 수 없이 공공연히 퍼지는 훌륭한 커피 향은 참새가 방앗간에 모이듯 사람들을 카페로 불러들이는 중요한 매혹 포인트인 것만은 틀림없다. 그래서 지금도 커피 마니아들은 커피의 향미가 좋은 카페를 찾아다닌다.

그러나 커피 향이야 집에서도 즐길 수 있는데도 사람들은 굳이 카페를 찾는다. 카페는 부르디외의 표현대로, 단지 커피를 마시기 위한 장소가 아니라 "사람들과 더불어 en compagnie" 마시기 위한 장소이다.[36] 그래서 어디에서나 커피가 도입된 곳마다 사람들은 대부분 카페에 모여 커피를 마셨고 카페가 커피문화의 중심에 있었다. 왜 카페는 이토록 오래 생명을 유지해왔고 지금도 성업하고 있는 것일까? 카페 혹은 커피하우스의 발달 과정이 이에 대한 해답의 실마리를 제공해줄 것이다.

19세기에 통일된 '카페'라는 이름

처음 유럽에 커피가 들어왔을 때, 커피 장수들은 길거리를 돌아다니면서 커피를 팔았다. 18, 19세기조차 정기적으로 열리는 장날이면 시장 모퉁이 노점에서 커피를 판매했듯이, 초기에는 작은 커피판매대를 설치해 커피를 서비스했다. 1645년경 베네치아와 마르세유에 처음으로 '카페'가 생겼으나 이 카페들 역시 커피하우스라기보다 하나 내지 서너 개의 탁자를 두고 커피를 파는 선술집 수준의 커피테번coffeetavern, coffeebar이었다. 파리에서 생긴 최초의 카페는 1672년 9월장에 맞추어 설치한 노점이었다. 영국에서 처음 카페를 열었을 때 그것은 아주 흔한 여관 모퉁이 혹은 맥주를 파는 펍pub에서 출발했다.

17세기 이래 모습을 드러낸 커피텐트coffeetent, 커피키오스크coffeekiosk 또는 커피파빌리온coffeepavilion 등은 오리엔트의 영향을 가장 두드러지게 보여준 것으로서 둥글거나 네모 혹은 육각이나 팔각의 천막을 땅 위에 설치해 커피를 팔던 곳이었다. 아주 단순한 것부터 제법 고급스러운 시설을 갖춘 것도 있었고 빙 둘러앉을 수 있게 한 둥근 평면과 여러 측면에서 밖의 전망을 볼 수 있게 한 것이 이 휴게공간의 특징이었는데, 이것이 고객을 더욱 편안하게 해주었다. 대체로 여러 사람이 이용하는 공원에 설치한 이 커피파빌리온은 야외라는 이유로 여성이 출입할 수 있었다는 점에서 커피문화사에서 특별한 의미를 갖는다. 18, 19세기가 되면서 특정 시즌에만 가능한 이런 시설들, 이른바 '노천카페'는 정원카페, 테라스카페, 공원카페, 소풍카페 등으로 아주 익숙한 것이 되었다.[37]

18세기 후반, 더 확실하게는 19세기 초에 '이상적인 커피하우스'가 마침내 모습을 드러냈다. 후미진 골목길에 있던 커피바와 완전히 대조적으로 커피하우스는 더 밝고 눈에 띄기 쉬운 곳에 입지를 잡았고 멋진 시설을 갖추었다. 함부르크의 빌레브란트J. P. Willebrand라는 사람은 이

시기의 커피하우스를 "아름다운 도시 한복판"에 "넓은 홀은 물론이고 방과 대화 공간을 갖춘 곳"이라고 묘사했다.³⁸ 겨울에 따뜻하도록 벽난로를 설치한 것은 물론이고 그곳에서 커피, 차, 초콜릿 그리고 레몬에이드 등의 음료를 싼 가격에 마실 수 있었고 온갖 신문과 소식지들을 당연하다는 듯 읽을 수 있었다.

규모도 훨씬 더 커졌다. 일층 전체 또는 여러 층으로 된 하우스에 테라스와 발코니를 갖춘 커피하우스가 나타났다. 커피하우스를 할 목적으로 임차하거나 아예 새로 집을 짓는 일도 흔했다. 카페 프로코프가 다시 한 번 앞장섰다. 카페 프로코프는 18세기에 벽에 대형 거울을 달고 대리석 탁자를 채택해 사치스러운 시설로 재탄생했다. 18세기에서 19세기로 넘어가는 시점에 마침내 제국의 시대와 비더마이어시대 Biedermeierzeit*에 곧 고전이 될 시설을 갖춘 카페-살롱이 나타난 것이다.³⁹ 그것이 빈회의 동안과 그 후, 특히 1850년대 이후 카페의 표준으로 발전하여 그야말로 고급 카페가 등장했다. 빈에 등장한 은으로 된 커피하우스 역시 이런 카페의 아류이다. 이그나츠 노이너 Ignatz Neuner가 1824년에 창업해 1848년까지 다른 누구보다 빈의 문학가들이 자주 드나들었던 "은의 집"은 카페에서 사용하는 주전자, 잔 그리고 스푼을 모두 진짜 은으로 제작했을 뿐 아니라 쟁반, 빵 접시, 옷걸이, 문손잡이까지 모두 은으로 만들었다. 이제 곧 빈 스타일 카페가 유럽 전역에 모습

---

* 비더마이어시대: 1815년 빈회의 이후 1848년 3월혁명까지의 시기를 말하는데, 유럽의 질서를 프랑스혁명 이전으로 되돌리려는 노력이 이루어진 상황에서 탄생했다. 처음에는 소시민적 속물근성을 나타내는 부정적인 말이었으나 소박하고 무미건조한 즉물적 합리성을 특징으로 하며, 가구에서는 양질의 소재를 손으로 다듬어 간단한 가구를 만드는 것으로 나타났고 회화에서는 낭만주의와 리얼리즘 사이에 위치하는 사조로 나타났다고 할 수 있다.

을 드러낼 시점이 다가오고 있었다.

이런 시대를 맞아 '카페café'라는 프랑스 말이 19세기에 국제적으로 통용되기 시작했다. 이 단어는 프랑스에서조차 최초의 카페가 문을 연 지 30여 년이 지난 1694년에야 처음으로 커피를 파는 가게와 시설에 적용된 것이었으나 19세기에 이르러 유럽 전역에서 사용하는 단어가 되었다.[40]

카페의 쓸모와 역할

프랑스에서 커피하우스의 등장과 동시에, 커피는 "우아한 사회société polie", 즉 궁정과 귀족들의 살롱을 정복하였다. 살롱과 카페가 공존하던 시대를 거쳐 살롱은 시대의 소명을 다한 후 카페에 자신의 역할을 넘겨주었다.

17세기와 18세기 프랑스에서 성행한 살롱('모임'이란 의미를 갖고 있다)은 궁정이 보여줄 수 없었던 새로운 행동과 사고 그리고 감정의 전형을 만들어냈다. 귀족 부인의 초청을 받은 친분 있는 소수자들의 모임이란 점에서 살롱은 비록 신분검증을 거친 사람들의 공간이기는 했으나 그들에게만은 자율의 공간이었고 비공식적인, 이른바 지배로부터 자유로운 커뮤니케이션의 공간이었다.[41] 여기에는 엄격한 에티켓이 아니라 규칙으로부터 벗어나 정교하게 다듬어진 일탈이 허용되었으니 살롱을 통해 "좋은 취향bon goût"과 "예의바름politesse"이 궁정 외부로 이동하는 계기를 마련했다.[42] 이러한 변화를 가져온 것은 때로는 나이든 그리고 미의 전범에는 결코 어울리지 않는 귀족부인들이었다. 살롱의 주체가 여성이었기에 살롱은 커피하우스에서와 달리 여성을 늘 크게 환영했다. 살롱에서는 여성이 언제나 "훌륭한 모임"의 중심이었다. 커피는 이 "훌륭한 모임"에서 새로운 심성을 고양하는 데 더 잘 어울리는 음료였다. 어디에서나 새로운 각성제로서 커피는 모호한 도취경험, 초월적인 동질감 그리고 소란으로 이끌어 가는 법이 없었으며 정신을 잃어버리는 술판과도 무관했다. 이렇게 커피는 살롱에서만은 여성의 해방을 지원했다.[43]

근대적 인간의 내면화한 자기 훈련은 궁정에서 지배력을 갖고 있던 엄격한 에티켓의 독재를 통해서 획득된 특성이 아니라, 행위자의 상대적 자율성을 통해서 계발되었다. 그 자율성은 베르사유 궁의 연회장에서는 자라날 수 없었던 반면 처음에는 귀족 부인들의 살롱에서 그리고 그 다음에는 부르주아적 엘리트들이 모이기 시작한 커피하우스에서 함양되었다. 살롱을 거쳐 커피하우스와 함께 도시는 궁정을 "제압"한 문화적 헤게모니를 갖게 되었다.[44]

커피하우스는 살롱이 만든 전범을 이어받았으나 그렇다고 살롱의 한계에 갇혀있지만은 않았다. 우선 주요고객의 구성이 완전히 달랐다. 살롱의 주요 고객은 제한된 신분의 귀족과 문화계 인사들이었으나 커피하우스의 고객은 산업부르주아와 교양부르주아 그리고 문학과 예술에 관심을 가진 교양 있는 일반 시민들로 구성됐다. 카페는 신분이 아니라 후천적으로 습득한 인간과 사회에 대한 이해와 감정 역량 그리고 교육으로 가꾸어진 훌륭한 취향을 가진 사람들의 공간으로 탈바꿈했다. 모임을 주도하는 사람도 사라졌다. 카페의 모든 고객은 평등한 시민일 뿐 누구의 초청을 받아 카페에 온 사람들이 아니었다. 카페는 이 작은 '세계'가 그리워 자발적으로 찾아오는 모든 사람에게 언제나 열려 있었다. 출입에 출생신분에 따른 특권이 작동하지 않았으며 그저 커피 한 잔을 살 수 있는 재정 능력이 요구될 뿐이었다. 커피하우스와 함께 하버마스가 말한 공공성 Öffentlichkeit 의 새로운 한 형태가 나타났다.[45] 커피하우스에서는 의전이나 에티켓의 제의적 장벽에 의해 통제되지 않는 비공식성이 토론의 새로운 형태를 배태했는데, 정신을 맑게 하는 음료인 커피는 그 촉진제로서 가장 적합했다. 오리엔트에서 그랬듯이 커피하우스는 '지배로부터 자유로운' 문학과 정치 그리고 사업에 관한 대화의 장소였고, 살롱이 근대적 "내적" 훈련의 실험실이었듯이, 카페는 역동적이면서도 자기절제가 작동하는 곳이자 동시에 상대적으로 형식과 제한이 없는 커뮤니케이션의 장소였다. 놀이와 여타 '금지된 모임'을 할 수도 있는 곳으로 커피하우스는 "건설적이고 교양을 갖춘 대화"를 할 기회, 도움이 되는 멋진 교제, 최신의 신문을 읽고 다른 세계를 이해하고 자신이나 이웃의 유익과 복지를 증진시킬 수 있는 계기를 제공한 곳이었다. 새 소식 교환소, 공부방, 사무실, 놀이살롱 등으로 쓰이면서 카페는 새로운 사회적 커뮤니케이션의 중심지가 되었다. 다만 살롱과 달리 여성이 오랫동안 이 모임에서 배제되었다는 사실을 제외하면 말이다.

카페에서 제공하는 음료도 커피에 제한되지 않았다. 처음에 커피하우스는 차, 커피, 초콜릿을 제공하는 곳이었고 그 밖에 브랜디, 리큐르 그리고 맥주와 와인을 나누는 곳으로 이것들을 더 싼 가격으로 만날 수 있는 장소였다. 오스트리아의 빈에서는 브랜디 가게와 커피 가게를 분리하는 것이 비현실적이라고 여겨 1750년 카페 주인이 증류주 제조업자와 하나의 조합으로 통합되었으며, 파리에서도 커피 영업자들과 증류주 판매업자들이 같은 조합에 들어 있었다.[46] 각성제로서 커피의 중요성은 알코올의 추방이 아니라 새로운, 개인적인 그리고 덜 제의적인 음용과 사회적 윤활유로서 새로운 역할에 있었다.

18세기를 지나면서 새로운 뜨거운 음료를 팔 수 있는 특권이 점차 종래의 식당주인들에게도 보장되었고 제3의 유형으로서 하층민들을 위한 단순한 커피하우스들 또한 나타났다. 커피하우스의 수가 증가함에 따라 특히 런던에서 차별화가 일어났는데, 사회적, 종교적, 정치적 분파들이 각기 다른 커피하우스에서 모임을 가졌다. 물론 엄격한 제한은 없었고 커피하우스는 여전히 열린 공간이었지만 말이다. 귀족들과 궁정인사들, 수공업자들과 성직자들 역시 자주 드나든 것이 사실이었음에도 커피하우스는 "부르주아적 공공성의 집결지"로서, 부르주아 계층이 상업적으로나 문화적으로 새로운 형태로 발전시킨 곳이었다.[47] 살롱에서 그랬던 것과 비슷하게, 그러나 덜 배타적인 "개방적인 엘리트들"이 카페에 모였는데, 신분이나 민족 그리고 종교적 장벽은 확실히 힘을 발휘하지 못했다. 다만 부르주아들은 하층민과 교육을 받지 못한 사람들을 조심스럽게 배제하려고 하였다.

18세기 말이 되면서, 그동안 신중하게 작동돼 온 눈에 보이지 않던 장벽이 걷히고 어떤 커피하우스든 누구나 출입할 수 있게 되자, 전형적인 부르주아적 제도이면서 대중에게 개방적인 제도로서의 커피하우스의 시대는 지나갔다. 부르주아 계층은 커피하우스에서 학습기를 거친 다음 권력을 넘겨받을 준비가 끝나자, 커피하우스에서 토론을 하는 것보다 더 중요한 일, 그러니까 권력 관계를 다루는 일에 뛰어들었고 그들을 대신하여 문인과 예술가, 유흥을 탐하는 고객 그리고 여성이 커피하우스를 차지했다.[48]

왜 부르주아들은 커피와 카페를 떠났을까? 그들이 가진 경제자본이나 문화자본으로 보면 커피문화를 즐기기에 아무런 걸림돌이 없었다. 그들의 경제력은 오히려 크게 신장되었고 여유가 넘쳐났으며, 사회적·정치적 힘은 더욱 막강해졌다. 그러나 그들은 카페를 떠났다. 성공한 부르주아들에게 커피 마시기와 카페 가기는 이제 쉽게 손에 넣을 수 있고 평범하기 때문에 사회적으로 통속적으로 간주되는 소비에 지나지 않았다. 문인과 예술가, 교양에 가치를 두는 고객들 혹은 약간의 지출로 즐거움을 찾고자 한 평범한 도시민들 그리고 여성을 포함한 대중이 카페로 들어오자 부르주아계급은 그곳에서 다른 사회계급과 자신들을 구별해 줄 "탁월한 소비"를 구현하는 것이 불가능해졌다. 부르주아들과 달리, 민중계층에게는 먹고 마시는 방법이 정통적인 생활방식에 도전할 수 있는 드문 영역 중의 하나였고 따라서 카페를 차지하려는 열망이 높았다.[49] 비록 좀 더 자세히 따지면 아직 민중계층보다는 약간의 여유를 가진 쁘띠 부르주아지와 교양계층이 카페 고객의 다수를 차지했지만 변화의 분위기는 확연했다. 그러면서 카페는 부르주아지의 시설에서 실질적으로 다중이 이용하는 시설로 바뀌고 있었다.

산업혁명이 가져온 생활수준의 향상이 이런 변화를 추동해냈다. 산업혁명이 사회 모든 계층에게 생활수준의 향상을 가져왔는지를 두고 역사가들 사이에 이른바 "생활수준 논쟁"이 벌어진 일도 있지만 영국의 예를 보면 19세기 후반에 들어 사람들의 물질생활이 이전 시기에 비해 확실히 나아졌다는 것에는 의문의 여지가 없다. 영국에서 1862년과 1875년 사이에 실질임금이 40퍼센트나 올랐고 1900년경에는 1875년보다 다시 1/3이 더 높아졌다.[50] 1870년 이후 영국 사람들의 음식과 식생활 습관이 변하기 시작해, 예컨대 사치품이었던 과일을 이때부터 자주 먹기 시작했다. 식료품점과 의류점 등이 생긴 것도 이 시기였다. 이런 변화는 유럽 대륙과 미국에서도 마찬가지로 일어났다. 영국에 이어 산업화를 이룩한 프랑스는 물론이고 철강, 에너지, 전기, 광학 분야에서 기술을 축적한 독일 또한 산업화에 성공하면서 경제대국으로 부상했고 이탈리아, 네덜란드, 벨기에 등이 모두 산업사회에 들어서야 나타난 내구 소비재의 대량 구매를 보여주었다. 남부와 북부 사이의 산업 발전의 격차로 남북전쟁을 경험한 미국 역시 19세기 후반에는 비약적 발전을 이룩해 철도와 철강 분야에서는 유럽을 따돌릴 정도였다. 미국의 어느

주 어느 곳에나 식료품점이 들어섰고 1908년에 첫 선을 보인 포드사의 T형 자동차모델을 산 구매자들 중에는 포드사의 노동자들도 포함되어 있었다.51

커피의 소비 계층이 넓어진 것은 산업사회 어디에서나 공통적이었다. 영국이 산업시대에 커피 대신 차를 더 많이 소비하는 나라로 바뀐 것을 제외하면 미국을 비롯한 유럽 산업 국가들에서 커피는 대표적인 사회적 음료로 자리를 잡았다. 미국은 대자본이 커피사업에 뛰어들어 로스팅 공장을 건설했고 종이팩에 든 커피를 식료품점에서 팔고 있었다. 유럽의 커피거래는 대형 로스터로 볶아 팩에 포장한 후 식료품점에서 파는 소매로의 이행이 아주 느리게 나타나기는 했지만 로스팅 기업인 펠리캉 루주* 같은 브랜드가 20세기 초 시장을 장악했다. 산업화와 소득의 증가가 이런 변화를 이끌어낸 배경이었다.52

독불전쟁(1870-1871) 이후 유럽에 이례적으로 긴 평화가 찾아왔고 산업혁명의 영향으로 영국, 프랑스, 독일, 그리고 오스트리아-헝가리제국에 경제와 문화의 상승기가 도래했으며 사회적 낙관주의가 팽배했다. 19세기 말부터 제1차 세계대전에 이르는 시기(1884-1914)를 이른바 '벨 에포크 belle époque'(아름다운 시절)라고 부르는데 이 시기에 유럽 대륙에서 카페의 수가 크게 늘어난 것 역시 중요한 변화의 하나였다. 처음에 카페는 경제적 여유를 누리는 유한계층의 제도였지만 산업사회가 발달하면서 보통 사람들도 카페에 드나들었고 여성들 역시 이전에는 희망사항에 지나지 않았던 카페를 찾아 대화를 나누었다. 고객층이 풍부해지면

* 펠리캉 루주 Pélican Rouge 사는 한 공장에만 1,000여 명의 여성 커피 분류 직공을 둔 4개의 공장을 운영한 대형 로스팅 기업이었다.

서 자연스럽게 카페의 수 역시 증가했고 수가 많아지면서 경쟁력을 확보하기 위해 규모가 크고 화려한 실내 장식을 갖춘 대형카페, 즉 그랑 카페가 그 모습을 드러냈다. 특히 문학을 창작하거나 이해하는 사람들에게 생각을 가다듬고 대화를 나누기에 유럽의 그랑 카페보다 더 아늑하고 아름다운 공간은 없었다. 파리와 빈이야말로 진정한 의미에서 그랑 카페의 도시였다. 그런 카페들 중 대표적인 곳으로 소풍을 갈 시간이다.

'아름다운 시절', 파리의 그랑 카페

'아름다운 시절'이 시작된 1880년대 중반에 이르면 파리의 카페 수는 폭발적으로 증가해 무려 4만 2,000개에 이르렀다는 추산이 있다. 1880년대 말에 공식적인 통계 조사가 이루어졌는데, 이에 따르더라도 파리에는 3만 개의 카페가 영업을 하고 있었다. '아름다운 시절' 내내 파리의 음료 시설은 3만 개 내지 3만 3,000개 사이를 유지해 파리는 세계에서 가장 많은 카페 수와 가장 높은 카페 밀도를 보여준 도시였다. 예컨대 1909년, 3만개의 음료판매 숍이 파리 시내를 밝히고 있었는데, 당시 런던은 5,860개, 뉴욕은 1만 821개의 시설을 갖고 있었다. 더욱 놀라운 것은 주민 1,000명당 이런 시설의 수로 런던은 1개, 뉴욕은 3.15개인데 비해 파리는 11.25개에 달했다.[53] 카페의 도시 파리에서 카페는 어떠했는지 그 속 내용이 자못 궁금해진다. 간단히 문화사적인 측면을 짚어 보기로 하자.

카페 프로코프는 프랑스 혁명 이후에도 여전히 교양계층의 아지트였다. 19세기에 접어들어 빅토르 위고 Victor Hugo, 알프레드 드 뮈쎄 Alfred de Musset, 테오필 고티에 Théophile Gautier, 폴 베를렌 Paul Verlaine 등이 카페 프로코프를 사랑했다. 볼테르의 낡은 책상에 앉곤 했던 베를렌은 1894년

이 카페에서 200명의 대표적인 지식인이 뽑은 계관시인이 되었다. 칼 마르크스와 프리드리히 엥겔스가 1844년 8월 28일 수요일 처음으로 이 카페에서 만났다는 사실도 두 사람 모두 독일인이라는 점에서 자못 흥미롭다.

발자크, 플로베르, 모파상 그리고 헨리 제임스의 작품 여러 곳에 19세기 파리의 불바르(대로)에 들어선 여러 카페들에서 직조된 프랑스를 대표하는 작가들의 카페생활이 서술돼 있어 생생함을 더해 준다. 특히 커피를 좋아한 것으로 유명한 오노레 드 발자크 Honoré de Balzac 는 작업 중에만 커피를 마셨던 것 같기는 하지만 "근대의 자극제에 관하여"(1852 출판)라는 글에서 작가에게 카페인은 아주 훌륭한 창작의 자극제라고 주장했다. 발자크에게 커피의 카페인은 저술이라는 소리 없는 전쟁을 이끌어갈 힘을 주었고 스스로 선택한 카페의 고독 속에서 글을 쓸 때면 그에게서 언어와 정신을 불러냈다.54 파리의 카페들은 발자크에게는 작업실이나 다름없었다. 작가에게 이보다 더 큰 축복을 내린 공간은 달리 또 없었을 것이다.

1898년 카페 뒤랑 Durand 에서 작가 에밀 졸라 Émile Zola 는 〈나는 고발한다J'Accuse...!〉를 썼다. 프랑스 육군 대위 드레퓌스가 유대인이란 이유로 간첩의 누명을 쓰고 종신형을 받은 반면 진범인 에스테라지 소령이 무죄로 풀려나자 졸라는 이 글을 써 사건의 전모를 대중에게 알렸다. 후에 드레퓌스 대위는 사면됐고 졸라의 기고문들은 《전진하는 진실》이란 제목의 책으로 출판되었다. 가스중독으로 석연찮게 사망한 졸라의 죽음에는 "그는 인간적 양심의 위대한 한 순간이었습니다"라는 아카데미프랑세즈의 대표 아나톨 프랑스의 조사가 헌정되었다.

파리 오페라가 문을 연 1872년에 개업한 이래 현재까지 파리의 중심가에 남아있는 마지막 카페 드 라 페 café de la Paix 는 19세기에 유행한 유럽

그랜드호텔 카페의 전형으로서 커피하우스와 레스토랑을 겸하고 있었다. 하늘에 천사들을 그려 넣은 높은 천정, 황금 빛 조명, 우아한 대리석 기둥 등은 벨 에포크의 진정한 승리를 자랑하고 있다. 프랑스 작가들뿐만 아니라 아일랜드의 작가 오스카 와일드 Oscar Wilde 역시 이 카페의 단골명단에 이름을 올렸다. 오래전부터 카페 드 라 페를 자주 방문했던 와일드는 동성애 사건으로 유죄판결을 받고 복역한 후 출옥하자 1897년 그리던 파리로 마침내 이주했다. 이 시기를 전후한 10여 년에 걸쳐 그는 장편소설《도리언 그레이의 초상》을 비롯해《보잘 것 없는 여인》,《이상한 남편》,《진지함의 중요성》등의 작품을 출판했고 출옥 후에는《옥중기》를 냈다. 와일드는 파리의 한 묘지에 영원한 안식처를 구했다.

19세기 말이 가까워지자 새로운 카페들 또한 문을 열었다. 1865년 카페 플로르 café de flore 가 생제르맹데프레에 개업한 데 이어 1875년 레 되 마고 Les Deux Magots 가 창업했고 5년 후에는 브라쓰리 맆 Brasserie Lipp 이 문을 열었다. 이 세 카페는 세기말에 유명한 지식인들을 불러 모았고 이 카페들의 탁자에서 새로운 예술경향과 문학작품들이 잉태되었다. 젊은 시절의 파블로 피카소 Pablo Picasso 와 조르주 브라크 Georges Braque 가 큐비즘에 생명을 불어 넣었고 문학가 아라공 Aragon, 브르통 Breton, 수폴 Soupault 등은 미국의 시각 예술가 만 레이 Man Ray (파리에서 활동), 독일의 시인 막스 에른스트 Max Ernst, 스페인의 미술가 호안 미로 Joan Miró 등 다른 초현실주의자들과 함께 초현실주의 선언문을 썼다. 또한 피카소는 1901년부터 "카페에 앉아있는 외로운 여인"이란 테마에 시간을 바쳐 10여 장의 그림과 수많은 데생을 남겼다.

'세기말' 빈 스타일 카페

19세기 빈의 풍경은 1781년 빈을 방문한 여행기 작가 니콜라이가 본

모습과 크게 달라지지 않았다. 그러나 커피하우스를 자세히 들여다보면 여러 가지 달라진 것을 발견할 수 있었다. 먼저 눈에 띄는 것은 거리를 돌아서면 그곳에는 어김없이 커피하우스가 들어섰다는 사실이다. 1879년 《그림이 있는 새 신문Neue Illustrierte Zeitung》에 따르면 빈에 605개의 커피하우스가 있었다. 작은 커피숍이 아니라 한 층 이상 규모가 큰, 그야말로 '커피하우스'의 숫자이다! 40년이 흐른 제1차 세계대전 말에는 그 수가 804개로 늘었다.[55] 물론 숫자만으로 따지면 그다지 많은 것은 아니었다. 19세기 초에 이미 파리에는 4,000개의 카페가 있었다고 하니 말이다. 그러나 커피하우스 안으로 들어간 사람은 다른 곳에서는 보기 어려운 수준의 우아하고 멋진 실내 인테리어에 먼저 놀랐다. 높은 천정과 실내에 길게 늘어선 대리석 기둥들은 마치 궁정에 들어선 듯 압도적인 분위기를 자아냈다. 게다가 아주 넓은 공간에 중정을 두어 실내에 앉아있으면서 자연 속에 있는 것 같은 분위기를 연출하기도 했고 창문을 통해 거리 풍경을 보고 소통하게 한 곳도 여럿 있었다. 대리석 탁자와 커다란 벽거울이 반짝거렸고 의자는 등을 휘게 만들어 안락함과 멋을 더했다. 물론 모든 카페가 꼭 같은 인테리어를 한 것은 아니었다. 카페들 가운데 화분이나 식물을 배치하여 생동감을 준 곳도 많았지만 단순한 실내장식에 만족한 곳도 여럿이었다. 하지만 1878년 파리에서 열린 세계박람회에 빈의 카페들은 "빈 스타일 카페"라는 하나의 브랜드로 소개되었을 정도로 빈에서만 볼 수 있는 고유한 아름다움을 자랑했다.[56]

 이뿐만 아니라 빈의 카페들은 새로운 커피메뉴들을 선보였다. 일찍이 17세기에 처음으로 빈에 커피가 전해졌을 때, 빈의 커피하우스 주인은 튀르크 사람들의 진하고 쓴 커피에서 앙금을 제거하고 대신 꿀과 우유를 첨가함으로써 커피음료의 개선을 이룬 것으로 널리 알려져 있다. 그 전통을 이어받아서인지 빈에서는 다른 도시에서 맛보기 어려운 새로운 커피메뉴가 여러 가지 등장했다. 우유와 생크림 그리고 커피의 적당한 조합으로 만든 것들이 특별히 유명했다. 한국인에게 익숙한 "비엔나커피"라는 메뉴는 존재하지 않았지만 대신 그와 비슷한 "아인슈패너"라는 메뉴가 일찍이 개발되었다. "아인슈패너 Einspänner"란 "마구를 채우다 einspannen"란 말에서 따온 메뉴 이름인데, 커피가 만인의 음료가 되면서 마부들에게도 인기를 끌자 카페 주인은 마부들이 한 손으로 마구를 채운 말고삐를 잡고 다른 한 손으로 손잡이가 달린 큰 잔을 잡고 커피를 마시도록 배려했고 그 커피 위에 생크림을 듬뿍 올려 주었다. 지금은 유리잔에 담은 커피 위로 생크림이 녹아드는 모습을 보면서 즐기는 커피음료가 되었다. 커피와 데운 우유를 반반씩 섞은 다음 그 위에 우유거품을 올린 것이 "멜랑주 Melange"이다. 멜랑주보다 우유를 더 많이 섞은 커피에 카카오 가루나 초콜릿을 부수어 뿌려내면 빈 스타일의 "카푸치노 Cappuccino"가 된다. "슈바르처 Schwarzer"는 모카커피 한 잔이고 여기에 우유나 크림을 조금 곁들이면 "브라우너 Brauner"이다. 이외에도 여러 커피 메뉴들이 빈에서 개발되었고 특히 다양한 종류의 타르트는 빈 스타일 커피하우스의 특장점이 되었다.[57] 빈에서 커피메뉴를 주문하면 우선 물을 한 잔 대접했다. 1873년 고지수원에서 끌어온 물의 수질에 긍지를 느낀 카페 주인들이 그 물을 서비스하면서 생긴 전통이었다.

《커피의 역사》를 쓴 야콥은 빈의 카페들이 손님을 끌어들인 두 가지 중요한 요소로 당구대와 신문을 들었다.[58] 길고 다리가 무거운 당구대가 많은 카페에 자리를 차지하고 있었는데, 일반 당구가 아니라 포켓볼이었다. 신문과 잡지의 종수도 크게 늘었다. 19세기 빈의 커피하우스들은 신문과 잡지를 얼마나 많이 갖추느냐에 따라 명성에 영향을 받을 정도였다. 이른바 세기말 Fin de Siècle* 빈의 카페에서는 작가들과 화가들 그리고 건축가들이 모여 열정적으로 토론했고 때로는 새로운 문학이나 미술 경향을 두고 격론이 벌어졌으며 서로 뜻이 맞는 사람들끼리 집단화하기도 했다.

그런 커피하우스에서 알프레드 폴가Alfred Polgar, 안톤 쿠Anton Kuh, 페터 알텐베르크Peter Altenberg 등 여러 문학 장르의 거장들이 글을 쓰고 있었고 때로는 자신이 방문한 카페에 관한 글을 남겼다. 특히 1890년대부터 문학의 거장들이 모카커피를 마시면서 자신의 문학 세계를 미리 펼쳐보였을 뿐 아니라 당대 탁월한 지식인들, 재능 있는 예술가들이 창작의 고통을 나누고 아이디어를 얻어가기도 했다. 그들의 명성만으로도 빈의 카페는 문화사에 확고한 지위를 갖게 되었다. "좁은 의미에서든 넓은 의미에서든 문학카페들의 생산력은 대단히 컸다. 커피하우스에서 문학의 특정 경향과 문체가 탄생하거나 확산했고 커피하우스로부터 회화, 음악 그리고 건축의 새로운 유형이 자기 출구를 찾아갔다"라는 토르베르크Torberg라는 당대 증인의 진술이 전혀 과장이 아니었다.[59]

커피하우스는 그 자체로서 '작은 우주'이자 하나의 '세계'였다. 사람들은 조용히 혼자만의 시간을 갖고 싶어서든 아니면 그 외로움을 나눌 사람이 필요해서든 각기 자기가 좋아하는 카페를 찾았고 그곳에서 다른 사람들과 함께 자신의 '세계'를 형성했다. 그런 카페로서 가장 잘 어

---

* 세기말(팽 드 시에클) : 시기로는 '아름다운 시절'과 같은 시기를 가리킨다. 프랑스에서 최초로 사용했으나 빈에서 '청년 빈파'를 결성하는 데 이바지한 헤르만 바Hermann Bahr가 1891년 자신의 단편집에 《세기말》이라는 제목을 붙임으로써 빈에서 널리 쓰였다. 제1차 세계대전의 전운이 감도는 시기에 한 시대의 종말이 다가오고 있다는 상황인식을 내면화해 데카당운동으로 번역하기도 하며 대상으로의 문화적 몰입을 끌어내려는 문화운동이었다. 유럽의 미술은 이 시기에 인상주의(폴 세잔느)에서 유겐트슈틸(구스타프 클림트)을 넘어 큐비즘(파블로 피카소)으로 이행했다.

빈의 대표적인 그랑 카페 Café Central
높은 궁형 천정, 대리석 기둥과 탁자, 등이 휜 의자 등은
빈 스타일 그랑 카페의 전형이었다.

울리는 곳이 빈의 커피하우스였다. 1895년 알프레드 클라Alfred Klaar 의 표현대로 빈의 커피하우스는 "고전적"이라는 이미지에 가장 잘 어울리는 카페였다.

카페 그리엔슈타이들Café Griensteidl은 1848혁명 직전인 1847년 약사인 그리엔슈타이들이 창업한 정치적 선동의 중심지였다. 민족주의자들을 중심으로 정치에 뜻을 둔 사람들이 모여 합스부르크 왕가의 퇴진을 계획했다. 그러나 정부에서도 의심의 눈초리를 보낼 수밖에 없었으며 한 번은 웨이터 한 사람이 정부의 첩자로 밝혀져 밖으로 쫓겨났고 사람들에게 두들겨 맞은 일도 있었다. 카페가 한때 거의 정치의 현장이나 다름없었다. 사실 빈의 카페들은 1848혁명기에 첫 전성기를 맞았던 터라 정치의 현장이 되는 것을 굳이 마다할 이유가 없었다.

그러나 과도한 정치적 경향은 곧 불행한 사건들을 불러왔다. 독일어권의 정치적 통일을 염원하는 대독일 움직임에 힘을 얻어 프로이센 군인들이 덴마크 공격을 위한 오스트리아 지원자를 모집하기 위해 이 카페를 찾았고 다음 프랑스와의 전쟁(1870) 때에도 마찬가지였다. 사회주의적 노동신문의 주창자 구스타프 슈트루베와 그의 추종자들, 아나키스트들, 반유대주의자들 역시 이 카페에 조용히 흔적을 남겼다.

1890년대 카페 그리엔슈타이들은 새로운 역할을 맡았다. 이 카페에서 아르투르 슈니츨러, 페터 알텐베르크, 헤르만 바, 그 밖의 작가들이 '청년 빈파Junge Wien'라 불리는 느슨한 조직의 혁신적 문학 그룹을 형성했다. 여기에 호프만슈탈과 안드리안도 참여했다. '청년 빈파'는 빈에서 모든 생활 영역에 확산되고 있던 혁신적 혁명가들을 일컫는 '청년파Die Jungen'*의 문학 분파라고 할 수 있다.60

페터 알텐베르크는 자신이 창간한 잡지인 《쿤스트Kunst》(예술)에 "예술은 예술이고 삶은 삶이지만, 예술적으로 살아가는 것, 이것이 삶의 예술이다"라고 썼다. 아름다움의 추구와 '평범'한 군중으로부터의 도피가 '청년 빈파'가 생각한 젊은이다운 임무였다. 그들은 사회적 역할을 완전히 거부하지는 않았지만 삶의 목적을 양식화한 연극, 섬세한 감정과 세련된 감수성에 대한 탐구로 삼았다.[61] 물론 그들은 편협한 신고전주의의 와해를 위해 깃발을 들었다. 많은 세월이 지난 후 소설가 슈테판 츠바이크(1881-1942)는 빈의 대표적인 지식인들이 그리엔슈타이들의 분위기를 사랑했다고 쓰면서, 사람들은 여기에서 "세계에서 앞서가는 것을 제일 먼저 직접 경험했다"라고 관찰했다.[62]

카페 첸트랄Café Central은 1876년에 문을 연 카페로 젊은 건축가 하인리히 폰 페르슈텔이 네오르네상스 스타일로 설계한 건축물이었다. 유리로 중정을 덮어 고객이 실내에 앉아있으면서 동시에 야외에 있다는 느낌을 받도록 했다. 그러나 1943년 제2차 세계대전 중에 일부가 파괴되어 1975년에 다시 수리했으며 그 후 1986년에도 약간의 보수를 거쳐 지금에 이르고 있다. 궁형의 높은 천정과 열주를 이룬 대리석 기둥들, 독특한 그림자, 길게 늘어진 아름다운 조명이 마치 궁전에 들어선 느낌을 주는 이 카페는 대리석 탁자와 등이 둥글게 휜 의자 등을 배치한 빈 스타일 커피하우스의 모범적인 인테리어 사례이다. 뿐만 아니라 오스트리아 증권거래소, 호프부르크와 슈테판 돔, 국립오페라와 국립도서관이 가까이에 있어 사람들이 들르기에도 안성맞춤이다. 카페에 들어

* '청년파': 처음에는 고전적인 오스트리아 자유주의에 반대하던 젊은 반항가 그룹을 가리키는 용어로 쓰였다가 문학분파에 적용되었고 후에는 아르누보Art nouveau를 먼저 받아들여 오스트리아적 성격을 부여한 화가와 건축가들 사이에서 사용되었다.

서면 "빈의 소크라테스"로 불렸고 이 카페를 아지트로 삼았던 알텐베르크가 지금은 동상이 되어 고객을 맞이한다. 한때 22개 언어로 된 250여 가지 신문과 잡지가 비치되어 있어 이 점에서도 대표적인 빈 스타일 카페였다.

1917년 외무장관의 비서가 카페로 뛰어들어 오면서 외쳤다. "각하, 러시아에서 혁명이 일어났습니다!" 외무장관은 손을 흔들면서 이렇게 답했다. "그래, 그렇구나! 러시아에서 혁명을 일으킬 사람은 아마 카페 첸트랄에서 지내던 그 사람일 걸세"[63] 외무장관 하인리히 그라프 크롬-마르티니크는 레온 트로츠키를 떠올렸던 것 같다. 트로츠키는 1907년 10월부터 제1차 세계대전이 일어나기 직전까지 빈에서 망명자로 살았고 정기적으로 카페 첸트랄을 방문해 251 차례나 체스를 두었다고 한다.

알프레드 폴가는 카페 첸트랄과 그곳에서 만나는 동료들에 대해 이렇게 술회했다.

> 카페 첸트랄은 다른 카페들처럼 그저 그런 카페가 아니라 하나의 세계관이다. 이곳 주민들은 인간을 증오하는 정도가 인간을 향한 그리움만큼이나 크다. 그래서 그들은 외롭게 지내고 싶어 하는 한편, 함께하려는 동지들을 필요로 하는 사람들이다.[64]

'청년 빈파'가 젊은이다운 임무로 생각한 평범한 군중으로부터의 도피와 삶의 아름다움을 추구하는 이중의 과제가 폴가가 보기에 카페 첸트랄에서 온전히 실현되고 있었다. 위에서 언급한 사람들 외에 지그문트 프로이드(체스를 즐겼다), 에곤 프리델, 아돌프 로스(카페 무제움 설계), 아르투어 슈니츨러, 로베르트 무질, 칼 크라우스 등 셀 수 없이 많은 문인과 지식인이 이 카페를 정기적으로 찾았다.

카페 헤렌호프café Herrenhof는 굴곡이 많은 역사를 지닌 커피하우스였다. 세기말의 끝자락인 1914년 개업한 이 카페는 길게 이어진 넓은 공간에 유겐트슈틸Jugendstil의 실내 장식을 채택했다는 점에서 의미가 있다. 독일에서 성행한 유겐트슈틸은 빈에서는 구스타프 클림트, 요제프 마리아 올브리히, 시인 헤르만 바 등이 분리파운동Sezessionsbewegung*을 통해 특유의 뉘앙스를 구현했다. 분리파운동의 구성원들이 자주 모였던 카페 헤렌호프는 특히 1938년까지 제1차 세계대전과 제2차 세계대전의 전간기戰間期에 빈의 문학카페로서, 그리고 예술가들의 모임 장소로서 자신의 역할을 충실히 다했다.

분리파운동의 집결지답게 카페 헤렌호프에서 정기적으로 미술전시회가 열리기도 했지만 전쟁의 포화를 비켜가지는 못했다. 오스트리아가 나치 독일제국에 가담하면서 유대 출신이었던 주인 벨라 발트만은 재산을 몰수당했고 카페 역시 1939년 3월 19일 순수 아리안 혈통

* 분리파운동 : 처음 운동이 시작된 독일에서는 삶의 개혁 Lebensreform (19세기 중반 독일과 스위스에서 시작된 다양한 사회개혁 운동을 포괄하는 개념으로 자연을 파괴하는 산업화, 물질주의, 도시화에 대한 비판을 공통분모로 한다)의 일환으로 추진되었으며 기존의 미술가협회로부터 탈퇴함으로써 '분리'를 구체화했다. 오스트리아와 헝가리에서는 분리파운동과 유겐트슈틸은 동의어였다. 1897년 4월 3일 클림트와 요제프 마리아 올브리히, 헤르만 바를 비롯해 콜로만 모저Koloman Moser, 막스 쿠르츠바일Max Kurzweil, 칼 몰Carl Moll 등이 분리파를 설립해 보수주의는 물론이고 역사주의를 지향하는 전통적 미술개념을 거부했다. 1898년 첫 전시회를 연 후 계속해서 독자적으로 전시회를 개최했다. 그러나 1905년 미술에 관한 견해 차이를 극복하지 못하고 클림트와 모저 그리고 몰이 탈퇴했고 제2차 세계대전이 터지자 해체되었다가 전후에 다시 재건되었다.

6장 그랑 카페의 시대 339

을 가진 독일인에게 넘어갔다. 전후 다시 같은 이름으로 문을 열었으나 2006년 결국 영업을 접고 말았다.

카페 헤렌호프에서는 위에서 언급한 분리파운동의 중심인물들 외에도 안톤 쿠와 그의 누이 니나가 슈탐티쉬 Stammtisch (자주 오는 고객 그룹을 위한 예약 테이블)를 차지하고 있었고 베를린에서 돌아온 프란츠 블라이가 그의 친구 로베르트 무질을 만났다. 심리학자 알프레드 아들러와 그의 부인이 이 카페에 들렀으며 프로이드 학파와 비트겐슈타인을 포함한 실증주의 철학자들 중 빈 클럽 역시 이곳에서 자주 만났다. 체코에 민족주의 경향이 강한 국가가 들어서자 독일어를 구사하는 프라하의 유대인들이 빈으로 이주했고 곧 헤렌호프의 식구가 되었다. 프리드리히 토르베르크, 프란츠 베르펠 그리고 안톤 쿠 같은 사람이 대표적인 인물이다. 프로이드의 탁월한 제자이자 유명한 범죄학자의 아들인 심리치료사 오토 그로스 역시 카페 헤렌호프에 자주 들렀다.

이 밖에도 빈에서는 여러 카페가 문인과 미술가, 건축가와 음악가 등 지성인을 자신의 고객으로 불러 모았다. 특히 빈의 세기말에 드디어 여성들도 아무런 거리낌 없이 카페에서 시간을 보냈고 대화에서 그저 뒷자리로 밀려나지만은 않았다. 전아한 실내 공간에서 누리는 호사가 누구에게나 주어졌다는 점에서도 빈의 카페는 모범적이었다.

파리와 빈의 카페들이 훌륭한 전형을 보여주었다고 해서 다른 나라에는 카페문화가 발전하지 않았다고 생각하는 것은 오해이다. 카페는 나라가 아니라 도시와 결합한 문화였다. 로마에서는 1760년에 창업한 카페 그레코 Caffè Greco 가 1860년대부터 현재의 모습으로 재단장해 문학가와 예술가들을 불러들였고 밀라노에는 카페 코바 Caffè Pasticceria Cova 가 그런 역할을 담당했으며 피렌체에서는 카페 주베 로세 Caffè Giubbe Rosse 의

베를린 로마네스크 카페에서, 빌리 얘켈, 1912년
Willy Jaeckel(1888-1944)은 독일을 중심으로 1905년에서 1930년 사이에 유행한 표현주의 Expressionismus 미술사조의 주요 대표자로 꼽힌다.
세기말 빈과 비슷한 퇴폐적 분위기를 반영하는 이 그림에서 로마네스크 카페의 고객들은 각자 자신의 세계에 집중하고 있다.

바리스타들이 카페 이름 그대로 빨간 조끼를 입고 고객에게 커피를 날랐다. 1909년 시인 마리네트가 이 카페에서 기존의 낡은 예술을 부정하고 기계가 지닌 차가운 역동적 아름다움을 창조할 것을 주장한 미래주의를 선언하자 보치오니와 루솔로 등이 이 카페로 몰려들어 미래파를 결성했다.

카페문화가 다소 늦었던 독일에서도 라이프치히에는 1880년에 웅장한 인테리어를 선보인 카페 바우어 Café Bauer(카페 농부)가 나타나 그랑 카페의 전형을 미리 선보였고 1902년부터 베를린 서부에 로마네스크 카페 Romanisches Café가 문을 열어 지성인과 예술가들의 집결지가 되었다. 독일 표현주의의 대표적인 화가 중 한 사람인 빌리 얘켈 Willy Gustav Erich Jaeckel(1888-1944)은 이 카페에서 커피를 마시는 고객들의 모습을 그려 작품으로 남겼다. 그의 그림은 1888년 반 고흐 Vincent van Gogh (1853-1890)가 아름다운 밤 카페의 풍경을 그린 〈아를르의 카페테라스〉와 함께 카페가 얼마나 화가들의 사랑을 받았는지를 드러내 준다. 이 밖에도 리스본과 마드리드 그리고 바르셀로나를 비롯해 유럽 여러 도시들에서 카페가 성업했고 이들 카페에서 문학과 예술이 꽃을 피웠다.

3. 카페와 여성 그리고 노동자카페

카페의 여성 차별

카페가 점차 사회적 제도로 정착해 간 시대에 여성들은 얼마나 자유롭게 카페에 드나들 수 있었을까? 그리고 카페에 출입하는 모든 사람이 정말 동등한 인간으로서 카페 토론에 참여할 수 있었을까? 이 문제를 두고 평가자들은 자신의 견해에 따라 시각차를 드러내고 있다. 예컨대 독일 비판이론의 대표자 중 한 사람인 위르겐 하버마스는 카페 토론에 참여한 사람들은 경제적·정치적 신분과 같은 모든 사회적 신분을 무시(또는 동일시)했다고 주장했다. 그의 견해에 따르면 커피하우스에서 가장 높은 권위를 인정받는 사람은 훌륭한 주장을 펴는 사람이었다. 다시 말하면 사람들은 커피하우스 토론에서 "똑같은 인간으로서 동등함"을 누렸다고 보았다.[65] 그러나 페미니스트 철학자 낸시 프레이저의 생각은 달랐다. 그녀는 커피하우스가 일부 사람들을 위한 열린 정치적 토론 공간이었을 뿐이고, 무엇보다 여성을 끊임없이 배제했다고 주장한다. 프레이저가 보기에 커피하우스는 새로운 정치적 지배 형태였다. 그녀는 이 공론장이 형식에서는 모든 사람을 포용한다고 하면서 사실은 많은 사람을 배제했다고 비판한다.[66] 그렇다면 이 두 견해 중 어느 하나를 선택하는 것이 당연한 일일까? 우리는 결론을 말하기 전에 먼저 구체적인 역사 사례를 참고해야 할 것 같다. 그리고 미리 유념해야 할 것은, 모든 시기에 모든 커피하우스가 하나같이 똑같았다고 보는 오류에 빠지지 말아야 한다는 점이다.

영국 런던의 초기 카페에서 보았듯이, 여성의 카페 출입이 법적으로 제한되어 있거나 명시적으로 여성을 배제하지는 않았지만 여성이 카페에 출입한다는 것은 당대 사회에서 여성으로서 오명을 덮어쓰겠다는 각오를 해야 할 다소 위험한 일이었다. 한편 18세기는 이른바 '계몽'의 시대일 뿐 아니라 근대로 이행하는 결정적인 전진의 시대였다. 그럼에도, '각성'한 남성이 여성을 평등하게 대우할 길이 열리는 것 같았지만 이는 곧바로 착각임이 드러났다.

계몽의 시대에 세계는 사상적으로나마 새로 재조직되었지만 오히려 남녀가 서로 분리된, 대립적인 그리고 보완적인 두 개의 세계로 나타났다. 이중적이고 이분법적인 성 모델이 실현되었다. 역사가 카린 하우젠은 직업생활과 가정생활의 분리를 통해 그리고 계몽주의의 자연법적 관점을 통해 정당화한 "성적 특성의 양극화"가 일어났다고 진단했다.[67] 이런 경향이 상류 및 중간 계층에서 나타나 전 사회로 확대되었다는 것이 그녀의 견해이다. 능동적이고, 이성적인 동시에 계산적이며 정치에 관심을 가진 남성은 거친 외부세계에서 경제적 경쟁과 정치적 투쟁을 수행해야 할 인간인 반면 여성은 사랑스럽고 믿을 만한 아내로서 여리고 감성에 민감해 희생적인 어머니라는 속성을 갖는 존재였다.

커피하우스는 동일 신분이기만 하면 여성이 자유롭게 드나들었던 살롱과 본질적으로 달랐다. 계몽주의의 이분법적 젠더의 이해가 18세기 이래 커피문화에서 두 개의 서로 대립하는 그리고 서로 마주 선 군상群像으로 나타났다. 그 군상의 하나는 '커피하우스'였고 다른 하나는 '카페크랜츠헨 Kaffeekränzchen *'이었다.

독일은 여성의 커피모임이 아주 잦았던 나라였다. 커피문화가 공적 영역이 아니라 사적 영역에서 발전한 대표적인 나라였기 때문이다. 우선 독일은 프리드리히 2세가 계몽주의를 이끌었을 정도로 이른바 "위로부터" 계몽이 시작되었다. 자유 저술가와 저널리스트들이 계몽주의 철학과 사상을 계발하고 전파한 프랑스와 달리 독일 계몽주의를 이끈 사람은 주로 교수들이었다. 독일 계몽주의는 그만큼 기존질서의 규율을 중시했으며 나아가 반기독교적인 경향을 보이지 않았다는 것도 중요한 특징 중 하나였다. 계몽주의에서조차 다른 나라와 달리 여전히 이

---

* "Kranz"는 화환이나 고리를 의미하는 독일어였으나 동아리 또는 모임에 적용된 말로서, 여기에 어미 "chen"이 붙으면 작은 동아리 혹은 작은 모임이란 뜻이 된다. 카페크랜츠헨은 소수 친밀한 주부들과 젊은 여성의 커피모임으로 발전했다.

성보다 신앙이 우위를 점하고 있었다.

독일 계몽주의의 독특한 성격은 가뜩이나 성적 분리를 자연적인 것으로 본 계몽주의에 더욱 보수적인 색채를 더했다. 1732년 바흐의 〈커피칸타타〉는 이런 사정을 고려하면 더욱 더 근대적인 사고를 보여준 사례인 동시에 독일의 현실을 고스란히 반영하고 있었다. 1848년까지 제법 큰 커피하우스는 베를린에서조차 두서너 군데에 지나지 않았다. 요슈티라는 사람이 창업한 카페와 슈텔리가 시작한 카페 그리고 1834년에 제과제빵점에서 커피하우스로 재개장한 카페 크란츨러 등이 대표적이었는데, 전형적인 커피하우스라기보다 오히려 제과제빵점에 가까웠다. 1890년 이전에는 빈 스타일의 커피하우스가 베를린에는 거의 존재하지 않았다. 아주 드물게 커피하우스를 찾을 수 있었던 독일에서 여성이 커피하우스를 자유롭게 출입한다는 것은 엄두를 내기조차 어려운 일이었다.

그렇다고 독일 여성들이 커피를 마시지 않았다고 단정하는 것은 섣부른 판단이다. 커피의 소비가 여성들 사이에서도 늘어나고 있었다. 그것은 커피의 수입량이 증가한 데에서 잘 나타났다. 18세기 후반에 이미 프랑스와 포르투갈을 제치고 막대한 양의 커피수입을 시작한 함부르크는 19세기 후반에 이르자 산투스와 리우데자네이루, 코스타리카, 과테말라 그리고 서인도제도에서 온 커피의 주요 집산지가 되었다. 함부르크 항에 들어온 커피들은 고지에서 정성껏 준비한 특별히 부드러운 향미를 지닌 고급 품질의 커피로서 미국의 기업적 공장에서 대량으로 볶은 값싼 커피와 달리 고가에 거래됐다. 함부르크는 브라질에서만 1831년과 1900년에 각각 2만 4,750톤과 9만 7,500톤을 수입했다.[68] 1902년 주소록에 따르면 함부르크에는 325개의 커피거래상이 활동하고 있었고 그 중 252개는 소매가 아닌 도매만을 취급하고 있었다.[69] "창고의 도시"라는 별명이 붙은 함부르크는 커피창고의 도시였다.

커피의 소비를 차의 소비와 비교하면 훨씬 두드러진다. 《커피의 역사》를 쓴 야콥은 통계자료를 참고하여 1841년 함부르크에서 수입한 커피는 3만 6,000톤인 데 비해 차는 겨우 137톤에 지나지 않았다고 썼다.70 차보다 260배가 넘는 양의 커피가 수입되었다. 차는 커피보다 통상 6배 정도 많은 양의 음료를 만들 수 있다는 것을 계산에 넣더라도 음료 기준으로 차의 40배가 훨씬 넘는 커피가 수입된 셈이다. 함부르크 항에서 수입한 커피는 북유럽과 동유럽으로 재수출되기도 했지만 차 역시 그랬기 때문에 독일인들이 차보다 훨씬 더 많은 커피를 마셨다고 보아야 할 것 같다. 커피하우스 문화가 제대로 정착하지 않은 나라에서 누가 어디에서 커피를 마셨는지 의문을 가질 만하다.

여성들의 "카페크랜츠헨"

독일에서 커피는 가정의 음료였다. 커피하우스는 오랫동안 남성의 몫이었기 때문에 여성들은 가정에서 주로 커피를 즐겼다. 특히 부르주아계급에 속한 여성들은 커피하우스에 가는 대신 이웃집 친지들을 집으로 초대해 함께 커피를 즐겼다. 빵을 굽고 커피를 내는 것만으로 충분히 호의를 베풀고 서로 아름다운 교제를 할 수 있어서 여성들은 이런 모임을 좋아했다. 1715년에 이미 "카페크렌츠헨"이란 용어가 나돌기 시작했고 18세기 초부터 부르주아계급 여성들 사이에 커피를 마시는 사교 모임인 "카페크랜츠헨"이 정착했다.71 카페크랜츠헨은 처음에는 귀족 부인들의 살롱을 재현하고 싶어 한 독일 상류 부르주아계급 부인들의 열망이 만들어낸 커피문화였다. 그들은 집에 새로 접견실을 만드는 등 귀족의 호사를 흉내 내려고 했다. 그러나 문화란 물이 아래로 흐르듯이 전파되는 것이라 어느새 그 경향이 하급 부르주아 혹은 교양 부르주아 계층으로 퍼져나갔다. 그러자 카페크랜츠헨은 18세기에 이미 비난의 대상이 되었다. 여성이 가사를 돌보아야 할 시간에 쓸 데 없는 일에 정신을 판다는 것이 공격의 초점이었다. 서로의 집을 방문해 즐기는 커피모임이 불필요하다고 보는 남성들의 시비는 여성들이 커피를 마시면서 나누는 대화의 격을 낮추어 커피수다, 즉 카페클라취 Kaffeeklatsch 라고 폄하했다. 남성들 사이에 새로운 정보를 교환하는 것은 "새 소식"이었지만 여성의 커피대화는 기껏 쓸모없는 수다에 지나지 않았다. 그림 Grimm 형제가 만든 독일어 사전(1854)에도 커피대화는 '와자지껄 떠드는 잡담 Geschwätz'으로 올라 있었다.

물론 카페크랜츠헨은 제한된 사회계층에서 성행했을 뿐이고 여기에서 여성해방이 잉태될 여지는 거의 없었다. 그러나 점차 사회의 하층에서도 커피소비가 늘어나면서 카페크랜츠헨이 독일에서 남성의 커피하우스에 대항하는 여성의 커피문화로 확립되었던 것만은 틀림없는 일이다. 남성이 커피를 내리는 것을 상상할 수조차 없었던 독일에서 커피소비의 주역은 여성이었다. 여성은 비록 커피하우스 외부에 서있기는 했으나 가정에서 자기들만의 커피문화를 키워가고 있었다.

커피하우스 문화가 유럽에서 비교적 늦게 발전한 독일은 1955년 이후 복지사회로 진입한 이래 커피소비를 지속적으로 늘려갔고 독일연방공화국(서독) 시대 1979년에는 일인당 140리터의 커피를 소비하기에 이르렀다. 독일은 이때 역사상 처음으로 맥주보다 커피를 더 많이 마시는 사람들의 나라가 되었고 현재 유럽에서 가장 많은 양의 커피를 소비하는 나라로 올라있다.[72]

빈에서도 여성은 19세기 40년대까지 커피하우스 방문이 거의 전적으로 불가능했다. 공공의 접대 시설은 남성의 지배영역이었다. 아델하이트 포프 Adelheit Popp 라는 저자는 그것이 마치 어린 여성 노동자가 노동자집회에 참석하는 것과 같고 술집에 들어가 심지어 말을 거는 것이나 다를 바 없다고 썼다.⁷³ 1896년에 빈에서 실시한 여성 노동자 앙케트는 여성 노동자의 대다수가 음료로 커피만을 마시고 산다고 밝혔다. 설문에 대한 응답을 살펴보면, 일주에 2~3굴덴 벌이의 여성 노동자들은 주로 커피로 버티고 있었다. 아침에도 커피, 점심에도 커피, 브레이크 타임에도 커피. 그러나 여성 노동자들이 마신 커피는 거의 대부분 대체커피였다. 티체^{Titze}-아주머니(티체는 대체커피 브랜드였다)는 오스트리아에서 가장 인기 있는 광고 인물이었다.⁷⁴ 여성 노동자들은 홍보수단으로 활용되기는 했지만 저급 커피를 마시는 대표적인 사회계층이었다.

스위스에서도 여성은 접대시설이나 커피하우스에 출입할 수 없었기 때문에 집에서 커피를 마셨다. 복권추첨놀이를 하거나 커피를 음용하는 것이 19세기에 여성의 관습으로 뿌리를 내렸으나 스위스의 커피문화에는 여성과 노동자에 대한 사회적 차별이 이중으로 겹쳐 나타났다. 스위스에서는 여성 차별과 노동자가족이 겪는 사회적 차별이 서로 뗄 수 없는 동전의 양면이었다. 19세기에 산업 생산부문에서 특히 여성들 사이에서 커피소비가 신속하게 확대되었다. 거대한 일터인 공장에서 커피는 교제의 수단으로 그리고 짧은 휴식시간을 위한 가장 훌륭한 방편으로 기능했다. 휴식시간이면 여성들은 정기적으로 커피를 마셨다. 사업에 성공한 베레나 콘체트$^{Verena\ Conzett}$라는 여성은 자신이 젊은 시절 취리히 방직공장에서 일하면서 커피를 마신 기억을 회상했다. 여성 노동자들은 바구니에 빵과 뜨개질감 외에 20라펜(1라펜은 1/100프랑)의 동전을 가지고 다녔는데, 점심시간에 커피 파는 아주머니가 오면 여성들은 그 중 절반을 내고 커피 두 잔을 사 마셨다.⁷⁵ 커피가 배급으로 나오는 날도 있었는데, 그런 날에는 커피 대신 수프를 사먹었다. 그들이 공장에서 마신 커피는 그다지 품질이 좋은 커피는 물론 아니었다. 한편 남성 노동자들은 강인함의 표시로 커피에 알코올을 타마셨다. 그들은 이렇게라도 여성과 자신들을 갈라놓으려 했다.

19세기 마지막 3분기에 스위스의 노동자 그룹에게도 커피문화는 일상이 되었고 커피는 가족이 함께 마시는 가장 익숙한 음료였다. 1884년의 어느 앙케트 조사는 사람들이 많은 양의 커피를 마셨고 영양을 보충하기 위해 커피를 마신다는 사실을 드러내 주었다. 그러나 그들이 마신 커피의 품질에 대해서는 자세히 밝힐 수 없었다.

한편으로 공장이라는 '외부'에서는 성性정체성을 음용관습을 통해 강화하려는 움직임이 두드러지게 나타났고 다른 한편으로 '내부'인 가정의 식탁에서는 압박해 들어오는 "빈곤의 경제학"이 계층별 차이를 다시 관철하고 있었다. 공장에서는 매일 점심 식탁에 커피 주전자가 놓여 있었고 집에서도 식구들이 아침에 함께 마시는 음료가 되면서 커피가 아주 흔해졌다. 커피가 남녀 공통의 음료가 된 것만은 틀림없었다.

그러나 품질의 저하가 있었을 뿐 아니라 분명한 의미의 변화 또한 일어나고 있었다. 커피는 더 이상 사치스러운 풍요가 아니라 가난의 상징이었다. 예컨대 토겐부르크라는 곳에 사는 날품팔이노동자 가족의 아내는 1900년경 자기 집의 장작불 난로 위에서 생두를 볶았는데, 마지막에 버터 한 덩이를 볶은 커피에 넣어주었다. 물론 커피는 반짝 반짝 빛을 발했다. 그러나 이것은 유복한 상류층을 따라하려는 과시의 제스처가 결코 아니었다. 오히려 가난한 노동자가족 주제에 커피를 볶는다는 비난을 벗어나기 위해 향이 피어오르자마자 그 향을 없애버리는 그녀만의 방법일 따름이었다.[76] 커피소비가 확산되었다고 해서 모든 사람이 같은 커피를 마셨다고 믿는 것은 여전히 오해였다.

노동자집단에 커피가 확산한 것에는 사회적 배경이 있었다. 우선 커피의 가격이 저렴해졌다. 장바구니를 들고 시장에 간 아내들은 아주 낮아진 커피가격에 놀라 커피를 바구니에 담았다. 하지만 그 커피들은 진짜 커피가 아니라 치커리 등으로 만든 대체커피였다. 다른 한 이유는 커피가 다른 생필품에 비해 늘리기가 쉬웠다. 가난한 집 커피 주전자의 내용물은 물을 많이 타 묽게 한 것이었다. 노동자계층의 가족들은 고단한 공장노동과 곤궁한 일상에 대한 심리적 보상으로 이런 커피라도 마시고 싶어 했다. 산업혁명의 결과로 인스턴트 음식문화가 상승세를 탄 것도 커피의 음용을 확산하는 데 이바지했다.[77] 아내들은 이런 사회적 분위기에 밀려 식구들에게 커피를 끓여 내놓지 않을 수 없었다.

19세기 스위스 도시들에서 유복하게 사는 상류층의 부르주아 환경에서는 전혀 다른 커피문화가 형성되고 있었다. 독일에서와 마찬가지로 스위스에서도 카페크랜츠헨이 발달했다. 이 비공식적인 여성들의 공공성에 대해 남성들은 거의 관심을 두지 않았다. 여자들과 어울려 커피 마시는 것을 피하고 싶었던 남자들에게 여자들만의 커피모임은 오히려 환영할 일로서, 거기에 참여하는 것이 오히려 남성으로서의 자존감에 상처를 입는 일이었다. 다른 한편, 상류층에서 사람들을 초대해 커피를 마시는 일은 가정을 공개적으로 보여줄 수 있는 좋은 기회였다. 보여주고 싶은 공간과 멋진 가구를 배치한 꽤 큰 집에 사는 부인들은 커피모임을 구실로 '과시'의 즐거움을 누릴 수 있었다. 물론 서비스하는 커피는 '평범한 사람들'의 커피가 아니라 향이 좋고 검은 진짜 커피였고 커피잔과 주전자 역시 마이센사가 만든 고가품이었다. 대부분의 경우 식탁에는 빵과 달콤한 과자 그리고 주부가 한껏 솜씨를 발휘한 타르트가 함께 놓였다. 커피식탁은 식사 중간에 차려내는 분립된 식탁의 형태로 부르주아 음식문화에 포섭되고 있었다.

파리 노동자카페의 역할

파리에는 그랑 카페가 있었을 뿐 아니라 작은 카페도 많았다. 프랑스혁명 이후 카페를 비롯해 음료를 파는 시설이 프랑스 전역에서 크게 늘었는데, 파리가 그것을 선도하고 지방이 뒤따랐다. 1789년부터 1914년 사이 전국의 카페 수는 5배의 증가를 보인 데 비해, 파리의 카페는 10배 내지 12배로 증가했다. 1789년 60만 명 정도이던 파리의 인구는 1851년에 1백만 명을 훌쩍 넘었고 그 후 급속하게 증가해 1876년에 약 200만 명, 1921년에 300만 명을 넘어섰다. 인구 증가도 빨랐지만 카페의 증가는 인구 증가를 완전히 따돌릴 만큼 가팔랐다.

19세기 파리의 카페들은 음료와 음식을 먹고 마시는 곳 이상이었다. 랄프 왈도 에머슨Ralph Waldo Emerson은 파리의 최고 장점이 대화와 카페의 도시라는 사실이고 이것이 왜 파리가 세계의 사회적 중심지인지를 설명해준다고 보았다. 노동자들 역시 단지 커피를 마시기 위해서만 카페에 간 것은 아니었다. 그들은 음료를 매개로, 친구, 연인, 친척, 처음 보는 낯선 사람들 그리고 심지어 적대적인 사람들까지 서로 접촉을 통해 이해의 폭을 넓히고 소통하려고 했다. 노동자들의 카페 방문의 주요 목적 중 하나는 '연대의 모색'이었다. 1840년대 초 파리를 방문한 칼 마르크스는 기능공 모임에 참석한 후 "그들은 꼭 흡연을 하거나 식사를 하고 음료를 마시기 위해 모이는 것이 아니라 교류와 연대, 그리고 함께 즐기는 것이 목적이고 그 자체로서 충분하다"라고 말했다.[78]

노동자들은 새로 입사한 동료를 우선 카페로 데리고 갔다. 카페 방문은 모름지기 일터에서 자신의 세력을 키우기 위한 방편이었다. 커피나 음료를 함께 마시면서 프롤레타리아들은 일에 관한 이야기를 나누고 상사를 비난하곤 했지만 그게 전부는 아니었다. 이런 모임을 갖는 동안 업무를 완전히 잊어버리고 인간적 유대를 쌓아갔다. 파리의 노동자들은 카페에서의 만남을 통해 노동과 공동체 생활에서 산업화 이전 시대의 관계를 보존하려고 했고 카페는 파업 기간에도 노동자들에게 쓸모 있는 공간으로서 가치를 증명했다. 파업이 시작되고 경찰의 압박이 심해지면 카페는 대체근무를 조직하는 노동조합 사무실의 보완장소로 이용되었다.[79] 카페생활은 노동운동의 공식 부문과 비공식 부문 사이의 관계를 이어주는 매개체였다. 그래서 파리 노동자카페 연구자들은 노동계급 연구에서 노동운동과 좌파정당 등 '조직적'인 요소와 거리 시위와 카페의 만남 같은 '자연발생적' 요소 사이의 관계에 관해 진지하게 토론할 정도로 그 중요성을 인정했다. 실제로 카페의 모임은 경제적 결정론을 자연스럽게 거부하는 한편 역설적으로 마르크스주의의 추상적 언어 이상으로 계급의식을 형성하는 데 이바지했다.

노동자카페의 의미는 여기에 그치지 않았다. 1860년대, 1880년대를 거쳐 1900년대에도 카페 주인은 노동자계급 결혼식의 증인이었다. 결혼 서명을 하고 나면 피로연 역시 카페에서 열었고 카페 주인은 증인으로 모셔준 영예에 대한 대가로 음료와 식사 가격을 할인해 주었다. 카페 주인을 결혼 증인으로 모셨던 부부는 결혼 후에도 그 카페와 인연을 이어갔고 아이들의 세례식처럼 즐거운 일이나 장례식 같은 슬픈 가정행사에도 카페 주인을 증인으로 초청했다.[80]

카페의 수가 많다는 것이 파리의 장점으로서 사회성을 보여주는 대목이기는 하지만 카페의 성업은 노동계급이 겪은 현실적인 문제와 연결되어 있었다. 그것은 주거문제의 위기와 지속적으로 결합해 있었다. 1830년대 농촌 출신 이주민이 쇄도해 오면서 기존의 주택만으로는 주거문제를 해결하는 것이 어려워졌다. 예컨대 왕정복고 시대 Restoration (1814-1830)에 인구는 25퍼센트 증가한 반면, 주택의 수는 10퍼센트 증가에 그쳤다. 7월 왕정(1830-1848) 기간에도 인구와 주택

사이의 불균형이 개선되지 않아서 인구 성장은 34퍼센트인 데 비해, 주택 수는 22퍼센트 증가에 머물렀다. 1832년 잠만 자는 숙박시설에서 지내는 사람이 3만 2,000명과 3만 5,000명 사이였으나 1846년에는 그 수가 5만 명 이상으로 증가했다.[81] 주택의 증가가 인구 증가에 턱없이 미치지 못한 결과였다. 이 빈곤의 시대에도 카페의 수는 줄어들지 않고 거의 변함없이 유지되었다.

동시대의 관찰자들은 노동계급의 가정생활에 잠재하는 위기를 간과했다. 노동계급 저널리스트인 안팀 코르봉은 노동자들이 마치 '막사'와 크게 다르지 않은 아파트에서 살고 있다고 말했다. 주거환경의 불편함이 카페 생활을 '강제'한 것으로 본 최초의 인물 중 한 사람인 플로라 트리스탕은 노동계급의 3/4이 독신이든 결혼을 했든 '가구가 있는 헛간'에서 잠을 자고 있다고 지적했다.[82] 그러나 그녀는 카페의 수가 시민 인구와 같은 속도로 증가했는지에 대해서는 아무런 언급을 하지 않았다. 그럼에도 왕정복고 시대와 7월 왕정 시기에 좁아터진 주거지로부터 도망한, 예상을 뛰어넘는 군중이 카페를 채운 것만은 확실한 것 같다.

19세기 파리의 노동자카페는 독특한 하부문화를 만들어냈고 프롤레타리아트(무산자 계급)에게 집이나 마찬가지로 필요한 공간이었다. 주거환경이 좁고 불편했던 것이 카페를 대안의 공간으로 선택한 한 이유였다는 사실은 카페가 노동자들에게 없어서는 안 될 생활공간이었다는 것을 의미한다. 카페는 파리의 노동자들에게 사적인 삶과 가정생활을 보완하는 공간이자 시설이었다. 사정이 이렇다 보니 카페를 여는 것이 시민들에게 매력적인 영업으로 보였다. 그러나 카페 주인의 재산이 극적으로 증가했다는 기록도 없을 뿐 아니라 오히려 파산하는 예가 많았다는 보고가 있다. 카페가 이미 인구에 비해 지나치게 많았던 것이 주요 원인이었다.

노동계급 중에서 어떤 직업에 종사한 사람들이 카페에 자주 갔을까? 이와 관련해 더 충성스럽게 카페를 방문한 사람들이 '교육 받지 못한 사람들'이라거나 '부도덕한 사람들'이었다는 주장이 있다. 그러나 두드러진 추세는 초기와 달리 가난한 부랑자보다 숙련 기능공들이 점차 더 자주 카페를 찾게 되었다는 것이다. 18세기에는 노동집단과 카페 방문 사이의 관련이 확실하지 않았지만 19세기에 접어들어 그리고 19세기 내내 점차 비숙련공보다 숙련노동자들이 더 자주 카페를 방문했다.[83]

파리의 노동계급이 카페에서 마신 커피 음료는 그다지 품질이 좋은 것은 아니었다. 노동계급에게 3대 생필품은 빵과 육류 그리고 포도주였다. 노동계급은 1870-1914년 사이 그들의 생계비 예산에서 음료에 실질적으로 이전과 비슷한 액수의 비용을 지출했고 카페에서도 커피만을 마시지 않고 포도주와 브랜드 역시 마셨다. 이런 이유로 카페 주인들 역시 커피의 질에 그다지 신경을 쓰지 않았다. 그들은 판매고와 이익을 높이기 위해 여러 음료를 혼합해서 팔았다. 심지어 포도주에 산지가 다른 여러 가지 포도주를 섞어서 원가를 줄이려고 했을 정도였으니, 커피의 품질을 따지는 것은 노동자들에게 사치였고 커피의 특성을 가진 것만으로 만족해야만 했다. 1870년대에 들어서면서 완전히 취하게 하는 것과 돌처럼 차가운 각성상태를 유지하게 하는 것 사이에 차이를 두기 시작하면서 커피는 파리의 노동자들에게 '각성'의 상징으로 사용되기는 했다. 이때부터 커피를 마시는 행위는 노동자들에게 노동을 준비한다는 심리적 효과를 주었다.

4. 대체커피의 위안

대체커피의 효용성

누구나 커피를 마실 수 있는 시대가 찾아오자 커피의 품질이 관심의 대상이 되었다. 독일의 작센지방 라이프치히에서 한때 "작은 꽃 커피 Blümchenkaffee"라는 귀여운 이름을 가진 커피가 유행했다. 이 커피는 도자기 제조업체 마이센의 도자기 잔에서 유래했다. 마이센은 18세기 내내 대표적인 도자기업체로 명성을 얻었고 유럽의 모든 주부에게 소장열망을 불러일으킨 도자기들을 생산했는데, 이 회사가 도자기 잔의 밑바닥에 작은 꽃을 새겨놓았다. 이 디자인은 1815년에 나타나 비더마이어 시대에 인기를 끌었다.

당시는 커피수입이 제한돼 원두커피가 아주 귀하던 시기였다. 사회적 지위가 높아진 부르주아들은 진짜 원두커피를 마시는 것으로 사회적 위신을 드러내고 싶어 했다. 그렇다고 많은 원두를 소비한다는 것은 그들에게도 엄두를 내기 어려운 일이었다. 그래서 그들은 작은 꽃이 그려진 마이센의 고급 도자기 잔에 묽게 내린 원두커피를 마셨다. 얼마나 묽은 커피였던지 잔 아래 그려진 작은 꽃이 훤히 보일 정도였다. 거기에 아랑곳하지 않고 독일의 부르주아들은 "작은 꽃 커피"야 말로 진정한 커피라고 자랑했다. 마이센의 상징인 두 개의 검이 그려진 도자기 잔에 마찬가지로 묽은 원두커피를 내려 마시면서 "두 검 커피"라고 자랑하는 사람도 있었다. 모두 같은 동기가 만든 비슷한 행동이었다. 어쨌든 "작은 꽃 커피"는 19세기에 그림형제가 만든 독일어사전에도 버젓이 한 자리를 차지하고 있었다. 그러나 원두커피소비가 일반화하자 "작은 꽃 커피"는 이번에는 인색함의 상징으로 폄하되었고 당연히 옛 기억 속으로 사라지는 운명을 맞았다.

"진정한 프랑크 커피를 가장 편리하고 저렴하게 구매할 기회" 1895년
커피매장에서는 1세기 후에 나타난 슈퍼마켓에서와 달리 유쾌한 상담이 오갔다.
프랑크 커피의 본사가 있는 루드비히스부르크는 치커리 커피의 '수도'라고 할
정도로 대량으로 치커리 커피를 생산한 도시이기도 했다.

부르디외가《구별짓기: 문화와 취향의 사회학》에서 탁월하게 관찰한 대로, 라이프치히의 부르주아들은 사회적 지위를 돋보이게 하고 차이를 강조하는 구별 행위를 필요로 했다. 당시 커피는 사회적 지위를 뚜렷이 구별하기에 적절한 소재였고 또 새로운 사회적 행위의 준거(^{準據})를 통해 낮은 사회계층이나 집단에 대해 거리를 두기에 아주 적당한 상품이었다. 커피는 여전히 값비싼 사치품에 속했기 때문이고 또 상대적으로 엄청난 지출을 감내하지 않아도 그런 사치를 누릴 수 있었기 때문이다.

커피를 마시는 것이 문명화의 표준이 된 시대에 누구인들 커피를 마실 수 있는 '지위'에 들고 싶지 않겠는가? 가난한 주민들은 비슷한 맛과 모양을 내는 대체커피를 통해 비록 겉모습만이더라도 상류층의 관습을 따라해 보려고 했다. 그런 대체커피가 값이 싸기도 했을 뿐 아니라 무역수지에 부담을 주지 않는다는 점에서 당국에서도 오히려 달가워했다. 서민들은 방문한 손님에게 죽이나 빵을 내놓기보다는 색다르고 맛이 좋은 음료를 대접하고 싶은 바램에서 커피 대신 치커리로 만든 죽을 대접하고 있었다. 커피가 이미 여가시간이나 새참에 나오는 음료로서 하나의 전통이 된 시대에 서민들만 이 대열에서 소외될 수는 없었다.

대체커피 산업

커피를 마시고 싶은 소망을 일찍이 간파한 사람들이 이른바 "대체커피"를 만들어 팔기 시작했고 원두커피가 아니라 대체커피를 소비하는 사람들이 유럽 어디에나 나타났을 뿐 아니라 그 현상이 아주 오랫동안 지속되었다. 1771년에 할레대학 의학부에서 대체커피를 제공하는 것이 합리적이라는 판단을 한 이래, 18세기 4/4 분기부터 대체커피가 점차 널리 확산되었다. 1780년대 중반에 브라운슈바이크에 22개의 치커리커피 공장이 세워졌고 1790년과 1797년 사이 프로이센에 다시 19개의 치커리커피 생산공장이 들어섰다. 독일제국이 건설된 1871년 독일에는 153개 종의 치커리커피가 336개의 상표를 달고 팔리고 있었다.[84] 제2차 세계대전 직전인 1938년 독일제국에서 대체커피 판매는 9,220만 헥토 리터(100리터)인 데 반해 원두커피는 7,960만 헥토 리터에 머물렀다.[85] 독일어권 전체에서 약 200년이 넘도록 진짜 원두커피보다 대체커피가 더 많은 판매량을 보였다.

유럽의 다른 여러 나라에서도 치커리커피는 인기를 끌었다. 그 결과

1900년을 예로 들면 유럽 각국의 치커리뿌리 수확은 엄청난 양에 달했다. 벨기에가 12만 톤으로 가장 많았고 독일제국이 5만 톤, 프랑스가 5만 톤, 오스트리아-헝가리 제국이 4만 5천 톤, 러시아가 3만 톤, 네덜란드가 6,000톤, 덴마크가 2,000톤 그리고 루마니아가 1,000톤 순이었다.[86] 당시 미국의 생산량은 1만 톤으로 인구에 비해 적은 양의 치커리커피를 소비했다. 유럽에서 대체커피는 국제 거래상품의 하나였다. 19세기까지 커피생산 식민지를 갖지 못한 독일은 1900년 국내 치커리 생산으로도 모자라 벨기에로부터 2만 8,000톤을 수입했다.

한 가지 다행스러운 일은 이 대체커피들이 자연에서 얻은 원료를 사용했다는 점이다. 사실 산업화란 식품부문에서는 인공제품의 채택과정이라고 해도 과언이 아니었다. 얼마동안 무수한 화학식품이 넘쳐났다. 그런 시대에 대체커피를 만든 재료들은 거의 자연산물이었다. 씨앗 종류로는 도토리와 너도밤나무 씨앗, 헤이즐넛, 호두 등이 이용되었고 뿌리 종류로 치커리, 황색 순무, 홍당무 등, 말린 과일류로 무화과, 사과, 배, 자두 껍질 그리고 오트밀, 호밀, 쌀, 옥수수 등의 곡물을 볶아서 사용했다.[87] 당시 인기를 모았던 베스트셀러 커피의 하나인 말츠카페 Malzkaffee (맥아커피, 지금도 독일어권에서 유기농 맥아커피가 판매되고 있다)를 광고하는 카트라이너사 아주머니가 손에 들고 있던 커피 속에는 이런 볶은 곡물들이 어김없이 들어있었다.

오스트리아에서도 18세기 말부터 이미 다량의 대체커피가 널리 확산했다. 지역에 따라 주민들이 선호하는 대체커피가 개발되었고 이름도 여러 가지였다. 저지 오스트리아에서는 농부들이 텃밭에서 기른 루핀으로 커피를 만들어 마셨다. "농부커피"라고 부르던 이 커피는 1890년경에야 완전히 사라졌다.[88] 1857년 빈에는 140개의 커피하우스가 있었고 대체커피를 제공하는 커피하우스도 71개나 영업을 했다. 대체커피하우스에서는 커피 원두는 아예 준비해 두지도 않았다. 치커리커피는 색상도 커피와 비슷했고 또 충분히 '뜨거운 음료'의 역할을 해주었다.

사회의 하층에 속한 사람들은 대체커피가 아니더라도 품질이 낮은 커피를 마실 수밖에 없었다. 위대한 작가 에밀 졸라는 1885년에 출간한 소설 《제르미날》에서 가난한 광부마을에서 어떤 커피를 마셨고 또 그 커피가 어떤 역할을 했는지를 생생하게 묘사하고 있다. 대표적인 자연주의 소설가인 졸라가 소설을 쓰기 위해 실제로 존재하는 광산마을을 여러 차례 방문했고 광부들의 일상생활을 자세히 관찰한 후에 글을 썼다는 점을 고려하면 그의 묘사를 마냥 허구로 치부하기는 어렵다.

《제르미날》속 광산마을 사람들에게는 원두커피가 충분하지 않았다. 그들은 커피가 다 떨어지면 전날 남은 커피 찌꺼기에 물을 부어 커피라고 마셨다. "이게 뭐냐! 이걸 마시란 말이야?" 하고 소리치는 동료에게 친구는 "이게 뭐 어때서! 그래도 따뜻하잖아. 좋기만 한데 뭘 그래" 하고 응수한다. 광부마을에서 마시는 커피는 거의 언제나 한 번만 내려 마시는 법이 없었다. 그러나 커피 마시기가 이미 일상의 일부가 된 터라 그런 커피라도 마시지 않고 지낼 수는 없었다. 마을 사람들은 남자든 여자든 막장까지 들어가 석탄을 캤는데, 막장에 들어갈 때에도 커피가 든 수통을 꼭 챙겨갈 정도로 커피를 좋아했다. 막장에서 수통을 돌려가며 마시는 그들의 커피는 연대와 우애의 상징이었다. 때로는 따뜻한 커피의 유혹에 흔들리지 않으려고 애를 썼지만 여성 광부들은 친구 집에서 자주 커피를 마시고 수다를 떨었고 집으로 돌아갈 때면 "커피와 수다 때문에 주부로서 할 일을 소홀히 한 데서 오는 두려움을 안고 각자의 집으로 돌아가기에 바빴다."[89]

광부마을 사람들에게 커피는 삶에 한 줄기 빛을 비추고 인간을 존엄

하게 만드는 거의 유일한 음료였다. 한 잔의 커피는 식욕을 북돋거나 찬 식사를 따뜻한 식사로 바꾸어 주었고 대체커피나 여러 차례 내려 마시는 커피는 값이 싸기도 했지만 무엇보다 준비시간을 아끼는 데 도움을 주었다. 커피는 광부들에게 지치고 고단한 삶을 견디게 하고 약간의 여유를 선물하는 고마운 음료였다. 그러니 커피가 대세인 시대에 치커리로 만든 대체커피든 묽은 원두커피든 그것이 뭐 그리 중요하겠는가.

7장

자본과 제국의 등에 업힌 커피

19세기 중반 이후 미국이 세계 최대의 커피소비국으로 등장했다. 처음에는 애국주의의 상징음료로서 서서히 출발했고 또 카페나 공공 이벤트가 아니라 지극히 사적이고 가정적인 음료였던 커피가 미국이 산업혁명을 성취한 이래 세계에서 가장 인상적인 성장을 기록했다. 20세기에는 커피가 노동자들에게도 없어서는 안 될 소비재가 되면서 미국 정부가 커피 기업과 소비자를 위해 직접 커피시장의 조정에 나서야 할 만큼 중요 상품이 되었다. 그러나 미국의 커피소비는 아름다운 카페의 탄생이나 소규모 자영업자의 이익에 기여하지 못했고 곧 대규모 자본을 투자한 로스팅 기업과 수입상에게 커다란 이익을 안겨주었을 뿐이다.

라틴아메리카에서 커피생산은 지역과 시기에 따라 아주 다양한 풍경을 보여주었다. 최대 생산국인 브라질의 커피플랜테이션 노동자 다수는 노예였으며 노예제가 폐지된 후에는 농장 거주노동자(콜로노^{colono}*)가 대부분을 차지했다. 19세기에 코스타리카, 베네수엘라 그리고 콜롬비아의 일부 지역에서 커피는 주로 가족영농에 토대를 두고 생산되었으나, 이와 대조적으로 니카라과, 과테말라 그리고 엘살바도르에서는 대부분의 커피가 대농장에서 강제노동과 채무노동을 통해 생산되고 있었다.

커피의 새로운 제국으로 등장한 미국과 라틴아메리카 여러 나라 사이의 무역거래를 포함한 경제 및 정치 관계는 커피의 역사에서 중요 대목을 차지하고 있으며, 19세기 후반부터 제1차 세계대전까지 쇠퇴를 경험한 아프리카의 커피생산 역시 한 장을 차지할 만큼 의미 있는 부분이다. 제국주의의 지배 아래 토지소유와 노동력 공급의 왜곡이 심각했던 아프리카의 사례는 커피라는 음료가 단순한 거래상품이 아니라는 사실을 새삼 일깨워준다. 그래서 커피생산국들의 지역, 계급, 젠더 사이의 내적 긴장을 놓친다면 커피생산의 현실을 피상적으로만 관찰하는데 그치게 될 것이다. 이 장에서 우리가 미국 커피소비시장의 변화와 브라질을 비롯한 라틴아메리카 및 아프리카 여러 나라에서 일어난 커피생산의 변화과정을 여러 측면에서 살펴보는 것은 세계경제 및 국제관계에서 커피가 차지하는 중요성의 이해를 위한 지름길이다.

1. 미국, 커피소비의 제국이 되다

애국주의 음료로 출발한 커피

미국의 커피소비는 17세기로 거슬러 올라간다. 하지만 당시에 소비된 커피는 아메리카 식민지를 개척한 영국인들의 음료였을 뿐이다. 커피가 미국인들의 습관으로 일상생활에 편입된 것은 점진적으로 느리게

---

* 콜로노: 원래 식민지 농장에 정착한 이주노동자를 이르는 말이었으나 노예제 폐지 후 이전에 노예였거나 노예의 후손, 또는 강제노동이나 채무노동을 수행하기 위해 이주한 노동자들을 가리키는 말로 쓰였다. 콜로노 제도는 커피플랜테이션에 노동력을 공급하는 주요 수단이었고 농장주는 거주노동자들(콜로노스colonos)에게 생필품이나 주류를 판매해 수익을 더욱 늘렸다.

진행되었다. 이 과정에 미국독립혁명은 중요한 계기 중 하나였다.

미국에 먼저 진출한 나라는 프랑스, 스페인 그리고 네덜란드였다. 1625년 네덜란드는 맨해튼 섬에 '뉴암스테르담'이란 이름을 붙였다. 1664년 영국이 이 섬을 지배하면서 뉴욕(뉴요크)이란 이름으로 개칭했다. 이로써 영국은 자국의 요크를 모델로 한 새로운 도시를 아메리카에 건설하려는 의도를 분명히 드러냈다. 그 후 7년 전쟁에서 승리한 영국은 미국에 대한 지배를 공고히 하여 1733년 동북부 13개 주를 식민지로 만들 수 있었다. 영국은 일찍이 1733년부터 홍차 법을 만들어 네덜란드 홍차를 싼 가격에 사서 비싼 가격에 되팔기 시작했고 1764년에는 수입 설탕에 세금(설탕 조례)을 매겼으며 1765년 서류에 붙이는 인지세를 도입한 데 이어 1767년에는 유리, 종이, 잉크 그리고 차에 과도한 세금을 부과하는 이른바 타운센드 법을 도입했다. 타운센드 법은 식민지 관료들에게 줄 급료를 마련하기 위해 만든 법이기도 했다. 그때까지 식민지 관료들의 급료는 식민지 의회가 부담하고 있었는데, 영국 정부는 왕국에 대한 이들의 의존도를 높이는 것이 앞으로 있을지 모를 반反영국 저항운동을 미연에 막아 주리라고 기대했다. 일련의 조치들에 대한 식민지 상인들과 시민들의 반대는 격렬했다. "대표 없이 과세 없다"는 슬로건은 많은 식민지 주민의 호응을 얻었다. 그러나 영국은 이에 아랑곳하지 않고 1773년 5월 식민지 상인들의 차 밀무역을 금지하고 영국 동인도회사에 차 판매독점권을 부여했다. 영국 동인도회사는 1769-1773년 인도 벵골의 극심한 기근으로 수익이 줄어들면서 재원 고갈 상황을 맞고 있었다. 영국 의회는 차 조례를 통해 250톤에 이르는 중국산 차를 싼 가격에 독점 공급하도록 하는 한편 이 회사에는 타운센드 법의 적용을 면제했다. 이렇게 해서 동인도회사를 살리고 차 1파운드당 3펜스의 세금을 걷어 세원을 늘리려는 것이 영국의 숨은 의도였다. 영국 의회는 식민지 주민들이 동인도회사가 공급하는 더 싼 가격의 차를 구입할 것으로 기대했고, 밀거래를 추방함으로써 동인도회사의 수익을 증대하는 것을 돕고자 했다. 식민지 주민들이 동인도회사가 판매하는 차를 사는 것은 영국 정부에 세금을 지불하는 셈이었고 또한 영국 정부에 순응한다는 것을 의미했다.

미국의 애국자들은 이 계략을 꿰뚫어 보았고 차에 대한 반대운동을 펼치는 것으로 대응했다. 존 웨런John Warren과 폴 리비어Paul Revere는 동인도회사의 차 판매에 반대한다는 결의를 공개적으로 밝혔고 미국의 독립을 추진할 대륙회의 개최를 지지했다. 곧 미국의 제2대 대통령이 될 존 애덤스John Adams(재위 1797-1801)는 커피보다 차를 더 좋아한 사람이었지만 가능하면 빨리 차 마시는 습관을 버리겠다고 선언했다.[1] 그때까지 식민지 주민들은 커피와 코코아는 물론이고 차 또한 소비했다. 주민들은 밀무역을 통해 불법적으로 거래하던 차를 많이 구입했고 이것이 동인도회사의 차 가격을 낮추고 창고에 차가 쌓이는 원인이 되기도 했다. 그러나 차가 식민지 지배국인 영국을 지지하고 충성을 약속하는 징표가 되자 아무 일 없다는 듯이 차를 마실 수는 없게 되었다.

그 해 12월 식민지 상인들과 주민들은 동인도회사가 공급하는 차에 대해 적극적인 반대를 표명했다. 이른바 '보스턴 티 파티'*를 벌인 것이다. 그들은 보스턴 항구에 정박해 있던 영국 선박에 올라가 342개의 차 상자들을 바다로 밀어 넣어버렸다. 그동안 참고 지내던 식민지 사람들이 차 조례를 계기로 저항을 택했던 것이다. 차에 붙인 세금은 독립 지지자들을 선동한 것이나 다름없었다.

식민지 주민들은 차에 세금을 지불하는 대신 기꺼이 커피에 수입관세를 지불했다. 이미 아메리카의 커피하우스들은 애국자들이 은밀하게 모일 기회를 제공하고 있었다. 그 당시 커피 판매업의 중심이 된 간이매점들은 사람들이 애국적 모임을 갖는 장소였다. 보스턴의 카페 그린 드래건 Green Dragon은 "아메리칸 혁명의 지도부"였다. 보스턴 차 사건을 주도한 것이 명백한 "자유의 아들들"을 포함한 비밀 결사체들이 그린 드래건의 비밀 회의실에서 정기적으로 모였다. 이곳에서도 다른 간이매점과 마찬가지로 차, 에일, 커피 그리고 코코아 등을 서비스했지만 혁명(독립) 주동자들은 그들의 초심을 잃지 않기 위해 다른 무엇보다 커피를 선택했다. 그들은 정면으로 반대를 표명했던 차를 계속 마실 수는 없었다. 폴 리비어와 윌리엄 듀즈 William Dawes가 애국자들을 잡아들이려고 나선 영국 부대를 격퇴하기 위해 공모자들과 함께 모여 계획을 논의한 곳도 바로 그린 드래건이었다. 영국은 커피하우스의 문을 닫게 하거나 커피 마시는 것 자체를 금지할 수는 없었다. 사실 영국에 충성스러운 사람들도 커피하우스에서 자주 모였기 때문이다. 혁명 후 이런 커피하우스들 역시 독립을 환영했고 때로는 새로 발견한 애국주의 patriotism*를 반영하여 가게 이름을 바꾸기도 했다.

이로써 미국에서 커피는 애국주의의 상징이 되었다. 비록 커피소비가 곧바로 증가하지는 않았고 여전히 영국을 통해 커피를 수입하기는 했으나 한번 만들어진 상징은 쉽게 무너지지 않았다. 시민들 사이에

* 역사가 앨프레드 영 Alfred Young에 따르면, '보스턴 티 파티 Boston tea party'라는 말은 1834년까지 인쇄물에서 사용된 적이 없으며 '파티' 대신 '파괴'라는 말이 사용되었다. 그러나 생명과 재산을 가장 중요한 가치로 여기는 미국 헌법 정신에 비추어, 이 사건에서 '파괴'라는 부정적 이미지를 지우기 위해 '파괴' 대신 '파티'라는 말이 널리 쓰이기 시작해 현재 '보스턴 티 파티'라는 용어가 일반적으로 사용되고 있다.
* 애국주의 : 미국의 아메리카니즘과 같은 개념이다. 다민족국가인 미국인들에게 이 말이 약간의 의미 차이가 있는 민족주의보다 더 자연스럽다. 시어도어 루스벨트는 "아메리카니즘은 정신, 신념 그리고 목표의 문제이지 종교적 신조나 태어난 곳과 무관하다"고 말한 바 있다.

차를 마시는 것이 문화생활이라는 인식이 서서히 퇴조했고 대신 커피의 소비는 점차 늘어났다. 커피의 역사에서 소비가 폭발적으로 증가한 19세기에 미국은 커피소비를 주도하던 북유럽을 대신하여 세계 최대 커피소비국으로 발돋움했다.

거대 소비시장의 출현

미국은 관세 없이 커피를 수입할 수 있는 유일한 주요 시장이었다. 미국 정부는 1812년 파운드당 10센트이던 관세를 1814년 5센트로 낮춘 데 이어 1832년 완전히 무료로 했다. 오직 이것이 유일한 원인은 아니겠지만, 1783년 일인당 겨우 1/18 파운드에 머물러 있던 커피소비가 100년 후에 일인당 연 9파운드로 증가했다. 19세기 미국의 인구가 15배로 증가했다는 것을 고려하더라도 커피수입은 19세기에만 무려 24배나 증가했다. 19세기 말 미국은 일인당 13파운드를 소비해 전 세계 커피의 40퍼센트 이상을 수입했으며(제2차 세계대전 후 이는 60퍼센트 이상으로 올라섰다) 이로써 19세기 세계 커피소비 증가의 절반이 미국의 구매에 의한 것이었다.[2]

나머지 거의 대부분의 커피는 서유럽에서 특히 벨기에, 독일, 프랑스, 네덜란드 및 스칸디나비아에서 소비되었다. 국민총생산이 세계에서 가장 빠르게 성장하는 나라 사람들이 커피를 선호한 것은 카페인이 산업화한 사회에 필요한 시간의 조직적 활용에 도움이 된다는 인식을 갖게 된 것이 한 원인이었다. 미국과 서유럽의 소비는 때로 약간의 굴곡이 있기는 했지만 1960년대까지 꾸준히 증가했다. 이런 변화는 커피생산자들에게는 행운이었다.

그 사이에 미국에서 커피소비와 관련해 여러 변화가 일어났다. 19세기 초 미국의 커피소비는 떠들썩한 대중 이벤트가 아니라 주로 엘리트

계층의 사적인 취향으로서 진전되었다. 커피는 오랫동안 상류층에서 소비하던 코코아, 차, 설탕과 함께 인기를 얻은 열대상품 가운데 하나였다. 1830년 미국은 3,800만 파운드의 커피를 수입해 일인당 소비량은 연 3파운드에 지나지 않았다. 아시아와 라틴아메리카 생산지에 접근하기가 어려워, 새로운 국가에 대한 공화주의 애국자들 사이에 커피하우스 문화가 뿌리를 내린 동부 해안 지역들에서 주로 소비가 이루어지고 있었다. 그런 제한적인 수요가 그라인딩과 로스팅의 발전을 방해하고 있었다. 그럼에도 엘리트 소비자들이 이용하는 서비스 기술은 점차 정교해졌고 프랑스의 영향을 받은 세련된 디자인의 퍼콜레이터, 드립 서비스 기구 그리고 도자기와 금속 포트 등이 사용되기 시작했다.

1830년 이후 미국의 커피소비는 극적으로 확대되었다. 40년이 채 지나지 않아 커피수입이 3,836만 3,000파운드에서 2억 3,117만 4,000파운드로 6배나 올랐고 같은 기간에 일인당 소비 역시 2배로 증가했다. 이미 독립을 이룬 지 긴 시간이 지난 후라 애국심이나 영국 혐오로는 설명할 수 없는 여러 요소가 이런 결과를 낳는 데 이바지했다.

다른 무엇보다 미국에서 멀지 않은 생도밍그에서 다량의 커피를 생산하면서 커피가격이 크게 내렸다. 생도밍그에 규모가 크고 자본이 많이 드는 사탕수수플랜테이션 대신 커피농장이 시작되었고 뉴잉글랜드와 체서피크의 무역상들이 이 농장들에서 커피를 사들였다. 무역상들은 생도밍그에서 일하는 노예들에게 제공할 식량과 함께 목재나 영국 공산품을 싣고 가서 그 판매 대금으로 설탕이나 럼주를 구입하기도 했지만 무엇보다 중요한 것은 그들이 커피를 싣고 돌아왔다는 사실이다. 1683년 예멘에서 판매한 커피가격은 파운드당 18실링에 이르렀으나 독립 이후 미국에서는 커피가격이 파운드당 1실링까지 떨어졌다.[3]

생도밍그에서 노예봉기가 일어나 독립공화국을 선포한 이후부터는 브라질이 그 자리를 대신 차지했다. 1809년 브라질 커피가 처음으로 뉴욕에 도착한 이래 미국에서 소비되는 커피의 2/3를 브라질이 공급했다. 브라질의 커피공급은 미국 시장에 이중으로 호재였다. 브라질로부터 값싼 커피를 수입할 수 있다는 점에 더해 미국은 브라질 농장에서 일할 노예를 수출해 추가 수익을 얻었다. 1830년대 이래 세계 커피수요가 증가하자 브라질의 커피플랜테이션 소유주들은 더 많은 노예를 필요로 했다. 이 시기에 영국은 국내 노예제 반대 분위기에 눌려 노예무역에서 손을 떼고 있었다. 여전히 노예제를 유지하고 있던 미국이 그 틈을 비집고 노예무역에 뛰어들었다. 1840년대 초 대서양을 건너 브라질로 간 노예의 5분의 1 정도만 미국 배들이 운반했으나 노예무역이 마지막으로 이루어진 1850년에 브라질에 도착한 흑인 노예의 절반은 성조기를 휘날리는 배를 타고 항구로 들어왔다.[4] 미국은 노예무역으로 수익을 얻는 한편 노예들의 값싼 노동력으로 생산한 커피를 저렴하게 구매해갔다.

커피소비의 증가를 부추긴 또 다른 계기는 미국의 남북전쟁이었다. 북군에서는 참전 군인들에게 하루 10잔을 내릴 분량의 커피를 배급했는데, 전쟁이 끝나고 고향으로 돌아온 병사들은 그 맛을 잊지 못해 집에 돌아와서도 커피를 마시기 시작했다. 남북전쟁 후 커피소비가 일인당 연 6파운드로 새로운 최고점에 올랐다. 하지만 정작 중요한 변화는 산업화가 몰고 왔다. 남북전쟁 역시 남북 사이의 산업발전 정도의 차이(남부는 여전히 농업이 지배했다)가 결정적인 원인으로 작용했고 커피소비 또한 산업화한 지역인 뉴잉글랜드에서 미드웨스트에 이르는 지역의 인구성장, 상업적 농업의 확대 그리고 제조업의 성장에 힘입어 뚜렷한 증가세를 보여 지역간 격차를 확연히 드러냈다.[5]

사회의 하층에서는 소득이 적었기 때문에 비록 느리게 증가하기는 했지만 19세기 중기부터 이미 커피소비 계층이 중간계층의 도시민, 농부 그리고 노동자에게로 확산되었다. 시민전쟁 시기의 사회적 변동과 산업노동으로의 동원이 이 음료의 정기적인 소비에 이바지한 것으로 보인다. 이후부터 커피는 리처드 후커 R. Hooker 의 표현대로 "가끔 마시는 음료에서 끼니 때마다 마시는 음료"로 바뀌었다.6 커피가 미국인들의 '일상음료'로 자리를 잡아 가고 있었다.

한편 1864년에 차티스트 운동 이민자의 아들이었던 제이베스 번즈가 대용량 상업용 로스터를 개발한 것도 커피의 확산을 도왔다. 냉각기, 배합기, 분쇄기 등의 개발 또한 곧이어 나타났고 시민전쟁 후 10년 만에 식료품점과 일반 소비자들은 상업적 로스터가 볶은 더 값이 싸고 품질이 좋은 커피를 구매할 수 있었다.

1870년대에 커피 유통부문에서 새로운 변화가 일어났다. 이 해에 해저케이블이 개발되어 전신을 통해 남아메리카를 뉴욕과 런던에 묶어주었다. 이전에는 쾌속 범선의 속도가 커피가격 정보를 알려주는 속도였다. 리우데자네이루의 커피가격을 쾌속범선이 뉴욕에 전하는 데는 적어도 몇 달의 시간이 걸렸다.7 전신의 발전은 세계 커피시장에 주목할 만한 변화를 가져왔다. 그 하나는 전신을 통해 가격과 수요 및 공급이 국제적으로 공유되자 수입업자의 시장 지위가 더욱 강력해졌다는 것이고 다른 하나는 선물 시장의 발전으로서 이 둘은 뗄 수 없는 관계를 맺으면서 발달했다. 커피의 위탁판매를 대리하던 생산국의 수출업자는 거래의 통제권을 갖고 가격을 결정하는 소비국 수입업자의 대리인이 되어갔다. 1880년 수입업자들이 매점을 통해 커피가격을 터무니없이 올리는 사태가 벌어졌고 투기가 극성을 부리면서 가격이 크게 요동쳤다.

이런 도박과 같은 매점 매석 거래관행을 막기 위해 1882년 뉴욕 커피 거래소가 개설되었는데 이로써 정보에 쉽게 접근할 수 있는 제도가 마련된 것이었다. 이를 모델로 함부르크와 르아브르Le Havre 그리고 런던에도 커피거래소가 생겼다. 1848년에 이미 시카고에 밀의 선물先物 시장이 개설된 뒤라 다소 늦었다고 할 수 있지만 영국 최초의 선물시장이 1883년에야 출발했다는 점을 고려하면 커피는 세계 상품 거래제도의 선구자였다.

전신의 발전 덕분에 커피의 가격과 등급이 전보다 더 표준화하면서 선물거래가 일반화하자 상품을 실제로 보지도 않은 채 커피선적 권리가 시장에서 사고 팔리게 되었다. 커피는 원래 품질에서 다양한 등급으로 나뉠 수 있는 상품이었지만 선물거래가 확산하면서 구매자들은 원거리에 있는 커피나무에 꽃이 피기도 전에 커피를 미리 구매했다. 1880년에 이미 상인들은 손으로 만질 수 있는 커피콩이 아니라 그냥 상상 속의 커피를 구매하기 시작했다. 그해 함부르크 선물시장에서 거래된 커피가 6천 1백만 자루에 달했는데, 전 세계에서 실제로 수확한 커피는 모두 합해도 7백만 자루에 미치지 못했다.[8]

한편 미국은 비교적 커피의 품질에 지대한 관심을 가진 시장은 아니었다. 최대 수입국 브라질의 노예제가 커피의 품질보다 양에 더 치중하기도 했지만 마차, 기차 그리고 배를 통해 커피를 운송하다보니 긴 수송거리 탓에 커피콩의 신선도가 떨어질 수밖에 없었다. 1860년대 많이 팔린 122파운드 "자바" 커피 한 자루를 예로 들면, "자바"라는 상표와 달리 실제로는 자메이카에서 재배한 커피가 들어있었을 뿐 아니라 5파운드 정도의 나뭇가지와 돌까지 들어있었다.

뉴욕과 유럽에 거래소가 설립된 이후에도 두 가지 문제가 여전히 남아있었다. 하나는 커피의 품질과 연결된 원산지(선적지) 문제였다. 한번 속은 고객들은 시장을 떠날지도 모르기 때문에 시장에 위협적인 이 문제를 해결하기 위해 생산자와 거래상뿐만 아니라 정부 역시 팔을 걷어

붙였다. 1907년 미국 정부는 식품 및 제약 조례를 제정해 수입된 커피에 그 수출항에 따라 상표를 다르게 표시해야 한다고 공표했다. 그래서 브라질 "산투스", 코스타리카 "트레스 리오스Tres Rios", 과테말라 "안티구아", 콜롬비아 "나리뇨" 같은 특별한 커피 상표들이 자리를 잡아갔다. 당시 100종 이상의 커피가 미국으로 들어오고 있어 세계에서 가장 다양한 커피가 시장에서 유통되고 있었다. 원산지 표시를 하게 되자 수입업자들이 여러 커피를 서로 섞어 팔거나 구매자를 속여 이익을 편취할 여지는 줄어들었다. 물론 수출업자들 중 일부는 이에 아랑곳하지 않고 이익을 극대화할 새로운 방안을 찾아 나섰다. 몇몇 투기적 수출업자는 브라질 산투스를 예멘과 자바로 보내 그곳에서 최종 선적을 함으로써 "모카커피" 또는 "자바커피"라고 우겼다. 현물을 예멘이나 자바로 보내지도 않은 채 최종 선적지를 모카나 자바로 표시하는 극단적인 사례도 전혀 없지는 않았다. 그러나 그런 사례는 점차 줄어들 수밖에 없었다. 유명한 커피사업자 힐스브라더스Hills Brothers*가 전에 하던 대로 산투스 커피를 "모카-자바"라고 계속 억지를 부릴 수는 없게 되었다.

미국 정부는 여러 이유로 커피시장에 개입할 수밖에 없었다. 부분적으로는 병든 쇠고기 수출에 대한 유럽의 보이콧이 촉발한 식료품 품질

---

* 힐스브라더스: 조선업에 종사하던 오스틴 힐스의 두 아들 허버트 힐스(1851-1933)와 르우벤 힐스는 1873년 샌프란시스코로 이주해 1878년부터 유제품 소매업을 시작했고 4년이 안 돼 커피를 취급하기 시작했다. 1898년 에드워드 노튼이 진공 캔 특허를 받아 이를 커피에 적용하자 1900년 힐스브라더스가 최초로 진공포장공법을 커피에 도입했고 회사는 신속하게 성장을 기록했다. 1984년 체이스앤샌본을 인수했으나 이듬해에 네슬레가 힐스브라더스와 MJB를 매입했고 1999년에는 네슬레가 힐스브라더스를 다시 사라 리에 매각했다. 그리고 2006년에는 마시모 자네티 베브리지가 힐스브라더스 브랜드를 매입했다.

에 대한 관심이 미국인들 사이에 크게 높아졌고 또 미국의 커피소비 형태 또한 이런 관심을 강화했다. 주로 커피하우스에서 커피를 마시는 유럽과 달리 미국의 커피소비는 대부분 가정에서 이루어진 일용 소비상품이었다.

가정을 중심으로 한 소비형태에 착안해 고품질 커피 브랜드로 시장에서 큰 성공을 거둔 사례가 존 아버클 John Arbuckle 이었다. 그는 볶은 원두커피를 종이팩에 담아 대형 식료품판매점에 내놓았다. 또 그는 1873년에 아리오사 Ariosa 를 설립해 자신의 커피 브랜드를 만들어 최고 품질의 커피라고 홍보했다. 아버클이 남북전쟁 이후 거대 커피 로스팅 기업이 된 것은 홍보뿐 아니라 판매 전략 또한 주효한 데 따른 것이었다. 아리오사는 볶은 원두커피를 1파운드 단위의 종이팩에 넣어 팔았는데, 다 마신 후 그 팩을 가져오면 프리미엄 커피를 선물로 주었다. 결과는 아주 성공적이었다. 아리오사 커피는 미국 최초의 커피 브랜드가 되었고 지역을 넘어 전국적으로 판매망을 넓혀갔다. 그의 성공은 동료 사업자들을 자극했다. 울슨스파이스컴퍼니 Woolson Spice Company 역시 팩에 담은 커피 브랜드를 출시하여 상당한 이익을 냈고 뉴욕의 루이스 오스본 Lewis Osborn 과 오하이오 주 콜럼버스의 벅아이 Buckeye 등도 이 대열에 참여했다. 이렇게 하여 이른바 '브랜드커피 brand coffee'가 탄생했다. 커피 로스팅 회사마다 고유한 브랜드를 출시하면서 대부분 회사가 자사 커피의 품질을 홍보하는 관행이 점차 굳어져갔다. '브랜드', 즉 상표가 내용물을 대신하게 되면서 소비자들은 전혀 알아채지 못한 채 더 많은 값을 지불하면서 더 질이 낮은 커피를 사는 경우도 생겼다. 소비자들은 마케팅과 광고에 드는 많은 비용을 떠안아야 했고 생산자들은 내용물보다는 상표를 보고 신뢰하는 소비자들을 대상으로 실제 내용물 이상으로 상품의 품질을 과장하기를 일삼았다.

소매 부문에서 작은 식료품점은 대형 체인점과 힘겨운 경쟁을 치러야 했다. 가장 유명한 체인점은 대서양 및 태평양 차 회사Great Atlantic and Pacific Tea Company=A&P로서, 1859년에 창업한 이 회사는 10년 만에 버지니아와 미네소타에 100개가 넘는 체인점을 갖게 되었다. 그렇지만 미국 전체에서 몇 개의 대규모 회사가 수천 개에 달하는 식료품점을 모두 감당하기에는 역부족이었다. 따라서 생두를 판매하는 소매상 또는 로스터 혹은 카페들 중에도 커피를 볶아 팔기도 했다.

가정에서 커피를 내려 마시는 기구와 방법 또한 점차 발전했다. 20세기 초에 전기로 작동하는 퍼콜레이터가 주방용품으로 자리를 잡았다. 물을 충분히 가열하면 관을 타고 올라가 분사되는 과정을 반복하는 펌핑식 퍼콜레이터는 커피 향미를 과도하게 추출하는 단점이 있었지만 편리하다는 점에서 주부들의 환영을 받았다. 또 유럽에서 1908년에 독일의 멜리타 벤츠Melitta Bentz가 종이필터를 개발했다.* 커피를 끓이는 일이 전적으로 여성의 일이었던 독일에서 멜리타는 황동 냄비에 망치와 못으로 구멍을 뚫고 그 위에 아들이 쓰던 공책을 뜯어 편 후 분쇄한 커피를 얹은 다음 뜨거운 물을 부어 커피를 추출했다. 알맞은 종이를 찾는 노력을 기울이고 남편의 조력을 얻어 필터의 기능을 개선한 후 그녀는 그해 말 회사를 등록했고 그 후 유럽 전역으로 그녀의 종이필터가 빠르게 확산했다.[9] 멜리타의 종이필터가 단기간에 미국에서 널리 사용되지는 않았지만 점차 사용이 늘어났고 같은 해에 미국에서도 중간부에 여과장치가 있는 드립식 포트인 트라이콜레이터Tricolator가 개발되었고

---

* 멜리타 벤츠가 세운 멜리타사는 현재 에두쇼Eduscho, 치보Tschibo와 함께 독일 3대 커피회사로 성장해 본사가 있는 민덴시의 주요 세수원이자 시민들의 일터이다. 회사 부설 커피박물관에 독일의 커피문화를 여러 커피 도구와 포스터 등을 통해 전시하고 있다.

3년 후에는 드립식 브루어도 개발되었다.[10]

　커피하우스나 집에서 커피를 볶는 관행은 진공포장 공법이 개발되면서 줄어들었다. 1900년에 개발돼 20년 후에 널리 채택된 진공포장 방법은 커피를 분쇄해 포장하면 커피가 산소와 더 넓게 접촉하면서 곧바로 향을 잃어버리는 문제를 상당히 해결한 중요한 발전이었다. 산소는 커피의 향미를 떨어뜨리는 주요 원인이다. 약 1밀리리터의 산소(75밀리리터의 공기)만 있으면 원두 500그램이 완전히 산화한다. 연하게 볶은 원두보다 짙게 볶은 원두가 조금 더 쉽게 산화하는데, 짙게 볶으면 기공이 더 커져 산소의 침투가 쉽기 때문이다. 향이 살아있어야 커피의 다양한 향미 뉘앙스를 보존할 수 있고 그래야 훌륭한 커피로 평가받을 수 있다. 진공포장은 공기와의 접촉을 차단함으로써 향을 보존하는 방법인데, 그 후 볶은 원두에서 3일까지 탄소가 배출된다는 사실을 알게 돼 밸브를 달아 탄소를 배출하는 기능이 추가되었다. 진공포장법이 채택되자 그동안 볶은 커피의 품질을 확인할 수 없었던 소비자들은 품질에 대해 좀 더 신뢰하게 되었고 로스터들 또한 커피가격을 안정적으로 유지할 수 있게 되었다.

　그렇다고 커피의 품질문제가 완전히 해결된 것은 아니었다. 창고에 적재된 커피에 술수를 부리는 수입업자들에게 휘둘리지 않도록 시장을 지키는 일도 정부가 개입해야 할 문제였다. 미국 정부는 30년 전의 영국 식품법령을 모델로 1907년 식품 및 제약 조례를 발표해 커피의 품질 표준을 제시했다. 로스터들도 스스로를 보호하기 위해 전국로스터협회를 결성했다. 종교적인 이유(제7일 안식교, 예수재림교, 몰몬교 등 커피에 반대하는 설교), 건강의 이유(켈로그는 소화에 나쁘다고 선전), 도덕적 이유(카페인에 중독성이 있다고 주장) 등에 기초한 공격에 맞서 로스터들은 정부 대리인과 함께 표준의 제정에 동참했다. 물론 그들의 기준이 시민들의 요구에 미치지는 못했지만 프랑스, 독일 그리고 캐나다가 커피순수법령으로 기준의 설정에 발을 맞추었고 국제회의를 열어 품질 기준을 만들겠다고 약속했다.

산업적 로스팅 기업들의 등장

1900년과 1920년대 사이에 커피수입은 74만 8,801파운드에서 146만 8,888파운드로 2배가량 증가했으나 일인당 커피소비는 훨씬 더 느리게 증가하고 있었다. 그럼에도 미국 경제의 구조적 변화가 20세기 1/3분기 동안 더 많은 소비를 준비하고 있었다. 여기에 몇 가지 새로운 변화가 함께 거들고 있었다. 그 하나는 19세기 말부터 산업의 재조직과 새로운 경영기술이 노동자들을 숙련도와 책임의 정도에 따라 수많은 범주로 차별화하면서 화이트칼라 노동자를 양산했다는 점이다. 북아메리카 자본주의의 이러한 재구성은 생필품보다 커피 같은 주변 상품의 시장에 더욱 뚜렷이 흔적을 남겼다. 이 주변 상품의 고객들을 대상으로 한 상업화가 더욱 정교해졌고 홍보산업이 커피의 운명을 결정하는 더욱 중요한 요소로 등장했다.

또한 도시생활의 극적인 재형성이 미국인들의 음용관습을 바꾸어 놓았다. 주로 집에서 커피를 소비하던 인구의 1/5이 1920년대 초 교외지역이 성장하자 집에서 멀리 떨어진 외부에서 식음료를 소비하게 되었고 블루칼라와 화이트칼라 노동자의 일터와 주거가 분리되면서 비즈니스 지역과 공장 주변에 레스토랑과 음식점들이 속속 생겨났다. 여기에다 제1차 세계대전 이후 알코올의 금지가 커피의 촉진제가 되었다. 뉴욕의 한 양조장이 커피 로스터이자 판매상으로 바뀐 것은 대중적 음용관습의 급격한 변화로부터 영업이익을 지키려는 로스터와 상인들에게 보낸 출발신호나 다름없었다.

로스팅 기술, 운송 및 마케팅의 진보에 힘입어 소비자의 신뢰를 얻은 산업적 로스팅 기업들이 대량 생산한 볶은 원두를 공급함으로써 점차 시장을 통제하기 시작했다. 로스팅 기업들은 때로는 생산국의 플랜테이션을 아예 매입하거나 대리인을 커피생산지로 보내 생산자로부터 직접 커피를 구매하려는 경향을 보였다. 이 관행은 커피 수출시장의 분화를 가져왔다. 코스타리카는 주로 영국으로 수출했고 영국은 이 커피를 품질이 좋은 커피콩에 높은 가격을 지불하는 독일로 재수출했고, 과테말라와 멕시코 상인들은 주로 독일 시장에, 엘살바도르는 당분간 주로 프랑스에, 브라질은 미국 시장으로 보냈으며 마다가스카르 생산자들은 대부분 프랑스로 수출했다.[11]

20세기 초 첫 10년 안에 식료품판매점이나 가정주부가 하던 로스팅, 분쇄, 포장 과정이 정교화하면서 산업화되었고 마침내 대형 로스팅 기업들이 지배하는 영역으로 넘어갔다. 1915년에 커피 음용자 약 5천5백 명을 대상으로 한 조사에서 86퍼센트가 소포장 팩에 든 커피를 구매한다고 답했다. 이들이 구매한 커피 브랜드는 모두 1천 개가 넘었다. 미국 커피로스팅협회에서 실시한 조사에서는 브랜드 종류가 3천5백 개에 달했다.[12] 갈수록 이런 경향은 강화돼 1935년 미국에서 팔린 커피의 90퍼센트가 볶아서 포장지에 담은 커피였다.[13]

그 결과 커피로 얻는 이익의 많은 부분이 점차 소비국가로 넘어갔을 뿐 아니라 그 중에서도 점점 더 많은 이익이 소수 회사로 집중되는 현상이 가속화되었다. 20세기 첫 10년 동안 세계시장에서 생두 최종 도매가의 절반 이상을 이익으로 가져가던 코스타리카 생산자들마저 창출된 소매가격에서 아주 적은 부분만을 이익으로 취할 수밖에 없게 되었다.[14] 점차 소비국의 산업자본이 세계 커피시장을 지배하면서 나타난 결과였다.

A&P 맨해튼 3번가 식료품 매장의 종이팩 커피와 캔 커피, 1936년
유럽인들이 카페를 자주 찾았던 것과 달리 미국 시민 대부분은 종이팩이나 캔에 든 분쇄커피를 구입해 주로 집에서 소비했고 이런 경향은 스페셜티커피가 등장한 후에도 지속되었다. 커피의 품질에 대한 관심이 낮았던 것이 대형 로스팅 기업의 성장을 도왔다.

    그러나 산업자본이라고 해서 아무런 도전에 직면하지 않았던 것은 아니다. 특히 가격경쟁은 피할 수 없는 승부처였다. 식료품판매점에게도 커피가격은 매우 민감한 사안이었다. 1930년대까지 커피는 그들에게 큰 이익을 주는 품목이었고 커피의 지위는 아주 특별했다. 미국 농무부의 윌리엄 B. 해리스는 이렇게 말했다. "소매상의 일반 고객 중 90퍼센트는 커피와 차를 구매하기 위해 항상 가는 가게에서 식료품을 산다."15 로스팅 기업들 사이에 그리고 식료품판매점들 사이에 경쟁이 심화하면서 가격상승을 소비자에게 전가하지 않을 방법을 찾아야 했다. 판매마진을 낮추는 방안을 떠올릴 수 있지만 그것은 회사가 선택할 마지막 수단이었을 뿐이다. 그래서 로스팅 기업들이 고객을 잃어버리지 않으려는 식료품판매점의 요구에 부응하는 방법으로 선택한 것이 커피 블렌딩 blending 이었다.

블렌딩을 대안으로 선택하는 것은 자연스럽고 합리적이었다. 이전까지 커피는 싱글 오리진 single origin, 즉 단 한 종류의 생두를 볶은 원두로 만드는 것이 일반적이었다. 이렇게 하면 마시는 사람이 그 커피의 품질을 더 잘 감별할 수 있다. 그러나 여러 종류의 생두를 혼합해 볶거나 볶은 원두 여러 종을 혼합하면 커피의 품질을 구별하기는 어려워지는 대신 잘만 배합하면 새로운 맛의 좋은 커피를 얻는 것이 가능할 수 있다. 지금도 로스팅 기업들, 즉 원두 판매회사들은 이 새로운 향미의 창조를 강조하지만 사실 최종 소비자 가격을 낮추기 위해 품질이 낮고 좀 더 싼 생두들을 혼합한 다음 새로운 상품으로 홍보하는 일이 잦다. 물론 배합 커피의 경우에도 품질이 우수한 생두를 혼합해야만 향미가 좋은 커피를 얻을 수 있지만 소비자가 어떤 생두의 커피를 혼합했는지를 알아내는 것은 쉬운 일이 아니다.

배합커피로 회사의 성공을 일군 대표적인 사례는 맥스웰하우스 Maxwellhouse 커피였다. 조엘 오슬리 칙 Joel Owsley Cheek 은 1873년 테네시주 내슈빌로 이주해 식료품 잡화 도매회사의 판매원으로 시골 잡화점들을 찾아다니면서 영업했다. 그는 식료품상들이 싼 가격의 커피를 선호한다는 것을 알았고 커피 샘플의 실험을 통해 바디가 뛰어난 커피가 있는가 하면 바디감은 떨어지지만 풍미가 훌륭한 커피가 있다는 것을 알아내 그것들을 배합함으로써 최적의 블렌딩 조합을 찾으려고 노력했다. 1892년 최상의 블렌딩을 찾았다는 확신에 도달한 그는 맥스웰하우스 호텔에 그 블렌딩 커피를 무료로 납품했다. 결과는 대성공이었고 호텔은 그의 커피블렌딩에 맥스웰하우스라는 상표를 붙이는 데 동의했다. 이렇게 태어난 맥스웰하우스 커피는 존 닐을 동업자로 영입했고 미녀 모델을 고용해 홍보에 적극 활용하였으며 또 시간이 지나 진공 포장이 개발되자 아예 분쇄한 커피를 포장해 판매에 나섰다. 1915년에는 "마지막 한 방울까지 맛있군! Good to the last drop"이라는 카피를 내세웠다. 커피의 역사에 관한 저서를 낸 마크 팬더그라스트는 이 카피가 시어도어 루스벨트 대통령이 휴양지에서 맥스웰하우스 커피를 한 잔 마시고 한 말이라고 썼으나[16] 대통령과 아무런 관련이 없다는 것이 확인되었다. 아무튼 새로운 기획과 적극적인 홍보에 힘입어 맥스웰하우스 커피는 1980년대까지 100년 동안 미국에서 최대 판매 커피브랜드가 되었다.

그사이에 커피 마시기가 일반화하였을 뿐 아니라 미국인들의 습관이 되었고 많은 사람에게 거의 필수 일과가 되었다. 이와 함께 20세기에 들어와 커피가격과 소득 사이의 연동성이 낮아졌다. 뒤에서 다시 설명하겠지만, 소비자들이 커피가격을 크게 의식하지 않게 되었다는 의미이다. 여기에서 기이한 현상이 나타났다. 거래 규모 면에서 보면 가장 큰 상품시장 중 하나인 국제 커피시장은 20세기에 생산과 소비 두 부문 모두에서 상대적으로 가격 연동성이 낮아진 데 반해 이익을 추구하는 커피 수출업 상사 및 로스팅 업체들은 가격에 극도로 민감하게 되었다.

이것은 생산자와 소비자 모두 가격을 크게 의식하지 않는다면 무엇이 가격을 상승하게 만드는가라는 의문을 일으킨다. 넓은 차원에서 보면 수요와 공급이 확실히 중요한 역할을 한다. 엄청난 서리, 세계대전 그리고 경제적 불황 등은 거래를 중단시키거나 가격에 영향을 주기 마련이다. 그러나 좀 더 좁혀 보면 투기가 매우 중요한 요소로 작용했다.

다른 무엇보다 정보의 부족이 투기를 부추겼다. 1954년 미국 무역위원회는 수요와 공급의 법칙만으로 커피가격을 설명할 수 없다고 진단하면서 수확량에 관한 정보의 부족에 불만을 표시했다. 생산자와 수출업자 모두 날씨의 변동 때문에 사실 수확량을 정확하게 예상하기는 어려웠으나 생산국 정부가 수확을 통제하고 내지에 창고를 짓는 경우에도 정보는 충분히 제공되지 않았다. 콜롬비아 정부는 내지 창고 물량에 관한 정보 공개를 법으로 금지했다.[17] 정보의 부족은 결과적으로 투기의 가능성을 높였다.

커피가격의 상승을 부추긴 또 다른 중요 요소는, 아니 어쩌면 결정적인 요소는 소수의 손에 거래가 집중되어 있다는 점이었다. 브라질의 10개 수출회사가 1920년까지 브라질 전체 수확량의 2/3에서 90퍼센트까지 수출했으며 그 후에도 절반 이상을 차지했다. 브라질이 세계 커피의 40 내지 80퍼센트를 수출하고 있었기 때문에 그리고 이 수출회사들이 다른 생산 지역들에서도 마찬가지로 활동하고 있었기 때문에 소수 회사가 세계 수출을 지배하고 있었다. 최대 소비국인 미국에서는 톱 10에 드는 수입회사(이 중 몇 회사는 동시에 수출업자였다)가 전체의 절반 이상을 수입했고 그리고 점점 더 소수 로스팅 기업이 커피거래를 지배했다. 1950년대 미국의 5대 로스팅 기업이 세계 모든 커피의 1/3 이상을 로스팅했고 세계 커피나무의 78퍼센트를 장악했다.[18]

로스터들은 점차 주요 시장에서가 아니라 생산자로부터 또는 정부 대리인으로부터 직접 커피를 구매하려고 했다. 그런 회사들 가운데 네슬레 Nestlé 같은 회사들은 그저 시장이 감내할 만한 가격이 아니라 장기지속적인 생산을 보장할 "공정 가격" 개념을 채택하려는 경향을 보였다. 필립 모리스 Phillip Morris 와 같은 다른 부류의 회사들은 시장에서의 권력을 이용해 다른 상품들을 그렇게 다루듯이 좀 더 낮은 가격으로 커피를 구매하겠다는 입장을 분명히 했다.

이 소수의 무역업자와 로스터가 가격뿐만 아니라 품질 등급의 판정 권력을 장악하고 있었다. 상업적인 커피의 분류는 실제로 매우 복잡하고 커피의 시장가격을 결정하는 요소는 거의 무한대라고 할 정도로 많아서 그 준거에는 여지의 폭이 아주 넓고 또 대단히 기술적인 부분이 있는 것도 사실이지만, 중요한 것은 거대 시장 권력을 거머쥔 회사들이 그 표준을 정할 수 있다는 점이다.

다른 한편으로, 커피의 국제적 거래는 미국에서 경제적 세계주의 cosmopolitanism를 촉진하는 수레바퀴로 작동하고 있었다. 열대지역을 여행한 사업가들은 수십 년에 걸쳐 커피플랜테이션과 철도에 맞닿아있는 생두처리센터, 그리고 항구 도시들에서 만난 노동자, 감독, 지역 거래상 또는 커피생산 사회에서 권력과 부를 장악한 사람과의 만남과 경험을 보고했다. 20세기가 되기 전부터 쏟아져 나온 방대한 양의 가이드 서책은 수입업자, 중개상 그리고 투자자에게 백과사전적 정보를 제공했다. 열대 및 아열대 지역에 관한 현지보고서들이 무역잡지만이 아니라 대중 언론을 뒤덮었다. 〈월드 워크 World Work〉, 〈매거진 오브 비즈니스 Magazine of Business〉, 〈내셔널 지오그래픽 National Geographic〉, 〈사이언티픽 아메리칸 Scientific American〉 등이 그 정보들을 얻느라 바쁘게 움직였다.[19] 이 정보지들이 당시 이국취향의 여행문학을 완전히 압도했다.

커피 종사자들의 보고서에 등장하는 자본주의적 사실주의는 제1차 세계대전을 전후하여 미국의 커피산업에 널리 팽배해진 불안감에 호소력을 가졌다. 특히 독일 이민자로서 1924년 다국적 회사의 부회장을 지냈고 라틴아메리카 여러 지역과 콜롬비아에서 풍부한 경험을 쌓은 칼 E. A. Kahl의 경고는 주목할 만한 가치가 있는 것이었다. 칼은, 만약 미국이 커피생산자들에게 기아를 면할 수준의 가격만을 지불한다면 앞으로 그들은 미국의 상품을 구매할 수 없을 것이라고 주장함으로써 미국과 라틴아메리카의 경제적 상호의존성을 주장했다. 그는 "우리가 커피에 대해 그들에게 지불하는 돈은 우리를 떠나는 것이 아니라 증가한 수출의 형태로 여기 우리에게 남게 됩니다"라고 주장했다.[20] 그러나 오직 소수 현실주의자만이 그의 말에 귀를 기울였을 뿐이다.

페르낭 브로델 Fernand Braudel 은 근대 초에 많은 식료품의 등장을 단순한 일화에 불과한 역사로 보는 것을 경계했다. 커피의 역사가 바로 그런 식료품에 속했다(브로델은 그의 주저 중 하나인《물질문명과 자본주의: 일상생활의 구조》에서 커피의 확산 과정과 그 영향을 비교적 자세히 서술하고 있다). 대공황이 도래하기 전 커피의 역사는 미국에서 일어난 시장을 둘러싼 권력관계의 극적 변형과 미국과 전 세계경제의 관계를 이해하는 데 중요한 통찰을 준다고 할 수 있다. 끊임없이 계속되는 기술적 혁신, 높은 노동생산성, 소비상품과 서비스에 대한 광범위한 접근 등이 대중의 파편화와 함께 진행되는 시대에 커피소비는 그 새로운 질서의 형성에 동반해서 나타났고 동시에 근원적인 사회적, 문화적 변화에 직접 혹은 간접적으로 영향을 미치고 있었다. 어떤 형태의 거래관계와 소비행위든 여기에서 예외일 수는 없었다.

2. 커피생산의 제국, 브라질

19세기 미국과 북유럽에서 일어난 커피소비의 폭발적 증가는 브라질에서 커피생산이 대규모로 이루어졌으므로 가능했다. 그러나 더 정확히 말하면, 잠재적 소비에 대한 예상이 커피생산을 자극한 것이라고 할 수 있다. 소비는 생산자가 마음을 먹기만 하면 창출되지는 않는 것이기에 말이다.

커피재배는 그다지 커다란 기술이 필요하지 않아서 자연 조건이 맞기만 하면 예상을 뛰어넘는 규모로 생산을 시작할 수 있다. 브라질이 그런 나라로서, 우선 커피재배에 알맞은 광활한 토지를 갖고 있었다. 브라질에는 다른 어떤 나라보다 거대한 숲이 있어 커피재배지로 개발할 토지가 많았고 또 그 지역에 사는 원주민의 수가 적어 손쉽게 그들을 이주시킬 수 있었다. 기후 역시 커피재배에 적당한 열대와 아열대 기후대에 걸쳐있다. 브라질에서도 대표적인 커피생산지인 리우데자네이루 주와 상파울루 주는 위도로 보면 모두 남위 23.5도에 가까워 열대와 아열대의 경계라고 할 수 있다. 리우데자네이루 주는 아열대기후에 속하지만 고원과 산지는 연중 고른 섭씨 18도의 온화한 기후이고 뒤이어 최고의 커피생산지로 발돋움한 상파울루 주의 커피산지 역시 연평균 섭씨 18도의 아열대 기후로서 커피의 생육에 알맞은 기후 조건을 갖추고 있다. 이상 기후로 서리가 내릴 때도 물론 있지만, 이때를 제외하면 커피나무가 냉해를 입는 일은 거의 없다.

세계 최대 커피생산지가 된 브라질

브라질이 갖춘 자연조건은 커피생산에 적합했지만 그것만으로 대규모로 생산이 일어나지는 않는다. 무엇이 커피생산을 도왔을까? 브라질은 이미 수출 지향적 상업 인프라구조를 형성하고 있었고 포르투갈이 사탕수수플랜테이션에 투입한 대규모의 노예 노동력이 남아있었으며 또 상대적으로 정치적 안정이 오랫동안 깨지지 않았다.

브라질의 유리한 자연 및 인문 사회적 조건을 전제로 하더라도 브라질이 그토록 신속하게 커피생산을 확대할 수 있었던 구체적인 요소들이 무엇이었는지 궁금하지 않을 수 없다. 여러 요소가 얽혀 있어 간단하지는 않지만, 우선 기술적 발전이 대량생산에 크게 이바지했다고 보기는 어렵다는 견해가 있다. 커피의 재배와 수확은 손으로 이루어졌고 1888년까지도 특히 노예들이 노동을 담당해 생산기술에서 이렇다 할 혁명은 없었다. 커피 체리의 과육 파쇄에는 세기말이 되어서야 증기동력이 도입되었다.

그러나 철도의 건설과 선박의 발전이 미친 영향을 과소평가할 수는 없을 것 같다. 특히 브라질의 철도건설은 커피운송 문제를 해결하기 위해 채택되었다고 해도 지나치지 않다. 철도를 사용하기 전 운송은 대단히 고가였다. 한 추산에 따르면 남성노예 노동력의 20퍼센트가 노새를 이용한 운반에 사용되었고 운송비가 최종 가격의 1/3에 달했다.[21] 더욱이 원시적인 운송 방법은 커피콩을 훼손하는 원인이 되기도 했다. 만약 브라질이 철도를 건설하지 않았다면, 엄청난 양의 커피를 나르느라 노새들이 좁은 산길을 가득 메웠을 것이 거의 확실하다. 비록 부유한 생산자들이 철도증권에 많은 자금을 투자하고 있어 화물의 양이나 거리에 따른 할인을 제공하지 않았기 때문에 열차가 낮춘 운송비가 엄청난 수준은 아니었다고 하더라도[22] 오랫동안 철도의 혜택을 입지 못한 콜롬비아와 마다가스카르 같은 나라에서처럼 운송비가 생산가의 20퍼센트 이상을 차지할 수밖에 없었을 것이다.

철도 운송은 운송기간을 단축해 커피의 품질을 향상하고 운송비를 낮추었을 뿐 아니라 점차 내륙으로 들어가 비옥한 토지에 쉽게 접근할 수 있게 했다는 점에서 매우 중요했다.[23] 다만 삼림의 파괴를 고려하지 않는다면 말이다. 다른 한편, 철도는 아열대 농업에서 기회를 얻고자 한 유럽인들을 브라질로 끌어들이는 데에도 이바지했다. 철도가 없었다면 1888년 노예제가 폐지된 후 노동력의 부족을 겪고 있던 브라질이 유럽 이주민들을 커피농장으로 끌어들이기는 실제보다 더욱 어려웠을 것이

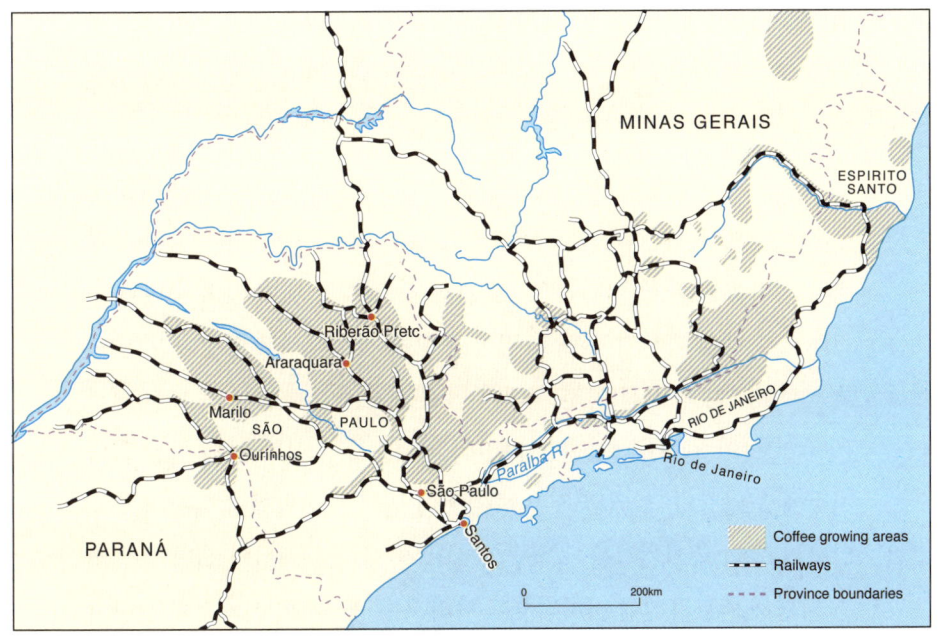

지도 5. 브라질 커피생산지

철도의 건설은 커피운송을 더 저렴하고 용이하게 만들었고 나아가 새로운 커피플랜테이션의 개발을 촉진했다. 현재 커피플랜테이션의 면적만 2만 7,000㎢에 이르며 22만 곳의 농장이 커피를 재배하고 있다. 브라질의 커피재배 면적은 한국 총 경지면적(2022년 기준 약 1만 5,280㎢)의 거의 2배에 가깝다.

다. 실제로 1871년에서 1915년 사이 브라질은 143만 명의 유럽 이주민을 받아들여 2,340만 명을 받아들인 미국과 250만 명을 받아들인 아르헨티나 다음으로 유럽 이주민을 많이 수용한 나라였다.24

다음으로 선박의 발전을 꼽아야 할 것이다. 에드워드 흄즈는 《배송 추적 Door to Door》에서 '커피 한 잔은 9만 킬로미터를 달려온 원두들의 융합상품'이라고 했다.25 커피는 이 중 가장 긴 거리를 배에 실려 운반된다. 그러므로 배의 속도와 선내 환경이 품질에 결정적으로 영향을 미친다. '몬순커피'*는 증기선 이전 시대가 남긴 대표적인 유물이다. 1850년과 1900년 사이 6배로 팽창한 브라질의 커피수출이 선박 병목 현상 없이 시장에 도달할 수 있었던 것은 증기선이 이룩한 선박혁명 덕분이었다. 일단의 유럽 증기기사들이 항구의 설비가 서서히 개선돼 선박 수송비가 저렴해진 브라질에 정기적으로 서비스를 제공하기 시작하자 생산자들은 최종 도매가에서 더 많은 지분을 받고 소비자들은 낮은 최종가로 커피를 구매할 수 있게 되었다. 또 브라질은 무역조건을 점차 유리하게 정할 수 있게 됨으로써 커피에서 얻은 실질 소득으로 명목 소득보다 더 많은 수입품을 구입할 수 있었다. 이런 상황이 1880년대까지 상당히 지속적으로 이어졌다.26

커피재배 농가들은 커피가격이 하락하면 그 손실을 생산량을 늘림으로써 상쇄하려고 했다. 커피나무가 열매를 맺어 상업적 이용이 가능하

---

* 영국이 범선으로 인도에서 유럽으로 커피를 운송하던 시절, 말라바르 해안에서 유럽까지 약 6개월의 시간이 걸렸다. 특히 몬순기후의 고온 다습한 우기에 배에 실린 생두는 녹색에서 옅은 황색으로 변했고 고유의 신맛을 잃어버렸다. 그런데 시간이 지나 이 커피의 향미를 기억하는 고객들의 수요가 있어 증기선이 발전한 후에도 수확한 커피 체리를 몬순 비와 바람에 노출하는 일이 생겼다. 이 커피를 "Malabar Monsooned Coffee"라고 한다.

려면 4 내지 6년이 소요되지만 그럼에도 특히 가격 하락기에 커피나무의 묘목을 새로 심었다. 새로운 개척지의 생산성이 기존의 재배지보다 두 배 정도 높다는 사실이 이런 경향을 부추겼다. 이것이 부메랑이 되어 오히려 시장에 과잉공급을 가져왔고 추가로 가격을 하락시키는 원인으로 작용했다. 생산량을 조절할 자연적 요소는 서리였는데, 자기 농장이 아니라 이웃의 수확량이 준다면 그야말로 행운을 불러오곤 했다. 따라서 세계 커피무역은 브라질의 날씨 예보에 주목했다. 브라질은 열대에서 가장 먼 커피생산지여서 기후변화가 가끔 찾아왔고, 극심한 서리와 가뭄으로 생산량이 크게 줄고 가격이 상승하는 일이 일어났다.

커피경작자들이 커피나무의 수를 계획해서 식재한다 하더라도 수확량을 예측하기는 대단히 어려웠다. 그렇다고 경작자들이 시장 조건에 적응할 능력이 전혀 없다는 것을 의미하지는 않지만 그 대응이 생산을 줄이거나 수요를 따라잡기에는 매우 느렸다. 그럼에도 가격 상승은 언제나 커피나무의 식재를 자극하는 가장 중요한 요소였다. 예컨대 아이티혁명은 카리브 해 다른 지역과 브라질 리우에서 묘목의 새로운 식재를 자극했다. 1880년대 말과 1890년대 초 아시아에서 번진 녹병이 주원인이 되어 일어난 급격한 가격상승은 14년 만에 상파울루의 커피나무를 4배로 증가시켜 이 한 주가 세계 생산의 절반을 차지하게 만들었고 콜롬비아, 멕시코 그리고 중앙아메리카 역시 생산을 크게 늘리게 했다. 제1차 세계대전 후 1920년대 가격상승이 세계시장에 몰아쳤고 브라질 정부가 수출을 통제하기 시작하자 이것이 콜롬비아와 중앙아메리카에서 커피를 더 많이 생산하도록 압박했다.

1890년대부터 1930년대까지 브라질의 커피수확량은 상당히 큰 폭으로 증가했다. 1890년대에는 60킬로그램들이로 720만 자루였고 (최고 1120만 자루, 최하 440만 자루) 1900년대 1260만 자루(최고 2020만 자루, 최하 940만 자루), 1910년대 1330만 자루(최고 1600만 자루, 최하 970만 자루), 1920년대 1470만 자루(최고 2710만 자루, 750만 자루), 1930년대 2350만 자루(최고 2960만 자루, 최하 1660만 자루)에 달했다.[27]

리우데자네이루와 상파울루

브라질에서 커피생산은 경제발전에 결정적인 동력을 제공했다. 다시 말하면 커피 수출을 통해 브라질은 산업발전이라는 거대한 과정을 폭발시켰으며 그야말로 커피라는 하나의 상품이 경제성장의 동력을 결정한 수출주도 경제 시스템을 가진 나라의 전형이 되었다. 그래서 브라질에서는 커피경제가 발전한 지역과 그렇지 않은 지역 사이에 경제발전의 정도가 크게 달랐다. 커피생산 지역이 동부에서 서부로 이동함에 따라 경제의 중심지 역시 이동해갔다. 리우데자네이루의 쇠퇴와 상파울루의 상승은 바로 커피경제의 중심 이동이 낳은 결과였다.

한편 브라질의 커피생산을 위한 토지 구성은 수출량의 증대를 위해 대규모 플랜테이션을 중심으로 조직되었다. 일찍이 1950년대에 새로 주민이 정착한 지역의 발전 패턴을 연구한 바 있는 로버트 볼드윈Robert Baldwin에 이어 왓킨스M. H. Watkins는, 소규모 또는 가족 형태의 토지 구성에서 나오는 더 평등한 소득분배가 생산 수준을 상승시키면서 국내 시장을 확장하는 것으로 분석했다.[28] 브라질의 커피플랜테이션은 이런 패턴과 반대되는 유형의 토지 구성을 보여준 사례라고 할 수 있다. 리우데자네이루 주와 상파울루 주 이 두 지역 커피경제의 발전과정을 비교해 보는 것은 브라질 국내의 지역적 격차와 함께 사회적 불평등을 동시에 보여주는 사례로서 의미를 갖는다. 우선 커피경제의 발전을 선도한 리우데자네이루부터 살펴보기로 하자.

브라질에서 커피를 처음으로 대량 생산하기 시작한 곳은 동부에 위치한 리우데자네이루 주였다. 1850년부터 1920년 사이 커피는 리우데자네이루와 브라질의 주도적 수출품이었고 1888년 노예제가 폐지되기까지 리우데자네이루가 커피생산자와 수출업자로서 브라질뿐 아니라 세계를 리드하고 있었다. 리우데자네이루의 커피수출의 발전은 철도의 발전을 이끌었고 철도 노선을 따라 새로운 도시들이 건설되었다. 파라이바 두 솔, 바라 두 피라이, 산투 안토니우 데 파두아 등이 그런 도시였다. 1872년과 1920년 사이 리우데자네이루 주의 인구는 연평균 1.4퍼센트 증가했지만 리우데자네이루 시는 같은 기간 연평균 3.0퍼센트의 인구성장을 기록했다.

커피플랜테이션이 남부에서 파라이바 두 솔 강 북부로 확산하면서 부가 창출되었다. 1850년부터 세기 전환기까지 커피경제에 투입된 자본으로 철도가 건설되었고 운송 수단이 혁명적으로 바뀌었다. 철도는 지역단위로 순차적으로 구축되었는데, 그 결과로 해당 지역이 해운과 농업생산의 수익성을 보장받을 수 있었다. 철도가 지나는 지역들이 주의 동맥으로 변했고 리우데자네이루 시의 지위를 전체 지역경제의 중심으로서 확고하게 강화했다.

그러나 1880년대 이후 중앙고원 지역에서 커피생산이 한계에 달했고 남부 파라이바 강 계곡은 수확이 줄어들고 있어 이미 쇠퇴하고 있었다. 세기 전환기에 커피플랜테이션은 주의 경계로 치닫고 있었다. 1920년 커피플랜테이션의 약 55퍼센트가 북부에 있었으며 23퍼센트는 중앙 고원 그리고 나머지는 남부 계곡과 해안 저지에 산재했다.

그러자 리우데자네이루 주의 커피생산은 여러 문제를 드러냈다. 숲의 파괴가 이어졌고 토양의 황폐화가 뒤따랐다. 그곳에서 일한 노동자들 또한 빈곤을 면치 못했는데, 노예들이 먼저 심한 고통을 겪었고 이주민들과 소농들 역시 최소한의 자원으로 삶을 버텨야 했다. 예전에 노예들은 커피나무 4천 5백에서 5천 그루를 한 사람이 도맡아 관리했고 나머지 시간에 도로를 정비하고 옥수수, 콩, 카사바, 쌀, 고구마 등을 재배할 수 있었다. 그러나 1884년경 리우데자네이루 주의 노예들은 1인당 7천 그루 가까이 되는 커피나무를 전적으로 돌봐야만 했다.29

리우데자네이루 주의 커피경제는 더 이상 자본축적의 역량을 가질 수 없었다. 두 가지가 여기에 커다란 영향을 미쳤다. 첫째로 특권을 가진 항구로서 리우데자네이루 시와 이 주의 내륙지방이 따로 분리되어 있었다. 이것이 주도州都의 소비를 진작하기는 했지만 커피플랜테이션에 자본이 축적되는 것을 방해했다.

커피의 생산과 수출은 대단히 뚜렷한 사회적 분업 시스템을 거쳐 이루어졌다. 농촌은 커피의 재배와 생두 정제과정을 맡았다. 나무를 심고 잡초를 제거하고 가지치기하고 수확하는 일을 포함하는 재배와, 과육을 분리하고 발효를 거쳐 세척하고 말리는 생두 정제과정 이 두 가지는 모두 농촌에서 이루어졌으며 생두의 선별, 포장, 국내 및 해외 거래를 위한 선적과정 그리고 최종 소비자를 위해 생두를 로스팅하고 판매하는 일은 도시에서 이루어졌다.30

커피경제의 이익은 토지자본(플랜테이션)과 상업자본에서 주로 만들어졌는데, 노예제를 기반으로 생산이 이루어진 단계에서는 이 두 자본은 공생관계였다. 그러나 그 후 커피생산과 수출 모두에 점차 대자본의 투입이 필요해졌다. 특히 리우데자네이루 주와 파라이바 계곡 전반으로 커피생산이 확산하면서 커피농장들은 사탕수수 재배의 선례를 거의 완벽하게 답습해 대단위 생산을 추구했다.31 그런 대단위를 형성하려면 어쩔 수 없이 대규모 자금이 필요했고 그것은 아무나 손에 쥘 수 없는 것이었다. 결국 해외자본이 들어와 1890년대 커피수출을 통제하기 시작했고 이와 때를 같이하여 운송 시스템에 변화가 일어났다. 경작자들은 무거운 빚에 내몰렸고 어쩔 수 없이 새로운 토지를 얻기 위해 북부로 나아갔다. 그러나 그곳에서는 숲의 나무를 잘라내고 새 커피나무를 심는 데 상파울루보다 더 많은 비용이 들었다. 그마저도 20세기 초 20년 만에 더 이상 개척할 토지가 없어지자 커피플랜테이션은 점차 한계에 달했다. 오래된 커피플랜테이션의 토양은 이미 황폐해져 생산성이 낮았고 새로운 커피나무를 심는 것보다 더 많은 보호와 노동력을 필요로 했다. 결국 커피재배가 북부로 이동하면서 토지자본과 상업자본은 더 크게 분화되고 말았다.

자본축적을 방해한 두 번째 요소는 커피플랜테이션이 더 이상 인력을 흡수하지 못했다는 점이다. 1890년대 프런티어 확장이 끝나자 리우데자네이루 주의 수많은 오래된 플랜테이션은 더 이상 인력을 끌어들이는 부문이 아니었다.[32] 이전에 노예였던 사람들 그리고 그들의 후손들이 소작제도 아래에서 농장 거주노동자와 임시직 노동자로 고용돼 있었다. 노예제가 폐지된 후 리우데자네이루 엘리트들은 이주민을 끌어들이려는 정책을 시도했다. 그러나 커피의 확장세가 꺾인 탓에 이주민들은 연방 수도의 시장이나 상파울루의 비옥한 토지에 더 매력을 느꼈다.

상황이 이렇게 되면서 상파울루 주가 커피로 새로운 활력을 얻기 시작했다. 1900년과 1920년 사이 가장 역동적인 성장률을 보인 곳은 상파울루였고 리우데자네이루에서는 북부 커피플랜테이션만이 연평균 7.3퍼센트라는 놀라운 성장률로 상파울루에 근접했을 뿐이다.[33] 동부 지역에서는 리우데자네이루 대신 인접한 미나스제라이스가 다소 활력을 얻었다.

상파울루의 커피생산 성장률은 이미, 마냥 반가운 일만은 아니었다. 브라질의 커피생산이 벌써 과잉 상태에 이르렀기 때문이다. 브라질의 커피생산이 폭증한다는 소식에 세계시장에서 커피가격이 폭락하기 시작했고 이후 거의 10년을 주기로 폭락이 거듭됐다. 브라질 정부는 커피생산을 억제할 궁여지책으로 1903년 커피농장을 개척할 경우 에이커당 180달러의 세금을 부과했다. 더 이상 커피를 재배하지 말라는 조치나 마찬가지였다. 그럼에도 이미 생산을 계속하고 있는 플랜테이션이 많아 가격하락이 멈추지 않았다.

가격하락의 문제를 해결하려고 나선 사람은 엉뚱하게도 미국인 실켄 Hermann Sielcken 이었다. 실켄은 독일 및 영국의 은행과 브라질의 커피거래상들로 신디케이트를 구성하였고 1906년 이 신디케이트는 상파울루 주정부의 협조 아래 200만 자루의 커피를 싼 가격으로 매입하였다. 커피 대풍작으로 2,000만 자루가 수확된 해였다. 이 가격안정용 커피 덕분에 1910년부터 커피가격이 오르기 시작했고 상파울루 정부가 상당 부분 빚을 갚은 대신 미국 소비시장에서 불만이 터져 나왔다. 그런데 이 가격안정용 커피를 통제하던 두 회사는 실켄사와 아버클사였다. 경쟁사였던 두 회사는 커피거래소 가격보다 조금 싼 가격에 커피를 파는 대신 거래소에 되팔지 않는다는 조건을 달았다. 아무튼 로스팅업자들에게는 구미가 당기는 일이었지만 커피거래소의 정상적 기능을 방해하였을 뿐 아니라 미국 시민들의 이익을 침해한 것이나 다름 없었다.[34] 결국 미국 법무부 장관이 나서 실켄을 기소하는 상황까지 벌어졌으나 오랜 다툼 끝에 기소를 취하하였다. 물론 이 가격안정책으로 실켄사와 아버클사 등이 브라질 농민과 정부보다 더 많은 이익을 얻은 것은 의문의 여지가 없는 일이었으나 브라질은 그 후에도 이 방법을 커피가격 안정책의 선례로 채택하곤 했다.

이런 가격 파동에도 불구하고 상파울루는 브라질의 커피경제를 주도했다. 1920년대 커피생산 주들은 상파울루, 미나스제라이스, 리우데자네이루 그리고 에스피리투산투의 순으로 바뀌었다. 특히 상파울루에서 커피는 이미 경제혁명을 야기하고 있었고 상파울루를 이 나라의 가장 부유한 주로 바꾸고 있었다. 1885년에 이미 상파울루의 산투스 항을 통한 커피수출은 브라질 커피의 거의 40퍼센트에 이르러 1882년에 정점에 도달했던 리우데자네이루의 수출에 근접했다. 물론 그 이후에 커피수출의 주도권은 상파울루로 넘어갔고 경제적 활력 역시 마찬가지였다. 브라질은 26개 주와 1개의 연방지역 Distrito Federal(수도 브라질리아)의 연합으로 구성된 연방 국가이다. 예컨대, 1919년 연방지역은 1,541개의 산업시설을 보유한 데 비해 리우데자네이루 주에는 겨우 454개의 산업시설이 있었을 뿐이다. 이에 비해 상파울루 주에는 4,145개의 산업시설이, 브라질 전체에는 1만 3,336개의 산업시설이 존재했다.35

커피 덕분에 상파울루 지역의 경제는 전체적으로는 활력을 유지하고 있었다. 하지만 커피경제의 활황세와 달리 상파울루 지역에서도 가내공업은 빠른 속도로 쇠퇴했고 농촌지역의 자율성을 어느 정도 담보해주던 식량 재배지마저 상당 부분 감소했다. 자바가 그랬듯이 농부들은 커피와 함께 다른 작물 역시 재배했다. 상파울루의 대농장에서에서조차 거주노동자인 콜로노스는 많을 경우 소득 80퍼센트까지 식용작물을 재배하거나 가축을 사육해서 벌었다는 분석이 있다.36

그러나 다른 견해도 있었다. 1858년 당시 상파울루 주 상원의원이었던 주제 마누에우 다 폰세까는 이렇게 증언했다.

오늘날 깜뻬나스를 비롯한 이 모든 지방이 커피나무로 뒤덮여 있습니다. 이 커피라는 작물은 심은 지 얼마 안 된 어린 묘목일 때에만 다른 작물과 함께 재배할 수 있습니다. 하지만 커피나무가 어느 정도 성장하고 나면 여타 작물을 함께 심을 수 없는 것은 물론, 토양도 불모

지나 다름없게 되어 어쩌면 영원히 곡물을 심을 수 없게 합니다. 그 땅을 다시 쓸 수 있으려면 아주 오랫동안 휴경해야 합니다.[37]

상파울루 주에서 커피농장들은 식민지 시대 이래 정형화한 농업방식을 벗어나 독자적인 특징을 갖기는 했으나, 처음부터 거대자본을 투자한 농장주들이 커피재배지를 지속적으로 확장하면서 노동력을 분산할 다른 방법을 찾기란 쉽지 않았다. 콜로노스의 다른 작물 재배는 기껏 새로운 개척지에서나 그것도 잠정적으로만 가능했다. 적어도 커피재배가 다른 작물을 재배할 기회를 줄인 것만은 사실이었고 다른 다양한 산업의 발전을 저해한 것 또한 사실이었다.

한편 커피재배의 확산으로 부를 축적한 농장주들은 농촌지역을 떠나 도시로 이주해 정착하기 시작했다. 이로써 농장주와 노동자들 사이의 거리는 생활양식의 차이로 물리적 거리 이상으로 멀어졌다. 이 두 집단은 서로 다른 세계에 사는 사람들이었다.

브라질의 정체성에서 제외된 커피

커피수출국으로서 브라질의 위상은 적어도 1940년대까지 크게 흔들리지 않았다. 1920년대 약간의 감소가 있었지만 1926년부터 1930년 연평균 131만 1,000톤을 수출한데 이어 1931-1935년 기간에는 다시 연평균 142만 4,830톤을 수출해 새로 최고점에 도달했다. 1936-1940년 사이에도 연평균 131만 9,240 톤을 수출하는 실적을 올렸다. 그러나 제2차 세계대전의 영향을 피해갈 수는 없었다. 1941-1945년에는 연평균 76만 900톤으로 수출량이 낮아졌고 그 후 1955년까지 연평균 100만 톤을 회복하지 못했다.[38] 1956-1960년에는 다시 연평균 161만 9,000톤을 수출해 회복세를 보이기는 했으나 경쟁국들이 고품질의 커

리우데자네이루에서 커피를 수확하는 노동자들, 1875년경
프랑스의 화가 Alphonse de Neuville(1835-1885)이 사진을 토대로 그린 작품
여성 노동자들은 뒤편에서 커피 체리를 수확하고 남성 노동자들은
무거운 커피 바구니를 나르는 동안 아이들은 바닥에 쏟아놓은 체리더미에서
나뭇잎과 가지들을 가려내고 있다. 감독관은 말에 올라탄 채
이들의 작업 과정을 감독하고 있다.

피를 생산했고 또 브라질의 수출품 다양화에 따라 전체 수출가에서 커피가 차지하는 비중이 점차 낮아졌다.

상황이 변하고 있었지만 여전히 브라질은 세계 최대의 커피생산국이라는 지위를 유지하고 있었고 자국 경제에서 차지하는 커피의 비중 역시 비교할 만한 국가가 없을 정도로 압도적이었다. 그럼에도 불구하고 브라질 국민들에게 커피는 민족적 긍지와 정체성의 토대가 되지는 못했다. 단 한 가지 이유를 들라면, 커피경제의 성과가 고르게 분배되지 못했다는 점을 거론할 수 있을 것이다. 커피수출이 지역경제의 활력을 주도한 상파울루에서조차 사회계층 사이의 불평등이 점차 심화되었다는 사실이 말해주듯이 경제발전의 성과가 공평하게 분배되었다고 보기는 어렵다.

더구나 브라질의 대규모 커피경작자들fazendeiros은 성공에 취한 나머지 외부로부터 오는 자극에 아무런 반응을 보이지 않았다. 이는 강제노동을 이용하는 다른 나라 커피경작자들 역시 마찬가지였다. 아이티와 자메이카 그리고 푸에르토리코의 노예소유 경작자들, 실론, 자바, 아프리카의 일부, 멕시코의 치아파스, 과테말라, 니카라과 등지에서 강제노동을 이용하는 경작자들은 하나 같이 시장에 낼 상품으로 커피를 재배하지만 외부로부터 오는 자극에 민감하게 반응하지 않았고 심지어 그들의 노동자들마저 외부로부터 단절돼 있어 시장으로부터 어떤 자극도 받을 수 없는 구조에 묶여있었다. 뿐만 아니라 소규모 경작자들 역시 20세기까지 운송수단이나 커뮤니케이션 수단을 갖지 못해 시장에서 오는 반응을 제대로 전달받을 수 없었고 따라서 시장경제에 편입되지도 못한 채 커피재배에 매달리고 있었다.

브라질의 소규모 경작자들은 대규모 경작자나 과육 파쇄시설 소유자에게 생두를 넘겼고 그들은 다시 도매상에게 팔고 도매상은 소분업자(생두를 자루 단위로 담는 포장업자)에게 팔면 여기에서 여러 생산자의 커피를 혼합한 다음 수출업자에게 판매하는데 수출업자는 주로 위탁판매상이라고 보면 된다. 이런 복잡한 중간거래상을 거치는 것이 브라질의 커피 판매 구조였다.[39]

세계의 조정자라 할 브라질에서조차 내지에는 커피시장이 소수에 지나지 않았고 1920년대까지 커피거래소가 없었다. 가격과 공급에 관한 정보가 턱없이 부족해 차라리 중간상인에게 의존하려고 했다. 소규모 커피경작자들 중에는 때로 실제로 산수조차 할 줄 몰랐다. 더구나 금융에 문외한이라 세계 최대 커피경제는 신용대출과 어음을 혼동할 정도였고 따라서 가격 및 시장 동향이 아니라 개인적 명망과 선의에 의존해야만 했다.

브라질은 세계 최대 커피생산지였고 지금도 가장 많은 커피를 생산하고 있을 뿐 아니라 수출커피에 부과하는 세금이 여전히 정부 세수의 주요 부분이다. 그럼에도 브라질의 활기차고 다양한 민족문화에 커피를 연결하는 사람은 없었다. 브라질의 위대한 작가, 화가 그리고 학자들은 커피를 예술적 표현의 대상으로 삼거나 학술연구의 주제로 삼지 않았으며 커피산업을 기껏 세련된 도시문화에 비교되는 시골 오지의 낡은 문화 정도로 여기는 일이 많았다. 심지어 커피생산자들의 자녀들까지 자신들을 커피생산이 아니라 도시와 연결하는 것이 일반적이었다. 커피농장주들이 토지를 소유하지 못한 노동자들(노예의 후손이거나 이주민 혹은 채무노동자 등)에게 커피재배를 맡겨놓고 자신들은 도시에서 생활한 것이 이런 괴리를 만든 원인의 하나였다. 그들은 커피로 귀족이 된 커피귀족이지만 커피를 명예롭게 생각하지 않는 경향을 보였다.[40] 여기에는 많은 커피플랜테이션이 품질이 낮은 커피를 생산한다는 점도 한 몫을 했다. 브라질의 민족정체성과 관련하여, 커피연구자 토픽은 "실제로 커피와 커피산업은 상당히 당혹스러운 유산으로 취급받았고 되도록 빨리 지나가기를 기다리면서 인내해야 할 한 단계로 받아들여졌다"라고 서술했다.[41]

3. 다양한 역사를 형성한 라틴아메리카의 커피생산

민족적 긍지와 정체성이 된 콜롬비아 커피

콜롬비아는 여러 가지 점에서 세계 커피문화에서 중요한 지위에 오른 나라이다. 우선 아라비카종 커피를 분류할 때 콜롬비아 커피를 기준으로 콜롬비안 마일드와 여타 마일드로 구분할 정도로 콜롬비아 커피는 커피분류의 표준이다.[42] 콜롬비아에서 생산하는 거의 모든 커피는 해발 1,200미터에서 2,000미터 사이에서 재배되는 아라비카종이다. 콜롬비아가 고품질 커피의 세계적인 생산지라는 명예를 얻게 된 것은 다른 무엇보다 안데스산맥 주변에 흩어져있는 비옥한 토지와 고지의 온화한 기후 덕분이다. 콜롬비아는 다양한 기후대에 걸쳐 있어 생물다양성이 대단히 높은 나라이다. 대부분 지역은 열대지역 기후를 보이고 산지이더라도 해발 1,000미터 이하의 연평균 섭씨 24도에 달한다. 하지만 커피를 재배하는 고지의 연평균 온도는 다행히, 낮은 경우는 섭씨 17도 높아야 24도를 넘지 않는다. 적도에서 가깝지만 온화한 기후라 다른 지역과 달리 3-6월과 10-12월 사이, 일 년에 두 번 커피를 수확할 수 있다.

2007년 유럽연합이 콜롬비아 커피생산지를 '보호대상 원산지'로 지정한 데 이어 2011년 유네스코는 콜롬비아 안데스산맥의 서부와 중부에 펼쳐진 6개의 농촌지역과 18개의 도시를 포함하는 커피재배 삼각지를 세계문화유산으로 지정했다. 이 지역이 세계 커피재배 지역 중 거의 유일하게 전통적인 커피재배의 다양한 형태를 보존하고 있어 세계 커피재배 지역의 '훌륭한 상징'이라는 것이 선정 이유였다.

콜롬비아 사람들에게 커피는 긍지의 원천이자 민족 정체성의 일부로서, 콜롬비아 사람 대부분은 커피를 자신들의 삶에서 '중심'이라고 생각하면서 높은 품질을 유지하기 위해 일해 왔으며 정치권에서도 공동의 이익을 지키기 위해 협력했다.⁴³ 비록 시기에 따라 협력의 강도가 느슨해지고 분열하기도 했지만 대체로 그랬다. 도시 주민들도 커피의 경제적 기여를 인정하고 국민음료로서 커피를 포용했다. 이 국민음료가 품질을 유지하기 위하여 그리고 커피생산에 특별히 잘 맞는 산지환경의 적절한 이용을 위해 고된 노동을 필요로 한다는 것을 누구보다 콜롬비아 사람들 스스로 잘 알고 있었다. 이런 요소들이 세계 최고라고 믿는 커피를 생산하는 과정에 상호작용하고 있다. 이는 콜롬비아 커피의 인문 사회적 행운임에 틀림없다.

  콜롬비아의 커피경작자들은 주로 세 개 지역에 집중되어 있었는데, 서로 떨어져 있는 지역들이었고 지형적 입지조건 때문에 해안으로부터 먼 곳이었다. 베네수엘라에 가까운 동부의 산탄데르가 커피재배에 가장 먼저 뛰어들었으나 19세기 중엽부터 점차 쇠퇴해 중요성을 상실해 갔다. 콜롬비아 중앙에 자리 잡은 쿤디나마르카와 동부 토리마는 19세기 후반에 커피재배를 시작했으며 주거와 커피재배의 중심지역이 된 안티오키아의 몇 지역, 비에조 칼다스 등지는 19세기 말부터 커피를 재배하기 시작했다.

  1875년 이래 소규모 커피생산자의 수가 여러 지역에서 증가하기 시작했다. 산탄데르와 안티오키아의 몇 지역, 비에조 칼다스 지역이 대표적이었다. 주로 이 나라 중부 및 서부 지역에서 이루어진 새로운 개척지의 식민화와 역내 이주에 힘입어 20세기 첫 10년 만에 이미 커피산업의 발전에 상당한 진전이 이루어졌다. 1853-55년 사이 연평균 1,186자루(한 자루는 60킬로그램)에 지나지 않았던 커피수출이 1868-70년 사이에 연평균 4만 9,900자루로 증가했다. 1887년 커피는 콜롬비아 전체 수출가의 40퍼센트에 이르렀다. 1889-91년 사이에 19만 5,000자루로,

지도 6. 콜롬비아

1904-06년 사이에 60만 자루로 증가했고 1906-09년 사이 4년 동안에는 연평균 62만 9,533자루를 수출했다.⁴⁴ 1912년 커피가 콜롬비아 전체 수출의 50퍼센트를 차지할 정도로 성장했다. 그러나 성장은 여기에서 멈추지 않았고 1943년까지 계속돼 이 해에 전체 수출가의 무려 80퍼센트를 커피가 차지했다. 20세기 후반에야 다른 수출 상품들이 나타나면서 커피의 기여도는 점차 줄어들었다.

특히 1905-35년 사이에 커피산업이 역동적으로 발전했다. 이 시기는 한편으로 제1차 세계대전과 이어 나타난 대공황으로 콜롬비아 커피산업에도 위기가 닥친 시기였으나 콜롬비아 커피생산의 특징이던 소농을 중심으로 오히려 발전의 전기를 마련했다. 커피재배는 커다란 기술을 필요로 하지 않아 소규모 토지소유 농가들이 집약적으로 토지를 활용한다면 승산이 있는 농업형태였다. 게다가 가족노동력을 잘 활용하면 다른 농작물의 재배를 희생하지 않고도 해낼 수 있는 것이 커피재배였다.

1932년의 통계를 참고하면, 대기업이라고 할 수 있는 커피나무 6만 그루 이상을 가진 생산단위는 전체 커피나무의 25퍼센트를 소유하는 데 그쳤다. 이에 비해 2만 그루 이하를 가진 소농이 전체 커피나무의 68퍼센트를 보유하고 있었다.⁴⁵ 물론 이때까지도 여전히 농산업 및 상업자본이 커피생산, 금융, 최종 생두 정제과정 그리고 마케팅에 간접적으로 영향력을 행사하고 있었지만 대농장이 위기에 처한 것과 달리 콜롬비아 서부지역의 소규모 농가들이 커피산업의 발전을 주도하는 전환이 일어났다.

이런 변화를 이끌어 낸 것은 콜롬비아의 농부들이 단결하여 정치적 영향력을 키웠기에 가능했다. 1936년까지 콜롬비아에서 보수주의자들이 권력을 장악하고 있어 엘리트 지배의 메커니즘이 바뀐 것은 아니었다. 그러나 정치집단은 제한적이지만 사회개혁을 통해 갈등을 해소하고 대중을 경제활동에 동원하려고 노력했다. 국가의 정책이 자유방임에서 점진적으로 국가개입 기능을 강화하는 방향으로 선회했다. 커피산업 부문에서 일어나고 있던 갈등 역시 국가의 조정을 기다리는 사안이었다.

콜롬비아에서 국가와 대규모 커피재배업자 사이의 관계는 매우 복잡하고 불안정했다. 1920년대에 재산의 사회적 기능에 관한 논의가 활발히 전개되었고 그 결과 1926년, 토지소유주가 자신의 소유권을 소송을 통해 증명해야 한다는 법안이 통과되었다. 이 요구는 주로 대토지 소유주들을 향한 것이었다. 소농들의 소요가 보수적 정권의 약화에 이바지했고 자유주의적 농업정책을 도입할 길을 마련한 덕분이었다.[46] 실제로 보수주의 공화국이었던 이 나라는 자유주의적 정부에 의해 상당히 순화되었다.

1927년 마침내 콜롬비아 커피생산자협회 Federación Nacional de Cafeteros= FNC가 창설되었다. 커피생산자협회는 커피산업의 장기적인 비전과 정책의 개발이 필요하고 또한 개인으로서는 대처하기 어려운 운송 및 상업의 어려움을 극복하려는 농부들의 희망이 이끌어낸 성과였다. 이 협회는 "매우 공정하지 않은 국가 안에 있는 커피생산자들의 국가"로서 경제적 기능을 담당할 뿐만 아니라 정치적 영향력을 행사하는 이권단체였다. 이 단체의 정치적 영향력은 곧 증명되었다.

그 즈음에 쿤디나마르카와 토리마 지역 커피대농장(아시엔다 hacienda) 들에서 임대차 계약, 노동조건 그리고 노동자들이 자기 토지에서 생산한 수확물을 직접 시장에 낼 권리 등을 둘러싼 갈등이 있었는데, 이런 갈등이 마침내 농장주의 소유권을 인정하지 않고 임대차 관계를 철폐하라는 요구로 발전했다. 토지는 농사를 짓는 농부들의 것이라는 주장이었다. 그들의 요구는 관철되었고 불법거주자들 또한 커피농장에 속한 토지를 얻게 되었다. 1918년에 처음 터져 나온 갈등이 1920년대 말에 특히 심해졌고 경제위기의 결과로 더욱 첨예화했다. 1930년대에는 소규모 혹은 중간 규모 커피생산자들이 자기 농지의 소유자이긴 하지만 이른바 3개의 독점, "신용대출, 생두 정제과정 그리고 마케팅" 등에 종속되어 있던 지위에서 벗어나려는 독립운동을 펼쳤다. 농산업자본에 대한 저항운동이었다. 이런 움직임에 자극을 받아 공공 부문 임시직 노동자들이 귀농을 선택했다. 농부들은 집단행동을 통해 법적으로 등록된 자기 재산이자 생산의 실제 단위임에도 자신들과의 커뮤니케이션에 도무지 관심이 없는 대토지 소유주들의 명의에 효과적으로 의문을 제기했다. 1927년부터 1936년까지 토지법을 둘러싼 갈등 끝에, 토지는 경제적 착취의 대상이 될 수 없으며 공적 영역에서 소유권을 탈취할 수 있다는 선언을 끌어내는 데 성공했다.[47] 그 결과, 몇몇 커피 아시엔다가 해체되었고 임차농과 소작농 등이 구제를 받았다. 이에 더해 농장을 근대화하고 후진적 노동관계를 철폐하도록 압박한 자유주의적 입법을 통해 폭력에 의존하지 않고도 국가가 토지논쟁에 개입할 법적 근거를 마련하였는데, 이는 거꾸로 국가의 권위를 정당화하는 데 이바지했다.

이런 사회정치적 과정을 거치면서 쿤디나마르카와 토리마 지역을 비롯해 콜롬비아 주요 지역들에서 전통적인 아시엔다들이 여러 개의 생산단위로 쪼개졌고 쇠퇴의 길로 들어섰다. 물론 소농에게도 행정 비용을 부담해야 한다든지 마진이 줄어드는 등 어려움이 뒤따랐지만 그것이 구조적 변화과정을 막아서지는 못했다. 이 과정을 거치면서 동부지역들의 쇠퇴와 달리 콜롬비아의 서부지역 삼각지가 커피경제의 중심으로 부상했다.

콜롬비아 커피산업은 규모의 경제가 작동하지 않은 부문이었다. 규모와 무관하게 기술혁신 수준이 비교적 낮은 편이었다. 커피의 생산성은 규모보다 새로운 나무의 숫자가 중요한 결정 요소였다. 심은 지 오래된 커피나무는 땅을 황폐화시켰을 뿐 아니라 수확량이 적었다. 물론 토양, 기후, 나무의 밀집도 등 여러 요소가 동시에 영향을 미치기는 했지만 말이다.

콜롬비아의 커피재배는 대농장이든 소농이든 노동력의 자급자족을 기본으로 하고 있었다. 특히 일 년에 두 차례의 수학, 생두정제 그리고 선별에 코스타리카보다 더 많은 노동력이 필요했지만 대규모 농장은 농장 안에 생두 정제과정에 필요한 시설을 갖추고 있었으며 소농 역시 자신들이 기른 커피의 정제과정을 스스로 담당했다. 이후 커피는 파쇄기를 갖춘 파쇄센터로 운반되었다. 소농들은 수확기가 닥치면 가계구성원 모두를 커피수확에 투입했다. 하지만 일 년 내내 커피에만 매달리지는 않았으며 다른 작물을 재배하거나 같은 농장이나 다른 농장에서 하는 여타 생산활동에 참여하는 일도 있었다. 또 커피농사를 하는 농부들은 일반적으로 그렇듯이, 수확기 노동력의 부족 때문에 이웃 농부를 고용하거나 자신이 다른 집의 수확을 거들어 주기도 했다.

콜롬비아 커피생산의 경우 소수 플랜테이션이 지배한 브라질과 달리 다수의 소규모 농가가 커피 발전의 첫 80년을 이끌었다. 지역에 따라서 그리고 시기에 따라 엘리트들이 대규모 플랜테이션을 소유한 일이 없었던 것은 아니지만 콜롬비아에서는 소규모 커피경작자들이 하나의 사회경제적 계급을 대표하고 있었다. 소농재배는 유용한 다른 경제작물을 함께 재배함으로써 작물의 다양성을 보존하는 데 도움을 주었는데, 커피시장에서 가격변동이 심한 경우 이점이 그 충격에도 지탱할 수 있는 힘이 되었다.[48] 가족노동으로 농사를 했기 때문에 노동조직이 쉬울 뿐 아니라 비용을 줄임으로써 효율성을 높였다. 세심한 경영으로, 투자한 자본의 이익을 환수하기에도 그다지 큰 어려움이 없었다. 이렇게 해서 커피는 수백만 명의 삶과 가계를 꾸려가는 중요 수단으로 자리 잡을 수 있었다.

소농들의 가려따기는 기계를 이용해 커피나무 줄기를 훑어 따는 방법으로 수확하는 브라질 커피에 비해 최상의 품질을 보장하는 방법이기도 했다. 커피콩의 품질, 향미 그리고 가격에서 좋은 평가를 받은 것은 이에 따른 결과였다. 여러 요소들이 결합해 커피경작 농민뿐 아니라 시민들에게도 커피인에 관한 좋은 이미지가 형성되었다. 커피는 콜롬비아 경제의 중요 부분일 뿐 아니라 국민의 긍지와 민족정체성의 일부로서도 굳건한 지위를 갖게 되었다.

콜롬비아 커피생산자협회의 회원 대부분은 소규모 커피농가들로서 현재 그 회원 수가 50만 명 이상에 이른다. 이 협회는 1958년 콜롬비아 커피를 상징하는 농부 '후안 발데스Juan Valdez'라는 디자인을 주도적으로 창안했다. 콧수염을 기르고 챙이 넓은 모자를 쓴 전형적인 콜롬비아 카페테로(Cafetero=커피생산자)가 커피를 운반하는 노새와 함께 서있는 모습을 형상화하고 Café de Colombia라는 로고를 붙인 '후안 발데스'는 고품질 커피의 상징이 되었다.

원주민의 삶에 힘겨운 짐이 된 과테말라 커피

과테말라는 "나무가 많은 곳"이란 의미를 지니고 있는데, 지금 이곳에는 원래 자라던 나무들 대신 커피나무가 많다. 21세기에 접어들면서 온두라스가 따라잡기 전까지 과테말라는 세계 4위의 커피수출국이었다. 19세기 말 이래 엄청난 양을 생산해 세계 커피시장을 지배한 브라질과 소량이지만 고품질 커피로 틈새시장을 공략한 코스타리카, 그 중간쯤에 과테말라가 있다. 그렇다고 과테말라 커피의 향미 역시 그 중간

커피플랜테이션을 조성하는 안티구아의 원주민들, 1875년
영국의 사진 작가 Eadweard Muybridge(1830-1904)의 작품

강제노동에 동원된 원주민들이 나무를 제거한 후 산비탈에
열을 맞추어 커피나무를 심고 있다. 커피플랜테이션이 숲을 먹어 들어가는
현장을 생생하게 보여준다.

이라고 생각하면 오산이다. 각자의 기호에 따라 조금 다르기는 하겠지만, 과테말라 커피가 주는 훌륭한 향미는 최고의 수준으로 인정받고 있다. 프리미엄 커피 마니아들을 중심으로 인기몰이 중인 피츠 커피 앤드 티 Peet's Coffee&Tea는 과테말라의 팔라라는 농장에서 생산한 커피에 대해 "균형 있고 세련된 맛이지만 미묘하게 복잡하다. 쌉싸래하면서 달콤한 초콜릿 향이 살짝 느껴진다"라고 평가했다.[49] 절제된 표현이지만 최고의 향미를 가진 커피라는 찬사임에 틀림없다.

하지만 과테말라에서 커피재배는 중요한 사회적 결과를 가져왔다. 소농들이 커피재배의 중심을 차지한 코스타리카나 베네수엘라와 달리 과테말라에서는 대규모 플랜테이션이 커피재배를 지배했다. 그 결과, 원주민인 마야족이 삶의 터전을 잃고 고향을 떠나거나 강제노동에 동원되는 신세를 면치 못했다. 따라서 커피재배는 사회적 갈등을 증폭시켜 정치적 혼란을 불러왔고 경제적 불평등의 주요 원인으로 작용했다. 과테말라의 커피재배가 왜 그런 결과를 낳았는지 커피산업의 변화과정을 따라가 보자.

과테말라는 콜롬비아와 코스타리카로부터 커피재배를 배우기는 했지만 토양과 기후가 달라 초기의 노력이 성과 없이 끝났다. 그러다가 1860년대 화학염료의 등장으로 당시 수출품 중 중요한 위치를 차지하던 과테말라 자연염료 산업이 급격하게 쇠퇴하자 새로운 수출상품을 찾아야만 했다. 커피는 그 새로운 돌파구로 선택된 작물이었다. 먼저 커피경작에 뛰어든 사람들은 라디노 ladino* 엘리트들이었다. 산마르코스와 케찰테낭고 같은 지방 도시에 기반을 둔 그들 중 많은 사람이 지방정부에서 임대한 태평양에 맞닿은 산지 경사면의 토지에 커피를 재배하기 시작했다. 커피에 대한 수요, 특히 독일로부터 오는 수요가 높아지자 토지와 노동력이 충분하지 않게 되었다. 토지와 노동력 모두를 가진 원주민 공동체들은 커피생산을 위해 그것을 사용할 경제적 이유를 찾지 못했다. 그나마 커피재배에 뛰어든 사람들도 초기자본을 구하기가 어려웠기 때문에 우선 가족 구성원들로부터 자금을 긁어모으고 나머지는 상업대출을 받거나 도시 자산가로부터 협조를 얻어 겨우 농장(핀카finca)을 설립했다. 생산이 시작되자 그들은 은행으로부터 대출을 받는 한편 낮은 이자로 대출을 끌어올 수 있는 외국인들로부터 자금을 빌렸다. 국내에서 농업 부문의 장기 대출은 어렵기도 했지만 대단히 비싼 이자를 물어야 했다. 이것이 점점 더 과테말라의 토지와 커피생산이 과테말라 사람이 아닌 외국인의 손으로 넘어 가게 된 원인이었다. 특히 초기에 커피재배에 뛰어든 아마티틀란과 안티구아 지역에서 플랜테이션이 발전하게 된 것은 이런 사정이 크게 작용했다.[50]

기술적인 문제도 커피재배의 확산에 장애물이었다. 1860년대 유럽 시장이 습식으로 가공한 고품질 커피를 선호하면서 습식가공을 위한 설비를 갖추어야 할 필요성이 더해졌다. 이렇게 되자 소규모 생산으로는 경쟁력이 없다고 판단한 커피경작자들은 대규모 생산을 발전시키기 위해 전례 없이 큰 규모의 토지를 찾아야 했다. 그 토지 대부분이 과테

---

* 라디노: 마야족이 아닌 과테말라 사람을 일컫는 말로 쓰였다. 1500년대에는 스페인어를 구사하는 마야족을 라디노라고 불렀지만 시간이 흐르면서 의미가 달라졌다. 1800년대와 1900년대 초에는 마야족 옷을 입지 않고 마야 언어를 사용하지 않으면서 크레올 엘리트에 속하지도 않는 도시와 시골 지역 하층민을 가리키는 말이었다. 그러다가 많은 라디노가 마야족과 유럽인의 후손이라는 현실을 감추기 위해 비마야인이라는 개념으로 발전했다. 이 나라 여러 지역에서 도시에 기반을 잡은 라디노의 소수 그룹은 변두리 지역에 사는 압도적으로 많은 마야족보다는 더 부유하고 더 강한 사회 세력을 형성했다. 그럼에도 대부분의 라디노는 가난한 사람들이었다.

말라 원주민들의 소유였다. 스페인 식민지 시대에도 원주민의 토지 소유권을 인정해 온 터라 원주민들은 토지에 대한 권리를 쉽사리 내놓지 않았다. 비교적 주민이 적은 변두리 지역에서조차 마을공동체와 대농장 그리고 소농과 국가 사이에 다툼이 끊이지 않았고 심지어 폭력적인 토지갈등으로 번졌다.

이런 가운데 초기에 실험이 이루어졌던 두 지역 중 하나인 안티구아와 서부 고원지대 그리고 북동부 알타 베라파스에서 커피경작이 본격적으로 이루어졌고 곧 그곳 원주민들은 외부 투자자들 소유의 대농장에 노동자로 들어갈 수밖에 없었다. 서부고원지대 보카 코스타에서 면화와 땅콩 혹은 옥수수를 재배하던 원주민들의 요구를 국가는 극히 제한적으로만 수용했다. 알타 베라파스의 대부분 지역에서도 원주민들은 토지의 공동 소유권을 주장했다. 땅을 내주는 대신 여러 곳에 흩어져 있는 고지의 원주민 마을들이 직접 보조 작물로 커피를 재배하기 시작했다. 그러나 국가의 상업정책은 그들의 요구를 묵살하고 대규모 농장의 효율성에 힘을 실어주었고 결국 점차 사유지로 변한 규모가 큰 핀카 재배가 원주민의 커피와 옥수수를 대체해갔다.[51]

국가의 적극적인 도움으로 토지를 확보하기는 했지만 대규모 커피경작이 당면한 또 하나의 문제는 노동력의 동원이었다. 그리고 이것은 토지 이상으로 아주 심각한 문제로 부상했다. 초기에는 주변 마을에서 염료노동자로 일하던 일꾼과 여성, 어린이를 커피재배에 동원했다. 커피노동은 계절노동이어서 경작자들은 일 년에 몇 달 동안만 일할 계절노동자들을 선호했다. 그러나 커피생산이 확대될수록 그것이 원주민들의 토지와 생계를 위협한다는 것이 분명해지자 노동자를 구하기가 더욱 어려워졌다. 세계시장에서 과테말라의 지위는 커피의 높은 품질에 의해 확보되었다. 높은 품질을 유지하기 위해서는 잘 익은 체리만을 조심스럽게 가려 따야 하는데 산지의 위와 아래로 커피경작이 확산함에 따라 노동자들은 산비탈에 있는 커피나무 한 그루를 여러 차례 오가야했고 또 생두를 정제하는 과정이 곧바로 이루어져야해 그 날 채취한 체리를 정제할 창고로 옮겨야 했다. 과테말라 엘리트들은 당대의 선입견을 따라 원주민들보다 유럽에서 이주해온 백인 노동자들을 선호했지만 그들은 북아메리카나 브라질 혹은 아르헨티나에 더 매력을 느꼈다. 그래서 대규모 커피생산 역시 어쩔 수 없이 원주민들의 어깨에 맡길 수밖에 없었다.

서부고지 원주민들은 식민지 시대 무더운 지역에 끌려가 강제노동을 하면서 벌레와 뜨거운 열 그리고 전염병의 공포를 경험했다. 많은 동료가 죽어가는 것을 보았고 또 살아남았다 하더라도 전염병을 안고 고향으로 돌아오는 사람이 많았다. 원주민들은 또 농장주와 감독 혹은 국가대리인이 자신들을 하급 인종으로 취급해 마구 대하는 것을 경험한 터라 커피농장에서 일하는 것에 대해 완강하게 저항했다. 원주민들은 마야족이 아닌 사람들과의 접촉을 꺼렸고 또 상업적 농업부문에서 일하는 것을 되도록 피하려고 했다.

노동자들을 모집하기 위해 나선 사람들은 원주민들이 돈을 별로 필요로 하지 않는다는 것을 알고 당혹스러워했다. 원주민들 대부분은 여전히 땅을 충분히 얻을 수 있었고 자신과 가족의 생계를 위한 자원을 마을공동체에서 쉽게 구할 수 있었다. 그들은 필요한 만큼만 경작했고 자신의 생산물과 교환을 통해 생계에 필요한 것을 충분히 구할 수 있었다. 1870년대와 1880년대 과테말라 원주민들은 자본주의적 자유노동자가 아니었으며 산업사회의 자본주의적 축적이나 소비문화에 참여할 기회에 전혀 관심이 없었다.

충분한 노동력을 확보하기만 하면 부를 창출할 기회가 있다고 본 농장주들은 국가의 개입을 요청했다. "온화한 기후, 비옥한 토양, 생산에 필요한 능력, 이 나라의 유리한 상업적 입지 등을 신이 선물로 주었다 한들, 농업의 발전을 방해하는 장애물을 제거하지 못한다면 무슨 소용이 있겠는가?"라면서 그들은 국가가 나서서 새로운 정치경제의 원칙을 세우고 커피재배에 필요한 토지와 노동력을 확보해주어야 한다고 강력하게 주장하였다.52 그들은 1871년 자유주의 혁명에 가담함으로써 소망을 달성하게 되었다. 새로 정권을 잡은 미구엘 가르시아 그라나도스와 후스토 루피노 바리오스가 지도하는 자유당 정부는 독립 후 반세기 동안이나 사장돼 온 강제노동명령법, 즉 '만다미엔토mandamiento'를 1876년 마침내 부활시켰다.53 사용자가 마을공동체에서 노동자를 모집하면 원주민 마을공동체는 일정 수의 노동자를 며칠 혹은 오랜 기간 공급해야 한다는 점에서 강제노동법이었고 다른 한편으로는 사용자가 여행 경비와 임금을 미리 지불하도록 했기 때문에 임금 노동법이었다. 물론 임금의 수준은 시장가격보다 훨씬 낮았다. 그럼에도 이 법안은 몇 차례 수정을 거치기는 했지만 점차 "관습"으로 뿌리를 내렸고 정당성을 획득했다.

 국가는 만다미엔토를 도구로 수출 부문에 노동력을 제공하고자 했다. 원주민들이 이 강제노동법을 피할 수 있는 유일한 길은 수출부문에서 노동계약을 맺고 있다는 것을 증명해야만 했다. 말할 것도 없이 원주민들은 강제동원에 강력하게 저항했다. 노동자 모집책들은 지역 당국에 지원을 요청했고 결국 원주민들은 밧줄에 묶여 항구로 끌려갔다. 그들이 간 곳에서 그들은 두 가지 형태의 채무자로 살았다. 그 한 부류는 '콜로노스'로서, 가족과 함께 농장에 머물면서 매일 주인의 통제를 받으면서 일했는데, 이들 대부분은 물론 원주민으로서 커피농장에서 일하기 위해 고지에 있는 원래의 마을공동체를 떠난 사람들로서 술과 도박으로 토지 소유권을 상실했거나 가정 내의 갈등으로 이런 선택을 감행한 사람들이었다. 콜로노스의 수는 농장과 시기에 따라 달랐지만 특히 알타 베라파스에서는 노동력의 중요한 구성부분이었다. 지역에 남은 원주민들은 커피플랜테이션이 마을을 삼켜버리자 더 깊은 숲 속으로 도망쳐 버렸다. 원주민들에게 조상이 묻혀있는 땅, 그리고 땅의 신이 돌봐주는 고향을 떠난다는 것은 쉽지 않은 일이었지만 그만큼 강제노동을 피하고자 했다는 증거였다. 남아있는 사람들은 종속 노동자로 겨우 목숨을 부지하고 있었다.

다른 한 부류는 커피 핀카에서 일하기 위해 두 달이나 여섯 달 동안 자기 마을을 떠나 일하는 임시노동자들, 즉 '템포랄리스타스 temporalistas'였다. 빚을 졌건 아니건 가릴 것 없이 그들을 조직해서 농장으로 데려간 모집책 '아빌리타도르 habilitador'에게 그들은 임금을 미리 지급해달라고 요구했고 또 계절노동이 수출 부문에 실질적으로 유리했기 때문에 농장주 역시 그 요구에 동의했으나, 이것이 그들의 임금을 낮추는 주요 원인으로 작용하기도 했다. 콜로노스로든 템포랄리스타스로든 일하기로 선택했다고 해서 원주민의 사정이 좋아지는 것은 아니었다. 생계비에도 미치지 못하는 저임금을 받은 데다 임금을 선불로 받았기 때문에 핀카에 간 원주민들은 영락없이 빚쟁이로 전락했다. 미리 받은 임금으로 농장주가 운영하는 주점에서 술을 마시는 일이 잦았기 때문에 선불이 또 다른 빚의 원인이 되었다.

고용주는 강제노동에 동원된 원주민들이 게으르고 우둔하며 더럽고 주정뱅이라고 생각했다. 빚은 점점 더 늘어나는 경향을 보였고 노동자가 죽거나 도망했을 때에야 채무관계가 끝났다. 정부는 강제노동을 위해 고용주 편에서 기꺼이 군대를 동원하고 총을 들었다. 과도한 노동, 수확한 커피 체리의 무게 속이기, 원주민들의 무지를 이용한 채무 부풀리기 등이 횡행했고 헛간 같은 주거 시설, 조악한 음식, 음용수의 부족 등으로 노동자들은 이질에 걸리거나 천연두를 앓는 일이 많았으며 전염병에 노출돼 있었다.

대부분의 계절노동과 만다미엔토 노동에 남성이 주로 동원되었지만 여성도 점점 더 커피경제에 역할을 하기 시작했다. 처음에는 마을 가까이에 있는 곳에서 일용 노동자로 동원되었으나 커피생산이 확대되면서 여성이 커피노동에서 점차 중요해졌다. 여성과 아이들은 일반적으로 빚의 연대 채무자로서 가장이 진 빚을 갚기 위해 함께 일했다. 가장이 사망하면 고용주는 남은 빚을 그 아내와 아이들에게 추징하는 사례들이 있었다. 물론 이런 관행은 불법이었지만 실제의 법은 누구에게나 공평하지는 않았다. 심지어 채무가 많은 경우, 남편이 아내와 아이들을 '매매'하는 일도 종종 벌어지곤 했다. 혼자된 여성이 성적 학대를 받는 일조차 드물지 않았다.

원주민들은 항의를 거듭했지만 아무런 소용이 없었다. 가장 효과적인 저항 방법이라곤 청원을 하는 것이 고작이었다.[54] 마을공동체, 가족 혹은 개인으로부터 지방 관리, 정부 관료 그리고 대통령에게까지 청원이 이어졌고 핀카에서 당하는 현실을 설명하고 국가의 개입을 요청했다. 여러 어려움에도 젊은 세대들은 대안의 고용을 찾아 나섰고 또 받은 임금을 축적하여 토지를 사는 경우도 드물게나마 나타났고 마을공동체 역시 받은 임금을 활용하여 마을의 신앙의식을 강화하거나 땅을 구매하는 일도 없지는 않았다. 이 강제노동명령법은 제1차 세계대전 직후까지 존속했다.

1920년대에 새로운 전기를 맞았다. 경제의 위기에다 1918년 인플루엔자가 세계적으로 기승을 부렸고 또 마누엘 에스트라다 카브레라Manuel Estrada Cabrera의 장기독재가 와해되면서 1920년대 초에 노동제

지도 7. 과테말라와 멕시코

도에 대한 논의가 봇물 터지듯 쏟아졌다. 그러나 미국 정부와 유나이티드프루츠컴퍼니 United Fruits Company의 지원을 받은 독재정권은 개혁을 미루었고 불안정한 국면을 더 잘 이용한 것은 물론 커피노동자가 아니라 핀카 소유자들이었다. 1934년 권위주의 지도자 호르헤 우비코Jorge Ubico 대통령(1931-1944)은 겨우 반보 정도 진전을 이루었다. 그는 채무노동을 근절하고 농촌 주민과 원주민 그리고 라디노 모두 자유계약을 통해 노동하되, 일정 규모 이상의 토지에서 일자리를 얻었다거나 특수 직업이나 무역에 종사한다는 것을 증명하지 못한 사람들은 수출 플랜테이션에서 연 100일에서 150일 동안 의무로 노동할 것을 요구했다.55

원주민들의 저항은 계속되었다. 원주민 인구는 점차 증가했고 그들의 참여 없이는 수출경제가 작동하지 않는다는 것을 원주민들 역시 서서히 인식하기 시작했다. 원주민들은 강제노동에 동원하기 위해 그들을 찾아다니는 사람을 피해 바위 뒤에 몸을 숨기고 머리만 내밀고서 동정을 살폈고 어떤 사람들은 지방 관리들을 찾아가 토지 소유와 직업 증명을 받기 위해 뇌물을 주었고 심지어 가짜 서류를 사기도 했다.56 이런 상황을 맞아 고용주들은 어쩔 수 없이 그들이 실제로 일한 날보다 더 많이 일했다고 기록해 임금을 높여주었다. 당국은 멕시코와 영국령 온두라스(지금의 벨리즈)로 도망간 사람들을 유인하려고 노력했지만 실적은 거의 없었다.

그 사이에 과테말라의 커피수출은 평균적으로 증가세를 보였다. 1900-1904년 사이 연평균 약 3만 0,900톤이던 수출액이 1915-1919년 사이 연평균 약 3만 8,340톤으로 증가했고 1935-1939년 사이에는 연평균 약 4만 4,920톤으로 증가했다.57

1944년부터 본격적인 변화가 일어났다. 우비코의 권위주의 정권이 무너지자 과테말라의 엘리트와 국가는 법적 강제노동을 폐기하는 한편 실질적인 변화를 끌어내야 할 과제를 안고 있었다. 다른 무엇보다 서부 고지와 알타 베라파스의 인구가 급속하게 증가하여 자원이 고갈될 지경이었다. 1950년의 인구조사에 따르면, 농촌인구의 거의 절반이 3.4에이커 이하의 토지를 경작하고 있었고 50년대 말 서부 고지 원주민의 20 내지 30퍼센트만이 가족의 생계를 유지하기에 충분한 땅을 경작하고 있을 뿐이었다.

과테말라를 자유노동을 포함하는 근대 자본주의 경제로 전환하고자 한 젊은 혁명가들에게 토지개혁은 중요 과제 중 하나였다. 사용하지 않던 토지의 임차를 우선 실시해야할 조치로 보았다. 1952년 비록 자본주의 제도의 틀을 벗어나지는 않았지만 라틴아메리카 역사에서 가장 혁신적인 토지개혁이 단행되었고 1954년 6월 10만 가구가 75만 에이커의 땅을 마을공동체 혹은 개인의 소유로 불하받았으며 더 많은 토지를 국가의 소유로 수용하는 과정에 있었다.58 또 정부는 신용대출과 도로확장, 농업확대 정책을 약속했다.

하지만 10년(1944-54년은 "십년의 봄"으로 불린다)에 걸친 개혁과 혁명은 1954년 미국이 지원한 군사쿠데타로 찬바람을 맞았다. 냉전이 좌파적 움직임에 급제동을 거는 빌미로 작용했다. 군사 쿠데타 세력은 토지개혁을 단숨에 뒤집었고 따라서 시민들의 저항운동이 시작되었다. 이 와중에 국제커피기구 설립을 위한 준비작업의 일환으로 과테말라 전국커피협회 Asociación Nacional del Café=Anacafé 가 조직되었다. 이런 노력에도 과테말라 커피산업의 합리화는 거의 이루어지지 않았다. 농장의 규모만으로 보면 근대적 합리화에 충분한 크기였고 토지가격은 코스타리카보다 낮았으며 임금은 중앙아메리카에서 가장 낮았다. 그럼에도 다른 무엇보다 강제노동의 존재가 합리화를 가로막고 있었다. 국가가 채무를 근거로 동원한 강제노동이 있었으므로 그리고 그 강제노동 인력의 많은 부분을 차지한 원주민에 대한 인종주의적 편견 때문에 커피농장주들은 원주민들을 전혀 보호해 주지 않았을 뿐 아니라 농장의 합리적 경영에 아무런 관심을 두지 않았다.

몇몇 독일 출신 이주자가 합리화를 시도하고 있었다. 그들은 식민지 과테말라의 착취사회보다 세계 자본주의에 더 밀접하게 연결되어 있었기 때문이다. 그러나 제2차 세계대전 동안 독일이 전범국가라는 이유로 독일 이주민들은 가진 재산을 모두 빼앗기는 신세가 되었다.[59] 그들이 모두 히틀러 지지자는 아니었지만 이와 무관하게 박탈을 면하지 못했다. 그러자 기존의 커피엘리트들은 원주민들이 바치는 터무니없는 징수금에 기대어 사치스러운 생활을 하던 종래의 관습으로 되돌아갔다. 기술적 혁신은 멈추어 섰고 커피엘리트들과 군인 동맹자들은 커피생산의 합리화가 아니라 단지 국가 테러의 고도화에 골몰했을 따름이다.

경제적 조건은 불평등이 점차 심화되는 방향으로 나아갔고 마야주민에 대한 인종학살이 자행되었다. 미국의 지원을 받은 과테말라 정부와 좌파 세력 사이에 갈등이 고조된 1960년대와 1970년대에 과테말라의 도시들에서는 노동조합 지도자와 정치 활동가 수백 명이 살상부대에 의해 살해되었고 이를 피해 서부 고지에까지 좌파 게릴라들이 숨어들었다. 과테말라 전역이 폭력에 휩싸였으며 내전의 공포가 온 나라를 뒤덮었다. 과테말라는 노동권만이 아니라 인권이 지구상에서 가장 취약한 나라로 전락했다. 이 과정에 원주민들의 삶은 말할 것도 없이 더욱 더 곤궁에 빠졌고 농촌지역 문화는 거의 완전히 파괴되었다.

혼란은 끝나지 않았고 가난과 범죄, 마약거래 등이 성행하면서 시민들의 불안정이 계속됐지만 인구는 폭발적으로 증가해 1950년 280만 명이던 인구가 1980년대 중반에 이미 850만 명에 달했다. 이렇게 되자 정부는 원주민들을 사람이 살지 않는 더 깊은 오지로 이주시키는 식민계획을 추진했으나 그곳에서 유전이 발견되자 다시 방향을 틀었다. 1996년 유엔의 중재 아래 성공적인 민주선거를 치룬 후 과테말라는 겨우 안정을 찾기 시작해 지금은 지속적인 경제성장을 이루고 있다. 그럼에도 과테말라는 인권 발전 지수가 아메리카 지역에서 최하위권에 머물러 있을 정도이고 주민의 1/4(약 460만 명)이 식량부족에 직면하는 등 시민들의 삶은 여전히 열악하다.

그럼에도 커피재배에 알맞은 자연조건에 힘입어 과테말라의 커피수출은 꾸준히 증가했다. 1945년 5만 1,300톤을 수출한데 이어 1955년에는 5만 8,400톤으로 늘어났고 1959년 8만 3,100톤으로 껑충 뛰었으며 1960년에는 10만 4,000톤을 수출하기에 이르렀다. 참고로, 1960년 브라질의 수출은 100만 9,100톤이었고 코스타리카는 4만 6,600톤을 수출했다.[60]

코스타리카의 '행복한 커피'

코스타리카의 커피생산에는 다른 무엇보다 정부의 역할이 결정적으로 이바지했다. 19세기 코스타리카 정부는, 농민이 5년 동안 휴한지에 커피를 재배하면 그 토지에 대한 소유권을 인정하겠다고 선언했고 실제로 이 약속을 지켰다. 그것은 경제부흥을 위한 조치인 동시에 소작농에게 무상으로 토지를 제공하겠다는 파격적인 '농지개혁'이나 다름 없었다.[61] 정부가 벌인 이 대대적인 캠페인은 농업 부문에서 일하는 많은 사람으로부터 당연히 커다란 환영을 받았고 많은 농민이 이때부터 그저 농사일을 한다는 의미에서의 '농부peasant'의 신분을 벗어나 자신이 소유한 토지에서 농사를 하는 '자작농farmer'으로 변신했다. 그 이래 코스타리카의 농장 기록과 커피생산자 조사가 커피생산 소농의 존재와 그 수가 코스타리카에서 얼마나 중요한지를 밝혀준 바대로, 코스타리

지도 8. 코스타리카와 니카라과

카는 소농 중심의 커피생산국이란 이름에 가장 잘 어울리는 나라가 되었다.62 독립과 함께 파나마운하를 이용한 수출항로를 확보한 후부터 점차 커피는 베네수엘라와의 경쟁에서 밀려 포기한 카카오를 비롯해 담배와 설탕 생산을 넘어서 코스타리카의 주요 세원으로 성장했다. 그 후 증기선이 도입되자 해운비가 낮아졌고 따라서 코스타리카 커피경작 농가의 소득이 높아졌다. 콜롬비아, 베네수엘라, 과테말라, 니카라과, 엘살바도르, 남부 멕시코 등 커피생산지로 철도를 확장하는 과정이 지체된 나라들에서 해운비의 하락은 수출의 확대에 결정적이었다.

코스타리카는 니카라과와 엘살바도르와 함께 소규모 가족 기반 커피 재배가 특히 발전한 나라이다. 대표적인 재배지역으로 1) 데삼파라도스 2) 타라주 3) 산토 도밍고 그리고 4) 산이시드로 등을 들 수 있는데, 커피농장에서 일하는 인구는 각 지역별로 1) 47퍼센트 2) 51퍼센트 3) 58퍼센트 4) 51퍼센트로 절반 이상의 인구가 커피경작에 종사하고 있었다.63 그 중에서도 타라주는 가장 바람직한 양질의 커피를 생산하는 지역으로 알려져 있다.

원래 산토도밍고에서는 공유지에서 옥수수와 콩을 재배했고 소떼를 키우는 농가가 부농에 속했다. 커피가 도입되면서 개인의 토지소유가 일반화되었다. 19세기 중반과 20세기 초 사이에 코스타리카에서 소규모 농가가 압도적으로 지배적인 토지소유 형태가 되었다. 산토도밍고와 산이시드로에는 1850년에서 1950년 사이 기간에도 여러 성씨의 가문들이 상호 관계를 맺고 살고 있었다. 커피재배로 지역 내 마을들이 번영을 누렸지만 그렇다고 누구나 그랬던 것은 아니었다. 어떤 가문은 특별히 영향력 있는 가문으로 성장한 데 비해 대부분 가문은 그룹의 기준에서 벗어난 가문으로 전락했다. 시간이 지나면서 커피재배 농가들 사이에 분화가 일어났던 것이다. 커피는 가족의 생계를 위한 농사이자 동시에 '사회주의적' 사업이어서 누구나 커피재배에 참여했지만 점차 성공한 부농들이 임금노동자를 고용했고 또 생두의 처리를 맡은 생두정제업자들 역시 경제적으로 앞서가기 시작했다.

그러자 커피재배업자와 생두정제업자 사이에 기본적인 대립이 나타났으나 1932년 재배업자기 정제업자에게 작물로 비용을 내고 두 그룹 사이의 신용대출 조건을 정하는 등 공존을 위한 조정이 이루어졌다. 1948혁명 이후 결정적인 변화가 일어났다.* 정부가 나서 커피재배에 자금을 지원할 국립은행을 설립하도록 하는 한편 생두정제업자가 아니라 생산자협동조합이 생두정제공장beneficios을 설립할 수 있도록 금융지원을 하고 필요한 제도를 정비하기 시작했다.64 이것은 1948년의 성공한 정치혁명이 커피생산 부문에서 이룬 최대의 성과였다. 정제업자들은 자신이 가진 정제공장의 역량을 배가하는 방법을 선택해 이에 대응했다. 그러나 결과는 예상한 대로 종래 그들이 처리하던 생두의 거의 2/3 가량을 생산자협동조합 공장에 빼앗기고 말았다. 1950년대에 중앙 계곡으로 이어지는 주변 지역들로 커피재배가 확산되었는데, 이것은 생산자들에 대한 정부의 지원이 이끌어낸 결과였으며 다른 한편으로는 정제업자들의 분화와 다변화를 이끌어낸 정확하고 주효한 자극제였다.65

* 1948혁명: 대통령 선거 결과를 두고 여당과 야당이 갈등을 빚고 있었다. 이 틈에 농장주로서 정부 비판으로 망명을 경험한 호세 피게레스 페레르Jose Figueres Ferrer가 무장봉기를 일으켰고 12월 1일 "병영을 박물관으로 만듭시다!"라는 구호를 내걸고 군대 폐지를 선언했다. 그의 제안은 내전으로 피폐해진 국민들로부터 지지를 받았고 야권의 대통령 후보였던 오틸리오 울라테 블랑코 Luis Rafael Otilio Ulate Blanco가 집권한 후 헌법 제 12조에 "항구적 조직으로서 군대는 금지한다"라고 명시하는 결과를 얻었다. 이후 코스타리카는 군대가 없는 나라가 되었으며 이때부터 민주주의가 공고해지고 안정을 되찾았다. 이 과정을 '1948 혁명'이라고 한다.

한편 임금노동자를 고용할 정도로 부유한 대농들은 25 내지 100만 사나manzana(1 만사나는 0.7헥타르)의 토지를 소유해 커피를 재배하는 사람들이었는데, 처음에는 이들 역시 농장 안에 생두정제를 겸하고 있었으나 점차 커피재배에 집중하기 시작했다. 그들이 커피재배만으로 사회적 지위를 유지할 수 있었던 것은 은행 대출에 의존하지 않았기에 가능했다. 그렇게 함으로써 설사 수확량이 적을 때에도 빚쟁이로 전락하지 않을 수 있었기 때문이다. 그들은 커피재배 외에 다른 작물을 동시에 경작하기도 했고 유산 기록이 보여주는 바대로, 고가의 사치품을 거의 소비하지 않았다.⁶⁶ 1890년 이후에 사용한 재봉틀조차 "사치품"으로 여길 정도였다. 생산업자들은 커피수확을 비롯한 작업을 직접 감독했고 수확기에는 여성과 어린이를 포함한 친족을 작업에 동원하기도 했다. 그러나 이 그룹의 규모는 점차 줄어들었다. 1955년 6백 가구 중 43개 가구만이 수확기에 20명 이상의 노동자를 고용했다.

커다란 변동을 경험하게 된 그룹은 소규모 커피농가들이었다. 이들 중에는 이주민의 자금을 끌어들인 사람도 있었고 새로운 상황에 아무런 대응을 하지 못한 채 자급자족에 만족하는 사람도 있었다. 그들 가운데 많은 생산농가가 좀 더 큰 농장에 흡수되거나 임금노동자로 전락해 소멸했다. 토지를 소유하지 못하거나 잃어버린 가난한 친척이나 이웃 사람들 역시 대규모 농장의 커피재배에 투입되었다.

1927년 산토도밍고 남성의 직업을 예로 들면, 노동자가 62퍼센트를 차지했고 자작농이 21퍼센트, 꽤 큰 규모의 토지를 가진 고용주가 17퍼센트를 차지했다.⁶⁷ 30년이 지난 1955년의 커피생산 농가의 규모를 보면 약간의 차이를 보인다. 전체 커피생산 농가 가운데 경작 규모가 3만사나 이하가 65퍼센트로 가장 많았고 3.1-10만사나를 가진 농가는 28퍼센트, 그리고 10.1-20만사나를 소유한 가구는 4퍼센트, 그리고

20.1만사나 이상의 커피경작 농지를 가진 사람은 2퍼센트에 지나지 않았다.[68] 10.1-20만사나를 경작하는 견실한 생산농가가 상대적으로 줄어들었다는 것을 쉽게 알 수 있다.

1948년 이후 코스타리카 정부는 커피생산자들의 조합운동을 지원했고 이것이 커피경제에서 '가족영농' 모델을 강화했다는 것에는 여러 연구가 동의한다. 또 생산자조합의 정제 및 마케팅 구조가 개인 자본을 대체한 것도 분명한 사실이다. 그러나 생두정제업자와 커피생산자 사이의 갈등을 해결하는 데 이런 개혁이 대단히 성공적이었음에도 불구하고 또 다른 사회적 갈등을 야기했다는 점 역시 분명하다. 새로운 사회적 갈등이란 이제 국가의 지원을 통해 집단적으로 자본을 획득한 생산자와 계절 임노동자 사이의 갈등이었다. 가족영농 생산자들은 그들 상품의 수확을 위해 점차 더 많은, 그리고 점점 더 빈곤해지는 계절 임노동자를 필요로 했다. 생산자조합의 부유한 회원들이 점차 국가와 조합의 커피정책을 지배하는 상황이 전개되었다. 그리고 그들 자신이 점점 더 보수적으로 변했고 자본의 이익과 조합의 특권을 방어하는 입장에 서게 되었다.[69]

코스타리카 커피생산에 어느 집단이 더 많이 기여했는지를 따지기는 어렵지만 코스타리카의 커피수출은 꾸준히 증가해왔다. 1870년 처음으로 1만 톤을 넘겨 1만 1,560톤의 커피를 수출한 코스타리카는 1901년 1만 6,570톤을 수출했고 1930년 2만 3,500톤으로 수출량을 늘렸으며 1948혁명 10년이 된 1958년에는 4만 6,200톤으로 수출량을 높였고 1960년에도 4만 6,600톤의 커피를 수출했다.

이런 성장에 힘입어 커피생산자 그룹, 특히 부유한 생산자들은 일정 부분 사회적 책임을 다하려고 노력했다. 그들은 가난하던 코스타리카 경제를 변화시켰고 근대화에 이바지했다. 커피생산으로 얻은 수익을 철도 건설에 투입하여 이 나라를 대서양 해안에 연결하는 데 한몫을 담당했다. 외국에서 공부하고 싶은 젊은이들에게 장학금을 지원해 준 것도 이 나라가 고등교육을 받은 노동력을 풍부하게 확보하는 데 도움을 주었다. 수도 산호세의 국립극장 역시 그들의 자금 지원으로 건설되었다.

그럼에도 불구하고 1948혁명 이후의 개혁이 가족영농 생산자들 중에서 몇몇 생산자를 쁘띠 부르주아지로 성장시키고 강화하는 데 이바지했을 뿐 임노동자들의 삶의 질을 개선하지는 못했다는 비판이 제기되고 있고 이 비판이 전혀 터무니없는 것은 아니다. 1955년 산토도밍고의 커피경작 규모가 작은 농가가 오히려 증가했다는 것은 이런 사실을 보여주는 한 사례이다. 커피생산자협동조합 운동은 1948년 내전과 혁명의 가장 두드러진 성과이자 유산의 하나이다. 생두정제업자가 아닌 커피생산자의 지위를 강화했다는 점에서 그것은 분명히 승리였지만 그 승리가 생산자들 사이의 사회적 분화를 가속화했고 부유한 생산자들 그룹에 혜택을 몰아주었다는 점에서는 여전히 과제를 남겼다.

코스타리카는 이미 근대화된 사회로서 근대화의 문제를 극복해야 하는 과제를 앞에 두고 있다. 여기에서 커피생산이 어떤 역할을 할 수 있을지 관심을 가져 볼 일이다. 지금까지의 역사로 보건대, 코스타리카가 커피생산자의 권리를 보호해 왔다는 점에서 코스타리카 커피는 다른 어느 나라 커피보다 '행복한 커피'라고 말할 수 있다. 그러나 이 평가는 특정 시기까지일 따름이고 앞으로 이어질 변화만이 이런 평가의 정당성 여부를 판가름해줄 것이다.

4. 여성 커피노동자의 삶

1980년대가 오기 전까지 커피에 관한 역사 연구는 커피생산에 투입된 노동력이 압도적으로 남성이었다는 시각을 유지해왔다. "가정"과 "젠더"에 관심을 두지 않는 이러한 방법론으로는 세 가지를 관심대상에서 제외한다. 첫째로 노동자 역시 지주와 마찬가지 가정윤리를 가진, 친족관계에 짜 맞추어진 존재로 관찰된다. 그 결과 '가정'이라는 관념과 목표 그리고 실천이 노동착취 전략을 형성하는 데 핵심적 역할을 하고 노동자들의 노동시장 참여와 경제 및 정치적 행위에서도 중요하게 작동한다는 사실을 도외시한다. 둘째로 오로지 생산에만 관심을 둘 뿐 경제외적 착취의 숨은 원천인 사회적 재생산 부문을 논의에서 제외한다. 이를테면 가정의 가치 및 특히 여성과 어린이의 노동이 축적에 이바지하는 여러 방법에 대해 관심을 기울이지 않는 결과를 낳는다. 셋째로 노동과정에서 이루어진 여성의 경험을 아예 생략한다.[70] 그러나 다행스럽게도 1980년대 이래 활발해진 여성운동의 영향 아래 나타난 새로운 연구들은 젠더에 눈을 감은 종래의 편협한 시각을 바로잡는 일에 도전하였다.[71]

라틴아메리카 커피경제에서 젠더 관계는 커피생산의 성격과 가부장제 문화에서 형성된 것이었다. 커피의 수확은 한꺼번에 커피 체리를 따고 분류하는 수고스러운 노동과정이었고 지금도 그렇다. 많은 곳에서 어느 시대에나 이 생산과정은 여성과 어린이의 작업이 되었다. 그들의 "재빠른 손놀림 nimble fingers * "이 커피 체리 수확과 분류에서 성인 남성

---

* '재빠른 손놀림'은 생물학적으로 타고난 것이 아니라 역사적으로 형성된 것이다.

보다 단시간에 더 많은 성과를 낸다는 점이 부분적으로 작용했고 그럼에도 그들을 저임금으로 부릴 수 있다는 점이 또 다른 이유였다.[72] 여기에 덧붙여, 지역에 따라 다양하기는 하지만 라틴아메리카 전 지역에 널리 퍼져있는 가부장적 문화와 이데올로기가 커피생산 지역에서 더 교묘하게 작동하고 있어서 그들을 노동과 일상에서 부리고 이용하기에 더 용이했기 때문이었다. 이 책에서 젠더 문제를 포괄적으로 다루는 것은 무리라고 여겨 커피플랜테이션의 여성 노동자들의 상황을 다소 구체적으로 들여다보는 것에 만족하기로 한다. 여성 커피노동자들의 상황이 지역에 따라 달랐다는 사실을 서로 비교하기 위해서 니카라과의 디리오모Diriomo와 멕시코 베라크루스Verakruz, 두 지역을 선택했다. 이 지역들에서 커피노동은 여성에게 전혀 다른 결과를 가져왔다는 점에서 관심의 대상이다.

니카라과 여성의 족쇄가 된 커피

니카라과도 과테말라와 마찬가지로 농촌 주민들에게 커피플랜테이션에서 노동할 것을 강제했다. 과테말라는 대부분의 노동자들을 국가가 강제 징집한 데 비해 니카라과는 채무를 진 농민들만을 그 대상으로 삼았는데, 커피농장 노동이 비록 강제는 아니었지만 빚쟁이가 된 농민들에게는 벗어나기 어려운 족쇄였다. 커피재배업자들은 일반적으로 임금을 미리 현금으로 지불했다. 이는 농부들의 빚이 되어 수확기 내내 혹은 그 이상의 기간을 농장에서 일해야만 하게 만들었고 임금이 시장가격보다 낮았기 때문에 채무를 벗어나기란 매우 어려웠다. 채무자에게 적용되는 강제노동법, 재배업자의 권력 그리고 농민들의 지속적인 빈곤화가 상호작용을 일으키면서 재배업자의 가부장적 지배를 강화했다.(지도 8. 코스타리카와 니카라과 참고)

디리오모는 니카라과에서 최초로 커피를 재배한 지역의 하나인 그라나다Granada 지방에 속한 한 자치단체였다. 디리오모는 메세타 데 로스푸에블로스의 여러 커뮤니티 중 하나인데 이 지역은 그라나다, 마나구아, 카라소 그리고 마사야 등의 커피생산 지역에 바로 맞닿아 있었다. 커피플랜테이션이 발전한 디리오모에서 1880년부터 1915년까지 10살에서 55세 사이 주민의 약 52퍼센트가 채무노동자였다.[73] 디리오모에서 채무노동자의 가족으로 살았던 여성의 이야기는 여러 가지 점에서 니카라과의 대규모 커피농장들과 농민 커뮤니티들에서 살았던 여성의 역사라고 할 만큼 전형적인 가부장적 여성 지배의 모습을 드러내준다.

니카라과의 채무노동자들의 존재는 농촌 자본주의의 선구자라기보다 오히려 방해자였다. 1870년부터 1950년에 이르는 80년 동안 커피재배업자들은 젠더에 따른 권리, 의무, 특권 그리고 강제 등 복합적인 요소들을 통해 농민들의 노동력을 착취했고 이는 자유임노동의 출현을 방해하고 있었다. 채무노동자 가정의 여성들에게는 이중의 가부장적 지배가 관철하고 있었다. 하나는 상급자가 아랫사람에게 행사하는 위로부터의 가부장적 지배였고 다른 하나는 아래로부터의 가부장적 지배, 다시 말해서 가족 내부에서 행해지는 가부장적 지배였다.

1870년대 디리오모에서 위로부터의 가부장제와 채무노동은 상대적으로 새로운 것이었다. 커피가 들어오기 전 디리오모 사람들의 일상생활은 기본적으로 지역에 전래하는 마을공동체의 규칙에 따라 이루어졌다. 물론 마을공동체는 젠더와 관련해 완전히 평등하지는 않았으나 그 불평등의 구조는 스페인 출신-원주민 혼합문화의 그것과 달랐다. 커피가 들어와 디리오모의 풍경과 사회를 바꿔 놓기 전까지 원주민공동체에서 작동한 가부장적 권위의 시스템은 부차적인 정도에 지나지 않았다. 그러나 커피생산이 시작되면서 디리오모 공동체의 규칙은 쇠퇴하고 가부장주의가 재배업자와 채무노동자 관계에서 중심을 차지했다. 커피생산 노동수요가 높아짐에 따라 재배업자, 국가 그리고 채무자 모두 각기 다른 방식으로 가부장적 전통을 강화하는 방향으로 움직였다.

위로부터의 가부장제는 채무자의 법적 의무를 명문화함으로써 제도화하였다. 재배업자의 권위가 농민들 위에 있다는 것, 농민들의 복종을 명할 재배업자의 권리, 재배업자가 채무노동자를 보호하겠다는 약속 등이 재배업자와 채무노동자 사이의 계약에 명문화되었다. '폭력과 보호'라는 가부장제의 이중적 성격이 채무노동의 계약 문건에 분명히 드러났다. 채무노동자는 그들의 보호자가 만든 모든 관행과 관습에 무조건 복종해야 하고 다른 한편으로 보호자는 채무노동자와 농장의 일꾼에게 구원자가 되겠다고 약속했다.[74] 채무노동자, 재배업자 그리고 국가는 오랜 법과 관습을 새로운 관계를 정당화하기 위해 재해석했고 그 해석의 핵심은 가부장적 지배의 강화였다.

임금을 제대로 받지 못한 채무노동자들이 재배업자를 고소하면 재배업자들은 임금을 준 것은 물론이고 음식을 제공했고 병들었을 때 돌보았으며 장례에 도움을 주었고 이외에도 때로 보시를 행했다고 항변했다. 재배업자들은 보호 의무를 다하지 않았다는 비난을 피하기 위해 농장과 무관한 국가의 노동법을 끌어와 자신을 옹호하곤 했다. 그러나 1990년대 중기에 채집한 구술사口述史는 전혀 다른 사실을 보여주었다. 1940년대까지 커피농장에서 채무노동자로 일한 사람들은 자신의 부모 세대와 가족 그리고 친지들이 커피농장에서 경험한 여러 종류의 체형을 생생하게 증언해주었다. 때로 과장이 섞여있다손 치더라도 반복되는 증언을 역사에서 모두 제외하기는 불가능한 수준이었다. 하지만 재배업자들의 잔혹한 처벌에 대응하여 채무노동자들이 범죄를 저질렀다는 기록은 전혀 찾아볼 수 없었다.[75]

남성 상급자와 아랫사람 사이의 권력관계는 남성과 여성 사이의 젠더 관계에 고스란히 반영되었다. 커피재배업자들 가운데 자신의 농장에서 일하는 여성들과 소녀들이 자신에게 성적 응대를 제공하는 것을 의무로 보거나 바라는 일이 드물지 않았다. 재배업자의 성적 특권 문제가 그 자체로서 재배업자와 채무노동자의 법적 다툼의 대상이 되는 일은 드물기는 했지만, 채무노동자의 아내와 딸이 노동법을 어겼다고 고발당했을 때 변론 과정에 채무노동자가 보호자의 성적 관행을 털어놓는 일은 흔했다.[76] 그것이 소송의 대상이 되지 않았던 것은 남편이 법정에서 증언과 증거를 통해 아내와 딸이 겪은 일을 공중 앞에 자세히 들추어내기를 원치 않았기 때문일 따름이었다. 한 가지 덧붙일 것은, 디리오모의 법정에서 증언이 허용된 사람은 오직 과부들뿐이었다는 사실이다. 다른 여성들은 아버지, 남편 그리고 보호자가 대신해서 발언하도록 규정돼 있었다. 대부분의 여성이 공적으로 목소리를 내지 못했다는 것이 채무노동자의 아내에게 가한 재배업자의 성적 폭력이 고소의 대상이 되지 못한 또 다른 원인이었다.

위로부터의 가부장제는 아래로부터의 가부장제에 의해 뒷받침되고 있었다. 다른 무엇보다 남성 농민이 아내와 딸을 대신해 노동계약을 체결할 수 있는 권리를 가지고 있었다. 이는 부분적으로는 여성의 플랜테이션 노동의 참여가 새로운 농업 노동법에 의거하고 있었기 때문에 현실이 될 수 있었다. 니카라과의 전통적인 농업 노동법에는 여성을 강제 노동에 동원할 근거가 없었다. 그러나 1885년과 1910년에 발효된 노동법은, "500페소 이하의 재산과 소득을 갖고 있는 16세 이상의 모든 사람은 남성이든 여성이든, 보호자에게 노동을 제공함으로써 스스로를 부양해야 한다"라고 명시하고 있었다.[77] 이 노동법의 젠더 성격은 가난한 여성으로 하여금 플랜테이션에서 노동할 수 있고 동시에 노동해야 한다고 명령하고 있었다. 말하자면 강제노동이 평등하게 적용되어야 한다는 법이었다. 여성 강제노동의 법제화는 농촌의 재산과 관련해 남성 농민의 가부장적 권위와 결합하여 여성과 아동에 대한 남성의 보호를 지원했다기보다 플랜테이션 부문에서 남성이 아내와 아동에게 노동을 할당하는 관행을 더 용이하게 만들었다.

농민 가정은 커피를 수확하는 전형적인 노동 단위였고 당연히 가장이 가족이 받아야 할 현금과 임금을 받았다. 채무노동자가 노동 의무를 이행하지 않았다면 그 책임을 가족 전체에게 지울 수 있었고 빚의 청산 의무 역시 마찬가지였다. 가족 중 한 사람이 책임 노동량을 다하지 못한 경우 그 노동은 다른 가족 구성원에게 전가되었다. 가족 채무노동은 수많은 여성과 아동을 부자유 노동 시스템에 묶었다. 농민 가구는 생산과 소비의 한 단위로서 니카라과의 고전적 모델이었고 커피농장 노동에서 가장의 권위를 강화했다.

예컨대 1905년 어떤 남편은 농장에서 노동을 제공하기로 하고 20페소의 현금을 미리 받았다. 이때 그의 아내는 다음과 같은 문서에 서명해야만 했다.

> 이 계약에 남편이 서명했으므로 나는 나의 노동으로 이 금액 전부를 되돌려 드리겠고 남편이 받는 다른 보조금에 대해서도 커피농장의 주인님께 되갚아 드릴 것을 서약합니다.[78]

하지만 아내는 남편의 허락 없이는 노동계약을 맺거나 현금을 받을 수 없었다. 디리오모의 농민 가구는 경제적으로 파산의 지경에 빠지는 일이 많았고 이때 딸들이 제일 먼저 일자리를 찾아 나섰다. 그들은 집안일을 맡거나 저임금에 장시간 노동하는 이른바 '착취공장'에서 일하게 되었다. 여기에서도 연장자인 남성이 알맞다고 여기는 대로 노동을 분배하는 역할을 했다. 결국 라틴아메리카 다른 지역에서 대체로 그랬듯이 니카라과의 여성 노동자는 노동에 대한 결정권이 없이 주어진 일을 그저 받아들여야만 했다.

그럼에도 디리오모에서 커피가 가져온 혁명적 변화는 남성 가장의 지위를 뒤흔들었다. 1882년 원주민 부락 전체 가구의 40퍼센트가 여성 가장 가구였다. 이것은 1세기 전에 비해 결혼이 적었다는 것을 나타내는데, 1776년 성인 인구의 31퍼센트가 독신가구였던데 비해 1883년에는 약 51퍼센트가 독신가구였다.[79] 여성이 점차 남성의 가부장적 지배를 벗어나 독립을 선택한 결과였다. 이것은 커피혁명, 채무노동제 그리고 가부장 농민가구의 해체 사이에 상호관련이 있다는 것을 분명하게 보여준다.

채무노동의 젠더 성격이 여성의 경제적 의존과 여성의 재산, 노동 그리고 성에 대한 남성의 통제 사이의 연결을 오랫동안 뒷받침하고 있었다고 할 수 있다. 많은 채무노동자가 여성과 아동이었다는 사실, 그리고 디리오모 가구의 거의 40퍼센트가 여성이 가장인 가구였다는 새로운 현상은 채무노동제의 발전과 농민분화과정에 가부장적 권력이 매우 중요했다는 것을 보여주는 것으로 가부장제의 이중적 성격이 니카라과의 대규모 커피농장에서 노동관계의 성격과 그 존속에 이바지했다는 것을 반증한다.

멕시코 여성의 용기가 된 커피

멕시코 중앙 베라크루스 고지의 도시들 역시 수출을 위한 커피콩의 내피 분리, 건조, 분류 및 선별에 여성과 아동의 노동을 필요로 했다. 과거에는 이 멕시코 여성 노동자들이 억압적인 노동 조건, 저임금, 젠더 분리 그리고 일터에서의 주변화 등에 맞서 저항할 줄 모르는 수동적인 존재로 여겨졌다. 그러나 커피선별 작업에 참여한 여성들의 구술사는 공식기록의 불완전하고 파편화된 이미지와 달리 여성들이 다양한 일터 커뮤니티를 형성했던 것으로 드러났다. 커피선별 공장의 여성 노동자들이 집단기억을 통해 전체 역사에 연결할 여러 근거를 제공했기 때문이다.(지도 7. 과테말라와 멕시코 참고)

20세기 초 10년 중앙 베라크루스의 코르도바Córdoba 커피 가공공장은 420명의 여성과 123명의 남성을 고용하고 있었다. 남자 1명당 여성이 거의 4명꼴이었다. 이웃 도시 오리사바Orizaba에도 340명의 여성 선별노동자가 고용되어 있었고 코아테펙Coatepec에도 200명이 일하고 있었다. 1920년대 중반 제2 커피붐이 일었을 때 코르도바 공장에서 일하는 여성 선별노동자는 500명이 넘었다. 코르도바의 가장 큰 건조공장들에서는 5명 내지 열 명의 남성 노동자를 고용하고 있었는데 기계를 운영하는 기술공이거나 비숙련 임시직 노동자들이었다. 이에 비해 여성 노동자는 각 공장에서 남성의 7배 혹은 10배로 많았다.

20세기 초반 생두정제공장의 노동은 멕시코의 다른 산업노동과 마찬가지로 두 요소에 의해 작동하고 있었다. 가부장제와 젠더에 따른 분업이 그것이었다. 커피농장의 외부 작업은 힘이 센 남자들이 주로 맡았고 기계를 다루는 것도 남자들의 몫이었다. 그러나 커피콩의 세척과 분류는 언제나 여성의 일이었다. 어느 여성 노동자의 기억을 따라가 보자.

> 공장은 대단히 컸다. 그곳에 임시직을 포함해 600명에서 800명의 여성이 함께 일했다.(…)
> 한쪽에 끝이 막혀있는 10개의 테이블이 놓여있고 다른 편에 6개나 11개의 테이블이 놓여 있었다. 옆에는 저울이 있어서 다 가린 커피콩

을 계량한 다음에 경사면에 커피를 밀어 넣으면 통로로 커피가 내려 갔다.(…)남자 노동자들은 버려야 할 커피가 내려가는 통과 깨끗한 커피가 내려가는 통을 나르느라 왔다 갔다 했다.[80]

선별노동자의 임금은 미국의 로스팅 기업 아버클사가 1926-27년 시즌에 지급한 임금을 기준으로 하루 80에서 100페소로 당시 농촌 노동자가 60-100페소를 벌었으므로 같거나 혹은 더 높은 수준이었다.[81] 초기에는 여성에게 일은 가족의 생계라는 목적을 위한 수단에 지나지 않았으나 남성에게는 가족의 생계를 위한 수단인 동시에 가장으로서의 젠더 정체성을 구성하는 가부장제의 도구였다는 점에서 여성의 우위에 설 수 있는 도구이기도 했다. 그래서 남성은 여성의 선별작업을 하찮게 여겼다. 그러나 여성에게 작업장에 나가는 것은 여러 면에서 커다란 의미를 지녔다. 여성에게 일은 "가장 좋은 남편"이었다.

수백 명의 여성이 바로 옆에 붙어 앉아 여러 시간 단조로운 일을 하는 선별작업장은 남성의 온정주의적 권위를 파괴하고 싶다는 욕망을 일으켰다. 여러 여성의 경험이 전하는 바대로, 커피선별 여성 노동자는 작업장에서 온정주의적 훈육에 저항할 기회와 자신의 개인성을 확인할 기회를 가졌다. 작업장에서 일한다는 것은 가정을 벗어나 하루 중 대부분의 시간을 다른 사람과 아주 밀접한 관계를 맺으면서 보낸다는 것을 의미했다. 동료, 관리자 그리고 작업장 소유주 등과 생소하지만 새로운 관계를 갖게 되었다. 동료 사이 관계는 특별했다. 집단기억에 따르면, 여성 선별노동자들은 가정과 다른 대안의 커뮤니티를 창조하고 있었다. 함께 노래 부르기, 가족 문제와 남자친구 문제의 상의 등을 통해 그들은 일상생활의 경험에 기초한 여가문화와 남다른 동료의식을 발전시켰다. 지속적으로 연대의식을 발전시킨 결과 커피선별 여성 노동자들은 길고 복잡하게 전개된 멕시코혁명 시기(1910-1940)와 혁명 이후에 노동조합운동을 펼칠 수 있었다. 혁명 전후의 혼란이 베라크루스의 커피농산업 부문에서 1915년과 1931년 사이 노동자들을 노동조합운동에 동원할 기회를 열었다. 커피선별 노동조합이 이 16년 사이에 센트럴 베라크루스의 5개 주요 커피도시에서 등장했다. 그 중에서 코르도바의 노동조합이 규모에서 가장 컸을 뿐 아니라 여성의 주장을 위해 싸울 수 있는 가장 잘 조직된 노동조합이었다. 어느 노동조합이든, 소비 및 수출 산업에서 여성 노동자들을 조직해내려고 한 아나키스트와 아나키즘 노동조합주의자들의 노력이 커다란 역할을 했다. 그들은 개혁적 입헌주의자들보다 훨씬 더 확고하게 노조가 여성 노동자들에게도 중요하다고 믿었다. 1915년에 이미 코르도바, 오리사바 그리고 살라파의 커피선별노동조합은 노동 감독관의 도움과 국가의 암묵적인 지원을 등에 업고 집단 노동계약을 조율할 수 있는 지위로 발전했다.

베라크루스 커피 선별노동자들의 동원은 젠더 차원을 포함하고 있었다. 조직을 향한 여성들의 동기는 남성 노동자들보다 더 강하게 그들의 가정과 공동체의 보존과 연결되어 있었다. 이 기간 동안 여성 노동자들은 스스로를 노동자로 그리고 노동력으로 보는 관점으로의 이행을 드러내 보이고 있었다. 처음 그들은 다른 무엇보다 생계임금을 위해 투쟁했다. 그러나 1929년이 되면 그들은 남자들이 그들의 조합에 간여하지 말기를 바랐고 더 이상 남자들에게 조언을 구하지 않았다. 1920년대 코르도바에서 여성 선별노동자들은 '여성의 권리'를 모토로 삼아 싸웠다. 그들은 또한 정치적 자율성을 위해 투쟁했으며 남성 노동자들보다 일찍 집단계약을 쟁취했다. 그들은 자신들의 대표를 선발해 남성 노동감독관의 도움을 받기는 했지만 연방정부와 주 정부의 관리들에게 탄원서를 썼고 때로는 멕시코의 혁명을 지향하는 국가에 대한 충성심과 조합의 종교정책을 보여주기 위해 보수적인 가톨릭 여성노동조합을 공격하기도 했다. 다시 말하면, 국가가 남성 노동자와 마찬가지로 여성 노동자의 노동권을 보장하기 위해 개입하자 여성의 젠더 정체성과 혁명적 국가는 서로 도움을 주고 있었다.

이는 그 이후의 노동조합운동에서 다시 한 번 확인되었다. 1930년대와 1940년대 노동조합에 가입한 여성 선별노동자의 수는 베라크루스 5개 주요 커피도시에서 베라크루스의 면직 및 의류공장에서 일하는 여성의 수와 같은 수로 증가했다. 1930년대 중반 5개 커피도시들에 있는 22개의 생두정제공장에는 노조에 가입한 여성이 2,942명에 이르렀다.[82] 이 여성 중 상당수가 중년의 가장 역할을 하는 사람으로서 집 밖에서 일하는 여성 대부분이 독신일 것이라는 선입견과 달리 그들은 여러 식구를 부양하고 있었다. 그들이 받는 임금은 시골 여성 노동자보다 많았고 서비스부문에서 일하는 비조합원보다 많았다.[83] 여성 선별노동자들의 집단기억에 따르면, 그들은 아내와 어머니로서의 정체성에 더해 뚜렷이 여성 노동자로서 정체성을 갖고 노동에 임했고 삶을 꾸려가고 있었다.

5. 아프리카의 커피생산, 쇠퇴와 재성장

라틴아메리카의 커피생산자들이 19세기 후반부터 대대적인 성공을 거둔 것과 달리 아프리카의 커피생산은 이 시기에 정체와 쇠퇴를 겪었다. 1830년대까지만 해도 아프리카와 아시아를 합하면 전 세계 커피수출량의 약 1/3에 달했고 1860년대와 1870년대에도 대체로 그 정도를 유지하고 있었다. 그러나 이 비중은 점차 줄어 1913년에는 1/20가량으로 축소되었다. 물론 아프리카는 아시아와 비교하면 상대적인 의미에서 다소 덜하기는 했지만 축소된 것만은 확실했다.

세계 커피생산은 커피가격의 실질적 인상에 따라 증가해왔다. 1840년대 말부터 최고 정점에 이른 1870년대 초반까지 세계 커피가격이 거의 꾸준히 상승해 커피는 전 세계 어디에서나 열대·아열대 커피농부들에게 "기적의 작물"이었다. 그러나 1880년대 급격한 하락이 찾아왔고 약간 반등했다가 1900년대 들어 서서히 오르기 시작할 때까지 지지부진한 상태에 빠져있었다.

커피가격이 하락하는 시기를 맞아 수출을 중단하는 나라도 있었고 국내 소비를 늘려 하락부분을 상쇄해 보려는 노력도 있었다. 그러나 아프리카의 말라위처럼 이 작물에 경험이 부족한 나라들 가운데 몇 나라는 가격이 올랐을 때 수출에 나섰다가 가격 하락기가 도래하자 커피생산을 포기했다. 그럼에도 장기적으로 커피수출을 계속한 나라들도 있었는데, 동아프리카의 마다가스카르와 앙골라 등이 이런 곳에 속했다.

현재 에티오피아는 세계 5대 커피생산국이고 코트디부아르, 카메룬, 우간다, 케냐, 탄자니아, 르완다, 부룬디, 콩고, 마다가스카르 등이 아프리카에서 생산량이 많은 나라에 속한다. 그러나 19세기 말 아프리카의 커피생산은 쇠퇴를 면치 못했고 20세기에 접어든 후에야 회복세를 보이기 시작했다. 먼저, 19세기 말 아프리카는 왜 커피생산의 쇠퇴를 겪었을까?

19세기 말 커피생산의 쇠퇴

19세기 말 아프리카의 커피생산이 쇠퇴를 면치 못했던 것에는 여러 가지 원인이 복합적으로 작용했다. 세금, 가격, 품질, 경작 규모, 토지의 부족, 경작 방법, 노동력과 자본의 부족 그리고 다른 작물과의 경쟁력 등등을 그 원인으로 지목해왔다. 이런 원인들 가운데 중요한 하나는 균류가 일으킨 커피녹병이었다. 이 병은 아시아의 스리랑카에서 발병해 1914년에 카메룬과 서아프리카까지 번졌다. 그러나 그 영향은 지역에 따라 달랐다. 앙골라와 에티오피아의 수출은 증가했고 라이베리아는 일시적이지만 붐을 경험했다. 반면 말라위는 잠정적으로 커피재배를 포기했으며 코트디부아르도 그 영향을 벗어나지 못해 1920년대까지 기껏 주변 수출국으로 남았다.

커피녹병의 영향은 아시아보다 아프리카에서 상대적으로 적었다. 그것은 아프리카에는 커피재배에 알맞은 숲으로 둘러싸인 토지가 아시아보다 더 풍부했기 때문이다. 아프리카 내에서도 특히 동부와 중앙아프리카가 녹병의 침해에 잘 견딘 것은 이 지역에 산재한 풍부한 숲과 토지가 커피재배에 새로 이용되었기 때문이다. 특히 고도가 높은 곳과 건기가 있는 지역들이 잠재적인 위협에 더 잘 견뎠고 커피수확에 커다란 피해를 입지 않았다.[84] 커피건조기와 건기가 맞아떨어지는 곳에서는 햇볕에서 저렴한 가격으로 건조를 마칠 수 있었다. 같은 아프리카라 하더라도 서아프리카에는 숲으로 된 토지가 많지 않았고 또 습도가 훨씬 더 높아 커피보다 오히려 다른 작물의 재배에 적합했다.

19세기 말부터 커피재배에 알맞은 지역들로 철도가 연결되었다. 영국과 독일이 점령한 동아프리카의 내지로 철도가 달리기 시작하고 또 빅토리아 호수에 증기선이 진수하자 그 나라들이 개척한 커피재배지들에서 수출이 전보다 더 효율적으로 이루어졌다. 앙골라와 에티오피아의 커피수출의 확대는 철도를 통해 성장을 이룩한 좋은 사례들이었다.

그렇다면 위기를 맞아 나타난 대농장 소유주들의 커피재배 포기는 어떤 영양을 미쳤을까? 대농장 소유주들은 경제 위기를 맞으면 커피 같은 열대성 연작작물을 포기하려는 경향이 강한 기회주의적 생산자였다. 게다가 노동력의 충당이 커다란 문제였다. 대농장 경영의 전통적 방법으로 아프리카에서는 강제노동을 이용해왔다. 그러나 19세기를 맞아 강제노동에 반대하는 국제적 압력이 점차 고조되었고 앙골라와 상투메의 커피재배를 뒷받침하던 노예제가 심각한 인권침해로 지목돼 마침내 1910년대 초 노예제를 폐지할 수밖에 없었다.

상황이 이렇게 변하자, 대농장이 그 지역 커피의 대부분을 생산하는 곳에서는 유럽에서 오는 지원이 농장의 유지에 대단히 큰 몫을 차지하게 되었다. 그런데 그 지원이 유럽인 거류경작자와 달리 원주민들에게는 눈에 띄게 차등적으로 지급되거나 아예 중단되었다. 이런 조치의 가장 두드러진 피해 사례는 케냐에서 나타났다. 케냐에서 아프리카 원주민들은 화이트 고지의 대규모 경사지를 잃게 되었고 심지어 아라비카종 커피의 생산을 금지 당했다.[85]

많은 대농장주가 커피재배를 포기하는 사태가 일어났다. 그렇다고 이것을 아프리카 전체 커피생산 쇠퇴의 주요 요인으로 보기는 어렵다. 왜냐하면 대규모 농장주들 대신 소규모 재배업자들이 커피재배를 넘겨받았기 때문이다. 독일 플랜테이션 회사가 커피재배를 포기했을 때, 아프리카의 소농들 그리고 이탈리아와 그리스의 소규모 재배업자들이 산간 후배지로 몰려들었다. 우간다에 철도를 건설하고 빅토리아 호수에 증기선을 진수한 것이 야생 로부스타의 수확을 포함해 커피경제의 진전을 자극하였다. 19세기에 걸쳐 레위니옹 섬에서도 소농들이 점차 커피경작을 넘겨받았다. 라이베리아의 아프로-아메리칸 거주자들이 그들의 땅을 팔거나 아니면 그냥 숲으로 되돌리자 전에 농장에서 일하던 많은 노동자가 커피생산을 넘겨받았다. 1946년 코트디부아르에서도 프랑스인들이 강제노동을 철폐하자 유럽인들의 플랜테이션이 망했는데, 대신 아프리카인 소농들이 그 빈틈을 차지했다.

한편 강제노동은 커피재배를 기피한 한 원인으로 작용했다. 콩고에서 시도한 강제노동에 의한 커피경작이 실패로 돌아간 데 이어 에티오피아에서도 야생커피의 강제수확은 수십 년간 커피경제의 지지부진한 결과를 낳았으며 생산량의 저조를 가져왔다. 독일의 지배(1890-1916)가 끝난 후 탄자니아를 넘겨받은 영국은 하야^{Haya}족에게 커피재배를 강제했으나 1920년대 커피 붐이 일어난 황금기에조차 원주민들이 이 작물에 다시는 눈길조차 돌리지 않는 결과를 낳았을 뿐이었다.

커피가격의 변동은 때로 생산에 커다란 영향을 미쳤으나 이보다 국가와 정부의 정책이 개별 국가의 생산에 커다란 영향을 미쳤다. 특히 프랑스, 영국, 독일 등 제국주의 국가들은 아프리카 커피생산에 직접 개입했다. 이 정부들은 원주민 가운데 식민종주국과 이해를 같이하는 사람들 및 유럽 거류민들이 토지와 노동력을 거의 독차지하도록 강제하거나 조종했다. 아프리카 여러 나라의 정부 정책 역시 결정적으로 영향을 미쳤다. 정부가 허가권을 갖고 있는 새로운 숲 지역의 개발은 성공적인 커피생산에 거의 필수적인 요소로서, 더구나 모든 지역이 커피생산에 적합한 것은 아니기 때문에 더욱 중요한 요소였다. 동아프리카와 중앙아프리카는 최근에야 아직 개발하지 않은 토지를 커피생산을 위해 개방했는데, 이 지역은 고도가 높고 건기가 뚜렷해 커피생산에 아주 적합한 지역이었다. 아프리카 여러 나라의 정치적 불안정 또한 아프리카에서 커피생산이 쇠퇴한 중요 원인의 하나였다.

아프리카인이 주로 재배한 코코아와 달리 커피의 경우, 아프리카 대륙의 여러 곳에서 유럽인도 재배에 참여했는데 특히 아라비카종의 재배에 심혈을 기울였다. 아프리카 원주민과 유럽인 사이뿐 아니라, 아프리카 원주민 지도층과 커피재배업자 사이 그리고 유럽 식민지 관료와 거류민 사이에도 자연스럽게 커피재배를 둘러싸고 갈등이 야기되었다.

이 갈등은 대체로 유럽인의 우월감과 온정주의라는 식민지 이데올로기를 반영하고 있었다. 커피생산에 절대적으로 필요한 토지와 노동력 동원은 이런 측면을 두드러지게 보여주는 사안이다. 이 두 가지 점에서 아프리카 커피생산의 특징을 가장 잘 드러내는 대표적인 사례로 탄자니아의 차가Chagga족과 카메룬의 바미레케Bamiléké족을 들 수 있다. 이 두 그룹은 사회적 구조가 대단히 다르지만 지리적 위치와 경제적 상황이란 점에서 매우 유사하고 20세기에 두 사회 모두 높은 인구밀도를 보였으며 토지문제로 커다란 압박을 경험했는데, 유럽인 커피생산자들이 상황을 더욱 악화시켰다. 또한 아프리카의 리더들과 식민지 관리들은 자신들이 커피 관련 일을 통제하려고 한 데 반해 아프리카와 유럽인 농부들은 스스로 토지와 노동력에 접근하려고 투쟁했다. 그리고 두 경우 모두 토지에 관한 전통적인 권리를 바꾸었고 토지문제를 정치화함으로써 두 집단 사이의 세력균형을 생산자인 농부에게 유리한 방향으로 끌어 갔다. 그래서 두 경우는 유럽인의 참여 아래 이루어진 아프리카 여러 지역 커피생산의 일반적 패턴을 대표한다고 할 수 있다.

탄자니아 킬리만자로의 커피

정상에 하얀 눈이 덮여 있지만 기후가 온화한 킬리만자로 산 주변 여기저기에 여러 부족이 흩어져 소떼를 키우거나 바나나 등을 기르며 살았다. 이 부족들을 통칭해 차가족이라고 부른다. 차가족에게 토지와 노동에 관한 근대적 상업관행 같은 것은 없었다. 토지가 충분해 토지 경작자를 바꾸는 일은 거래가 아니라 회의를 통해서 정했고 그 땅을 영구적으로 경작하거나 상속할 수 있었다. 부족장은 주민들을 강제노동corvée에 동원할 수 있었는데, 족장의 집을 짓거나 적으로부터 부족을 방어해야 할 때, 또는 바나나와 수수 농장을 가꿀 때 그렇게 했다. 부족

사이에 잦은 전쟁이 있었지만 그것은 토지의 부족이 원인이 아니라 정치적 지배를 위한 투쟁이었다. 그러나 차가족은 빅토리아 호수로 이어지는 내지 교역로와 남부로 가는 해안 교역로가 발전하면서 점차 노예무역과 상아거래를 했고 19세기 후반 외부 사람들이 자주 드나들면서 식량과 가축의 거래를 확대했다. 이것이 식량생산과 집단노동의 증가를 불러왔다.

이 지역이 독일의 식민지가 되면서 커다란 변화가 찾아왔다. 서유럽 국가 중 영국이나 프랑스에 비해 뒤늦게 산업화에 성공한 독일은 식민지개척에도 늦을 수밖에 없었다. 비록 카페문화는 그다지 발전하지 않았지만 시민들이 집에서 커피를 많이 마신 탓에 독일은 커피를 생산해줄 식민지가 절대적으로 필요했다. 가장 가까운 아프리카가 최적지로 선정되었고 독일은 마침내 오늘날의 탄자니아, 르완다 그리고 모잠비크의 일부 등을 포함하는 동아프리카 지역을 자국의 식민지로 삼았다.

1890년부터 1916년까지 탄자니아를 지배한 독일은 해안에 가까워 물이 풍부하면서 인구 밀도가 낮아 개발이 쉬울 것이라고 판단해 우선 동우삼바라 구릉지를 커피생산지로 만들기로 결정했다. 1892년부터 여러 회사가 커피플랜테이션 개발에 나섰다. 커피를 실어 나를 철도 건설도 민간 주도로 이루어졌다. 그러나 1896년에 시작된 철도 운행은 커다란 적자를 냈고 독일은 해외에 건설한 최초의 철도를 방치할 수 없어 철도의 국유화를 선택했다. 동부 해안 탕가까지 129킬로미터의 철도가 완성되었지만 마침 닥친 세계 커피가격의 폭락이 발목을 잡았다. 커피플랜테이션들은 수익보다 손실이 훨씬 더 컸다. 커피재배는 원주민들의 저항을 불러왔을 뿐이었다.

사실 독일의 식민정책은 현지 사정을 전혀 고려하지 않은 채 원주민을 '강제노동'에 동원하는 방식이었다. 독일령 동아프리카의 군인 총독

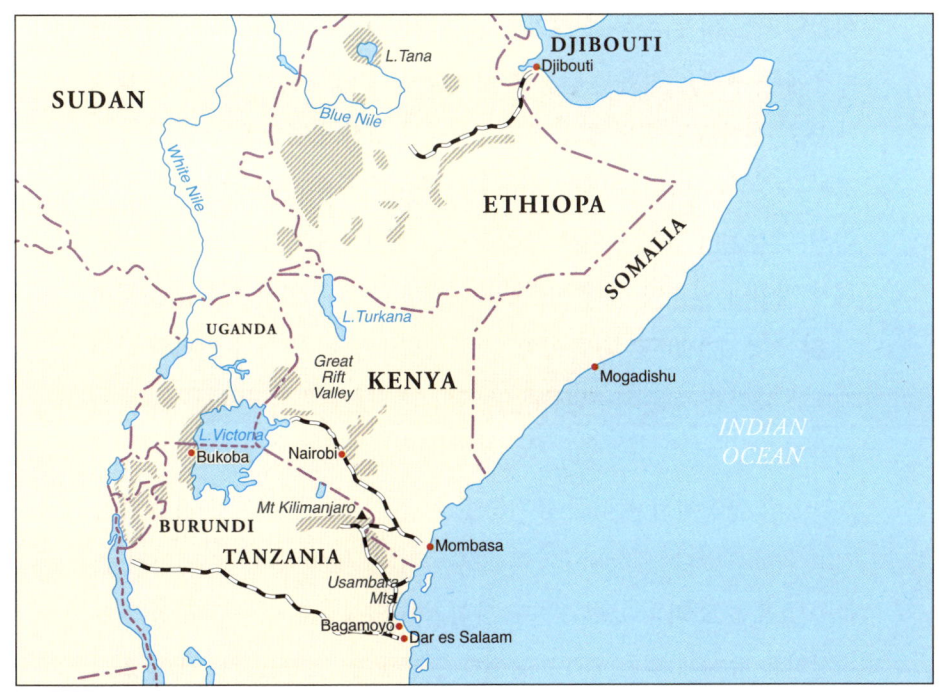

지도 9. 탄자니아와 케냐

이었던 구스타프 아돌프 그라프 폰 괴첸(1866-1910)은 원주민들에게 처음에는 수출용 면화를 강제로 재배하게 하였다. 그는 마을 주민들에게 면화 생산량을 할당했다. 족장들에게는 생산의 감독을 맡겼는데, 이것이 족장과 나머지 주민들 사이에 적대감을 일으킨 원인이 되기도 했다.[86] 남자들이 다른 지역으로 일거리를 찾아나가는 새로운 사회적 변화가 일어나 일손이 심각하게 부족했지만 총독은 이런 변화를 고려하지 않은 데다 1905년 가뭄이 이 지역을 강타하자 면화와 커피의 강제재배에 불만을 품은 원주민들이 독일의 점령정책에 격렬하게 저항하기 시작했다.

마툼비 산속에서 시작된 봉기는 순식간에 식민지 남부로 퍼져 대봉기로 확대되었다. 이른바 "마지마지 봉기"가 일어났다. "마미마지"는 물이 흐르는 소리를 표현하는 스와힐리어 의성어로 이슬람 신앙과 영령신앙을 동시에 믿는 원주민들에게는 겁내지 말고 용기를 내어 일어나라고 속삭이는 소리로 들렸다고 한다. 이 봉기에 맞서 1906년 10월 독일은 군대를 파견해 총칼로 진압을 시도했다. 그러나 원주민의 게릴라 작전은 쉽게 진압되지 않았고 바겐하임이란 진압부대장은 "오직 굶주림과 궁핍만이 최종항복을 얻어낼 수단입니다. 군사작전은 넓은 바다에 물 한 방울을 떨어뜨리는 것이나 다름없습니다"라고 하면서 원주민 아사작전을 요청했고 지휘부는 그의 건의를 받아들여 교묘하게 식량 보급로를 차단하기 시작했다. 1907년까지 계속된 이 전쟁 동안 적게 잡으면 7만 5,000명, 최대 30만 명이 사망에 이르렀는데, 가장 큰 원인은 굶주림이었다.[87] 독일의 파시즘적 전체주의를 예고하는 인종주의적 '최종해결'(나치가 추진한 유대인 '멸절'을 통한 유대인문제의 해결방법)이나 다름없었다. 비록 봉기는 진압되었지만 동우삼바라 지역 독일의 커피플랜테이션은 완전히 실패로 끝나고 말았다.

초기의 실패에도 불구하고 독일인들은 커피재배에 건 야심의 끈을 놓지 않았다. 좀 더 온화한 기후에 화산재 토양이 비옥해 아라비카종 커피의 재배에 적절한 곳, 킬리만자로 고원이 새로운 희망의 땅이었다. 동우삼바라 지역 커피플랜테이션에 자본주의적 임금노동을 도입했던 독일은 킬리만자로 지역에서 노예거래와 전쟁을 금지했고 상아거래 역시 '문명'을 내세워 전 지역에서 중단시켰다. 차가족은 외부 시장에 접근할 다른 방편을 찾을 수밖에 없었다. 독일이 숨긴 깊은 뜻이 실현될 토대가 마련되었다. 다른 한편으로 커피가 차가족에게 기회를 제공했고 그들은 그 기회를 잡았다. 식민 지배국의 지원 아래 족장들은 노동력을 모집하고 세금을 걷는 것에서 나아가 커피재배를 독려했다. 킬리만자로 산간에 흩어져 있던 바나나농장이 커피농장으로 바뀌기 시작했다.

원주민들은 일찍이 커피를 알고 있었고 마시는 음료가 아니라 씹어 먹고 기운을 내는 용도로 사용하고 있었는데 그 커피는 로부스타종이었다. 아라비카종 커피가 언제 어떻게 도입되었는지에 대한 설명은 여러 가지이지만, 가톨릭 선교사들이 1877년 해안에 가져와 심은 것이 최초의 재배로 보인다. 1891년에 최초의 선교거점이 킬리만자로에 만들어졌고 모든 선교거점에 커피가 식재된 것으로 보아 이때부터 킬리만자로에 아라비카종 커피가 자라기 시작했다고 볼 수 있다. 아마 다른 식민지지배 국가들도 커피묘목을 킬리만자로 지역에 전했을 여지가 있지만 차가족의 커피재배를 지원한 사람으로 이곳의 거류민이자 거래상이었던 독일인 푀르스터 E. Th. Förster를 들 수 있다. 푀르스터는 아프리카 사람들의 커피재배가 "애국적 이해와 완벽하게 맞아떨어진다"고 확신했고 커피묘목을 나누어주었을 뿐 아니라 차가커피를 구입해서 판매하는 일까지 맡았다.[88]

현지 주민으로 아라비카종 커피를 상업적으로 경작한 사람들은 부족장과 사업가 등 식민종주국의 대리인들이었다. 누구보다 충분한 토지를 소유한 부족장들이 커피재배에 앞장섰고 이어서 원주민 재배업자들이 나타났다. 1913년에 이미 식민지 관리들은 마랑구와 맘바에서 각기 1,000그루가 넘는 커피나무를 가진 6명의 아프리카 자작농을 보고했다. 재배는 곧 마카메, 모시 그리고 시라고원으로 확산되었다. 영국의 관리들은 1920년대에, 독일의 지배가 끝난 시점에 차가족이 약 1만 4,000그루에서 8만 8,000그루의 커피나무를 재배했다고 보고했다.

차가족이 커피를 재배하면서 킬리만자로에서 노동력 사정이 복잡해졌고 다른 지역에서도 노동력 부족이 심각해지자 독일은 일찍이 동우삼바라 산악지대를 시작으로 1907년부터 도입했던 노동카드제를 재도입했다. 노동카드제는 아프리카 원주민에게 '노동시간'이란 개념이 통하지 않은 탓도 있었다. 자신의 의지에 따라 하고 싶은 시간에 일하는 관습이 몸에 밴 원주민들은 하루 몇 시간을 일해야 한다는 사실을 받아들이지 않았다. 독일인들은 노동력을 충당하기 위한 방편으로, 정부 고용인을 제외하고 모든 농민은 커피플랜테이션에서 일한 일수를 기록한 공식적인 노동카드를 채워야만 한다고 명령했다. 하루 일을 하면 카드의 한 칸을 채워주는데, 30개의 칸을 4개월 안에 다 채우지 못하면 카드 소지자는 임금을 조금 덜 받거나 아예 받지 못하고 공공 노역에 동원한다는 것이 노동카드제어서 강제노동제와 다름없었다. 킬리만자로에는 원주민의 저항을 고려해 이 제도가 1912년까지 연기되었다. 그러나 이미 1908년부터 군대가 주둔해 플랜테이션 노동을 거부하는 주민들에게 공공 노역을 명령하고 있었다. 차가족 커피자작농들은 플랜테이션 노동을 면제받았지만 대신 유럽 경작자들처럼 차가족을 고용하는 것은 허용되지 않았다. 1913년 선교사는, 작은 땅에서 정말 부지런히 커피를 기르는 자작농들이 있는데 그들이 더 많은 토지와 노동자를 확보했다면 아마 확장이 가능했을 것이라면서 오로지 자기 아내의 도움으로만 커피농사를 하는 이들 역시 유럽인 고용주와 마찬가지 조건으로 노동자들을 고용하는 것을 허락해 주어야 한다고 권고했다. 물론 이 권고는 거절당했다. 노동의 질을 차치하고라도 노동력의 부족이 커피경작에 커다란 걸림돌이었다.

한편 토지의 부족 역시 점차 심각한 문제로 떠올랐다. 독일이 지배하던 시대까지는 차가족이 사는 지역에서 커피재배에 필요한 토지의 부족은 없었다. 재배가 가능한 해발 1,050~2,500미터의 커피생산이 가능한 산악지대는 여전히 차가족의 손에 있었다. 그러나 제1차 세계대전 후 독일을 대신해 영국이 이 지역을 지배한 이후부터 변화가 가속화되었다. 1920년대 말부터 차가족 지역엘리트와 백인 거류민 사이에 갈등이 첨예해졌다. 그것은 1920년대 차가족 족장들과 식민지 관리들 모두 커피생산을 자신들의 통제 아래 두려고 했기 때문이다. 커피경작에 자발적으로 뛰어든 사람이 많이 나타났고 또 정부에서 주민들에게 현금작물을 재배하도록 독려했기 때문에 경작지가 더 많이 필요했다. 다른 무엇보다 지역의 인구 증가가 토지부족을 압박했는데, 1900년 11만 명에 지나지 않았던 이 지역 인구가 1948년 28만 9,000명으로, 1957년 35만 1,000명으로 증가했다.

커피경작이 차가족을 분열시키고 있었다. 동부 경사면인 롬보는 부코바에 비해 커피생산에 적절하지 않을 정도로 건조해 다른 지역에 노동력을 제공했다. 어떤 족장은 다른 족장보다 더 열정적으로 커피생산을 독려했다. 개인들 사이에도 차이가 나타났다. 1930년 1/3이 농장hamba에서 커피를 키웠지만 그 중 약 96퍼센트의 부족민이 1,000그루 미만의 커피나무를 기르고 있었다. 1헥타르나 그 이상을 가진 나머지 약 500명이 지역의 플랜테이션에서 다른 사람을 고용해 커피를 재배했다. 1932년의 경우, 1만 2,682그루를 경작한 사람이 가장 큰 규모였다. 특히 주민 중 기독교인은 교육을 받은 사람들로서 유럽 사람들의 지원을 받아 주로 미개척지에서 커피를 재배했다. 차가족 사이에서 곧 토지갈등이 불거졌다. 커피자작농들은 드물게 족장이 분배한 토지를 얻었고 때로는 이웃이 농사를 짓지 않는 땅을 차지하거나 이론적으로 공유지인 땅으로 커피재배를 늘렸다. 토지의 가치가 높아지자 토지가 매매 대상이 되었고 때로 법정에서 토지분쟁이 일어나기도 했다.

차가족이 커피재배에 그저 단순한 보조자 정도가 아니라는 것이 확실해지자 차가족과 유럽인 재배업자 사이에도 대립이 증가했다. 차가족 자작농들은 지방정부의 독려와 정열적이고 때로는 권위적인 감독을 받으면서 커피나무를 심고 가지치기를 하고 수확한 커피를 시장에 내기 위한 준비작업을 했다. 한편 플랜테이션이 원주민들의 땅으로 둘러싸여 있는 유럽인 재배업자들은 차가족이 경계를 넘어오지 못하게 경비하고 경보를 울리기도 했으며 때로 이웃 주민과 다투는 일이 점차 많아졌다.

그러나 더욱 불안해진 것은 아프리카 농민들이었다. 아프리카 농촌에 이른바 농촌 자본주의적 관행이 파고들었기 때문이다. 아프리카 사람들은 그것을 "사회적, 경제적으로 위험할 뿐만 아니라 기타나 턱시도처럼 아프리카 사람에게 맞지 않는다"고 보았고, 커피경작을 독려했던 지역의 관리 또한 농민들의 편에서 이렇게 말했다.

> 커피경작 목적은 농민들의 재배를 증진하여 각자 자기 땅에서 아내와 아이들의 도움을 받아 자신의 업으로 삼으라는 것이다. 500그루를 기르는 작은 농토에서 매년 250실링에서 500실링을 벌면 보통 원주민이 꽤 유용하게 쓸 수 있다.[89]

커피산업에 자본을 투자하여 이윤을 극대화하고 싶었던 거류민들은 심지어 차가족이 아라비카종을 잘 경작하지 못한다거나 차가족 커피가 품질이 떨어진다는 주장까지 내놓았으나 그것은 근거 없는 비방이었다. 원주민이 생산한 커피의 품질 역시 결코 뒤지지 않았다.

실질적인 쟁점은 노동력이었다. 아프리카 노동자들이 없다면 유럽인들의 커피사업은 망할 처지에 있었다. 커피를 기를 줄 알게 된 차가족은 점차 유럽 거류민을 위해 일하기를 꺼렸다. 차가족 역시 수확기에 노동력 부족을 겪고 있던 터라 족장들은 거류민들이 차가족 어린이를 동원하는 것에 반대했다. 차가족 소매상과 거래업자 그리고 생산자들은 대단히 성공적이었는데, 그들 자신이 거래업자인 동시에 생산자로 활동했기에 가능했던 일이다.

원주민들이 구성한 생산자협동조합 역시 중요한 역할을 했다. 1925년 1월 15명의 차가커피생산자가 "원주민 커피경작자의 이익을 보호하고 증진하기 위하여" 킬리만자로 원주민생산자협회 Kilimanjaro Native Planter's Association=KNPA를 결성했다. 영국 관리들이 이 조직의 창설에 도움을 주기는 했으나 그것을 주도한 것은 원주민들이었다. 1926년 7,000명의 회원을 둔 이 조직이 족장이나 정부가 만든 것이 아니라 그야말로 비정부기구로서 점차 회원이 늘어나고 부를 쌓아가자 족장들은 이 기구를 정치적 경쟁자이자 부의 저장고로 보았다. 1929년 커피가격의 폭락으로 이 조직이 와해되었고 그 후 킬리만자로 원주민협동조합 Kilimanjaro Native Cooperative Union=KNCU으로 재조직되었다. 커피가격의 연이은 파동에 따라 이 조직의 명칭은 여러 번 바뀌었고 또 다른 기구도 생겼지만 킬리만자로 원주민협동조합이 가장 강력한 기구로 존속했다.

탄자니아에서 아라비카종 커피의 최대 생산지로 명성을 얻은 킬리만자로커피는 제2차 세계대전 후 커피 붐(1948-1954)이 일어나자 1톤당 328파운드에서 582파운드로 가격이 급등했다. 영국의 한 관리는 1951년 다음과 같이 보고했다.

> 토지 부족에도 불구하고 차가족 사람들은 경제적으로 독립을 달성했고 산악지대 내부의 거래와 운송이 발달해 현금이 외부로 빠져나가는 대신 그들의 손에서 돌아다닌다.[90]

그러나 킬리만자로에서 토지분배가 점차 불공정하게 이루어졌다는 많은 자료가 있다. 1949년 차가족의 한 정치인은 커피를 재배하는 농촌에 세 그룹의 사람들이 살고 있다고 확인했다. 즉, 그냥 살 만한 사람, 매달 노임을 받고 일자리를 찾는 사람, 자기소유로 거대농장을 가지려는 사람 등이었다. 매우 소수의 차가족은 20-40에이커의 커피 밭, 50-100에이커의 저지 옥수수 밭, 200-2,000에이커의 목초지를 가졌으며 이와 극단적으로 대비되는 사례로 1949년 6,615명의 차가족 주민은 전혀 땅을 갖지 못했다.[91]

커피수입의 일부는 아이들의 교육에 투자되었다. 1956년 차가족 커피농부들의 90퍼센트가 아이들을 산지에 있는 가톨릭, 루터주의 개신교 혹은 원주민이 세운 초등학교에 보냈고 소수는 정부가 세운 중등학교와 마카레레 Makerere 대학에 보내기도 했다. 유명한 차가족 추장의 손자로 차가족 최고 수장이 된 토머스 마리얼 Thomas Marealle 역시 교육을 중시했을 뿐 아니라, 커피에 부과하는 세금을 없애고 농장을 더욱 안전하게 지킬 것과 더 많은 토지를 공급하겠다고 약속했다. 그러나 그의 정치적 성공은 커피가격이 폭락하면서 탄자니아의 독립 전야에 끝나고 말았다. 킬리만자로에서 커피는 이처럼 공적 사안을 결정하는 중요 변수로 작용했다.

독립 후 탄자니아 정부는 대출 지원 등 적극적인 정책을 펴 커피생산의 확대에 나섰고 음빙가를 비롯한 일부 지역에서는 정부가 관리하는 농장을 만들기까지 했다. 그러나 대부분 실패로 돌아갔고 1970년대까지 정부의 개입과 생산가격 상승 등으로 커피농가들은 고통을 면치 못했다. 1990년대 초 정부기구가 커피생산의 허가와 특허를 발행하는 대신 커피농장을 사유화하고 생산과 판매를 자유화하면서 커피농가들이 바라던 독립을 얻었다.

카메룬 바미레케 지역의 커피경작

서아프리카와 중앙아프리카의 교차로에 위치한 카메룬은 15세기에 포르투갈 탐험가들이 처음 도착한 이후 1884년 독일의 식민지가 되었다. 제1차 세계대전 후에는 프랑스와 영국이 이 나라를 분리 지배했다. 이 때문에 독립국가가 된 후에도 프랑스어와 영어를 사용하는 지역으로 나뉘어져 있다. 커피의 수출량으로 따지자면 그다지 많지 않지만 카메룬에서 커피는 주요 수출상품이다. 커피를 재배하는 고원의 목초지는 프랑스어를 사용하는 바미레케 지역과 영어를 사용하는 이웃 바멘다Bamenda 지역에 걸쳐있는데 이 지역에서는 주로 아라비카종을 생산하고 해안의 저지에서는 주로 로부스타종을 생산한다. 현재 아라비카종을 생산하고 있는 지역들은 수세기 동안 노예들을 충원하던 곳이었다.

이 두 지역 중 자세히 살펴보게 될 바미레케 지역민이 종족적 정체성을 갖게 된 것은 식민지 시기와 식민지 이후 초기에 이르러서였다. 과거에는 족장들이 부족민의 삶을 통제하고 있었다. 현재 바미레케 지역에는 2,000평방마일의 땅에 약 1백만 명의 사람이 살고 있으며 사회는 여러 계층으로 분화되어 있고 불평등이 심하다. 비록 사회적 위계질서가

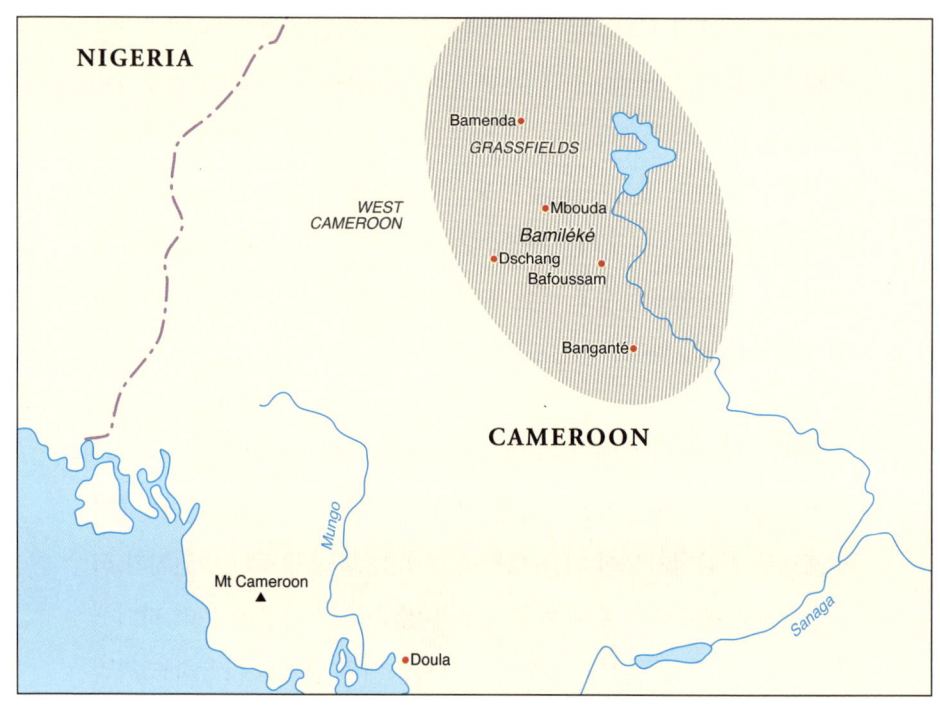

지도 10. 카메룬의 바미레케

뚜렷하고 상류층이 세력을 장악하고 있지만 개인의 역동성 수준은 높은 편이다. 그동안 소수가 거둔 성공은 젊은이들의 인권을 무시하고 공식적인 보상도 없이 여성을 노동력으로 고용함으로써 가능했다. 바미레케 경제의 동력은 남성 가장의 권력이 생산한 것이었다. 남성들 중에는 젊은이의 결혼과 성적 욕구를 늦은 나이 혹은 영구히 미룸으로써 노동력을 확보하는 등 인권을 무시하는 사람이 많았고 20세기 직전까지도 사회적 사다리의 하층에 있는 사람을 노예로 파는 일마저 서슴지 않았다.

다행히 바미레케의 화산재 토양은 대단히 비옥해서 여러 종류의 작물이 잘 자랐다. 커피, 옥수수, 차, 감자, 땅콩, 바나나 그리고 채소 등의 재배에 유리했고 고지는 돼지, 염소, 가금류, 소 등을 키우기에 적합했다. 독일이 지배하던 시기에 처음으로 다습한 해안지역에서 커피경작을 시작하였으나 별로 성공적이지 않았다. 서부고지에 대한 독일인들의 관심은 높지 않았고 독일이 지배하던 해안 지역은 제1차 세계대전 후 영국으로 넘어갔다. 서부 고지에 농촌 자본주의의 증진을 시도한 것은 프랑스였다. 프랑스는 식민지배의 사회적 정착배후가 될 카메룬 사람들의 부르주아화를 이끌기 위해 커피경작을 독려했다. 농업 엔지니어를 파견해 커피재배를 돕는 등 프랑스는 매우 적극적이었으나 가장 큰 걸림돌은 의료 상황이 좋아지면서 일어난 신속한 인구 성장이었다. 이는 경작에 필요한 토지에 대한 접근을 더욱 어렵게 만들었다.

1937년의 인구 통계는 거의 3만 명에 이르는 바미레케 주민이 이웃 지방이나 도시로 떠났다는 것을 보여준다. 1925년부터 1945년 사이 프랑스 행정부가 인구가 조밀하지 않은 지역으로 역내 이주 정책을 펴야 할 정도였다. 높은 인구 밀도와 토지의 부족, 전망의 불투명 그리고 다른 무엇보다 노동력 동원의 남용을 피해 많은 사람이 타지로 이주를 선

택했다. 1930년경과 1950년 사이 10만 명 이상이 고향을 떠났다.[92]

그사이에 커피는 1920년대 중반 이래 거의 유일한 수출품으로 부상했다. 프랑스 정부는 1927년과 1933년 사이 바미레케 지역에 이미 존재하던 소농생산에 커피를 포함했고 커피농가들은 오로지 가족노동만으로 커피를 재배했다. 마침내 관습적인 토지 소유권을 명의등기제로 바꾸는 변화가 일어났다. 토지를 가진 소농들의 커피생산은 대단히 성공적이었다. 1931년 한 해에만 바미레케의 경작자들은 정부 종묘소로부터 30만 그루의 아라비카종 커피를 가져가 식재했다. 바미레케가 "커피열병"에 걸린 것처럼 커피재배가 열풍을 일으켜 프랑스 총독부가 "고삐 풀린 원주민 경작자들"이라고 칭하면서 그들에게 자제를 요청할 지경에 이르렀다.[93] 1933년부터 실질적인 커피재배 제한조치들이 취해졌다.

그러나 이미 1930년대 초부터 유럽 커피경작자들은 자신들이 아프리카 농부들과 경쟁하기 어렵다는 사실을 받아들여야만 했다. 다른 무엇보다 배가된 노동력의 부족을 메울 방법이 없었다. 그러자 카메룬의 유럽인들은 다른 프랑스령 아프리카에서 그렇게 했던 것처럼 그들의 플랜테이션에 원주민을 우선 고용할 수 있는 제도를 마련해 줄 것을 관리들에게 요구했다. 결과는 뻔했다. 식민지 관리들과 지방 족장들이 나서 노동자들을 징집했고 플랜테이션은 낮은 임금을 주고 아주 열악한 노동조건에서 노동자들에게 일을 시켰다.

1933년과 1935년에 프랑스 총독부는 두 가지 조치를 취했다. 하나는 커피농장 등록제이고 다른 하나는 커피경작 규정의 준수였다. 커피농장을 가진 모든 사람이 농장의 위치, 농장의 상태, 기르는 커피나무의 수, 나무의 종류와 수령 등을 보고하고 재배 허가를 받게 했다. 커피경작 규정 중 어느 것 하나라도 어기거나 사실과 다를 경우 커피재배의 권리를 빼앗았다. 프랑스 관리들이 워낙 엄격해 많은 수의 원주민 농장이

허가를 받지 못한 채 사라졌다.[94]

이런 커피정책을 통해 프랑스는 이미 프랑스의 식민정책에 포섭된 족장들을 부르주아화하고 좀 더 나은 커피를 생산할 유능하고 자질을 갖춘 유럽인들과 족장들에게 커피경작을 맡기고 싶었다. 가장 중요한 것은 노동력을 동원하고 토지에 접근하는 것이었다. 원주민 중에는 족장들만이 충분한 토지를 갖고 있었고 일부다처제에 힘입어 아내들을 노동자로 삼아 노동력 또한 이미 확보하고 있었다. 프랑스는 토지소유의 전통적인 아프리카 모델을 철폐하는 대신 프랑스 법정에 등기하는 유럽 모델을 법제화했다. 그 결과 5만에서 1만 5,000그루의 커피나무를 기르고 5헥타르 이상의 땅을 가진 큰 규모의 커피농장은 거의 배타적으로 족장이나 명사들의 소유가 되었다.[95]

바미레케 원주민 족장들은 이미 보통 원주민들과 이해관계를 달리했다. 그들은 부족민에게 토지를 분배하던 전통적 관습을 이용해 토지를 사유화했고 영지 내에 있는 소유권자가 없는 토지 또한 자신의 사유지로 등록했다. 농장을 운영하기 위해서는 노동력을 끌어와야 하는데, 그들은 여기에 자신의 권력뿐 아니라 식민세력과의 협조관계를 동원했다. 보통 사람들은 접근이 어려운 일이었다. 사정이 이렇게 되자 좀 더 조건이 좋은 다른 족장의 영지로 도망가는 사람들이 늘곤 했다.

제2차 세계대전이 끝나자 커피의 재배와 마케팅에 관한 식민지 시대의 제한을 철폐하기 위한 투쟁이 일어났고 모든 사안을 도마 위에 올렸다. 1948년 진보적인 바미레케 정치인들은 커피마케팅협동조합을 결성했다. 1955년까지 프랑스의 커피 법규들은 유효했지만 관리들은 일찍이 커피생산을 실질적으로 자유화했다. 1951년에 이미 500그루의 아라비카종 나무를 가진 소규모 커피농가 6,717곳에 정부의 허가가 주어졌다. 1947년과 1959년 사이, 바미레케 지역의 커피재배지는 4,593헥타르에서 2만 8,015헥타르로 증가했다. 이 두 번째 커피 붐은 토지의 사유화를 수반하면서 촉진되었다.

이러한 변화과정에 희생자가 된 사람은 젊은이와 여성이었다. 젊은이들은 토지에 접근할 수 없어서 커피농장을 세울 수 없었고 여성들은 커피수확을 포함해 모든 노역을 감당했지만 식용작물을 재배해 겨우 생계를 유지할 수 있을 정도로 낮은 임금을 받았을 뿐이었다. 식용작물을 희생해 커피를 단일 재배하는 일이 점차 늘어나면서 여성이 식량을 구하기는 더 어려워졌다. 젊은이들과 여성들은 물론 가만히 앉아서 자신들의 주변화를 지켜보지만은 않았다. 그들은 급진적인 민족주의 정당을 강력하게 지지했으며 1958년과 1962년 바미레케 지역의 내전 동안 수많은 커피농가를 불태우는 데 적극적으로 가담했다. 그들의 이런 활동은 아프리카 지역의 이권을 지키는 커피협동조합 운동의 밑거름이 되었다.[96]

킬리만자로와 바미레케의 커피농민들은 일반적인 아프리카 상황을 구체적으로 드러내고 있다. 식민국가, 백인 거류민, 지방 엘리트 그리고 평범한 노동자와 여성 사이의 관계 등이 직조해낸 이 역사는 커피라는 상품을 통해 토지의 사유화와 토지 및 노동 시장의 발전이 이루어진 과정을 잘 보여준 사례라고 할 수 있다.

이러한 아프리카 커피플랜테이션의 흔적이 문학작품 속에 재현된 것은 그나마 다행스러운 일이다. 덴마크 출신으로 17년간 아프리카에 살면서 케냐에서 커피농장을 경영했던 이자크 디네센 Isak Dinesen (본명 Karen Blixen, 1885-1962)이 자신의 경험을 바탕으로 1937년 《아웃 오브 아프리카 Out of Africa》라는 소설을 완성한 것이다. 작가가 아프리카의 대지와 사람들에 대해 아주 분명한 공감을 표명했음에도 아프리카 작가들 가운데,《아웃 오브 아프리카》에 대해 인종주의(백인우월주의)적 시각을 담고 있다는 비판을 제기하는 사람도 있었다. 여주인공이 커피농장을 소유한 자본가라는 점과 소설 속에 그려진 흑인들이 백인의 시중을 드는 모습 등이 이런 비난을 부른 원인이었다. 그럼에도 불구하고 이 작품은 유럽 문명의 아프리카 지배를 구체적이고 리얼하게 그려냄으로써 문학적 성취를 이룩한 독보적인 작품이다.*

이야기는 여주인공 카렌의 삶과 사랑을 중심에 두고 펼쳐지지만 유럽 제국주의의 원주민 살상과 추방에서 드러나는 야만성, 그리고 이에 맞서는 인간의 투쟁을 동시에 그려냈다는 점에서 이 작품은 가장 위대한 전원적 비가의 하나로 평가된다. 작가는 흑인들을 매우 유능하고 긍정적인 품성을 지닌 사람으로 묘사하는 대신 백인들에 대해서는 노동력을 착취하거나 여성을 무시하고 차별하는 사람으로 묘사하고 있다. 아프리카 원주민이 교화하거나 가르쳐야 할 대상이 아니라 우정을 나누고 함께 살아가야 할 동료 인간일 따름이라고 작가는 말하고 싶었던 것으로 보인다. 나아가 작가는 유럽 문명을 아프리카인에게 무조건, 그

---

*   작가가 1954년 노벨문학상 수상자로 거론되었으나 노벨상은 어니스트 헤밍웨이에게 돌아갔는데, 헤밍웨이는 블릭센의 작품에 진심을 담아 찬사를 보냈다. 스위스의 스칸디나비아 전문가 위르크 글라우저 교수는 "서서히 가라앉고 있는 세계에 대한 시간적 공간적 거리를 둔 차분한 회고"라고 평가했다. 소설을 원본으로 한 영화《아웃 오브 아프리카》는 메릴 스트립이 주인공으로 열연하여 세계인의 사랑을 받았다. 아무튼 이 소설이 전하는 메시지는 유럽인들의 성찰을 넘어 인류의 아프리카 문명에 대한 새로운 인식을 요청한다고 할 수 있다. 작가가 여러 개의 필명을 사용한 탓인지《아웃 오브 아프리카》의 국내 번역본(민승남 옮김, 열린책들, 2009)은 처음 영어로 출판한 이자크 디네센이란 필명 대신 카렌 블릭센이란 본명을 작가의 이름으로 사용하고 있다. 그녀의 다른 작품인《바베트의 만찬》과《일곱 개의 고딕 이야기》는 작가가 사용한 이자크 디네센이란 필명으로 국내에 번역 출판되어 있다.

것도 신속하게 강제하는 것은 '역사의 무게'를 잊어버린 오만과 편견에 지나지 않다는 사실을 인상적으로 일깨우고 있다.

8장

위기의 시대, 탐욕과 혁신 사이의 커피

20세기는 커피의 역사에 새로운 시대였다. 커피가 산업 국가들에서 '일상음료가'가 되었음에도 지속적인 성장에 제동이 걸렸고 위기가 찾아왔다. 인류가 처음으로 경험한 제1차 세계대전(1914-1918)과 1929년의 공황에 이은 경제적 불황 그리고 제2차 세계대전(1939-1945)은 커피산업에도 위기를 몰고 왔다. 커피산업은 이 시대를 맞아 기술적 '혁신'을 통해 위기를 극복하려고 노력했다. 커피 추출 및 건조와 용해에서 최대 혁신인 인스턴트커피는 시민의 건강이나 커피의 질 그리고 환경에는 관심이 없었기 때문에, 편리함을 보상으로 주었음에도 그것이 진정한 혁신인지는 여전히 불분명하다.

전쟁의 그림자가 걷히고 세계경제가 다시 활기를 되찾은 시기에 에스프레소커피가 세계적인 트렌드커피로 자리를 잡았다. 이어서 1980년대부터 이른바 스페셜티커피가 소비자들의 관심을 끌었다. 하지만 세계화 시대를 맞아 커피산업은 점점 더 소수 다국적 기업이 지배하는 부문으로 바뀌었다. '커피의 시대'는 새로운 도전에 직면했고 상황이 급격하게 변한 이 시대에 소비자들의 기호 역시 자의든 타의든 변화를 겪을 수밖에 없었다.

1. 흔들리는 커피산업

19세기 말 녹병의 확산으로 아시아의 커피생산이 줄어들기는 했지만 이미 생산이 가능한 거의 모든 지역으로 생산이 확대된 덕분에 생산측면에서는 그 충격을 충분히 견딜만한 시대가 되었다. 커피생산의 감소는 그동안 소비시장에서보다 원산지 상황에서 초래됐다. 과거 아이티 혁명과 콜롬비아의 천일전쟁 같은 정치적 불안정, 1885년 이후 자바와 실론의 녹병과 서리 같은 자연재해, 1903년 상파울루의 커피경작 금지나 다름없는 무거운 과세와 근절 프로그램 같은 정부의 개입 등이 주요 원인이었다. 그러나 20세기 들어서 새로운 현상이 나타났다. 바로, 커피소비시장에서 커피가격과 소득의 연동성이 사라진 것이었다.

'신분상징'의 지위를 잃다

그동안 미국과 유럽에서 커피의 수요가 증대한 것은 소득수준과 커피소비 사이의 연동성이 주요 동력이었다. 사람들은 이국적이고 비교적 가격이 비싼 커피를 마시거나 커피하우스를 방문함으로써 자신이 다른 사람과 다른 문화를 누린다는 '구별짓기'를 즐겼다. 19세기 초 커피는 사치품으로 여겨졌고 부르주아의 신분을 드러내는 상징음료였다. 그러나 19세기 후반에 이르면서 커피가격의 부담이 현저히 낮아졌다. 유럽 여러 나라와 미국에서 소득이 확실히 높아졌고 생활수준이 좋아진 것과 때를 같이하여 커피의 생산량이 증가해 커피가격은 하락했다. 이렇게 되자 소득이 높은 부르주아는 점차 커피를 손에서 놓은 대신, 거대 도시의 평범한 시민과 하층 주민은 물론이고 마침내 시골 주민까지 상대적으로 낮은 가격에 커피를 마실 수 있었다. 커피가격이 소득수준에 비해 비싸다고 여겨 그동안 대체커피를 주로 마시거나 차를 마시던 사람들이 이제 진짜 커피를 더 많이 선택하게 되었다. 커피선호가 얼마나 강력했던지 1830년과 1900년 사이 산업 선진국들에서 커피소비와 소득의 연동성이 1.3으로 추산됐다.[1] 이 수치가 1.0일 때, 늘어난 소득에 비례해 커피소비가 증가했다는 것을 의미하므로 1.3이라는 수치는 커피의 구매증가가 소득의 증가를 앞질렀다는 것을 의미한다. 다시 말하면 추가소득이 생기면 사람들은 그 돈으로 우선 커피를 구매했다. 커피소비의 증가비율이 소득의 증가비율보다 1.3배로 높을 정도로 말이다. 이런 소비 경향 덕분에 커피는 19세기 후반에도 실질가격 인상을 누릴 수 있었고 일인당 소비증가 또한 경험할 수 있었다. 영국을 제외한 거의 모든 선진국에서 19세기 내내 커피는 대중적 인기를 누린 음료였고 또 국제적으로 거래된 몇 안 되는 상품 중 하나였다. 이 대들보들이 세계대전으로 한꺼번에 흔들렸다.

그러나 놀랍게도 20세기에는 이런 일이 일어나지 않았다. 20세기가 시작되면서 브라질의 커피생산이 폭증했다. 1901년 뉴욕 커피거래소에서 파운드 당 6센트까지 가격이 하락할 정도로 커피가 넘쳐났다. 미국의 커피수입 역시 1900년에서 1920년대 중반까지 거의 두 배 가까이 증가했다. 더 많은 커피를 더 쉽게 구할 수 있었고 커피의 품질이 더 좋아졌으며 게다가 자유롭게 처분할 수 있는 소득이 크게 증가했다. 커피는 손쉽게 그리고 싼 가격에 구매할 수 있는 평범한 소비재가 되었다. 그럼에도 불구하고 19세기 후반에 있었던 커피소비의 증대가 20세기 초반에는 반복되지 않았다.

미국의 일인당 커피소비량은 아주 느린 속도로 증가했을 뿐이다. 1902년 일인당 13파운드를 소비해 정점에 도달한 후 1900년대 첫 10년 동안 일인당 소비 성장의 정체가 뚜렷했고 제1차 세계대전 전에 이미 커피시장은 포화상태에 도달했다. 1902년의 일인당 소비수준에 도달하기까지 그 후 40여년의 시간이 걸렸다.² 커피가격의 하락은 생산국, 특히 브라질에 엄청난 고통을 안겼지만 최대 소비국 미국의 시민들은 여기에 그다지 관심을 보이지 않았다. 소비자들은 자신이 마시는 커피가격에 민감하게 반응하지 않았다. 게다가 가격 인지를 다소 둔감하게 만드는 완충장치도 있었다. 카페에서 커피를 마시면 소비자들은 어떤 종류의 커피가격이 올랐는지 혹은 내렸는지 알 길이 없었다. 카페 주인은 원두가격이 내렸을 때라 하더라도 커피가격을 낮추지 않았다. 또 원두가격이 올랐다고 해서 가격을 올림으로써 고객을 잃을 위험을 감수하지도 않았다. 대부분 카페 주인은 커피가격을 올리는 대신 구매하는 원두의 질을 낮추어 자신이 얻을 이익을 유지하는 편을 선택했다.

20세기 들어 산업자본이 커피시장을 지배하기 시작하면서 커피기업들은 탁월한 기술과 더 높은 효율성, 더 믿을 만하고 저렴한 상품 그리고 정교한 마케팅 등으로 무장했다. 대형 로스팅 기업들의 노력은 집요했고 그만큼 기대도 높았다. 그러나 소비자들은 새로운 커피 브랜드와 홍보를 쉽게 받아들이지 않았고 따라서 로스팅 기업들의 노력이 커피소비의 확대로 이어지지 않았으며 일인당 커피소비는 오랫동안 정체현상을 보였다.

이런 현상이 지속된 주요 원인은 커피소비의 소득 연동성이 크게 낮아졌기 때문이다. 19세기와 달리 20세기에 들어서면서 사람들은 추가 소득이 생기더라도 커피에 더 많이 소비하지는 않았다. 1954년 미국의 연방무역협회 Federal Trade Commission는 커피의 소득 연동성이 겨우 0.2에 지나지 않다고 밝혔다.³ 소득이 100퍼센트 증가하더라도 커피의 소비 증가는 20퍼센트에 머물렀다는 것이다.

이런 변화의 근원적 배경은 사회문화적인 요소에 있었다. 커피가 노동계급의 아침 식사에 곁들여졌고 점차 점심과 오후 스낵 그리고 저녁에도 마시는 음료가 되자 커피소비와 소득 사이의 연동성이 사라졌다. 다시 말하면 커피는 더 이상 신분과 소득을 구별하는 사회적 '신분상징' 음료로서 기능하지 못하게 되었다. 19세기에 커피는 마시는 사람과 마시지 않는 사람의 사회적 '구별짓기'에 적합한 품위 있는 사회적 상품이었다. 그러나 20세기 초 이래 커피는 그 상징성을 잃어버렸고 사회적 지위의 쇠퇴를 겪었다. 많은 사람에게 커피는 거의 필수품이 되었음에도 한번 지위가 하락하자 매력적인 '사회적' 상품으로 다시 부상하지 못했다.

여기에 20세기에 일어난 정치적 사건들과 경제상황이 결정적으로 커피소비의 위축을 불러왔다. 제1차 세계대전과 대공황에 이은 경제 불황, 그리고 곧이어 발발한 제2차 세계대전은 커피소비에 치명타를 가했다. 커피에 닥친 위기가 어느 정도였고 어떤 결과를 낳았는지 살펴보자.

제1차 세계대전의 영향

제1차 세계대전은 인류 역사상 최초의 세계대전이란 점에서 커피의 생산과 소비에도 커다란 영향을 미쳤다. 19세기에 세계적으로 거래된 커피(커피보다 차를 많이 마신 영국도 여전히 식민지의 커피재배와 거래를 통해 많은 수익을 얻고 있었다)는 소비국과 생산국을 단일한 '지구경제'로 묶는 데 이바지한 상품 중 하나였다. 산업 중심부 나라들에서 일어난 대중적 소비가 충분히 가능할 만큼 급속하게 팽창하는 국제시장이 창출되어 있었고 지구의 구석진 열대와 아열대 지역에 흩어져 있는 플랜테이션과 작은 농장들이 유럽과 미국 등의 커피시장을 떠받치는 대들보 역할을 하고 있었다. 물론 중심부 국가들의 무역상과 금융가 역시 그런 대들보 중 하나였다. 이 대들보들이 세계대전으로 한꺼번에 흔들렸다.

제1차 세계대전은 열강들의 경쟁이 이전과 달리 전 지구적이고 제국주의적인 규모로 전개되기 시작하면서, 영국만이 아니라 산업자본주의 국가 모두가 경쟁 주체로 등장함으로써 일어났다. 이런 시대에 자본과 국가의 결합이 나타났다.4 세계시장과 원료를 둘러싼 경쟁이 치열해지면서 국제적 영향력을 갖는 힘의 기반이 경제임을 체득한 국가들이 전보다 더 격렬하게 서로 경쟁하는 주체가 되었다. 제1차 세계대전이 인접 국가 사이에서만 일어나지 않고 국경을 넘어 전 지구적 규모로 전개된 것도 이런 이유에서였다. 전쟁의 다른 한 측면은 군인만이 아니라 민간인 또한 전쟁 당사자였다는 사실이다. 제1차 세계대전 이래로 민간인 사상자 수는 미국을 제외한 모든 교전국에서 군인 사상자 수보다 훨씬 더 많았다.5

제1차 세계대전은 커피소비의 감소를 낳을 수밖에 없었고 그 결과로 세계 커피생산의 증가세를 억제하는 강력한 힘으로 작용했다. 그동안 커피생산의 성장을 견인하던 최대 생산국 브라질의 커피생산이 전쟁 기간 동안 주춤거릴 수밖에 없었다. 1890년대 720만 자루를 생산한 브라질은 1900년대 1,260만 자루를 생산해 10년 만에 75퍼센트 증가를 이룩했다. 그러나 제1차 세계대전이 있었던 1910년대에는 1,330만 자루를 생산해 약 5.5퍼센트 증가에 그쳤고 1920년대 역시 1,470만 자루로 10년 전에 비해 10퍼센트 증가에 머물렀다. 반면 대공황의 여파에도 불구하고 1930년대에는 2,350만 자루를 생산해 10년 전에 비해 60퍼센트 가까운 증가를 기록했다. 물론 커피의 생산에는 경작면적의 확대 여부 등 여러 요소가 작용했지만 그것은 다른 기간에도 마찬가지였으므로 제1차 세계대전의 영향이 컸다고 할 수 있다.

생산이 줄어들었음에도, 최대 커피소비국 미국에서 제1차 세계대전 기간에 커피가격이 하락을 면치 못했다. 미국에 수입된 커피 1파운드당 가격은, 전쟁 직전인 1913년 12.45센트였으나 전쟁이 일어난 1914년에 10.35센트로 떨어졌고 1915년에는 9.60센트, 1916년 9.85센트, 1917년 9.55센트로 하락추세가 지속되었다. 1918년에야 겨우 11.55센트로 회복되었으며 전쟁이 끝난 이듬해인 1919년에는 19.50센트로 반등했다.[6] 제1차 세계대전 동안 미국의 커피소비가 크게 위축되었음을 보여주는 지표라고 하겠다.

전쟁을 일으킨 독일은 1913년 16만 7,470톤을 수입했으나 1914-1919년 사이에는 아예 이용할 통계 자체가 없고 1920년에도 4만 1,190톤을 수입하는 데 그쳤다.[7] 독일은 전쟁이 커피식탁을 엎어버린 대표적인 사례였다. 세계에서 일인당 커피소비가 가장 많은 스웨덴에서조차 커피소비의 위축이 두드러졌다. 1917년 스웨덴은 세계시장으로부터 거의 단절되었고 커피수입량이 급격하게 떨어졌다. 일인당 연 7킬로그램에 육박하던 커피소비량이 2킬로그램으로 줄어들었다. 전쟁이 끝난 후 1920년에 들어서야 전쟁 이전의 수입량으로 되돌아갈 수 있었다.[8]

프랑스는 제1차 세계대전이 일어나자 제국주의 전쟁에 식민지인을 병사로 동원했다. 프랑스는 마다가스카르에서 5만 명의 병사를 차출해 전쟁터로 데려갔는데, 이 병사들 중 많은 사람이 고국으로 돌아오지 못했고 이것이 커피플랜테이션의 노동력 부족을 심화했다. 그 결과, 이미 1900년 말에 폐지한 강제노동을 커피생산에 다시 도입하게 되었는데, 이 조치는 마다가스카르 사람들로 하여금 유럽인을 위한 강제노동 뿐만 아니라 임금노동조차 회피하게 만들었다.[9] 1920년대 노동력의 부족을 경험한 식민지 총독은 마다가스카르 원주민들이 이전과 달리 유럽인들에 대한 반감을 뚜렷이 나타냈다는 기록을 남겼다.[10] 독일은 패전의 기운이 돌면서 1916년 탄자니아의 지배권을 포기해야 했고 이곳 커피경작은 영국의 손으로 넘어갔다.

제1차 세계대전은 커피무역과 관련한 국가의 역할에 의미 있는 변화를 가져왔다. 전쟁이 있기 전까지 커피무역은 넓게 보면 자유무역의 영역이었다. 과세와 쿼터제 등의 도구를 이용한 국가 개입은 최소한으로 제한되어 있었다. 그러나 전쟁이 일어나자 각국은 신중상주의를 채택해 커피무역에 개입하려고 했다.

미국은 보호주의 정책을 강화한 대표적인 나라였다. 1898년에 하와이를 병합한 미국은 제1차 세계대전을 맞아 하와이 코나지역 커피의 보호무역에 착수했다. 하와이는 노동력의 부족으로 커피재배에서 설탕재배로 옮겨갔던 곳으로 주로 일본인 이주민들이 가족영농으로 커피를 경작하던 곳이었다. 미국의 보호주의 강화에 힘입어 미국과 유럽에서 이주민들이 몰려와 마우이 섬 지역에서 커피경작을 활성화했고 커피에 부과하던 관세가 폐지되자 코나커피가 미국 본토로 수출 역주를 시작하였다.[11] 여기에는 미국의 소비자들이 전에 비해 고품질의 커피를 즐기기 시작한 것도 한몫했고 하와이와 캘리포니아 사이의 지리적 근접성 또한 일정한 역할을 했다.

1918년 제1차 세계대전이 끝나자 잠시 커피소비가 늘어났다. 사람들은 전쟁이 남긴 불안을 이기기 위해서라도 카페에 모여 커피를 마셨고 커피 한잔으로 커다란 위안을 얻었다. 그러나 그 기간은 너무나 짧았다. 다시 세계경제에 위기가 닥쳤고 커피 역시 위기를 맞았다.

대공황과 제2차 세계대전이 몰고 온 위기

미국의 경제가 1929년 대공황을 맞으면서 시작된 세계경제 불황은 커피소비에 막대한 영향을 미칠 수밖에 없었다. 1929년에 독일, 영국, 프랑스 등 유럽의 3대 공업국이 세계 총생산고의 29퍼센트 좀 안 되는 생산고를 올린 것에 비해 미국은 42퍼센트(2021년 현재 24.4퍼센트) 넘게 생산한 나라였다.12 미국은 세계경제를 선도하는 압도적인 경제대국이었으므로 그런 미국이 대공황에 빠지자 세계경제가 수렁으로 미끄러졌다.

대공황이 일어나기 직전 미국의 커피소비는 세계시장에서 핵심적인 역할을 했다. 이미 영국의 수입이 더 이상 라틴아메리카의 "성장 동력"으로서 직접적인 영향을 미치지 못할 정도였다. 오히려 새로운 '삼각무역'이 작동했다. 브라질은 커피를 미국에 팔아 그 수익금으로 영국으로부터 완제품을 사들였다. 미국은 브라질의 원자재를 영국과 유럽 대륙에 판매하여 벌어들인 수익으로 브라질커피를 구매했다. 영국은 커피를 많이 마시지는 않았지만 그것을 주요 소비국들에 재수출했고 1930년대까지 그들이 지배한 보험과 운송을 통해서 이익을 얻고 있었다.

그러나 대공황을 맞아 미국의 커피가격이 곤두박질치기 시작했다. 1929년 파운드당 20.40센트에 이르던 커피 평균가격은 1930년 파운드당 13.10센트로 내렸고 1931년에는 다시 10.10센트로 내리더니 1932년 9.10센트로, 1933년 7.90센트로, 1938년과 1939년에는 다시 6.90센트로 내려앉았고 1941년에는 또 다시 6.20센트까지 내려갔다.13 커피가격이 대공황 이전에 비해 1/3이 채 안 되는 수준으로 떨어진 셈이었다.

유럽의 커피소비도 크게 흔들렸다. 스웨덴은 1921년, 1924년 그리고 1932년 경제적 불황기에 심각한 소득 하락과 고용의 불안정을 겪었다. 1930년대에도 스웨덴에서는 커피가 다른 선진국과 달리 여전히 사치품이었고 그래서 소득연동성이 높았기 때문에 경제 불황이 이어지자 시민들이 가장 먼저 수요를 제한한 품목이 되었다.14

미국과 유럽의 소비위축으로부터 직격탄을 맞은 곳은 다름 아닌 브라질이었다. 브라질은 이미 20세기 초에 과잉생산을 염려하던 곳이었다. 아시아에서 녹병이 번져 1880년대 말부터 1890년대 초 세계커피가격이 치솟자 브라질은 특히 상파울루 주에서 커피나무의 수를 14년 만에 4배로 늘렸다. 상파울루 한 주의 생산만으로 세계 커피생산의 절반을 차지할 정도였다. 1903년 상파울루 주정부가 나서 새로운 커피경작 금지와 다름없는 과도한 세금을 물리고 나아가 더 이상의 경작을 아예 근절하려는 프로그램을 내놓았다.[15] 브라질은 과잉생산 상태에서 커피가격의 수직하락이란 폭탄을 맞았다. 파운드당 22.5센트이던 커피가격은 2년 후에 8센트로 폭락했다. 1930년 브라질 창고에 2,600만 자루의 커피가 주인을 찾지 못한 채 그대로 쌓여있었다. 가격안정을 위해 브라질 정부가 택할 수 있는 가장 손쉬운 방법은 커피를 태워버리는 것이었다. 그 해에 7백만 자루 이상의 커피가 폐기 처분되었다. 정부는 곧 커피소비를 촉진하려는 온갖 수단을 동원했다. 커피콩을 압축해 벽돌모양의 철도용 연료를 만드는 것을 정식 허가할 만큼 다급했다. 그러나 국내소비를 늘리기에는 한계가 뚜렷했으며 결국 외교적 해결을 시도했다. 브라질은 보고타에서 다국적 회의를 소집해 커피소비 촉진을 맡아줄 미주커피사무국Pan American Coffee Bureau=PACB에 자금을 지원한다는 합의를 끌어냈다. 그럼에도 브라질은 상파울루에서 계속해서 쏟아져 들어오는 수확물량을 쌓을 창고가 부족한 상황에 이르자 1937년 한 해에만 무려 1,720만 자루의 커피를 불태우는 극단적 방법을 동원했다.[16]

브라질의 커피위기는 브라질 정부의 무능과 커피플랜테이션의 욕망이 빚은 참극이었다. 이미 과잉생산이 계속되는 상황에서도 정부는 커피엘리트들이 가진 정치적 세력에 밀려 적절한 조치를 제때 취하지 못했고 플랜테이션 경영주들은 경작지를 떠나 도시에서 호화로운 생활을 누리면서 오로지 최대 이익을 얻기 위해 현금작물인 커피생산의 확대에만 관심을 기울이고 있었다. 커피엘리트들에게는 단일경작이 가져온 토지의 황폐화는 물론이고 커피수요가 급감하는 시기에 맞게 될 국가의 경제적 위기는 안중에 없었다. 커피 단일경작은 자연스럽게 나타난 것이 아니라 선택의 결과였다. 뒷날 증명된 바대로, 현금작물과 식용작물의 복합경작이 토지의 황폐화를 막고 식량의 자급자족을 이루면서 국제시장에서 이익을 최대한 실현할 방법이었지만 커피엘리트들은 밀이나 콩과 같은 식용작물의 경작에는 관심이 없었다. 특히 상파울루 주의 커피생산자들은 오히려 조국의 산업화를 선도했다는 자만에 빠져있었다. 브라질의 커피경제가 단순히 식민주의적 또는 신식민주의적 착취가 아니라 기업가 정신과 산업의 발전을 자극했다는 것을 인정한다손 치더라도 상파울루 플랜테이션 경영자들이 선택한 커피 단일경작의 폐해는 비판을 비켜가기 어렵게 되었다.[17]

제2차 세계대전은 경제의 붕괴로 위기에 처한 커피산업에 다시 타격을 가했다. 또 한 번의 세계대전은 커피시장의 동력을 극적으로 꺼버렸다. 정상적인 커피무역이 이루지지지 않았고 가격마저 하락했다. 특히 유럽에서 연평균 커피수입량이 수직으로 떨어지거나 사라졌다. 독일은 1938년에도 12만 700톤의 커피를 수입했으나 1940년 2만 2,900톤으로 떨어진 후 1943년과 1944년에는 각각 1,400톤에 그쳤고 1945, 1946, 1947년에는 아예 통계가 없다. 프랑스의 커피수입은 1940년에 13만 7,900톤이었다가 1941년 3만 6,300톤, 1942년 2만 5,100톤, 1943년 7,900톤으로 줄었으며 1944년에는 겨우 400톤을 기록했다. 스칸디나비아 3국 역시 1939년 21만 1,900톤을 유지했으나 이듬해에 10만 7,500톤으로 줄었고 1941년 2만 5,600톤으로 대폭 감소한 후 1945년에 4만 2,900톤에 머물렀다.[18]

미국에서는 예외적으로 커피수입량과 소비의 대대적인 축소가 나타나지 않았다. 그것은 미국이 몇 가지 완충장치를 갖고 있었기 때문이다. 미국은 제2차 세계대전이 일어나 커피가격이 하락하자 라틴아메리카, 특히 브라질이 나치나 공산주의와 결탁하지 않을까 염려했다. 1940년 미국은 중남미 14개 생산국과 미국이 참여하는 미주커피회의를 소집해 미주커피협정 Inter-American Coffee Agreement 의 체결을 이끌어냈다. 미국의 수입물량 1,590만 자루 가운데 브라질 수출물량을 60퍼센트 정도로 정하고 그 뒤를 이어 콜롬비아에 20퍼센트를 조금 넘는 수출물량을 할당하는 등 라틴아메리카 국가들의 수출쿼터제가 미주커피협정의 주요 내용이었는데, 여러 나라가 이를 받아들였다. 이 협정의 효과는 곧바로 나타나 1941년 말 커피가격이 두 배로 상승했다. 이로써 미국은 브라질을 반대진영으로 기울지 않도록 잡아둘 수 있었을 뿐 아니라 안정적으로 커피를 수입할 수 있었다.

한편 제2차 세계대전이 유럽에서는 이미 한창이었지만 미국은 직접 전쟁에 뛰어드는 것에 신중을 기하고 있었다. 미국은 1941년 말 일본이 진주만을 공격하자 1942년에야 전시동원 체제로 전환했다. 미국의 시민들은 전쟁 중임에도 얼마동안 평범한 일상을 누릴 수 있었다. 또 미군이 참전하면서부터 전선에 커피를 보급하기 시작했다. 필수물자 목록에 커피가 포함되었고 미군에서 징발해간 커피가 월 14만 자루로, 이전 해와 비교해 열 배에 해당하는 양이었으며 군인 1인당으로 치면 연간 15킬로그램에 이르는 엄청난 물량이었다.[19] 노르망디 상륙작전이 개시되자 미군은 생두를 해외로 수송해 현지에서 볶았다. 마르세유 어느 낡은 공장에서는 휘발유 드럼통을 이용해 로스터를 만들어 매일 5,440킬로그램의 커피를 볶았다. 1944년 무렵에는 네슬레와 G. 워싱턴사* 외에 맥스웰하우스를 비롯한 다른 열 개 회사에서도 인스턴트커피를 생산했는데, 그 전량을 군에서 징발했다.[20] 제2차 세계대전이 새로운 수요를 창출한 것이나 다름없었다.

　대공황과 전쟁은 뜻하지 않은 결과를 낳기도 했다. 특히 대규모 플랜테이션을 바탕으로 그동안 권력과 부를 누리던 중앙아메리카 몇몇 커피호족이 서서히 정치권력을 상실하거나 뒷자리로 밀려났다. 1920년대 이후 그들이 중앙아메리카 정치에 행사하던 직접적 지배는 상당히 줄어들었다. 대공황은 엘살바도르, 코스타리카 그리고 니카라과의 소수 커피엘리트가 형성한 사회적, 경제적 구조를 거의 와해시킴으로써 커피과두제에 의한 직접지배에 종말을 고했을 뿐 아니라 강력한 반대운동을 불러왔다.

　엘살바도르와 니카라과에서 커피엘리트들은 군사독재에 직접지배를 넘겨주어야 했고 코스타리카에서는 역설적으로 군사내각이 강제한 민주체제로 권력을 이양했다. 엘살바도르에서는 1932년 이후, 니카라과에서는 1934년 이후 소수 커피엘리트와 군사독재 사이의 암묵적인 동맹에 의해 정치시스템이 조직되었고 군사독재가 거의 무제한의 권력을 행사했다. 그러나 중앙아메리카 커피엘리트들은 정치적 지배권을 잃어버린 대신 경제권을 완전히 놓치지는 않았다. 엘살바도르에서는 26개 정도의 거대 커피엘리트 가계가 제2차 세계대전 이후에도 수출농업을 통해 쌓은 부를 바탕으로 금융, 부동산, 관광 등의 분야로 진출했고 1960년대 중앙아메리카의 전성기에 국내와 지역 시장을 겨냥한 제조업에 뛰어들었다. 1980년 은행의 국유화가 이루어지기까지 그들이

---

*　G. Washington Coffee Company: 조지 콘스턴트 루이스 워싱턴(1871-1946)이 설립한 커피 기업으로 인스턴트커피 정제과정을 개선하고 대량생산 체제를 도입함으로써 커피사업에 성공했다. 설립자인 조지가 죽기 전인 1943년에 회사가 아메리칸 홈 프로덕츠사에 팔렸으나 커피브랜드는 1961년까지 존속했다.

국내 주요 은행들을 계속 통제했다.[21]

이와 달리 니카라과에서는 커피엘리트의 경제권조차 소모사 가문 Somozas의 위협을 받았다. 1937년 국가 방위군 사령관 출신의 아나스타시오 소모사 가르시아가 집권한 이래 소모사 가문의 세습독재가 시작되었다. 1956년 소모사 가르시아가 암살된 후에도 그의 장남 소모사 데바일레(1956-1963)가 권력을 장악했고 다소 타협적인 정책을 추진했으나 그의 동생이 집권(1963-1972)하면서 강압정치가 오히려 강화되었다. 소모사 가문은 커피엘리트가 갖고 있던 경제적 이권들을 탈취하거나 통제했다. 소모사 가문의 세습독재 시대 정권과의 결탁으로 경제권을 획득한 것은 식민지 시대에 부상한 상인 귀족들이었다.[22]

코스타리카에서는 호세 피게레스 페레르가 시작한 1948혁명이 승리로 끝나자 1870년 이래 커피엘리트들이 장악해 온 직접적 정치권력으로부터 그들이 제외되었다. 전통적인 커피엘리트 가계들은 증대하는 국내 조합운동과 해외 민주국가들로부터 동시에 커다란 압박을 받았다. 그럼에도 그들은 커피정제와 수출을 계속해서 지배했다. 다만 엘살바도르 엘리트들과 달리 다른 수출영농이나 산업으로 이동하지 않았고 그들의 은행 지배 역시 1948년 은행제도의 국유화로 종말을 맞았다.[23] 중앙아메리카 전체로 보면, 대공황과 제2차 세계대전의 영향으로 커피엘리트들의 권력은 상당 부분 축소되었다.

2. 탐욕과 혁신의 커피

인스턴트커피의 도약

제2차 세계대전이 끝나자 인스턴트커피Instant Coffee가 가장 인기 있는 커피로 부상했다. 전쟁 기간에 미군을 비롯한 연합국 군인들에게 많은 양의 인스턴트커피가 보급되어 군인들은 촌각을 다투는 전선에서 뜨거운 물에 타서 마시면 되는 이 편리한 커피 한 모금으로 지친 몸과 마음을 달랬다. 전쟁이 끝난 직후 많은 유럽인은 거리를 헤매고 있었다. 잃어버린 가족과 친지를 찾아 헤매기도 했고 살 집이 없어 거리를 헤매는 사람도 있었으며 아무 영문도 모른 채 전쟁 범죄에 가담한 독일 시민 중에는 몰래 외국으로 도망하려고 길을 나선 사람도 많았다. 그리고 곧이어 '재건'이 시작되었다. 미국의 마셜플랜*에 따라 유럽부흥을 위한 지원이 시작되면서 사람들은 재건의 현장에 나섰다. 이런 시대에 편리한 인스턴트커피 한잔이 노동의 고단함을 덜어주었고 가정의 아늑함을 돕는 조력자가 되었다.

현재까지 확인된 사료에 따르면, 인스턴트커피는 프랑스의 유머작가이자 저자인 알퐁스 알레 Alphonse Allais 가 1881년 처음으로 발명했다. 그러나 시장에 최초로 출시한 것은 1890년 뉴질랜드의 데이빗 스트랭 David Strang 이 '스트랭스 커피 Strang's Coffee'라는 브랜드로 선보인 것이었다. 전에는 시카고에서 일한 일본인 사토리 가토가 발명한 것으로 알려져 있었는데, 이는 그가 1901년 뉴욕에서 개최한 미주박람회에 인스

---

* 마셜플랜: 제2차 세계대전 후 미국에서는 전범국가 독일을 농업국으로 되돌려야 한다는 등 다양한 논의가 있었으나 국무장관 마셜 George C. Marshall 의 제안에 따라 '유럽부흥계획 European Recovery Program'이 수립되었다. 이 계획에는 냉전의 구름이 다가오는 상황에서 서유럽의 공산화를 막는 데 1차적인 목표가 있었고 또 지원을 받은 나라들이 미국의 생산설비와 물품을 구매하게 하려는 의도도 깔려있었다. 1948-1952년까지 계획한 지원액의 약 절반을 지원하는 데 그쳤지만 이 계획은 서유럽의 부흥을 비롯해 전후 세계경제가 호황을 누리게 된 계기가 되었다. 이를 주도한 국무장관의 이름을 따 흔히 '마셜플랜'이라고 부른다.

턴트커피 분말을 처음 전시했기 때문에 생긴 오해로 보인다. 그 후 미국의 조지 워싱턴사가 1910년 대규모 생산라인을 구축해 인스턴트커피를 시장에 내놓았으나 낮은 품질과 저급한 향미로 커다란 반응을 얻지 못했다. 제조과정을 좀 더 정교화해 좋은 향미를 가진 인스턴트커피의 산업적 생산에 초석을 놓은 것은 스위스 네슬레사^{Nestlé}*였다. 네슬레사는 1938년 네스카페^{Nescafé}라는 브랜드로 인스턴트커피를 출시해 성공을 예약했다. 이미 제1차 세계대전부터 전시경제체제에서 커다란 이익을 실현한 네슬레는 제2차 세계대전에 적극적으로 대응했고 그 덕분에 미군에 보급된 네스카페가 커다란 인기를 얻었을 뿐 아니라 연유와 유아용 유동식을 넘어서 거대 식품기업으로 도약할 발판을 마련했다. 종전 후 네슬레의 역동기가 시작되었다. 제2차 세계대전 동안 인스턴트커피를 미군에 보급한 다른 여러 회사도 말할 것도 없이 충분한 경제적 보상을 받았다.

 미국에서 제2차 세계대전 직후 고도 진공 동결건조커피가 다른 분야 연구의 간접 결과물로 개발되었다. 군인용 페니실린, 혈장, 스트렙토마이신 등의 개발을 위해 국립연구재단이 동결건조 방법을 개발했는데, 종전 후 커피기업들이 그것을 커피제조에 적용한 것이었다.

 인스턴트커피를 만드는 방법은 크게 두 가지인데 하나는 동결건조$^{freeze\ drying}$이고 다른 하나는 스프레이건조$^{spray\ drying}$ 방식이다. 커피를 볶아서 추출하는 과정은 동일하고 추출한 후 그것을 분말이나 알갱이

---

* 스위스의 다국적 식품 및 음료 회사, 1867년 앙리 네슬레$^{Henri\ Nestlé\ (1814-1890)}$가 설립한 회사가 토대가 되었고 2016년 포브스^{Forbes}가 선정한 2,000개 대기업 중 33위에 이름을 올렸고 2017년 포천^{Fortune}의 세계 500대 기업 중 64위에 올랐다. 최근 상품 생산지의 수질오염과 아동노동의 착취로 비판을 받았다.

로 만드는 방법이 다를 뿐이다. 동결건조는 추출한 커피를 신속히 동결해 작은 입자로 분쇄한 후 진공에서 건조하는데, 진공의 강도와 수분의 승화가 중요하다. 스프레이건조는 고속으로 회전하는 휠을 이용해 추출된 커피를 분사해 건조하는 방법인데, 대규모로 건조를 진행해 경제적이고 건조시간이 짧고 미세하게 분쇄할 수 있다는 것이 장점이다. 두 가지 방법 모두 현재 널리 쓰이고 있다. 이 방법들로 건조한 커피는 뜨거운 물을 만나면 추출한 커피 상태로 쉽게 돌아가 '잘 풀리는 커피'로도 알려져 있다.

미국에서는 1953년 맥스웰하우스의 인스턴트커피가 네스카페를 앞지를 만큼 도약했다. 인스턴트커피가 인기를 끌면서 자판기커피까지 등장해 1950년대 중반 미국에 보급된 커피자판기는 6만대를 넘어섰다. 그러나 인스턴트커피는 개발된 이래 줄곧 커피의 품질이 낮고 향미가 떨어진다는 소비자들의 불평을 들어야 했다. 전시에는 따뜻한 음료라는 것에 만족했지만 점차 소비자들은 고급 향미의 에스프레소를 선호하는 경향을 뚜렷이 보여 주었다. 이런 도전에 직면한 네슬레는 1960년대 고도 동결건조법을 채택해 생산라인을 향상하고 상대적으로 고급 원두를 사용해 커피의 향미를 최고로 끌어올린 새로운 인스턴트커피를 시장에 내놓았다. 그 노력의 결과물로서 네스카페 골드블렌드Nescafé Gold Blend가 탄생했다. 미국의 세계적인 광고회사 맥캔McCann이 만들어 1987-1993년까지 영국 텔레비전에 방영한 '골드블렌드 커플'은 남녀 배우가 네스카페 배합커피를 마시면서 서서히 타오르는 로맨스를 보여줌으로써 그 후 커피광고의 상징이 되었고 판매에서도 네스카페가 선두자리를 되찾게 해주었다. 미국에서는 물론이고 한국인에게도 익숙한 '테이스터스 초이스 taster's choice' 역시 네스카페가 만든 배합커피(블랜딩커피)였다.

전쟁의 그림자가 걷히자 1952년 무렵 프랑스에서 260만 자루의 커피를 수입할 만큼 커피의 소비가 증가했으나 그 중 절반 이상이 프랑스령 아프리카 식민지에서 들어오는 낮은 등급의 로부스타종 생두였다. 이탈리아에서도 사정은 거의 마찬가지였다. 광고에서는 "천국의 맛"이라고 홍보했지만 실은 그 커피의 주원료는 브라질산 중에서도 질이 낮은 커피거나 아프리카에서 온 로부스타종 커피를 혼합해 만든 블렌딩커피였다.[24]

인스턴트커피가 전후 인기를 얻으면서 지속적으로 판매고를 올리고 있었지만 인스턴트커피의 이런 기술적 혁신이 바람직한 방향인지는 여전히 의문으로 남는다. 인스턴트커피는 로부스타종을 주원료로 많이 사용하는데다 첨가한 유지방이 건강에 좋지 않고 또 편리함이 무조건 좋은 것만은 아니기에 말이다. 커피문화는 커피를 분쇄하고 준비해서 내리는 등 이른바 '시간지속'을 통해 여유로운 일상을 누리는 데에도 이바지해온 만큼 빠르고 편리한 커피로 대체하는 기술을 무조건 좋은 것으로 받아들이기에는 내키지 않는 구석이 있다. 인스턴트커피가 건강에 좋지 않다는 논점을 제외하더라도 말이다. 어쨌거나 편리함에 대한 인식은 사회마다 다르기에 인스턴트커피의 확산 역시 사회에 따라 다른 결과를 가져왔다.

미국에서는 제2차 세계대전 이후 인스턴트커피소비가 상당 기간 꾸준히 증가했다. 1952년 말 미국에서 인스턴트커피는 전체 커피소비 중 17퍼센트를 차지했고 1978년 정점에 달했을 때에는 전체 커피소비의 1/3에 달했다.[25] 그러다가 스페셜티커피가 새로운 트렌드로 등장하면서 마침내 줄어들기 시작했다. 영국에서도 제2차 세계대전 동안 미군이 소개한 인스턴트커피가 점차 대중화하였다. 영국의 전국 식품 통계는 1990년 말 현재 영국에서 마시는 전체 커피의 75퍼센트 이상이 인스턴

트커피라고 밝혔다.26 그러나 프랑스에서는 10퍼센트 이하이고 이탈리아에서는 1퍼센트에 지나지 않았다.27

인스턴트커피에 들어있는 카페인 함량은 225ml 한 잔에 66mg으로, 필터커피의 카페인 함유량 112mg에 비해 적은 편이다. 여기에 보통 크림과 설탕이 첨가되는데, 그것은 인스턴트커피를 만드는 원료가 대부분 로부스타종 커피라 상당히 쓴맛을 주기 때문이기도 하다. 독일의 커피규정은 12퍼센트까지 설탕의 함유를 허용하고 있다. 유럽에서는 최근 인스턴트커피의 경우에도 생두의 종류와 원산지, 생두 정제과정, 수확연도 등을 표기하도록 규정하고 있고, '카페인 없는 커피'(디카페인 커피 decaffeinated coffee)에도 카페인 제거를 위해 사용한 용매의 종류, 잔여 카페인 함유량 등에 관한 정보를 고객에게 알리도록 하고 있다. 이런 요소들이 커피의 품질을 결정하는 데 중요하기 때문이다.

로부스타종 생산의 증가

인스턴트커피의 성장이 가져온 또 다른 결과 중 하나는 아프리카와 아시아에서 커피재배가 활력을 되찾았다는 사실이다. 아프리카 여러 지역에서 그랬듯이 1960년대 프랑스와 벨기에 식민지였던 중서부 아프리카에서 독립운동이 거세게 일어났고 독립을 쟁취한 나라들은 커피재배를 통해 경제적 독립에 도움을 얻으려 애썼다. 1962년에 설립된 국제커피기구 International Coffee Organization=ICO가 쿼터제도를 도입하면서 보호 장치로 작동한 것도 아프리카 등에서 새로운 생산자들이 힘을 얻은 근거였다.

새로 경작한 커피의 품종은 대부분 로부스타종이었다. 카메룬은 일부 서부고지를 제외한 해안지역에서 주로 로부스타종을 재배했고 코트디부아르는 세계에서 로부스타종을 가장 많이 생산하는 나라 중 하나가 되었으며 콩고는 동북부를 중심으로 로부스타종이 80퍼센트를 차지했다. 포르투갈의 식민지로 브라질 사람이 일찍이 1870년대에 상업적 재배를 시작한 앙골라는 1970년대까지 로부스타종 생산이 계속 증가해 세계 3위의 생산국이 되었다. 그 후 포르투갈의 플랜테이션 지배가 커피영농의 황폐화를 불러왔고 2,000년대에 들어서야 다시 재건이 시작되었으나 현재 아라비카종은 앙골라 커피수출량의 5퍼센트에 지나지 않는다.

중서부 아프리카의 커피재배는 동아프리카에서 고품질의 아라비카종을 선택한 것과 비교된다. 커피의 고향 에티오피아는 물론이고 1963년에 독립한 케냐 역시 지속적으로 고품질의 아라비카종 커피만을 생산하고 있고 탄자니아도 킬리만자로 지역을 중심으로 고품질 아라비카종 커피를 주로 생산하고 있으며 로부스타종은 약 25퍼센트에 머물고 있다. 우간다는 다소 예외적으로 로부스타종 커피생산이 대부분을 차지하는 나라인데 그것은 우간다의 기후 및 토양과 밀접하게 관련되어 있다. 우간다는 1962년 독립과 함께 커피생산이 가파르게 증가했으나 이디 아민의 독재시대 커피생산이 거의 중단되었다가 1990년대 이후에 다시 증가해 서서히 세계 5위의 로부스타종 생산국으로 발돋움했다. 아프리카의 커피생산량은 이미 1965년에 전 세계 커피생산의 약 23퍼센트를 차지할 정도로 성장했지만 그 가운데 약 75퍼센트는 로부스타종이었다. 아프리카는 거대한 대륙인만큼 커피생산에서도 여러 양상을 보이고 있다.

아프리카 외에 커피생산이 다시 활성화한 곳이 아시아 지역이었다. 19세기 말에 번진 커피녹병으로 실론이 커피생산지로서 지위를 잃어버린 데 이어 인도 역시 커피수출량이 줄어들기 시작해 제2차 세계대전 후에 커피는 주요 수출품목에 들지 못했다. 한편 인도네시아는 제

2차 세계대전 이후 다시 커피생산의 성장을 시작했고 1960년에 4만 2,190톤을 수출해 아시아국가로는 최고에 올랐다.[28] 그러나 제1차 세계대전 시기에 부활을 시작한 자바에서 생산한 커피는 아라비카종 대신 로부스타종이었고 또 시간이 지나면서 자바보다는 수마트라가 주요 커피생산 지역의 지위를 차지했다. 1940년에도 겨우 2,000톤을 생산하던 베트남이 아시아를 넘어 세계 2위의 커피생산국으로 부상한 것도 아시아의 약진을 두드러지게 하는 데 크게 이바지했다. 처음에는 아라비카종을 재배하던 베트남 역시 로부스타종 커피가 생산량의 대부분을 차지하게 되었다. 이 이야기는 아래에서 좀 더 자세히 들여다보겠다.

로부스타종 커피의 생산이 제2차 세계대전 이래 크게 증가한 것은 1940년대 중반 이후부터 인스턴트커피의 수요가 증가하면서부터 나타난 현상이었다. 한편 대부분 사람이 최고의 향미를 지닌 고급 커피로 알고 있는 에스프레소 블렌딩에 로부스타종을 첨가한 것도 로부스타종의 약진에 다소 이바지했다. 아무튼 로부스타종의 성공은 인스턴트커피의 부상과 연계되어 나타나 세계 커피의 지형을 바꾸어 놓았다.

베트남의 약진

베트남의 커피재배는 프랑스와 뗄 수 없는 관계를 맺으면서 발전했다. 처음 가톨릭 선교를 지원하던 프랑스는 1867년부터 일부 직접지배를 시작했으며 1884년에 베트남 전체를 장악한 후 제2차 세계대전이 일어나기까지 식민지로 삼아 지배력을 잃지 않았다.[29] 1945년 이후 프랑스는 베트남에 대한 지배권을 다시 인정받았으나 1954년의 제네바 협정에 따른 남북 분열 후 남쪽으로 후퇴했다가 남베트남에 정부가 수립되자 완전히 물러났다.

베트남에 커피를 처음 도입한 것도 1857년 프랑스의 선교사들이었고 1883년에 모카커피 씨앗을 프랑스에 요청한 것도 식민지 총독부였다. 1888년 첫 커피플랜테이션을 설립한 후 프랑스는 플랜테이션을 통해 꾸준히 커피재배를 독려했다. 처음에는 아라비카종을 소규모로 재배하다가 20세기 초를 지나 대규모 상업적 플랜테이션으로 전환했다. 1930년대 프랑스는 중앙고지에, 주로 닥락Dak Lak지방에 커피생산지를 개발했다. 닥락성省은 2016년 현재 베트남에서 재배면적이 가장 넓은 지방이다.30 베트남의 남부 및 중앙 고원지대는 다른 동남아시아와 달리 해발 고도가 높은 지역에 속해 건기가 뚜렷했고 그래서 커피재배에 적당했다. 프랑스인 커피경작자들과 주요 현금작물로 커피를 재배하던 베트남의 소농들은 1920년대부터 마찬가지로 고도가 높은 라오스 지역을 식민지화하여 이곳에서도 커피를 재배했다. 그 결과 1930년에는 1,500톤, 1940년에는 2,000톤의 커피를 수출하기에 이르렀다.

베트남이 커피생산지로 등장한 시점에 프랑스 커피시장에서 식민지 커피생산지들의 위상이 달라지고 있었다. 1920년대 뉴칼레도니아와 인도차이나 그리고 특히 1930년대 마다가스카르에서 새로운 생산지들이 나타나자 프랑스 시장에서 레위니옹의 지위가 크게 하락했고 1945년 이후 커피생산지로서 중요성을 상실했다.31 한편 베트남에서는 한동안 커피가 여러 작물 재배시스템에 포함되어 있는 보완작물에 지나지 않았다. 고무나무, 코코넛 그리고 야자나무 사이에 간작으로 로부스타 변종을 재배했다. 몇 계절에 걸쳐 수확을 한 다음에는 주요작물이 다 자라면 커피나무 뿌리를 뽑아버리는 방식으로 재배하는 것이 대부분 농가에서 채택한 재배방식이었다.32

베트남에서는 식민지 시대에도 그랬지만 1954년 이후 독립을 쟁취한 이후에도 독립한 국가의 소농재배에 대한 목조르기가 눈에 띄게 증가했다. 특히 북부에서는 커피생산량이 많지는 않았지만 커피콩의 구매와 수출이 국가의 마케팅 부서의 손에 들어갔다. 나라의 독립을 쟁취한 후 이 기구들은 유지되었을 뿐 아니라 오히려 확대되었다. 이것이 소농에게 단기적인 가격안정성을 제공하기는 했지만 국가 마케팅 부서는 가혹한 과세와 부패의 확대를 불러왔다. 이 때문에 새로 독립한 정부가 국유화한 플랜테이션들은 인도네시아에서도 그랬듯이 북베트남에서 커피수확량의 격감을 불러왔다.33

제2차 세계대전 후 대부분 아시아 커피생산자는 식민지 상태를 벗어난 조국에서 식민지 시대 마케팅 기구가 행사한 영향력에서 벗어날 수 있었지만 사회주의 국가인 북베트남의 경우 독자적인 방식을 채택했다. 남베트남에서는 상대적으로 자유로운 커피마케팅 시스템이 작동하였고 커피부문에 큰 문제는 없었지만 커피가 국가의 경제를 지배할 정도의 중요성을 갖지는 않았다. 아시아에서 그런 곳은 아직 어디에도 없었다. 커피부문이 '경제적 기적'의 동력이 되어 신속한 산업화로 나가기 시작한 국가는 없었으며 베트남을 두고 "커피공화국"이라고 부를 만한 근거도 아직 없었다.34

그러나 베트남 전쟁(1955-1975) 이후 상황이 달라졌다. 강대국을 상대로 힘겨운 전쟁을 치르던 베트남이 1975년 미국에 승리를 거두고 남북이 하나의 나라로 통일돼 베트남사회주의공화국이 되었다. 이때를 전후하여 베트남의 커피산업에 전기가 찾아왔다. 전쟁이 끝나기 몇 년 전인 1969년 베트남 최초의 인스턴트커피 생산공장이 건립되었다. 프랑스의 엔지니어 마르셀 코로넬Marcel Coronel이 연간 80톤의 인스턴트커피를 생산할 수 있는 코로넬커피공장을 세웠다. 그는 인스턴트커피 열풍 아래 값싼 커피를 프랑스에 공급할 계획이었다. 하지만 전쟁이 베트남 공산당의 승리로 끝나자 그와 가족은 1975년 베트남을 떠났고 베트남 정부가 공장을 몰수하여 경영을 맡았다. 1977년부터 이 공장은 성공적으로 커피를 생산했고 수요 역시 끊이지 않았다. 1978년 베트남이 코메콘Comecon에 가입하자 소련과 여타 사회주의 블록에 커피를 판매할 수 있게 되었기 때문이다. 이 공장을 기반으로 1983년 비나카페Vinacafé라는 브랜드가 만들어졌고 1991년 코메콘이 해체되자 베트남의 커피산업은 국내시장과 해외 수출시장의 개척에 집중하기 시작했다. 1995년 정부는 베트남 국립커피조합회사를 설립해, 비엔 호아 커피공장을 포함해 49개의 다른 커피플랜테이션 등 수많은 소수 조합을 통합했다. 하노이에 본부를 둔 이 국립커피조합회사는 현재 농식품산업부 소속으로서 커피의 생산, 정제, 수출 등을 담당하고 있다. 비나카페는 국내 인스턴트커피의 50퍼센트를 점유하고 있고 네스카페가 33퍼센트를 점유하여 이 두 회사가 시장의 대부분을 차지하고 있다.

베트남에서 커피생산이 활기를 띠기 시작한 것은 1986년부터 시작된 '도이모이Doi Moi' 덕분이었다. '바꾸다'라는 의미의 도이와 '새롭게'를 뜻하는 모이의 합성어로 1986년 제6차 공산당 전국대회에서 채택한 경제개혁과 혁신 정책을 말하는 '도이모이'는 사회주의적 시장경제의 창출을 목표로 삼았다. 정부는 1988년 발효된 토지법에 따라 토지의 개인적 사용 권리를 인정했고 농부들에게 조합에 참여할 의무를 없애고 자기 농산물을 자유롭게 시장에 판매하도록 허락했다. 말하자면 개인의 커피농장 사유화가 허락되었고 커피기업 역시 사유화할 수 있게 되었다. 그러자 커피를 대규모로 생산하는 회사들이 나타났고 커피농장의 생산성 또한 높아졌으며 다른 무엇보다 커피재배 면적이 확대되기 시작했다. 1989년 국제커피기구의 해체와 함께 커피가격이 수직으로 하락하던 상황임에도 불구하고, 가격상승이 아니라 급격한 하락이 지속되는 데도 불구하고 1990년대 베트남에서는 커피생산이 폭발적으로 확대하기 시작했다.

인도네시아와 필리핀에서도 다소 확대되었지만 베트남의 확대는 실로 놀라운 수준이었다.[35] 1985년 4만 4,700헥타르에 지나지 않았던 커피재배 면적이 2000년에 무려 51만 6,700헥타르로 증가했다. 그것은 새로운 경제시스템이 가져온 획기적인 변화였다. 1994-1998년에 다시 커피가격이 조금 상승하자 이것이 베트남의 커피생산을 부채질했고 그 결과 1996-2000년 베트남의 커피생산은 두 배로 증가했다.[36] 2013년 말에 이르러 커피생산이 130만 톤을 넘어 세계시장에서 2위의 수출량을 기록했다.[37] 이로써 베트남 커피는 양적인 측면에서 보면 세계시장에서 커다란 영향력을 행사하게 되었다. 그러나 생산의 약 95퍼센트 가량을 로부스타종이 차지하고 있어 변화를 모색하고 있는 중이다.[38]

양적 성장에도 불구하고 베트남의 커피산업은 구조적인 문제를 드러내고 있다. 그것은 기업인들이 앞다투어 커피농장을 설립하면서 예견된 것이었다. 토지의 수요가 증가함에 따라 지방 공무원들이 농부들에게 적정 수준의 보상을 하는 대신 시장가치보다 훨씬 낮은 보상액을 지급한 후 토지를 강제로 몰수하는 사례들이 나타났다. 특히 커피경작을 해오던 소수 민족이 삶의 터전을 잃었고 농부들 가운데 토지를 갖지 못한 농부가 점점 더 많아졌다. 커피경제의 주요 부문을 국유기업이 장악하고 있지만 커피생산 지역의 소득 불균형이 커지고 환경파괴가 잇따르고 있어 사회문제로 대두되고 있다.

최상의 향미를 향한 노력, 에스프레소커피

인스턴트커피와 경쟁할 만한 상대는 이탈리아에서 발전한 에스프레소커피밖에 없었다. 에스프레소가 지난 50년 이상의 기간 동안 집 밖에서 마시는 대부분의 커피를 추출하는 가장 보편적이고 인기 있는 커피라는 사실에 이의를 제기할 사람은 없을 것이다. 에스프레소의 부상과 함께 이탈리아의 커피문화는 물론이고 음식문화가 전반적으로 세계 전역에서 더욱 커다란 인기를 얻게 되었다.

이탈리아는 오랫동안 커피세계에서 그다지 중요한 나라가 아니었다. 오래전 이탈리아는 에티오피아 동부 해안에 걸쳐있는 에리트레아를 지배했으나 이 나라의 커피는 자국 소비를 충당하기도 어려워 예멘과 에티오피아 커피를 에리트레아 항구에서 이탈리아로 운송하는 데 그쳤다. 이탈리아는 탄자니아 마랑구 지역에서 커피재배를 시도한 데 이어 독일이 탄자니아에서 물러나자 앞장서서 산간 배후지로 들어가 커피생산을 모색했지만 그다지 성공적이지 않았다. 이탈리아 출신이 커피재배에 성공한 사례로는, 니카라과에서 대규모 농장을 경영한 라파치올리 Rappaccioli 형제를 들 수 있는데 그들은 1909년 니카라과의 카라조 지역에서 최대의 커피농장을 소유했다. 하지만 규모면에서 중앙아메리카 다른 나라의 커피엘리트들과 비교하면 그마저도 내세울 만한 정도는 아니었다.[39]

19세기 말까지 이탈리아의 커피수입량은 많지 않았다. 1884년을 기준으로 비교하면, 미국이 23만 720톤을 수입했고 독일이 11만 880톤을 수입한 반면 이탈리아의 수입량은 1만 6,250톤에 그쳤다.[40] 이는 3만 5,430톤을 수입한 오스트리아의 절반 수준으로서 인구를 감안하면 그 중요성이 더욱 작아진다. 제1차와 제2차 세계대전 사이 기간에 많아야 약 4만 톤을 조금 넘기던 이탈리아가 1948년에 들어 4만 7,900톤을 수입했고 1960년에는 9만 9,200톤을 수입하는 등 점차 수입량을 늘렸다. 1960년 오스트리아는 1만 2,200톤을 수입했고 네덜란드는 5만 3,600톤을 수입했다. 상대적으로 이탈리아의 약진을 확인할 수 있는 대목이다. 이러한 이탈리아의 약진에 크게 이바지한 것은 말할 것도 없이 에스프레소커피의 유행이었다.

에스프레소는 커피추출 방법의 하나이다. "빠르다"는 의미를 가진 '에스프레소espresso'라는 단어가 말해주듯이 약 25초 전후에 커피 한 잔을 뽑아내는 것이 중요 특징이다. 핸드 드립으로 커피를 내리면 보통 약 4~5분이 걸리는 데 비해 대단히 짧은 시간에 커피콩이 가진 성분들을 가장 많이 추출해낸다는 점에서 커피추출 기술의 혁신이라고 할 수 있다. 이는 9-10바의 압력으로 물이 분쇄커피를 통과하게 함으로써 가능했다. 커피콩이 함유하고 있는 성분을 가장 많이 끌어내려면 커피를 곱게, 그러니까 입자를 미세하게 분쇄해야 한다. 그런데 미세하게 분쇄한 커피는 물이 잘 통과할 수 없어 추출에 문제가 생긴다. 그래서 강한 압력으로 커피케이크(분쇄커피 덩어리)를 눌러주어야 물이 지나면서 커피콩 안에 든 성분을 끌어낸다.

밀라노 출신의 루이지 베쩨라Luigi Bezzera가 에스프레소 기계를 개발한 것은 1901년이었다. 밀라노를 중심으로 제노바와 토리노 등 주변 도시들이 산업화에 돌입해 기술이 축적되어 있었고 산업화와 함께 급속하게 진행된 도시화로 사람들은 신속하게 커피 한잔을 마시고 일터로 나가야 했다. 그러나 베쩨라의 기술은 아직 초보 수준에 머물러있었다. 아킬레 가쨔Achille Gaggia가 마침내 비약적인 발전을 이룩했다. 그는 압력이 갑자기 풀리면서 미세한 입자의 커피를 통과하게 하여 아주 고운 커피 크레마crema가 잔 위를 덮게 되는 새로운 방식을 실현하였다. 크레마는 생두를 로스팅할 때 생긴 이산화탄소가 고압을 받으면서 더 많이 용해되어 커피표면에 밀도감 있는 거품층을 만든 것이다.

가장 빠른 시간에 가장 많은 성분을 끌어낼 수 있다는 점에서 에스프레소커피는 최고의 혁신 중 하나였다. 그러나 에스프레소커피이기만 하면 최고의 커피라고 말할 수는 없다. 다른 무엇보다 에스프레소커피는 여러 생두를 배합(볶기 전에 배합하든 볶은 후에 배합하든)한 커피이기 때문에 싱글 오리진과 다를 바 없이 생두 원산지의 테루아, 커피의 품종, 농부들의 재배방법, 운송 거리와 보관, 로스팅 과정 및 정도 등등 여러 요소로부터 영향을 받는다. 물론 훌륭한 배합은 새로운 향미의 창조로서 예술(혹은 기술)과 마찬가지로 의미 있는 일이기는 하나 에스프레소 방식으로 추출했다고 해서 최상의 향미를 주는 것은 아니다. 특히 에스프레소커피의 로스팅 정도에 주의를 기울일 필요가 있다. 에스프레소커피는 대체로 프렌치 로스팅 혹은 이탈리안 로스팅 수준으로 짙게 볶는 것을 특징으로 한다.* 짙게 볶을수록 커피의 바디감(입 안에서 느끼는 충실하다는 촉감)은 튼튼해지지만 산미는 급격하게 줄어든다. 특히 아로마는 중간 로스팅을 조금 넘어서면 충분히 실현된 후 더 볶으면 볶을수록 점차 소실된다. 그리고 짙게 볶을수록 더 많이 생성되는 아크릴아미드 Acrylamide는 건강에 해로운 물질로 분류되어 있다.[41] 다른 한편, 일반적으로 풍미가 강한 강 로스팅 커피가 카페인이 더 많다고 알려져 있으나 실은 짙게 볶을수록 카페인의 일부가 없어지므로 짙게 볶은 커피에 카페인이 더 적을 수 있다.[42] 하지만 카페인의 함량을 줄일 정도로 짙게 로스팅 하는 것은 산미와 향을 포기해야 하는 위험이 따른다. 중북부 유럽에서 다소 옅은 에스프레소를 선호하는 것도 이런 이유에서이고 또 최근 들어 여러 카페에서 로스팅 수준이 다른 에스프레소 블렌딩을 제공하는 것 또한 이런 점을 고려한 배려이다.

* 커피 로스팅의 정도를 나타내는 숫자나 용어는 여러 가지이다. 아주 자세하게 나눌 수도 있지만 흔히 사용하는 용어로, 라이트 light와 시나몬 cinnamon 정도가 약한 로스팅이고 미디엄 medium, 하이 high, 뉴욕 시민들이 선호한다는 시티 city, 그리고 좀 더 짙은 풀시티 full city까지가 중간 로스팅이고 프렌치 french와 이탈리안 italian은 강한 로스팅이라고 할 수 있는데, 에스프레소커피는 대체로 프렌치 로스팅 내지 이탈리안 로스팅을 한다.

이탈리아는 파시스트 체제 아래에서 에스프레소커피를 소말리아와 에리트레아로 전파했고 곧이어 프랑스, 스페인, 포르투갈 등 라틴문화권으로 전파해 환영받았다. 이전부터 짙게 볶은 커피를 좋아하던 이 나라들에서는 대체로 아라비카종과 로부스타종을 배합해 강하게 볶은 에스프레소 블렌딩을 선호했다. 이어 에스프레소는 스위스와 독일을 지나 북부 유럽과 동유럽으로 전해졌다. 이 나라들은 조금 연하게 볶은 커피를 선호하던 지역으로 에스프레소 블렌딩 역시 약간 옅은 로스팅을 선호했다. 에스프레소커피는 그 후 영국, 미국, 캐나다, 오스트레일리아와 뉴질랜드 등 영어권으로 퍼져나갔다.

그러자 여러 지역에서 에스프레소커피의 새로운 변주도 나타났다. 1950년대 이탈리아 출신 미국인 리노 메이오린 Lino Meiorin 은 버클리에 있는 카페 지중해에서 처음으로 커피와 우유를 배합한 라테를 선보였다. 물론 우유배합 커피는 이미 오스트리아에서 출발해 유럽 전역에 알려진 음료였지만 에스프레소와 우유의 배합은 또 다른 버전으로 인기를 누리게 되었다. 또 에스프레소를 묽게 만들기 위해 물을 타서 마시는 아메리카노 역시 미국에서 커다란 인기를 누리면서 주요 에스프레소 메뉴의 하나가 되었다. 우리나라에서도 에스프레소 변주 메뉴들이 인기를 얻더니 최근에는 데미타세에 마시는 순수 에스프레소가 젊은이들에게 커다란 반응을 얻고 있다.

한편 이탈리아에서 테이블이 아닌 바에 선 채로 커피를 마시는 커피음용 문화가 생겼다. 이는 원래 임대료를 줄여 원가를 낮추려는 의도에서 출발했으나 현대인의 바쁜 일상에 접목되어 에스프레소문화로 자리 잡았다. 이탈리아에서 시작된 작은 에스프레소 바는 이제 세계 어디에서나 낯선 풍경이 아니다. 이와 함께 이탈리아는 약간 더 고품질의 일리 Illy 와 대중적인 라바짜 Lavazza 같은 로스팅 기업들, 가쨔, 파에마, 란칠리오, 세코, 라 마르조코 등 전 세계시장의 90퍼센트 가량을 점유한 에스프레소 기계의 수출 그리고 에스프레소를 중심으로 한 카페문화의 확산 등을 통해서 커피 강국의 면모를 갖게 되었다.

1971년 시애틀에서 작은 커피전문점으로 출발한 스타벅스Starbucks가 1990년대부터 수익을 내면서 세계적인 카페기업으로 성장한 것도 에스프레소 덕분이었다. 스타벅스의 공동 창업자인 제리 볼드윈, 고든 바우커, 제브 시글 등은 시애틀에서 세계적인 수준의 고급커피를 제공하겠다는 생각에서 커피를 볶는 일에 열중했다. 그러나 이 회사가 성장한 것은 텀블러 세일즈맨 하워드 슐츠가 합류한 후였다. 그는 입사 다음 해에 이탈리아 출장에서 에스프레소와 커피바 문화를 경험하고 1987년 회사를 인수한 후 에스프레소커피를 미국에 확산시키는 데 결정적으로 이바지했다.[43] 에스프레소의 표준화한 향미에 미국인들이 서서히 호응을 보인 결과 스타벅스는 2016년 현재 뉴욕 한 도시에서만 220개의 매장을 운영하고 있다. 스타벅스는 독특한 로스팅과 블렌딩, 다양한 메뉴 개발, 고급스러운 인테리어, 공격적인 마케팅 그리고 세계화 바람을 등에 업고 세계 최대의 카페기업으로 성장했다.

이탈리아 볼로냐에 본사를 둔 마시모 자네티 베브리지Massimo Zanetti Beverage*의 거침없는 사업 확장 역시 에스프레소의 세계적 확산과 무관하지 않다. 이 기업은 에스프레소 머신과 카페를 비롯한 에스프레소 관련 사업을 기반으로 2000년대 미국의 유명 커피 브랜드들을 인수하거

---

* 　마시모 자네티 베브리지 그룹은 현재 미국의 버지니아 서포크를 비롯해 여러 지역에 지사를 두고 있는 다국적 기업이다. 연 12만 톤의 원두커피를 생산해 세계 100여개 나라에 공급하고 있으며 에스프레소 머신, Segafredo Zanetti라는 카페 브랜드, 에스프레소커피, 차와 향신료 등을 사업 아이템으로 삼고 있다.

"마사이 옆에 선 저 뚱뚱한 사람은 누구인가?"
독일 Tchibo사의 홍보전단. 오프셋인쇄, 1964년

치보사는 그가 치보의 커피 전문가로 마사이의 친구라고 소개하면서
강하고 향이 짙은 '모카 골드'와 순하게 볶아 부드러운 '마일드'를 동시에
홍보하고 있다. 스페셜티커피가 트렌드로 자리 잡기 직전부터
커피 원산지와 농부들에 대한 관심이 크게 높아졌다.

나 합병하여 세계 최대의 커피공룡이 되었다. 에스프레소커피가 몇 가지 문제에도 불구하고 현재 전 세계에서 고급커피 음료로 자리매김한 덕분이었다.

스페셜티커피의 차별화 전략

제2차 세계대전이 남긴 상처는 1950년대 후반부터 서서히 걷혔다. 유럽, 특히 독일이 전후 '재건'을 통해 다시 경제적 활력을 되찾았지만, 미국이야 말로 전쟁의 특수와 재건기의 특수를 모두 누리면서 세계 최강 경제대국의 지위를 완전히 굳혔다. 그러나 커피부문에서만은 미국은 여전히 유럽에 비해 다소 품질이 떨어지는 커피를 마시는 수준에서 벗어나지 못하고 있었다. 유럽에서도 집에서 직접 로스팅하는 일은 드물었지만 유럽 사람들은 거주 지역이나 도시에 있는 카페나 소규모 로스팅 회사로부터 볶은 원두를 구매해 좋은 품질의 커피를 즐기고 있었다. 아라비카종 중에서도 콜롬비아, 코스타리카, 과테말라, 케냐 등에서 생산한 훌륭한 커피들이 주로 유럽 시장에서 유통되고 있었다. 그래서 유럽 여행객들은 쓰기만 한 미국의 커피 향미에 혀를 내두르곤 했다.

그러나 미국인이라고 누구나 인스턴트커피에 만족한 것은 아니었다. 특히 유럽 이민자들은 미국의 커피음료에 만족하지 못했다. 네덜란드 이민자 알프레드 피트 Alfred Peet 는 그런 사람 중 한 사람이었다. 그는 1966년부터 샌프란시스코 버클리에 피츠커피앤티 Peet's Coffee and Tea 라는 회사를 세우고 최상급의 생두를 엄선해 강하게 로스팅한 원두를 시장에 내놓았다. 그의 원두는 곧 지역에서 인기를 얻었고 대기업이 전국 단위로 유통하는 커피에 식상한 젊은 소비자들로부터 커다란 반응을 얻었다. 피츠는 그의 새로운 도전 덕분에 지금도 미국에서 '미식가 커피 Gourmet Coffee'의 아버지로 알려져 있다. 그리고 피츠의 실험은 1971년

스타벅스를 창립하는 계기로 작용했다.

이런 흐름은 1974년에 에르나 크누첸Erna Knutsen이 《차와 커피무역 저널》에서 '스페셜티커피 Specialty Coffee'라는 용어를 사용하게 만들었다. 미각이 뛰어났던 그녀는 당시 유럽과 일본(특히 자메이카의 블루마운틴은 거의 전량 일본으로 수출된다.)으로만 실려 가던 최상급 생두를 들여와 시장에 내놓았고 고객들은 기꺼이 그녀의 생두를 구입했다. 당시로서는 다소 터무니없는 경영방법으로 여겨지던 그녀의 노력을 눈여겨본 잡지사가 인터뷰를 요청했는데, 이때 그녀는 자신이 거래하던, 특별한 국지기후에서 생산된 최상의 향미를 지닌 커피를 "스페셜티커피"라는 새로운 용어로 불렀다.[44] 이미 1970년대 초부터 미국과 캐나다에서 일기 시작한 커피 로스팅 기업과 커피하우스의 품질 향상 트렌드를 그녀는 이 하나의 단어로 적절하게 표현해냈고 자신의 차별화 전략을 대중에게 각인하는 데 성공했다. 이는 스페셜티커피의 발전에 커다란 자극이 되었을 뿐 아니라 그녀 자신에게도 '성공'이란 보상을 안겼다.

1982년 미국스페셜티커피협회 Specialty Coffee Association of America=SCAA가 창립된 것은 이런 흐름의 결과이자 나아가 견인차로서 역할을 했다. 스페셜티커피협회는 곧 스페셜티커피의 기준을 마련했다. 대량생산하는 이른바 '벌크커피 bulk coffee'에는 제대로 익지 않은 콩, 곰팡이나 벌레가 먹은 콩, 가공과정에 콩이 깨져서 로스팅을 하면 탈 수 있는 콩 등 결점이 있는 생두들이 들어있었고 이런 콩은 텁텁하거나 강한 쓴맛을 냈다. 그래서 스페셜티커피협회에서는 결점을 가진 콩이 있으면 감점하는 방식으로 커피콩의 품질 기준을 정했다. 스페셜티커피의 최소 기준은 세 가지이다. 첫째, 커피의 수확이 기계가 아니라 손으로 이루어져야 하며 둘째, 스페셜티커피협회가 정한 평점 100점 만점에 84점 이상을 받아야 하고 셋째, 350그램의 생두 중 결함 생두의 수가 5개 이하여야 한다는 것이었다. 그런 생두의 향미 잠재력을 최고로 발휘하도록 로스팅하고 뚜렷한 특성을 내는 음료로 추출하여 향미 평가에서도 100점 만점에 80점 이상을 받아야 진정한 스페셜티커피로 인정하기로 했다.

1980년 무렵 스페셜티커피는 미국의 동부와 서부 연안 대도시들로 확산되었고 이어 교외와 시골 지역까지 자신의 영역으로 끌어들였다. 특히 1980년대 경기호황을 맞아 대도시에 등장한 여피족*에게 스페셜티커피는 기다리던 커피였다. 이에 발맞추어 스페셜티커피 로스터들은 통신판매를 통해 고급품 시장에 진출하기 위해 〈뉴요커〉, 〈고메이〉, 〈월스트리트저널〉에 광고를 실었다. 뿐만 아니라 1993년에 이미 스페셜티커피숍이 2,850개나 문을 열었고 20년 후인 2013년에는 2만 9,300개로 증가했다.45 2015년 미국의 소비자들은 커피에 742억 달러를 지출했는데, 그사이에 스페셜티커피 비중이 지속적으로 증가하여, 1990년에는 스페셜티커피의 비중이 산업 내에서 1퍼센트에 지나지 않았지만 2015년에는 20~30퍼센트로 크게 높아졌다.46 이렇게 되면서 미국 커피의 품질에 불만을 토로하던 유럽 여행자들의 투덜대는 소리는 점차 잦아들었다.

오스트레일리아와 뉴질랜드에서도 스페셜티커피는 주류가 되었다. 20세기 중반 이탈리아와 그리스에서 온 이민자들이 에스프레소커피를 소비한 것이 이런 흐름을 형성하는 데 이바지했다. 미국에서 스페셜티커피가 붐을 일으킨 지 몇 년이 지나지 않은 1988년 유럽에서도 유럽스페셜티커피협회 Specialty Coffee Association of Europe가 창립되었다. 유럽에서

---

* 1980년대 젊은이(young)로서 도시(urban)에 사는 전문직(professional) 종사자들을 가리키는 말(yuppies)에서 왔다. 이들은 고등교육을 받았고 경제적으로 여유로운 삶을 누렸다.

도 일반적인 커피소비는 증가하지 않은 채 머물러 있었던 데 비해 스페셜티커피는 2014년 말부터 2016년까지 9.1퍼센트의 성장을 기록했다. 특히 서유럽의 성장이 두드러져 같은 기간에 10.5퍼센트 성장했으며 2021년 현재 유럽지역이 세계 스페셜티커피 시장의 46.2퍼센트를 점하고 있다. 미국과 유럽이 세계 스페셜티커피를 선도하면서 미국과 유럽의 스페셜티커피협회는 2017년 지역 이름을 생략하고 스페셜티커피협회 SCA로 통합했다.

영국의 귀환

이런 가운데, 제1차 세계대전이 지난 후에도 크게 달라지지 않았던 영국인들이 음료 선택에 변화를 보이기 시작했다. 제1, 2차 세계대전 사이 기간 영국의 커피소비는 연간 일인당 3/4파운드로 거의 그대로 낮은 상태에 머물러 있었다. 차는 1932년 일인당 10.53파운드 소비로 정점을 찍었고 계속 성장했다. 그 해는 영국에서 실업자가 3백만 명을 기록할 정도로 빈곤의 시기였다. 가난한 시기에 사람들이 같은 양으로 커피보다 많은 음료를 만들 수 있는 차를 선택한 것이었다. 조지 오웰과 다른 평론가들이 빈곤과 차를 연결한 것은 그래서 적절한 착상이었다. 1938년 네슬레가 인스턴트커피를 소개했으나 정착하기도 전에 다시 전쟁이 터져 일반 가정에 뿌리를 내리지는 못했다.

1958년까지도 영국인들의 음용관습은 크게 바뀌지 않은 것으로 한 조사는 밝혔다. 그러나 그 후 30년 동안 새로운 변화가 뚜렷이 나타났다. 1950년 이래 농업, 어업 및 식품부에서 매년 소비동향 보고서를 발표했는데, 1988년에 이르는 기간에 놀라운 결과가 나타났다. 1960년 일인당 연 9파운드를 소비해 정점에 오른 차의 소비가 1988년 5.3파운드로 감소했다. 그에 반해 커피소비는 지속적으로 증가하여 1950년의 4배에 이르렀다. 소비량으로만 따지면 차는 17.39파운드를 소비한 데 비해 커피는 22.04파운드를 소비해 커피소비가 차의 소비를 앞질렀다.[47] 동시에 주목하게 되는 것은 같은 기간에 차의 소비가 줄어든 것과 반대로 알코올음료의 소비가 상당히 높아졌다는 점으로, 1960년과 1980년 사이 맥주 소비는 40퍼센트 증가했고 포도주는 250퍼센트를 넘을 만큼 증가했다.

　커피소비의 증가 이유를 설명하기란 쉽지 않지만 몇 가지를 생각해 볼 수 있다. 첫째로, 영국인들의 생활수준이 1960년 이후 30년 동안 이전의 어떤 시기보다 빠르게 향상되었다. 이런 변화의 결과로 식품과 비알콜음료의 소비가 가계지출에서 차지한 비중이 20퍼센트 정도로 낮아지게 되었다.[48] 1960년대 30퍼센트였던 것에 비하면 비중이 눈에 띄게 낮아졌고 이는 소득의 향상을 나타낸다. 소득이 증가하면서 식품 선택에서 소비자의 선택권의 폭과 자율성이 높아졌고 이는 커피의 선택을 촉진했다. 텔레비전 광고 역시 커피를 마시는 사회적 모방을 부추겼다.

　둘째로, 커피가 근래에 나타난 식사 패턴에 더 잘 맞았다. 1988년 테일러 넬슨 연구소는 지난 10년 동안 식사 구조가 극적으로 변화되었다고 밝히면서 그 경향을 이렇게 요약했다. 1) 정식에서 스낵으로의 변화 2) 편리함의 강조 3) 다양성 요구의 증대 4) 건강에 관한 관심의 증대 등이다. 아침과 저녁 식사가 하루의 시작과 끝으로 옮겨진 대신 점심은 물론이고 차를 곁들임으로써 형식을 중시하던 저녁 식사마저 점차 스낵으로 대체되었다. 이런 간편식에서 커피가 훨씬 더 편리했다. 이제 아침과 점심 그리고 저녁 식사를 가릴 것 없이 번거로운 차 대신 커피로 대체되기 시작했다. 커피는 아침 식사의 33퍼센트에 올랐고 점심 식사의 36퍼센트 그리고 저녁 식사의 34퍼센트에 곁들여졌다.[49]

　셋째로, 외식이 늘고 여행이 잦아지면서 영국인들이 커피에 더 친숙해졌다. 1985년 영국인은 일주일 중 3.23끼니를 집 밖 레스토랑, 카페, 매점 등 차보다 커피를 마시는 곳에서 해결했다. 더구나 1,600만 명 이상의 영국인이 스페인, 프랑스, 이탈리아 등 외국에서 휴가를 보냈고 이런 휴가지에서 훌륭한 향미의 커피를 즐기게 되었다.

여기에다 커피를 준비하는 일이 전보다 훨씬 더 편리해졌다는 사실을 덧붙여야 할 것이다. 분쇄한 커피로 쉽게 내려 마실 수 있는 간단한 에스프레소 기계가 1950년대에 나타난 데 이어 1970년대에는 더욱 간편한 일인용 캡슐커피 머신이 시장에 등장했다. 1953년 폴저스가 처음 일인용 커피 포션을 선보인 후 1976년 네스프레소 Nespresso가 비슷한 상품을 출시했고 많은 커피회사가 잇따라 일인용 캡슐커피 머신을 내놓았다. 그러나 무엇보다 중요한 것으로 인스턴트커피의 대중적 광고가 큰 몫을 했다. 동결건조 인스턴트커피야말로 영국 소비자들이 차보다 쉽고 빠르게 커피를 마시게 한 주요 견인차였다. 영국에서 마시는 커피의 3/4이 인스턴트커피였다.

3. 세계화 시대의 커피시장

국제커피협정의 결렬

제2차 세계대전 중에 체결된 미주커피협정(1940)을 모델로 삼아, 커피가격 사이클을 조정해보려는 노력이 나타났다. 냉전의 초기에 하락했던 커피가격이 한국전쟁 이후 다소 상승하기는 했지만 언제 다시 가격등락을 경험할지 알 수 없는 일이었다. 미국과 유럽이 먼저 커피가격 조정에 관심을 보였고 생산국들은 더구나 필요성을 절감하고 있던 터였다. 여러 노력이 결합하여 마침내 1962년 커피생산국과 소비국들이 유엔에 모여 국제커피협정 International Coffee Agreement 을 체결하였다. 원자재의 생산을 두고 경쟁하는 나라들 사이에 가격을 유지하기 위해서 협력하는 일이 드물다는 점에서 이 협정은 중요한 진전이었다. 이로써 커피는 처음으로 규제를 받은 시장상품 가운데 하나라는 평가를 얻게 되었다.

이 국제커피협정이라는 '카르텔'의 주요 목표는 시장에 개입하여 커피가격에 안정을 기하는 것이었다. 커피의 국제시장 목표 가격을 정하고 그 가격을 안정적으로 유지하기 위해 커피생산국에 수출쿼터를 배정하는 것이 핵심 내용이었다. 커피소비국의 로스팅 기업들도 기꺼이 이 협정에 합세했다. 어차피 대부분의 가치 창출은 소비국에서 만들어지기 때문에 그들은 확실하게 생산을 보장하는 대가로 치르는 다소 높은 가격을 기꺼이 받아들였다. 커피콩 자체는 사실 생산원가가 낮은 원자재였다. 1962년 국제커피협정이 체결되기 전에 식료품점에서 판매하는 커피 소매가격의 3/4 이상을 소비국에서 차지하고 있던 상황이었다.

소비국 정부들은 처음에 격렬하게 반대했으나 곧 협정에 서명했다. 생산국들은 생산을 제한하고 소비국들에서는 쿼터 이상의 커피수입을 거부함으로써 양측의 이해관계를 조정하기로 했다. 참여국들의 참여 이유는 경제적인 측면에 대한 고려에서 나온 것이기도 했지만, 다른 한편으로 정치적인 고려 역시 한몫을 했다. 특히 미국은 국제커피협정을 통해 커피생산국들을 공산주의 블록으로부터 떼어놓으려는 의도를 갖고 있었다. 쿠바가 1960년 후반 사회주의 혁명으로 치달은 후에 미국이 이 협정에 참여한 것은 우연이라기보다 치밀한 계산의 결과로 볼 수 있고 그래서 "커피는 냉전의 저당물이었다"라는 표현 역시 정당성을 가질 수 있다.[50] 미국의 협정 탈퇴 시점을 고려하면, 미국의 의도는 더욱 분명히 드러난다. 구소련에서 개혁과 개방을 주창한 미하일 고르바초프가 대통령으로 추대되고 니카라과에서 산디니스타들이 선거에서 패배하면서 미국으로서는 더 이상 냉전의 공포 때문에 커피협정을 지탱해야 할 이유가 사라졌다. 1989년 베를린 장벽이 무너지면서 냉전의 시대가 끝난 것으로 확인되자 바로 그 해에 미국은 국제커피협정으로부터 탈퇴를 선언했다.

미국의 의도가 무엇이었던 처음부터 국제커피협정의 쿼터제는 아프리카와 같은 생산국들에게 몇 가지 점에서 문제를 안고 있었다. 다른 무엇보다 이후에 이 협정을 관리하기 위해 1963년에 결성한 국제커피기구를 아라비카종 생산국들이 지배하고 있었다는 점이다. 이는 쿼터 배분에서 균형의 문제를 낳았다. 둘째로 1962년에 프랑스령 생산국들이 배정받은 쿼터는 25만 4,940톤으로 약 30만 톤에 이르는 실제 생산보다 훨씬 낮았다. 셋째로 비록 로부스타종이 세계 커피생산의 20퍼센트에 지나지 않기는 했으나 주요 로부스타종 생산국들이 이 기구에 가입되어 있지 않았다.[51] 아프리카 생산국들의 이익은 국제커피협정에서 중남미 생산국들에 비해 상대적으로 소홀히 다루어졌다.

이런 취약점에도 불구하고 국제커피협정은 1968년과 1976년 그리고 1983년에 새로운 합의를 도출해 협정을 연장하는 데 성공했다. 그러나 1989년은 국제커피협정에 새로운 문제가 대두된 해였다. 미국이 탈퇴를 선언하기도 했지만 새로운 수출쿼터의 합의를 끌어내지 못했기 때문이었다. 중요 이유는 소비자들의 기호가 콜롬비아로 대표되는 '마일드커피'를 비롯해 고품질 커피로 이행한 것이었다. 따라서 로부스타 같은 저렴한 커피변종을 더 확실히 희생해야 할 상황이 닥쳤다. 아라비카종 생산자들뿐만 아니라 로스팅 기업들조차 새로운 상황에 대응책을 찾으려고 부심하고 있었다. 하지만 브라질은 자국의 쿼터를 낮추는 데

동의하지 않았으며 브라질 대표는, 브라질이 최고급 품질의 커피를 생산한다고 주장하였다.

또 그사이 1980년대 들어 네슬레, 필립 모리스, 프록터앤갬블 Proctor & Gamble 과 같은 대형 커피로스팅 기업들이 커피시장에 대한 통제력을 확대하고 있었다. 그들은 이익을 증대하려는 자신들의 노력과 시장 통제력을 국제커피협정이 제한한다고 보았고 이 협정에 반대하는 로비활동을 치열하게 벌였다. 이는 신자유주의 경제정책의 확산과 세계화의 진전이 가져온 효과와 궤를 같이하는 경영방침의 일부였다.[52]

1989년 7월 국제커피기구는 모든 수출제한을 중지시켰다. 그러자 커피가격이 떨어졌고 대형 로스팅 기업들은 값싼 생두를 사들일 수 있게 되었다. 그 후 국제커피기구는 다소 힘겹게 소비국과 생산국의 이해에서 공통분모를 찾으려는 노력을 지속했다. 그사이에 로부스타종 생산국들이 회원이 되었고 2022년 2월 현재 국제커피기구 회원국들은 42개 생산국과 7개 소비국으로 구성되어 있으며 세계 커피생산의 93퍼센트, 세계 커피소비의 63퍼센트를 차지하고 있다.

커피시장의 세계화

국제커피협정이 결렬된 이후에도 국제커피기구는 존속했고 지금도 해체되지 않고 유지되고 있다. 하지만 이 기구는 더 이상 시장에 대한 통제력을 갖지 못하고 있다. 대신 전에도 상당한 영향력을 갖고 있던 다국적 커피로스팅 기업들이 더욱 더 확고하게 세계 커피시장을 장악한 상황이 전개되었다. 쿼터제의 해체는 커피생산국들과 생산자들에게 특히 직접적인 손실을 가져왔다. 커피생산국들은 국제시장에서 영향력의 대부분을 잃어버렸고 가격안정 프로그램과 시장 담당 부서들은 아무런 대응을 하지 못하거나 아예 손을 놓은 상태였다. 시장 권력이 소비국으로, 더 정확히 말하면 소비국의 다국적 기업에게로 넘어갔다. 신자유주의가 닦은 터 위에 세계화가 진행되면서 그렇지 않아도 세계시장에서 할 수 있는 일이 많지 않았던 생산자들을 한층 더 주변으로 몰아내는 일이 벌어졌다.

국제커피협정의 와해 이후 다른 무엇보다 커피가격이 하락을 면치 못했다. 국제커피기구에 따르면 커피의 표준 가격은 국제커피협정의 마지막 5년(1984-1988)에 파운드당 평균 1.34 US 달러였다. 국제커피협정이 끝난 후 첫 5년 만에 가격이 파운드당 평균 78센트로 하락했다(ICO 2009). 1994년에는 브라질에서 가뭄과 서리가 겹쳐 일시적으로 가격상승이 일어났으나 오래지 않아 수확량이 회복되었다. 생산을 제한하는 쿼터제가 폐지되자, 모든 나라에서 생산자들이 마음먹은 대로 커피를 생산했다. 쿼터제의 영향이 남아있던 마지막 해인 1989년 말과 1990년 초 9천 4백만 자루의 커피가 생산되었는데, 1999년 말과 2000년 초에는 예상보다 많은 1억 3천만 자루라는 믿기 어려운 생산량을 기록해 1억 5백만 자루인 전 세계 수요를 훨씬 넘어섰다(ICO, 2009). 이에 따라 가격은 걷잡을 수 없이 떨어지기 시작해 실제 거래에서 100년 만에 최하치를 기록했고 많은 생산자의 경우 생산비용을 건지기도 어려웠다.[53]

커피생산자들의 입지가 약화한 것은 당연한 결과였다. 대부분의 커피농가가 위기를 맞았다. 커피와 같은 다년생 작물을 아예 뽑아버리는 것은 심리적인 부담도 있었지만 비용이 드는 일이었다. 그래서 자기 농장이나 플랜테이션을 다른 작물로 대체하기란 거의 생각할 수조차 없는 일이었다. 그들은 커피에 쏟아 부었던 노동을 절감하기 위해 농장이나 플랜테이션을 두고 허드렛일을 찾아 나서는 등 다른 경제활동을 병행했다.

그런데 여러 나라의 연구 결과를 비교해 보면, 공통적으로 가격하락을 경험했지만 나라마다 농가들의 대응은 달랐다. 위기로부터 가장 곤란에 처한 것은 멕시코와 과테말라 농부들이었는데, 그들은 소유한 토지 대부분에 커피를 심어서 다른 새로운 작물을 선택할 여지가 제한되었었다. 과거에는 정부의 지원 프로그램을 통해 도움을 받았지만 이번에는 정부가 이 위기를 극복할 지원책을 내놓지 못하자 농가들은 망연자실할 따름이었다. 온두라스의 농부들은 사정이 나은 편이었다. 멕시코와 과테말라 농부들에 비해 판매할 커피가 많지 않았던 데다 그들은 먹고살 주요 식용작물들을 함께 경작하고 있었고 새로운 작물을 재배할 여분의 토지를 갖고 있었으며 조합으로부터 적은 액수지만 대출을 받을 수도 있었다.[54] 그래서 온두라스에서는 커피가격의 하락을 위기의 주요 원인으로 보고한 연구가 많지 않았다.

농부들의 위기 인식은 그들이 커피수입에 의존한 수준, 정부 프로그램과 관련한 경험, 토지와 다른 자원의 활용 가능성 여부에 따라서 나뉘었고 다양한 반응을 나타냈으며 그 결과로 가격하락을 상쇄할 여지를 갖거나 갖지 못했다. 확실한 것은, 불행스럽게도 대부분의 커피소농에게는 위기를 맞아 손쉽게 가용할 토지와 여타 자원이 절대적으로 부족했다는 사실이다.

커피가격의 급격한 하락은 농부들이 커피영농을 위해 빌린 은행채무를 갚지 못하는 사태를 낳았다. 수확 후에 갚기로 하고 대출을 받아 커피재배를 하던 대부분의 농가가 채무자로 전락할 수밖에 없었다. 커피노동자들은 일자리를 잃었고 커피수출에 의존하던 생산국들의 국가예산마저 빚더미에 올라앉게 되었다. 1999년과 2001년 사이 중앙아메리카 국가들은 대부분 국가 세수의 44퍼센트라는 엄청난 세수 하락을 겪어야 했고 약 54만 명이 실직을 경험해야 했다. 엘살바도르에서는 커피경작농가 미성년자들 중 45퍼센트가 영양실조로 고통을 받았고 주민의 절반이 커피재배에 의존했던 파푸아뉴기니에서는 커피농장의 고용이 40퍼센트로 떨어져 소농의 하루 소득이 겨우 1달러로 낮아졌고 많은 가구가 아이들의 수업료를 내지 못할 처지로 내몰렸다. 에티오피아에서는 커피부문에서 일하는 120만 명이 식량 부족으로 하루 한 끼로 버텨야 했고 커피노동자들이 도시로 몰려들어 도시의 실업률 또한 급격하게 높아졌으며 커피수출에 세수의 절반을 의존하던 정부는 예산상의 곤란을 겪어야 했다.[55]

다국적 기업에 집중된 시장 권력

커피 로스터의 이익은 생두를 볶아서 얻는 것이고 커피는 많은 상인에게 그랬던 것처럼 로스터(특히 소규모 로스터)에게도 투기의 대상 이상이었기 때문에 로스터들 역시 안정적이고 예상 가능한 가격을 원했다. 그러나 실제로는 커피가격이 예상 이하로 급속하게 떨어졌다. 생산자도 원하지 않고 또 소규모 소비자(소규모 로스터)도 원하지 않았지만 가격하락을 피할 수 없었다. 그렇다면 누가 가격하락에 영향을 미쳤을까? 이는 커피거래 체인에 참여하는 참가자들 사이의 권력관계에 의해, 그러니까 시장에서 커다란 세력을 가진 대규모 기업들에 의해 커피가격이 결정된다는 사실을 반증한다.

커피는 생산자가 직접 로스터 혹은 소비자에게 판매하는 거래 구조를 갖고 있지 않다. 커피를 생산한 농부와 플랜테이션은 중간상에게 커피콩을 넘기거나 개인 수출업자 혹은 해당 국가의 시장담당부서에 커피를 넘긴다. 중간상은 커피생산자조합일 수도 있고 지역 무역업자(라틴아메리카에서 때로 "코요테 coyote"라고 부른다)이거나 여타 에이전시나 지역의 생두정제업자일 수도 있다. 다국적 커피산업체들은 중간 거래상을 거치지 않고 직접 생두를 구매할 수 있다. 로스팅 기업과 분쇄커피 판매 기업 그리고 인스턴트커피 제조 기업 등이 이런 시장 참여자에 속한다. 이들은 대규모 자본을 가진 회사들로서 거래물량이 많기 때문에 커피시장에서 막강한 권력을 행사하는데, 물론 자본 규모가 클수록 유리하다.

커피소비국에서는 대자본을 토대로 생두 직거래를 하는 거대 커피기업을 재외하면 국제브로커 혹은 커피수입업자와 무역상들이 주로 커피를 수입한다. 생산자로부터 직접 생두를 구입하지 않는 소규모 커피 로스팅 회사들은 그들이 수입한 생두를 구입해 로스팅을 거쳐 소분해서 판매한다. 또 로스팅을 거친 원두를 구입해 판매하는 소매점이 있다. 커피숍과 식료품판매점 등이 이런 소매점에 속하고 이곳에서 소비자들은 원두를 구매하거나 음료를 구입해 마신다.

이렇게 해서 "최종 상품에 결과로 나타나는 생산과 노동 과정의 네트워크"가 바로 커피라는 상품이 생산·소비될 때 작동하는 커피체인이다.[56] 이 커피체인에 참여하는 사람들은 노동의 대가 혹은 가치생산의 대가로 소득을 얻을 기회를 갖는다. 상품에서 얻는 전체 소득이 참여자들에게 분배되는 것이다. 그러므로 시장에서의 상대적 세력이 얼마나 많은 소득을 가져가느냐를 결정한다. 세력이 약할수록 노동의 양이나 생산과정의 참여도에 관계없이 적은 소득을 얻게 되고 세력이 강하면 강할수록 더 많은 소득을 가져가게 된다. 만약 적당한 분배규칙이 없거나 그런 규칙이 시장에서 작동하지 않는다면 말이다. 1989년 국제커피협정의 와해는 생산자들을 배려하기 위해 만든 규칙을 깨버린 것이나 다름없었다.

1970년대와 1980년대 생산국들은 커피라는 상품을 통해 얻은 전체 커피소득에서 20퍼센트를 받았다. 그들이 주체적으로 정할 수 없었다는 점에서 챙기거나 가져갔다기보다 받았다는 표현이 더 적절하다. 이에 비해 소비국들은 전체 소득의 55퍼센트를 통제해 챙길 수 있었다. 그런데 국제커피협정이 와해된 후 생산국들은 그 20퍼센트마저도 받아가지 못했다. 1995년 생산국 지분은 13퍼센트로 떨어졌고 소비국의 수익은 23퍼센트에 머물렀다. 나머지 수익은 소수의 다국적 거대 법인들이 차지했다. 커피가격이 누구에게 얼마나 분배되었는지를 계산한 1999년의 연구에 따르면, 전체 커피가격 중 생산자 3퍼센트, 지역상인 3퍼센트, 수출업자 3퍼센트, 소비국의 수입업자 2퍼센트, 로스터 및 도매업자 42퍼센트 그리고 소매업자 47퍼센트 등을 각각 자기 몫으로 얻은 것으로 나타났다.[57] 2002년 커피농부들은 커피숍에서 판매하는 커피 한 잔 값 가운데 겨우 2퍼센트 가량을 받았을 뿐이다.[58]

세계 커피시장은 서서히 그러나 확실하게 대자본이 지배하는 부문으로 변해갔다. 그것은 20세기 초에 나타나 1990년대에 오늘날의 의미로 널리 통용된 세계화globalization 와 무관하지 않았다. 세계화가 마치 인류가 반드시 이루어야 할 과제라도 되는 듯이 무차별적으로 강조되면서 이른바 '법인자본주의corporate capitalism'가 위세를 떨치기 시작했기 때문이다. 이미 1980년대 초부터 소규모 혹은 중간 규모의 무역업자들은 자신들이 거대 공룡과 같은 초국적 기업들과 경쟁할 수 없다는 사실을 알아차렸다. 그들은 사업을 접거나 대형 법인을 만들거나 아니면 아예 대형 법인에 사업권을 팔아넘겼다.

커피로스팅 기업들 사이에 대규모 법인으로의 인수와 합병이 어지럽게 일어났다. 한두 사례만을 들어보면, 1985년 네슬레에 합병된 엠제이비 MJB* 커피는 힐스브라더스, 체이스앤샌본Chase & Sanborn* 과 함께 사라리 Sara Lee 로 넘어갔고 2005년 다시 마시모 자네티 베브리지를 새로운 주인으로 맞았다. 한때 미국 최고의 커피 브랜드였던 폴저스Folger's* 는

1963년 프록터앤갬블에 인수되었으나 2008년 다시 다른 회사로 팔리는 신세가 되었다가 그 후 마시모 자네티 베브리지에 합병되고 말았다. 전통적인 담배 회사 필립 모리스마저 커피사업에 뛰어 들었다. 쿼터제의 와해 이후, 신자유주의와 세계화의 바람을 타고 사업 규모가 클수록 수익이 커진다는 '철칙'이 효력을 발휘했기 때문에 커피기업들의 이런 인수 합병이 합리화라는 이름으로 기세를 떨치면서 진행되었다.

한편 이 대형 로스팅 기업들의 전략은 그들의 커피수입을 아웃소싱으로 돌리는 것이었다. 이렇게 함으로써 그들은 특정 공급자나 무역업자에게 의존하지 않을 수 있었고 비용을 절감할 수 있었다. 마케팅과 브랜드 홍보에 집중함으로써 시장 지배력을 높이고 그들이 갖는 수익률을 증대했다. 생산자들이 공급하는 커피가 세계 커피시장의 수요를 초과하는 한, 그들은 자신들의 의지대로 싼 가격에 좋은 커피를 구매할 수

* 엠제이비: 1881년 브란덴슈타인 Max J. Brandenstein (1860-1925)이 샌프란시스코에서 로스팅 커피를 생산하기 시작했다. 1899년 차, 향신료 그리고 커피 수입업을 시작하면서 독일계-유대인이라는 혈통을 숨기기 위해 MJB로 개명했다.
* 체이스앤샌본: 체이스 Caleb Chase (1831-1908)와 샌본 James Solomon Sanborn (1835-1903)이 1864년 매사추세츠에 세운 커피 로스팅 및 생두 수입 기업으로서 로스팅한 커피를 최초로 밀봉 캔에 담아 해외로 수출한 회사이다. 체이스앤샌본은 1984년 힐스브라더스로 인수되었다가 이듬해 네슬레로 넘어갔다.
* 폴저스: 제임스 폴저 James Athearn Folger Sr.(1835-1889)는 1850년 윌리엄 보비가 샌프란시스코에 세운 분쇄커피를 판매하는 회사에 목수로 취업했으나 1872년 이 회사를 인수해 제이 에이 폴저로 개명하고 '폴저스 커피 Folger's Coffee'라는 브랜드를 만들었다. 1889년 그가 죽자 그의 장남인 폴저 2세 (1864-1921)가 회사를 넘겨받아 텍사스로 확장했고 20세기 중반 피터 폴저의 지도 아래 북아메리카 주요 커피기업 중 하나가 되었다.

있게 된다. 그래서 여기에 방해가 되는 장치들을 제거하는 것이 그들의 이해와 맞아떨어진다.

이 다국적 기업들 역시 카페 주인이나 소매상이 그랬듯이, 커피가격이 오르는 시기에는 소비자에게 부담을 전가하지 않는다는 인상을 주기 위해 다양한 영업 방법을 사용했다. 예컨대 캔 커피의 용량을 줄이거나 값싼 블랜딩을 개발하는 등의 방법이 여기에 속한다. 그래서 커피의 소비자 가격은 세계시장의 가격과 연동되지 않고 따로 움직이게 된다. 이렇게 되면 소비자들은 자연히 세계 커피시장의 동향에 둔감할 수밖에 없다.

통제장치가 완전히 사라지면서 생산국들은 더욱 불리한 상황에 처하게 되었다. 그들은 시장에서 책정되는 커피가격을 받아들일 수밖에 없는 처지가 되고 말았다. 이럴 경우 생산국 정부라도 나서 생산자들을 보호하지 않는다면 커피생산은 지속가능하지 않을 수 있다. 생산자뿐 아니라 소규모 카페를 운영하는 자영업자와 소규모 로스팅 업자도 여기에서 예외가 아니다. 시장에만 맡겨 둔다면 실질적으로 공정한 경쟁은 불가능하기 때문이다.

9장

커피의 시대, 지속가능한가?

최근 커피업계의 주요 관심은 제3의 물결이다. 첫 번째 물결은 커피소비가 크게 증가한 것이었다. 소비자들이 대형 로스팅 업체가 공급하는 원두를 구매하거나 인스턴트커피를 마시면서 커피가 기호품으로 자리를 잡았고 커피를 대량으로 소비하는 문화가 생겼다. 두 번째 물결은 스페셜티커피를 향한 선호가 높아지면서 고급화된 맛을 찾는 소비자가 증가한 시기이다. 제3의 물결은 소비자들이 소비국의 로스팅과 유통을 넘어 원산지에서 이루어지는 생산과정을 포함하는 전체 과정을 고려해 원두와 음료의 구매 여부를 결정한다는 점이 중요 특징이다.[1] 소비자와 커피 종사자들이 단순히 커피라는 최종 상품의 품질에 관심을 두거나 커피를 볶고 내리는 기술에만 관심을 두는 단계를 넘어서 커피 원산지의 테루아 및 재배 방식 그리고 생두의 정제과정을 포함하는 환경적 요소와 농부들의 삶과 건강 등으로 관심을 넓히고 있다. 와인과 수제 맥주 분야에서 이미 익숙한 이런 현상이 커피 부문에서도 일기 시작했다고 보면 된다. 그러면서 자연스럽게 스타벅스가 만든 표준화한 향미나 유명 인사의 향미 평가에서 벗어나 개성적 커피소비문화가 형성되고 있는 중이다. 제3의 물결에서 중요한 것은 소비자와 생산자가 마침내 하나로 연결되었다는 사실이다.

세계에서 가장 가난한 수많은 나라에는 커피로 생계를 꾸려가는 사람이 많다. 예를 들면 커피의 원산지 에티오피아에는 소규모 커피농가만 해도 400만에 이르러 이 나라 주민의 1/4, 약 2,500만 명의 인구가 직접 혹은 간접적으로 커피와 관련된 일을 하고 있다. 파푸아뉴기니에서는 주민의 50퍼센트가 커피의 생산, 분배 그리고 수출에 생계를 의존하고 있다. 전 세계에서 2,500만 커피농가들, 인구로는 자그마치 1억 명 이상에 달하는 사람들이 커피를 생산해 살아간다. 커피소비국들에서도 수많은 소규모 카페 경영자들 역시 커피를 생업으로 삼고 있다. 또 상당히 많은 젊은이들이 카페에서 바리스타로 아르바이트 경험을 한다. 과연 생산국과 소비국 노동자들은 커피로써 생계를 유지할 수 있을까? 커피가 자라는 숲을 포함한 자연은 앞으로도 우리에게 커피를 내줄까? 커피생산과 소비 부문에서 일하는 사람들과 커피를 즐기고 사랑하는 모든 사람이 행복한 '커피의 시대'는 지속가능한가? 우선 무엇이 문제인지부터 차근히 짚어보기로 하자.

1. 커피생산의 문제

커피재배의 확산과 숲의 파괴

커피는 처음부터 단일경작으로 재배된 예가 아주 드물었다. 자바에서는 그저 정해진 생산량 만큼만 커피경작에 시간을 들였고 쌀과 식품을 주로 생산했다. 커피플랜테이션이 가장 발전한 상파울루에서조차 거주노동자들(콜로노스)은 커피와 함께 다른 작물을 경작해 소득을 얻었다. 농부들은 커피만을 경작한 것이 아니라 "커피 복합영농"을 했다는 것이 적당한 표현이다. 다른 작물을 함께 심는 것이 수확량 면에서 그다지 좋은 결과를 주는 것은 아니었지만 병충해의 위험을 분산할 수 있다는 점에서도 의미가 있었다. 커피는 다른 식용작물과 공존했을 뿐 아니라 나아가 다른 작물과 공생관계를 맺으면서 자랐다.

또한 상당히 많은 소농이 오랫동안 다른 나무의 그늘 아래에서 커피를 재배하는 방식, 즉 그늘재배를 유지해왔다고 할 수 있다. 그래서 커피재배로 인한 숲의 파괴 규모는 그다지 크지 않았다. 상대적으로 인구밀도가 높았던 자바에서도 19세기에 주요 커피 "가든들"은 숲으로 덮인 산간에 위치하고 있었다. 라틴아메리카 일부에서도 사람들은 사는 곳 주위나 농지에서 가까운 숲을 개간하여 커피나무를 심었지만, 커피 확산의 초기에 농부들은 지역 조건에 알맞은 나무그늘 아래에서 커피를 재배했고 숲을 깡그리 없애지는 않았다. 커피재배로 인한 숲의 파괴 규모는 오랫동안 다른 작물을 경작할 경우와 크게 다르지 않은 수준이었다.

그러나 지난 200여 년 동안 커피플랜테이션이 전 세계로 확산하면서 상황이 크게 달라졌다. 숲에서 자라던 커피가 숲을 먹어 들어가는, 그것도 대대적으로 숲을 파괴하는 역설이 발생하고 있다. 마침내 커피는 '숲을 잡아먹는 한계작물', 즉 숲을 파괴하지 않고는 더 이상 재배가 어려운 농작물이 되었다. 여기에는 여러 원인이 작용했다. 우선 커피의 세계적 확산이 끊임없이 생산지의 확대를 필요로 했다. 커피나무가 평균 생산성을 유지하는 한계기간은 30년이고 보통은 20년마다 새로운 나무로 교체한다.[2] 오래된 커피나무는 수확량이 줄어들거나 아예 열매를 맺지 않기 때문이다. 그래서 커피나무는 생산지의 지속적인 확대를 필요로 한다. 생산규모가 크면 클수록 더 많은 새로운 생산지를 필요로 하게 되는 것은 당연한 일이다.

브라질의 커피재배는 숲을 잠식한 대표적인 사례이다. 커피플랜테이션이 만들어지기 전부터 브라질 정착민들은 가축을 기르기 위해 대서양 연안의 숲을 베어내 목초지로 만들었지만, 1822년 브라질이 독립했을 때까지 대부분의 대서양 연안 숲은 아직 남아있었다. 당시 브라질 인구는 5백만 정도로, 현재 상파울루 시 인구의 3분의 1도 되지 않는 수준이어서 엄청난 규모로 숲을 파괴하지는 않았다. 그러나 커피산업이 성장하자 커피플랜테이션이 더 깊은 내륙 쪽을 공격해 들어갔다. 국제 소비자단체에 따르면, 19세기 브라질에서 대서양 연안의 숲들이 극적으로 깨끗하게 사라져버린 가장 큰 원인은 커피플랜테이션의 확산이었다.[3] 20세기 초 대표적인 커피생산 지역인 미나스제라이스 주에서는 개간되지 않은 삼림지대가 커피경작지보다 70퍼센트 정도 비쌌는데, 그것은 숲의 토양이 훨씬 기름져 커피재배에 더 알맞았기 때문이다.[4] 더구나 철도가 등장하면서 침목과 연료로 쓸 나무를 얻기 위해 숲을 파괴했을 뿐만 아니라 철도를 이용해 멀리 있는 대서양림까지 사람이 들어갈 수 있게 되면서 커피생산업자들은 이전보다 빨리 기존 커피농장을 버리고 더 먼 숲의 공략에 나섰다.[5]

1970년대 들어 한편으로 대서양림이 무한한 자원이 아니라는 새로운 인식이 생겼지만, 다른 한편으로 연구를 통해 햇볕재배 sun-grown 가 그늘재배보다 생산량이 많다는 것이 확인되었다. 그러자 햇볕재배가 증가했고, 특히 햇볕에 잘 견디는 로부스타종이 널리 확산하면서 숲을 아예 베어내고 커피를 기르는 햇볕재배가 플랜테이션을 중심으로 지배적인 커피재배 방법으로 자리를 잡았다. 1990년대 초 라틴아메리카 북부에서 커피재배지의 약 40퍼센트가 그늘재배에서 햇볕재배로 돌아섰다.[6] 그 결과, 오늘날 남아있는 대서양 연안림은 기껏 원래의 8퍼센트에 지나지 않게 되었다.[7] 최근 아프리카 코트디부아르에서 일어난 숲의 파괴 역시 커피플랜테이션이 불러온 결과로 주목받고 있다.

커피의 경작면적과 햇볕재배의 확대는 세계시장의 수요를 훨씬 넘어서는 과다한 양의 커피생산을 가져왔다. 커피가격이 기록적으로 낮아진 것은 피할 수 없는 결과였다. 지나치게 많은 커피생산, 그것도 단일경작이 주도하는 커피생산은 그 자체로 문제가 많다. 예컨대 베트남의 커피생산은 한편으로 인스턴트커피의 확산에 자극을 받았고 다른 한편으로 정부가 도이모이 개혁의 일환으로 토지의 사적 사용과 기업 활동의 자유를 허가함에 따라 대규모로 이루어졌다. 그것도 단일경작이 지배했고 로부스타종이 주종이었다. 베트남의 농업 및 농촌개발부 Ministry of Agriculture and Rural Development=MARD 에 따르면, 현재 총 61.6만 헥타르에서 커피가 재배되고 있다.[8] 이는 MARD의 〈커피개발계획 2020〉에서 2030년에 도달할 목표로 설정한 50만 헥타르를 크게 초과한 면적이다. MARD는 이제 커피경작을 독려하기는커녕 오히려 식재면적을 줄이고 그 대신 커피품질을 높이는 일을 과제로 삼고 있다.

커피경작을 위해 숲을 마구 없애면서 생긴 문제는 여기에서 그치지 않았다. 숲은 주민들에게 커피보다 중요하다. 그들은 식량도 집을 지을 자재도 숲에서 얻어 왔다. 숲이 줄어들면서 농부들이 가용할 수 있는 식량 자원과 그 종류 또한 줄어들었고 급기야 식량안보라는 새로운 문제가 대두되었다. 숲을 없애고 햇볕재배를 한 농장들은 토지가 황폐해지기까지 걸리는 기간이 짧아지고 그 빈도가 높아지는 것을 지켜보아야 했고 여러 질병이 잘 번져 커피나무를 살리기 위해 화학약품을 투입할 수밖에 없었다. 건기에 커피나무가 말라 죽는 일도 잦았다. 과테말라에서 생긴 말 데 비냐스 Mal de Viñas (커피나무를 죽이는 복합 스트레스신드롬)는 햇볕재배와 토양 살충제 살포 등이 부른 것이었다.

그늘을 만들어 주는 나무가 없어지자 생긴 또 하나의 문제는 노동자들의 노동조건이 더욱 나빠졌다는 사실이다. 다른 과수를 함께 재배해 그늘재배를 하는 농장에서는 커피수확을 하는 동안 노동자들은 편안하게 체리를 수확할 수 있었고 과일을 따먹으면서 갈증을 축이거나 허기를 달랠 수 있었으며 남은 과일들을 시장에 내다 팔수도 있었다. 그러나 숲이 사라지자 이제는 그럴 수 있는 공간이 사라져 버렸다.

대규모 플랜테이션과 소농생산

그럼 대규모 커피플랜테이션과 소규모 농장 사이에는 어떤 차이가 있을까? 우선 어느 정도 크기가 소규모 농장에 해당하는지 알아보자. 말할 것도 없이 농장의 크기에 따른 분류는 지역에 따라 대단히 다르다. 최대 생산국인 브라질에서는 10헥타르 미만의 농장을 '소규모 농장'으로 분류하는데 이를 기준으로 전체 커피생산 농가의 70퍼센트가 소규모 경작자라는 주장도 있다.[9] 이에 비해《에티오피아: 커피의 기원에서 스페셜티커피의 미래까지》의 저자인 제프 콜러는 1헥타르 미만을 소규모 재배로 보고 세계 커피 대부분을 이런 소규모 농장에서 생산한다고 보았다.[10] 그러나 국제적 기준으로 보면 대체로 5헥타르 이상의 커피농장이 대규모 커피농장이다.[11] 이 분류에 따르면 더구나, 세계 대부분 커피농가는 소규모 경작자이다.

경작 규모에 따라 노동과 자본에 대한 통제력에서 차이가 있게 마련이다. 소농은 주로 가족노동에 의존한다. 중대규모 농장은 계절노동자에게 의존해서 농장을 경영한다. 과테말라, 브라질, 엘살바도르 그리고 케냐 등은 대규모 플랜테이션이 지배하는 커피생산국이고 코스타리카, 콜롬비아, 에티오피아, 파푸아뉴기니 그리고 푸에르토리코는 소농 경작이 지배하는 커피생산국이다. 물론 플랜테이션이 중심인 나라에도 소농이 있고 또 소농이 지배적인 나라에도 대농장이 있지만 대체로 이렇게 분류할 수 있다.

그럼에도 라틴아메리카의 대부분, 심지어 브라질에서조차 커피생산지 가운데 많은 곳에서 대농장이 표준이라고 할 수는 없다. 또 대농장이 존재하는 곳이라 하더라도 그 역사적 기원은 아주 복잡하다. 대농장이 곧 식민지 시대의 유산이라고 한마디로 정리하기도 어려울 지경이다. 더구나 지금 대부분의 커피농장 소유주들이 지방 엘리트라고 보기도 어려운 상황에 와 있다. 그들은 이제 도시 부르주아지에 비교할 만한 농산업가가 아니다.

아프리카와 아시아의 커피농가들은 식민지 시대라는 과거에 그대로 동결돼 있지 않다. 커피를 비롯한 다른 작물의 확산으로 토지의 사유화와 축적이 이루어졌다. 비록 토지 규모가 라틴아메리카와 비교하여 여전히 크지 않다 하더라도 아시아와 아프리카의 커피농민들은 사회적이고 정치적인 이중의 의미에서 근대성의 선구자들이다.[12] 이러한 사회적 상승의 예를 우리는, 유럽에서 이주하여 두 문화에 발을 붙이고 있는 커피농장주들이 전통적인 농촌사회의 모델이면서 동시에 새로운 농산업 부르주아지의 대표자로 등장한 카메룬이나 탄자니아에서 찾아볼 수 있다.

다른 한편 대규모 커피재배가 경제적 효율성을 갖는다는 선입견 역시 근거가 없다. 브라질에서 단위 면적(헥타르) 당 높은 생산을 거둔 것은 새로 개간한 토지가 비옥한 덕분이었다. 그것은 근대적 농업기술이나 첨단기술에 의해서 획득된 것이 아니었다. 말하자면 규모의 확장이 기술적 혁신과 투자를 불러와 생산성의 증가를 낳고 그 결과물로 생산량의 증대를 가져온 것이 아니라는 이야기이다. 동시에 중앙아메리카와 콜롬비아에서 수확한 커피콩이 높은 품질을 갖게 된 것 역시 소규모 경작에 따라 자연히 얻어진 것이 아니라 가려따기와 같은 수확 방법, 분류 그리고 섬세한 정제과정에서 획득된 것이다.13 생산량과 품질 모두 규모에 의해 결정되지는 않았다는 것을 알 수 있다.

하지만 수확한 생두의 정제방법은 확실히 자본의 투자로 얻은 경제적 효과의 결과라고 할 수 있다. 아메리카 지역의 커피품질이 높은 것은 '습식정제'를 거쳤기에 가능했다. 다량의 생두를 한꺼번에 습식으로 정제하는 설비를 갖추려면 상당량의 자본이 반드시 투자되어야 한다. 생두정제 시설에서 이익 수준을 결정하는 것은 기술이라기보다 자본 규모가 더 중요하다고 하겠다. 한편 철도, 트럭, 증기선 등 운송설비는 자본의 투자가 결정적으로 중요한 부문이므로 정부 차원의 인프라 구축이 계획되었을 때에만 민간의 투자가 이루어지고 또 커피경작자 중 다른 누구보다 대규모 플랜테이션이 혜택을 누릴 수 있게 된다. 정책 결정이 좌우하는 이런 인프라 구축 때문에 대형 플랜테이션의 소유주가 정치인이 되기도 하고 또는 정치권 인사에 대한 지지의 형태로 거래가 이루어지기도 한다.

한편 대규모 플랜테이션이 소농보다 확실히 노동 착취적이라고 할 수 있다. 소농은 대부분 가족노동에 의존하기 때문에 노동착취의 여지가 거의 없다. 그러나 대규모 플랜테이션 시스템이 크면 클수록 농장소유주와 노동자 사이에 커다란 사회경제적 차이와 벽이 존재한다. 노동자들은 감독이나 관리자와 접촉하게 되는데, 이때 감독이나 관리자는 소유주의 이익을 위해 일하게 되고 그러다 보니 노동자들에게 노동을 가중하거나 노동자들을 억압하는 일까지 일어난다. 그렇다고 소유주가 노동자를 전혀 무시할 수는 없게 되는데, 그 이유는 수확기에 일손이 모자라는 경우가 생기기 때문이다.

경작과 정제과정의 환경문제

커피나무의 경작자가 선택해야 할 첫 번째 문제는 화학 약품 및 비료를 사용할 것인가, 아니면 화학제품을 사용하지 않고 경작할 것인가를 선택하는 것이다. 햇볕배재를 할 경우 화학제품의 사용을 피하기 어렵다. 묘목을 심은 후 곧바로 화학제품을 쓰는 일이 많다. 경작자들은 지역 환경이나 경제적 상황을 고려해 제초제, 살충제, 살균제 등 농약을 살포한다. 가장 보편적으로 사용하는 것은 생산량을 늘리기 위해 쓰는 비료로서 햇볕재배든 그늘재배든 대부분 비료를 사용한다. 햇볕재배의 경우 화학비료의 사용이 거의 필수적인 반면 유기농 재배의 경우에는 화학비료가 아닌 자연산 퇴비를 주는 것으로 대체한다. 화학제품은 토양을 황폐화하는 작용을 하고 나아가 강으로 스며들어 지하수를 오염시킨다. 또 화학적인 농약이나 비료는 농부의 건강을 해치는 요소로 작용한다.

한편 수확 방법 역시 지역에 따라 훑어따기와 가려따기 중 하나를 선택한다. 수확 방법은 대체로 생산규모에 따라 거의 결정되는데, 가족영농으로 커피를 경작하는 경우 수확 장비를 갖추는 데 꽤 많은 비용이 들기 때문에 가려따기 방법을 채택할 수밖에 없고 대규모 플랜테이션에서는 기계를 이용한 훑어따기를 효과적인 방법으로 선호한다.

수확한 생두를 정제하는 과정은 경작보다 훨씬 더 심각한 환경문제를 일으킨다. 습식정제에서는 커피체리의 껍질과 과육을 분쇄기를 사용해 제거한다. 그 다음 생두를 거대한 수조에 넣어 물에 불리면 표면을 둘러싼 점액질이 발효되어 떨어져 나간다. 이런 습식정제를 위한 시설은 정교하고, 값이 비싸고 다량의 에너지원이 쓰인다. 특히 정제과정에 다량의 물을 필요로 해 60킬로그램 한 자루의 생두를 처리하는 데 소비되는 물은 약 1,000리터에 달한다. 중앙아메리카에서 6개월에 걸쳐 진행한 생두 정제과정에 대한 연구 결과, 54만 7,000톤의 커피 정제에 하루 11만세제곱미터의 물이 사용되었다.[14] 게다가 습식법에 사용된 물은 유독성 물질을 함유하고 있고 이는 하천의 오염을 유발한다. 지역 주민들은 그 물을 식수로 사용하고 목욕물로 쓰기도 한다. 어떤 지역에서는 생두 정제과정에 유출되는 물을 정수하도록 법으로 강제하기도 한다. 정제과정에서 떨어져 나온 생두 껍질인 펄프 역시 처리가 곤란한 부산물이다. 따라서 과육을 제거하는 과정에 과육과 껍질은 물론이고 점액질까지 제거하는 기계인 이른바 '에코 펄퍼 eco pulper'가 도입되고 있다. 그러나 에코 펄퍼를 사용하더라도 마지막에는 생두를 깨끗한 물로 세척해야 한다. 습식정제는 여러 가지 점에서 친환경적이지 않다고 할 수 있다.

환경을 고려해 건식법을 사용해 정제하면 좋겠지만 간단하게 선택할 수 있는 문제는 아니다. 지역에 따라 수확기에 우기가 겹치기도 해서, 그늘재배를 하는 것이 어쩌면 좀 더 단순하게 선택할 수 있는 방법이다. 그늘재배가 햇볕재배보다 환경과 생물다양성 보존 그리고 무엇보다 커피 품질에도 유리하기 때문이다. 그러나 습식정제와 건식정제 중 어느 것을 선택할 것인지는 참으로 곤란한 문제이다. 지역의 기후 조건도 문제지만, 전 세계 커피애호가들이 습식으로 정제한 커피의 깨끗한 프로파일과 섬세한 신맛을 훨씬 더 선호하기 때문이다. 소비자의 선택을 받지 못했을 때 커피경작자가 기울인 그동안의 노력은 수포로 돌아가고 말지만 소비자들의 선호를 바꿀 묘안이 현재로서는 없다는 것이 문제이다.

한편 커피의 친환경재배가 이루어졌다 하더라도 커피의 운송은 다시 한 번 환경문제를 일으킨다. 그것은 열대와 아열대에서 생산한 대부분의 커피가 미국, 유럽 등 다른 나라로 수출돼 소비되기 때문이다. 커피의 이동거리는 에드워드 흄즈가 말한 대로 9만 킬로미터에 이른다.[15] 생산지에서 철도와 자동차가 운송수단으로 이용되는데, 이 운송수단들이 숲에 해로운 가스를 배출한다. 그런 다음 커피는 배에 실려 장거리 항해를 거치는데 이 과정에 바다의 오염을 피할 수 없다. 그런 후에 소비국에 도착한 커피는 다시 자동차로 원두 생산공장이나 소규모 로스터에게로 보내진다. 그곳에서 볶은 원두는 다시 차에 실려 식료품소매점이나 개인에게 배달된다. 물류 거리로 따지면 이보다 더 먼 거리를 이동하는 상품이 거의 없을 정도이다.

기후위기, 커피 밭에도 닥치다

커피의 지속가능성을 위협하는 가장 심각한 요소 중 하나로 기후변화를 들지 않을 수 없다. 변화가 아니라 '위기'라는 말이 더 현실적인 기후변화는 커피재배에만 국한된 문제는 아니지만, 다른 농업 부문이 그렇듯이 커피 밭에도 이미 그 위기가 닥치고 있다.

'기후'란 특정 장소에 적어도 30년 이상에 걸쳐 주기적으로 반복되는 '날씨' 상태이다. 특정 장소와 특정 시간에 대기의 뚜렷한 상태를 표현하는 날씨에 비해 기후는 장기 지속적으로 영향을 미친다는 점에서 더욱 경각심을 가져야 할 사안이다. 기후학 모델의 발전에 따라, 기후변화로 인한 폭염 및 한파와 같은 극단적인 날씨 속성의 빈도가 점점 높아지고 있다는 것이 분명하게 드러났다. 특히 기후변화는 지구의 모든 지역이 더 더워지고 건조해지고 있다는 뜻이기도 하지만 그보다 극단적인 날씨가 증가하고 있음을 의미한다는 점에서 더욱 심각한 결과를 초래할 수 있다.[16] 커피는 단 한 차례 서리를 맞는 것만으로도 아예 나무가 말라 죽을 정도로 기후변화에 민감한 식물이다. 더구나 커다란 문제는 기후변화를 예측하는 것조차 어려울 정도로 그 변화가 급속하게 전 세계의 커피 밭으로 확산되고 있다는 점이다.

커피 밭에 닥친 기후위기는 이미 현실이다. 2013년 '커피깜부기병'으로 인해 세계 전체 커피생산량이 바닥으로 내려갔는데, 기후변화로 해충과 균류가 번성한 것이 원인이었다.[17] 기후변화는 세계 아라비카종 커피의 8분의 7을 생산하는 중남미에 특히 영향을 미치고 있다. 커피잎녹병이 창궐하고 공격성이 한층 높아지면서 생산성은 물론이고 아라비카종의 특성인 품질이 크게 떨어졌다. 중미의 2016년 커피수출량은 3년 연속 떨어져 1974년 이래 최저 수준으로 가라앉았고 앞으로 더 낮아질 것으로 예상되고 있다. 기후변화에 대한 정부간 협의체가 발간한 보고서에 따르면, 기온이 2~2.5도 높아지면 전 세계에서 커피재배가 가능한 지역이 크게 줄어들어 2050년쯤이면 재배가능 면적이 심지어 절반으로 줄어들 것으로 예상된다. 예컨대, 브라질의 기온이 3도 높아질 경우, 주요 재배지인 미나스제라이스 주와 상파울루 주에서 커피생산에 적합한 지역 가운데 무려 3분의 2가 사라질 것이며 다른 지역 역시 이런 '파국'에서 예외가 아닐 것으로 전망한다.[18] 이 우울한 예상은 점점 더 확실하게 우리 곁으로 다가와 체감하게 하고 있다. 2020년에 브라질과 베트남에서 각각 기록적인 가뭄과 폭우로 커피수확량이 급감했다.

기후위기는 따로 떼어내 해결할 수 있는 문제가 아니다. 지구 대기층은 온실가스와 이산화탄소, 메탄과 이산화질소로 이루어져 있고 이 가스들이 방어막이 되어 지구의 평균 기온을 15도로 유지해 왔다. 그러나 산업화 이후 믿을 수 없을 정도로 짧은 기간에 가스의 농도가 무섭게 올라갔다. 화학연료를 지나치게 많이 사용하면서 우리 인류가 이산화탄소와 메탄 등을 지구가 견디지 못할 만큼 많이 만들어 낸 결과였다. 이에 대응하기 위해 여러 차원에서 다양한 노력이 경주되고 있지만 정작 온실가스를 다량 생산하는 개인이나 기업 그리고 국가 중에 오히려 책임을 회피하거나 무관심한 경우가 있어 안타깝다. 이런 상황을 맞아 숲과 더불어 커피 밭을 지키거나 소규모 생산자와 소비자의 권리를 증진하려는 여러 노력이 경주되고 있는데, 이는 커피의 지속가능성을 높이는 일일뿐만 아니라 지구라는 행성에서 인간의 존속을 위한 일이기도 해 의미가 크다.

2. 유기농 커피재배

커피생산 과정에 일어나는 환경문제를 해결하고 농민의 건강을 지키려는 노력이 다각도로 경주되고 있다. 유기농 커피재배는 그런 노력들 가운데 대표적인 사례에 속한다.

관행농에서 유기농으로

어디에서나 그렇듯이 커피경작지에 농약을 살포하는 것은 독을 살포하는 것이나 다름없다. 곤충류, 설치류, 균류, 잡초를 죽이려고 만든 것이 농약이지만 농약으로 사람이 죽을 수 있다. 우리가 흙에 뿌리는 것이 흙에서 자라는 작물이 되고 그 작물을 먹고 사람이 살아가는 것이므로 땅이 오염되지 않고 건강해야 사람이 건강해진다. 농약의 살포는 결국 땅을 죽이고 작물에 사는 생물들을 죽이는 것이고 나아가 사람의 건강도 해칠 수 있다.

유기농 운동의 밑바탕에는 모든 것이 서로 연결되어 있다는 믿음이 깔려 있다. 화학농과 유기농의 차이는 우주를 단절로 보느냐 연속으로 보느냐의 차이다. 문화인류학자인 클로드 레비-스트로스 역시 우리가 섭취하는 음식을 우주론적으로 이해했다.[19] 화학농이 아닌 유기농

재배가 필요한 것은 모든 것을 단절로 보는 화학농의 패러다임을 바꾸어야 인간과 자연의 공생이 가능하기 때문이다. 화학농이 자연을 지배하는 것이라면 유기농의 패러다임은 자연을 존중하는 것이다. 인간을 자연의 일부로 보는 사고의 전환이 유기농으로의 지향을 낳는 토대이다. 커피가 우리의 일부라면 우리는 커피 유기농에 관심을 가질 수밖에 없다.

커피의 집약농업 및 농약 살포 그리고 지나친 화학비료의 사용으로 인한 환경오염과 기후변화로 꿀벌을 비롯한 곤충들이 수난을 겪고 있다. 농작물에 농약을 사용하면 곤충들이 먼저 죽는데, 그 중에서도 꿀벌은 가장 먼저 피해를 입는다. 레이첼 카슨은 《침묵의 봄》에서 DDT의 살포로 꿀벌들이 얼마나 많이 죽었는지를 생생하게 전해준다. 1953년 뉴욕 주정부가 넓은 지역에 살충제를 살포한 후 한 양봉업자는 벌통 800개를 잃었고 1957년에 뿌려진 살충제로 다시 벌통 400개를 잃었다. 그 양봉업자는 이렇게 썼다. "5월이 되었는데도 뜰에서 윙윙거리는 소리를 들을 수 없다니 너무나 비참했다."[20]

브라질의 한 소녀 역시 벌의 윙윙거리는 소리를 기억해 전 세계로 다니면서 커피의 유기농 재배를 강조하고 있다. 실비아는 어린 시절 수많은 꿀벌들이 커피나무의 꽃에 가루받이를 하느라 분주히 오가는 모습을 넋을 놓고 바라보았다. 이 소녀는 자란 후 그 기억을 떠올렸고 다시 벌들이 돌아와 분주하게 돌아다니는 커피농장을 가꾸었다.[21] 현재 그녀와 남편 마르쿠스는 커피의 품질 향상은 물론이고 자연보호에 힘을 쏟으면서 협동조합 운동을 하고 있다. 커피나무를 찾아오는 쌀먹이새의 이름을 따서 쌀먹이새협동조합이라고 이름을 지은 이 협동조합에서 상파울루와 미나스제라이스에 있는 농장들이 함께 일하고 있다.

쌀먹이새 같은 조류들은 커피나무에 날아와 먹이활동을 하면서 커피나무에서 해로운 곤충을 제거해 주기도 하고 수정을 돕는 일도 일부 맡아 한다. 새들이 깃들이는 키 큰 나무들은 땅의 부식을 막고 생물 종의 다양성을 지키는 역할을 한다. 1991년에 설립된 스미스소니안 철새 센터 Smithsonian Migratory Bird Center 의 러셀 그린버그 Russell Greenberg 소장은 멕시코 치아파스의 그늘커피농장에서 22종의 지저귀는 새를 포함하여 46종의 신열대구 철새를 발견했다. 열대 텃새는 이보다 훨씬 많은 100여 종 이상이었다.[22] 멕시코의 다른 지역과 푸에르토리코 그리고 도미니카공화국에서도 그늘커피는 철새들의 훌륭한 서식지였다. 그늘커피는 새들이 찾아들게 할 뿐 아니라 생물다양성의 보존에 유리한 환경을 제공한다. 멕시코 베라크루스의 그늘커피 재배지에서는 10여 종의 개구리와 6종의 박쥐 그리고 주머니쥐, 토끼, 뉴트리아 등과 같은 포유동물이 발견되었다.[23]

이런 연구들을 토대로 새들이 커피나무에 깃들게 하는 것이 자연친화적 커피재배의 상징으로 떠올랐다. 이른바 '새와 친한 커피 bird friendly Coffee'를 재배하려는 노력이 경주되고 있고 그러한 노력을 보증하는 인증마크가 탄생했다. 대표적인 예로 스미스소니안 철새 센터의 '새와 친한 커피'와 NGO 레인포레스트 얼라이언스 Rainforest Alliance (1987년 설립)의 '에코 오케이 Eco-OK'를 들 수 있다. '새와 친한 커피'가 그늘나무의 생물 다양성을 증진하여 서식지를 보호하는 데 치중하는 데 비해 '에코 오케이'는 농민들에게 살충제 사용의 근절을 요구하지는 않지만 그 사용량을 줄여 다양한 조류 서식지를 보호할 것을 요구한다.[24]

또 멕시코에서는 원시림 속에서 커피나무를 키우거나 다양한 수종을 함께 심어 커피를 재배하는 여러 방법을 찾아내 실천하고 있다. 코스타리카 에코투어리즘의 메카라고 부르는 몬테베르데 자연보호 구역에 가까운 산타 엘레나에서는 농민들이 협동조합을 만들어 삼림을 파괴하지 않고 나무를 그대로 둔 채 유기농으로 커피를 재배하기 시작했다. 1980년대 들어서면서 확대된 유기농과 그늘재배 덕분에 농민들의 건강을 해치는 일이 줄어들었고 또 그렇게 생산한 커피를 유럽 등지의 생활협동조합과 직거래를 함으로써 헐값에 커피를 파는 일도 사라졌다.[25]

세계적으로 전개되고 있는 환경운동과 궤를 같이하는 변화가 커피를 재배하는 세계 도처에서 일어나고 있다. 많은 농가가 관행적 농법, 즉 근대화시기에 도입된 농약과 비료를 사용하는 농법을 버리고 그 대신 아주 오래된 전통적 방법인 복합영농이나 그늘재배로 돌아가려는 움직임을 보이고 있다.

유기농 인증커피의 실제

유기농 재배는 질이 좋은 커피생산량을 증가시켰고 그로 인해 많은 생산자가 유기농법의 가치와 효과를 확인할 수 있었다. 그럼에도 유기농 인증커피는 소규모 농민에게 축복인 동시에 극단적으로 말하면 저주라고 할 수 있다. 유기농 재배를 위해 농민들은 엄청난 부담을 져야했다. 유기농을 할 때 추가적으로 발생하는 노동과 비용을 농민이 고스란히 떠안아야 했기 때문이다.

국제 유기농 인증제도에는 인증기관과 생산자 단체, 소규모 농가 사이의 불평등한 힘의 분배와 같은 반드시 해결해야 할 심각한 구조적 문제가 있다. 우선 유기농 기준을 정하고 인증하는 권한이 유럽이나 아메리카의 인증기관들에 있다. 이 기관들은 생산자 단체와 의미 있는 조율을 거치지 않은 채 농민들에게 자신들이 만든 기준을 강요하는 경우가 흔하다. 특히 인증 절차에 상당한 비용이 드는데 그 비용을 줄여야 하며 나아가 단체에 소속되지 않은 농민들에게도 비용을 더 저렴하게, 절차를 더 간소화할 필요가 있다. 문화적으로 좀 더 세심하게 농민들을 배려해야 하고 유기농으로 전환하는 기간 동안 농민들이 생계에 위협을 받지 않도록 지원해야 한다. 유기농 단체가 원래의 취지와 달리 농민들의 생존을 부당하게 위협하고 있지 않는지 재검토하는 것이 마땅하다. 세계 커피재배 농가들 중에는 인증절차를 잘 모르거나 유기농 인증을 받는 절차가 까다롭다고 여겨 기피하는 경우도 있다. 특히 높은 산간지대에서 처음부터 자연친화적으로 다른 작물과 함께 커피를 재배하지만 유기농 인증을 받지 못하는 농민들이 인증에서 소외되는 일이 없도록 배려해야 할 것이다.

커피재배의 지속가능성은 농부들의 건강 또한 포함한다. 화학기업에게 지속가능이란 더 나은 농약의 개발과 더 많은 수익을 의미하겠지만 커피재배는 농부들이 건강하지 않으면 지속가능하지 않다. 여기에서 커피의 사회적 지속가능성에 노동자의 건강 보호, 교육 등 인권의 보장을 포함해야 한다. 역사적인 교훈이 말해주는 것은 계속되는 억압과 착취는 사회적 불안정, 범죄 나아가 내전 등을 불러올 수 있다는 점이다. 이 점에서 사회적 지속가능성에 관한 진지한 협의와 대응이 필요하다. 이 문제의 해결은 세계 커피시장의 권력집중이 낳은 커피가격 파괴를 반드시 포함해야 한다는 점에서 거시적인 통찰을 가져야 할 사안이다.

이런 많은 문제를 완전히 해결하지는 못한다 하더라도 완화할 수 있는 방법은 이미 알려져 있다. 적정 수준의 커피가격을 유지할 수만 있다면 실제로 상당히 많은 문제를 해결할 수 있다. 커피에서 얻은 수익으로 노동력을 더 들여 친환경 재배를 하고 그 커피를 적정 가격에 판매하여 농사를 짓는 농부와 자녀들의 교육을 향상시킬 수 있다면 커피농업의 지속가능성은 그만큼 더 높아질 수 있다.

현재 전 세계의 커피재배 면적은 최소한 약 1,000만 헥타르를 넘는

다. 그러나 전 세계 커피생산자 가운데 적게 잡아도 3/4 이상이 경작 규모가 작은 소농이다. 소규모 농가의 재배 규모는 정확하지는 않지만 많아야 평균 약 2.5헥타르이다. 1헥타르의 재배지에서 아라비카종의 경우 약 10포대(1포대는 60킬로그램)의 생두를 생산한다.

결국 1년에 한 농가가 커피로 벌어들이는 수익은 생두가격에 달려있다. 그런데 생두가격은 생산농가가 생계를 유지하기 어려운 수준에 머물러 있다. 지속가능한 생산비를 감안하면 생두가격은 파운드당 적어도 1.2달러는 돼야 한다는 것이 전문가들의 주장이다. 하지만 최저가를 기록한 2002년의 경우 생두 1파운드당 가격은 46.2센트에 지나지 않았다. 2002년 농민이 커피생산을 통해 얻은 수입은 1960년에 비해 4분의 1에 불과했다.[26] 그 결과로, 농사의 포기와 대량 실업, 수출 소득 및 재정 수입 감소, 다른 경제 분야의 연쇄 반응, 탈농과 도시로의 이주, 해외 이민, 보건과 교육에 대한 지원의 축소, 빈곤 인구의 증가, 영양실조 증가, 부채 증가 그리고 코카 같은 불법 작물 생산의 증가 등이 나타났다.

커피소농들이 실제로 받는 생두가격은 그들이 친환경 농업이나 그늘 재배 등을 쉽게 받아들이지 못하게 하는 주요 원인이다. 그리고 그것은 소수 대형 로스팅 기업이 커피시장을 지배하고 있는 현실과 결코 무관하지 않다. 그들이 커피소농들에게 지속가능한 수준의 가격을 지불하지 않기 때문이다.

3. 공정무역 운동

커피생산자에게 지나치게 낮은 가격을 지불하는 현재의 불공정한 거래 관행을 바꾸어 커피생산 농가에게 생계비를 보장하는 '공정한 거래'

를 실천하자는 주장이 나타났다. 이 공정무역 Fair Trade 운동은 커피소비지에서 일어난 커피의 지속가능성을 높이려는 움직임이다.

공정무역 운동의 태동과 철학

1988년 커피거래에 하나의 분수령이 될 중요한 사건이 일어났다. 그것은 네덜란드의 개발원조단체인 솔리다리다드 Solidaridad (연대라는 의미)가 멕시코의 오악사카 주 커피협동조합이 생산한 커피에 "막스 하벨라르"라는 공정거래 인증마크를 붙여서 팔도록 한 일이었다. 그보다 2년 전 오악사카의 커피협동조합은 조합원들이 생산한 커피를 "공정한 조건"으로 유럽 소비자 시장에 판매하도록 솔리다리다드가 역할을 해달라고 요청했다. 네덜란드 출신 해방신학자 프란스 판 데어 호프 Frans van der Hoff (1939-) 신부가 멕시코의 그 협동조합을 이끌고 있었던 것이 연결고리였다. 몇 년간 소량의 커피를 세계 소매점 네트워크를 통해 판매하던 그 협동조합은 농민들의 삶을 변화시킬 수준의 많은 커피를 공정한 조건으로 유럽 시장에 팔고 싶어 했다. 솔리다리다드는 '원조'를 한 것이 아니라 그 협동조합의 커피 '거래'를 도운 것이었다. 인증마크는 커피생산 농부들이 '공정'한 대가를 받았다는 것을 증명하는 것이었다. 여기에 "막스 하벨라르"라는 마크를 붙이게 된 것은, 1860년대 네덜란드에서 출판한 소설의 주인공 이름이 막스 하벨라르였는데, 그는 네덜란드의 식민지 인도네시아에서 원주민들을 위해 열정적으로 투쟁한 인물이어서 프란스 판 데어 호프 신부가 그를 모델로 삼자는 제안을 한 것이 계기가 되었다.[27] 이렇게 해서 커피는 최초의 공정무역 인증작물이 될 수 있었다. 이 일이 계기가 되어 공정무역 인증마크가 세계적으로 통용하게 되었으므로 이 일은 커피거래의 역사에서 새로운 장을 열었다고 하겠다.

제2차 세계대전이 끝난 후 불평등한 무역관계가 제2차 세계대전의 원인이라는 성찰이 일어났고 지구 남부에 있는 개발도상국들이 생산한 원자재에서 나온 이익 중 그들이 더 많은 부분을 가져가도록 규제하고 강제해야 한다고 믿는 사람이 많아졌다. 또 이미 오래전부터 아메리카 원주민 여성들이 생산한 수예품을 공정한 가격으로 거래해온 사람도 있었다. 1952년 스위스의 메노나이트 세계대회에서 아메리카 원주민 여성이 만든 수예품을 판 에드나 루스 바이러Edna Ruth Byler의 활동이 대표적인 예이다. 개인적 활동과 이론가들의 성찰이 더해져 점차 많은 사람이 공정무역을 통해 경제 관계가 좀 더 평등하고 지속가능한 국제 사회를 만드는 방향으로 가야 한다는 생각을 갖게 되었다.

공정무역 지지자들은 생산자들의 빈곤을 낮추고 불공정한 무역조건을 개선하고 나아가 사회적 정의와 인권을 향상하려는 열망을 지니고 있다. 그것을 실현하는 방법으로 "원조가 아니라 무역"을 주창하는 것이 공정무역의 특징이자 철학이다. 자유경쟁 시장경제 체제 아래에서 커피 농부들이 제대로 보상을 받는 것은 불가능하다. 그들이 가진 시장 권력은 보잘 것 없고 다국적 법인과는 도무지 경쟁이 되지 않는다. 그래서 소비자들이 나서 이른바 '자유시장' 메커니즘 대신 평등하고 공정한 거래를 통해 세계의 불평등을 바로 잡는 데 이바지하자는 것이 이 운동이 지향하는 목표이다. 공정무역을 적극적으로 혹은 철학적으로 지원하는 모든 사람은 공정무역 운동의 일부라고 생각할 수 있다.

이 운동이 전 세계로 확산하면서 많은 개인과 단체가 운동에 참여하게 되었다. 많은 운동 조직이 생겨났고 네트워크가 만들어졌다. 공정무역 네트워크는 공정무역 운동의 틀 안에서 나타나기는 했으나 최근 몇 십 년 안에 생긴 사업체들이라고 할 수 있다. 이 네트워크는 비공식적이고 비정부기구로서 집중화한 거버넌스를 갖고 있지는 않으나 몇 개의 포괄하는 조직을 두고 있다. 공정무역 라벨 이니셔티브, 인증 단체, 생산자 조직과 조합 등을 들 수 있다. 공정 가격 주문, 안전한 노동 조건 제공, 환경적으로 지속가능한 관행의 독려, 자치공동체의 발전과 민주적 조직의 지원 등을 포함하는 비슷한 원칙을 공유하고 있다는 의미에서 네트워크라고 할 수 있다. 많은 공정무역 조직은 문화적 정체성을 존중하고 아동 인권을 보장하는 투명하고 책임성 있는 관계를 강화하고 있다. 공정무역 사업체들은 직거래를 형성함으로써 공정무역의 목적을 달성하려고 하고 있으며 직거래를 함으로써, 중개상에게 줄 돈을 생산자에게 지불하자고 주창하고 있다.

공정무역의 현실

공정무역이 관습적 상품 체인에 대한 영향력 있는 대안으로 떠올랐다. 국제공정무역 레이블링 기구 FLO에 따르면, 58개 개발도상국의 15만 명의 농부와 노동자가 공정무역에 참여하고 있다. 그 가족들을 포함한다면 직접 수혜자의 수는 5백만 명으로 증가한다. 2008년 FLO에서 인증한 공정무역을 통한 거래량이 전 세계에서 40억 달러를 넘어섰다. 공정무역으로 커피를 판매하는 농민들은 생산비를 충당한 것은 물론이고 자기 농장을 유지했을 뿐 아니라 가족을 부양할 수 있었다. 그러나 공정가격을 받기 위해서 생산자들은 공정무역 인증을 받은 조합에 가입해야 한다. 조합들은 미리 가격을 결정해서 커피를 매입한다. 그래서 커피의 시장가격이 그보다 높아지는 상황이 되면 농민들은 시장가격의 혜택을 받지 못하게 되는 모순에 빠진다. 한편 공정무역 커피로 인정받기 위해 들이는 비용 역시 농민들에게는 만만치 않은 수준이다. 그래서 농민들은 공정무역에 참여함으로써 혜택을 입을 수도 있지만 동시에 일정한 위험을 감수해야 해서 선택에 어려움을 겪는다.

다른 한편 공정무역이 새로운 트렌드로, 특히 친환경 커피라는 이미지로 소비되기 시작하면서 소비국의 대기업들 역시 공정무역 커피를 거래한다는 이미지를 가질 필요가 생겼다. 이른바 환경 마케팅이 새로운 트렌드가 되었다. 네슬레, 프록터앤갬블, 사라 리, 스타벅스 등 거대 다국적 법인 기업체들이 공정무역 인증커피를 판매하고 있다. 사실 이 기업들이 판매하는 공정무역 커피는 그들이 판매하는 전체 커피에서 아주 작은 부분에 지나지 않는다. 한 예로, 스타벅스는 2000년 4월에 처음으로 미국 전역의 2,300개 매장에서 공정무역 인증커피를 팔기로 합의했다. 그러나 2003년 공정무역을 담당한 글로벌익스체인지의 한 직원은 스타벅스가 공정 무역으로 구입하는 커피의 비중은 겨우 1퍼센트에 지나지 않는다면서, "기업들은 자기들이 필요한 양 외에는 그 양을 늘릴 생각을 절대 하지 않습니다. (…) 그저 운동가들을 달래서 입을 틀어막는 수준에 그칠 뿐입니다"라고 탄식했다.[28] 스타벅스가 마지못해 글로벌익스체인지의 요구를 수용한 후 5년이 지나도록 공정무역 커피는 전체 판매량의 겨우 3퍼센트에 지나지 않았다. 그럼에도 스타벅스는 공정무역 커피를 판매하는 업체라는 이미지를 얻을 수 있었다. 사실 이 문제를 두고 공정무역 단체 종사자들의 의견은 갈렸다. 인증마크를 주는 것이 부당하다는 쪽과 스타벅스가 거래하는 공정무역 커피의 절대량이 많다는 이유로 찬성하는 쪽이 대립했다. 그러나 아직 유아기에 있는 공정무역의 발전을 고려해 인증마크를 발급하기로 했던 것이다. 대기업의 환경 마케팅에 휘말렸다는 비판이 거세게 일어나자 스타벅스는 2008년 그 비중을 6퍼센트로 높였다. 이미 2002년에 전 세계 커피거래량의 10퍼센트를 차지하던 기업 사라 리 역시 소량이기는 하지만 공정무역 커피를 구입하기로 했고 미국의 커피 브랜드 폴저스의 제조사인 프록터앤갬블도 2003년 공정무역 계약을 체결했다.

그러면서 공정무역 참여 기업이 두 부류로 나뉘게 되었다. '윤리적이고 이상주의적이며 대안적인 성격'을 갖는 중소 규모의 로스팅 업체들이 그 하나이고 '이익 지향적' 또는 '비이상주의적' 대기업들이 다른 하나이다. 이 대기업들은 공정무역을 '수익성이 있는 새로운 틈새시장'으로 활용한다. 스타벅스 등 거대기업들이 중소 규모만이 아니라 대규모 생산자들 역시 공정무역에 포함해야 한다고 주장하는 것은 이런 맥락에서 충분히 예상할 수 있는 일이었다.

닫는 말
커피의 시대를 위하여

커피소비량 통계를 작성하거나 커피 값을 비교할 때 사용하는 한 잔은 120 내지 240밀리리터(유럽은 약 120밀리리터)이다. 한 잔의 양이 얼마든 커피 한 잔(에스프레소 기준)의 경우 약 7.5그램의 커피가루를 사용한다. 그러면 1킬로그램의 원두로 약 133잔의 커피를 내릴 수 있다. 만약 1킬로그램의 원두를 30,000원(현실에서 가격 편차가 대단히 크다. 이 사실이 원두시장이 여전히 오리무중이라는 반증이다)에 구매했다면 한 잔에 든 재료비는 약 226원가량이다. 커피를 내리다 보면 낭비되는 것이 있게 마련이다. 그래서 1킬로그램으로 100잔을 내린다고 가정하더라도 순수 재료비는 300원에 지나지 않는다. 카페를 경영해 보면 커피 한 잔의 가격을 구성하는 데 결정적인 것은 원두가격이 아니라 오히려 우유와 여타 첨가물의 가격이다. 또 음료에 드는 비용보다 임대료와 인건비 그리고 일반 소모품과 전기세 등이 커다란 부담이라는 것을 쉽게 알 수 있다. 게다가 이런 비용은 고정비용이다.

설사 원두 가격을 두 배로 높이더라도 원두가격이 크게 문제되지는 않지만 카페 주인의 입장에서는 가장 멀리 떨어져 있는 생두생산자에게 부담을 전가하는 것이 가장 속 편한 일인지도 모른다. 소비자가 가격 인상을 꺼리는 이상, 그리고 가격 인상분이 생산자에게 가지 않는다는 사실을 잘 알고 있는 이상, 게다가 소비자들이 커피향미를 잘 구별할 줄 모른다면 카페 주인은 질이 좋고 값이 비싼 원두보다 싼 가격의 원두를 선호하기 마련이다.

커피에 생산국 농민들의 생계가 걸려있을 뿐 아니라 소비국에 있는 소규모 카페에서도 삶의 풍요로움 여부가 결정된다. 하지만 커피의 경제적 구조를 살펴보면 커피생산자들도 어려움이 많고 카페 경영주나 종사자들 역시 삶을 즐기기는커녕 버티기조차 만만치 않은 정도다. 단순하게 말하면, 오직 대형 로스팅 기업들만 커피로 막대한 부를 축적하고 있다. 이런 상황이 계속된다면 커피의 시대는 지속가능하지 않다. 카페는 제3의 장소로서 이제 사람들에게 필수적인 공간으로 기능하고 있다. 가고 싶을 때 가고 떠나고 싶을 때 떠날 수 있는 가장 아늑한 곳, 다른 사람과 소통을 해도 좋고 외로움을 음미할 수도 있는 그런 곳을 들라면 아마 가장 먼저 카페를 들 수 있을 것이다.

어떻게 해야 커피생산이 지속가능하고 카페가 영업을 계속할 수 있을까? 우리가 커피 한 잔을 마시면서 여유롭게 그리고 윤리적으로도 떳떳하게 즐길 수 있는 길은 없을까? 우선 누구나 실천 가능한 것, 별로 거창하지 않지만 지속가능성에 도움이 될 것을 몇 가지만 제안해 본다.

1. 커피향미를 제대로 알아보자. 그러면 소위 전문가의 '판단'이나 다국적 기업의 마케팅에 휘둘리지 않을 수 있다. '유기농 인증' 커피라고 해서 좋은 커피라고 단정한다면 그건 너무 순진한 생각이다. 게이샤니 어쩌니 과도하게 비싼 커피에 현혹된다면 아직 커피 초보자임에 틀림없다. 우리가 김치 맛을 잘 알고 있듯이, 커피 향미 역시 조금만 노력하면 금방 이해할 수 있다. 커피 향미를 알면 남에게 의존하지 않고도 독

립적으로 커피를 즐길 수 있다.

  2. 되도록이면 자기가 사는 동네에 있는 가까운 로스터리 카페를 이용하자. 그 카페가 성업을 하면 소비자로서 우리는 자연히 더 신선한 커피를 즐길 수 있다. 물론 그런 곳이라고 다 믿을 수는 없지만 적어도 신선한 커피를 팔도록 우리가 유도할 수 있는 여지가 커진다. 커피는 볶은 지 3주가 지나기 전에 마시는 것이 가장 좋다. 그러나 대형 프랜차이즈의 커피는 운송 시간이나 운송 단위 때문에 이 기간을 넘기는 것이 보통이다. 대형 프랜차이즈 커피는 표준화되어 있기는 하나 그 회사의 홍보력과 포장 능력이 만든 선입견이 듬뿍 들어있다는 것 역시 잊지 말아야 한다.

  다국적 기업이 운영하는 국제적 프랜차이즈 카페를 되도록 이용하지 말도록 하자는 것은 커피의 품질을 고려해서이기도 하지만 크게 보면 그것이 다국적 기업이 아니라 커피를 재배하는 소농의 시장 권력을 회복하도록 돕는 일이기도 하다. 왜냐하면 다국적 로스팅 기업은 생두의 대량 구매를 통해 시장 권력을 독점한다. 그 집중을 완화해야 그만큼 커피생산자들이 커피거래 시장에서 좀 더 유리하게 거래할 수 있다.

  3. 모든 원두커피에 로스팅 일자를 적도록 요구하자. 언제까지 마실 수 있는지가 아니라 로스팅 일자를 밝혀 소비자가 그것을 알고 구매하는 시스템을 만들면 더 신선한 커피를 마실 수 있고 적어도 해외에서 볶아서 배송한 원두커피를 구매하는 일이 줄어들 것이다. 자연 상태에서 원두커피는 한 달 이상 향미를 유지하기 어렵다. 아무리 포장 기술이 발전했다 하더라도 원두커피의 향미 소실을 완벽하게 차단하는 것은 불가능에 가깝다. 원두커피는 이틀 정도 탄소를 배출한 후 산소에 의해 산화되는데, 그 과정을 막는 것 자체가 식품의 자연적 변화를 왜곡할 수 있다.

4. 에스프레소커피의 배합에 쓰인 생두의 원산지를 표시하도록 요구해야 한다. 어느 지역의 커피를 몇 퍼센트씩 섞었다고 자세히 밝히지는 않더라도 어디에서 생산한 어떤 종 커피들을 배합했다는 정도는 밝히는 것을 법제화하자. 그러면 에스프레소 배합에 로부스타종을 많이 배합하는 일이 줄어들 것이고 설사 있다 하더라도 소비자가 사전에 알고 선택할 수 있다. 로부스타종의 대규모 재배는 자연환경의 보호나 노동자들의 노동조건 향상에 거의 도움이 되지 않는다.

긴 글에 비해 저자의 제안은 아주 소박하다. 그러나 책을 읽고 생각해보면 각자의 처지와 입장에 따라서 할 수 있는 일은 여러 가지이다. 전 세계적으로 매일 수억 잔에 이르는 커피를 마시는 소비자들은 가장 강력한 시장 세력이 될 수 있다. 모든 커피소비자가 새들이 깃들이는 그늘 커피를 마신다면 열대 및 아열대 지역의 생물다양성 보존에 엄청나게 커다란 긍정적 영향을 미칠 수 있다. 카페에 들르는 모든 사람이 플라스틱 용기나 종이컵 대신 개인용 텀블러나 머그잔을 사용한다면 환경오염을 줄일 수 있고 또는 커피의 향미를 제대로 알고 홍보에 휘둘리지 않는 것만으로도 바람직한 커피문화의 발전에 적지 않게 이바지할 수 있다. 커피를 아예 마시지 않을 수 없게 된 데다, 한 잔의 커피가 일상생활의 무게를 조금이라도 덜어준다면 우리는 다른 사람이나 자연에 부담을 주지 않고 오랜 시간 함께 즐길 수 있는 방법을 찾는 것이 좋다. 그 방법의 선택은 우리 각자의 몫이다. 이 책을 읽은 후 아예 커피를 멀리하든 더 소중하게 여기면서 즐기든 그 선택은 존중받고 지지를 받아야 할 것이다. 저자는 독자들이 이 책을 읽고 관심의 폭과 깊이를 더하기를 바랄 뿐이다.

사진 및 그림 출처

1 수확 직전의 커피 체리. ⓒ Deutscher Kaffeeverband. 35
2 Coffea Arabica. ⓒ Wellcome Library, London. 50
3 모카 항. 1737년 ⓒ Bibliothèque nationale de France. 103
4 1592년 오스만제국의 영토. 런던, 1608년경. ⓒ Abraham Ortelius. 117
5 《쿠란》의 채식필사본. ⓒ Walters Art Museum. 127
6 이브릭과 체즈베. 사진 저자. 136
7 오스만제국 시대 커피수레. ⓒ Topkapi Saray Museum, Istanbul. 147
8 오스만제국의 커피하우스 풍경. ⓒ Chester Beatty Library, Dublin. 153
9 카라괴즈와 하치바트. https://en.wikipedia.org/wiki/Karagöz_and_Hacivat. 160
10 테브노의《레반트 여행에 관하여》타이틀 페이지. ⓒ Jean de Thévonot. https://fr.wikipedia.org/wiki/Jean_de_Thévenot. 183
11 마담 퐁파두르와 커피를 서비스하는 흑인 소녀. ⓒ Johann Jacobs Museum, Zürich. 197
12 커피하우스의 규칙과 질서. ⓒ British Library, London. 220
13 1683년 빈 전투. ⓒ Heeresgeschichtliches Museum Wien. 235
14 커피향색출관. ⓒ Stiftung Stadtmuseum, Berlin. 241
15 레위니옹. 1884년. ⓒ Bibliothèque nationale de France. 262
16 아이티 혁명, 1791년. France militaire: histoire des armées francaises de terre et de mer de 1792 à 1837. Tome 1. 271
17 빈의 카페 첸트랄. ⓒ The Print Collector/ Alamy, Stock Foto. 334
18 로마네스크 카페에서. ⓒ Bröhan Museum, Berlin. 사진 Martin Adam. 341
19 프랑크 커피 홍보전단, 1895년. ⓒ Städtisches Museum Ludwigsburg. 356
20 A&P 식료품 매장의 종이팩 커피와 캔 커피. ⓒ U. S. Federal government. 379
21 커피를 수확하는 브라질 노동자들. ⓒ The Print Collector/ Alamy, Stock Foto. 397
22 커피플랜테이션을 조성하는 안티구아의 원주민들. ⓒ Heritage Image Partnership Ltd. Alamy, Stock Foto. 408
23 독일 Tchibo사의 홍보전단. ⓒ Tchibo. 사진은 Michael Kriegeskorte, Werbung in Deutschland 1945-1965(Köln: DuMont, 1992), p. 131. 493

지도 메모

1 지도 1은 Dircke Weltatlas(Braunschweig: Westermann Schulbuchverlag, 1988) 을 재구성(Kaffa 지역 지형도는 https://de.wikipedia.org/wiki/Gojeb의 일부).
2 지도 2, 4, 5, 7, 8, 9, 10은 William Gervase Clarence-Smith and Steven Topik eds., *The Global Coffee Economy in Africa, Asia, and Latin America 1500-1989* (Cambridge: Cambridge University Press, 2006), pp. x - xvii의 지도를 재구성.
3 지도 3, 6은 저자 작성.

주

1장 카파의 숲속에 커피나무가 있었다

1 Jeff Koehler, *Where the Wild Coffee Grows: the untold story of coffee from the cloud forests of Ethiopia to your cup*, 최익창 옮김, 《에티오피아: 커피의 기원에서 스페셜티커피의 미래까지》(커피리브레, 2019), 51쪽.
2 Carl Ritter, "Die geographische Verbreitung des Kaffeebaums (Coffea Arabica L.) in der alten Welt", in *Die Erdkunde von Asien* Ⅷ, 2. Abt.(Berlin, 1847), p. 537(535-608 참고), Hans-Jürgen Teuteberg, "Kaffee", in Thomas Hengartner, et al ed., *Genussmittel: Ein kulturgeschichtliches Handbuch*(Frankfurt a. M.: Campus, 1999), p. 82에서 재인용.
3 윤오순, 《커피와 인류의 요람, 에티오피아의 초대》(눌민, 2016), 151쪽.
4 Hélène Desmet-Grégoire, "Die Ausbreitung des Kaffees bei den Gesellschaften des Vorderen Orients und des Mittelmeerraums: Übernahme und Herstellung von Gegenständen, Anpassung der Sitten," in Daniela U. Ball ed., *Kaffee im Spiegel europäischer Trinksitten*(Zürich: Johann Jacobs Museum, 1991), p. 103.
5 Elisabeth Hildebrand, Steven Bradt, and Joséphine Lesur-Gebremariam, "The Holocene Archaeology of Southwestern Ethiopia: New Insights from the Kafa Archaeology Project," *African Archaeology Review* 27(2010): 255-89, 《에티오피아: 커피의 기원에서 스페셜티커피의 미래까지》, 92쪽에서 재인용.
6 Max Grühl, *Zum Kaisergott von Kaffa. Als Forscher auf eigene Faust im dunkelsten Afrika* (Berlin: Schlieffen-Verlag, 1938), p. 270.
7 《에티오피아: 커피의 기원에서 스페셜티커피의 미래까지》, 69쪽.
8 Werner Lange, *History of the Southern Gonga*(Southwestern Ethiopia) (Wiesbaden: Franz Steiner Verlag, 1982), p. 5, 《에티오피아: 커피의 기원에서 스페셜티커피의 미래까지》, 83쪽에서 재인용.
9 Thor Hanson, *The Triumph of Seeds*, 하윤숙 옮김, 《씨앗의 승리》(에이도스, 2016), 235쪽.
10 Bridget Stutchbury, *Silence of the Songbirds* (New York: Walker & Company, 2008), p. 80.
11 Catherine M. Tucker, *Coffee Culture: Local Experience, Global Connections* (New

York: Routledge, 2011), p. 6.
12　Antony Wild, *Coffee: A Dark History* (New York: W. W. Norton & Company, 2004), Tucker, 앞의 책, p. 6에서 재인용.
13　Richard Pankhurst, *An Introduction to the Economic History of Ethiopia* (London: Lalibela House, 1961), p. 267.
14　K. Pomeranz and S. Topik, *The World That Ttade Created: Society, Culture, and the World Economy, 1400 to the present*, 박광식·김정아 옮김,《설탕, 커피 그리고 폭력》(개정판, 심산, 2021), 412쪽.
15　《설탕, 커피 그리고 폭력》, 413쪽.
16　《커피와 인류의 요람, 에티오피아의 초대》, 181쪽.
17　Denis Lemordant, "Contribution à l'ethnobotanique éthiopienne", *Journal d'Agronomie tropical et de Botanique appliquée*, XVIII, 1971, Nr. 1, 2, 3 and 4, 5, 6. Desmet-Grégoire, 앞의 논문, p. 104에서 재인용.
18　Stewart Lee Allen, *The Devil's Cup. Coffee, the Driving Force in History*, 이창신 역,《커피견문록》(이마고, 2008), 30쪽.
19　《커피견문록》, 15쪽.
20　https://en.wikipedia.org/wiki/Coffee 2022년 7월 20일 접속
21　Noël Riley Fitch, *Künstlercafés in Europa* (London: New Hollandd Publishers, 2007), p. 11, 17.
22　R. Pankhurst, *Economic History of Ethiopia* (Addis Ababa: Haile Selassie University Press, 1968), p. 198.
23　같은 책, pp. 199-201.
24　Clemens G. Arvay, *Wir können es besser: Wie Umweltzerstörung die Corona Pendemie auslöste und warum ökologische Medizin unsere Rettung ist*, 장하준 역,《우리는 더 잘할 수 있다》(제르미날, 2021), 157-8쪽.
25　Steven Topik, "The Integration of the World Coffee Market," in Clarence-Smith and Topik eds., 앞의 책, p. 22.
26　《에티오피아: 커피의 기원에서 스페셜티커피의 미래까지》, 91-2쪽.
27　Deutscher Kaffeeverband, *Kaffeewissen: Vom Anbau bis zum Endprodukt* (Hamburg: Deutscher Kaffeeverband, 2004), p. 111.
28　William H. Ukers, *All about Coffee* (New York: The tea and coffee trade Journal company, 1922), p. 10.
29　Deutscher Kaffeeverband, 앞의 책, pp. 11-6.
30　Ulla Heise, *Kaffee und Kaffeehaus: Eine Bohne macht Kulturgeschichte* (Berlin: Gustav Kiepenheuer Verlag, 1997), p. 14.
31　Mark Pendergrast, *Uncommon Grounds. The History of Coffee and How It Transformed Our World* (New York: Basic Books, 1999), pp. 4-5 참고.

32　Heise, 앞의 책, p. 15에서 재인용.
33　Ian Bersten, *Coffee, Sex & Health. A history of anti-coffee crusaders and sexual hysteria* (Sydney: Helian, 1999), pp. 4-6.
34　최효재, 신길조, "이븐 시나를 중심으로 고찰한 이슬람 의학의 이해", 대한한방내과학회지 제36권 3호(2015년 9월), 257쪽.

2장 예멘, 커피모스크에서 커피생산지로

1　Michel Tuchscherer, "Coffee in the Red Sea Area from the Sixteenth to the Nineteenth Century," in William Gervase Clarence-Smith and Steven Topik eds., *The Global Coffee Economy in Africa, Asia, and Latin America 1500-1989* (Cambridge: Cambridge University Press, 2006), p. 50.
2　Ralph S. Hattox, *Coffee and Coffeehouses. The Origins of a Social Beverage in the Medieval Near East* (Seattle: University of Washington Press, 1988), p. 14.
3　Abd-Alkadar Jaziri, *Les Preuves Les plus fortes en faveur de la légitimité de l'usage du café*, in Sylvestre de Sacy, *Chrestomathie Arabe* (Paris 1886), Desmet-Grégoire, 앞의 논문, p. 104에서 재인용.
4　Hattox, 앞의 책, p. 14에서 재인용.
5　같은 책, pp. 14-5.
6　James Fadiman & Robert Frager eds., *Essential Sufism* (San Francisco: Harper Collins, 1997), IX~XI.
7　같은 책, p. 15.
8　같은 책, p. 17.
9　같은 책, p. 41.
10　Ira M. Lapidus, *A History of Islamic Societies*, 신연성 옮김,《이슬람의 세계사 1》(이산, 2008), 454쪽.
11　Rachel Laudan, *Cuisine and Empire: Cooking in World History*, 조윤정 옮김,《탐식의 시대》(다른세상, 2015), 237-40쪽.
12　《탐식의 시대》, 241쪽에서 재인용.
13　Desmet-Grégoire, 앞의 논문, p. 104에서 재인용.
14　Fadiman, 앞의 책, pp. 45~56 참고.
15　Hattox, 앞의 책, p. 27에서 재인용.
16　같은 책, p. 16에서 재인용.
17　Desmet-Grégoire, 앞의 논문, p. 104.
18　Hattox, 앞의 책, p. 18에서 재인용.
19　Tuchscherer, 앞의 논문, p. 51.

20 같은 논문, p. 51.
21 Jeff Koehler, *Where the Wild Coffee Grows: the untold story of coffee from the cloud forests of Ethiopia to your cup*. 최익창 역, 《에티오피아: 커피의 기원에서 스페셜티커피의 미래까지》(커피리브레, 2019), 144쪽.
22 《에티오피아: 커피의 기원에서 스페셜티커피의 미래까지》, 144-5쪽.
23 Tuchscherer, 앞의 논문, p. 52에서 재인용.
24 같은 논문, p. 54.
25 Ulla Heise, *Kaffee und Kaffeehaus: Eine Bohne macht Kulturgeschichte* (Berlin: Gustav Kiepenheuer Verlag, 1997), p. 17.
26 K. Pomeranz and S. Topik, *The World That Ttade Created: Society, Culture, and the World Economy. 1400 to the present*, 박광식·김정아 옮김, 《설탕, 커피 그리고 폭력》(개정판, 심산, 2021), 196-7쪽.
27 Tuchscherer, 앞의 논문, p. 53에서 재인용
28 같은 논문, p. 54에서 재인용.
29 《설탕, 커피 그리고 폭력》, 196쪽.
30 Tuchscherer, 앞의 논문, p. 55에서 재인용.
31 H. Becker ed., *Kaffee aus Arabien* (Wiesbaden: Franz Steiner, 1979), p. 20.
32 Tuchscherer, 앞의 논문, p. 64에서 재인용.
33 같은 논문, p. 64에서 재인용.
34 같은 논문, pp. 61-2.
35 같은 논문, p. 64에서 재인용.

3장 최초의 '커피제국'이 된 오스만제국

1 Annerose Menninger, *Genuss im kulturellen Wandel* (Stuttgart: Franz Steiner Verlag, 2008), p. 85.
2 Rachel Laudan, *Cuisine and Empire: Cooking in World History*, 조윤정 옮김, 《탐식의 시대》(다른세상, 2015), p. 242.
3 Michel Tuchscherer, "Coffee in the Red Sea Area from Sixteenth to the Nineteenth Century," in William Gervase Clarence-Smith and Steven Topik eds., *The Global Coffee Economy in Africa, Asia, and Latin America 1500-1989* (Cambridge: Cambridge University Press, 2006), p. 51에서 재인용.
4 같은 논문, p. 51에서 재인용.
5 Hasso Spode, "Der Grosse Ernüchterer. Zur Ortsbestimmung des Kaffees im Prozess der Zivilisation," in Daniela U. Ball ed., *Kaffee im Spiegel europäischer Trinksitten* (Zürich: Johann Jacobs Museum, 1991), p. 221에서 재인용.

6   같은 책, pp. 34-5.
7   같은 책, p. 40.
8   Claude Lévi-Strauss, *Mythologiques 1 Le cru et le cuit*, 임봉길 옮김,《신화학 1: 날 것과 익힌 것》(한길사, 2005), 299-313쪽.
9   레비-스트로스는 하누노족이 단지 취사를 통해 인간이 소비하기에 알맞게 된 음식만을 '진정한' 음식으로 취급한다는 사실을 예로 든다.《신화학 1: 날것과 익힌 것》, 604쪽, 606-8쪽.
10 Ralph S. Hattox, *Coffee and Coffeehouses. The Origins of a Social Beverage in the Medieval Near East* (Seattle: University of Washington Press, 1988), p. 48에서 재인용.
11 같은 책, p. 51에서 재인용.
12 《탐식의 시대》, 210-12쪽에서 재인용.
13 Hattox, 앞의 책, p. 58에서 재인용.
14 같은 책, pp. 58-9에서 재인용.
15 같은 책, p. 59에서 재인용.
16 같은 책, p. 60에서 재인용.
17 같은 책, p. 83.
18 《탐식의 시대》, 207-17쪽.
19 Desmet-Grégoire, 앞의 논문, p. 107.
20 같은 논문, p. 107.
21 Hattox, 앞의 책, p. 86에서 재인용.
22 Desmet-Grégoire, 앞의 논문, p. 108.
23 같은 논문, p. 105.
24 같은 곳에서 재인용.
25 같은 곳.
26 Hattox, 앞의 책, p. 77에서 재인용.
27 Desmet-Grégoire, 앞의 논문, p. 106에서 재인용.
28 Spode, 앞의 논문, p. 221.
29 Hattox, 앞의 책, p. 77.
30 같은 책, p. 81에서 재인용.
31 같은 곳에서 재인용.
32 같은 책, p. 89에서 재인용.
33 같은 책, p. 125에서 재인용.
34 같은 책, p. 93에서 재인용.
35 같은 곳.
36 같은 책, p. 94에서 재인용.
37 같은 책, p. 97.

38 같은 곳.
39 같은 책, p. 99.
40 같은 책, p. 101에서 재인용.
41 같은 책, p. 122.
42 같은 책, p. 109에서 재인용.
43 같은 곳에서 재인용.
44 Spode, 앞의 논문, pp. 220-1.
45 Hattox, 앞의 책, p. 161, 주 31.
46 같은 책, p. 103.
47 Ulla Heise, *Kaffee und Kaffeehaus, Eine Bohne macht Kulturgeschichte* (Berlin: Gustav Kiepenheuer Verlag, 1997), p. 29.

4장 유럽, 커피의 '검은 매혹'에 빠지다

1 Klaus Bergdolt, *Der Schwarze Tod in Europa* (München: C. H. Beck, 2017), pp. 57-60 참고.
2 Annerose Menninger, *Genuss im kulturellen Wandel* (Stuttgart: Franz Steiner Verlag, 2008), p. 27.
3 Jacobs Suchard Museum ed., *Vom Kaffee in frühen Reiseberichten* (Zürich: Jacobs Suchard Museum, 1988), p. 29에서 재인용.
4 같은 책, p. 29에서 재인용.
5 Antoinette Schnyder von Waldkirch, *Kleine Kulturgeschichte des Kaffes* (Zürich: Johann Jacobs Museum, 1988), pp. 149-50.
6 Jacobs Museum ed., 앞의 책, p. 30에서 재인용.
7 Hans-Jürgen Teuteberg, "Kaffee", in Thomas Hengartner and Christoph Maria Merki eds., *Genussmittel, Ein kulturgeschichtliches Handbuch* (Frankfurt/ New York: Campus Verlag, 1999), p. 86.
8 같은 논문, p. 86.
9 Jacobs Museum ed., 앞의 책, p. 30에서 재인용.
10 Waldkirch, 앞의 책, p. 157, 43.
11 Jacobs Museum ed., 앞의 책, p. 18에서 재인용.
12 같은 책, p. 32에서 재인용.
13 Menninger, 앞의 책, p. 151에서 재인용.
14 Jacobs Museum ed., 앞의 책, p. 21, 31 참고.
15 같은 책, p. 21.
16 같은 책, p. 37 참고.

17 Teuteberg, 앞의 논문, p. 87.
18 Waldkirch, 앞의 책, p. 207.
19 Ulla Heise, *Kaffee und Kaffeehaus. Eine Bohne macht Kulturgeschichte* (Berlin: Gustav Kiepenheuer Verlag, 1997), p. 50; 암스테르담 시장의 이름은 Menninger, 앞의 책, p. 155에서 인용.
20 Menninger, 앞의 책, pp. 95–6 참고.
21 장수한,《종교개혁, 길 위에서 길을 묻다》(한울, 2016), 215–9쪽.
22 Rachel Laudan, *Cuisine and Empire: Cooking in World History*, 조윤정 옮김,《탐식의 시대》(다른세상, 2015), 330쪽.
23 같은 책, 333쪽.
24 William H. Ukers, *All about Coffee* (New York: The Tea and Coffee Trade Journal Company, 1922), p. 43.
25 Menninger, 앞의 책, p. 320에서 재인용.
26 Hasso Spode, "Der Grosse Ernüchterer. Zur Ortsbestimmung des Kaffes im Prozess der Zivilisation", in Daniela U. Ball ed., *Kaffee im Spiegel europäischer Trinksitten* (Zürich: Johann Jacobs Museum, 1991), p. 222.
27 Spode, 앞의 논문, p. 222.
28 같은 논문, p. 222에서 재인용.
29 Dietrich W. H. Schwarz, "Tranksame und Trinksitten an der Wende vom Mittelalter zur Neuzeit", in Ball ed., 앞의 책, pp. 28–9.
30 같은 논문, p. 29.
31 같은 논문, pp. 23–4.
32 Andrew Rimas and Evan D. G. Fraser, *Empire of Food: Feast, Famine, and Fall of Civilizations*, 유영훈 옮김,《음식의 제국: 음식은 어떻게 문명의 흥망성쇠를 지배해 왔는가》(알에이치코리아, 2013), 44–76쪽.
33 Menninger, 앞의 책, p. 172에서 재인용.
34 같은 책, p. 320.
35 같은 책, p. 173.
36 같은 곳.
37 같은 곳.
38 같은 책, p. 174.
39 Heise, 앞의 책, pp. 141–2.
40 Spode, 앞의 논문, p. 223.
41 Sahra Wagenknecht, *Reichtum ohne Gier*, 장수한 옮김,《풍요의 조건》(제르미날, 2018), 188–9쪽.
42 Menninger, 앞의 책, p. 325에서 재인용.
43 Brian Cowan, *The Social Life of Coffee. The Emergence of the British Coffeehouse* (New

Haven & London: Yale University Press, 2005), p. 90. 당시《연대기》의 저자인 앤서니 우드Anthony Wood 역시 이 사실을 확인해 주고 있다. Edward Forbes Robinson, *The Early History of Coffee Houses in England. With some Account of the first Use of Coffee and a Bibliography of the Subject* (London: Kegan Paul, 1893, digitally printed version, Cambridge: Cambridge University Press, 2013), pp. 72-3 참고.

44 Cowan, 앞의 책, p. 94.
45 프란시스 베이컨은 1624년 긴 자연사 작품인《실바 실바룸》에서 커피는 마음과 정신을 강화시킨다고 말했다. Wolfgang Jünger, *Herr Ober, ein Kaffee!*, 채운정 역,《카페하우스의 문화사》(서울: 에디터, 2002), 49쪽.
46 Christopher Hill, *Reformation to Industrial Revolution* (Middlesex: Penguin Books, 1969), p. 205.
47 같은 책, p. 206.
48 같은 책, p. 207.
49 같은 책, p. 210.
50 Cowan, 앞의 책, p. 94.
51 Matthew Green, *The Lost World of the London Coffeehouse*, 김민지·박지현·윤지영 역,《런던 커피하우스. 그 찬란한 세계》(대구: 경북대학교 출판부, 2016), pp. 16-7.
52 Cowan, 앞의 책, p. 94.
53 Green, 앞의 책, p. 23.
54 Cowan, 앞의 책, p. 95.
55 같은 책, p. 99.
56 같은 곳에서 재인용.
57 Robinson, 앞의 책, p. 80.
58 Cowan, 앞의 책, p. 102.
59 Green, 앞의 책, p. 29.
60 같은 책, p. 47.
61 Cowan, 앞의 책, p. 106.
62 Joseph Hunter, *The Diary of Ralph Thoresby* (London: Colburn and Bently, 1830, From the Original Manuscript, London: Legare Street Press, 2020), p. 117.
63 Green, 앞의 책, p. 31.
64 Heise, 앞의 책, p. 181.
65 Cowan, 앞의 책, p. 108.
66 같은 책, p. 251.
67 Green, 앞의 책, pp. 27-8.
68 Cowan, 앞의 책, pp. 156-7.

69 같은 책, p. 148.
70 Monique Lansard, "Der Kaffee in Frankerich im 17. und 18 Jahrhundert: Modeerscheinung oder Institution?", in Ball ed., 앞의 책, p. 129.
71 같은 곳.
72 같은 곳.
73 같은 논문, p. 143에서 재인용.
74 같은 논문, p. 137.
75 같은 논문, p. 138.
76 Heinrich Eduard Jacob, *Kaffee: Die Biographie eines Weltwirtschaftlichen Stoffes*, 박은영 옮김,《커피의 역사》(우물이 있는 집, 2002), 171쪽.
77 프로코피오의 카페 창업 연도는 1689년(볼프강 융거) 또는 1690년(하인리히 야콥)으로 표기한 사례도 있다. 그러나 유럽의 카페를 다룬 다른 많은 책에는 1686년으로 적고 있다. Noël Riley Fitch, *Künstlercafés in Europa* (London: New Holland, 2006), p. 43 참고.
78 Charles Louis de Secondat Montesquieu, *Lettres persanes*, 이수지 옮김,《페르시아인의 편지》(다른세상, 2002), 110쪽.
79 Lansard, 앞의 논문, p. 138.
80 Paul Arblaster, *A History of the Law Countries* (2nd ed., New York: Palgrave, 2012), p. 132.
81 Fitch, 앞의 책, p. 106.
82 Menninger, 앞의 책, p. 324.
83 《카페하우스의 문화사》, 135-7쪽.
84 Roman Sandgruber, "Kaffeesuppe und 'kleiner Brauner'. Sozialgeschichte des Kaffeekonsums in Österreich," in Ball ed., 앞의 책, p. 55.
85 같은 논문, p. 55.
86 같은 곳.
87 Hengartner ed., 앞의 책, p. 88.
88 장수한,《유럽커피문화기행》(한울, 2008), 90-7쪽 참고.
89 바흐의 라이프치히 시대에 관해서는 최정동,《세상에서 가장 슬픈 음악》(한길사, 2014), 309-51쪽과 박용수,《바흐 평전》(유비, 2011), 267-316쪽 참고.
90 Heise, 앞의 책, p. 78.
91 같은 책, pp. 78-9.
92 Eszter Kisbán, "Coffee in Hungary: Its advent and integration in to the hierarchy of meals," in Ball ed., 앞의 책, p. 74.
93 Renate Dolz, *Antiquitäten-Porzellan* (München: Wilhelm Heyne Verlag, 1969), p. 57.
94 Steven Goss, *British Tea and Coffee Cups 1745-1940* (Oxford: Shire Publications,

2014), pp. 6-14.

5장 닻을 올린 커피재배의 세계화

1   Catherine M. Tucker, *Coffee Culture: Local Experience, Global Connections* (New York: Routledge, 2011), p. 37.
2   Steven Topik, "The Integration of the World Coffee Market", in William Gervase Clarence-Smith and Steven Topik eds., *The Global Coffee Economy in Africa, Asia, and Latin America 1500-1989* (Cambridge: Cambridge University Press, 2006), p. 27.
3   같은 논문, p. 27.
4   Annerose Menninger, *Genuss im kulturellen Wandel* (Stuttgart: Franz Steiner Verlag. 2008), p. 175
5   같은 곳.
6   M. R. Fernando, "Coffee Cultivation in Java, 1830-1917", in Clarence-Smith and Topik eds., 앞의 책, p. 158.
7   Topik, 앞의 논문, p. 28.
8   Fernando, 앞의 논문, p. 161.
9   Menninger, 앞의 책, p. 184.
10 Fernando, 앞의 논문, p. 159. 커피생산의 확대에 관해서는 같은 논문, pp. 161-4 참고.
11 같은 논문, p. 157.
12 Rachel Kurian, "Labor, Race, and Gender on the Coffee Plantations in Ceylon(Sri Lanka), 1834-1880", in Clarence-Smith and Topik eds., 앞의 책, pp. 173-4.
13 Francis Beatty Thurber, *Coffee: From Plantation To Cup. A Brief History of Coffee Production and Consumption* (New York: American Grocer Publishing Association, 1881), p. 4.
14 Kurian, 앞의 논문, p. 176.
15 같은 논문, p. 182에서 재인용.
16 같은 논문, p. 180.
17 같은 논문, p. 187.
18 같은 논문, p. 181.
19 같은 논문, p. 182.
20 Gwyn Campbell, "The Origins and Development of Coffee Production in Réunion and Madagascar, 1711-1972," in Clarence-Smith and Topik eds., 앞

의 책, p. 67.
21 같은 논문, p. 68.
22 같은 논문, p. 69.
23 같은 논문, p. 70.
24 Jacob의 《커피의 역사》에 자세히 기록된 이 이야기는 윌리엄 H. 우커스가 쓴 《올 어바웃 커피》에 나온 "대장 클리외의 로맨스"라는 대목을 재구성한 것으로 보인다. William H. Ukers, *All about Coffee* (New York: The Tea and Coffee Trade Journal Company, 1922), pp. 6-9. 야콥의 책은 1934년에 초판이 간행돼 우커스가 먼저 이 이야기를 전했다.
25 Menninger, 앞의 책, p. 181.
26 James Hoffmann, *The World Atlas of Coffee. From Bean to Brewing-Coffees Explored, Explained and Enjoyed* (New York: Octopus, 2014), p. 217.
27 Hildete Pereira de Melo, "Coffee and Development of the Rio de Janeiro Economy, 1888-1920", in Clarence-Smith and Topik eds., 앞의 책, p. 361.
28 Menninger, 앞의 책, p. 185.
29 Topik, 앞의 논문, p. 31. 커피는 아직 한계시장이 아니었고 20세기를 눈앞에 둔 시기에도 국제적으로 거래된 커피의 가격은 곡물과 설탕에 이어 3위를 유지했다.
30 Joyce Appleby, *The Relentless Revolution. A History of Capitalism*, 주경철, 안민석 옮김,《가차없는 자본주의》(까치글방, 2012), 143쪽.
31 《가차없는 자본주의》, 144쪽.
32 P. E. Lovejoy, *Transformation in Slavery* (Cambridge, 1983), p. 19, John Iliffe, *Africans. The History of A Continent*, 이한규 외 역,《아프리카의 역사》(이산, 2003), 236쪽에서 재인용.
33 같은 곳.
34 《아프리카의 역사》, 238쪽.
35 같은 곳.
36 Menninger, 앞의 책, pp. 187-8.
37 《가차없는 자본주의》, 143쪽.
38 설탕의 수확과 정제과정이 왜 고도의 노동조직을 필요로 했는지는 Sidney W. Mintz, *Sweetness and Power*, 김문호 역,《설탕과 권력》(지호, 1998), 120-7쪽.
39 《아프리카의 역사》, 238쪽.
40 Menninger, 앞의 책, p. 187.
41 같은 책, p. 188.
42 《아프리카의 역사》, 238쪽.
43 Menninger, 앞의 책, p. 185.
44 Howard Zinn, *A People's History of the United States 1492-Present*, 유강은 옮김,

《미국민중사 1》(시울, 2006), 303-68쪽.
45 대표적인 저서는 Immanuel Wallerstein, *The Modern World-System 1. Capitalist Agriculture and the Origins of the European Worlds-Economy in Sixteenth Century* (New York: Academic Press, 1974)이다.
46 Tucker, 앞의 책, p. 41.
47 Topik, 앞의 논문, p. 27. 자세한 내용은 이 책 5장 1.아시아로 온 커피나무 참고.
48 Tucker, 앞의 책, p. 41.

6장 그랑 카페의 시대

1 Dietrich W. H. Schwarz, "Trinksame und Trinksitten an der Wende vom Mittelalter zur Neuzeit," in Daniela U. Ball ed., *Kaffee im Spiegel europäischer Trinksitten* (Zürich: Johann Jacobs Museum, 1991), p. 26 참고.
2 Norbert Elias, *Über den Prozeß der Zivilisation* Ⅱ, 박미애 옮김,《문명화과정 Ⅱ》(한길사, 1999), 332-6쪽.
3 《문명화과정 Ⅱ》, 334-8쪽.
4 Hasso Spode, "Der Grosse Ernüchterer. Zur Ortsbestimmung des Kaffees im Prozess der Zivilisation," in Ball ed., 앞의 책, p. 233 각주 51 참고.
5 Pierre Bourdieu, *La Distinction-critique sociale du jugement*. 최종철 옮김.《구별짓기: 문화와 취향의 사회학 上》(새물결, 2006), p. 353.
6 Wolfgang Schivelbusch, *Das Paradies, der Geschmack und die Vernunft. Eine Geschichte der Genußmittel* (Frankfurt: Fischer Taschenbuch Verlag, 1990), p. 187.
7 Henry Petroski, *The Evolution of Useful Things*, 백이호 옮김,《포크는 왜 네 갈퀴를 달게 되었나》(김영사, 2014), 30-8쪽.
8 Claude Lévi-Strauss, *Mythologiques 3: L'Origine des manières de table*, 임봉길 옮김,《신화학 3: 식사예절의 기원》(한길사, 2021), 722쪽.
9 Mary Douglas, *Ritual, Tabu und Körpersymbolik. Sozialanthropologische Studien in Indusrriegesellschaft und Stammeskultur* (Frankfurt a. M.: Fischer Taschenbuch, 1986), p. 109f., Spode, 앞의 논문, p. 229. Mary Douglas(1921-2007)는 영국의 사회인류학자로서 인간문화와 상징에 관해 연구했으며 에밀 뒤르켐의 후학으로서 구조주의 분석의 주창자로 알려져 있다.
10 Schivelbusch, 앞의 책, p. 187.
11 E. J. Hobsbawm, *Industry and Empire: From 1750 to the Present Day*, 전철환·장수한 옮김,《산업과 제국》(한벗, 1984), 52쪽.
12 《산업과 제국》, 54쪽.

13 Wolfgang Schivelbusch, "Der Kaffee als bürgerliche Produktivkraft," *Ästhetik und Kommunikation* 9, 1978, Heft 33, Spode, 앞의 논문, p. 224에서 재인용.
14 Schivelbusch, 앞의 책, p. 50.
15 K. Wassenberg, "Alkohl und Tee-Versuch über eine Getränkesubstitution im frühneuzeitlichen Ostfriesland," in W. H. Fahrenkruk ed., *Zur Sozialgeschichte des Alkohls in der Neuzeit Europas* (Lausane 1986), p. 271f., Spode, 앞의 논문, p. 225, 232 후주 30에서 재인용.
16 Spode, 앞의 논문, p. 225.
17 같은 곳.
18 Mats Essemyr, "Prohibition and diffusion-Coffee and coffee drinking in Sweden 1750-1970", in Ball ed., 앞의 책, p. 84.
19 Eszter Kisbán, "Coffee in Hungary: Its advent and integration in to the hierarchy of meals", in Ball ed., 앞의 책, p. 76.
20 Hans-Ulrich Wehler, *Deutsche Gesellschaftsgeschichte 1: Vom Feudalismus des Alten Reichs bis Zur Defensiven Modernisierung der Reformation 1700~1815* (München: Verlag C. H. Beck, 1989), pp. 63-4.
21 John Burnett, "Coffee in the British diet, 1650-1990", in Ball ed., 앞의 책, p. 38.
22 같은 논문, p. 41.
23 《구별짓기: 문화와 취향의 사회학 上》, 320-1쪽.
24 《산업과 제국》, 145쪽
25 Burnett, 앞의 논문, p. 44.
26 Essemyr, 앞의 논문, p. 86.
27 같은 곳.
28 같은 곳.
29 같은 논문, p. 90.
30 Kisbán, 앞의 논문, p. 76.
31 같은 논문, p. 80.
32 같은 논문, p. 81 도표 참고.
33 Wolfgang Jünger, *Herr Ober, ein Kaffee!*, 채운정 옮김, 《카페하우스의 문화사》(서울: 에디터, 2002), 101-8쪽.
34 Ulla Heise, *Kaffee und Kaffeehaus: Eine Bohne macht Kulturgeschichte* (Berlin: Gustav Kiepenheuer Verlag, 1997), p. 81.
35 Claus Fricke, *Kaffeerösten zu Hause* (Göttingen: Die Werkstatt, 2007), p. 22.
36 《구별짓기: 문화와 취향의 사회학 上》, 333쪽.
37 Heise, 앞의 책, p. 144.
38 같은 곳.
39 같은 책, p. 153.

40 같은 책, p. 143.
41 Spode, 앞의 논문, p. 227에서 재인용.
42 H. Scheffers, *Höfische Konvention und die Aufklärung. Wandlung des honnête-homme-Ideals im 17. und 18. Jahrhundert* (Bonn, 1980), p. 72ff. 한편 노르베르트 엘리아스는 살롱의 이런 특성이 실은 궁정 사람들이 자신들의 행동을 돋보이게 하려는 의도에서 만든 개념들과 다를 바 없다고 비판했다.
43 해방이란 동시에 탈육체화이다. 모든 인간이 평등하다는 생각은 정신에 관한 것으로, 외적인 몸의 다양성으로부터 추상한 타고난 품성과 관련이 있다. Otto Brunner et al.(ed.), *Geschichtliche Grundbegriffe: Historisches Lexikon zur politisch-sozialen Sprache in Deutschland* (Stuttgart 1972), Bd. 2, Art. "Emanzipation," pp. 162ff.
44 Jürgen Habermas, *Strukturwandel der Öffentlichkeit. Untersuchungen zu einer Kategorie der bürgerlichen Gesellschaft*. 7th. (Berlin, 1975), p. 48. 하버마스(1929-)는 프랑크푸르트대학 교수로 세계적으로 가장 많이 인용되는 철학자 및 사회학자이다. 특히 토론, 행위, 그리고 합리성에 관한 이론적 기여로 사회철학의 발전에 이바지했으며 비판이론(Kritische Theory)을 새로운 토대 위에서 확장했다는 평가를 받는다.
45 같은 책, p. 48 이하.
46 Spode, 앞의 논문, p. 223.
47 Schivelbusch, 앞의 책, p. 72.
48 Heinrich Eduard Jacob, *Kaffee: Die Biographie eines Weltwirtschaftlichen Stoffes*, 박은영 옮김,《커피의 역사》(우물이 있는 집, 2006), 311-55쪽 참고.
49 《구별짓기: 문화와 취향의 사회학 上》, 327-43쪽 참고.
50 《산업과 제국》, 148-9쪽.
51 Joyce Appleby, *The Relentless Revolution. A History of Capitalism*, 주경철, 안민석 역,《가차 없는 자본주의: 파괴와 혁신의 역사》(까치글방, 2012), 285쪽.
52 *Spice Mill* (June 1909), Steven Topik, "The Integration of the World Coffee Market", in William Gervase Clarence-Smith and Steven Topik eds., *The Global Coffe Economy in Africa, Asia, and Latin America 1500-1989* (Cambridge: Cambridge University Press, 2006), p. 43에서 재인용.
53 W. Scott Haine, *The World of Paris Café. Sociability among the French Working Class, 1789-1914* (Baltimore: The Johns Hopkins University Press, 1996), p. 4.
54 Noël Riley Fitch, *Künstlercafés in Europa* (München: C. J. Buch Verlag, 2007), p. 30.
55 Brigit Schwaner, *Das Wiener Kaffeehaus* (Wien: Pichler, 2007), p. 119.
56 같은 책, p. 121.
57 빈의 커피하우스 메뉴에 관해서는 Schwaner, 앞의 책, pp. 119-31 참고.

58 《커피의 역사》, 342-3쪽.
59 Schwaner, 앞의 책, p. 145.
60 Carl Schorske, *Fin-De-Siècle Vienna. Politiks and Culture*, 김병화 옮김, 《세기말 빈》(글항아리, 2014), 39쪽.
61 같은 책, 451쪽.
62 Fitch, 앞의 책, p. 63.
63 같은 책, p. 60.
64 Emil Brix, Ernst Bruckmüller, Hannes Stekl eds., *Memoria Austriae* (Oldenbourg: Wissenschaftsverlag, 2004), p. 319.
65 Scot F. Parker and Michael W. Austin eds., *Coffee: Philosophy for Everyone*, 김병순 옮김, 《커피, 만인을 위한 철학》(따비, 2015), 196쪽.
66 Nancy Fraser, "Rethinking the Public Sphere: A Contribution to the Critique of Actually Existing Democracy(공론장 다시 생각하기: 현존 민주주의에 대한 비평에 건네는 기고)," C. Calhoun ed., *Habermas and the Public Sphere* (하버마스와 공론장) (Cambridge, MA: MIT Press), p. 113, 《커피, 만인을 위한 철학》, 201, 213쪽에서 재인용.
67 Spode, 앞의 논문, p. 154.
68 Thomas Hengartner and Christoph Maria Merki eds., *Genussmittel. Ein kulturgeschichtliches Handbuch* (Frankfurt/New York: Campus Verlag, 1999), p. 101. [저자는 수입물량을 각각 10배로 적고 있으나 이는 명백한 오류이다.]
69 같은 책, p. 101.
70 《커피의 역사》, 311쪽.
71 https://de.wikipedia.org/wiki/Trinkkultur_in_Europa Kaffeekränzchen 2023년 1월 10일 접속.
72 Hans-Jürgen Teuteberg, "Zur Kulturgeschichte der Kaffee-Surrogate", in Ball ed., 앞의 책, p. 186.
73 Roman Sandgruber, "Kaffeesuppe und 'kleiner Brauner'. Sozialgeschichte des Kaffeekonsums in Österreich," in Ball ed., 앞의 책, p. 64.
74 같은 논문, p. 64.
75 Heidi Witzig and Jakob Tanner, "Kaffeekonsum von Frauen im 19. Jahrhundert," in Ball ed., 앞의 책, p. 158.
76 같은 논문, p. 160.
77 같은 곳.
78 Karl Marx, *Early Writings,* ed. and trans. T. B. Bottomore, with a foreword by Erich Fromm(New York: McGraw-Hill, 1964), p. 176.
79 Haine, 앞의 책, pp. 79-80.
80 같은 책, pp. 48-50.

81   같은 책, p. 41.
82   같은 책, p. 37.
83   같은 책, pp. 65-6.
84   Teuteberg, 앞의 논문, p. 180.
85   같은 논문, p. 189.
86   같은 논문, p. 187.
87   같은 논문, p. 175.
88   Sandgruber, 앞의 논문, pp. 64-65.
89   Émile Zola, *Germinal*, 박명숙 옮김, 《제르미날 1, 2》(문학동네, 2014). 인용문은 제2부 3장 끝부분에서 따왔다. 제1부와 2부를 비롯해 소설의 여기저기에 커피를 마시는 광부들의 일상이 리얼하게 그려져 있다.

7장 자본과 제국의 등에 업힌 커피

1   Catherine M. Tucker, *Coffee Culture: Local Experience, Global Connections* (New York: Routledge. 2011), p. 54.
2   Steven Topik, "The Integration of the World Coffee Market", in William Gervase Clarence-Smith and Steven Topik eds., *The Global Coffee Economy in Africa, Asia, and Latin America, 1500-1989* (Cambridge: Cambridge University Press, 2006), p. 37.
3   Kenneth Pomeranz and Steven Topik, *The World That Trade Created: Society, Culture, and the World Economy, 1400 to the present*, 박광식·김정아 옮김,《설탕, 커피 그리고 폭력》(개정판, 심산, 2021), 205쪽.
4   같은 곳.
5   Michael F. Jiménez, "'From Plantation to Cup': Coffee and Capitalism in the United States, 1830-1930," in William Roseberry, Lowel Gudmundson and Mario Samper Kutschbach eds., *Coffee, Society, and Power in Latin America* (Baltimore and London: The Johns Hopkins University Press, 1995), p. 39.
6   같은 논문, p. 40.
7   《설탕, 커피 그리고 폭력》, 79쪽.
8   Topik, 앞의 논문, p. 40.
9   장수한,《유럽커피문화기행》(한울, 2008), 168-78쪽 참고.
10 Mark Pendergrast, *Uncommon Grounds. The History of Coffee and How It Transformed Our World* (New York: Basic Books, 1999), p. 117.
11 Topik, 앞의 논문, p. 43.
12 Pendergrast, 앞의 책, p. 116.

13　Topik, 앞의 논문, p. 43.
14　Lowell W. Gudmundson, "On Paths Not Taken: Commercial Capital and Coffee Production in Costa Rica," in Clarence-Smith and Topik eds., 앞의 책, p. 342.
15　Topik, 앞의 논문, p. 44에서 재인용.
16　Pendergrast, 앞의 책, p. 132.
17　FTC, *Investigation of Coffee Prices*, p. 1, Topik, 앞의 논문, p. 44에서 재인용.
18　*Spice Mill*(Jan. 1909), p. 37; *Spice Mill*(Feb. 1910), p. 118; FTC, *Investigation of Coffee Prices*, p. XVIII.,Topik, 앞의 논문, p. 46에서 재인용.
19　Jiménez, 앞의 논문, pp. 52-3.
20　같은 논문, p. 54.
21　Topik, 앞의 논문, p. 32.
22　한편 토픽은, 1860년과 1900년 사이에 철도와 증기선이 도입된 후에 일어난 수출 확대율은 1830년과 1860년 사이 노새와 돛배로 운송하던 시기와 비교해 그다지 주목할 만한 수준이 아니었으며 커피생산은 1888년 노예제가 폐지될 때까지 점점 더 연로해지고 값비싼 노예 노동력에 의존하고 있었다고 보았다. 같은 곳.
23　같은 논문, p. 33.
24　같은 곳.
25　Edward Humes, *Door to Door: The Magnificent, Maddening, Mysterious World of Transpotation* (Kindle Edition, Harper: Reprint ed., 2016), 이성우,《나는 커피를 마실 때 물류를 함께 마신다》(바다위의정원, 2020), 23쪽에서 재인용.
26　Topik, 앞의 논문, p. 33.
27　*Economic Report of the Investigation of Coffee Prices* (Washington, D. C.: Government Printing Office, 1954), p. 20, Topik, 앞의 논문, p. 36에서 재인용.
28　M. H. Watkins, "A Staple Theory of Economic Growth", *Canadian Journal of Economics and Political Science* 29 (May 1963); Robert Baldwin, "Patterns of Development in Newly Settled Regions", *Manchester School of Economics and Social Studies*, 24 (May 1956), Hildete Pereira de Melo, "Coffee and Development of the Rio de Janeiro Economy, 1888-1920", in Clarence-Smith and Topik eds., 앞의 책, pp. 360-1에서 재인용.
29　Sérgio Buarque de Holanda, Raízes do Brasil, 김성아 옮김,《브라질의 뿌리》(후마니타스, 2017), 251쪽.
30　커피재배와 생두정제과정을 농촌에서 이루어지는 제1단계와 제2단계로, 생두의 선별, 포장, 그리고 운송을 제3의 단계로, 로스팅을 제4의 단계로 분류한 것은 Marie J. Willumsen과 Amitava K. Dutt가 제안한 커피작업 분류 방법이다. Melo, 앞의 논문. pp. 361-2 참고.

31 《브라질의 뿌리》, 250쪽.
32 Melo, 앞의 논문, p. 384.
33 같은 논문, pp. 364-5.
34 Pendergrast, 앞의 책, pp. 82-94.
35 Melo, 앞의 논문, p. 361.
36 Steven Topik and William Gervase Clarence-Smith, "Conclusion: New Propositions and a Research Agenda," in Clarence-Smith and Topik eds., 앞의 책, p. 393.
37 《브라질의 뿌리》, 252쪽.
38 Clarence-Smith and Topik eds., 앞의 책, p. 422.
39 브라질 커피시장에 관한 자세한 연구는 C. F. Van Delden Laerne, *Brazil and Java: Report on Coffee-Culture in America, Asia, and Africa to H.E. the Minister of Colonies* (London: W. H. Allen, 1885); Joseph Sweigart, *Financing and Marketing Brazilian Export Agriculture: The Coffee Factors of Rio de Janeiro, 1850-1888* (New York: Garland Publishers, 1987) 등을 참고, Steven Topik, "The Integration of the World Coffee Market", in Clarence-Smith and Steven Topik eds., 앞의 책, p. 34에서 재인용.
40 Tucker, 앞의 책, p. 59.
41 Steven Topik, "Where Is the Coffee? Coffee and Brazilian Identity", *Luso-Brazilian Review* 36 (2), p. 87, Tucker, 앞의 책, p. 59에서 재인용.
42 Deutscher Kaffeeverband, *Kaffeewissen: Vom Anbau bis zum Endprodukt* (Hamburg: Deutscher Kaffeeverband, 2004), p. 38.
43 Tucker, 앞의 책, pp. 59-61.
44 Marco Palacios, *Coffee in Colombia 1850-1970. An Economic, Social and Political History* (Cambridge: Cambridge University Press. 2002), p. 19.
45 Mario Samper Kutschbach, "In Difficult Times: Colombian and Costa Rican Coffe Growers from Prosperity to Crisis, 1920-1936," in Roseberry et al. eds., 앞의 책, p. 153.
46 같은 논문, p. 168.
47 같은 논문, p. 169.
48 Verena Stolcke, "The Labors of Coffee in Latin America: The Hidden Charm of Family Labor and Self-Provisioning," in Roseberry et al. eds., 앞의 책, pp. 86-9.
49 Murray Carpenter, *Caffeinated*, 김정은 옮김, 《카페인 권하는 사회》(중앙북스, 2015), p. 81.
50 Greg Grandin, Deborah T. Levenson and Elizabeth Oglesby eds., *The Guatemala Reader: History, Culture, Politics* (Durham and London: Duke University Press, 2011), pp. 129-32.

51 David McCreery, "Coffee and Indigenous Labor in Guatemala, 1871-1980", Clarence-Smith and Topik eds., 앞의 책, p. 193.
52 Grandin, et al. eds., 앞의 책, p. 118.
53 McCreery, 앞의 논문, p. 195.
54 같은 논문, p. 201.
55 같은 논문, pp. 204-5.
56 같은 논문, p. 205.
57 David McCreery, "Wage Labor, Free Labor, and Vagrancy Laws: The Transition to Capitalism in Guatemala, 1920-1945," in Roseberry et al. eds., 앞의 책, p. 208.
58 David McCreery, "Coffee and Indigenous Labor in Guatemala, 1871-1980", in Clarence-Smith and Topik eds., 앞의 책, pp. 206-7.
59 Jeffery M. Paige, *Coffee and Power. Revolution and the Rise of Democracy in Central America* (Massachusetts and London: Harvard University Press, 1998), p. 80.
60 Clarence-Smith and Topik eds., 앞의 책, pp. 426-7, 435.
61 Rikiya Adachi, 설배환 옮김, 《군대를 버린 나라》(검둥소, 2011), p. 53.
62 커피생산자 조사는 1935년을 기준 연도로 했다. Lowell Gudmundson, "Peasant, Farmer, Proletarian: Class Formation in Smallholder Coffee Economy, 1850-1950", in Roseberry et al. eds., 앞의 책, p. 113.
63 Lowell W. Gudmundson, "On Paths Not Taken. Commercial Capital and Coffee Production in Costa Rica", in Clarence-Smith and Topik eds., 앞의 책, p. 341.
64 Lowell Gudmundson, "Peasant, Farmer, Proletarian: Class Formation in Smallholder Coffee Economy, 1850-1950," in Roseberry et al. eds., 앞의 책, p. 113.
65 같은 논문, p. 121.
66 같은 논문, p. 123.
67 같은 논문, p. 129.
68 같은 논문, p. 135.
69 같은 논문, p. 142.
70 Stolcke, 앞의 논문, p. 66.
71 Palacios, 앞의 책; Laird W. Bergad, *Coffee and the Growth of Agrarian Capitalism in Nineteenth-Century Puerto Rico* (Princeton, 1983); Verena Stolcke, *Coffee Planters, Workers and Wives: Class Conflict and Gender Relation on São Paulo Plantations, 1850-1980* (Basingstoke: Macmillan, 1988); Verena Stolcke, 앞의 논문, pp. 65-93 참고.
72 Elizabeth Dore, "Patriarchy from Above, Patriarchy from Below. Debt Peonage

73 　 on Nicaraguan Coffee Estates, 1870-1930," in Clarence-Smith and Topik eds., 앞의 책, p. 210에서 재인용.
73 　 같은 논문, p. 218.
74 　 같은 논문, p. 219.
75 　 같은 논문, p. 226.
76 　 같은 논문, p. 227.
77 　 같은 논문, p. 228.
78 　 같은 논문, p. 230.
79 　 같은 논문, p. 233.
80 　 Heather Fowler-Salamini, *Working Women, Entrepreneurs, and The Mexican Revolution. The Coffee Culture of Córdoba, Veracruz* (Lincoln and London: University of Nebraska Press, 2013), pp. 97-8.
81 　 같은 책, p. 98.
82 　 1936년 노동조합 가입자의 수를 도시별로 보면(괄호 안의 숫자는 가공 공장의 수이다), Coatepec 409명(6), Córdoba 1,402명(6), Huatusco 197명(2), Orizaba 400명(2), Xalapa 534명(6)이다. Fowler-Salamini, 앞의 책, pp. 86-7.
83 　 같은 책, p. 119.
84 　 William Gervase Clarence-Smith, "The Coffee Crisis in Asia, Africa, and the Pacific," in Clarence-Smith and Topik eds., 앞의 책, p. 106.
85 　 같은 논문, p. 109에서 재인용.
86 　 John Iliffe, *Tanganyka under German Rule, 1905-1912* (Cambridge: Cambridge University Press, 1969), p. 23.
87 　 John Iliffe, "The Organization of the Maji Maji Rebellion," *The Journal of African History* Vol. 8, No, 3(1967), pp. 495-512.
88 　 Andreas Eckert, "Comparing Coffee Production in Cameroon and Tanganyika, c. 1900 to 1960s. Land, Labor, and Politics," in Clarence-Smith and Topik eds., 앞의 책, p. 291.
89 　 같은 논문, p. 298.
90 　 같은 논문, p. 300.
91 　 같은 논문, p. 301.
92 　 같은 논문, p. 303.
93 　 같은 논문, p. 306.
94 　 같은 논문, p. 308.
95 　 같은 논문, p. 309.
96 　 같은 논문, pp. 310-1.

8장 위기의 시대, 탐욕과 혁신 사이의 커피

1 Steven Topik, "The Integration of the World Coffee Market," in William Clarence-Smith and Steven Topik eds., *The Global Coffee Economy in Africa, Asia and Latin America, 1500-1989* (Cambridge university Press, 2006), p. 38.
2 Michael Jiménez, "'From Plantation to Cup': Coffee and Capitalism in the United States, 1830-1930," in William Roseberry, Lowell Gudmundson and Mario Samper Kutschbac. eds., *Coffee, Society, and Power in Latin America* (Baltimore: Johns Hopkins University, 1995), p. 43.
3 Topik, 앞의 논문, p. 38.
4 제1차 세계대전의 원인에 대해서는 Eric J. Hobsbawm, *Age of Empire, 1875-1914*, 김동택 옮김,《제국의 시대》(한길사, 1998), 547-53쪽 참고.
5 Eric J. Hobsbawm, *Age of Extremes. The Short Twentieth Century, 1914-1991*, 이용우 옮김,《극단의 시대: 20세기 역사》(까치글방, 1997), 30쪽.
6 Clarence-Smith and Topik eds., 앞의 책, p. 452.
7 같은 책, p. 446.
8 Mats Essemyr, "Prohibition and diffusion - Coffee and coffee drinking in Sweden 1750-1970", in Daniela U. Ball ed., *Kaffee im Spiegel europäischer Trinksitten* (Zürich: Johann Jacobs Museum, 1991), p. 89.
9 Gwyn Campbell, "The Origin and Development of Coffee Production in Réunion and Madagascar, 1711-1972", in Clarence-Smith and Topik eds., 앞의 책, p. 88.
10 같은 논문, p. 88.
11 William Gervase Clarence-Smith, "The Coffee Crisis in Asia, Africa, and the Pacific," in Clarence-Smith and Topik eds., 앞의 책, pp. 115-6.
12 《극단의 시대: 20세기 역사》, 140쪽.
13 Clarence-Smith and Topik eds., 앞의 책, p. 452.
14 Essemyr, 앞의 논문, p. 89.
15 Topik, 앞의 논문, p. 36.
16 Mark Pendergrast, *Uncommon Grounds. The History of Coffee and How It Transformed Our World* (New York: Basic Books, 1999), p. 186.
17 종속이론가들 중에 상파울루의 커피생산자들이 브라질의 '진정한' 산업화를 방해했다고 비판하는 사람도 있다. Steven Topik and William Gervase Clarence-Smith, "Introduction: Coffee and Global Development," in Clarence-Smith and Topik eds., 앞의 책, p. 447.
18 같은 곳.
19 Pendergrast, 앞의 책, p. 221.

20 같은 책, p. 224.
21 Jeffery M. Paige, *Coffee and Power. Revolution and the Rise of Democracy in Central America* (Massachusetts and London, Harvard University Press, 1998), p. 23.
22 같은 책, p. 25.
23 같은 책, p. 24.
24 Pendergrast, 앞의 책, p. 245.
25 Pan American Coffee Bureau, *Coffee Drinking in the United States* (New York: Pan American Coffee Bureau, 1970), p. 7; Gregory Dicum and Nina Luttinger, *The Coffee Book, Anatomy of an Industry from Crop to the Last Drop* (New York: New Press, 1999), p. 131 참고. Topik, 앞의 논문, p. 47에서 재인용.
26 John Burnett, "Coffee in the British diet, 1650-1990", in Ball ed., 앞의 책, p. 50. 이 책의 출판 연도가 1991년이므로 저자가 "현재"라고 쓴 것을 1990년으로 이해할 수 있다.
27 https://en.wikipedia.org/wiki/Instant_coffee 2023년 2월 10일 접속.
28 Clarence-Smith and Topik eds., 앞의 책, p. 439.
29 프랑스의 지배에 대한 베트남의 저항은 끈질기게 계속되었으나 독립을 쟁취하는 데 실패했다. 프랑스의 지배와 베트남의 독립운동에 관해서는 유인선,《베트남의 역사. 고대에서 현대까지》(이산, 2018), 261-324쪽 참고.
30 Dak Lak과 함께 남서부 고원지대에 속한 Lam Dong과 Dak Nong을 합하면 베트남 커피재배 면적의 약 73.6퍼센트를 차지하고 있다. 박준근, 문근옥, 김재영, Tran D. D. Ngoc,《베트남의 커피》(전남대학교출판문화원, 2018), 106쪽.
31 Campbell, 앞의 논문, p. 71.
32 Clarence-Smith, 앞의 논문, p. 107.
33 Topik and Clarence-Smith, 앞의 논문, p. 11.
34 Steven Topik and William Gervase Clarence-Smith, "Conclusion: New Propositions and a Research Agenda", in Clarence-Smith and Topik eds., 앞의 책, p. 407-8.
35 Topik, 앞의 논문, p. 36.
36 James Hoffmann, *The World Atlas of Coffee. From Bean to Brewing-Coffees Explored, Explained and Enjoyed*, (New York: Octopus, 2014), p. 170.
37 《베트남의 커피》, 72쪽.
38 좀 더 자세한 재배 커피의 품종과 지역에 관해서는《베트남의 커피》, 71-100쪽.
39 Paige, 앞의 책, p. 20, 84 참고.
40 Clarence-Smith and Topik eds., 앞의 책, p. 443.
41 Claus Fricke, *Kaffeerösten zu Hause* (Göttingen: Verlag die Werkstatt, 2007), pp. 110-1, pp. 116-7.

화학자인 저자는 로스팅 과정의 변화를 화학식으로 표현하여 설명해 준다.
42 Murray Carpenter, *Caffeinated*, 김정은 옮김,《카페인 권하는 사회》(중앙북스, 2015), 85쪽.
43 Howard Schultz and Dori Jones Yang, *Pour Your Heart Into It*, 홍순명 옮김,《스타벅스. 커피 한잔에 담긴 성공신화》(김영사, 1977) 참고.
44 Pendergrast, 앞의 책, p. 311.
45 https://en.wikipedia.org/wiki/Specialty_coffee 2023년 1월 30일 접속
46 Jeff Koehler, *Where the Wild Coffee Grows: the untold story of coffee from the cloud forests of Ethiopia to your cup*, 최익창 옮김,《에티오피아: 커피의 기원에서 스페셜티커피의 미래까지》(커피리브레, 2019), 186쪽.
47 Burnett, 앞의 논문, p. 44.
48 같은 논문, 49.
49 같은 논문, 50.
50 Topik, 앞의 논문, p. 47.
51 Campbell, 앞의 논문, p. 97.
52 Catherine M. Tucker, *Coffee Culture: Local Experience, Global Connections* (New York: Routledge, 2011), pp. 119, 121.
53 같은 책, p. 122.
54 같은 곳.
55 같은 곳.
56 Hopkins와 Wallerstein이 1986년에 제시한 정의이다. John M. Talbot, "Tropical Commodity Chains, Forward Integration Strategies and International Inequality: Coffee, Cocoa and Tea", *Review of International Political Economy* 9(4), p. 703, Tucker, 앞의 책, p. 123에서 재인용.
57 Paul D. Rice and Jennifer Mc Lean, *Sustainable coffee at the crossroads*(Washington, DC: Smithsonian Migratory Bird Center, 1999), p. 21, Maria Elena Martinez-Torres, *Organic Coffee: Sustainable Development by Mayan Farmers*(Athens: Ohio University Press, 2006), p. 44에서 재인용.
58 N. Osorio, *The Global Coffee Crisis: A Threat to Sustainable Development* (London: International Coffee Organization, 2002), Tucker, 앞의 책, p. 123에서 재인용.

9장 커피의 시대, 지속가능한가?

1 Petri Leppänen and Lari Salomaa, *Kahvivallankumous*, 정보람 옮김,《커피가 세상에서 사라지기 전에》(열린과학, 2021), 32쪽.
2 Francis Beatty Thurber, *Coffee: From Plantation To Cup. A Brief History of*

Coffee Production and Consumption (New York: American Grocer Publishing Association, 1881), p. 5.
3   Catherine M. Tucker, Coffee Culture: Local Experience, Global Connections (New York: Routledge, 2011), p. 99.
4   K. Pomeranz and S. Topik, The World That Trade Created: Society, Culture, and the World Economy, 1400 to the present, 박광식·김정아 옮김,《설탕, 커피 그리고 폭력》(개정판, 심산, 2021), 270쪽.
5   《설탕, 커피 그리고 폭력》, 271쪽.
6   Bridget Stutchbury, Silence of the Songbirds (New York: Walker & Company, 2008), p. 90.
7   《설탕, 커피 그리고 폭력》, 272쪽.
8   박준근, 문근옥, 김재영, Tran D. D. Ngoc,《베트남의 커피》(전남대학교출판문화원, 2018), 167쪽.
9   《커피가 세상에서 사라지기 전에》, 29쪽.
10 Jeff Koehler, Where the Wild Coffee Grows: the untold story of coffee from the cloud forests of Ethiopia to your cup, 최익창 옮김,《에티오피아: 커피의 기원에서 스페셜티커피의 미래까지》(커피리브레, 2019), 308쪽.
11 Tucker, 앞의 책, p. 93.
12 Steven Topik and William Gervase Clarence-Smith, "Conclusion: New Propositions and a Research Agenda," in William Gervase Clarence-Smith and Steven Topik eds., The Global Coffee Economy in Africa, Asia, and Latin America 1500-1989. (Cambridge: Cambridge University Press, 2006), p. 388.
13 같은 논문, p. 390.
14 Tucker, 앞의 책, 107.
15 Edward Humes, Door to Door: The Magnificent, Maddening, Mysterious World of Transportation. (Kindle Edition, Harper: Reprint ed., 2016), 이성우,《나는 커피를 마실 때 물류를 함께 마신다》(바다위의정원, 2020), 23쪽에서 재인용.
16 Clemens G. Arvay, Wir können es besser: Wie Umweltzerstörung die Corona Pendemie auslöste und warum ökologische Medizin unsere Rettung ist, 장하준 옮김,《우리는 더 잘할 수 있다》(제르미날, 2021), 143-4쪽.
17 Stefan Kreutzberger and Valentin Thurn, Harte Kost: Wie unser Essen produziert wird, 이미옥 옮김,《무엇을 먹고 어떻게 분배할 것인가: 전 세계 식량 문제 해결을 위한 노력》(에코리브르, 2017), 36쪽.
18 《에티오피아: 커피의 기원에서 스페셜티커피의 미래까지》, 302쪽.
19 Deborah Lupton, Food, the Body and the Self, 박형신 옮김,《음식과 먹기의 사회학》(한울, 2015), 20쪽.
20 Rachel L. Carson, Silent Spring, 김은령 옮김,《침묵의 봄》(에코 리브르, 2011),

187쪽.
21 《커피가 세상에서 사라지기 전에》, 39쪽.
22 Stutchbury, 앞의 책, p. 83.
23 같은 곳.
24 D. Jaffee, *Brewing Justice: Fair Trade Coffee, Sustainability, and Survival*, 박진희 옮김, 《커피의 정치학: 공정무역 커피와 그 너머의 이야기》(성균관대학교 출판부, 2010), 234쪽.
25 Rikiya Adachi, 설배환 옮김, 《군대를 버린 나라》(검둥소, 2011), 159-62쪽.
26 유엔무역개발회의(UNCTAD)에 제출한 국제커피기구 위원장의 제안서 (2004년 6월) 중, BASIC, *Who's Got the Power? Tackling Imbalances in Agricultural Supply Chains*, 김진환, 한수정 옮김, 《누가 농민의 몫을 빼앗아 가는가》(따비, 2014), 112쪽.
27 《커피의 정치학: 공정무역 커피와 그 너머의 이야기》, 33-4쪽.
28 같은 책, 290쪽

참고자료 일러두기

1. 참고자료는 직접 인용한 문헌은 물론이고 이 책의 주제와 관련해 더 읽으면 도움이 될 자료를 포함하고 있다.
2. 한글로 번역된 경우, 저자 이름 뒤에 원서의 출판 연도를 적고 번역서의 출판연도는 출판사의 이름 뒤에 따로 적었다.

참고자료

1. 국내문헌

강인규. 2008. 《나는 스타벅스에서 불온한 상상을 한다》. 인물과 사상사.
강준만·오두진. 2005. 《고종 스타벅스에 가다》. 인물과 사상사.
강창래. 2013. 《책의 정신》. 알마.
김다영. 2020. 〈커피에서 여성 평등을 꿈꾸며〉, 《젠더리뷰》 2020 봄호, 65-73쪽.
김병국·서병훈·유석춘·임현진 공편. 1991. 《라틴아메리카의 도전과 좌절. 격동하는 정치사회》. 나남.
박용수. 2011. 《바흐 평전》. 유비.
박영순. 2017. 《커피인문학》. 인물과 사상사.
박종만. 2007. 《커피기행》. 효형출판.
박준근·문근옥·김재영·Tran D. D. Ngoc. 2018. 《베트남의 커피》. 전남대학교출판문화원.
유인선. 2018. 《베트남의 역사. 고대에서 현대까지》. 이산.
윤오순. 2016. 《커피와 인류의 요람, 에티오피아의 초대》. 눌민.
이길상. 2021. 《커피 세계사 + 한국 가배사》. 푸른역사.
이성우. 2020. 《나는 커피를 마실 때 물류를 함께 마신다》. 바다위의정원.
이영림·주경철·최갑수. 2011. 《근대 유럽의 형성: 16~18세기》. 까치글방.
장수한. 2008. 《유럽 커피문화 기행》. 한울.
_____. 2012. 《인디커피교과서》. 백년후.
_____. 2016. 《종교개혁, 길 위에서 길을 묻다》. 한울.
최정동. 2014. 《세상에서 가장 슬픈 음악》. 한길사.

2. 외국문헌

Ackerman, Diane. 1990. *A Natural History of the Senses*. New York: Random House.

Albrecht, Peter. 1988. "Coffee-Drinking as a Symbol of Social Change in Continental Europe in the Seventeenth and Eighteenth Centuries." *Studies in Eighteenth Century Culture* 18(1988), pp. 91-103.

_____. 1996. "Das Kaffeekränzchen." *Praxis Geschichte* 5(1996). pp. 60-62.

Allen, Keith R. 2002. *Hungerige Metropole. Essen, Wohlfahrt und Kommerz in Berlin*. Hamburg: Ergebnisse Verlag.

Allen, Stewart Lee. 1999. *The Devil's Cup: Coffee, the Driving Force in History*. 이창신 역.《커피견문록》. 이마고. 2005.

_____. 2002. *In the Devil's Garden*. 정미나 옮김.《악마의 정원에서》. 생각의 나무. 2005.

Appadurai, Arjun. 1996. *Modernity at Large: Cultural Dimensions of Globalization*. Minneapolis: University of Minnesota Press.

Appleby, Joyce. 2010. *The Relentless Revolution. A History of Capitalism*. 주경철·안민석 역.《가차 없는 자본주의: 파괴와 혁신의 역사》. 까치글방. 2012.

Arblaster, Paul. 2012. *A History of the Law Countries*(2nd ed.). New York: Palgrave.

Arvay, Clemens G. 2020. *Wir können es besser: Wie Umweltzerstörung die CoronaPendemie auslöste und warum ökologische Medizin unsere Rettung ist*. 장하준 옮김.《우리는 더 잘할 수 있다》. 제르미날. 2021.

Atkins, Peter and Ian Bowler. 2001. *Food in Society. Economy, Culture, Geography*. London: Routledge(2016).

Ball, Daniela U. ed. 1991. *Kaffee im Spiegel europäischer Trinksitten*. Zürich: Johann Jacobs Museum.

BASIC. 2014. *Who's Got the Power? Tackling Imbalances in Agricultural Supply Chains*. 김진환·한수정 옮김.《누가 농민의 몫을 빼앗아 가는가》. 따비.

2017.

Bates, R. H. 1981. *Markets and States in Tropical Africa: The Political Basis of Agricultural Policies*. Berkeley: University of California Press.

_____. 1997. *Open Economy Politics: The Political Economy of the World Coffee Trade*. Princeton: Princeton University Press.

Battúta, Ibn. 1356.《이븐 바투타 여행기 1, 2》. 창작과 비평. 2001.

Becher, Ursula A. J. 1990. *Geschite des Modernen Lebensstils: Essen-Wohnen-Freizeit-Reisen*. Müchen: Verlag C. H. Beck.

Benzenstadler, Heinz. 1993. *Café Sperl. Ein Wiener Kaffeehaus als Spiegel der Zeitgeschichte*. Linz: Druck Friedrich.

Bergad, L. W. 1983. *Coffee and the Growth of Agrarian Capitalism in Nineteenth Century Puerto Rico*. Princeton: Princeton University Press.

Bergdolt, Klaus. 2017. *Der Schwarze Tod in Europa*. München: C. H. Beck.

Bourdieu, Pierre. 1979. *La Distinction-critique sociale du jugement*. 최종철 옮김. 《구별짓기: 문화와 취향의 사회학 上, 下》. 새물결. 2006.

Brsten, Ian. 1999. *Coffee, Sex & Health. A history of anti-coffee crusaders and sexual hysteria*. Sydney: Helian Books.

Braudel, Fernand. 1985. *La Dynamique du Capitalism*. 김홍식 옮김.《물질문명과 자본주의 읽기》. 갈라파고스. 2012.

_____. 1986. *Civilisation Materielle, Ecomonie et Capitalisme. XV-XVIIIè S. Tome 1. Les structures du quotidien*. 주경철 옮김.《물질문명과 자본주의 I-1: 일상생활의 구조 上》. 까치. 1992.

Brunner, Otto, Werner Conze and Reinhart Koselleck ed. 1972. *Geschichtliche Grundbegriffe: Historisches Lexikon zur politisch-sozialen Sprache in Deutschland*. Bd. 2. Art. "Emanzipation." Stuttgart: Klett-Cotta.

Buell, R. L. 1928. *The Native Problem in Africa*. New York: Macmillian.

Bulmer-Thomas, Victor. 1994. *The Economic History of Latin America since Independence*. Cambridge: Cambridge University Press.

Burnett, John. 1991. "Coffee in the British diet, 1650-1990." in Daniela U.

Ball ed. *Kaffee im Spiegel europäischer Trinksitten*. pp. 35-52. Zürich: Johann Jacobs Museum.

_____. 1999. *Liquid Pleasures, a Social History of Drinks in Modern Britain*. London: Routledge.

Campbell, Gwyn. 2006. "The Origins and Development of Coffee Production in Réunion and Madagascar, 1711-1972." in Clarence-Smith, William Gervase and Steven Topik eds. *The Global Coffee Economy in Africa, Asia, and Latin America 1500-1989*. pp. 67-99. Cambridge: Cambridge University Press.

Camporesi, Piero. 1994. *Anatomy of Senses: Natural Symbols in Medieval and Early Modern Italy*. Cambridge: Cambridge University Press.

Carpenter, Murray. 2014. *Caffeinated*. 김정은 옮김.《카페인 권하는 사회》. 중앙북스. 2015.

Carson, Rachel L. 1962. *Silent Spring*. 김은령 옮김.《침묵의 봄》. 에코 리브르. 2011.

Clarence-Smith, William Gervase and Steven Topik ed. 2006. *The Global Coffee Economy in Africa, Asia, and Latin America 1500-1989*. Cambridge: Cambridge University Press.

Clarence-Smith, William Gervase. 2006. "The Coffee Crisis in Asia, Africa, and the Pacific." in William Gervase Clarence-Smith and Steven Topik eds. *The Global Coffee Economy in Africa, Asia, and Latin America 1500-1989*. pp. 100-119. Cambridge: Cambridge University Press.

Clark, T. 2007. *Starbucked: A Double Tall Tale of Caffeine, Commerce, and Culture*. New York: Little, Brown, and Company.

Classen, Constance, David Howes and Anthony Synott. 1994. *Aroma: The Cultural History of Smell*. 김진욱 옮김.《아로마-냄새의 문화사》. 현실문화연구. 2002.

Cohen, L. H. 1997. *Glass, Paper, Beans: Revelations on the Nature and Value of Ordinary Things*. New York: Doubleday.

Consumers International. 2005. *From Bean to Cup: How Consumer Choice Impacts Coffee Producers and the Environment*. London: Consumers International.

Counihan, Carole M. 1999. *The Anthropology of Food and Body: Gender, Meaning and Power*. New York: Routledge.

Cowan, Brian. 2004. "The Rise of the Coffeehouse Reconsidered." *Historical Journal* 47/1 (2004). pp. 21-46.

_____. 2005. *The Social Life of Coffee. The Emergence of the British Coffeehouse*. New Haven & London: Yale University Press.

Cycon, Dean. 2007. *Javatrekker. Dispatches from the World of Fair Trade Coffee*. Vermont: Chelsea Green Publishing.

DeFries, Ruth. 2014. *The Big Ratchet: How Humanity Thrives in the Face of Natural Crisis*. 정서진 옮김.《문명과 식량: 인류는 자연환경의 위기에 맞서 어떻게 번성하는가》. 눌와. 2018.

Desmet-Grégoire, Hélène. 1991. "Die Ausbreitung des Kaffees bei den Gesellschaften des Vorderen Orients und des Mittelmeerraums: Übernahme und Herstellung von Gegenständen, Anpassung der Sitten." in Daniela U. Ball ed. *Kaffee im Spiegel europäischer Trinksitten*. pp. 103-126. Zürich: Johann Jacobs Museum.

Deutscher Kaffeeverband ed. 2004. *Kaffeewissen: Vom Anbau bis zum Endprodukt*. Hamburg: Deutscher Kaffeeverband.

Dicum, Gregory and Nina Luttinger. 1999. *The Coffee Book, Anatomy of an Industry from Crop to the Last Drop*. New York: New Press.

Dietrich, Eva and Roman Rossfeld. eds. 2001. *Am Limit. Kaffeegenuss als Grenzerfahrung*. Zürich: Johann Jacobs Museum.

Dinesen, Isak. 1937. *Out of Africa*. 민승남 옮김.《아웃 오브 아프리카》. 열린책들. 2009.

Dore, Elizabeth. 2006. "Patriarchy from Above, Patriarchy from Below. Debt Peonage on Nicaraguan Coffee Estates, 1870-1930," in William

Gervase Clarence-Smith and Steven Topik eds. *The Global Coffee Economy in Africa, Asia, and Latin America 1500-1989*. pp. 209-235. Cambridge: Cambridge University Press.

Eckert, Andreas. 2006. "Comparing Coffee Production in Cameroon and Tanganyika, c. 1900 to 1960s. Land, Labor, and Politics," in William Gervase Clarence-Smith and Steven Topik eds. *The Global Coffee Economy in Africa, Asia, and Latin America 1500-1989*. pp. 286-311. Cambridge: Cambridge University Press.

Eggers, Dave. 2018. *The Monk of Mokha*. 강동혁 옮김.《전쟁 말고 커피》. 문학동네. 2019.

Elias, Norbert. 1939 and 1969. *Über den Prozeß der Zivilisation. Sozialgenetische und psychogenetische Untersuchungen*. 박미애 옮김.《문명화 과정 Ⅰ, Ⅱ》. 한길사. 1996, 1999.

Ellis, Aytoun. 1956. *The Penny Universities. A History of the Coffee-Houses*. London: Secker and Warburg.

Elson, Diane and Ruth Pearson. "Nimble Fingers Make Light Work: An Analysis of Women's Employment in Third World Export Manufacturing." *Feminist Review* 8 (Spring 1981): pp. 87-107

Essemyr, Mats. 1991. "Prohibition and diffusion-Coffee and coffee drinking in Sweden 1750-1970." in Daniela U. Ball ed. *Kaffee im Spiegel europäischer Trinksitten*. pp. 83-92. Zürich: Johann Jacobs Museum.

Fadiman, James and Robert Frager eds. 1997. *Essential Sufism*. San Francisco: Harper Collins.

Fernando, M. R. 2006. "Coffee Cultivation in Java, 1830-1917." in William Gervase Clarence-Smith and Steven Topik eds. *The Global Coffee Economy in Africa, Asia, and Latin America 1500-1989*. pp. 157-172. Cambridge: Cambridge University Press.

Fitch, Noël Riley. 2007. *Künstlercafés in Europa*. München: C. J. Buch Verlag.

Flandrin, Jean-Louis and Massimo Montanari eds. 1996. *Histoire de

L'alimentation. Albert Sonnenfeld trans. *Food: A Culinary History*. New York: Columbia University Press.
Font, Mauricio A. "Coffee Planters, Politics, and Development in Brazil." *Latin American Research Review* ⅩⅩⅡ/3(1987). pp. 69-90.
Forester, Robert. ed. 1979. *Food and Drink in History: Selection from the Annales, Economies, Societes, Civilisation*. Volume 5. Baltimore: Johns Hopkins University.
Fowler-Salamini, Heather. 2003. "Gender, Work, and Working-Class: Women's Culture in the Veracruz Coffee Export Industry, 1920-1945." *International Labor and Working-Class History* 63/1(2003). pp. 256-276.
_____. 2013. *Working Women, Entrepreneurs, and The Mexican Revolution. The Coffee Culture of Córdoba, Veracruz*. Lincoln and London: University of Nebraska Press.
Fricke, Claus. 2007. *Kaffeerösten zu Hause*. Göttingen: Die Werkstatt.
Fridell, G. 2007. *Fair Trade Coffee: The Prospects and Pitfalls of Market-Driven Social Justice*. Tronto: University of Toronto Press.
Gereffi, G. and M. Korzeniewicz eds. 1994. *Commodity Chains and Global Capitalism*. Westport: Greenwood Press.
Gniech, Gisla. 2002. *Essen und Psyche: Über Hunger und Sattheit, Genuss und Kultur*. Berlin: Springer.
Goss, Steven. 2014. *British Tea and Coffee Cups 1745-1940*. Oxford: Shire Publications.
Graaff, J. de. 1986. *The Economics of Coffee*. Wageningen: Pudoc, 1986.
Grandin, Greg, Deborah T. Levenson and Elizabeth Oglesby eds. 2011. *The Guatemala Reader: History, Culture, Politics*. Durham and London: Duke University Press.
Green, Matthew. 2016. *The Lost World of the London Coffeehouse*. 김민지·박지현·윤지영 역.《런던 커피하우스. 그 찬란한 세계》. 경북대학교 출판부.
Gudmundson, Lowell W. 1995. "Peasant, Farmer, Proletarian: Class

Formation in Smallholder Coffee Economy, 1850-1950." in William Roseberry, Lowell Gudmundson and Mario Samper Kutschbach eds. *Coffee, Society, and Power in Latin America*. pp. 112-150. Baltimore: Johns Hopkins University Press.

_____. 2006. "On Paths Not Taken: Commercial Capital and Coffee Production in Costa Rica." in William Gervase Clarence-Smith and Steven Topik eds. *The Global Coffee Economy in Africa, Asia, and Latin America 1500-1989*. pp. 335-359. Cambridge: Cambridge University Press.

Hanson, Thor. 2016. *The Triumph of Seeds*, 하윤숙 옮김.《씨앗의 승리》. 에이도스. 2016.

Habermas, Jürgen. 1962. *Strukturwandel der Öffentlichkeit. Untersuchungen zu einer Kategorie der bürgerlichen Gesellschaft*. Berlin: Suhrkamp(1990).

Haine, W. Scott. 1996. *The World of Paris Café. Sociability among the French Working Class, 1789-1914*. Baltimore: The Johns Hopkins University Press.

Hattox, Ralph. S. 1988. *Coffee and Coffeehouses. The Origins of a Social Beverage in the Medieval Near East*. Seattle: University of Washington Press.

Hauer, Thomas. ed. 2005. *Das Geheimnis des Geschmacks: Aspekte der Ess-und Lebenskunst*. Frankfurt a. M.: Büchse d. Pandora.

Heise, Ulla. 1997. *Kaffee und Kaffeehaus: Eine Bohne macht Kulturgeschichte*. Berlin: Gustav Kiepenheuer Verlag.

Hengartner, Thomas and Christoph Maria Merki ed. 1999. *Genussmittel. Ein kulturgeschichtliches Handbuch*. Frankfurt/New York: Campus Verlag.

Hildebrand, Elisabeth, Steven Bradt, and Joséphine Lesur-Gebremariam. "The Holocene Archaeology of Southwestern Ethiopia: New Insights from the Kafa Archaeology Project," *African Archaeology Review* 27 (2010): pp. 255-289.

Hill, Christopher.1969. *Reformation to Industrial Revolution*. Middlesex:

Penguin Books.

Hobhouse, Henry. 1985. *Seeds of Change: Five Plants That Transformed Mankind*. London: Sidgwick & Jackson.

Hobsbawm, Eric J. 1968. *Industry and Empire: From 1750 to the Present Day*. 전철환·장수한 옮김.《산업과 제국》. 한벗. 1984.

_____. 1975. *Age of Capital, 1848-1875*. 정도영 옮김.《자본의 시대》. 한길사. 1983.

_____. 1987. *Age of Empire, 1875-1914*. 김동택 옮김.《제국의 시대》. 한길사. 1998.

_____. 1994. *Age of Extremes. The Short Twentieth Century, 1914-1991*. 이용우 옮김.《극단의 시대: 20세기 역사》. 까치글방. 1997.

Hoffmann, James. 2014. *The World Atlas of Coffee. From Bean to Brewing-Coffees Explored, Explained and Enjoyed*. New York: Octopus.

Holanda, Sérgio Buarque de. 1995. *Raízes do Brasil*. 김정아 옮김.《브라질의 뿌리》. 후마니타스. 2017.

Hopkins, T. and I. Wallerstein. 1986. "Commodity Chains in the World Economy." *Review* 10(1): pp. 157-170.

Huizinga, Johan. 1955. *Homo Ludens, A Study of the play Element in Culture*. 김윤수 옮김.《호모 루덴스》. 까치. 1993.

Humes, Edward. 2016. *Door to Door: The Magnificent, Maddening, Mysterious World of Transportation*. Kindle Edition, Harper: Reprint ed.

Hunter, Joseph ed. 1830. *The Diary of Ralph Thoresby*. London: Colburn and Bently. From the Original Manuscript (Legare Street Press, 2020).

Iliffe, John. 1967. "The Organization of the Maji Maji Rebellion." *The Journal of African History* Vol. 8, No, 3(1967). pp. 495-512.

_____. 1969. *Tanganyka under German Rule, 1905-1912*. Cambridge: Cambridge University Press.

_____. 1996. *Africans: The History of A Continent*. 이한규 외 옮김.《아프리카의 역사》. 이산. 2003.

International Coffee Organization. 1996. *Coffee International File, 1995-2000*. London: ICO.

Jacob, Heinrich Eduard. 1964. *Kaffee: Die Biographie eines Weltwirtschaftlichen Stoffes*. 박은영 옮김. 《커피의 역사》. 우물이 있는 집. 2002.

Jacob Suchard Museum ed. 1988. *Vom Kaffee in frühen Reiseberichten*. Zürich: Jacobs Suchard Museum.

Jaffee, D. 2007. *Brewing Justice: Fair Trade Coffee, Sustainability, and Survival*. 박진희 옮김. 《커피의 정치학: 공정무역 커피와 그 너머의 이야기》. 성균관대학교 출판부. 2010.

Jiménez, Michael F. 1995. "'From Plantation to Cup': Coffee and Capitalism in the United States, 1830-1930." in William Roseberry, Lowel Gudmundson and Mario Samper Kutschbach eds. *Coffee, Society, and Power in Latin America*. Baltimore and London: The Johns Hopkins University Press.

Jünger, Wolfgang. 1995. *Herr Ober, ein Kaffee*! 채운정 옮김. 《카페하우스의 문화사》. 에디터. 2002.

Kipple, K. ed. 2000. *The Cambridge History of Food and Nutrition*. New York: Cambridge University Press.

Kisbán, Eszter. 1991. "Coffee in Hungary: Its advent and integration in to the hierarchy of meals." in Daniela U. Ball ed. *Kaffee im Spiegel europäischer Trinksitten*. pp.69-82. Zürich: Johann Jacobs Museum.

Kjendal Reitz, Julie. 2007. "Espresso: A Short of Masculinity." *Food, Culture and Society* 10/1 (2007). pp.7-21.

Koehler, Jeff. 2017. *Where the Wild Coffee Grows: The untold story of coffee from the cloud forests of Ethiopia to your cup*. 최익창 옮김. 《에티오피아: 커피의 기원에서 스페셜티커피의 미래까지》. 커피리브레. 2019.

Kostioukovitch, Elena. 2006. *Perché agli italiani piace parlare del cibo*. 김희정 옮김. 《왜 이탈리아 사람들은 음식 이야기를 좋아할까?》. 랜덤하우스. 2010.

Kreutzberger, Stefan and Valentin Thurn. 2014. *Harte Kost: Wie unser Essen produziert wird*. 이미옥 옮김.《무엇을 먹고 어떻게 분배할 것인가: 전 세계 식량 문제 해결을 위한 노력》. 에코리브르. 2017.

Kurian, Rachel. 2006. "Labor, Race, and Gender on the Coffee Plantations in Ceylon(Sri Lanka), 1834-1880." in Clarence-Smith, William Gervase and Steven Topik eds. *The Global Coffee Economy in Africa, Asia, and Latin America 1500-1989*. pp. 173-190. Cambridge: Cambridge University Press.

Lapidus, Ira M. 2002. *A History of Islamic Societies*. 신연성 옮김.《이슬람의 세계사 1》. 이산. 2008.

Laudan, Rachel. 2013. *Cuisine and Empire: Cooking in World History*. 조윤정 옮김.《탐식의 시대》. 다른세상. 2015.

Leppänen, Petri and Lari Salomaa. 2018. *Kahvivallankumous*. 정보람 옮김.《커피가 세상에서 사라지기 전에: 기후변화와 커피의 미래》. 열린과학. 2021.

Lévi-Strauss, Claude. 1964. *Mythologiques 1: Le cru et le cuit*. 임봉길 옮김.《신화학 1: 날것과 익힌 것》. 한길사. 2005.

_____. 1968. *Mythologiques 3: L'Origine des manières de table*. 임봉길 옮김.《신화학 3: 식사예절의 기원》. 한길사. 2021.

Lovejoy, P. E. 1983. *Transformation in Slavery*. Cambridge: Cambridge Universituy Press.

Lupton, Deborah. 1996. *Food, the Body and the Self*. 박형신 옮김,《음식과 먹기의 사회학: 음식, 몸, 자아》. 한울. 2015.

Martinez-Torres, Maria Elena. 2006. *Organic Coffee: Sustainable Development by Mayan Farmers*. Athens: Ohio University Press.

Martinez, Zarela. 1997. *The Food and Life of Oaxaca Mexico*. New York: MacMillian.

Marx, Karl. 1967. "The German Ideology," in Loyd D. Easton and Kurt H. Guddat. eds. *Writings of the Young Marx on Philosophy and Society*. Garden

City, N.J.: Anchor Books.

McCreery, David. 1994. *Rural Guatemala 1760-1940*. California: Stanford University Press.

_____. 1995. "Wage Labor, Free Labor, and Vagrancy Laws: The Transition to Capitalism in Guatemala, 1920-1945." in William Roseberry, Lowell Gudmundson and Mario Samper Kutschbach eds. *Coffee, Society, and Power in Latin America*. Baltimore: Johns Hopkins University Press.

McGee, Harold. 2004. *On Food and Cooking: The Science and Lore the Kitchen*. 이희건 옮김.《음식과 요리. 세상 모든 음식에 대한 과학적 지식과 요리의 비결》. 백년후. 2011.

Melo, Hildete Pereira de. 2006. "Coffee and Development of the Rio de Janeiro Economy, 1888-1920." in Clarence-Smith, William Gervase and Steven Topik eds. *The Global Coffee Economy in Africa, Asia, and Latin America 1500-1989*. pp. 360-384. Cambridge: Cambridge University Press.

Menninger, Annerose. 2008. *Genuss im kulturellen Wandel*. Stuttgart: Franz Steiner Verlag.

Minn, Long Chau Thi. 2010. *Sustainability of Agricultural Systems in Vietnam: Coffee Mono and Mixed Farming Systems*. Riga Latvia: Lap LAMBERT Academic Publishing.

Mintel Oxygen. 2009. *America's Changing Drinking Habits-US-February*. London: Mintel International Group Limited.

Mintz, Sidney W. 1986. *Sweetness and Power: The Place of Sugar in Modern History*. 김문호 역.《설탕과 권력》. 지호. 1998.

Montesquieu, Charles Louis de Secondat. 1721. *Lettres persanes*. 이수지 옮김.《페르시아인의 편지》. 다른세상. 2002.

Morris, Jonathan. 2019. *Coffee: A Global History*. London: Reaktion Books.

Mosley, Paul. 1983. *The Settler Economies: Studies in Economic History of Kenya and Southern Rhodesia, 1900-1963*. Cambridge: Cambridge University

Press.

Museum für Kaffetechnik. 1993. *Zur Geschichte der Kaffeeröstechnik*. Emmerich: Museum für Kaffetechnik.

North, D. C. 1990. *Institutions, Institutional Change and Economic Performance*. New York: Cambridge University Press.

Oldenburg, Ray. 1999. *The Great Good Place*. 김보영 옮김.《제3의 장소: 작은 카페, 서점, 동네 술집까지 삶을 떠받치는 어울림의 장소 복원하기》. 풀빛. 2019.

Ortiz, S. 1999. *Harvesting Coffee, Bargaining Wages: Rural Labor Markets in Colombia, 1975-1990*. Ann Arbor: University of Michigan Press.

Osorio, N. 2002. *The Global Coffee Crisis: A Threat to Sustainable Development*, London: International Coffee Organization.

Osorio, N. 2005. *Action to Avoid Future Coffee Price Crises*. London: International Coffee Organization.

Paige, Jeffery M. 1993. "Coffee and Power in El Salvador." *Latin American Research Review* 28(3): pp. 7-40.

Paige, Jeffery M. 1998. *Coffee and Power. Revolution and the Rise of Democracy in Central America*. Massachusetts and London: Harvard University Press.

Palacios, Marco. 2002. *Coffee in Colombia 1850-1970. An Economic, Social and Political History*. Cambridge: Cambridge University Press.

Pankhurst, Richard. 1961. *An Introduction to the Economic History of Ethiopia*. London: Lalibela House.

_____. 1968. *Economic History of Ethiopia*. Addis Ababa: Haile Selassie University Press.

Parker, Scot F. and Michael W. Austin ed. 2011. *Coffee: Philosophy for Everyone*. 김병순 옮김.《커피, 만인을 위한 철학》. 따비. 2015.

Pelz, William A. 2016. *A People's History of Modern Europe*. 장석준 옮김.《중세의 붕괴부터 현대까지 유럽 민중사》. 서해문집. 2018.

Pendergrast, Mark. 1999. *Uncommon Grounds. The History of Coffee and How It*

Transformed Our World. New York: Basic Books.

Petroski, Henry. 1992. *The Evolution of Useful Things*. 백이호 옮김.《포크는 왜 네 갈퀴를 달게 되었나》. 김영사. 2014.

Pollan, M. 2008. In Defense of Food: An Eater's Manifesto. New York: Penguin.

Pomeranz, K. and S. Topik. 1999. *The World That Trade Created: Society, Culture, and the World Economy, 1400 to the present*. 박광식 · 김정아 옮김. 《설탕, 커피 그리고 폭력: 교역으로 읽는 세계사 산책》(개정판). 심산. 2021.

Ponte, S. 2001. "Behind the Coffee Crisis." *Economic and Political Weekly* 36(46/47): 4410–4417.

Pritchard, J. C. 1855. *The Natural History of Man: Comprising Inquiries into the Modifying Influence of Physical and Moral Agencies on the Different Tribes of the Human Family*. London: H. Baillière.

Reato, Danilo. 1999. *Künstler im Café: Eine Reise durch die berühmtesten europäischen Kaffeehäuser*. München: Ars Edition.

Redcliffe, Salaman. 1949. *The History and Social Influence of the Potato*. Cambridge: Cambridge University Press.

Reed, T. 2007. *For the Love of Coffee: 61 Things Every Coffee Lover Knows to Be True*. Naperville, IL: Sourcebooks.

Rice, Paul D. and Jennifer McLean. 1999. *Sustainable coffee at the crossroads*. Washington, DC: Smithsonian Migratory Bird Center.

Rice, R. A. and J. R. Ward. 1996. *Coffee, Conservation, and Commerce in the Western Hemisphere: How Individuals and Institutions Can Promote Ecologically Sound Farming and Forest Management in Northern Latin America*. Washington, DC: Smithsonian Migratory Bird Center; New York: Natural Resources Defense Council.

Ridings, Eugene. 1994. *Business Interest Groups in Nineteenth Century Brazil*. Cambridge: Cambridge University Press.

Riley, Gillian. 2015. *Food in Art: From Prehistory to the Renaissance*. 박성은 옮김. 《미식의 역사: 고대부터 르네상스까지, 예술에 담긴 음식 문화사》. 푸른지식. 2017.

Rimas, Andrew and Evan D. G. Fraser. 2010. *Empire of Food: feast, Famine, and Fall of Civilizations*. 유영훈 옮김.《음식의 제국. 음식은 어떻게 문명의 흥망성쇠를 지배해 왔는가》. 알에이치코리아. 2012.

Ritter, Carl. "Die geographische Verbreitung des Kaffeebaums (Coffea Arabica L.) in der alten Welt", in *Die Erdkunde von Asien* VIII, 2. Abt. (Berlin, 1847), pp. 535-608.

Robins, Nick. 2006. *The Corporation That Changed the World: How the East India Company Shaped the Modern Multinational*. London: Pluto Press.

Robinson, Edward Forbes. 2013 (1st. 1893). *The Early History of Coffee Houses in England*. Cambridge: Cambridge University Press.

Rodale, Maria. 2010. *Organic Manifesto*. 장호연 옮김.《유기농선언》. 백년후. 2011.

Roseberry, William, Lowell Gudmundson and Mario Samper Kutschbach eds. 1995. *Coffee, Society, and Power in Latin America*. Baltimore: Johns Hopkins University Press.

Sandgruber, Roman. 1991. "Kaffeesuppe und 'kleiner Brauner'. Sozialgeschichte des Kaffeekonsums in Österreich," in Daniela U. Ball ed. *Kaffee im Spiegel europäischer Trinksitten*. pp. 53-67. Zürich: Johann Jacobs Museum.

Schivelbusch, Wolfgang. 1983. *Das Paradies, der Geschmack und die Vernunft. Eine Geschichte der Genußmittel*. Frankfurt am Main: Fischer.

Schorske, Carl. 1961. *Fin-De-Siècle Vienna. Politiks and Culture*. 김병화 옮김.《세기말 빈》. 글항아리. 2014.

Schultz, E. A. and R. H. Lavenda. 2009. *Cultural Anthropology: A Perspective on the Human Condition*. Oxford: Oxford University Press.

Schultz, Howard and Dori Jones Yang. 1997. *Pour Your Heart Into It*. 홍순명

옮김.《스타벅스. 커피 한잔에 담긴 성공신화》. 김영사. 1999.

Schwaner, Brigit. 2007. *Das Wiener Kaffeehaus*. Wien: Pichler.

Schwarz, Dietrich W. H. 1991. "Trinksame und Trinksitten an der Wende vom Mittelalter zur Neuzeit." in Daniela U. Ball ed. *Kaffee im Spiegel europäischer Trinksitten*. pp. 23-34. Zürich: Johann Jacobs Museum.

Sick, D. 2008. *Farmers of Golden Bean: Costa Rican Households, Global Coffee, and Fair Trade*, rev. ed. DeKalb: Northern Illinois University Press.

Siegrist, Hannes, Hartmut Kaelble and Jürgen Kocka. eds. 1997. *Europäische Konsumgeschichte: Zur Gesellschaft- und Kulturgeschichte des Konsums(18. bis 20. Jahrhundert)*. Frankfurt a. M. and New York: Campus Verlag.

Spode, Hasso. 1991. "Der Grosse Ernüchterer. Zur Ortsbestimmung des Kaffees im Prozess der Zivilisation." in Daniela U. Ball ed. *Kaffee im Spiegel europäischer Trinksitten*. pp. 219-234. Zürich: Johann Jacobs Museum.

Standage, T. 2005. *A History of the World in 6 Glasses*. New York: Walker & Company.

Stjerna, Kirsi. 2013. 박경수·김영란 옮김.《여성과 종교개혁》. 대한기독교서회. 2013.

Stolcke, Verena. 1988. *Coffee Planters, Workers and Wives: Class Conflict and Gender Relation on São Paulo Plantations, 1850-1980*. Basingstoke: Macmillan.

_____. 1995. "The Labors of Coffee in Latin America: The Hidden Charm of Family Labor and Self-Provisioning." in William Roseberry, Lowell Gudmundson and Mario Samper Kutschbach eds. *Coffee, Society, and Power in Latin America*. pp. 65-93. Baltimore: Johns Hopkins University Press.

Stutchbury, Bridget. 2008. *Silence of the Songbirds*. New York: Walker & Company.

Sweigart, Joseph. 1987. *Financing and Marketing Brazilian Export Agriculture:*

The Coffee Factors of Rio de Janeiro, 1850-1888. New York: Garland Publishers.

Szogyi, Alex. ed. 1997. *Chocolate: Food of the Gods*. Westford, Conn.: Green Wood Press.

Talbot, John M. 2002. "Tropical Commodity Chains, Forward Integration Strategies and International Inequality: Coffee, Cocoa and Tea". *Review of International Political Economy* 9(4). pp. 701-734.

_____. 2004. *Grounds for Agreement: The Political Economy of the Coffee Commodity Chain*. Lanham, MD: Rowman & Littlefield.

Teuteberg, Hans-Jürgen. 1991. "Zur Kulturgeschichte der Kaffee-Surrogate." in Daniela U. Ball ed. *Kaffee im Spiegel europäischer Trinksitten*. pp. 169-199. Zürich: Johann Jacobs Museum.

Thorn, Jon and Michael Segal. 2006. *The Coffee Companion: A Connoisseur's Guide*. 고재윤 옮김.《세계의 명품커피》. 세경. 2012.

Thornton, Mark. 1991. *Alcohol Prohibition Was a Failure*. Washington DC: Cato Institute.

Thurber, Francis Beatty. 1881. *Coffee: From Plantation to Cup. A Brief History of Coffee Production and Consumption*. New York: American Grocer Publishing Association.

Tomlinson, John. 1999. *Globalization and Culture*. Chicago: University of Chicago Press.

Topik, Steven. 2006. "The Integration of the World Coffee Market." in William Gervase Clarence-Smith and Steven Topik eds. *The Global Coffee Economy in Africa, Asia, and Latin America 1500-1989*. pp. 21-49. Cambridge: Cambridge University Press.

Topik, Steven and William Gervase Clarence-Smith. 2006. "Introduction: Coffee and Global Development." in William Gervase Clarence-Smith and Steven Topik eds. *The Global Coffee Economy in Africa, Asia, and Latin America 1500-1989*. pp. 1-20. Cambridge: Cambridge University

Press.

Topik, Steven and William Gervase Clarence-Smith. 2006. "Conclusion: New Propositions and a Research Agenda." in William Gervase ClarenceSmith and Steven Topik eds. *The Global Coffee Economy in Africa, Asia, and Latin America 1500-1989*. pp. 385-410. Cambridge: Cambridge University Press.

Trentmann, Frank. 2017. *Empire of Things: How We Became a World of Consumers, from the Fifteenth Century to the Twenty-First*. New York: Harper Perennial.

Tuchscherer, Michel. 2006. "Coffee in the Red Sea Area from the Sixteenth to the Nineteenth Century." in William Gervase Clarence-Smith and Steven Topik eds. *The Global Coffee Economy in Africa, Asia, and Latin America 1500-1989*. pp. 50-66. Cambridge: Cambridge University Press.

Tucker, Catherine M. 2008. *Changing Forest: Collective Action, Common Property and Coffee in Honduras*. Dordrecht: Springer.

_____. 2011. *Coffee Culture: Local Experience, Global Connections*. New York: Routledge.

Ukers, William H. 1922. *All about Coffee*. New York: The Tea and Coffee Trade Journal Company.

Varangis, P., P. Siegel, D. Giovannucci, and B. Lewin. 2003. *Dealing with the Coffee Crisis in Central America: Impacts and Strategies. Policy Research Working Paper 2993*. Washington, DC: World Bank

Vogel, Walter. 2002. *Das Café: vom Reichtum europäischer Kaffeehauskultur*. Wien: Christian Brandstätter.

Völger, G. and K. v. Welck eds. 1982. *Rausch und Realität. Drogen im Kulturvergleich*, 2nd. Bd.3. Reinbek.

Wagenknecht, Sahra. 2016. *Reichtum ohne Gier*. 장수한 옮김.《풍요의 조건》. 제르미날. 2018.

Waldkirch, Antoinette Schnydervon. 1988. *Kleine Kulturgeschichte des Kaffes*. Zürich: Johann Jacobs Museum.

Wallerstein, I. 1980. *The Modern World System 1: Capitalist Agriculture and the Origins of the European World-Economy in the Sixteenth Century*. New York: Academic Press.

Waridel, L. 2002. *Coffee with Pleasure: Just Java and World Trade*. New York: Black Rose Books.

Wehler, Hans-Ulrich. 1989. *Deutsche Gesellschaftsgeschichte 1: Vom Feudalismus des Alten Reichs bis Zur Defensiven Modernisierung der Reformation 1700-1815*, 2nd. München: Verlag C. H. Beck.

Weinberg, B. A. and B. K. Bealer. 2002. *The World of Caffeine: The Science and Culture of the World's Most Popular Drug*. New York: Routledge.

Wickizer, V. D. 1943. *The World Coffee Economy, with Special Reference to Control Schemes*. Stanford: Food Research Center.

Wickizer, V. D. 1951. *Coffee, Tea and Cocoa*. Stanford: Food Research Institute.

Wild, Antony. 2004. *Coffee: A Dark History*. New York: W. W. Norton & Company.

Williams, Chancellor. 1987. *The Destruction of Black Civilization: Great Issues of a Race from 4500 B.C. to 2000 A.D*. Chicago: Third World Press.

Williams, R. G. 1994. *States and Social Evolution: Coffee and the Rise of National Government in Central America*. Chapel Hill: University of North Carolina Press.

Wintgens, J. N. ed. 2nd rev. 2009. *Coffee: Growing, Processing, Sustainable Production-A Guidebook for Growers, Processors, Traders and Researchers*. Weinheim: Wiley-VCH Verlag.

Winzeler, R. L. 2008. *Anthropology and Religion: What We Know, Think and Question*. Lanham, MD: Rowman & Littlefield.

Witzig, Heidi and Jakob Tanner. 1991. "Kaffeekonsum von Frauen im

19. Jahrhundert." in Daniela U. Ball ed. *Kaffee im Spiegel europäischer Trinksitten*. pp. 153-167. Zürich: Johann Jacobs Museum.

Zinn, Howard. 1980. *A People's History of the United States 1492~Present*. 유강은 옮김.《미국민중사 1》. 시울. 2006.

Zola, Émile. 1885. *Germinal*. 박명숙 옮김.《제르미날 1, 2》. 문학동네. 2014.

Zuckerman, Larry. 1998. *The Potato: How the Humble Spud Rescued the Western World*. Boston: Faber & Faber.

Rikiya Adachi. 2009. 설배환 옮김.《군대를 버린 나라》. 검둥소. 2011.

Usui Ryuichiro. 1992. 김수경 옮김.《세계사를 바꾼 커피이야기》. 사람과 나무사이. 2022.

3. 인터넷사이트

www.globalchange.com/futurecoffee.htm.
www.thespruceeats.com/ethiopian-coffee-culture-765829
www.coffeereview.com
www.ico.org (국제커피기구)
https://sca.coffee (스페셜티커피협회)
    de.wikipedia.org/wiki/Gojeb
    de.wikipedia.org/wiki/Harar_(Region)
    de.wikipedia.org/wiki/Kaffa_(Provinz)
    de.wikipedia.org/wiki/Kaiserreich_Abessinien
    de.wikipedia.org/wiki/Königreich_Kaffa
    de.wikipedia.org/wiki/Oromo_(Ethie)
    en/wikipedia.org/wiki/Coffee
    en.wikipedia.org/wiki/Doi_Moi
    en.wikipedia.org/wiki/Instant_coffee
    en.wikipedia.org/wiki/Massimo_Zanetti_Beverage_Group
    en.wikipedia.org/wiki/Quran

en.wikipedia.org/wiki/Specialty_coffee
en.wikipedia.org/wiki/Vinacafe
en.wikipedia.org/wiki/Jean_de_Thévenot

찾아보기 일러두기

1. 인명과 지명을 제외한 일반 명사의 쪽수 표기는 해당 단어가 그 쪽수에 있거나 혹은 직접 등장하지 않더라도 해당 내용을 포괄적으로 설명하는 경우이다.
2. 유럽 인명의 드, 폰, 판 (데어)/반, 데이, 델라, 다 등은 성이 아닌 이름 다음에 두었다.
3. 아라비아 인명의 이븐, 압, 알 등은 성 앞에 두었다.
4. 지명에 국가를 부기한 경우는 같은 지명이 다른 나라에도 존재하는 경우에 한했다.
5. 본문에 저자 또는 창업자가 언급되는 경우 서적 또는 회사는 저자 또는 창업자 아래 두었다.
6. 항목이 속한 상위 개념은 ( ) 안에 표시하고 동의어로 쓰인 경우는 [ ]로 묶었다.

   그리엔슈타이들(그랑 카페), 기후변화[기후위기, 기상이변]

찾아보기

ㄱ

〈가디언〉 214, 223
가려따기 407, 519, 521
가부장제 259-260, 429-432,
　　434-436
가짜, 아킬레 489, 491
가토, 사토리 477
가톨릭 66, 191-194, 197, 201-202,
　　210, 226, 231-232, 438, 447-448,
　　453, 483
갈라타 164
갈랑, 앙투안 67
갈레노스 72-73, 121, 192-193
건식법 97, 110, 270, 522
걸프 만 100, 102
게르만 248
게르말 에딘, 무프티 184
경작시스템 251-252, 260
고르바초프, 미하일 500
고이타인 149
고잠 60
고제브 강 43
고티에, 테오필 328
고흐, 빈센트 반 342
괴첸, 구스타프 아돌프 그라프 폰 446
골살베스, 안탐 278
공공성 323, 325, 350
공론의 장[공론장] 8, 293, 343, 559

공정무역[운동] 24, 30, 530-535,
　　569, 580
과달루프 268-269, 272
과테말라 29, 274-275, 345, 363,
　　373, 378, 398, 408-423, 429, 435,
　　494, 504, 517-518
　　원주민의 저항 413, 415
관행농 525
괴테 237
교황 66, 118, 193-195
구밀라, 호세 273
구별짓기 27, 464, 467
국민음료 8, 401
국제커피기구ICO 481-486,
　　501-503, 569, 590
국제커피협정ICA 60, 499-503,
　　506-507
그늘재배 515-518, 521-522,
　　528-530
그라나다(스페인) 169
그라나다(니카라과) 430
그라츠 234-235
그레시안(커피하우스) 216, 221
그로스, 오토 340
그릴, 막스 42
그리스 117, 152, 200, 207, 215, 312,
　　441, 496
그리엔슈타이들(그랑 카페) 336-337

찾아보기　591

그림(형제) 347, 355
글라우저, 위르크 459
글래드스턴 309
기독교 52, 54, 56, 59-60, 66, 85,
　　89-90, 95-96, 105, 117, 144, 156,
　　170, 184, 194, 197, 199, 202, 232,
　　262, 305, 312, 345, 450, 586
기아나 249, 267, 272-273
기요, 헨리 38
기후변화[기후위기, 기상이변] 7, 61,
　　389, 523-526
김보른 317
김비 61

ㄴ

나리뇨 373
나이로니 65-67, 184
나폴레옹 314-316
나폴레옹 시대 263
나폴레옹 전쟁 272, 307, 313
날것과 익힌 것 124, 549, 581
남사하라 88
남아메리카 27, 262, 272, 277-278,
　　283-285, 371
남프랑스 174
네구스 52
네덜란드 27, 59, 102-104, 110-111,
　　169, 179, 181, 186, 195, 204-206,
　　212, 222, 229, 231-232, 247-254,
　　260-261, 264-279, 283-288,
　　304-306, 326, 358, 365, 368, 488,
　　494, 531
네슬레, 앙리 478
　　네슬레사[네스카페] 373,

　　382-383, 474, 479, 497, 502,
　　507-508, 534
네켐트 61
노동자카페 28, 293, 342, 351-353
노르망디 474
노르웨이 173
노예무역
　　대서양 노예무역 278, 370
　　미국 노예무역 370
　　브라질 노예무역 278-280, 282,
　　370
　　아프리카 노예무역 302, 444
　　에티오피아 노예무역 43, 46-47,
　　54, 80
노이너, 이그나츠 321
뉴욕 276, 317, 328, 365, 370-374,
　　378, 465, 477, 490-492, 526
뉴잉글랜드 369-370
뉴질랜드 477, 491, 496
뉴칼레도니아 109, 267, 484
뉴턴, 아이작 219-222
니부르 139
니카라과 29, 363, 398, 422-423,
　　429-434, 475-476, 488, 500

ㄷ

다마스쿠스 88, 95, 101, 120, 123,
　　142-143, 148, 156, 182
닥락 484
달랑베르 314
대륙봉쇄령 315-316
대서양 52, 169, 273, 315, 370, 375,
　　427, 516
대체커피 357-360

대화체 8
더글러스, 제임스 221
더불어 마시기 8
데르비시 86
데물랭 314
데스메-그레구아르, 엘렌 41, 91
덴마크 59, 279, 283, 336, 358, 459
덴하그 232
도나우 강 200, 202
도미니카 527
도미니크 268
도손 146, 155, 164
독일 27, 38, 42, 59, 176, 186, 191, 198, 200-202, 207, 233-240, 274, 279, 296-297, 316-318, 326-330, 336, 339-347, 350, 355-358, 368, 375-378, 384, 394, 411, 419-420, 440-449, 453-455, 469-470, 473, 477, 481, 488, 491, 493-494, 508, 541
돈 살테로(커피하우스) 221
돌고래 해부 219-222
동결건조 478-479, 499
동로마제국(비잔티움제국) 116-118
동방 173-175, 184, 280, 301
동아프리카 79, 170, 263, 439, 441-446, 482
동우삼바라 444-445, 447-448
동인도회사
    네덜란드 연합동인도회사 204-206, 232, 248-253, 267, 272, 282-284, 302
    네덜란드 서인도회사 223, 267-269, 272

영국 동인도회사 103, 204, 284, 365-366
프랑스 동인도회사 103, 204, 229, 264-266
두바이 98
두이스부르크 304
뒤랑(그랑 카페) 329
뒤브뤠이 105
뒤셴, 조제프 193
뒤푸르, 실베스트르 137, 141, 154
듀즈, 윌리엄 367
드 라 페(그랑 카페) 329-330
드레스덴 236
드레퓌스 329
디드로 314
디리오모 429-434
디오다토, 요하네스 234
디크르 87-89, 94, 158
뜨거운 음료 8, 23, 28, 57, 77, 115, 125, 135, 139, 151-152, 189-190, 216, 236, 242, 293-298, 324, 359, 375, 479

ㄹ

라디노 411, 418
라시트 157
라오스 484
라우볼프, 레온하르트 176-178
라이덴 179
라이덴프로스트 304
라이마 111
라이베리아 440, 442
라이프치히 198, 236
라인 강 202, 317

라쉐르메, 필립 96
라제스 70-71
라틴아메리카 272, 285-286,
　363-364, 369, 384, 419, 429, 433,
　471, 474, 505, 515-516, 519, 569
라파치올리 형제 488
랑그독 227
러기, 토머스 216
러브조이 279
러셀, 알렉산더 154, 527
러시아 59, 173, 338, 358
런던 50, 149, 199, 204-225, 254,
　276, 300, 307, 325, 328, 343,
　371-372, 541, 550, 576
　인구 225
레바논 66
레반트 104, 137, 152, 170, 182-183,
　203, 206-209, 215, 226-227, 244,
　541
레비-스트로스, 클로드 124, 525, 549
　《신화학 1: 날 것과 익힌 것》 124
레싱 237
레위니옹 27, 187, 228, 261-267,
　272, 442, 484, 541
레콩키스타 169
레클뤼스, 샤를르 드 179
　《외국의 동식물들》 179
로마 181-186, 193, 226, 233-235,
　242, 248, 318, 340-342, 541, 573
로부스타종[카네포라] 48, 482
로스, 아돌프 339
로스팅 기업 28, 317, 327, 363, 374,
　377-382, 394, 436, 466, 491, 495,
　500-502, 505-509, 513, 530, 535,

　538-539
로이드, 에드워드 222
　〈로이드 뉴스〉 222-223
　〈로이드 리스트〉 223
로제, 파스쿠아 215-216
로크, 존 70
로크, 피에르 드 라 185
루돌프[투르카나] 호수 42
루드비히스부르크 356
루미, 잘랄 아드딘 무함마드 86-87
　《마스나비》 86
루베르튀르, 투생 271
루소, 장 자크 314
루스벨트, 시어도어 367, 381
루스탈로, 엘리제 314
루이 14세 187, 196-197, 226-228
루이 15세 196, 197
루터, 마르틴 191, 200-201, 232, 453
르모르당, 드니 56
르아브르 372
르완다 439, 444
리들리, 니콜라스 192
리비어, 폴 366-367
리빙스턴 38
리스본 278, 342
리스트 223-237, 344, 353
리우데자네이루 276, 345, 371, 385,
　390-397
리터, 카를 38
리트고우, 윌리엄 180
리히트호펜 폰 38
린네, 칼 6, 49, 51
린쇼텐, 얀 후겐 판 181
린츠 236

린트, 루돌프 294
릴리화이트, 브라이언트 307
립톤, 토머스 309
　립톤사(립톤 아이스티) 309

■

마다가스카르 187, 263, 267, 378, 386, 439, 469, 484
마데이라(브라질) 280
마두라이 259
마드라스 248
마론 66
마르세유 101, 104-108, 174, 185, 203-207, 226-231, 244, 320, 474
마르크스, 칼 329, 352
마르티니크 49, 104, 229, 268, 272, 287, 338
마리아(기독교) 52
마리얼, 토머스 453
마사와 항 60
마셜플랜 477
마시모 자네티 베브리지 373, 492, 507-508
마야 274, 411, 420
마위트 111
마이센 243, 296, 350, 355
마인 강 202
마주르, 쿠르트 237
마지마지(봉기) 446
마타르[마타리] 111
만 레이 330
만키라 41, 63
말라바 186, 249, 257, 388
말라위 439-440

말레이시아 272
말리 71
맘루크왕국 118
맥주 151, 189, 198, 200-202, 212, 294, 320, 324, 347, 498, 513
맨체스터 213
맨해튼 365, 379
메넬리크 1세 52
메넬리크 2세 43, 55, 60
메노나이트 231, 232, 532
메디나 93-95, 102, 109, 118-119, 122, 126, 141
메디치, 카트린 드 298
메소포타미아 181
메이오린, 리노 491
메카 52, 67, 81, 85, 91-97, 102, 109, 118-122, 126, 139, 141
멕시코 274, 275, 302, 378, 390, 398, 402, 417-418, 423, 429, 435-438, 504, 527, 531
멘델스존 237
명사들 211-218
모로시니, 지안프란체스코 154
모로코 71, 94
모르가니 192
모리셔스 263
모저, 콜로만 339
모집책(노동자) 257-259, 415
모카 93, 98, 249
모카커피 51, 105, 109-111, 263-264, 282, 332, 333, 373-374, 483, 493
모카 항 26, 51, 100-111, 204-205, 229, 232, 249, 264, 269

찾아보기　595

모파상 329
몬순커피 388
몬테베르데 자연보호 구역 527
몰, 칼 339
몰타 191
몽테스키외[샤를 루이 드 세콩다] 230, 313
《페르시아인의 편지》 230
무굴제국 100
무라트 3세 164
무라트 4세 164
무슬림[무슬림공동체] 52, 59, 77-86, 94-97, 108, 118-119, 123-133, 144, 149, 152, 156-157, 247-248
무질, 로베르트 212, 339-340
무함마드(이슬람 예언자) 67, 79, 94, 126
문화인류학 28, 284, 289, 525
물 33, 57, 77, 100, 125, 126, 133-137, 199, 270, 332, 359, 375, 444, 477, 489, 491, 521-522
뮈쎄, 알프레드 드 328
미각 30, 119, 140, 152, 187 190, 495
미국 24, 36, 38, 41, 86, 108, 133, 155, 229, 279, 283, 309, 314, 326, 330, 358, 365-368, 372-380, 383-384, 388, 468-478, 485, 491-501, 522, 534, 553, 588
  과테말라 개입 418-420
  거대 소비시장 28, 103, 277, 327, 363, 364, 368, 369-371, 381-382, 385, 394-395, 464-467, 479-480, 488, 507
  로스팅 기업 28, 317, 327, 345, 436

식료품점 326-327, 371, 375
  이주민 수용 388, 470
미나스제라이스 276, 394-395, 516, 526
미네소타 375
미드웨스트 370
미들부르흐 267
미로, 호안 330
미소레 248
미주커피협정 474, 499
민덴 375
밀라노 345, 489

ㅂ

바, 헤르만 333, 336, 339
바그너 237
바그다드 88, 95, 135, 143, 148, 155
바라디, 쥴리아 239
바르셀로나 191, 342
바르트, 하인리히 38
바멘다 455
바미레케 29, 443, 453-458
바이어, 에드나 루스 532
바이럼, 존 219
바이에른 193
바우커, 고든 492
바울(사도) 191
바젤 173
바타비아 248, 272
바흐, 요한 제바스티안 233, 236-240, 345, 551, 569
  〈커피 칸타타〉 233, 236, 238-240, 345
반즈, 에드워드 255

발레, 피에트로 델라 181, 185
발레아레스 제도 191
발리 186, 252
발자크, 오노레 드 329
발칸반도 116-117
발트만, 벨라 340
발트 해 231
발효 123, 129, 193, 392, 521
발효음료 125, 128-129
배송 388, 539
버지니아 492
버클리 491-494
버튼, 다니엘 214
버튼(커피하우스) 214
번즈, 제이베스 317, 371
법인 기업 532-534
법인 자본주의 507
베네수엘라 108, 273-277, 363, 401, 410, 423
베네치아 116, 154, 169, 178, 191, 203, 207-210, 320
베라크루스 429, 435-438, 527
베르베라 60
베르사유 궁 226, 323
베르트랑, 브누아 96
베르펠, 프란츠 340
베를렌, 폴 328
베를린 340-342, 345, 501
베살리우스 192
베이컨, 프란시스 212, 552
베이트알파키 101-102
베쩨라, 루이지 489
베트남 564, 566, 569
　도이모이 486, 517
　전쟁 485, 564
　커피생산 30, 273, 483-487, 524
벤츠, 멜리타[멜리타사] 375
벨기에 231, 326, 358, 368, 481
벨리, 바르톨로메오 179
벨리즈 417-418
벨 에포크[아름다운 시절] 327-330
벵골 365
보, 카데 드 321
보라, 카타리나 폰 200
보스턴 티 파티 366-367
보카치오, 조반니 173
　《데카메론》 174
본테코, 코넬리우스 304
볼드윈, 로버트 390
볼드윈, 제리 492
볼테르 328
볼프, 에릭 288-289
봉가 40-42, 56
뵈트거, 요한 프리드리히 243, 296
부다페스트 312
부단, 바바 247-248
부룬디 439
부르디외 297, 319, 356
　《구별짓기》 307, 356
부르봉 261, 263
부르봉 왕조 261, 263
부르봉종(아라비카) 261-263
부르주아[부르주아계급, 부르주아지] 28, 185, 196-198, 205, 230, 239, 243, 297-299, 303, 307, 308-310, 315, 318, 323-326, 346-347, 350, 355-356, 427, 456-457, 464, 519
부이텐초크 266

북대서양 269, 271, 301
북아프리카 38, 66, 79
북유럽 207, 232, 346, 368, 385
분나 58
불라크 157
브라쓰리 맆(그랑 카페) 330
브라운슈바이크 193, 357
브라질 9, 124, 273, 282, 345,
  387-389, 413, 480, 482, 559-560,
  577
  과잉생산 394, 471-474
  기후 385, 386, 389, 524
  대규모 커피경작자들 387, 391,
  501, 518-519
  민족정체성 29, 396, 398-400,
  아마존 숲 파괴 526
  커피생산[커피수확] 27-29,
  276-279, 280, 302, 363, 372-373,
  378, 382, 385-386, 390-391, 395,
  406-407, 465-468, 503, 516, 541,
  560, 563
브라크, 조르주 330
브란덴부르크 193, 304
브레멘 207, 326
브로델, 페르낭 228, 384
브루스, 제임스 37
브르통 330
블릭센, 카렌[디네센, 이자크]
  459-460
  《아웃 오브 아프리카》 459
비덜프, 윌리엄 146, 180
비에조 칼다스 401
비첸, 니콜라스 187
비트겐슈타인 340

빅토리아 호수 441-442, 444-445
빈 28, 118, 165, 173, 233-236, 243,
  328, 330-331, 334-340, 345, 348,
  358, 541, 556-557, 584
  커피메뉴 309310, 332, 556
빈회의 270, 272, 321,
빌레브란트 320

ㅅ
사나[사나니] 111
사다 110
사보이 왕가 236
사카비 83
사탄 126, 128, 194
산탄데르(콜롬비아) 401
산투스 345, 373, 395
살롱 148, 181, 321-325, 346, 556
30년 전쟁 202
상토메(브라질) 280
상파울루 385, 389-398, 464,
  472-473, 514, 516, 524, 526, 563
새와 친한 커피 527
샌디스, 조지 149, 163, 180
샌본, 제임스 솔로몬 508
  체이스앤샌본 373, 507
샌프란시스코 373, 494, 508
생도밍그 187, 249, 266, 268-269,
  315, 369
  노예봉기(아이티 혁명) 271-272,
  282, 370
생드니(레위니옹) 265-266
생폴(레위니옹) 264, 266
샤르뎅, 장 183
서아프리카 266, 280, 439, 453

서유럽 203, 233, 252, 295, 368, 444, 477, 497
세계체제 284-288
세기말[펭 드 시에클] 330, 333, 339-341, 386
세네갈 272
세브르 243
세비야 191
세인트루시아 269, 272
세인트헬레나 316
세잔느, 폴 333
셀라시에, 하일레 55
셀레비스 252
셀림 1세 118, 122
셀림 2세 146
셀주크제국 116, 119
소농생산 456, 518
소말리아 42, 43, 53, 490
소모사 가문 476
소아시아 181
소안틸레스 제도 229, 268
소어스비, 랄프 221
소코트라 170
솔로몬 왕 52, 81
수단 38, 42
수도사(수도승) 57, 65-66, 68, 78, 81, 84, 86, 90, 192, 200
수라트 102, 205
수리남 249, 267-269
수마트라 49, 186, 252, 288, 483
수에즈 101, 105, 108
수폴 330
수피교 81, 115, 119, 145, 149, 247
명상 25, 84, 88-89, 93, 160
분파 57, 85-86, 88, 90
수피모스크 26
신앙관습 82, 84-88, 89-90
일상생활 91-94, 121
커피 마시기 57, 78, 83, 88-89, 91, 93, 138, 142
하나카 87-90
술레이만 1세 120
쉬벨부쉬, 볼프강 297, 303, 304
쉬르방(레위니옹) 264
슈니츨러, 아르투르 336, 339
슈만 237
슈베르트 237
슈트루베, 구스타프 336
슐츠, 하워드 492
스리랑카 -> 실론
스미르나 101, 104, 120
스미스, 아담 283
스웨덴 59, 138, 173, 305, 310-311, 469, 471
스위스 38, 174, 176, 192, 294, 339, 348, 349, 350, 459, 478, 491, 532
스칸디나비아 368, 459, 473
스코틀랜드 37, 210, 221
스타벅스 492-494, 513, 534, 535, 569, 584
스튜어트 왕조 56, 225
스트랭, 데이빗 477
스틸, 리처드 214
스페셜티커피 7, 24, 30, 62, 133, 318, 379, 480, 493-497, 518, 543, 544, 546, 566, 579, 589
미국스페셜티커피협회SCAA 133, 495

스페셜티커피협회 SCA 495-497, 588
유럽스페셜티커피협회 SCAE 496
스페인 100, 169, 174, 190, 210, 268, 270, 274-275, 284, 302, 330, 365, 411-412, 431, 491, 499
〈스펙테이터〉 214, 223
슬라브 278
슬론, 한스 221
습식법 270, 522
시간지속 8, 28, 298, 480
시글, 제브 492
시나이 95
시다모 61, 96
시리아 104, 110, 118, 135-136, 138, 142, 143, 146, 162, 181
시몬스, 메노 232
시바 여왕 52
시장 권력 505
시칠리아 172, 191, 230
시합 아드 딘 82
신분상징 29, 318, 464, 467
신성로마제국 118, 186, 226, 233, 234, 235
실론[스리랑카] 186, 250, 253-261, 266, 272, 277, 284, 287, 309, 398, 440, 464, 482
실켄 394-395

ㅇ

아가, 솔리만 196
아나톨리아 117
아덴만 42
아들러, 알프레드 340

아라공 330
아라비아(반도) 26, 42-43, 51-53, 57, 63, 66-67, 70-71, 78-80, 82, 91-93, 95-98, 107, 110, 115-119, 126, 135, 138-139, 141-142, 151, 152, 170, 178-179, 184, 206, 228, 229, 278, 296
아라비아커피나무 237
아르메니아 207, 229, 234
아르헨티나 388, 413
아리스토텔레스 70
아마티틀란 411
아메리카 27, 104-105, 170, 203, 207, 229, 232, 249, 261-262, 270, 274, 277, 280-283, 365, 367, 371, 377, 390, 413, 419-420, 428, 438, 474-476, 488, 491, 508, 519-521, 532, 569
아버클, 존 374
　아버클사 317, 394-395, 436
　아리오사 374
아부 마디안 94
아비시니아 6, 43, 54, 77-78, 95, 97
아비시니아-아달 전쟁 54, 95
아시아 24, 29, 100, 170, 186, 203-206, 232, 247-248, 261, 277, 283-284, 369, 389, 439-440, 464, 472, 481-485, 519, 554
아우크스부르크 176
아이티 271, 315, 398, 464, 541
아자르 94, 157
안데스 산맥 400
안트베르펜 179
안티구아 408, 411-412, 541

600

안티오키아 401
안틸레스 제도 229, 269, 273
알 다바니 81-83
알라 67
알레, 알퐁스 477
알레포 120, 142, 154, 177-178, 180, 182
알렉산드리아 52, 94, 100-101, 105, 107
알리, 무함마드 104, 107, 164
알 마다니 130
알메다, 마뉴엘 드 42
알 사딜리 94
알 자지리, 압 알 콰디르 67, 81-83, 89, 120, 139, 142-143, 159
알타 베라파스 412, 415, 419
알텐베르크, 페터 333, 336-337
알피노, 프로스페로 178
 《이집트의 식물 기행서》 178
알하바샤 43
암만, 요한 181
암스테르담 178, 186, 231, 232, 549
 인구 232
 커피무역 104, 205, 207, 249, 267, 282, 301-302
암하라 60
압바스 칼리프 79, 119
압 알 카피르 81
앙골라 439-441, 482
애국주의 363-364, 367-368
애덤스, 존 366
앨런, 스튜어트 리 56
야콥스 커피박물관 176
애켈, 빌리 341-342

에드워즈, 다니엘 215
에라스무스 297
에른스트, 막스 330
에리트레아 52-53, 60, 488, 491
에머슨, 랄프 왈도 351
에번스, 리처드 317
에스파한 120, 181-183
에스프레소커피 24, 133, 463, 479, 483, 487-492, 496, 499, 537, 540
에스피리투산투 395
에티오피아 6, 24-25, 39, 43, 47-59 77-83, 93-96, 105 439-442, 482, 488, 505, 543-544, 546, 565-566, 569, 579
 쇼아술탄국 53, 60
 아달술탄국 54, 95
 악숨왕국 52, 53, 78-80
 오로모족 42-43, 54, 56, 58-59, 80, 96, 97
 이파트술탄국 53
 전설 62-70
 커피 의례 41, 57-58
 커피재배 농가 60-62, 514, 518
 커피재배 면적과 지역 25, 37, 41, 51, 97, 110
 텃밭 재배 61
 하라르(지역, 커피) 42, 54, 60-61, 77, 79, 96-97, 110
 하라르토후국 53
에펜디 132
엘리아스, 노르베르트 295, 297, 556
 《문명화과정》 295, 297
엘리자베스 1세 204
엘살바도르 363, 378, 423, 475, 504,

찾아보기 601

518
엠메리히 317
엠제이비 MJB 508
엥겔스, 프리드리히 329
여성 커피노동자 8, 27, 29, 224,
    258-260, 280, 348-350, 375,
    396, 413, 416, 425, 428-438, 455,
    458-459, 569
연동성(가격) 381
연동성(소득) 464-466, 509
열대우림 37, 40
영국 6, 27-28, 70, 103, 107-108,
    146, 169, 180-182, 192,
    203-206, 210-212, 221-225,
    243-244, 247-248, 253-257,
    260-261, 264, 268-270, 272,
    277-286, 297, 300-303,
    306-310, 315-317, 320, 326-327,
    343, 365-372, 378, 388, 394, 408,
    418, 441-444, 448-455, 465-471,
    479-480, 491, 497-499, 554
예가체프 61
예루살렘 149
예멘 24, 49, 51, 53, 59, 66, 71, 89,
    115, 118-121, 126, 134-135, 139,
    143-145, 170, 178, 203, 206-207,
    229, 232, 247-249, 264, 270, 282,
    370, 373, 488, 545
    라술리드왕조 79-80
    커피소비 59, 84, 91-100
    커피재배 25-26, 51, 59-60, 78-
    83, 100-111, 206
    힘야르왕국 53, 78-79
예수, 그리스도 52, 66, 198, 199, 305

예수재림교 377
예수회 273-274
오리노코 강 273
오리사바 435-437
오리엔트 66, 148, 172, 175-185,
    205-207, 320, 324
오스만제국 84, 87, 95-248, 293, 541
    정치적 통일 116-118
    종교적 통합 119-120
오스본, 루이스 374
오스트레일리아 272, 491, 496
오스트리아 27, 233-235, 240, 243,
    270, 324, 336-340, 488, 491
오스트리아-헝가리제국 327
오악사카 531
오웰, 조지 497
옥스퍼드 163, 211-212, 217, 221
온두라스 410, 504
올브리히, 요제프 마리아 339
와일드, 오스카 330
왓킨스 390
왕립식물원(파리) 186-187, 268
요하네스 4세 54
우간다 439, 442, 482
우마이야 왕조 52, 79
우비코, 호르헤 418-419
우스리, 피터 287
워싱턴, 조지 콘스턴트 루이스 475
    G.워싱턴사 474, 478
월러스틴 287
웨일스 210, 272
웨지우드 244
위고, 빅토르 328
위그노 306

위그노 전쟁 226
유기농 358, 521, 525-526, 528-529, 538, 583
유커스, 윌리엄 67
음식과 요리 190-193
이라크 118, 142, 146, 162
이란 100
이베리아 반도 52, 117, 185, 191, 200
이브릭 135-138, 541
이븐 누야임 129
이븐 바투타 71, 571
이븐 사이드 82
이븐 시나[아비센나] 70-73, 126, 545
이븐 알 아라크, 무함마드 122
이븐 압 알 가파르 82-83, 91, 94, 131-132, 141
이스탄불[콘스탄티노플] 95, 101, 104, 116-120, 135-137, 140, 143, 146.147, 149, 154-156, 162-165, 178, 180-182, 185, 196, 208
이슬람 26, 41, 52-53, 57, 66, 70, 78-79, 81-85, 88, 93-95, 97, 117-119, 121, 123-125 128-131 134, 144, 150, 156, 159-160, 163, 169, 170, 187, 190-191, 194, 198, 446, 545, 579
  무프티 82, 184
  분파 125, 128-129
  샤이흐 82, 87
  이맘 82, 98, 107
  이즈마 131
  쿠란 26, 52, 123, 125-130, 134, 541
  파트와 82-83

확산 79
이주노동[이주노동자] 8, 258, 364
이즈하키 157
이집트 38, 66, 71, 79, 82, 94-96, 101, 104, 107, 110, 118, 120, 122, 138, 142, 152, 157, 162, 178-179, 181, 229
이탈리아 30, 55, 59, 169, 173, 176-181, 185, 191, 209, 216, 230, 278, 326, 441, 480-481, 487-492, 496, 499, 579
인도 71, 79, 99-100, 102, 105, 108-109, 169, 181, 183, 204-206, 223, 229, 232, 248-259, 272, 277, 284, 309, 365, 388, 482
인도네시아 110, 248, 252, 287, 482, 485-486, 531
인도양 53, 263, 266, 272,
인도차이나 반도 109, 267, 484
인류식물학 36, 38, 40-41, 56
인스턴트커피 7, 24, 29-30, 318, 463, 474-487, 494, 497, 499, 506, 513, 517
일상생활 8-10, 58, 90, 180, 194, 359, 365, 384, 431, 437, 540, 571
일상음료 8, 189, 371
1페니 대학 217
잉글랜드 27, 173, 198, 200, 206, 210-213, 218, 223, 225, 236, 254, 268, 369-370

ㅈ

자기통제 23, 295, 297, 299, 306
자메이카 281, 287, 372, 398, 495

자바 27, 104, 109-111, 186, 248-252, 260, 265-267, 272, 287, 372-374, 395, 398, 464, 483, 501, 514-515
자비드 93
자유도시 226
자이디 이맘 98, 107
자카르타 248
작센 193, 202, 236-237, 243, 355
잔지바르 108
잘츠부르크 234, 236
재빠른 손놀림 429
절제 8, 295, 297, 306, 309, 324, 410
정치의 공간 150
제네바 181, 305, 483
제노바 169, 191, 489
제3의 물결 24, 513
제3의 장소 8, 538, 581
제이라 항 54, 60, 95
제2차 세계대전 210, 310-311, 337-339, 357, 368, 397, 420, 451, 457, 463, 467, 470, 474-488, 494, 497, 499, 532
제이콥 211
제1차 세계대전 277, 308, 327, 331, 333, 338-339, 364, 378, 383, 390, 403, 418, 449, 453, 455, 463, 465, 467-470, 478, 497, 563
제임스 6세 210
제임스, 헨리 329
제임슨, 토머스 223
졸라, 에밀 329, 359
  〈나는 고발한다〉 329
  《제르미날》 359

좁슨, 서크스 211
종교개혁 174, 187, 191, 200-201, 232, 549, 570, 584
종속이론 285-288, 563
주방 87, 90, 191, 375
중국 38, 71, 115, 130, 135, 138-139, 170, 185, 196, 205, 243-244, 272, 309, 365
중앙아메리카 267, 270, 272, 277, 390, 420, 475-476, 488, 519, 521
지다 101, 105-110
지부티 43, 53, 60
지속가능성 11, 25, 30, 523, 529, 531, 538
지중해 51, 53, 100-101, 104, 115, 172, 191, 203, 208, 226-230, 236, 278, 491
지혜의 학교 163
짐마 43, 58, 59, 61
징어, 한스 286

ㅊ

차(음료) 115, 130, 135, 185, 198, 309, 365-367
차가운 음료 151, 294
차가 족 443-444, 447-453
찰스 1세 203
찰스 2세 210, 225
채무노동자 399, 430-434
채찍질 고행 174
채텀 도서관 213
청교도혁명 212
청나일 강 38, 54
체액이론 72-73, 121, 192

갈레노스 72-73, 121, 192
　　히포크라테스 72
체이스, 칼렙 508
체이스앤샌본 -〉샌본
체즈베 135-140, 151, 541
첸트랄(그랑 카페) 334-335,
　　337-338, 541
첼레비, 카팁 91, 155
취리히 176, 181, 191, 348
취함 88, 129-130, 132, 187, 189,
　　197, 199, 309, 354
츠바르, 헨리쿠스 186
츠바이크, 슈테판 337
츠빙글리 174, 191
치아파스 398, 527
칙, 조엘 오슬리 380
친목의 잔 199

ㅋ

카라괴즈와 하치바트 160-161, 541
카르도소, 페르난도 286
카리브 268-269, 272, 275, 277-278,
　　281-283, 389
카메룬 29, 439-440, 443, 453-456,
　　481, 519
카므르 128-129
카브레라, 마누엘 에스트라다 418
카사노바 209
카이로 67, 94-95, 98, 100-101,
　　104-105, 118-122, 135, 146, 155,
　　157-158, 165, 178, 228
카이르 베이 120-122, 143
카이엔느 272
카파 25, 42-44, 54, 58-63, 78, 80,
　　95-97, 543
　　고도 40
　　기후 34-35, 40
　　위도 37
　　카파왕국 40, 42-43, 58
　　커피문화 41, 56-58
카페
　　고객 28, 138, 146-164, 205, 209,
　　216-221, 223-224, 230, 293, 312,
　　314, 320, 323, 325-327, 337-338,
　　340-342, 373, 375, 466
　　그랑 카페 28, 293, 328
　　　　파리의 그랑 카페 230-231,
　　　　313-314, 321, 328-330
　　　　빈의 그랑 카페 334-340
　　사회적 제도 26, 342
　　용어의 통일 320, 322
　　커피테번 320
　　커피키오스크 320
　　커피파빌리온 320
　　커피매점 145-147, 155, 207, 309,
　　367, 371, 499
　　커피숍 141, 145-148, 331, 496,
　　506-507
　　커피하우스 8, 10, 26, 59, 115,
　　122, 123, 138-165, 177, 180-184,
　　207-225, 229-239, 299, 307, 312,
　　318-325, 330-333, 336, 338-339,
　　343-348, 358, 367, 374, 376, 464,
　　495, 541, 543
　　커피하우스와 여성 223-225,
　　343-345
　　포도주 없는 선술집 145
　　카페 드 플로르(그랑 카페) 330

카페인 92, 132, 189, 190, 304, 329,
　368, 377, 481, 490, 560, 564, 572
　디카페인 481
　커피나무의 생존전략 25, 44-48
카페크랜츠헨 28, 293, 344, 346-347,
　350
칸디안 253
칼디 62-67
칼뱅 201, 305
칼뱅파[칼뱅주의자] 231-232,
　304-306
캐나다 272, 377, 491, 495
캘리포니아 38, 470
커턴, 필립 282
커피
　로부스타종[코페아 카네포라] 29,
　48, 49, 273, 442, 447, 455,
　480-484, 487, 491, 501-502,
　516-517, 540
　로스팅 369, 378, 392-394, 489,
　490-495, 506-509, 513, 539, 559,
　564
　무역[교역] 26, 79-80, 93,
　100-102, 108, 110, 203, 206-207,
　209, 231-232, 284-285, 315, 357,
　369, 382-383, 389, 469-471, 473,
　505-508
　소비(량)증가 368, 465-466
　시장가격(생두) 252, 383, 414,
　430, 533
　아라비카종[코페아 아라비카]
　48-51, 96, 262-264, 273, 400,
　441, 443, 447-448, 451-452,
　455-456, 458, 482-484, 491, 494,

501, 524, 530
용어 50-51
탄압(혹은 반대)
　가톨릭 193-195
　스웨덴 310-311
　오스만제국 시대 120-123, 157,
　164-165
　의사(의학) 72-73, 121, 227
　잉글랜드 224-225
　프로이센 238-242
향미 7, 35, 37, 46, 49, 77, 104,
　111, 116, 133, 196, 229-230, 242,
　303, 310, 319, 345, 375-376, 380,
　388, 407, 410, 478-479, 483, 487,
　490, 494-496, 499, 513, 538-540
커피나무 25, 33-37, 40-41, 44-46,
　55-56, 64, 65-66, 68, 71, 91,
　96-99, 178-179, 185-187, 202,
　206, 237, 248-250, 253-254,
　261-264, 266, 372, 382, 385, 389,
　392-393, 396, 403, 406-410, 450,
　457-458, 472, 484, 515-517, 521,
　526-528, 543, 554
　개화 34, 44
　발아력 100, 186, 247
　수명 34
　열매[체리] 35, 45, 65, 91, 95,
　99, 111, 187, 269-270, 386,
　388, 397, 313, 416, 429, 518,
　521, 541
　재배 8, 24-25, 27, 29, 41,
　48-49, 51, 55, 59-61, 80-81,
　93, 95-99, 104, 107-108, 178,
　186, 200, 202, 227, 232,

247-288, 372, 385-386, 389, 392-414, 421-426, 430-432, 440-458, 467, 470, 481-490, 504-505, 513-530, 540, 552, 559, 564
　테루아 37, 98, 110, 489, 513
커피녹병 45, 252-253, 261, 266, 288, 339, 440, 464, 472, 482, 524
커피 로스터 8, 111, 136-137, 316-318, 327, 371, 375-378, 382-383, 474, 496, 505, 507, 523, 539
커피 박물관 176, 375
〈커피에 반대하는 여성들의 탄원서〉 224
커피엘리트 369, 393, 406, 411, 420, 449, 472-473, 475-476, 488
커피우먼 224
커피 의례 41, 57-58, 82-89-90, 94, 130, 140, 149, 157, 191, 199, 201
커피의 전설 10, 23, 25-26, 41, 62-70, 81, 84, 109, 184, 193, 234, 237, 268-269, 276
　만키라 지역 63
　무함마드 67
　오마르 68-69
　칼디와 춤추는 염소 62-67
커피 잔[도자기] 82, 115, 138-140, 177, 180, 195-196, 242-244, 295-296, 350, 355, 369
〈커피하우스의 규칙과 질서〉 218
커피향색출관 240-242, 541
케냐 54, 439, 441, 445, 459, 482, 494, 518

케찰테낭고 411
코나 470
코로넬, 마르셀 485
코르도바(스페인) 191
코르도바(멕시코) 435, 437-438
코멘다 208
코벤트 가든 214, 216
코스타리카 9, 29, 274-277, 345, 363, 373, 378, 379, 406, 410, 421-427, 426-430, 475-476, 494, 518
코아테펙 435
코트디부아르 439-442, 481, 516
콘라드 주교 198
콘스탄츠 198
콘체트, 베레나 348
콜로노[콜로노스] 363-364, 395-396, 415, 514
콜롬비아 29, 273, 277, 363, 373, 382-383, 389, 400-407
　커피대농장[아시엔다] 405
콜러, 제프 518
콜쉬츠키, 프란츠 게오르그 234
콜텔리, 프란체스코 프로코피오 데이 230
콩고 439, 442, 481
쾰른 193
쿠, 안톤 333, 340
쿠르츠바일, 막스 339
쿠바 268, 275, 500
쿠쿠타 항 273
쿤디나마르카 401, 405
크누첸, 에르나 495
크라우스, 칼 339
크래머, 토머스 192

《먹기와 마시기에 관하여》192
크램-마르티니크, 하인리히 그라프 338
크롬웰, 올리버 210
크림트, 구스타프 333, 339
클라, 알프레드 336
클레멘트 8세 193
클리외, 마티유 드 268
키프로스 191
킬리만자로 29, 444-445, 447-449, 451-453, 458, 482

ㅌ

타라주 423
타밀 257
타이 248
타타칼레 156
탄자니아 29, 439, 442-445, 451-452, 469, 482, 488, 519
탈라스(전투) 119
테브노, 장 드 156, 182-183, 185, 541
　《레반트 여행에 관하여》183, 541
테살로니키 101, 104
테이셰이라, 페드루 155
토겐부르크 349
토르베르크, 프리드리히 340
토리노 489
토리마 401, 405
토바고(섬) 272
투르 95
튀니스 101
튀르크(인, 사람, 족) 101, 110, 119, 137, 139-140, 142, 149, 151-152, 162, 178, 181-182, 196, 216, 227, 234, 244, 296, 331
튀르키예 59, 66-67, 136, 143, 152, 164
트레스 리오스 373
트로츠키, 레온 338
트리니다드(섬) 272
트리폴리스 177
티모르 186
티피카종(아라비카) 49, 261-262
티하마 107
틴벨리 259

ㅍ

파나마 운하 423
파두아 178
파라 276
파라셀수스, 필리푸스 192-193
파라이바 두 솔 391
파리 28, 41, 81, 124, 152, 178, 182-183, 186, 196-197, 207, 226, 228-231, 268, 313, 314-315, 320, 324, 328-331, 340, 351-354
　생제르맹데프레 229, 230, 330
파샤, 아흐메트 157
파푸아뉴기니 505, 514, 518
팔레르모 191, 230
팔레스타인 118
팔헤타, 프란치스코 드 멜로 276
패션음료 8, 293
페레르, 호세 피게레스 424, 476
페르슈텔, 하인리히 폰 337
페르시아 59, 70, 79, 87, 95, 116, 125-126, 134, 164, 181-183, 190,

205, 207, 229-230, 313, 581
페세비, 이브라힘 143, 159
페스트 26, 172-175, 226
페피스, 새뮤얼 222
펠리캉 루주사 327
포도주[와인] 37, 111, 178-179, 180, 198, 324, 513
　　뱅 쇼 294
포르투갈 59, 148, 169, 170, 179, 185, 263, 276, 278-280, 284, 302, 345, 386, 453, 482, 491
포스칼, 피터 138
포스터, 게오르게 242, 375
포프, 아델하이트 348
폰세까, 주제 마누에우 다 396
폴가, 알프레드 333, 338
폴란드 59, 193, 233-235
폴저, 제임스 508
　　폴저스 499, 507, 508, 534
퐁파두르 196-197, 243, 541
푀르스터 448
표현주의 341
푸르타도, 셀소 286
푸에르토리코 108, 275, 398, 518, 527
프라하 236, 340
프란체스코니, 플로리아노 209
프랑스 6, 27, 41-42, 55-56, 59, 67, 96, 103-109, 124, 137, 155-156, 169, 174, 176, 182-187, 193, 196-197, 200, 203-206, 222, 226-231, 240-243, 247-248, 261, 263-273, 276-284, 296-298, 301-302, 306, 315-317, 322, 326-330, 333, 336, 344-345, 351, 358, 365, 368-369, 377-378, 397, 444, 453, 455-458, 469-470, 473, 477-481, 483-485, 491, 499, 501, 564
프랑스혁명 249, 270, 313-314, 321
프랑스, 아나톨 329
프랑크, 안드레 286,
프랭클린, 벤저민 314
프레비쉬, 라울 286
프로밧 317
프로방스 227
프로이드, 지그문트 339-340
프로이센 222, 236, 240-242, 270, 279, 315-316, 336, 357
프로코프(그랑 카페) 230-231, 313-314, 321, 328
프로테스탄트 181, 192, 305-306
프뤼돔, 루이 314
프리델, 에곤 339
프리드리히 2세 240-241, 316, 344
플랑드르 179
플랜테이션
　　사탕수수 254, 263, 273, 279-282, 386, 393
　　커피 27, 61, 104, 247, 250, 254-255, 257, 259-260, 265-266, 280-281, 283-285, 287-288, 301-302, 363-364, 369-370, 383, 386, 390-394, 399, 406, 408, 410-411, 418, 429-430, 433, 441-442, 446-450, 456-457, 459, 467,

469, 472-473, 484-486, 503, 505, 514-518, 520-521, 541
플로리안(그랑 카페) 209
플로베르 329
피니, 헤스터 223
피렌체 174, 342
피셔-디스카우, 디트리히 239
피카소, 파블로 313, 330, 333
피트, 알프레드 494
핀카 412, 415-418

♣

하노이 486
하드라미 108
하디스 129, 131
하라르 42, 53-54, 60-61, 79, 96-97, 110
하람 123
하버마스, 위르겐 323, 343, 558
하벨라르, 막스 531
하비, 윌리엄 213
하시버거, 존 윌리엄 36
하시시[대마초] 130-131, 150
하와이 470
하이얌, 오마르 88
하이제 186, 222
할랄 123
할램, 헨리 225
함부르크 207, 236, 276, 320, 345-346, 372
합스부르크 233, 336
해톡스, 랄프 S. 141-142
핼리 221
햇볕재배 254, 516-517, 521-522

향신료 79, 100, 102, 132, 134, 140, 170, 177, 191, 205, 215, 302, 492, 508
허버트, 토마스 182
헝가리 59, 137, 169, 200, 233, 237, 242, 306, 312-313, 327, 339, 358
헤렌호프(그랑 카페) 339-340
헤센 193ㄴ헨리 8세 210
호프, 프란스 판 데어 531
호프만슈탈 336
홀란드 186, 228
홉스봄, 에릭 300-303
홍해 25-26, 42, 51, 54, 60, 78, 79, 95, 100-102, 104-110, 117, 157, 170
화학의 193
후다이다 102, 107, 109
후커, 리처드 371
훔볼트, 알렉산더 폰 38
훑어따기 521
휴튼, 존 217
흄, 데이빗 225
흄즈, 에드워드 388, 523
히자즈 95, 107, 109, 123, 126, 142, 157, 162
힐스, 르우벤 373
힐스, 허버트 373
힐스브라더스 373, 507-508